中國社會科學院歷史研究所專刊

劉琴麗 編著

漢魏六朝隋碑誌索引

第六冊

中國社會科學出版社

# 大　業

**大業 001**

李裕墓誌并蓋

仁壽四年（604）六月十七日薨於雍州長安縣之務仁里，以大業元年（605）正月十一日葬於雍州長安縣布政鄉高陽之原。2006 年 12 月 18 日出土於陝西西安昊瑞花苑住宅小區工地。誌、蓋高、廣均 40.5 釐米，蓋厚 8 釐米，誌厚 10 釐米。誌文正書，26 行，滿行 26 字。蓋篆書，3 行，行 3 字。首題：大業猗氏公李君之墓誌。蓋題：大業猗氏公李君墓誌。

著錄：

《長安高陽原新出土隋唐墓誌》38—41 頁。（圖、文、跋）

《北朝隋代墓誌所在總合目錄》編號 1551。（目）

論文：

陝西省考古研究院：《西安南郊隋李裕墓發掘簡報》，《文物》2009 年第 7 期。

周能儔：《西安南郊隋李裕墓誌考釋》，《閱江學刊》2015 年第 1 期。

王其禕、周曉薇：《讀長安新出隋代墓誌札記三題》，《陝西歷史博物館館刊》第 24 輯，2017 年。

**大業 002**

李文都磚誌并蓋

大業元年（605）二月六日記。1954 年西安市東郊郭家灘出土，石存西安碑林博物館。誌并蓋均高 35、寬 18 釐米。誌文 4 行，前 3 行行 10 至 12 字，末行 1 字，正書。蓋 2 行，行 5 或 8 字，正書。蓋題：雍州大興縣安盛鄉民李文都記。

著錄：

《西安碑林全集》68/1303－1305。（圖）

《隋代墓誌銘彙考》3 冊 146—148 頁。（圖、文、跋）

《全隋文補遺》3/206 上。（文）

武伯綸：《古城集》262 頁。（文、跋）

《新中國出土墓誌·陝西〔貳〕》補遺五，下冊388頁（文）、上冊434頁中（目）。

《新出魏晉南北朝墓誌疏證》（修訂本）472頁。（文、跋）

《北朝隋代墓誌所在總合目錄》編號1552。（目）

論文：

胡汝祚、胡謙盈：《寶雞和西安附近考古發掘簡報》，《考古通訊》1955年第2期。

武伯綸：《唐萬年、長安縣鄉里考》，《考古學報》1963年第2期。

## 大業 003

郭定洛磚誌

別名：光祿寺供膳磚。大業元年（605）三月二十五日卒。端方舊藏。磚高34.5、寬16.8釐米。文正書，4行，行9至11字不等。

著錄：

《中國古代磚刻銘文集》上、下冊編號1118。（圖、文）

《隋代墓誌銘彙考》3冊149頁。（文、跋）

《雪堂專錄·專誌徵存》12a–b，《羅雪堂先生全集》五編3冊1287—1288頁。（文）

《全隋文補遺》3/206上。（文）

《石刻名彙》12/208b，《新編》2/2/1132上。（目）

《蒿里遺文目錄》3上/5b，《新編》2/20/14983上。（目）

《北朝隋代墓誌所在總合目錄》編號1553。（目）

《北京大學圖書館藏歷代墓誌拓片目錄》編號00850。（目）

## 大業 004

張智明磚誌

大業元年（605）四月十日造。日本大西氏舊藏。尺寸不詳。誌3行，行4至12字不等，正書。

著錄：

《隋代墓誌銘彙考》3冊150—151頁。（圖、文、跋）

《中國古代磚刻銘文集》上、下冊編號1119。（圖、文）

《全隋文補遺》3/206 下。（文）

《海外貞珉錄》6a，《新編》4/1/245 下。（目）

《六朝墓誌檢要》（修訂本）196 頁。（目）

《北朝隋代墓誌所在總合目錄》編號 1554。（目）

論文：

阿英：《從晉磚文字說到蘭亭序書法》，《文物》1965 年第 10 期。

## 大業 005

周羅睺墓誌

大業元年（605）四月立。徐敞撰，歐陽詢書。正書。

碑目題跋著錄：

《金石錄》3/6b、22/11a–b，《新編》1/12/8814 下、8933 上。

《通志·金石略》卷中/4b，《新編》1/24/18039 下。

《寶刻叢編》20/31a，《新編》1/24/18388 上。

《寶刻類編》1/18a，《新編》1/24/18415 下。

《石刻題跋索引》157 頁左，《新編》1/30/22495。

《石墨考異》卷上，《新編》2/16/11639 下。

《古誌彙目》1/13b，《新編》3/37/30。

《六藝之一錄》62/14a，《新編》4/5/127 下。

《六朝墓誌檢要》（修訂本）197 頁。

《隋代墓誌銘彙考·存目》6 冊 125—126 頁。

《北朝隋代墓誌所在總合目錄》編號 1555。

備考：周羅睺，《北史》卷七六、《隋書》卷六五有傳。

## 大業 006

張伏奴磚誌

大業元年（605）六月十四日。寒玉堂舊藏。磚高 27、寬 13 釐米。文 2 行，行 6 或 9 字，正書。

著錄：

《隋唐五代墓誌匯編·北京大學卷》1 冊 15 頁。（圖）

《隋代墓誌銘彙考》3 冊 152—153 頁。（圖、文、跋）

《中國古代磚刻銘文集》上、下冊編號 1120。(圖、文)
《蒿里遺文目錄》3 上/5b,《新編》2/20/14983 上。(目)
《北朝隋代墓誌所在總合目錄》編號 1556。(目)
《北京大學圖書館藏歷代墓誌拓片目錄》編號 00851。(目)

**大業 007**

國清寺智者禪師碑

大業元年(605)九月。柳𩓣(字顧言)奉敕撰。

錄文著錄:

《全隋文》12/14a-18b,《全文》4 冊 4085 下—4087 下。

碑目題跋著錄:

《台州金石甄文闕訪目》1/10b,《新編》1/15/11246 下。

(民國)《台州府志·金石考八》92/2a,《新編》3/9/310 下。

**大業 008**

王善來墓誌并蓋

又名:故□儀同孫王君墓誌。大業元年(605)八月四日卒於家,其年十月廿二日葬於定州城東南四里。清光緒十三年(1887)河北定縣人張牧在本縣四家莊訪得,置放州城衆春園之東壁,後為人竊去,先後轉歸潘祖蔭、黃縣丁氏、建德周季木,今存北京故宮博物院。誌高 47.5、廣 49.5 釐米。文 16 行,滿行 16 字,正書。蓋 3 行,行 3 字,正書雜篆書。蓋題:故上儀同孫王君墓誌。

圖版著錄:

《漢魏南北朝墓誌集釋》圖版四一九,《新編》3/4/119-120。

《北京圖書館藏中國歷代石刻拓本匯編》10 冊 2 頁。(誌)

《隋唐五代墓誌匯編·河北卷》14 頁。(誌)

《隋代墓誌銘彙考》3 冊 154—155 頁。

《故宮博物院藏歷代墓誌彙編》1 冊 95 頁。(誌)

錄文著錄:

《京畿冢墓遺文》卷上/17a-b、卷上/21b,《新編》1/18/13617 上、13619 上。

（民國）《定縣志·志餘》18/26a–b，《新編》3/24/279下。

《魯迅輯校石刻手稿·墓誌》下冊236—237頁。

《全隋文補遺》3/207上。

《隋代墓誌銘彙考》3冊156—157頁。

《故宮博物院藏歷代墓誌彙編》1冊94頁。

碑目題跋著錄：

《藝風堂金石文字目》18/3b，《新編》1/26/19815上。

《石刻題跋索引》157頁左，《新編》1/30/22495。

《石刻名彙》3/24b、25a，《新編》2/2/1037上、下。

《崇雅堂碑錄補》1/13b，《新編》2/6/4557上。

《蒿里遺文目錄》2（1）/7a，《新編》2/20/14947上。

《蒿里遺文目錄補遺》4a，《新編》2/20/14997下。

《漢魏南北朝墓誌集釋》8/92a–b，《新編》3/3/217–218。

（民國）《定縣志·志餘》18/26b–27a，《新編》3/24/279下—280上。

《國立北平圖書館藏碑目》16a、21a，《新編》3/36/256下、259上。

《古誌彙目》1/13b，《新編》3/37/30。

《碑帖跋》43頁，《新編》3/38/191、4/7/425下。

《墓誌徵存目錄》卷1，《羅振玉學術論著集》第五集，586、595頁。

《歷代墓誌銘拓片目錄》42頁。

《增補校碑隨筆》（修訂本）292頁。

《六朝墓誌檢要》（修訂本）197頁。

《隋代墓誌銘彙考》3冊158頁。

《碑帖鑒定》221頁。

《北朝隋代墓誌所在總合目錄》編號1557。

《北京大學圖書館藏歷代墓誌拓片目錄》編號00852。

備考：通過墓誌蓋文及行款描述，《京畿冢墓遺文》、《蒿里遺文目錄補遺》所收《上儀同孫王君墓誌蓋》當為《王善來墓誌蓋》，故附此。

## 大業 009

李景寬墓誌并蓋

大業元年（605）正月十九日卒於通明里第，以其年十一月四日遷葬於京兆杜原。2005 年五月發現於西安市長安縣杜陵原。誌拓本長 36.5、寬 36、厚 4.5 釐米，蓋拓本長 37.5、寬 36.5 釐米。誌文 19 行，滿行 19 字，正書。蓋 3 行，行 4 字，篆書。蓋題：周故流江縣令李府君墓誌銘；首題：周故流江縣令李府君墓誌銘。

著錄：

《隋代墓誌銘彙考》3 冊 159—162 頁。（圖、文、跋）

《北朝隋代墓誌所在總合目錄》編號 1558。（目）

## 大業 010

李殺鬼妻杜羽資墓誌

大業元年（605）十二月十七日。正書。

碑目著錄：

《蒿里遺文目錄》3 上/5b，《新編》2/20/14983 上。

《隋代墓誌銘彙考·存目》6 冊 127 頁。

《北朝隋代墓誌所在總合目錄》編號 1559。

## 大業 011

魏昇暨妻牛玉墓誌

開皇二年（582）卒，夫人牛玉大業元年（605）十一月遘疾卒於寧民鄉，以其年十二月廿三日葬於豫州河南縣澪淵鄉高村北，洛水之陽，石崇金谷之所。1925 年出土於河南省洛陽城後洞村西北寇姓田中。誌石高 35、寬 35.3 釐米。文 18 行，滿行 18 字，隸書。

著錄：

《隋唐五代墓誌匯編·洛陽卷》1 冊 33 頁。（圖）

《隋代墓誌銘彙考》3 冊 163—165 頁。（圖、文、跋）

《全隋文補遺》3/207 下—208 上。（文）

《新出魏晉南北朝墓誌疏證》（修訂本）473—474 頁。（文、跋）

《北朝隋代墓誌所在總合目錄》編號 1560。（目）

## 大業 012

**文儒先生劉炫碑**

大業元年（605）立。在河北滄州（一說河間府河間縣）。

碑目題跋著錄：

《金石錄》3/6b，《新編》1/12/8814 下。

《通志・金石略》卷中/4b，《新編》1/24/18039 下。

《寶刻叢編》6/9a，《新編》1/24/18168 上。

《金石彙目分編》3（2）/1b、6a，《新編》1/27/20693 上、20695 下。

《石刻題跋索引》38 頁右，《新編》1/30/22376。

（光緒）《畿輔通志・金石六》143/55a，《新編》2/11/8371 上。

《京畿金石考》卷上/43a，《新編》2/12/8767 上。

《畿輔待訪碑目》卷上/4a，《新編》2/20/14802 下。

《佩文齋書畫譜・金石》62/16b 下，《新編》3/2/59 上。

《六藝之一錄》62/5b，《新編》4/5/123 上。

《太平寰宇記碑錄》編號 118，《北山金石錄》上冊 286 頁。

備考：劉炫，《北史》卷八二有傳。

## 大業 013

**鞠遵暨妻董氏墓誌**

又名：鞠仁舉墓誌。建德六年（577）七月二日卒於家，大業二年（606）正月六日與夫人董氏合葬於盧奴城西七里。河北定縣出土，曾歸黃縣丁氏，後移置縣學，今存不詳。誌高 40.8、寬 44 釐米。文 18 行，滿行 17 字，正書。

圖版著錄：

《漢魏南北朝墓誌集釋》圖版四二〇，《新編》3/4/121。

《北京圖書館藏中國歷代石刻拓本匯編》10 冊 3 頁。

《隋唐五代墓誌匯編・北京卷附遼寧卷》1 冊 17 頁。

《隋代墓誌銘彙考》3 冊 166 頁。

錄文著錄：

《京畿冢墓遺文》卷上/17b–18b，《新編》1/18/13617 上—下。
《全隋文補遺》3/209 上—下。
《隋代墓誌銘彙考》3 冊 167—168 頁。
碑目題跋著錄：
《藝風堂金石文字目》18/3b，《新編》1/26/19815 上。
《石刻題跋索引》157 頁左，《新編》1/30/22495。
《石刻名彙》3/25a，《新編》2/2/1037 下。
《崇雅堂碑錄補》1/14a，《新編》2/6/4557 下。
《蒿里遺文目錄》2（1）/7a，《新編》2/20/14947 上。
《漢魏南北朝墓誌集釋》8/92a，《新編》3/3/218。
（民國）《定縣志·志餘》18/27a，《新編》3/24/280 上。
《國立北平圖書館藏碑目》16a，《新編》3/36/256 下。
《古誌彙目》1/13b，《新編》3/37/30。
《墓誌徵存目錄》卷1，《羅振玉學術論著集》第五集，586 頁。
《增補校碑隨筆》（修訂本）292 頁。
《六朝墓誌檢要》（修訂本）197 頁。
《隋代墓誌銘彙考》3 冊 168 頁。
《碑帖鑒定》221 頁。
《北朝隋代墓誌所在總合目錄》編號 1561。
《北京大學圖書館藏歷代墓誌拓片目錄》編號 00853。
備考：《古誌彙目》重複著錄兩次。

## 大業 014

陳文岳墓誌

大業二年（606）正月六日葬於薛城東一里。20 世紀 80 年代山東滕州市官橋鎮魏樓村出土，石存滕州市博物館。誌石長 57、寬 48 釐米。誌文 13 行，滿行 12 字，正書。首題：陳氏墓誌并序。

著錄：

《隋代墓誌銘彙考》3 冊 169—170 頁。（圖、文、跋）
《山東石刻分類全集·歷代墓誌》107 頁。（圖、文）

《齊魯碑刻墓誌研究》329—330、369頁。（跋、目）
《北朝隋代墓誌所在總合目錄》編號1562。（目）

### 大業015
#### 黎淳墓誌

天保七年（556）卒於舍，夫人楊氏開皇十年（590）終，以大業二年（606）正月六日合葬於故鄴城西南五里。據云誌出土於河南省安陽市。誌高、寬均39釐米。文17行，滿行18字，正書。首題：齊故伏波將軍黎君墓誌銘。

著錄：

《文化安豐》249—250頁。（圖、文）
《秦晉豫新出墓誌蒐佚續編》1冊186頁。（圖）
《新見北朝墓誌集釋》145—147頁。（圖、文、跋）
《北朝隋代墓誌所在總合目錄》編號1563。（目）

### 大業016
#### 李虎墓誌并蓋

又名：李威猛墓誌。建德六年（577）十月八日薨於京第，大業二年（606）正月十八日葬於秦州清水縣內莎鄉□□里之原。1935年甘肅青水縣出土。拓片高、寬均38釐米，誌蓋盝頂高29、寬31釐米。文23行，滿行23字，正書。蓋3行，行3字，篆書。蓋題：隋上州刺史李君墓誌。首題：大隋使持節驃騎大將軍開府儀同三司慎政公上州刺史李府君之墓誌銘。

著錄：

《北京圖書館藏中國歷代石刻拓本匯編》10冊5頁。（圖）
《隋唐五代墓誌匯編·北京卷附遼寧卷》1冊18頁。（圖）
《中國西北地區歷代石刻匯編》1冊127頁。（圖）
《隋代墓誌銘彙考》3冊171—174頁。（圖、文、跋）
《隴右金石錄》1/59b—60b，《新編》1/21/15982上—下。（文、跋）
《新出魏晉南北朝墓誌疏證》（修訂本）475—476頁。（文、跋）
《全隋文補遺》3/208上—下。（文）

《六朝墓誌檢要》（修訂本）197 頁。（目）

《北朝隋代墓誌所在總合目錄》編號 1564。（目）

論文：

岳維宗：《清水李虎墓非唐公李虎墓辨》，《文博》1999 年第 2 期。

汪受寬：《唐先祖李虎與清水李虎墓誌銘》，《天水師範學院學報》2001 年第 6 期。

楊希義、劉向陽：《從〈李虎墓誌〉看李唐皇室對其氏族與先世事跡的杜撰》，《乾陵文化研究》（一），2005 年。

李阿能、穆興平：《也論清水李虎墓誌與李唐皇室世系》，《乾陵文化研究》（十），2016 年。

## 大業 017

曹君墓誌

大業二年（606）三月十九日葬。

碑目題跋著錄：

《隋代墓誌銘彙考·存目》6 冊 129 頁。

淑德大學《中國石刻拓本目錄》"墓誌"編號 295。

《北朝隋代墓誌所在總合目錄》編號 1565。

## 大業 018

董敬墓誌

大業二年（606）三月廿六日卒於洛陽縣惟新鄉懷仁里，即以其年四月一日葬於芒山之翟村東南一里。1935 年五月十八日洛陽城北鄭凹村出土，石存洛陽古代藝術館。誌高 45、寬 47 釐米。文 20 行，滿行 21 字，正書。首題：齊開府行參軍故董君墓銘。

著錄：

《北京圖書館藏中國歷代石刻拓本匯編》10 冊 6 頁。（圖）

《隋唐五代墓誌匯編·洛陽卷》1 冊 34 頁。（圖）

《隋代墓誌銘彙考》3 冊 175—177 頁。（圖、文、跋）

《全隋文補遺》3/210 下—211 上。（文）

《新出魏晉南北朝墓誌疏證》（修訂本）477—478 頁。（文、跋）

《洛陽出土石刻時地記》隋代大業001，54頁。（目）

《六朝墓誌檢要》（修訂本）198頁。（目）

《北朝隋代墓誌所在總合目錄》編號1566。（目）

論文：

侯林虎：《北齊亡後山東豪族心態試析——以董敬墓誌為線索》，《淮陰師範學院學報》2011年第1期。

## 大業019

高士王行淹墓誌

大業二年（606）二月二十日卒，四月四日葬。正書。

碑目著錄：

《歷代墓誌銘拓片目錄》42頁。

《隋代墓誌銘彙考·存目》6冊130頁。

《北朝隋代墓誌所在總合目錄》編號1567。

## 大業020

楊元墓誌并蓋

卒於家庭，大業二年（606）四月十八日葬於堯山之南，營在楊村之北，西臨嵲壑，東接華州。河北隆堯縣出土，石歸松竹草堂。誌長33.5、寬36釐米。文15行，滿行16字，正書。蓋3行，行3字，正書。蓋題：大隋國楊公墓誌銘記。

著錄：

《隋代墓誌銘彙考》3冊178—181頁。（圖、文、跋）

《北朝隋代墓誌所在總合目錄》編號1568。（目）

## 大業021

李士通墓銘磚

大業二年（606）四月廿五日葬。石藏河北正定墨香閣。誌高31、寬16釐米。文4行，行5至10字，正書。

著錄：

《墨香閣藏北朝墓誌》279頁。（圖、文）

## 大業 022

宮人朱氏墓誌

大業二年（606）仲夏（五月）十三日卒於東京，十九日葬於宮城西北二十里。諸葛潁製。1925年農曆九、十月間洛陽城西後洞村西北寇姓田中出土，曾歸三原于右任，今存西安碑林博物館。誌高、寬均30.8釐米。文10行，滿行10字，正書。首題：宮人朱氏墓誌銘。

圖版著錄：

《漢魏南北朝墓誌集釋》圖版五二九，《新編》3/4/284。

《北京圖書館藏中國歷代石刻拓本匯編》10冊7頁。

《隋唐五代墓誌匯編·洛陽卷》1冊35頁。

《鴛鴦七誌齋藏石》圖241。

《西安碑林全集》68/1306–1308。

《隋代墓誌銘彙考》3冊182頁。

錄文著錄：

《全隋文補遺》1/10下。

《隋代墓誌銘彙考》3冊183頁。

碑目題跋著錄：

《石刻題跋索引》157頁左，《新編》1/30/22495。

《古誌新目初編》1/16a，《新編》2/18/13699下。

《漢魏南北朝墓誌集釋》10/109b，《新編》3/3/252。

《墓誌徵存目錄》卷1，《羅振玉學術論著集》第五集，586頁。

《洛陽出土石刻時地記》隋宮人墓誌001，67頁。

《六朝墓誌檢要》（修訂本）198頁。

《隋代墓誌銘彙考》3冊184頁。

《碑帖鑒定》221頁。

《北朝隋代墓誌所在總合目錄》編號1569。

## 大業 023

郭夫人墓誌

大業二年（606）五月。京兆端氏舊藏。正書。

碑目著錄：

《石刻名彙》3/25a，《新編》2/2/1037 下。

《崇雅堂碑錄補》1/14a，《新編》2/6/4557 下。

### 大業 024

樂州使君江夏涂公碑

大業二年（606）七月十五日立在汶川石橋前。郝士威撰，侯孝真八分書。在趙州。

碑目題跋著錄：

《金石錄》3/7a，《新編》1/12/8815 上。

《金石錄補》25/18a，《新編》1/12/9123 下。

《通志·金石略》卷中/4b，《新編》1/24/18039 下。

《寶刻叢編》6/60b，《新編》1/24/18193 下。

《寶刻類編》1/20a，《新編》1/24/18416 下。

《金石彙目分編》3（2）/39a，《新編》1/27/20712 上。

《石刻題跋索引》38 頁右，《新編》1/30/22376。

（光緒）《畿輔通志·金石十四》151/38a–b，《新編》2/11/8633 下。

《京畿金石考》卷下/15a，《新編》2/12/8775 上。

《古今碑帖考》13b，《新編》2/18/13169 上。

《畿輔待訪碑目》卷上/4a，《新編》2/20/14802 下。

《佩文齋書畫譜·金石》62/16b 下，《新編》3/2/59 上。

《六藝之一錄》62/5b，《新編》4/5/123 上。

《墨池篇》6/8b，《新編》4/9/670 下。

備考：宋代諸書所載碑文撰者有異。按《金石錄》、《寶刻叢編》、《通志》載撰者皆姓"郝"，唯《寶刻類編》作姓"郤"，故《寶刻類編》當有誤；而《寶刻類編》、《金石錄》、《寶刻叢編》載撰者名"士威"，唯《通志》作"王威"，可能筆誤；綜上所述，撰者當為"郝士威"。

### 大業 025

宮人劉氏墓誌并蓋

大業二年（606）十月十三日卒，其月廿一日葬北芒山。1925 年洛陽城西後洞村西北寇姓田中出土，曾歸三原于右任，今存西安碑林博物館。誌高35、寬35.3釐米，蓋盝頂高24、寬25釐米。蓋2行，行3字；誌文18行，滿行18字，均正書。蓋題：故劉尚食墓誌；首題：故劉尚食墓誌銘。

圖版著錄：

《漢魏南北朝墓誌集釋》圖版五三〇，《新編》3/4/285－286。

《北京圖書館藏中國歷代石刻拓本匯編》10冊8頁。

《隋唐五代墓誌匯編·洛陽卷》1冊36頁。

《鴛鴦七誌齋藏石》圖242。

《西安碑林全集》68/1309－1315。

《隋代墓誌銘彙考》3冊185—186頁。

錄文著錄：

《全隋文補遺》3/212上—下。

《隋代墓誌銘彙考》3冊187—188頁。

碑目題跋著錄：

《石刻題跋索引》157頁左，《新編》1/30/22495。

《漢魏南北朝墓誌集釋》10/109b，《新編》3/3/252。

《國立北平圖書館藏碑目》16a，《新編》3/36/256下。

《墓誌徵存目錄》卷1，《羅振玉學術論著集》第五集，586頁。

《洛陽出土石刻時地記》隋宮人墓誌002，67頁。

《六朝墓誌檢要》（修訂本）198頁。

《隋代墓誌銘彙考》3冊188頁。

《北朝隋代墓誌所在總合目錄》編號1571。

《北京大學圖書館藏歷代墓誌拓片目錄》編號00855。

**大業026**

劉珍墓誌并陰

大業二年（606）十月廿八日遷葬於樂安□西南一千三百步。清道光二十二年河北獻縣馬家莊（一說任邱）出土，曾歸山東泰安趙次珊徂徠山房，今存不詳。誌高36.7、寬37.3釐米。誌文刻陽面，15行，滿行14字；銘刻陰面，8行，滿行10字，均隸書。首題：大營主行軍長史劉公墓誌。

圖版著錄:

《漢魏南北朝墓誌集釋》圖版四二一,《新編》3/4/122。

《北京圖書館藏中國歷代石刻拓本彙編》10 冊 9—10 頁。

《隋唐五代墓誌匯編·河北卷》15 頁。

《隋代墓誌銘彙考》3 冊 189—190 頁。

錄文著錄:

《京畿冢墓遺文》卷上/18b-19a,《新編》1/18/13617 下—13618 上。

《誌石文錄續編》17a-b,《新編》2/19/13785 上。

(民國)《獻縣志·故實志四》18 上/1b-2b,《新編》3/23/461 上—下。

《魯迅輯校石刻手稿·墓誌》下冊 241—242 頁。

《全隋文補遺》3/211 上—下。

《隋代墓誌銘彙考》3 冊 191—192 頁。

碑目題跋著錄:

《藝風堂金石文字目》18/3b,《新編》1/26/19815 上。

《補寰宇訪碑錄》2/23b,《新編》1/27/20217 上。

《金石彙目分編》3(補遺)/15a,《新編》1/27/20744 上。

《石刻題跋索引》157 頁右,《新編》1/30/22495。

《石刻名彙》3/25a,《新編》2/2/1037 下。

《崇雅堂碑錄》2/4b,《新編》2/6/4501 下。

(光緒)《畿輔通志·金石六》143/29a-30a,《新編》2/11/8358 上—下。

《畿輔碑目》卷上/5a,《新編》2/20/14781 上。

《蒿里遺文目錄》2(1)/7a,《新編》2/20/14947 上。

《漢魏南北朝墓誌集釋》8/92b,《新編》3/3/218。

(民國)《獻縣志·故實志四》18 上/2b,《新編》3/23/461 下。

《國立北平圖書館藏碑目》16a,《新編》3/36/256 下。

《古誌彙目》1/13b,《新編》3/37/30。

《墓誌徵存目錄》卷1,《羅振玉學術論著集》第五集,587 頁。

《增補校碑隨筆》（修訂本）293 頁。

《六朝墓誌檢要》（修訂本）198—199 頁。

《隋代墓誌銘彙考》3 冊 194 頁。

《碑帖鑒定》221 頁。

《北朝隋代墓誌所在總合目錄》編號 1572。

《北京大學圖書館藏歷代墓誌拓片目錄》編號 00856。

**大業 027**

秘丹墓誌并蓋

卒於里第，以大業二年（606）十一月十日葬於望亭鄉龍陽里之墓。20 世紀 90 年代河北行唐縣出土，石藏河北正定劉秀峰墨香閣。石高、寬均 46 釐米。文 16 行，滿行 16 字，正書。蓋 4 行，行 4 字，正書。蓋題：大隋望亭鄉龍陽里長故人秘丹墓誌銘。

著錄：

《金石拓本題跋集萃》71 頁。（誌圖）

《隋代墓誌銘彙考》3 冊 195—197 頁。（誌圖、文、跋）

《墨香閣藏北朝墓誌》230—231 頁。（圖、文）

《新出魏晉南北朝墓誌疏證》（修訂本）479—480 頁。（文、跋）

《全隋文補遺》3/212 下—213 上。（文）

淑德大學《中國石刻拓本目錄》"墓誌"編號 296。（目）

《北朝隋代墓誌所在總合目錄》編號 1573。（目）

《北京大學圖書館藏歷代墓誌拓片目錄》編號 00857。（目）

論文：

鑒克：《新出土的隋〈秘丹墓誌〉并蓋》，《中國書法》1993 年第 1 期。

鑒克：《介紹新出土的隋〈秘丹墓誌〉》，《書法》1999 年第 1 期。

備考：淑德大學《中國石刻拓本目錄》誤作"長丹"。

**大業 028**

楊謨墓誌

仁壽二年（602）七月廿九日遘疾卒，大業二年（606）十一月廿二日遷葬於華陰東原豐原鄉弘仁里。陝西華陰縣出土，石存河南新安縣千唐誌齋博物館。誌長 50.5、寬 50 釐米。誌文 29 行，滿行 27 字，正書。

著錄：

《隋代墓誌銘彙考》3 冊 198—200 頁。（圖、文、跋）

《全唐文補遺·千唐誌齋新藏專輯》457—458 頁。（文）

《北朝隋代墓誌所在總合目錄》編號 1574。（目）

《北京大學圖書館藏歷代墓誌拓片目錄》編號 00858。（目）

**大業 029**

魏乾墓誌并蓋

終於莊第，夫人李氏卒於本宅，以大業二年（606）十一月廿二日合葬於清風鄉邙山之南，洛水之北。據誌出土於河南省洛陽市白馬寺鎮。誌高 49.5、寬 49 釐米。蓋高 43、寬 42.5 釐米。誌文 20 行，滿行 20 字，正書。蓋 3 行，行 3 字，篆書。蓋題：隋博平縣令魏明府銘。

圖版著錄：

《秦晉豫新出墓誌蒐佚續編》1 冊 187—188 頁。

**大業 030**

王清墓誌并蓋

大業二年（606）九月六日卒於家；夫人蘇氏，建德七年（578）五月十日卒，大業二年（606）十一月廿三日合葬於華陰東原豐原鄉弘仁里。2007 年夏陝西省華陰縣出土，藏洛陽民間。誌高、寬均 51 釐米。蓋高 29、寬 28 釐米。誌文 34 行，滿行 34 字，隸書。蓋 3 行，行 3 字，篆書。蓋題：大隋蘄水縣令王君誌。

著錄：

《洛陽新獲七朝墓誌》54 頁。（圖）

《秦晉豫新出墓誌蒐佚》1 冊 100—101 頁。（圖）

《北朝隋代墓誌所在總合目錄》編號 1575。（目）

《北京大學圖書館藏歷代墓誌拓片目錄》編號 00859。（目）

## 大業 031

□州刺史李仁碑

大業二年（606）十一月。在峽州。宗希顏撰，李仁淵書。

碑目題跋著錄：

（民國）《湖北通志·金石志》3/41a，《新編》1/16/11994 上。

《寶刻類編》1/20a，《新編》1/24/18416 下。

《金石彙目分編》14/42b，《新編》1/28/21403 下。

《石刻題跋索引》38 頁右，《新編》1/30/22376。

## 大業 032

李弘秤暨妻蔡阿妃墓誌

大業二年（606）十二月二日葬。山西高平縣出土，曾歸順德王秋湄，今佚。誌高 30.5、寬 31 釐米。文 18 行，滿行 18 字，正書。

圖版著錄：

《漢魏南北朝墓誌集釋》圖版四二三，《新編》3/4/124。

《北京圖書館藏中國歷代石刻拓本匯編》10 冊 11 頁。

《隋唐五代墓誌匯編·北京卷附遼寧卷》1 冊 19 頁。

《隋代墓誌銘彙考》3 冊 201 頁。

錄文著錄：

《山右冢墓遺文》卷上/4b–5a，《新編》1/21/15878 下—15879 上。

《魯迅輯校石刻手稿·墓誌》下冊 249—250 頁。

《全隋文補遺》3/209 下—210 上。

《隋代墓誌銘彙考》3 冊 202—203 頁。

碑目題跋著錄：

《石刻題跋索引》157 頁右，《新編》1/30/22495。

《石刻名彙》3/25a，《新編》2/2/1037 下。

《古誌新目初編》1/16a，《新編》2/18/13699 下。

《蒿里遺文目錄》2（1）/7a，《新編》2/20/14947 上。

《漢魏南北朝墓誌集釋》8/93a，《新編》3/3/219。

《國立北平圖書館藏碑目》16a，《新編》3/36/256 下。

《墓誌徵存目錄》卷 1，《羅振玉學術論著集》第五集，587 頁。
《六朝墓誌檢要》（修訂本）199 頁。
《隋代墓誌銘彙考》3 冊 203 頁。
《北朝隋代墓誌所在總合目錄》編號 1576。
《北京大學圖書館藏歷代墓誌拓片目錄》編號 00860。

備考：《古誌新目初編》著錄的"張弘枰墓誌"，從時間和字形看，當是"李弘秤墓誌"，故附此。

## 大業 033

### 蔡君妻張貴男墓誌

大業元年（605）九月廿八日卒於官舍，二年（606）十二月廿九日遷葬於洺州邯鄲縣孝義鄉言信里之原。清光緒十五年河北邯鄲出土，曾歸銅梁王孝禹、長白端方、天津曹銳（字健亭），今佚。誌高、寬均 57.8 釐米。文 26 行，滿行 26 字，正書。首題：隋邯鄲縣令蔡府君故妻張夫人墓誌銘并序。

圖版著錄：
《漢魏南北朝墓誌集釋》圖版四二二，《新編》3/4/123。
《北京圖書館藏中國歷代石刻拓本匯編》10 冊 12 頁。
《隋唐五代墓誌匯編·北京卷附遼寧卷》1 冊 20 頁。
《中國金石集萃》9 函 1 輯編號 4。
《隋代墓誌銘彙考》3 冊 204 頁。

錄文著錄：
《匋齋藏石記》16/6b – 8a，《新編》1/11/8131 下—8132 下。
《京畿冢墓遺文》卷上/19a – 20a，《新編》1/18/13618 上—下。
《魯迅輯校石刻手稿·墓誌》下冊 245—248 頁。
《全隋文補遺》3/214 上—下。
《隋代墓誌銘彙考》3 冊 205—206 頁。

碑目題跋著錄：
《匋齋藏石記》16/8a – 9b，《新編》1/11/8132 下—8133 上。
《集古求真》1/19b – 20a，《新編》1/11/8487 上—下。
《藝風堂金石文字目》18/3b，《新編》1/26/19815 上。

《再續寰宇訪碑錄校勘記》8a，《新編》1/27/20463 下。

《石刻題跋索引》157 頁右，《新編》1/30/22495。

《石刻名彙》3/25a，《新編》2/2/1037 下。

《崇雅堂碑錄補》1/14a，《新編》2/6/4557 下。

《語石》4/3a，《新編》2/16/11919 上。

《寶鴨齋題跋》卷中/19a–b，《新編》2/19/14356 上。

《蒿里遺文目錄》2（1）/7a，《新編》2/20/14947 上。

《漢魏南北朝墓誌集釋》8/92b–93a，《新編》3/3/218–219。

《國立北平圖書館藏碑目》16a，《新編》3/36/256 下。

《古誌彙目》1/13b，《新編》3/37/30。

《雪堂所藏金石文字簿錄》96b，《新編》4/7/417 下。

《再續寰宇訪碑錄》卷上，《羅振玉學術論著集》第五集，445 頁。

《墓誌徵存目錄》卷1，《羅振玉學術論著集》第五集，587 頁。

《歷代墓誌銘拓片目錄》42 頁。

《增補校碑隨筆》（修訂本）293—294 頁。

《六朝墓誌檢要》（修訂本）199—200 頁。

《隋代墓誌銘彙考》3 冊 210 頁。

《碑帖鑒定》222 頁。

《碑帖敘錄》211 頁。

淑德大學《中國石刻拓本目錄》"墓誌"編號 297。

《北朝隋代墓誌所在總合目錄》編號 1577。

《北京大學圖書館藏歷代墓誌拓片目錄》編號 00861。

論文：

任乃宏：《隋〈張貴男墓誌〉校釋》，《邯鄲職業技術學院學報》2014 年第 4 期。

備考：《藝風堂金石文字目》誤著錄為"蔡貴男墓誌"。

## 大業 034

柴輝墓誌

大業二年（606）十二月二十九日葬。2008 至 2009 年陝西西安長安區韋曲街道辦事處東部的臺原地（古稱鳳棲原）出土。形制、規格未詳，未見圖版和錄文。

碑目著錄：

《北朝隋代墓誌所在總合目錄》編號1578。

論文：

張全民、郭永淇：《西安長安鳳棲原墓葬發掘》，《2009年中國重要考古發現》，第137頁。

## 大業035

### 李沖暨妻郭氏墓誌并蓋

李沖大象二年（580）卒於賓館，夫人郭氏大業二年（606）五月卒，即以其年十二月合葬於闗龍逄山左宋微子城前。清末山西潞城出土，已斷為三塊，曾歸長白端方、天津王氏，蓋今存故宮博物院。誌高、寬均46釐米。蓋高、寬均46釐米。蓋3行8字，篆書。文19行，滿行19字，正書。蓋題：隋故李君墓誌之銘；首題：隋故壺關縣令李君墓誌銘。

圖版著錄：

《漢魏南北朝墓誌集釋》圖版四二四，《新編》3/4/125-126。

《隋唐五代墓誌匯編·北京大學卷》1冊17頁。（誌）

《隋代墓誌銘彙考》3冊211—212頁。

《故宮博物院藏歷代墓誌彙編》1冊115頁。（蓋）

錄文著錄：

《山右冢墓遺文》卷上/4a-b，《新編》1/21/15878下。

《全隋文補遺》3/213上—下。

《隋代墓誌銘彙考》3冊213—214頁。

《故宮博物院藏歷代墓誌彙編》1冊114頁。（蓋）

碑目題跋著錄：

《石刻題跋索引》157頁右，《新編》1/30/22495。

《石刻名彙》3/25a，《新編》2/2/1037下。

《崇雅堂碑錄補》1/14a，《新編》2/6/4557下。

《蒿里遺文目錄》2（1）/7a，《新編》2/20/14947上。

《漢魏南北朝墓誌集釋》8/93a－b，《新編》3/3/219－220。

《古誌彙目》1/13b，《新編》3/37/30。

《墓誌徵存目錄》卷1，《羅振玉學術論著集》第五集，587頁。

《增補校碑隨筆》（修訂本）294頁。

《六朝墓誌檢要》（修訂本）199頁。

《隋代墓誌銘彙考》3冊215頁。

《碑帖鑒定》222頁。

《北朝隋代墓誌所在總合目錄》編號1579。

《北京大學圖書館藏歷代墓誌拓片目錄》編號00862。

備考：《故宮博物院藏歷代墓誌彙編》沒有著錄墓主姓名，但是通過圖版比對，當是李沖墓誌蓋。

## 大業036

楊素碑

大業二年（606）卒。同州府華陰縣。

碑目題跋著錄：

《金石彙目分編》12（2）/27b，《新編》1/28/21349上。

《佩文齋書畫譜·金石》62/16b下，《新編》3/2/59上。

《六藝之一錄》62/12b，《新編》4/5/126下。

備考：楊素，《周書》卷三四附《楊敷傳》、《隋書》卷四八、《北史》卷四一有傳。

## 大業037

陸君妻高善德墓誌并蓋

大業二年（606）六月廿二日薨於河內共城縣之宅，三年（607）二月五日葬於共城城東北二里公子鄉。2003年河南輝縣出土，誌石今存洛陽師範學院圖書館。誌長、寬均56.5釐米，厚10釐米；蓋盝頂長、寬均40釐米。誌文23行，滿行23字，隸書。蓋2行，行3字，篆書。蓋題：陸氏高墓誌銘。

著錄：

《隋代墓誌銘彙考》3冊216—219頁。（圖、文、跋）

《洛陽新見墓誌》18頁。（誌圖）

《洛陽新獲七朝墓誌》55 頁。（誌圖）

《秦晉豫新出墓誌蒐佚》1 冊 102 頁。（誌圖）

《洛陽新出土墓誌釋錄》327 頁。（目）

《北朝隋代墓誌所在總合目錄》編號 1581。（目）

論文：

侯紀潤：《讀隋〈高善德墓誌銘〉》，《碑林集刊》第 10 輯，2004 年。

李欽善：《隋〈高善德墓誌〉及其書法價值》，《中國書法》2012 年第 6 期。

備考：墓主為高歡之孫，高演之女，北齊公主。

**大業 038**

李奴奴磚誌

大業三年（607）二月廿三日。河北藁城、正定一帶出土，磚歸河北正定縣劉秀峰墨香閣。磚高 30.3、寬 15、厚 5.7 釐米。文 4 行，行 5 至 11 字不等，正書。

著錄：

《隋代墓誌銘彙考》3 冊 220—221 頁。（圖、文、跋）

《中國古代磚刻銘文集》上、下冊編號 1121。（圖、文）

《墨香閣藏北朝墓誌》280 頁。（圖、文）

《北朝隋代墓誌所在總合目錄》編號 1582。（目）

《北京大學圖書館藏歷代墓誌拓片目錄》編號 00863。（目）

論文：

趙生泉：《新近出土磚拓十種》，《中國書畫》2004 年第 8 期。

趙生泉、史瑞英：《河北北朝墓誌札記（七則）》，《文物春秋》2006 年第 2 期。

**大業 039**

賀蘭才墓誌

大業三年（607）二月葬，一說大業二年（606），暫從三年。陝西涇陽出土。文正書，蓋篆書。

碑目題跋著錄：

《金石錄》3/7a，《新編》1/12/8815 上。
《通志・金石略》卷中/4b，《新編》1/24/18039 下。
《石刻名彙》3/25a，《新編》2/2/1037 下。
《崇雅堂碑錄補》1/14a，《新編》2/6/4557 下。
《佩文齋書畫譜・金石》62/16b 下，《新編》3/2/59 上。
《古誌彙目》1/14a，《新編》3/37/31。
《六藝之一錄》62/15b，《新編》4/5/128 上。
《隋代墓誌銘彙考・存目》6 冊 131 頁。
《北朝隋代墓誌所在總合目錄》編號 1580。

### 大業 040
曹時淹墓誌

大業三年（607）三月葬。正書。

碑目著錄：

《石刻名彙》3/25a，《新編》2/2/1037 下。
《隋代墓誌銘彙考・存目》6 冊 132 頁。
《北朝隋代墓誌所在總合目錄》編號 1584。

### 大業 041
劉茂妻許氏墓磚

大業三年（607）三月亡。磚存日本東京書道博物館。高一尺三寸四分，廣六寸二分。文正書，2 行，計 11 字。

著錄：

《雪堂專錄・專誌徵存》12b，《羅雪堂先生全集》五編 3 冊 1288 頁。（文）

《全隋文補遺》3/215 上。（文）
《隋代墓誌銘彙考》3 冊 222 頁。（文、跋）
《石刻名彙》12/208b，《新編》2/2/1132 上。（目）
《蒿里遺文目錄》3 上/5b，《新編》2/20/14983 上。（目）
《北朝隋代墓誌所在總合目錄》編號 1583。（目）

**大業 042**

浩喆墓誌并蓋

仁壽四年（604）七月十二日終於家，以大業三年（607）四月七日葬於萬壽鄉永昌里長平原。2001 年 11 月山西襄垣縣煤運公司家屬樓工地出土，石存山西襄垣縣文物博物館。誌石嵌於龜形石函中，誌并蓋均長約 56、寬 44、厚 5 釐米，石龜通長 100、高 55 釐米。誌文分刻兩石，每石 20 行，滿行 25 字，正、隸、篆書相兼。蓋 2 行，行 6 字，篆書。蓋題：隋故魏郡太守浩府君墓誌銘。

著錄：

《隋代墓誌銘彙考》3 冊 223—228 頁。（圖、文、跋）

《北朝隋代墓誌所在總合目錄》編號 1585。（目）

論文：

襄垣縣文物博物館等：《山西襄垣隋代浩喆墓》，《文物》2004 年第 10 期。

**大業 043**

楊弘墓誌

大業三年（607）三月廿三日遘疾薨，以其年四月廿四日遷葬於高陽里。2003 年西安市長安縣出土。拓片長、寬均 50 釐米。文 31 行，滿行 31 字，正書。首題：隋上柱國太子太保雍州牧河間恭王墓誌銘。

著錄：

《隋代墓誌銘彙考》3 冊 229—232 頁。（圖、文、跋）

《北朝隋代墓誌所在總合目錄》編號 1586。（目）

論文：

宗鳴安：《〈楊弘墓誌〉與〈隋書〉所記異同考》，《中國典籍與文化》2008 年第 2 期。

備考：楊弘，《北史》卷七一、《隋書》卷四三有傳。

**大業 044**

成惡仁墓誌

大業三年（607）五月廿四日。1979 年山東安丘縣紅沙溝鎮沈家莊出土，石存山東安丘市博物館。誌長48.5、寬25、厚12釐米。尾題：成惡仁陵墓銘記。

著錄：

《隋代墓誌銘彙考》3冊233—234頁。（圖、文、跋）

《山東石刻分類全集·歷代墓誌》108頁。（圖、文）

《全隋文補遺》3/216下。（文）

《新出魏晉南北朝墓誌疏證》（修訂本）481頁。（文、跋）

《齊魯碑刻墓誌研究》"附表"369頁。（目）

《北朝隋代墓誌所在總合目錄》編號1587。（目）

論文：

安丘縣博物館：《山東安丘發現隋代墓銘》，《文物》1992年第4期。

**大業 045**

陳君妻王氏墓誌

大業三年（607）五月二日卒於南海揚仁坊之私第，以其月廿八日葬於南海治扶胥□□□。宣統三年（1911）出土於廣東省南海縣石碑鄉。香港羅原覺先生購得，後由其家屬捐獻給廣州博物館。誌高40米，寬20釐米。文14行，滿行27字，隸書。首題：□隋故太原王夫人墓誌銘并序。

著錄：

《北京圖書館藏中國歷代石刻拓本匯編》10冊13頁。（圖）

《隋唐五代墓誌匯編·北京卷附遼寧卷》1冊21頁。（圖）

《粵東金石略補註》426頁（圖）、1/63（文）。

《隋代墓誌銘彙考》3冊235—237頁。（圖、文、跋）

《全隋文補遺》3/216上。（文）

《新出魏晉南北朝墓誌疏證》（修訂本）482頁。（文、跋）

《石刻名彙》3/25a，《新編》2/2/1037下。（目）

《崇雅堂碑錄補》1/14a，《新編》2/6/4557下。（目）

《六朝墓誌檢要》（修訂本）200頁。（目）

《北京大學圖書館藏歷代墓誌拓片目錄》編號00864。（目）

《北朝隋代墓誌所在總合目錄》編號1588。（目）

論文：

汪兆鏞：《〈隋王夫人墓誌銘〉跋》，《汪兆鏞文集·微尚齋雜文》卷三，第 268—269 頁。

### 大業 046
#### 陳叔興墓誌

大業三年（607）五月廿三日薨於長安縣弘教鄉務德里之第，以其年六月七日葬於大興縣義陽鄉貴安里高陽之原。1992 年八月西安市長安縣韋曲鎮民間徵集，石存西安市長安區博物館。誌高 49.2、寬 48.5、厚 9.1 釐米。文 25 行，滿行 25 字，正書。首題：前陳沅陵王故陳府君之墓誌。

著錄：

《隋代墓誌銘彙考》3 冊 238—240 頁。（圖、文、跋）

《長安新出墓誌》26—27 頁。（圖、文）

《新中國出土墓誌·陝西〔叁〕》上冊 10 頁（圖）、下冊 5 頁（文）。

《北朝隋代墓誌所在總合目錄》編號 1589。（目）

《北京大學圖書館藏歷代墓誌拓片目錄》編號 00865。（目）

論文：

董理：《陳沅陵王陳叔興墓誌銘考釋》，《陝西歷史博物館館刊》第 8 輯，2001 年。

### 大業 047
#### 楊素墓誌

大業二年（606）七月廿三日薨於豫州飛山里第，以大業三年（607）八月八日葬於華陰東原通零里。1973 年陝西潼關縣吳村鄉亢家寨村東北出土，石存潼關縣文物管理委員會。誌石高、寬均 91 釐米。文 45 行，行 48 字，正書。首題：大隋納言上柱國光祿大夫司徒公尚書令太子太師太尉公楚景武公墓誌銘并序。

著錄：

《隋唐五代墓誌彙編·陝西卷》3 冊 8 頁。（圖）

《中國西北地區歷代石刻彙編》1 冊 128 頁。（圖）

《新中國出土墓誌·陝西（壹）》上冊 25 頁（圖）、下冊 21—23 頁

（文、跋）。

《潼關碑石》5 頁（圖）、98—100 頁（文）。

《隋代墓誌銘彙考》3 冊 241—246 頁。（圖、文、跋）

《全隋文補遺》3/218 上—220 下。（文）

《新出魏晉南北朝墓誌疏證》（修訂本）483—488 頁。（文、跋）

《北朝隋代墓誌所在總合目錄》編號 1590。（目）

《北京大學圖書館藏歷代墓誌拓片目錄》編號 00866。（目）

論文：

梁建邦：《楊素墓誌的發現與價值》，《渭南師專學報》1990 年第 1 期。

姚雙年：《隋楊素墓誌初考》，《考古與文物》1991 年第 2 期。

周錚：《楊素墓誌初考補正》，《考古與文物》1993 年第 2 期。

備考：楊素，《周書》卷三四附《楊敷傳》、《隋書》卷四八、《北史》卷四一有傳。

## 大業 048

### 康寶足墓誌并蓋

大象二年（580）卒於亳州梁郡之所，夫人翟氏仁壽二年（602）卒，以大業三年（607）八月八日合葬於積善鄉積善里。據云出土於河南省安陽市。誌高、寬均 45 釐米。蓋高、寬均 43.5 釐米。誌文 18 行，滿行 18 字，正書。蓋 2 行，行 2 字，篆書。首題：大隋故康君墓銘。蓋題：康君墓銘。

圖版著錄：

《秦晉豫新出墓誌蒐佚續編》1 冊 189—190 頁。

## 大業 049

### 楊敷妻蕭妙瑜墓誌并蓋

仁壽三年（603）正月廿五日遘疾薨於長安之道興里，大業三年（607）八月廿六日葬於華陰東原之塋。1996 年陝西潼關縣亢家寨出土，石存潼關縣文物管理委員會。誌并蓋高、寬均 46 釐米。文 24 行，滿行 24 字，正書。蓋 5 行，行 5 字，篆書。首題：周故大將軍淮魯復三州刺史臨貞忠壯公楊使君後夫人蕭氏墓誌；蓋題：周故大將軍淮魯復三州刺史臨貞忠壯公後夫人蕭氏之墓誌。

著錄：

《潼關碑石》4 頁（圖）、97—98 頁（文）。

《隋代墓誌銘彙考》3 冊 247—250 頁。（圖、文、跋）

《全隋文補遺》3/221 上—下。（文）

《新出魏晉南北朝墓誌疏證》（修訂本）489—492 頁。（文、跋）

《北朝隋代墓誌所在總合目錄》編號 1592。（目）

《北京大學圖書館藏歷代墓誌拓片目錄》編號 00868。（目）

論文：

呼琳貴：《陝西潼關出土隋〈蕭妙瑜墓誌〉考釋》，《碑林集刊》第 9 輯，2003 年。

備考：楊敷，《周書》卷三四、《北史》卷四一有傳。

### 大業 050

**滎澤縣令常醜奴墓誌**

大業元年（605）十一月十九日卒於神皇鄉宅，三年（607）八月廿六日合葬於本縣湯臺鄉之始平原。明代陝西興平縣出土，曾嵌置興平縣崇寧寺壁間，後寺廢石佚。誌高、寬均 42.7 釐米。文正書，27 行，滿行 27 字。首題：隋都督滎澤縣令故常府君墓誌。

圖版著錄：

《漢魏南北朝墓誌集釋》圖版四二五，《新編》3/4/127。

《隋代墓誌銘彙考》3 冊 251 頁。

錄文著錄：

《吉金貞石錄》1/5b–7a，《新編》1/12/9311 上—9312 上。

《關中金石文字存逸考》6/19b–21b，《新編》2/14/10506 上—10507 上。

《清儀閣題跋》80b–82a，《新編》2/19/13918 下—13919 下。

（乾隆）《興平縣志》8/4a–5a，《新編》3/31/560 下—561 上。

《清儀閣金石題識》2/34b–36b，《新編》4/7/58 下—59 下。

《全隋文補遺》3/217 上—218 上。

《隋代墓誌銘彙考》3 冊 252—254 頁。

碑目題跋著錄：

《集古求真》3/19a－b，《新編》1/11/8511 上。

《金石錄補》9/8a－b，《新編》1/12/9033 下。

《金石文字記》2/23b－24b，《新編》1/12/9222 上—下。

《吉金貞石錄》1/7b，《新編》1/12/9312 上。

《陝西金石志》7/12a，《新編》1/22/16450 下。

《雍州金石記餘》7a－b，《新編》1/23/17184 上。

《石墨鐫華》1/17b，《新編》1/25/18601 上。

《潛研堂金石文跋尾》3/26b－27a，《新編》1/25/18775 下—18776 上。

《潛研堂金石文字目錄》1/14b，《新編》1/25/19013 下。

《授堂金石三跋·一跋》4/6b－7a，《新編》1/25/19111 下—19112 上。

《寰宇訪碑錄》2/31a，《新編》1/26/19876 上。

《金石彙目分編》12（1）/81b，《新編》1/28/21317 上。

《石刻題跋索引》157 頁右，《新編》1/30/22495。

《天下金石志》6/9，《新編》2/2/835 上。

《石刻名彙》3/25b，《新編》2/2/1037 下。

《望堂金石初集》，《新編》2/4/2778 上。

《崇雅堂碑錄》2/4b，《新編》2/6/4501 下。

《來齋金石刻考略》卷上/40a－b，《新編》2/8/5984 下。

《關中金石文字存逸考》6/21b、6/22b－23b、11/26a，《新編》2/14/10507 上、10507 下—10508 上、10632 下。

《關中金石記》1/11，《新編》2/14/10666 下。

《語石》4/2b－3a、7/2a－b，《新編》2/16/11918 下—11919 上、11981 下。

《續校碑隨筆·孤本》卷下/7a，《新編》2/17/12505 上。

《清儀閣題跋》79a－80b、82a，《新編》2/19/13918 上—下、13919 下。

《竹崦盦金石目錄》27b，《新編》2/20/14560 上。

《古林金石表》14b，《新編》2/20/14900 下。

《蒿里遺文目錄》2（1）/7a，《新編》2/20/14947 上。

《佩文齋書畫譜·金石》62/16b 下，《新編》3/2/59 上。

《夢碧簃石言》2/24a－27a，《新編》3/2/185 下—187 上。附羅振玉、葉昌熾題跋。

《漢魏南北朝墓誌集釋》8/93b－94a，《新編》3/3/220－221。附《亦有生齋文集》八、《復初齋文集》二十一、《甘泉鄉人餘稿》一。

（乾隆）《興平縣志》8/5a，《新編》3/31/561 上。

《古誌彙目》1/14a，《新編》3/37/31。

《含經堂碑目》，《新編》3/37/254 上。

《西安碑目·興平縣》，《新編》3/37/265 下。

《竹崦盦金石目錄》1/33a－b，《新編》3/37/356 上。

《漢石經室金石跋尾》，《新編》3/38/267 上。

《汉魏六朝墓铭纂例》4/17a－b。《新編》3/40/467 上。

《金石備攷·西安府》，《新編》4/1/31 上。

《六藝之一錄》62/17a，《新編》4/5/129 上。

《清儀閣金石題識》2/32b－34b，《新編》4/7/57 下—58 下。

《墓誌徵存目錄》卷1，《羅振玉學術論著集》第五集，587 頁。

《增補校碑隨筆》（修訂本）294 頁。

《六朝墓誌檢要》（修訂本）200 頁。

《善本碑帖錄》2/92。

《隋代墓誌銘彙考》3 冊 265 頁。

《碑帖敘錄》155 頁。

《碑帖鑒定》223 頁。

《北朝隋代墓誌所在總合目錄》編號 1591。

《北京大學圖書館藏歷代墓誌拓片目錄》編號 00867。

論文：

沈浩：《從〈常醜奴墓誌〉再述中國古代的誌墓和墓誌》，《上海博物館集刊》第 9 輯，2002 年。

備考：《陝西金石志》將"常醜奴"誤為"當醜奴"。

## 大業 051

**楊實墓誌**

又名：楊賓墓誌。大業二年（606）正月八日遘疾終於江都，以三年（607）八月廿六日歸葬於華陰之塋。陝西華陰縣出土，石存河南新安縣千唐誌齋博物館。拓片長47、寬46.6釐米。文20行，滿行20字，正書。首題：隋故右衛驃騎大都督楊府君墓誌銘并序。

著錄：

《隋代墓誌銘彙考》3冊266—268頁。（圖、文、跋）

《全唐文補遺·千唐誌齋新藏專輯》458頁。（文）

《北朝隋代墓誌所在總合目錄》編號1593。（目）

《北京大學圖書館藏歷代墓誌拓片目錄》編號00869。（目）

## 大業 052

**王釗磚誌**

又名：王釗達墓誌。大業元年（605）七月卒於東京洛陽縣崇業鄉建寧里，三年（607）十月九日葬於宮城東北魏孝文后高氏陵北三里。1936年洛陽城北徐溝村出土，三原于右任舊藏，今石存西安碑林博物館。磚高31、寬34釐米。文正書，10行，行2至19字不等。尾題：隋州司倉參軍王釗達墓誌。

著錄：

《鴛鴦七誌齋藏石》圖192。（圖）

《隋代墓誌銘彙考》3冊269—271頁、6冊144頁"存目"。（圖、文、跋）

《中國古代磚刻銘文集》上、下冊編號1122。（圖、文）

《全隋文補遺》3/224上。（文）

《新出魏晉南北朝墓誌疏證》（修訂本）493—494頁。（文、跋）

《洛陽出土石刻時地記》隋代大業008，55頁。（目）

《六朝墓誌檢要》（修訂本）204頁。（目）

《北朝隋代墓誌所在總合目錄》編號1595。（目）

備考：《六朝墓誌檢要》著錄為"王劍傳墓誌"，時間為"大業五年十月九日",當有誤。

## 大業053

### 張怦暨妻東門氏墓誌并蓋

開皇六年（586）十二月七日終於晉陽，夫人東門氏大業二年（606）二月廿□日卒於私第，大業三年（607）十月九日合葬於魏郡城西十里。河南安陽出土，曾歸長白端方，今存不詳。誌高、寬均44釐米，蓋拓片長、寬均39釐米。文20行，滿行20字，正書。蓋2行，行2字，篆書。蓋題：張君誌銘。

圖版著錄：

《漢魏南北朝墓誌集釋》圖版四二六，《新編》3/4/128－129。

《北京圖書館藏中國歷代石刻拓本匯編》10冊14頁。

《隋唐五代墓誌匯編·河南卷》14頁。

《隋代墓誌銘彙考》3冊272—273頁。

錄文著錄：

《誌石文錄續編》17b－18a，《新編》2/19/13785上—下。

《魯迅輯校石刻手稿·墓誌》下冊238—240頁。

《全隋文補遺》3/223上—下。

《隋代墓誌銘彙考》3冊274—275頁。

碑目題跋著錄：

《石刻題跋索引》158頁左，《新編》1/30/22496。

《石刻名彙》3/25b，《新編》2/2/1037下。

《崇雅堂碑錄》2/4b，《新編》2/6/4501下。

《河朔金石目》2/5b－6a，《新編》2/12/8962上—下。

《蒿里遺文目錄》2（1）/7b，《新編》2/20/14947上。

《漢魏南北朝墓誌集釋》8/94a，《新編》3/3/221。

《國立北平圖書館藏碑目》16a，《新編》3/36/256下。

《古誌彙目》1/14a，《新編》3/37/31。

《墓誌徵存目錄》卷1，《羅振玉學術論著集》第五集，587頁。

《歷代墓誌銘拓片目錄》42頁。

《增補校碑隨筆》（修訂本）295 頁。

《六朝墓誌檢要》（修訂本）201 頁。

《隋代墓誌銘彙考》3 冊 276 頁。

《碑帖鑒定》222 頁。

淑德大學《中國石刻拓本目錄》"墓誌"編號 298。

《北朝隋代墓誌所在總合目錄》編號 1594。

《北京大學圖書館藏歷代墓誌拓片目錄》編號 00870。

備考：《河朔金石目》作"張坪"，從出土地點"河南安陽"、葬年"大業三年十月"、書體"正書"來看，當是同一方墓誌。

## 大業 054

### 姚勛墓誌

大業三年（607）十月九日。2011 年 7 月陝西省禮泉縣城一施工工地出土，2011 年入藏昭陵博物館。盝頂蓋，底邊長 47.2、厚 9 釐米。誌方形，邊長 47.2、厚 9 釐米。文正書，24 行，滿行 24 字。蓋題：隋使持節上開府驃騎將軍姚使君墓誌。

碑目著錄：

《北朝隋代墓誌所在總合目錄》編號 1596。

論文：

胡元超：《隋姚勛墓誌勘誤》，《乾陵文化研究》（六），2011 年。（文）

## 大業 055

### 高六奇墓誌并蓋

大業二年（606）六月五日卒於長樂鄉汎愛里，以大業三年（607）十月十日葬於舊塋。1973 年出土於河北省景縣野林莊鄉大高義村，石存河北省文物研究所。誌高 45、寬 44、厚 9 釐米。文 19 行，滿行 21 字，正書。蓋 3 行，行 3 字，篆書。蓋題：隋故（金）鄉令高君之銘。

著錄：

《隋唐五代墓誌匯編·河北卷》16 頁。（誌圖）

《河北金石輯錄》258—259 頁。（圖、文、跋）

《隋代墓誌銘彙考》3 冊 277—279 頁。(誌圖、文、跋)

《衡水出土墓誌》38—39 頁。(圖、文)

《全隋文補遺》3/222 下—223 上。(文)

《新出魏晉南北朝墓誌疏證》(修訂本) 495—496 頁。(文、跋)

《北朝隋代墓誌所在總合目錄》編號 1597。(目)

論文：

河北省文管處：《河北景縣北魏高氏墓發掘簡報》，《文物》1979 年第 3 期。

## 大業 056

### 皇甫誕墓誌

大業三年（607）十月十日遷葬於大興縣。陝西長安縣出土。

碑目題跋著錄：

《寶刻叢編》8/1b，《新編》1/24/18218 上。

《金石彙目分編》12（1）/24a，《新編》1/28/21288 下。

《石刻題跋索引》157 頁右，《新編》1/30/22495。

《古誌彙目》1/14a，《新編》3/37/31。

《六朝墓誌檢要》(修訂本) 201 頁。

《隋代墓誌銘彙考·存目》6 冊 133 頁。

《北朝隋代墓誌所在總合目錄》編號 1598。

備考：皇甫誕，《北史》卷七〇附《皇甫璠傳》、《隋書》卷七一有傳。

## 大業 057

### 周皆墓誌

大業三年（607）十月廿二日葬於湖山之陰。1985 年山東章丘市聶家村南 300 米處發掘出土，石存山東章丘市博物館。誌長 42.5、寬 41.5、厚 13.4 釐米。文 12 行，行字數不等，正書。

著錄：

《隋代墓誌銘彙考》3 冊 280—281 頁。(圖、文、跋)

《山東石刻分類全集·歷代墓誌》109 頁。(圖、文)

《全隋文補遺》3/222 上。（文）

《濟南歷代墓誌銘》20 頁。（文、跋）

《新出魏晉南北朝墓誌疏證》（修訂本）497 頁。（文、跋）

《齊魯碑刻墓誌研究》"附表" 369 頁。（目）

《北朝隋代墓誌所在総合目録》編號 1599。（目）

論文：

寧蔭棠：《山東章丘隋代周皆墓》，《考古與文物》1996 年第 1 期。

## 大業 058

大將軍姜濟墓誌

大業元年（605）四月卒於私第，三年（607）十月葬於京兆郡（缺）縣平陵鄉。陝西咸陽出土。

碑目題跋著錄：

《寶刻叢編》8/43a，《新編》1/24/18239 上。

《金石彙目分編》12（1）/76b，《新編》1/28/21314 下。

《石刻題跋索引》157 頁右，《新編》1/30/22495。

《古誌彙目》1/14a，《新編》3/37/31。

《六藝之一錄》62/15b，《新編》4/5/128 上。

《六朝墓誌檢要》（修訂本）201 頁。

《隋代墓誌銘彙考·存目》6 冊 134 頁。

《北朝隋代墓誌所在総合目録》編號 1600。

## 大業 059

楊君墓誌

大象二年（580）十二月薨於淅州，以隋大業三年（607）十一月四日遷葬華陰東原之塋。近年陝西華陰縣出土。誌長、寬均 67 釐米。文 28 行，行 29 字，正書。

著錄：

《隋代墓誌銘彙考》3 冊 282—285 頁。（圖、文、跋）

《北朝隋代墓誌所在総合目録》編號 1604。（目）

## 大業 060

### 楊君妻李叔蘭墓誌

又名：楊氏妻李淑蘭墓誌。開皇元年（581）八月五日遘疾卒，大業三年（607）十一月四日遷葬祔於先塋。陝西華陰縣出土，石存河南新安縣千唐誌齋博物館。誌高 56.5、寬 58 釐米。文 21 行，滿行 22 字，正書。

著錄：

《隋代墓誌銘彙考》3 冊 286—288 頁。（圖、文、跋）

《秦晉豫新出墓誌蒐佚》1 冊 107 頁。（圖）

《新出魏晉南北朝墓誌疏證》（修訂本）498—499 頁。（文、跋）

《全唐文補遺·千唐誌齋新藏專輯》458—459 頁。（文）

《北朝隋代墓誌所在總合目錄》編號 1603。（目）

《北京大學圖書館藏歷代墓誌拓片目錄》編號 00873。（目）

論文：

李獻奇、周錚：《北周、隋五方楊氏家族墓誌綜考》，《碑林集刊》第 7 輯，2001 年。

## 大業 061

### 楊休墓誌并蓋

開皇三年（583）十一月薨於私第，以大業三年（607）十一月四日葬於華陰東原之塋。近年陝西華陰縣出土。誌長、寬均 57 釐米，蓋長、寬均 58 釐米。誌文 33 行，滿行 33 字，正書。蓋 5 行，行 5 字，篆書。蓋題：大隋故使持節大將軍平武縣開國公瀘州刺史楊使君之墓誌。首題：隋故使持節大將軍平武縣開國公瀘州刺史楊使君墓誌銘。

著錄：

《隋代墓誌銘彙考》3 冊 289—293 頁。（圖、文、跋）

《全隋文補遺》3/ 227 下—228 下。（文）

《北朝隋代墓誌所在總合目錄》編號 1602。（目）

## 大業 062

### 王昞暨妻桑氏墓誌

大業元年（605）十一月九日卒於里第，大業三年（607）十一月四日葬於黎陽城西北四里。1983 年 7 月河南浚縣西大橋北側衛河中出土，河南濬縣博物館舊藏，今藏河北正定墨香閣。誌高、寬均 48 釐米。文 23 行，滿行 24 字，正書。首題：魏故開府長兼行參軍王君墓誌銘。

著錄：

《隋唐五代墓誌匯編·河南卷》15 頁。（圖）

《新出土墓誌精粹》（北朝卷）下冊 2—7 頁。（圖）

《新中國出土墓誌·河南（壹）》上冊 108 頁（圖）、下冊 97 頁（文）。

《隋代墓誌銘彙考》3 冊 295—296 頁。（圖、文、跋）

《墨香閣藏北朝墓誌》232—233 頁。（圖、文）

《新出魏晉南北朝墓誌疏證》（修訂本）500—502 頁。（文、跋）

《北朝隋代墓誌所在總合目錄》編號 1601。（目）

《北京大學圖書館藏歷代墓誌拓片目錄》編號 00871。（目）

### 大業 063

成洪顯暨妻曹氏墓誌

又名：成顯墓誌。夫人曹氏以大業元年（605）五月廿五日卒於邯鄲城內，大業三年（607）十一月四日合葬邯鄲城西葛屨山南一百餘步。2005 年河北邯鄲市西北叢臺區插箭嶺小城南側出土。誌長、寬均 40 釐米。文 16 行，滿行 15 字，正書。首題：平遠將軍成洪顯墓銘。

著錄：

《隋代墓誌銘彙考》3 冊 297—299 頁。（圖、文、跋）

《北朝隋代墓誌所在總合目錄》編號 1612。（目）

論文：

孫繼民、馬小青等：《未刊石刻的錄文及簡介》，載於《河北新發現石刻題記與隋唐史研究》，第 287—288 頁。

毛永娟：《〈隋平遠將軍成洪顯墓銘〉考釋》，《唐史論叢》第 14 輯，2012 年。

### 大業 064

楊君妻元氏墓誌并蓋

開皇元年（581）五月廿日卒於長安，大業三年（607）十一月四日合葬於華陰東原。2007年秋陝西省華陰市東出土，存大唐西市博物館。蓋高30、寬30、厚4.5釐米；誌高29、寬29、厚5.5釐米。誌文14行，滿行14字，正書。蓋4行，行3字，正書。蓋題：隋溫州使君夫人元氏之墓誌；首題：隋溫州刺史楊使君夫人元氏墓誌。

著錄：

《秦晉豫新出墓誌蒐佚》1冊103—104頁。（圖）

《大唐西市博物館藏墓誌》上冊48—49頁。（圖、文）

《北朝隋代墓誌所在総合目錄》編號1605。（目）

### 大業065

楊君後夫人李氏墓誌并蓋

大業二年（606）二月廿三日卒，三年（607）十一月四日祔葬華陰東原。2007年秋，陝西省華陰市東出土，藏大唐西市博物館。誌高27、寬27、厚5釐米。盝頂蓋，蓋高26、寬26、厚5釐米。誌文13行，滿行13字，正書。蓋4行，行3字，正書。蓋題：隋溫州使君後夫人李氏墓誌。首題：隋溫州刺史後夫人李氏墓誌。

著錄：

《秦晉豫新出墓誌蒐佚》1冊105—106頁。（圖）

《大唐西市博物館藏墓誌》上冊50—51頁。（圖、文）

《北朝隋代墓誌所在総合目錄》編號1606。（目）

### 大業066

楊文端墓誌并蓋

建德四年（575）正月廿三日終於長安之私第，以大業三年（607）十一月四日葬於華陰東原之塋。2001年陝西華陰出土。誌高、寬均43釐米。蓋高、寬均35.5釐米。文24行，滿行23字，正書。蓋4行，滿行4字，篆書。蓋題：周大都督衛王府記室故楊府君之墓誌。首題：周故大都督衛王府記室參軍楊府君墓誌銘。

著錄：

《秦晉豫新出墓誌蒐佚續編》1冊191—192頁。（圖）

《北京大學圖書館藏歷代墓誌拓片目錄》編號00872。（目）

論文：

劉森垚：《〈楊文端墓誌〉相關問題考略》，《碑林集刊》第 22 輯，2016 年。

### 大業 067
**楊崇和墓誌**

又名：楊和墓誌。大業三年（607）十一月十五日葬，2003 年河南洛陽孟津縣出土，石存洛陽師範學院圖書館。誌高 48.5、寬 50、厚 8.5 釐米。文 13 行，滿行 12 字，正書。尾題：大隋大業三年歲次丁卯十一月丙午朔十五日庚申成楊崇和銘。

著錄：

《河洛墓刻拾零》上冊 56 頁。（圖）

《隋代墓誌銘彙考·存目》6 冊 135 頁。（目）

《北朝隋代墓誌所在総合目錄》編號 1608。（目）

《洛陽新出土墓誌釋錄》328 頁。（目）

《北京大學圖書館藏歷代墓誌拓片目錄》編號 00874。（目）

論文：

王其禕、王慶衛：《〈隋代墓誌銘彙考〉補》，《碑林集刊》第 13 輯，2008 年。（文）

### 大業 068
**內府監元氏宮人墓誌**

大業三年（607）十一月十二日遘疾卒於景華宮所，以其年十一月十九日葬於河南郡河南縣千金鄉北芒之山。河南洛陽出土，石存洛陽市博物館。誌高、寬均 43 釐米，厚 9 釐米。文 14 行，滿行 15 字，正書。首題：隋故宮人內副監元氏墓誌銘并序。

著錄：

《隋唐五代墓誌匯編·洛陽卷》1 冊 37 頁。（圖）

《洛陽出土歷代墓誌輯繩》59 頁。（圖）

《洛陽新獲墓誌》17 頁（圖）、202 頁（文）。

《隋代墓誌銘彙考》3 冊 302—304 頁。（圖、文、跋）

《全隋文補遺》3/224 下。（文）

《新出魏晉南北朝墓誌疏證》（修訂本）503—504 頁。（文、跋）

《北朝隋代墓誌所在總合目錄》編號 1609。（目）

論文：

任昉：《〈洛陽新獲墓誌〉釋文補正》，《故宮博物院院刊》2001 年第 5 期。

**大業 069**

呂疊磚誌

大業三年（607）十一月十□日。1955 年西安市東郊韓森寨出土，1962 年入藏西安市碑林博物館。磚長 24、寬 17.8 釐米。文 4 行，行 5 至 9 字不等，正書。

著錄：

《西安碑林全集》68/1321 – 1322。（圖）

《隋代墓誌銘彙考》3 冊 300—301 頁。（圖、文、跋）

《全隋文補遺》3/ 227 上。（文）

《新中國出土墓誌·陝西〔貳〕》補遺六，下冊 388 頁（文）、上冊 434 頁中—下（目）。

《新出魏晉南北朝墓誌疏證》（修訂本）505 頁。（文、跋）

《北朝隋代墓誌所在總合目錄》編號 1607。（目）

論文：

武伯綸：《唐長安萬年縣鄉里考》，《考古學報》1963 年第 2 期。

**大業 070**

劉淵墓誌

卒於崇政鄉敦行里，大業三年（607）十一月廿七日葬於邙山之陽。河南洛陽出土，曾歸義縣李氏，今存北京故宮博物院。誌高 38.5、廣 41 釐米。文 15 行，滿行 14 字，正書。

圖版著錄：

《漢魏南北朝墓誌集釋》圖版四二八，《新編》3/4/132。

《北京圖書館藏中國歷代石刻拓本匯編》10 冊 16 頁。

《隋唐五代墓誌匯編・洛陽卷》1 冊 38 頁。
《隋代墓誌銘彙考》3 冊 310 頁。
《故宮博物院藏歷代墓誌彙編》1 冊 97 頁。

錄文著錄：
《芒洛冢墓遺文四編》1/53b–54a，《新編》1/19/14175 上—下。
《全隋文補遺》3/225 上。
《隋代墓誌銘彙考》3 冊 311 頁。
《故宮博物院藏歷代墓誌彙編》1 冊 96 頁。

碑目題跋著錄：
《石刻題跋索引》158 頁左，《新編》1/30/22496。
《古誌新目初編》1/16a，《新編》2/18/13699 下。
《蒿里遺文目錄》2（1）/7b，《新編》2/20/14947 上。
《漢魏南北朝墓誌集釋》8/94b，《新編》3/3/222。
《國立北平圖書館藏碑目》16a，《新編》3/36/256 下。
《墓誌徵存目錄》卷 1，《羅振玉學術論著集》第五集，587 頁。
《洛陽出土石刻時地記》隋代大業 002，54 頁。
《六朝墓誌檢要》（修訂本）201 頁。
《隋代墓誌銘彙考》3 冊 312 頁。
《北朝隋代墓誌所在總合目錄》編號 1610。
《北京大學圖書館藏歷代墓誌拓片目錄》編號 00876。

## 大業 071

元君妻崔遝墓誌并蓋

又名：淮南化明縣丞夫人崔氏墓誌。仁壽二年（602）卒，大業三年（607）十一月廿七日葬於隋興縣孝信鄉，河南安陽出土，一說河南汲縣出土，曾存安陽金石保存所，今存西安碑林博物館。誌高、寬均 42 釐米。蓋 2 行，行 2 字，篆書。文 20 行，滿行 20 字，隸書。首題：淮南化明縣丞夫人故崔氏墓誌銘；蓋題：崔夫墓銘。

圖版著錄：
《漢魏南北朝墓誌集釋》圖版四二七，《新編》3/4/130–131。

《北京圖書館藏中國歷代石刻拓本匯編》10 冊 15 頁。（誌）

《隋唐五代墓誌匯編·河南卷》16 頁。（誌）

《西安碑林全集》68/1316－1320。

《隋代墓誌銘彙考》3 冊 305—306 頁。

錄文著錄：

《誌石文錄》卷上/56b－57a，《新編》2/19/13769 下—13770 上。

《魯迅輯校石刻手稿·墓誌》下冊 251—252 頁。

《全隋文補遺》3/225 下—226 上。

《隋代墓誌銘彙考》3 冊 307—308 頁。

碑目題跋著錄：

《石刻題跋索引》158 頁左，《新編》1/30/22496。

《石刻名彙》3/25b，《新編》2/2/1037 下。

《崇雅堂碑錄》2/4b，《新編》2/6/4501 下。

《河朔訪古新錄》2/1b，《新編》2/12/8894 上。

《河朔金石目》2/6a，《新編》2/12/8962 下。

《古誌新目初編》1/16a，《新編》2/18/13699 下。

《蒿里遺文目錄》2（1）/7b，《新編》2/20/14947 上。

《漢魏南北朝墓誌集釋》8/94a，《新編》3/3/221。

《河朔新碑目》中卷/5a，《新編》3/35/573 上。

《國立北平圖書館藏碑目》16a，《新編》3/36/256 下。

《墓誌徵存目錄》卷 1，《羅振玉學術論著集》第五集，587 頁。

《歷代墓誌銘拓片目錄》42 頁。

《六朝墓誌檢要》（修訂本）201—202 頁。

《隋代墓誌銘彙考》3 冊 309 頁。

《北朝隋代墓誌所在綜合目錄》編號 1611。

《北京大學圖書館藏歷代墓誌拓片目錄》編號 00875。

## 大業 072

司馬李沖墓誌并蓋

大象三年（581）八月廿四日薨於鄴城，以大業三年（607）十一月廿七日合葬於漳水之陽。誌長、高均 44 釐米；蓋底長、高均 44 釐米，頂長、高均 44 釐米。誌文 20 行，行 20 字，隸書兼正書。蓋 2 行，行 2 字，隸書。蓋題：司馬公銘。

著錄：

《北朝藝術研究院藏品圖錄・墓誌》205—207 頁。（圖、文）

**大業 073**

□爽墓誌

熙永（當"永熙"）二年（533）正月十三日卒於家，以大業三年（607）十二月十日遷葬於譙城西北三里。1973 年 3 月安徽亳縣機製磚瓦窯場出土，石存安徽亳縣博物館。誌長 41、寬 48 釐米。文 12 行，滿行 10 字，隸書。

著錄：

《隋代墓誌銘彙考》3 冊 313—314 頁。（圖、文、跋）

《全隋文補遺》3/ 229 上。（文）

《新出魏晉南北朝墓誌疏證》（修訂本）506—507 頁。（文、跋）

《碑帖鑒定》第 222 頁。（跋）

《北朝隋代墓誌所在總合目錄》編號 1613。（目）

《北京大學圖書館藏歷代墓誌拓片目錄》編號 00877。（目）

論文：

亳縣博物館：《安徽亳縣隋墓》，《考古》1977 年第 1 期。

**大業 074**

□弘越暨妻龐氏墓誌

大業三年（607）九月一日終於東京之正寢，夫人龐氏以開皇三年（583）卒於故城之第，以大業三年十二月上旬日甲申合葬於考塋之側。據云河南出土。誌拓片長 48、寬 47.5 釐米。文 23 行，滿行 23 字，隸書。

著錄：

《隋代墓誌銘彙考》3 冊 315—318 頁。（圖、文、跋）

《北朝隋代墓誌所在總合目錄》編號 1614。（目）

## 大業 075
### 翟仲侃暨妻高氏墓誌

翟仲侃薨於洛陽，夫人高氏以大隋大業三年（607）十二月合葬於邙山林麓。河南洛陽首陽山南出土。誌長 36、寬 37 釐米。文 23 行，滿行 23 字，隸書。首題：大隋故尚書職方侍郎翟君墓誌銘。

著錄：

《邙洛碑誌三百種》47 頁。（圖）

《隋代墓誌銘彙考》3 冊 319—321 頁。（圖、文、跋）

《北朝隋代墓誌所在總合目錄》編號 1615。（目）

## 大業 076
### 劉達墓誌

大業三年（607）。河南洛陽出土。

碑目題跋著錄：

《漢魏南北朝墓誌集釋・編例》1b，《新編》3/3/4。

《隋代墓誌銘彙考・存目》6 冊 136 頁。

《北朝隋代墓誌所在總合目錄》編號 1618。

## 大業 077
### 郭雲磚誌

又名：遵德鄉磚文。大業三年（607）。清乾隆四十三年山東濟寧城北廿里出土，為錢塘黃易所得，後佚。磚高 41.7、寬 20.3 釐米。文 3 行，行 3 至 6 字不等，正書。

圖版著錄：

《金石屑》3/55a–b，《新編》2/6/4713 上。

《隋代墓誌銘彙考》3 冊 322 頁。

《中國古代磚刻銘文集》上冊編號 1123。

錄文著錄：

《金石萃編》40/17a，《新編》1/1/687 上。

《山左金石志》10/35b，《新編》1/19/14490 上。

《濟州金石志》2/75a，《新編》2/13/9502 上。

《碑版廣例》7/30a，《新編》3/40/328 下。

《雪堂專錄・專誌徵存》12b，《羅雪堂先生全集》五編 3 冊 1288 頁。

《全隋文補遺》3/229 下。

《隋代墓誌銘彙考》3 冊 323 頁。

《中國古代磚刻銘文集》下冊編號 1123。

碑目題跋著錄：

《山左金石志》10/35b，《新編》1/19/14490 上。

《寰宇訪碑錄》2/31b，《新編》1/26/19876 上。

《寰宇訪碑錄校勘記》3/7a，《新編》1/27/20119 上。

《石刻名彙》3/25b，《新編》2/2/1037 下。

《平津館金石萃編》6/17a，《新編》2/4/2495 上。

《崇雅堂碑錄補》1/14a，《新編》2/6/4557 下。

《金石屑》3/56a，《新編》2/6/4713 下。

《濟州金石志》2/75b，《新編》2/13/9502 上。

《竹崦盦金石目錄》28a，《新編》2/20/14560 下。

《蒿里遺文目錄》3 上/5b，《新編》2/20/14983 上。

《古誌彙目》1/14a，《新編》3/37/31。

《竹崦盦金石目錄》1/33a，《新編》3/37/356 上。

《雪堂所藏金石文字簿錄》96b，《新編》4/7/417 下。

《增補校碑隨筆》（修訂本）295 頁。

《六朝墓誌檢要》（修訂本）202 頁。

《齊魯碑刻墓誌研究》"附表" 369 頁。

《隋代墓誌銘彙考・存目》6 冊 176 頁。

《碑帖鑒定》222 頁。

《北朝隋代墓誌所在總合目錄》編號 1616、1887。

備考：《隋代墓誌銘彙考・存目》所引"大業年間□君誌"，按其原引自《山左金石志》卷一〇頁三五下，核原書，實則"郭雲墓誌"，故合併著錄於此。

## 大業 078
*持節大將軍正義毅公豆盧毓碑*

大業三年（607）。西安府長安縣咸寧縣。

碑目題跋著錄：

《寶刻叢編》8/1b，《新編》1/24/18218 上。

《金石彙目分編》12（1）/24a，《新編》1/28/21288 下。

《石刻題跋索引》38 頁右，《新編》1/30/22376。

《六藝之一錄》62/6a，《新編》4/5/123 下。

論文：

姜波：《豆盧氏世系及其漢化——以墓碑、墓誌為線索》，《考古學報》2002 年第 3 期。

備考：豆盧毓，《隋書》卷三九有傳。

## 大業 079
*任軌暨妻薛氏墓誌并蓋*

大業三年（607）六月二日卒於長安之醴泉里，大業四年（608）二月九日葬於洛陽縣常平鄉遊仙里。夫人薛氏仁壽四年（604）正月二十日終於長安。河南洛陽出土，曾存河南圖書館、河南博物館，今存開封市博物館。誌長、寬均 55.8 釐米，誌蓋盝頂長、寬均 48 釐米。蓋 4 行，行 4 字，篆書。文 22 行，滿行 23 字，隸書。蓋題：隋故朝散大夫將作少匠任君墓誌之銘。

圖版著錄：

《漢魏南北朝墓誌集釋》圖版四二九，《新編》3/4/133–134。

《北京圖書館藏中國歷代石刻拓本匯編》10 冊 17 頁。

《隋唐五代墓誌匯編·洛陽卷》1 冊 39 頁。

《中國金石集萃》9 函 1 輯編號 5。（誌）

《隋代墓誌銘彙考》3 冊 325—326 頁。

錄文著錄：

《芒洛冢墓遺文續編》卷上/8b–9b，《新編》1/19/14060 下—14061 上。

《魯迅輯校石刻手稿·墓誌》下冊 253—255 頁。

《全隋文補遺》3/229 下—230 下。
《隋代墓誌銘彙考》3 冊 327—328 頁。
碑目題跋著錄：
《石刻題跋索引》158 頁左，《新編》1/30/22496。
《石刻名彙》3/24b，《新編》2/2/1037 上。
《崇雅堂碑錄補》1/13b，《新編》2/6/4557 上。
《古誌新目初編》1/16a，《新編》2/18/13699 下。
《蒿里遺文目錄》2（1）/7b，《新編》2/20/14947 上。
《夢碧簃石言》4/20b，《新編》3/2/208 下。
《漢魏南北朝墓誌集釋》8/94b，《新編》3/3/222。
《河南圖書館藏石目》2a，《新編》3/36/126 上。
《國立北平圖書館藏碑目》16a，《新編》3/36/256 下。
《古誌彙目》1/13b，《新編》3/37/30。
《墓誌徵存目錄》卷 1，《羅振玉學術論著集》第五集，587 頁。
《洛陽出土石刻時地記》隋代大業 003，54 頁。
《歷代墓誌銘拓片目錄》42—43 頁。
《增補校碑隨筆》（修訂本）291 頁。
《六朝墓誌檢要》（修訂本）202 頁。
《隋代墓誌銘彙考》3 冊 329 頁，6 冊 124 頁"存目"。
《北朝隋代墓誌所在總合目錄》編號 1536、1619。
《北京大學圖書館藏歷代墓誌拓片目錄》編號 00878。

備考：《石刻名彙》、《崇雅堂碑錄補》和《隋代墓誌銘彙考·存目》所著錄的"仁壽四年薛軌墓誌"當是"任軌墓誌"。方若《校碑隨筆》首先對此進行了更正，王壯弘《增補校碑隨筆》認為，此墓誌當是"任軌墓誌"，時間為"大業四年二月"。按：其可能將任軌妻薛氏的卒年"仁壽四年"作為了著錄時間，而將"任軌"誤錄為"薛軌"；另外行款、字體、出土地點也完全一致，故合併著錄。

## 大業 080

蘇順墓誌

大業四年（608）二月十一日與妻蓬氏合葬村東南二里。清嘉慶、道光年間山西長子縣出土，曾歸縣人蘇元璐，後誌石橫斷為二，移置東王寺壁間，今佚。誌長、寬均42.8釐米。文18行，行18、19字不等，正書兼篆書。

圖版著錄：

《漢魏南北朝墓誌集釋》圖版四三〇，《新編》3/4/135。

《隋代墓誌銘彙考》3冊330頁。

錄文著錄：

（光緒）《長子縣志·金石志》7/4a－5a，《新編》3/31/96下—97上。

《全隋文補遺》3/230下—231上。

《隋代墓誌銘彙考》3冊331—332頁。

碑目題跋著錄：

《石刻題跋索引》158頁左，《新編》1/30/22496。

《石刻名彙》3/25b，《新編》2/2/1037下。

《崇雅堂碑錄補》1/14a，《新編》2/6/4557下。

《漢魏南北朝墓誌集釋》8/94b，《新編》3/3/222。

（光緒）《山西通志·金石記二》90/34b－35a，《新編》3/30/348下—349上。

（光緒）《長子縣志·金石志》7/5a－b，《新編》3/31/97上。

《古誌彙目》1/14a，《新編》3/37/31。

《增補校碑隨筆》（修訂本）295頁。

《六朝墓誌檢要》（修訂本）202頁。

《隋代墓誌銘彙考》3冊333—334頁。

《北朝隋代墓誌所在總合目錄》編號1620。

## 大業081

崔氏墓誌并蓋

大業四年（608）二月。正書。

碑目著錄：

《石刻名彙》3/25b，《新編》2/2/1037下。

《隋代墓誌銘彙考·存目》6冊137頁。

《北朝隋代墓誌所在総合目錄》編號 1621。

**大業 082**

王筠墓誌并蓋

開皇十六年（596）二月十七日卒，大業四年（608）三月十七日葬。2006 年河南洛陽洛龍區龍門鎮張溝村出土，旋歸洛陽古玩城李氏。蓋高 48、寬 49 釐米；誌高 44.5、寬 45.5 釐米。誌文 15 行，滿行 16 字，正書。蓋 3 行，行 3 字，篆書。蓋題：大隋故王府君墓誌銘。首題：隋千牛王府君墓誌。

圖版著錄：

《洛陽新見墓誌》1 頁。（誌）

《洛陽新獲七朝墓誌》56 頁。（誌）

《秦晉豫新出墓誌蒐佚》1 冊 108—109 頁。

碑目著錄：

《北朝隋代墓誌所在総合目錄》編號 1622。

《北京大學圖書館藏歷代墓誌拓片目錄》編號 00879。

**大業 083**

蘇統師墓誌

大業四年（608）閏三月廿八日權葬。2009 年 2 月在西安市南郊長安區韋曲街辦韓家灣附近出土。誌及蓋均高、寬 27 釐米，蓋厚 4.5 釐米，誌厚 8 釐米。文正書，5 行，滿行 5 字。蓋無字。

碑目著錄：

《北朝隋代墓誌所在総合目錄》編號 1623。

論文：

陝西省考古研究院：《西安南郊隋蘇統師墓發掘簡報》，《考古與文物》2010 年第 3 期。（圖、文）

**大業 084**

陳叔興妃沈氏墓誌

大業四年（608）六月八日卒於京兆郡長安縣頒政里。陝西西安長安區韋曲鎮出土。誌高、寬均 31.5 釐米。文 8 行，滿行 10 字，正書。首題：陳沅陵王妃墓誌銘。

著錄：

《秦晉豫新出墓誌蒐佚續編》1 冊 193 頁。（圖）

《新見北朝墓誌集釋》203—205 頁。（圖、文、跋）

《北京大學圖書館藏歷代墓誌拓片目錄》編號 00880。（目）

### 大業 085

**張開墓誌并蓋**

大業四年（608）閏三月二日卒於東京集賢里，夫人趙氏仁壽元年（601）五月十六日卒於洛陽故城永康里，大業四年八月二日合葬於芒山之陽。2007 年冬河南省洛陽孟津縣出土，石存洛陽民間。高、寬均 57 釐米。26 行，滿行 26 字，正書。蓋 3 行，行 3 字，篆書。蓋題：隋石艾縣尉故張君銘。

圖版著錄：

《洛陽新見墓誌》20 頁。

《洛陽新獲七朝墓誌》57 頁。

《秦晉豫新出墓誌蒐佚》1 冊 110 頁。（誌）

碑目著錄：

《北朝隋代墓誌所在總合目錄》編號 1624。

《北京大學圖書館藏歷代墓誌拓片目錄》編號 00881。

### 大業 086

**鷹揚郎將梁羅墓誌**

大業四年（608）八月建，葬於京兆郡山北鄉樊川之岡。陝西西安城南杜曲出土。正書。額篆書。

碑目題跋著錄：

《金石錄補》9/10a－b，《新編》1/12/9034 下。

《金石文字記》2/24b－25b，《新編》1/12/9222 下—9223 上。

《陝西金石志》7/12b，《新編》1/22/16450 下。

《寰宇訪碑錄》2/31b，《新編》1/26/19876 上。

《金石彙目分編》12（1）/2b，《新編》1/28/21277 下。

《石刻題跋索引》158頁左，《新編》1/30/22496。

《石刻名彙》3/25b，《新編》2/2/1037下。

《崇雅堂碑錄》2/4b，《新編》2/6/4501下。

《關中金石文字存逸考》5/10a–11b、11/19a，《新編》2/14/10473下—10474上、10629上。

《關中金石記》1/10b，《新編》2/14/10666上。

《語石》4/2b，《新編》2/16/11918下。

《古林金石表》14b，《新編》2/20/14900下。

《佩文齋書畫譜·金石》62/17a上，《新編》3/2/59下。

（嘉慶）《咸寧縣志·金石志》16/3a，《新編》3/31/504上。

《古誌彙目》1/14a，《新編》3/37/31。

《汉魏六朝墓銘纂例》4/17b–18a，《新編》3/40/467上—下。

《六藝之一錄》62/17b，《新編》4/5/129上。

《六朝墓誌檢要》（修訂本）203頁。

《碑帖鑒定》222頁。

《隋代墓誌銘彙考·存目》6冊138—141頁。

《北朝隋代墓誌所在總合目錄》編號1625。

**大業087**

高矞墓誌

建德五年（576）八月二日卒，大業四年（608）十月十日葬於大興縣永壽鄉黃原里小陵原。2011年陝西西安市長安區出土，2012年入藏西安碑林博物館。誌石高31.4、寬31.2、厚6.7釐米。誌文正書，8行，滿行8字。

著錄：

《西安碑林博物館新藏墓誌續編》上冊30—31頁。（圖、文）

《秦晉豫新出墓誌蒐佚續編》1冊194頁。（圖）

《新見北朝墓誌集釋》188—189頁。（圖、文、跋）

《北京大學圖書館藏歷代墓誌拓片目錄》編號00882。（目）

論文：

王其禕、周曉薇:《長安地區新出隋代墓誌銘十種集釋》,《碑林集刊》第 19 輯, 2013 年。

**大業 088**

楊洪墓誌并蓋

大業四年（608）十月十二日遘疾通閨鄉第，以其月廿一日遷葬於豫州城東北邙山之原桑村四里。河南洛陽出土，曾歸三原于右任，今存西安碑林博物館。誌高、寬均 36 釐米。文 17 行，滿行 17 字，隸書。蓋 2 行，行 2 字，篆書。蓋題：楊君墓銘。

圖版著錄：

《漢魏南北朝墓誌集釋》圖版四三一,《新編》3/4/136。（誌）

《北京圖書館藏中國歷代石刻拓本彙編》10 冊 21 頁。（誌）

《隋唐五代墓誌匯編·洛陽卷》1 冊 40 頁。（誌）

《鴛鴦七誌齋藏石》圖 193。

《西安碑林全集》69/1323-1329。

《隋代墓誌銘彙考》3 冊 335—336 頁。

錄文著錄：

《全隋文補遺》3/233 下—234 上。

《隋代墓誌銘彙考》3 冊 337—338 頁。

碑目題跋著錄：

《石刻題跋索引》158 頁左,《新編》1/30/22496。

《古誌新目初編》1/16a,《新編》2/18/13699 下。

《漢魏南北朝墓誌集釋》8/94b,《新編》3/3/222。

《國立北平圖書館藏碑目》16a,《新編》3/36/256 下。

《蒿里遺文目錄續編補遺·墓誌徵存》1b,《新編》3/37/545 上。

《墓誌徵存目錄》卷 1,《羅振玉學術論著集》第五集, 587 頁。

《洛陽出土石刻時地記》隋代大業 004, 54 頁。

《歷代墓誌銘拓片目錄》43 頁。

《六朝墓誌檢要》（修訂本）203 頁。

《隋代墓誌銘彙考》3 冊 338 頁。

《北朝隋代墓誌所在總合目錄》編號1626。

《北京大學圖書館藏歷代墓誌拓片目錄》編號00883。

### 大業089

#### 吳嚴墓誌并蓋

大業二年（606）十二月廿五日卒於家，大業四年（608）十月葬於趙郡東北廿五里建平鄉。清光緒六年河北趙縣出土，曾歸貴築黃彭年。誌長44.3、寬62釐米，誌蓋盝頂長27、寬42釐米。蓋3行，行3字，篆書。文25行，滿行18字，隸書。蓋題：隋故主簿吳君墓誌銘。

圖版著錄：

《漢魏南北朝墓誌集釋》圖版四三二，《新編》3/4/137–138。

《北京圖書館藏中國歷代石刻拓本彙編》10冊22頁。

《隋唐五代墓誌匯編·北京卷附遼寧卷》1冊22頁。

《隋代墓誌銘彙考》3冊339—340頁。

錄文著錄：

《京畿冢墓遺文》卷上/20b–21a，《新編》1/18/13618下—13619上。

《誌石文錄續編》18a–19a，《新編》2/19/13785下—13786上。

《魯迅輯校石刻手稿·墓誌》下冊256—258頁。

《全隋文補遺》3/233上—下。

《隋代墓誌銘彙考》3冊341—342頁。

碑目題跋著錄：

《藝風堂金石文字目》18/4a，《新編》1/26/19815下。

《再續寰宇訪碑錄校勘記》8a，《新編》1/27/20463下。

《石刻題跋索引》158頁左，《新編》1/30/22496。

《石刻名彙》3/25b，《新編》2/2/1037下。

《崇雅堂碑錄》2/4b，《新編》2/6/4501下。

（光緒）《畿輔通志·金石十四》151/38b–39a，《新編》2/11/8633下—8634上。

《語石》2/3b、4/3a、4/8b、10/22b，《新編》2/16/11877上、11919上、11921下、12030下。

《寶鴨齋題跋》卷中/20a,《新編》2/19/14356 下。

《蒿里遺文目錄》2（1）/7b,《新編》2/20/14947 上。

《漢魏南北朝墓誌集釋》8/94b,《新編》3/3/222。

《國立北平圖書館藏碑目》16a,《新編》3/36/256 下。

《古誌彙目》1/14a,《新編》3/37/31。

《再續寰宇訪碑錄》卷上,《羅振玉學術論著集》第五集,445 頁。

《墓誌徵存目錄》卷1,《羅振玉學術論著集》第五集,587 頁。

《歷代墓誌銘拓片目錄》43 頁。

《增補校碑隨筆》（修訂本）292—293 頁。

《六朝墓誌檢要》（修訂本）203 頁。

《隋代墓誌銘彙考》3 冊 343—344 頁。

《碑帖鑒定》223 頁。

淑德大學《中國石刻拓本目錄》"墓誌"編號 299—300。

《北朝隋代墓誌所在總合目錄》編號 1627。

《北京大學圖書館藏歷代墓誌拓片目錄》編號 00884。

## 大業 090

郭王墓誌

大業三年（607）二月廿九日卒於河南縣殖業鄉顯義里,以四年（608）十一月四日權殯於穀水之陽寇村之北二里。1930 年洛陽城東北馬坡南四角樓北出土,郭玉堂舊藏,今存不詳。誌長 37.5、寬 38.4 釐米。文 15 行,滿行 16 字,隸書。首題：隋故扶溝縣令太原郭君墓誌。

圖版著錄：

《漢魏南北朝墓誌集釋》圖版四三三,《新編》3/4/139。

《北京圖書館藏中國歷代石刻拓本匯編》10 冊 23 頁。

《隋唐五代墓誌匯編·洛陽卷》1 冊 41 頁。

《隋代墓誌銘彙考》3 冊 345 頁。

錄文著錄：

《全隋文補遺》3/234 下。

《隋代墓誌銘彙考》3 冊 346—347 頁。

碑目題跋著錄：

《石刻題跋索引》158 頁左，《新編》1/30/22496。

《漢魏南北朝墓誌集釋》8/95a，《新編》3/3/223。

《國立北平圖書館藏碑目》16a，《新編》3/36/256 下。

《墓誌徵存目錄》卷 1，《羅振玉學術論著集》第五集，587 頁。

《洛陽出土石刻時地記》隋代大業 005，54 頁。

《六朝墓誌檢要》（修訂本）203—204 頁。

《隋代墓誌銘彙考》3 冊 347 頁。

《北朝隋代墓誌所在總合目錄》編號 1628。

### 大業 091

**董子達妻□氏墓誌**

大業四年（608）十一月十三日。文 3 行，滿行 6 字，正書。

著錄：

《中國磚銘》圖版下冊 1030 頁。（圖）

《隋代墓誌銘彙考》3 冊 348—349 頁。（圖、文）

《中國古代磚刻銘文集》上、下冊編號 1124。（圖、文）

《北朝隋代墓誌所在總合目錄》編號 1629。（目）

### 大業 092

**李靜訓墓誌并蓋**

大業四年（608）六月一日遘疾終於汾源之宮，以其年十二月廿二日葬於京兆長安縣休祥里萬善道場之內。1957 年西安市玉祥門外梁家莊出土，石存中國國家博物館。誌并蓋高、寬均 39.4 釐米，誌蓋斷為六塊。文 20 行，滿行 20 字，正書。蓋 3 行，行 3 字，篆書。蓋題：隋左光錄大夫女墓誌；首題：隋左光錄大夫岐州刺史李公第四女石誌銘并序。

著錄：

《隋代墓誌銘彙考》3 冊 350—353 頁。（圖、文、跋）

《中國國家博物館館藏文物研究叢書‧墓誌卷》36—37 頁。（圖、文）

《全隋文補遺》3/232 上—下。（文）

《新出魏晉南北朝墓誌疏證》（修訂本）508—510 頁。（文、跋）

《碑帖鑒定》223 頁。（跋）

《北朝隋代墓誌所在總合目錄》編號 1630。（目）

論文：

唐金裕：《西安西郊隋李靜訓墓發掘簡報》，《考古》1959 年第 9 期。

中國社會科學院考古研究所編：《唐長安城郊隋唐墓》，第 25—28 頁。

魏秋萍：《萬善尼寺中的金枝玉葉——關於隋代李靜訓墓的幾個問題》，《文物世界》2014 年第 2 期。

### 大業 093

#### 張君暨妻李夫人墓誌

開皇十二年（592）五月十四日卒，夫人大業二年（606）七月八日卒於家第，大業四年（608）九日合葬安陽城西北五里白素鄉。河南安陽出土。誌高、寬均 38.5 釐米，厚 11 釐米。文 15 行，滿行 17 字。首題：隋故長兼行參軍張君李夫人合墓誌銘。

著錄：

《安陽墓誌選編》17 頁（圖）、172 頁（文）。

### 大業 094

#### 侯莫陳穎墓誌

大業四年（608）。

碑目題跋著錄：

《石墨考異》卷上/9a，《新編》2/16/11640 上。

《佩文齋書畫譜·金石》62/18a 上，《新編》3/2/60 上。

《隋代墓誌銘彙考·存目》6 冊 142 頁。

《北朝隋代墓誌所在總合目錄》編號 1631。

備考：侯莫陳穎，《北史》卷六〇、《隋書》卷五五有傳。

### 大業 095

#### 正議大夫甯贇碑

大業四年（608）正月十九日卒於私宅，大業五年（609）四月葬。

道光六年（1826）在欽州出土，道光十二年許乃濟訪得。碑舊在廣東欽縣，現藏廣東省博物館。碑高113、寬92釐米。文正書，30行，滿行39字。額題：甯越郡欽江縣正議大夫之碑。

圖版著錄：

《北京圖書館藏中國歷代石刻拓本彙編》10冊25頁。

《粵東金石略補註》427—430頁。

錄文著錄：

《金石續編》3/23b–26b，《新編》1/4/3061上—3062下。

《八瓊室金石補正》27/1b–4b，《新編》1/6/4426上—4427下。

《十二硯齋金石過眼錄》8/15a–17b，《新編》1/10/7865上—7866上。

《魯迅輯校石刻手稿·碑銘》下冊337—342頁。

《全隋文補遺》2/73下—75上。

《粵東金石略補註》44—47頁。

碑目題跋著錄：

《金石續編》3/26b–30a，《新編》1/4/3062下—3064下。

《八瓊室金石補正》27/8a–b，《新編》1/6/4429下。

《十二硯齋金石過眼錄》8/17b–18b，《新編》1/10/7866上—下。

《藝風堂金石文字目》2/45a，《新編》1/26/19556上。

《補寰宇訪碑錄》2/24a，《新編》1/27/20217下。（疑偽）

《補寰宇訪碑錄刊誤》5a–b，《新編》1/27/20273上。（非偽）

《補寰宇訪碑錄校勘記》1/11b–12a，《新編》1/27/20291上—下。

《金石彙目分編》17/40a，《新編》1/28/21553下。

《石刻題跋索引》39頁左，《新編》1/30/22377。

《語石》2/28b、10/5a，《新編》2/16/11889下、12022上。

《平安館藏碑目》，《新編》2/18/13426下。

《寶鴨齋題跋》卷中/18b–19a，《新編》2/19/14355下—14356上。

《寰宇貞石圖目錄》卷上/8b、卷下/6a，《新編》2/20/14675上、14680上。

《蒿里遺文目錄》1上/4b，《新編》2/20/14939上。

《求恕齋碑錄》,《新編》3/2/527 上。

《激素飛清閣平碑記》卷 2,《新編》4/1/205 下—206 上。

《石交錄》3/30a,《新編》4/6/477 下。

《金石筆識》22b–23a,《新編》4/7/234 下—235 上。

《雪堂所藏金石文字簿錄》96b–97b,《新編》4/7/417 下—418 上。

《讀碑小箋》,《羅振玉學術論著集》第三集,44 頁。

《面城精舍雜文甲編》,《羅振玉學術論著集》第九集,41 頁。

《增補校碑隨筆》(修訂本)295 頁。

《善本碑帖錄》2/92–93。

《碑帖鑒定》223 頁。

《碑帖敘錄》219 頁。

淑德大學《中國石刻拓本目錄》"碑碣等刻石"編號 566。

備考：甯贊,正史無傳,但其父甯猛力見《北史》卷六七《令狐熙傳》、《北史》卷九《何稠傳》、《隋書》卷五六《令狐熙傳》、《隋書》卷六八《何稠傳》。

### 大業 096
#### 劉君霜墓銘磚

大業五年（609）五月十日。磚高 30、寬 13 釐米。文正書,2 行,行 5 或 7 字。

著錄：

《中國古代磚刻銘文集》上、下冊編號 1126。（圖、文）

《北朝隋代墓誌所在總合目錄》編號 1633。（目）

### 大業 097
#### 蘇金封磚誌

大業五年（609）五月十一日。河北藁城、正定一帶出土,磚歸河北正定縣劉秀峰墨香閣。磚高 28、寬 14 釐米。文 2 行,行 8 或 9 字,正書。

著錄：

《隋代墓誌銘彙考》3 冊 354—355 頁。（圖、文、跋）

《中國古代磚刻銘文集》上、下冊編號 1127。（圖、文）

《墨香閣藏北朝墓誌》281 頁。（圖、文）

《北朝隋代墓誌所在總合目錄》編號 1632。（目）

《北京大學圖書館藏歷代墓誌拓片目錄》編號 00885。（目）

論文：

趙生泉：《新近出土磚拓十種》，《中國書畫》2004 年第 8 期。

趙生泉、史瑞英：《河北北朝墓誌札記（七則）》，《文物春秋》2006 年第 2 期。

### 大業 098

元世斌墓誌

大業五年（609）五月十九日薨於隆正里之第，以其月廿四日權葬於大興城西龍首鄉隆安里之山。西安市西郊出土，1995 年入藏陝西師範大學歷史系古籍整理研究所，今存陝西師範大學博物館。誌長 32、寬 31.5 釐米。文 9 行，滿行 8 字，正書。

著錄：

《隋代墓誌銘彙考》3 冊 356—357 頁。（圖、文、跋）

《全隋文補遺》3/235 下。（文）

《新出魏晉南北朝墓誌疏證》（修訂本）511—512 頁。（文、跋）

《北京大學圖書館藏歷代墓誌拓片目錄》編號 00886。（目）

《北朝隋代墓誌所在總合目錄》編號 1634。（目）

論文：

王其禕：《西安新出土〈隋元世斌墓誌〉考證》，《文物》2001 年第 8 期。

王雪玲：《新發現五種隋唐墓誌考證》，《碑林集刊》第 7 輯，2001 年。

毛陽光：《關於〈西安新出土隋元世斌墓誌考證〉的幾點看法》，《文物》2002 年第 11 期。

### 大業 099

元禕墓誌

大業五年（609）正月十二日薨於洛陽縣鄴德里，其年八月八日權葬於河南縣靈泉鄉之原。1937 年洛陽城北前海資村出土，石藏河南新安千唐誌齋。誌高、寬均 51.8 釐米。文 26 行，滿行 27 字，正書。蓋題：元君墓誌。首題：隋故朝散大夫歷陽太守元禕墓誌銘。

著錄：

《漢魏南北朝墓誌集釋》圖版五七三，《新編》3/4/330。（圖）

《隋唐五代墓誌彙編·洛陽卷》1 冊 42 頁。（圖）

《隋代墓誌銘彙考》3 冊 358—361 頁。（圖、文、跋）

《全隋文補遺》3/236 上—237 上。（文）

《漢魏南北朝墓誌集釋》11/112b–113a，《新編》3/3/258–259。（跋）

《石刻題跋索引》158 頁左，《新編》1/30/22496。（目）

《洛陽出土石刻時地記》隋代大業 006，54 頁。（目）

《六朝墓誌檢要》（修訂本）204 頁。（目）

《北朝隋代墓誌所在總合目錄》編號 1635。（目）

### 大業 100

陳宣帝夫人施氏墓誌

又名：臨賀王國太妃墓誌銘、施太妃誌。大業五年（609）八月十一日卒於頒政里，其月十四日葬於高楊原洪固鄉。1992 年西安市長安縣韋曲鎮北原出土，石存西安市長安縣文管會。誌長 44.8、寬 44.2、厚 8.5 釐米。文 17 行，滿行 17 字，正書。首題：陳臨賀王國太妃墓誌銘。

著錄：

《隋代墓誌銘彙考》3 冊 363—365 頁。（圖、文、跋）

《長安新出墓誌》28—29 頁。（圖、文）

《全隋文補遺》3/237 下。（文）

《新出魏晉南北朝墓誌疏證》（修訂本）513—515 頁。（文、跋）

《北朝隋代墓誌所在總合目錄》編號 1636。（目）

論文：

董理：《〈陳臨賀王國太妃墓誌銘〉考釋》，《文博》2001 年第 5 期。

### 大業 101

賈氏墓誌

大業五年（609）八月十五日。洛陽城北南石山村出土，石存洛陽。

誌長 29、寬 30 釐米。文 18 行，滿行 18 字。

碑目著錄：

《隋代墓誌銘彙考·存目》6 冊 143 頁。

《北朝隋代墓誌所在總合目錄》編號 1637。

**大業 102**

郭世昌墓誌并蓋

又名：郭元和墓誌。大業五年（609）八月六日薨於家館，以其年十月廿六日權葬於郡城東北五里王趙村南。1925 年洛陽城東北西呂廟村西南出土，郭玉堂舊藏，今存不詳。誌高 27.8、寬 26.6 釐米。文 11 行，滿行 12 字，正書。蓋 2 行，行 2 字，篆書。蓋題：郭君之銘。

圖版著錄：

《漢魏南北朝墓誌集釋》圖版四三四，《新編》3/4/140。（誌）

《北京圖書館藏中國歷代石刻拓本匯編》10 冊 26 頁。

《隋唐五代墓誌匯編·江蘇山東卷》7 頁。

《隋唐五代墓誌匯編·洛陽卷》1 冊 43 頁。

《隋代墓誌銘彙考》3 冊 366—367 頁。

錄文著錄：

《全隋文補遺》3/238 上。

《隋代墓誌銘彙考》3 冊 368 頁。

碑目題跋著錄：

《石刻題跋索引》158 頁左，《新編》1/30/22496。

《石刻名彙》3/25b，《新編》2/2/1037 下。

《古誌新目初編》1/16a，《新編》2/18/13699 下。

《蒿里遺文目錄補遺》1b，《新編》2/20/14996 上。

《漢魏南北朝墓誌集釋》8/95a，《新編》3/3/223。

《國立北平圖書館藏碑目》16b，《新編》3/36/256 下。

《墓誌徵存目錄》卷 1，《羅振玉學術論著集》第五集，587 頁。

《洛陽出土石刻時地記》大業 007，54—55 頁。

《歷代墓誌銘拓片目錄》43 頁。

《六朝墓誌檢要》（修訂本）204 頁。

《隋代墓誌銘彙考》3 冊 369 頁。

《碑帖鑒定》224 頁。

《北朝隋代墓誌所在總合目錄》編號 1638。

備考：該墓誌因提及郭世昌之父"郭元和"，故部分金石著作便誤錄為"郭元和墓誌"。

## 大業 103

宮人歸義鄉君元氏墓誌

大業五年（609）十月六日卒於河南郡河南縣清化里，以其年十月廿七日葬於河南縣千金鄉北芒之山。1925 年十月洛陽北邙山後洞村西北出土，曾歸三原于右任，今存西安碑林博物館。誌高、寬均 48 釐米。文 16 行，滿行 18 字，正書。首題：隋故宮人歸義鄉君元氏墓誌銘并序。

圖版著錄：

《漢魏南北朝墓誌集釋》圖版五三一，《新編》3/4/287。

《北京圖書館藏中國歷代石刻拓本彙編》10 冊 27 頁。

《隋唐五代墓誌匯編·洛陽卷》1 冊 44 頁。

《鴛鴦七誌齋藏石》圖 243。

《西安碑林全集》69/1345－1350。

《隋代墓誌銘彙考》3 冊 370 頁。

錄文著錄：

《全隋文補遺》3/238 下。

《隋代墓誌銘彙考》3 冊 371—372 頁。

碑目題跋著錄：

《石刻題跋索引》158 頁右，《新編》1/30/22496。

《古誌新目初編》1/16a，《新編》2/18/13699 下。

《漢魏南北朝墓誌集釋》10/109b，《新編》3/3/252。

《國立北平圖書館藏碑目》16b，《新編》3/36/256 下。

《洛陽出土石刻時地記》隋宮人墓誌 003，67 頁。

《歷代墓誌銘拓片目錄》43 頁。

《六朝墓誌檢要》（修訂本）204—205 頁。

《碑帖鑒定》224 頁。

《隋代墓誌銘彙考》3 冊 372 頁。

《北朝隋代墓誌所在總合目錄》編號 1639。

**大業 104**

宮人典璽李氏墓誌

大業五年（609）八月廿九日遘疾卒於河南郡河南縣清化里，即以其年十月廿七日歸葬於千金鄉邙山。1925 年河南洛陽城西後洞村西北寇姓田中出土，曾歸三原于右任，今存西安碑林博物館。誌高 40、寬 40.3 釐米。文 15 行，滿行 16 字，正書。首題：隋故宮人典璽姓李氏墓誌銘并序。

圖版著錄：

《漢魏南北朝墓誌集釋》圖版五三二，《新編》3/4/288。

《北京圖書館藏中國歷代石刻匯編》10 冊 28 頁。

《隋唐五代墓誌匯編·洛陽卷》1 冊 45 頁。

《鴛鴦七誌齋藏石》圖版 244。

《西安碑林全集》69/1339 – 1344。

《隋代墓誌銘彙考》3 冊 373 頁。

錄文著錄：

《全隋文補遺》3/239 上—下。

《隋代墓誌銘彙考》3 冊 374—375 頁。

碑目題跋著錄：

《石刻題跋索引》158 頁右，《新編》1/30/22496。

《漢魏南北朝墓誌集釋》10/109b，《新編》3/3/252。

《國立北平圖書館藏碑目》16b，《新編》3/36/256 下。

《墓誌徵存目錄》卷 1，《羅振玉學術論著集》第五集，587 頁。

《洛陽出土石刻時地記》隋宮人墓誌 004，67 頁。

《歷代墓誌銘拓片目錄》43 頁。

《六朝墓誌檢要》（修訂本）205 頁。

《隋代墓誌銘彙考》3 冊 375 頁。

《碑帖鑒定》224 頁。

淑德大學《中國石刻拓本目錄》"墓誌"編號 301。

《北朝隋代墓誌所在総合目錄》編號 1640。

《北京大學圖書館藏歷代墓誌拓片目錄》編號 00887。

## 大業 105

**陳散騎侍郎劉猛進墓誌并陰**

隋初卒，大業五年（609）十一月三日，葬於南海郡西北朝亭東一里半；或云南朝陳太建四年（572）十月刻，或疑為開皇十七年（597）葬，或云大業元年（605）刻；今從趙萬里《漢魏南北朝墓誌集釋》，為"大業五年十一月三日"。清光緒三十二年（1906）四月出土於廣州北郊王聖堂，曾歸成都王秉恩、香山甘氏、南海曹氏，1948 年歸簡又文，今存廣東省博物館。誌高 81、寬 46 釐米，碑形墓誌。陽 17 行，陰 16 行，滿行均 31 字，正書。首題：前陳散騎侍郎劉府君墓銘并序。

圖版著錄：

《古石抱守錄》，《新編》3/1/156 – 157。

《漢魏南北朝墓誌集釋》圖版四三五，《新編》3/4/141 – 142。

《北京圖書館藏中國歷代石刻拓本匯編》2 冊 171 頁、10 冊 29—30 頁。

《隋唐五代墓誌匯編·北京卷附遼寧卷》1 冊 23—24 頁。

《粵東金石略補註》431—432 頁。

《隋代墓誌銘彙考》4 冊 1—2 頁。

錄文著錄：

《兩浙冢墓遺文》8a – 10a，《新編》1/15/11493 下—11494 下。

《誌石文錄續編》12b – 14a，《新編》2/19/13782 下—13783 下。

《夢碧簃石言》2/19b – 21a，《新編》3/2/183 上—184 上。

（民國）《華陽縣志·金石》31/14a – 16a，《新編》3/15/9 下—10 下。

《魯迅輯校石刻手稿·墓誌》下冊 164—168 頁。

《全隋文補遺》3/240 下—241 下。

《粵東金石略補註》47—49 頁。

《隋代墓誌銘彙考》4 冊 3—5 頁。

碑目題跋著錄：

《石刻題跋索引》156 頁左，《新編》1/30/22494。

《石刻名彙》2/6b，《新編》2/2/1027 下。

《循園金石文字跋尾》卷下/6a－7a，《新編》2/4/14477 上—下。

《崇雅堂碑錄補》1/4b，《新編》2/6/4552 下。

《古誌新目初編》1/16a，《新編》2/18/13699 下。

《蒿里遺文目錄》2（1）/7a，《新編》2/20/14947 上。

《夢碧簃石言》2/19a－b、21a－24a，《新編》3/2/183 上、184 上—185 下。附范壽銘題跋。

《漢魏南北朝墓誌集釋》8/95a－b，《新編》3/3/223。附《奇觚廎文集》中。

（民國）《華陽縣志·金石》31/16a－22b，《新編》3/15/10 下—13 下。附《石言》《金石學錄續補》《華陽雜俎》。

《國立北平圖書館藏碑目》15b，《新編》3/36/256 上。

《墓誌徵存目錄》卷 1，《羅振玉學術論著集》第五集，586 頁。

《歷代墓誌銘拓片目錄》43 頁。

《增補校碑隨筆》（修訂本）295—296 頁。

《六朝墓誌檢要》（修訂本）205 頁。

《善本碑帖錄》2/61。

《隋代墓誌銘彙考》4 冊 11 頁。

《碑帖鑒定》224 頁。

《碑帖敘錄》228 頁。

《北朝隋代墓誌所在總合目錄》編號 1641。

《北京大學圖書館藏歷代墓誌拓片目錄》編號 00888。

論文：

汪兆鏞：《〈前陳散騎侍郎劉猛進墓誌銘〉跋》，《汪兆鏞文集·微尚齋雜文》卷三，第 265—266 頁。

饒宗頤：《陳劉猛進碑跋》，載於《選堂序跋集》，第 335 頁。

**大業 106**

呂胡暨妻李氏墓誌并蓋

大業五年（609）七月十九日薨於思順里，其年十一月十日合葬於邙山之陽。1925年洛陽北邙出土，于右任舊藏，今石存西安碑林博物館。誌高、寬均41.8釐米，誌蓋盝頂高34、寬33釐米。蓋2行，行2字，篆書。文24行，滿行24字，正書。蓋題：呂君墓銘。

圖版著錄：

《漢魏南北朝墓誌集釋》圖版四三六，《新編》3/4/143－144。

《北京圖書館藏中國歷代石刻拓本匯編》10冊31頁。

《隋唐五代墓誌匯編·洛陽卷》1冊46頁。

《鴛鴦七誌齋藏石》圖194。

《中國金石集萃》9函1輯編號6。（誌）

《西安碑林全集》69/1330－1338。

《隋代墓誌銘彙考》4冊12—13頁。

錄文著錄：

《全隋文補遺》3/239下—240上。

《隋代墓誌銘彙考》4冊14—15頁。

碑目題跋著錄：

《石刻題跋索引》158頁右，《新編》1/30/22496。

《石刻名彙》3/25b，《新編》2/2/1037下。

《崇雅堂碑錄補》1/14a，《新編》2/6/4557下。

《古誌新目初編》1/16a，《新編》2/18/13699下。

《蒿里遺文目錄補遺》2a，《新編》2/20/14996下。

《漢魏南北朝墓誌集釋》8/95b，《新編》3/3/224。

《國立北平圖書館藏碑目》16b，《新編》3/36/256下。

《墓誌徵存目錄》卷1，《羅振玉學術論著集》第五集，587頁。

《洛陽出土石刻時地記》大業009，55頁。

《歷代墓誌銘拓片目錄》43頁。

《六朝墓誌檢要》（修訂本）205頁。

《隋代墓誌銘彙考》4 冊 16 頁。

《碑帖鑒定》224 頁。

《北朝隋代墓誌所在總合目錄》編號 1642。

《北京大學圖書館藏歷代墓誌拓片目錄》編號 00889。

### 大業 107

衙聞墓誌并蓋

又名：程聞墓誌。大業三年（607）七月四日遘疾終於遊仙里第，以大業五年（609）十一月廿一日葬於靈泉鄉。河南洛陽北邙山出土。誌高、寬均46 釐米。蓋高、寬均48 釐米，盝頂高、寬均32.6 釐米。文22 行，滿行22 字，正書。蓋3 行，行3 字，篆書。《隋代墓志銘彙考》載，蓋題：大隋高士衙君墓之銘；而《洛陽新見墓誌》、《洛陽新獲七朝墓誌》載，蓋題：程君墓誌。

著錄：

《隋代墓誌銘彙考》4 冊 17—20 頁。（圖、文、跋）

《洛陽新見墓誌》21 頁。（圖）

《洛陽新獲七朝墓誌》58 頁。（圖）

《北朝隋代墓誌所在總合目錄》編號 1643。（目）

備考：誌蓋必有一誤，從誌文內容"太尉公衙卿十世孫"來看，誌主當為"衙聞"，非"程聞"。

### 大業 108

王伯墓誌并蓋

大業四年（608）五月廿八日終於洛陽，以五年（609）十一月廿二日與夫人合葬。2004 年河南洛陽孟津縣出土，旋歸劉坡王氏。誌高57、寬56.5 釐米；蓋高32、寬33 釐米。文25 行，滿行25 字，正書。蓋3 行，行3 字，篆書。首題：齊輕車將軍通事舍人黃縣開國男王君墓誌并蓋；蓋題：隋故王府君之墓誌銘。

著錄：

《河洛墓刻拾零》上冊 57—58 頁。（圖）

《北朝隋代墓誌所在總合目錄》編號 1644。（目）

《北京大學圖書館藏歷代墓誌拓片目錄》編號00890。（目）

論文：

王其禕、王慶衛：《〈隋代墓誌銘彙考〉補》，《碑林集刊》第13輯，2008年。（文）

### 大業109

龍驤將軍呂超墓誌

大業五年（609）十一月。正書。

碑目著錄：

《國立北平圖書館藏碑目》16b，《新編》3/36/256下。

### 大業110

李世洛墓誌

大業五年（609）十二月十六日葬於京兆郡長安縣灃鄗鄉高陽原界。2011年出土於陝西省西安市南郊郭杜鎮，今存不詳。誌高、寬均50釐米。文25行，滿行25字，正書。首題：大隋故延安郡因城縣令李明府墓誌。

著錄：

《秦晉豫新出墓誌蒐佚續編》1冊195頁。（圖）

《北京大學圖書館藏歷代墓誌拓片目錄》編號00891。（目）

論文：

王其禕、周曉薇：《長安地區新出隋代墓誌銘十種集釋》，《碑林集刊》第19輯，2013年。

### 大業111

釋智聚碑

大業五年（609）十二月。虞世南撰。在虎邱。

碑目題跋著錄：

（道光）《蘇州府志·金石二》130/33b，《新編》3/5/516下。

（同治）《蘇州府志·金石二》141/33a，《新編》3/5/553上。

（民國）《吳縣志·金石考四》61下/1a，《新編》3/6/59上。

## 大業 112
### 刺史李巴西墓碑

又名：李刺史墓碑。大業五年（609）葬在廢狼山縣南，即今宜昌府長陽縣，碑在墓前。篆蓋云：南郡太守李巴西墓。

碑目題跋著錄：

（民國）《湖北通志·金石志》3/41b，《新編》1/16/11994 上。

《輿地碑記目·峽州碑記》3/3a，《新編》1/24/18549 上。

《金石彙目分編》14/44b，《新編》1/28/21404 下。

《石刻題跋索引》39 頁左，《新編》1/30/22377。

《佩文齋書畫譜·金石》62/17a 上，《新編》3/2/59 下。

（嘉慶）《湖北通志·金石一》88/48a，《新編》3/13/26 下。

## 大業 113
### 宮人劉氏墓誌

大業六年（610）正月二日卒於洛陽縣，其月八日葬於河南郡河南縣芒山北千金鄉。1925 年河南洛陽後洞村出土，舊藏于右任鴛鴦七誌齋，今石存西安碑林博物館。誌高 43.5、寬 43 釐米。文 16 行，滿行 17 字，正書。首題：宮人司樂劉氏墓誌銘并序。

圖版著錄：

《漢魏南北朝墓誌集釋》圖版五三三，《新編》3/4/289。

《北京圖書館藏中國歷代石刻拓本匯編》10 冊 32 頁。

《隋唐五代墓誌匯編·洛陽卷》1 冊 47 頁。

《鴛鴦七誌齋藏石》圖 245。

《西安碑林全集》69/1351-1355。

《隋代墓誌銘彙考》4 冊 21 頁。

錄文著錄：

《全隋文補遺》4/242 上—下。

《隋代墓誌銘彙考》4 冊 22—23 頁。

碑目題跋著錄：

《石刻題跋索引》158 頁右，《新編》1/30/22496。

《石刻名彙》3/25b，《新編》2/2/1037下。
《崇雅堂碑錄補》1/14b，《新編》2/6/4557下。
《古誌新目初編》1/16b，《新編》2/18/13699下。
《蒿里遺文目錄補遺》2a，《新編》2/20/14996下。
《漢魏南北朝墓誌集釋》10/109b，《新編》3/3/252。
《國立北平圖書館藏碑目》16b，《新編》3/36/256下。
《墓誌徵存目錄》卷1，《羅振玉學術論著集》第五集，588頁。
《洛陽出土石刻時地記》隋宮人墓誌005，67頁。
《歷代墓誌銘拓片目錄》43頁。
《六朝墓誌檢要》（修訂本）206、214頁。
《碑帖鑒定》224頁。
《隋代墓誌銘彙考》4冊23頁、6冊157頁"存目"。
淑德大學《中國石刻拓本目錄》"墓誌"編號303。
《北朝隋代墓誌所在總合目錄》編號1645。
《北京大學圖書館藏歷代墓誌拓片目錄》編號00892。

備考：《六朝墓誌檢要》（修訂本）所載"大業八年正月八日"之"宮人司樂劉氏墓誌"，其著錄云"蒿補二"。查《蒿里遺文目錄補遺》2a—b頁，僅大業六年正月八日之"宮人司樂劉氏墓誌"一方，無"八年"者，《六朝墓誌檢要》（修訂本）著錄有誤。而《隋代墓誌銘彙考》引用《六朝墓誌檢要》的著錄，歸入"存目"一欄，也疑著錄有誤。

## 大業114

解盛妻張字（或宇）墓誌

大業三年（607）卒於宅，以六年（610）正月十一日合葬於縣東北一里。1992年河北廊坊市大城縣城關鎮東關村出土，石存河北大城縣文物保管所。誌長50.5、上寬51.5、下寬54、厚15釐米。文22行，滿行19字，正書。首題：故章武郡主簿解君妻張墓誌。

著錄：

《隋代墓誌銘彙考》4冊24—26頁。（圖、文、跋）

《全隋文補遺》4/243 上—下。（文）

《新出魏晉南北朝墓誌疏證》（修訂本）516—517 頁。（文、跋）

《北朝隋代墓誌所在總合目錄》編號 1646。（目）

論文：

劉化成：《河北廊坊市大城縣出土四方隋唐墓誌》，《考古》2000 年第 10 期。

呂冬梅、田燕萍：《廊坊近年出土的隋唐墓誌》，《文物春秋》2002 年第 3 期。

## 大業 115

### 李世舉墓誌

武平六年（575）卒於任所，大業六年（610）正月廿日與夫人合葬於魏郡鄴縣野馬崗白塔村南一里。2000 年河北臨漳縣出土，藏河北正定縣劉秀峰墨香閣。誌高 41、寬 43 釐米。文 20 行，滿行 19 字，正書。首題：齊瀛洲司馬新興郡守故李府君墓誌銘。

著錄：

《隋代墓誌銘彙考》4 冊 32—34 頁。（圖、文、跋）

《墨香閣藏北朝墓誌》234—235 頁。（圖、文）

《新出魏晉南北朝墓誌疏證》（修訂本）520—521 頁。（文、跋）

《北朝隋代墓誌所在總合目錄》編號 1648。（目）

《北京大學圖書館藏歷代墓誌拓片目錄》編號 00893。（目）

論文：

劉恆：《隋〈李世舉墓誌〉拓本跋》，《中國書法》2001 年第 6 期。

## 大業 116

### 李椿妻劉琬華墓誌并蓋

大業三年（607）閏三月四日遘疾薨於京第，以六年（610）正月廿日葬於藍田縣童人鄉之山。1984 年九月西安市東郊慶華廠出土，石存陝西省考古研究所。誌并蓋長、寬均 51 釐米。誌文 26 行，滿行 26 字，正書。蓋 5 行，行 5 字，篆書。蓋題：大隋故開府儀同三司驃騎將軍河東公李府君夫人劉氏墓誌；首題：隋故開府儀同三司驃騎將軍河東公李府君妻劉氏墓誌。

著錄：

《隋唐五代墓誌匯編·陝西卷》3 冊 9 頁。（圖）

《中國西北地區歷代石刻匯編》1 冊 131 頁。（圖）

《隋代墓誌銘彙考》4 冊 27—31 頁。（圖、文、跋）

《全隋文補遺》4/245 上—下。（文）

《新出魏晉南北朝墓誌疏證》（修訂本）518—519 頁。（文、跋）

《北朝隋代墓誌所在總合目錄》編號 1647。（目）

論文：

桑紹華：《西安東郊隋李椿夫婦墓清理簡報》，《考古與文物》1986 年第 3 期。

前島佳孝：《北周徒何綸墓誌銘と隋李椿墓誌銘—西魏北周支配階層の出自に関する新史料—》，《人文研紀要（中央大學人文科學研究所）》第 55 號，2005 年。

備考：李椿，其事附《周書》卷一五、《北史》卷六〇《李標傳》。

## 大業 117

劉士安墓誌

開皇七年（587）十二月四日終，大業六年（610）正月廿二日葬於周城鄉吉遷里祖墳東二百步。1949 年後河北省河間市出土，石存河間市文物保管所。誌高 48、寬 47.5、厚 10 釐米。文 24 行，滿行 24 字，正書。首題：大隋劉君墓誌銘。

著錄：

《隋唐五代墓誌匯編·河北卷》17 頁。（圖）

《新中國出土墓誌·河北〔壹〕》上冊 46 頁（圖）、下冊 34—35 頁（文）。

《滄州出土墓誌》29 頁。（圖、文）

《隋代墓誌銘彙考》4 冊 35—37 頁。（圖、文、跋）

《全隋文補遺》4/243 下—244 下。（文）

《新出魏晉南北朝墓誌疏證》（修訂本）522—523 頁。（文、跋）

《北朝隋代墓誌所在總合目錄》編號1649。

**大業118**

史射勿墓誌并蓋

大業五年（609）三月廿四日遘疾薨於私第，以六年（610）正月廿二日葬於平涼郡之咸陽鄉賢良里。1987年寧夏固原縣南郊鄉小馬莊村史射勿墓出土，石存寧夏固原市博物館。蓋高47、寬46.5、厚10釐米。誌高46.5、寬45、厚6釐米。蓋5行，行4字，篆書。誌文23行，滿行24字，正書。首題：大隋正議大夫右領軍驃騎將軍故史府君之墓誌銘；蓋題：大隋正議大夫右領軍驃騎將軍故史府君之墓誌。

著錄：

《隋代墓誌銘彙考》4冊38—41頁。（圖、文、跋）

《寧夏歷代碑刻集》16—17頁。（圖、文）

《固原歷代碑刻選編》86—88頁。（圖、文）

《新出魏晉南北朝墓誌疏證》（修訂本）524—526頁。（文、跋）

《北朝隋代墓誌所在總合目錄》編號1650。（目）

《北京大學圖書館藏歷代墓誌拓片目錄》編號00894。（目）

論文：

寧夏文物考古研究所等：《寧夏固原隋史射勿墓發掘簡報》，《文物》1992年第10期。

羅豐：《固原南郊隋唐墓地》，文物出版社1996年版，第16、185—196頁。

羅豐：《固原南郊隋唐中亞史氏墓誌考釋（上）》，（台灣）《大陸雜誌》1995年第5期；又載於羅豐：《胡漢之間——"絲綢之路"與西北歷史考古》，第424—439頁。

山下將司：《新出土史料よりみた北朝末・唐初間ソグド人の存在形態——固原出土史氏墓誌を中心に》，《唐代史研究》7，2004年。

石見清裕：《史射勿墓誌》，載於石見清裕編著：《ソグド人墓誌研究》第Ⅱ部"固原の史氏一族墓誌"第一章。

馬秀茨：《從墓葬看粟特人史射勿之華化》，《西夏研究》2017年第

3 期。

### 大業 119

王伏生墓誌

別名：王大寶墓誌。又名：伏生墓誌。終於白鹿仙盌之側，大業六年（610）正月廿五日造。清咸豐十一年（1861）秦州（甘肅天水）卦臺山出土。誌石呈碑形，長一尺，寬六寸，額高三寸。誌文 9 行（左側 2 行），滿行 13 字，正書。額題：大業六年正月廿五日造。

著錄：

《隋代墓誌銘彙考》4 冊 42—44 頁。（圖、文、跋）

《隴右金石錄》1/60b – 61a，《新編》1/21/15982 下—15983 上。（文、跋）

（光緒）《甘肅新通志·藝文志附金石》92/8a，《新編》3/32/180 上。（文）

《北朝隋代墓誌所在總合目錄》編號 1651。（目）

《北京大學圖書館藏歷代墓誌拓片目錄》編號 00895。（目）

### 大業 120

□禮暨妻司馬氏墓誌

開皇十七年（597）十一月卒於相部，夫人司馬氏大業四年（608）仲冬卒於館舍，大業六年（610）正月合葬邙阜。河南洛陽出土，石存河南新安縣千唐誌齋博物館。誌長 46、寬 46.5 釐米。文 25 行，滿行 25 字，隸書。

著錄：

《隋代墓誌銘彙考》4 冊 45—47 頁。（圖、文、跋）

《全唐文補遺·千唐誌齋新藏專輯》459—460 頁。（文）

《北朝隋代墓誌所在總合目錄》編號 1652。（目）

《北京大學圖書館藏歷代墓誌拓片目錄》編號 00902。（目）

### 大業 121

西平太守上官政墓誌

大業六年（610）三月。陝西醴泉縣出土。

碑目題跋著錄：

《金石錄》3/7a，《新編》1/12/8815 上。

《通志・金石略》卷中/4b，《新編》1/24/18039 下。

《寶刻叢編》9/1a，《新編》1/24/18243 上。

《金石彙目分編》12（1）/110b，《新編》1/28/21331 下。

《石刻題跋索引》158 頁右，《新編》1/30/22496。

《佩文齋書畫譜・金石》62/17a 下，《新編》3/2/59 下。

《古誌彙目》1/14a，《新編》3/37/31。

《六藝之一錄》62/15b，《新編》4/5/128 上。

《六朝墓誌檢要》（修訂本）206 頁。

《隋代墓誌銘彙考・存目》6 冊 145—146 頁。

《北朝隋代墓誌所在總合目錄》編號 1653。

## 大業 122

范高暨妻蘇氏墓誌并蓋

仁壽四年（604）七月卒於相州安陽縣淳風鄉之第，夫人蘇氏，大業五年（609）三月終於雒陽縣遵化鄉之宅，大業六年（610）四月十七日合葬於邙山南皐之上。1921 年洛陽東北耀店西北嶺出土，曾存河南圖書館，今存河南博物院（一說石藏開封博物館）。誌長 38.3、寬 36.3 釐米。蓋 2 行，行 2 字，篆書。文 21 行，滿行 21 字，正書兼隸書。首題：大隋處士故范君墓誌銘并序。蓋題：范君墓銘。

圖版著錄：

《漢魏南北朝墓誌集釋》圖版四三七，《新編》3/4/145 – 146。

《北京圖書館藏中國歷代石刻拓本匯編》10 冊 33 頁。（誌）

《隋唐五代墓誌匯編・洛陽卷》1 冊 48 頁。

《隋代墓誌銘彙考》4 冊 48—49 頁。

錄文著錄：

《芒洛冢墓遺文四編》1/54a – 55a，《新編》1/19/14175 下—14176 上。

《誌石文錄》卷上/57a – b，《新編》2/19/13770 上。

《全隋文補遺》4/246 上—下。
《隋代墓誌銘彙考》4 冊 50—51 頁。
碑目題跋著錄：
《石刻題跋索引》158 頁右，《新編》1/30/22496。
《石刻名彙》3/25b，《新編》2/2/1037 下。
《崇雅堂碑錄補》1/14b，《新編》2/6/4557 下。
《古誌新目初編》1/16b，《新編》2/18/13699 下。
《蒿里遺文目錄》2（1）/7b，《新編》2/20/14947 上。
《漢魏南北朝墓誌集釋》8/95b，《新編》3/3/224。
《河南圖書館藏石目》2a，《新編》3/36/126 上。
《國立北平圖書館藏碑目》16b，《新編》3/36/256 下。
《墓誌徵存目錄》卷 1，《羅振玉學術論著集》第五集，588 頁。
《洛陽出土石刻時地記》隋代大業 010，55 頁。
《歷代墓誌銘拓片目錄》43 頁。
《六朝墓誌檢要》（修訂本）206 頁。
《隋代墓誌銘彙考》4 冊 52 頁。
《北朝隋代墓誌所在總合目錄》編號 1654。
《北京大學圖書館藏歷代墓誌拓片目錄》編號 00896。

## 大業 123

張喬墓誌

大業六年（610）四月五日終於宅，即以其年四月十八日葬於北芒山。河南洛陽出土，石存西安碑林博物館。誌高 44、寬 44.5 釐米。文 20 行，滿行 21 字，正書。首題：齊淮陽王府長兼行參軍張君墓誌銘。

圖版著錄：
《漢魏南北朝墓誌集釋》圖版四三八，《新編》3/4/147。
《北京圖書館藏中國歷代石刻拓本匯編》10 冊 34 頁。
《隋唐五代墓誌匯編·洛陽卷》1 冊 49 頁。
《鴛鴦七誌齋藏石》圖 195。
《西安碑林全集》69/1377－1384。

《隋代墓誌銘彙考》4 冊 53 頁。

錄文著錄：

《全隋文補遺》4/246 下—247 下。

《隋代墓誌銘彙考》4 冊 54—55 頁。

碑目題跋著錄：

《石刻題跋索引》158 頁右，《新編》1/30/22496。

《漢魏南北朝墓誌集釋》8/95b-96a，《新編》3/3/224-225。

《國立北平圖書館藏碑目》16b，《新編》3/36/256 下。

《洛陽出土石刻時地記》隋代大業 011，55 頁。

《六朝墓誌檢要》（修訂本）206 頁。

《隋代墓誌銘彙考》4 冊 55 頁。

《北朝隋代墓誌所在總合目錄》編號 1655。

《北京大學圖書館藏歷代墓誌拓片目錄》編號 00897。

## 大業 124

王瑟墓誌

又名：王遜墓誌。大業六年（610）五月二日卒於永豐里□所，以其月十三日葬於王城之北九里，前臨洛浦，後對黃河，左拒邙山，右鄰金谷。河南洛陽出土，石存洛陽古代藝術館。誌長、寬均 39.5 釐米。文 20 行，滿行 20 字，正書。首題：隋故昌黎王府長史王君墓誌銘。

著錄：

《隋唐五代墓誌匯編·洛陽卷》1 冊 50 頁。（圖）

《洛陽出土歷代墓誌輯繩》60 頁。（圖）

《隋代墓誌銘彙考》4 冊 56—58 頁。（圖、文、跋）

《全隋文補遺》4/247 下—248 上。（文）

《新出魏晉南北朝墓誌疏證》（修訂本）527—528 頁。（文、跋）

《北朝隋代墓誌所在總合目錄》編號 1656。（目）

## 大業 125

許春縣令張芳墓誌并蓋

大業六年（610）五月廿五日卒於閑居里，以其年七月十四日葬於宮城東北廿里邙山之阜。二十世紀九十年代河南洛陽出土，現藏河南新安縣千唐誌齋博物館。誌長41、寬41釐米。盝頂蓋，蓋長35、寬34釐米。蓋3行，行3字，篆書。誌文19行，滿行19字，正書。蓋題：大隋張府君墓誌銘記。

著錄：

《新中國出土墓誌·河南〔叁〕》（千唐誌齋·壹）上冊8頁（圖）、下冊6頁（文）。

《隋代墓誌銘彙考》4冊59—61頁。（圖、文、跋）

《全唐文補遺·千唐誌齋新藏專輯》460頁。（文）

《北朝隋代墓誌所在綜合目錄》編號1657。（目）

《北京大學圖書館藏歷代墓誌拓片目錄》編號00898。（目）

## 大業126

姬威墓誌并蓋

大業六年（610）四月十一日遘疾薨於京師，以其年七月廿三日葬於京兆郡大興縣沜川鄉之白鹿原。1954年出土於陝西省西安市郭家灘姬威墓，1955年由西安碑林博物館調存中國國家博物館。誌高、寬均80釐米，厚12釐米；蓋高82、寬80釐米。蓋5行，行5字，篆書。文33行，滿行33字，隸書。蓋題：隋金紫光祿大夫備身將軍司農卿燉煌太守汾源良公姬君銘；首題：隋故使持節金紫光祿大夫太子右衛率備身將軍司農卿龍泉燉煌二郡太守汾源良公姬府君之墓誌銘。

著錄：

《北京圖書館藏中國歷代石刻拓本匯編》10冊35頁。（圖）

《隋唐五代墓誌匯編·北京卷附遼寧卷》1冊25頁。（圖）

《中國西北地區歷代石刻匯編》1冊132頁。（圖）

《隋代墓誌銘彙考》4冊66—71頁。（圖、文、跋）

《中國國家博物館館藏文物研究叢書·墓誌卷》38—41頁。（圖、文）

《全隋文補遺》4/248下—249下。（文）

《新出魏晉南北朝墓誌疏證》（修訂本）529—532頁。（文、跋）

《碑帖敘錄》148 頁。(跋)

《碑帖鑒定》226 頁。(目)

《六朝墓誌檢要》(修訂本) 207 頁。(目)

《北朝隋代墓誌所在總合目錄》編號 1658。(目)

論文：

茹士安、何漢南：《西安地區考古工作中的發現》，《考古通訊》1955 年第 3 期。

陝西省文物管理委員會：《西安郭家灘隋姬威墓清理簡報》，《文物》1959 年第 8 期。

備考：姬威，其事見《北史》卷七一、《隋書》卷四五《房陵王楊勇傳》。

## 大業 127

### 韋君妻元咳女墓誌

大業六年（610）七月二十三日卒葬。西安市長安縣出土。誌長、寬均 54 釐米。文 21 行，滿行 20 字，正書。蓋 3 行，行 3 字，篆書。蓋題：大隋元夫人墓誌之蓋；首題：隋朝請大夫內史侍郎河南郡贊治韋府君夫人故元氏墓誌銘。

著錄：

《隋代墓誌銘彙考》4 冊 72—73 頁。(局部圖、文、跋)

《北朝隋代墓誌所在總合目錄》編號 1660。(目)

## 大業 128

### 韋圓照妻豐寧公主楊靜徽誌并蓋

大業六年（610）三月十五日遘疾薨於宣平里第，其年七月廿三日遷葬舊塋鴻固鄉疇貴里。1990 年西安市長安縣韋曲鎮北原出土，石存陝西省考古研究所。誌并蓋長、寬均 54 釐米，厚均 8.7 釐米。誌文 22 行，滿行 22 字，正書。蓋 3 行，行 3 字，篆書。蓋題：大隋豐寧公主墓誌銘；首題：大隋豐寧公主墓誌銘并序。

著錄：

《隋代墓誌銘彙考》4 冊 62—65 頁。(圖、文、跋)

《新出魏晉南北朝墓誌疏證》（修訂本）533—535 頁。（文、跋）

《北朝隋代墓誌所在總合目錄》編號 1659。（目）

論文：

戴應新：《隋豐寧公主楊靜徽駙馬韋圓照墓誌箋證》，《故宮學術季刊》第 14 卷第 1 期，1996 年。

## 大業 129

#### 羊瑋墓誌并蓋

大業六年（610）九月三日卒，以其月十五日葬於河南郡河南縣靈淵鄉界靈淵之源。河南洛陽出土，曾存河南圖書館，今存中國國家博物館，一說現藏開封市博物館。誌并蓋長、寬均 46 釐米。文 27 行，滿行 27 字，正書。蓋 3 行，行 3 字，篆書。首題：隋故朝請大夫右禦衛東陽府鷹揚郎將羊君墓誌。蓋題：隋故襄國贊治羊君銘。

圖版著錄：

《漢魏南北朝墓誌集釋》圖版四三九，《新編》3/4/148。（誌）

《北京圖書館藏中國歷代石刻拓本彙編》10 冊 36 頁。

《隋唐五代墓誌匯編·洛陽卷》1 冊 51 頁。（誌）

《隋代墓誌銘彙考》4 冊 74—75 頁。

錄文著錄：

《芒洛冢墓遺文續編》卷上/9b–11a，《新編》1/19/14061 上—14062 上。

《魯迅輯校石刻手稿·墓誌》下冊 259—262 頁。

《全隋文補遺》4/250 上—下。

《隋代墓誌銘彙考》4 冊 76—77 頁。

碑目題跋著錄：

《續補寰宇訪碑錄》8/7a，《新編》1/27/20348 上。

《石刻題跋索引》158 頁右，《新編》1/30/22496。

《石刻名彙》3/26a，《新編》2/2/1038 上。

《古誌新目初編》1/16b，《新編》2/18/13699 下。

《蒿里遺文目錄》2（1）/7b，《新編》2/20/14947 上。

《夢碧簃石言》4/20b，《新編》3/2/208 下。

《漢魏南北朝墓誌集釋》8/96a,《新編》3/3/225。

《河南圖書館藏石目》2a,《新編》3/36/126 上。

《國立北平圖書館藏碑目》16b,《新編》3/36/256 下。

《墓誌徵存目錄》卷1,《羅振玉學術論著集》第五集, 588 頁。

《洛陽出土石刻時地記》隋代大業 012, 55 頁。

《歷代墓誌銘拓片目錄》43—44 頁。

《六朝墓誌檢要》（修訂本）207 頁。

《隋代墓誌銘彙考》4 冊 78—79 頁。

《北朝隋代墓誌所在總合目錄》編號 1661。

《北京大學圖書館藏歷代墓誌拓片目錄》編號 00899。

**大業 130**

宮人司仗程氏墓誌

大業六年（610）八月廿九日遘疾終於清化里之別第,以其年九月廿四日葬於河南郡河南縣千金鄉芒山之北原。1925 年農曆九、十月間洛陽城西北邙山後洞村西北寇姓田中出土,于右任舊藏,今石存西安碑林博物館。誌高、寬均 55 釐米。文 15 行,滿行 18 字,正書。首題：後宮人五品司仗程氏墓誌銘。

圖版著錄：

《漢魏南北朝墓誌集釋》圖版五三四,《新編》3/4/290。

《北京圖書館藏中國歷代石刻拓本匯編》10 冊 37 頁。

《隋唐五代墓誌匯編·洛陽卷》1 冊 52 頁。

《鴛鴦七誌齋藏石》圖 246。

《西安碑林全集》69/1356－1360。

《隋代墓誌銘彙考》4 冊 80 頁。

錄文著錄：

《全隋文補遺》4/251 上—下。

《隋代墓誌銘彙考》4 冊 81—82 頁。

碑目題跋著錄：

《石刻題跋索引》158 頁右,《新編》1/30/22496。

《石刻名彙》3/26a,《新編》2/2/1038 上。

《古誌新目初編》1/16b,《新編》2/18/13699 下。

《蒿里遺文目錄補遺》2a,《新編》2/20/14996 下。

《漢魏南北朝墓誌集釋》10/109b,《新編》3/3/252。

《國立北平圖書館藏碑目》16b,《新編》3/36/256 下。

《蒿里遺文目錄續編・墓誌徵存》3b,《新編》3/37/538 上。

《墓誌徵存目錄》卷1,《羅振玉學術論著集》第五集,588 頁。

《洛陽出土石刻時地記》隋宮人墓誌006,67 頁。

《歷代墓誌銘拓片目錄》44 頁。

《六朝墓誌檢要》(修訂本) 207 頁。

《隋代墓誌銘彙考》4 冊 82 頁。

《碑帖鑒定》225 頁。

淑德大學《中國石刻拓本目錄》"墓誌"編號302。

《北朝隋代墓誌所在總合目錄》編號1662。

《北京大學圖書館藏歷代墓誌拓片目錄》編號00900。

## 大業131

宮人司仗馮氏墓誌

大業六年 (610) 八月十三日卒於河南縣清化里之別第,即以其年九月廿六日葬於千金鄉芒山之北原。1925年洛陽城西後洞村西北寇姓田中出土,于右任鴛鴦七誌齋藏石,今石存西安碑林博物館。誌高、寬均39.7釐米。文13行,滿行15字,正書。首題:後宮人五品司仗馮氏墓誌銘。

圖版著錄:

《漢魏南北朝墓誌集釋》圖版五三五,《新編》3/4/291。

《隋唐五代墓誌匯編・洛陽卷》1 冊 53 頁。

《鴛鴦七誌齋藏石》圖247。

《西安碑林全集》69/1361－1366。

《隋代墓誌銘彙考》4 冊 83 頁。

錄文著錄:

《全隋文補遺》4/251 下。

《隋代墓誌銘彙考》4 冊 84 頁。

碑目題跋著錄：

《石刻題跋索引》158 頁右，《新編》1/30/22496。

《古誌新目初編》1/16b，《新編》2/18/13699 下。

《漢魏南北朝墓誌集釋》10/109b，《新編》3/3/252。

《墓誌徵存目錄》卷 1，《羅振玉學術論著集》第五集，588 頁。

《六朝墓誌檢要》（修訂本）207 頁。

《洛陽出土石刻時地記》隋宮人墓誌 007，67 頁。

《隋代墓誌銘彙考》4 冊 85 頁。

《碑帖鑒定》225 頁。

《北朝隋代墓誌所在總合目錄》編號 1663。

### 大業 132

**楊秀墓誌并蓋**

大業五年（609）九月十日卒於立德之館，大業六年（610）十月八日葬於北邙之上。1925 年農曆二月洛陽城北前海資村出土，于右任舊藏，今石存西安碑林博物館。誌高 49、寬 47.5 釐米。蓋 3 行，行 3 字，篆書。文 28 行，滿行 29 字，隸書。蓋題：齊皇國治書楊君墓銘。

圖版著錄：

《漢魏南北朝墓誌集釋》圖版四四〇，《新編》3/4/149－150。

《北京圖書館藏中國歷代石刻拓本彙編》10 冊 38 頁。

《隋唐五代墓誌匯編·洛陽卷》1 冊 54 頁。

《鴛鴦七誌齋藏石》圖 196。

《西安碑林全集》69/1385－1391。（誌）

《隋代墓誌銘彙考》4 冊 86—87 頁。

錄文著錄：

《全隋文補遺》4/252 上—253 上。

《隋代墓誌銘彙考》4 冊 88—89 頁。

碑目題跋著錄：

《石刻題跋索引》158 頁右，《新編》1/30/22496。

《石刻名彙》3/26a，《新編》2/2/1038 上。

《崇雅堂碑錄補》1/14b，《新編》2/6/4557 下。

《古誌新目初編》1/16b，《新編》2/18/13699 下。

《蒿里遺文目錄補遺》2a，《新編》2/20/14996 下。

《漢魏南北朝墓誌集釋》8/96a，《新編》3/3/225。

《國立北平圖書館藏碑目》16b，《新編》3/36/256 下。

《墓誌徵存目錄》卷 1，《羅振玉學術論著集》第五集，588 頁。

《洛陽出土石刻時地記》隋代大業 013，55 頁。

《歷代墓誌銘拓片目錄》44 頁。

《六朝墓誌檢要》（修訂本）208 頁。

《隋代墓誌銘彙考》4 冊 90 頁。

《北朝隋代墓誌所在總合目錄》編號 1664。

《北京大學圖書館藏歷代墓誌拓片目錄》編號 00901。

## 大業 133

董穆墓誌

開皇三年（583）五月卒於輔城，大業六年（610）十一月三日葬城西北二里。河南郟縣（一說洛陽）出土，曾歸長白端方，今存北京故宮博物院。誌長 44、寬 46 釐米，左上角缺損。文 14 行，行 17 至 20 字不等，正書。首題：大隋大業六年歲次庚午十一月戊午朔三日庚申襄城郡汝南縣前主簿墓誌序。

圖版著錄：

《漢魏南北朝墓誌集釋》圖版四四一，《新編》3/4/151。

《北京圖書館藏中國歷代石刻拓本匯編》10 冊 39 頁。

《隋唐五代墓誌匯編·洛陽卷》1 冊 55 頁。

《隋代墓誌銘彙考》4 冊 91 頁。

《故宮博物院藏歷代墓誌彙編》1 冊 99 頁。

錄文著錄：

《匋齋藏石記》16/10a – b，《新編》1/11/8133 下。

《誌石文錄續編》19a，《新編》2/19/13786 上。

《魯迅輯校石刻手稿·墓誌》下冊 263—264 頁。

《全隋文補遺》4/253 下。

《隋代墓誌銘彙考》4 冊 92 頁。

《故宮博物院藏歷代墓誌彙編》1 冊 98 頁。

碑目題跋著錄：

《匋齋藏石記》16/11a–b，《新編》1/11/8134 上。

《續補寰宇訪碑錄》8/7a，《新編》1/27/20348 上。

《石刻題跋索引》158 頁右，《新編》1/30/22496。

《石刻名彙》3/26a，《新編》2/2/1038 上。

《崇雅堂碑錄》2/4b，《新編》2/6/4501 下。

《語石》4/9a，《新編》2/16/11922 上。

《蒿里遺文目錄》2（1）/7b，《新編》2/20/14947 上。

《漢魏南北朝墓誌集釋》8/96a–b，《新編》3/3/225–226。

《國立北平圖書館藏碑目》16b，《新編》3/36/256 下。

《古誌彙目》1/14b，《新編》3/37/32。

《墓誌徵存目錄》卷1，《羅振玉學術論著集》第五集，588 頁。

《洛陽出土石刻時地記》隋代大業 015，56 頁。

《歷代墓誌銘拓片目錄》44 頁。

《增補校碑隨筆》（修訂本）296 頁。

《六朝墓誌檢要》（修訂本）208 頁。

《隋代墓誌銘彙考》4 冊 94 頁。

《北朝隋代墓誌所在總合目錄》編號 1665。

《北京大學圖書館藏歷代墓誌拓片目錄》編號 00903。

### 大業 134

郡功曹馮原墓誌

仁壽四年（604）二月二十三日卒，大業六年（610）十一月二十一日葬於縣城南四里。河北高陽縣出土。正書。

碑目題跋著錄：

《石刻名彙》3/26a,《新編》2/2/1038 上。

（光緒）《畿輔通志·金石五》142/41b,《新編》2/11/8324 上。（節文）

（道光）《保定府志·藝文錄·金石》46/5b,《新編》3/23/243 上。

《隋代墓誌銘彙考·存目》6 冊 147 頁。

《北朝隋代墓誌所在總合目錄》編號 1667。

### 大業 135

鄭仲明墓誌

大業六年（610）十一月廿三日葬於合陽之原。2014 年鄭州市西郊羅莊出土。蓋及誌石皆長 52.3、寬 41 釐米，蓋厚 4 釐米，誌厚 8 釐米。文正書，20 行，滿行 15 字。蓋篆書，蓋題：魏尚書僕射鄭君墓銘。首題：故魏侍中尚書右僕射鄭君墓誌。未見誌蓋拓本。

論文：

鄭州市文物考古研究院等：《隋代鄭仲明墓發掘簡報》，《中原文物》2015 年第 6 期。（圖、文）

備考：鄭仲明，《魏書》卷五六有傳。

### 大業 136

司州修武縣令劉陁羅夫人張令墓誌

大業二年（606）八月二日卒於東都之第，大業六年（610）十一月廿七日葬於北邙山上。河南洛陽市孟津縣送莊鄉出土，石存洛陽市考古研究所，一說存洛陽市第二文物工作隊。石高 35.3、寬 35.5、厚 8.4 釐米。文 20 行，滿行 20 字，正書。首題：齊故司州修武縣令劉陁羅夫人張氏墓誌銘。

著錄：

《洛陽新獲墓誌續編》13 頁（圖）、315 頁（文、跋）。

《隋代墓誌銘彙考》4 冊 99—100 頁。（文、跋）

《北朝隋代墓誌所在總合目錄》編號 1669。（目）

### 大業 137

解方保墓誌

大業六年（610）十一月十四日卒於醴泉里，以其月廿七日葬於京兆郡長安縣福陽鄉脩福里之原。1999 年西安市長安縣出土，石存西安碑林博物館。誌長 49.5、寬 50、厚 8 釐米。文正書，19 行，滿行 19 字。首題：大隋殄寇將軍奮武尉右屯衛步兵校尉解府君之墓誌。

著錄：

《隋代墓誌銘彙考》4 冊 101—105 頁。（圖、文、跋）

《西安碑林博物館新藏墓誌彙編》上冊 52—53 頁。（圖、文）

《北京大學圖書館新藏金石拓本菁華 1996—2012》132 頁。（圖）

《全隋文補遺》4/256 下—257 上。（文）

《北朝隋代墓誌所在總合目錄》編號 1668。（目）

《北京大學圖書館藏歷代墓誌拓片目錄》編號 00904。（目）

論文：

周曉薇：《兩方新出土隋代墓誌銘解讀》，《碑林集刊》第 9 輯，2003 年。

### 大業 138

*梁瓌墓誌并蓋*

又名：梁瓌墓誌。大業六年（610）七月廿九日卒，大業六年十一月廿九日葬於芒阜。1918 年洛陽城北高溝村北陵出土，曾歸吳鼎昌、天津徐氏，今存北京故宮博物院。誌高 51、廣 50 釐米；蓋高 53、廣 52 釐米。蓋 2 行，行 2 字，正書；文 24 行，滿行 25 字，正書。蓋題：梁瓌銘誌。

圖版著錄：

《漢魏南北朝墓誌集釋》圖版四四二，《新編》3/4/152–153。

《北京圖書館藏中國歷代石刻拓本匯編》10 冊 40 頁。（誌）

《隋唐五代墓誌匯編·洛陽卷》1 冊 56 頁。

《隋唐五代墓誌匯編·河南卷》17 頁。

《隋代墓誌銘彙考》4 冊 106—107 頁。

《故宮博物院藏歷代墓誌彙編》1 冊 100—101 頁。

錄文著錄：

《芒洛冢墓遺文四編》1/55a–56a，《新編》1/19/14176 上—下。

《誌石文錄》卷上/57b–58b，《新編》2/19/13770 上—下。

《全隋文補遺》4/255 上—256 上。

《隋代墓誌銘彙考》4 冊 108—109 頁。

《故宮博物院藏歷代墓誌彙編》1 冊 100 頁。

碑目題跋著錄：

《石刻題跋索引》158 頁右—159 頁左，《新編》1/30/22496 – 22497。

《石刻名彙》3/26a，《新編》2/2/1038 上。

《崇雅堂碑錄補》1/14b，《新編》2/6/4557 下。

《古誌新目初編》1/16b，《新編》2/18/13699 下。

《蒿里遺文目錄》2（1）/7b，《新編》2/20/14947 上。

《漢魏南北朝墓誌集釋》8/96b，《新編》3/3/226。

《國立北平圖書館藏碑目》17a，《新編》3/36/257 上。

《墓誌徵存目錄》卷 1，《羅振玉學術論著集》第五集，588 頁。

《洛陽出土石刻時地記》隋代大業 016，56 頁。

《六朝墓誌檢要》（修訂本）209 頁。

《隋代墓誌銘彙考》4 冊 110 頁。

《北朝隋代墓誌所在總合目錄》編號 1670。

《北京大學圖書館藏歷代墓誌拓片目錄》編號 009052。

備考：《隋唐五代墓誌匯編·河南卷》誤錄為"冀環墓誌"。

## 大業 139

柳旦墓誌

大業四年（608）卒，六年（610）十一月葬。陝西長安縣出土。正書。

碑目題跋著錄：

《金石錄》3/7b、22/12a，《新編》1/12/8815 上、8933 下。

《通志·金石略》卷中/5a，《新編》1/24/18040 上。

《寶刻叢編》8/2a、20/31b，《新編》1/24/18218 下、18388 上。

《金石彙目分編》12（1）/24a，《新編》1/28/21288 下。

《石刻題跋索引》158 頁右，《新編》1/30/22496。

《石墨考異》卷上，《新編》2/16/11639 下—11640 上。

《佩文齋書畫譜·金石》62/17a 下，《新編》3/2/59 下。

《古誌彙目》1/14b,《新編》3/37/32。

《六藝之一錄》62/15a,《新編》4/5/128 上。

《六朝墓誌檢要》(修訂本) 208 頁。

《隋代墓誌銘彙考·存目》6 冊 148—149 頁。

《北朝隋代墓誌所在總合目錄》編號 1671。

備考：柳旦,《北史》卷六四、《隋書》卷四七有傳。

### 大業 140

*海州長史劉遙墓誌*

又名：劉瑤墓誌。大業六年（610）十一月。

碑目題跋著錄：

《金石錄》3/7a,《新編》1/12/8815 上。

《通志·金石略》卷中/5a,《新編》1/24/18040 上。

《寶刻叢編》20/31a,《新編》1/24/18388 上。

《石刻題跋索引》158 頁右,《新編》1/30/22496。

《佩文齋書畫譜·金石》62/17a 下,《新編》3/2/59 下。

《古誌彙目》1/14b,《新編》3/37/32。

《六藝之一錄》62/15b,《新編》4/5/128 上。

《六朝墓誌檢要》(修訂本) 208 頁。

《隋代墓誌銘彙考·存目》6 冊 150 頁。

《北朝隋代墓誌所在總合目錄》編號 1672。

備考：《寶刻叢編》引《金石錄》有誤，當"海州長史"。

### 大業 141

*薛保興墓誌*

薨於相業，以大隋大業庚午年（六年，610）閏十一月戊子朔卜移雜邑。1926 年洛陽東北馬溝村西北出土，于右任舊藏，今石藏西安碑林博物館。誌高、寬均 44.3 釐米。文 19 行，滿行 23 字，正書。

圖版著錄：

《漢魏南北朝墓誌集釋》圖版四四三,《新編》3/4/154。

《北京圖書館藏中國歷代石刻拓本匯編》10 冊 41 頁。

《隋唐五代墓誌匯編·洛陽卷》1 冊 57 頁。
《鴛鴦七誌齋藏石》圖 197。
《西安碑林全集》69/1392–1399。
《隋代墓誌銘彙考》4 冊 111 頁。

錄文著錄：

《全隋文補遺》4/254 上—下。
《隋代墓誌銘彙考》4 冊 112—113 頁。

碑目題跋著錄：

《石刻題跋索引》159 頁左，《新編》1/30/22497。
《古誌新目初編》1/16b，《新編》2/18/13699 下。
《漢魏南北朝墓誌集釋》8/96b，《新編》3/3/226。
《國立北平圖書館藏碑目》17a，《新編》3/36/257 上。
《洛陽出土石刻時地記》隋代大業 014，55—56 頁。
《六朝墓誌檢要》（修訂本）209 頁。
《隋代墓誌銘彙考》4 冊 113—114 頁。
《北朝隋代墓誌所在總合目錄》編號 1673。
《北京大學圖書館藏歷代墓誌拓片目錄》編號 00906。

### 大業 142

司馬宜墓誌

大業六年（610）閏十一月九日葬。山西長治出土。拓片高 42.5、寬 42 釐米。文隸書，19 行，滿行 19 字。

碑目著錄：

《北京大學圖書館藏歷代墓誌拓片目錄》編號 00907。

### 大業 143

東梁州刺史閻靜墓誌

以永安二年（529）正月卅日薨於州治，以大業六年（610）閏十一月十日改葬於泛濟鄉愛民里。1974 年三月河北石家莊市獲鹿縣大河鄉閻同村東約 500 米閻靜墓出土，石存河北正定縣文物保管所。誌并蓋長、寬均 55 釐米，誌厚 11.5 釐米，蓋厚 9 釐米。蓋無文字。誌文 18 行，滿行

13字，正書。額題：魏東梁州刺史閻使君墓誌銘。

著錄：

《隋唐五代墓誌匯編·河北卷》18頁。（圖）

《新中國出土墓誌·河北〔壹〕》上冊47頁（圖）、下冊35頁（文）。

《隋代墓誌銘彙考》4冊115—117頁。（圖、文、跋）

《全隋文補遺》4/257上—下。（文）

《新出魏晉南北朝墓誌疏證》（修訂本）536—537頁。（文、跋）

《河北金石輯錄》432頁。（目）

《北朝隋代墓誌所在總合目錄》編號1674。（目）

論文：

河北省正定縣文物保管所：《河北獲鹿發現北魏東梁州刺史閻靜遷葬墓》，《文物》1986年第5期。

### 大業144
辛侶墓誌并蓋

大業三年（607）六月三十日卒於路，大業六年（610）閏十一月十五日葬於塋域。據云出土於陝西省西安市，誌藏河北正定墨香閣，蓋藏不詳。誌高、寬均36釐米。蓋高、寬均31釐米。誌文21行，滿行21字，正書。蓋3行，行3字，篆書。蓋題：隋故辛府君之墓誌銘。首題：大隋故宗正寺丞辛侶墓誌銘。

著錄：

《秦晉豫新出墓誌蒐佚續編》1冊196—197頁。（圖）

《墨香閣藏北朝墓誌》236—237頁。（誌圖、文）

### 大業145
宮人司饎六品賈氏墓誌

大業六年（610）閏十一月十日卒於清化里之別房，即以其月十九日葬於河南郡河南縣千金鄉芒山之北原。1925年洛陽城西後洞村西北寇姓田中出土，于右任舊藏，今石存西安碑林博物館。誌長44.8、寬45.8釐米。文16行，滿行17字，正書。首題：隋宮人司饎六品賈氏墓誌銘。

圖版著錄：

《漢魏南北朝墓誌集釋》圖版五三六，《新編》3/4/292。

《北京圖書館藏中國歷代石刻拓本匯編》10冊42頁。

《隋唐五代墓誌匯編·洛陽卷》1冊58頁。

《鴛鴦七誌齋藏石》圖248。

《西安碑林全集》69/1367–1370。

《隋代墓誌銘彙考》4冊118頁。

錄文著錄：

《全隋文補遺》4/254下—255上。

《隋代墓誌銘彙考》4冊119—120頁。

碑目題跋著錄：

《石刻題跋索引》159頁左，《新編》1/30/22497。

《石刻名彙》3/26a，《新編》2/2/1038上。

《古誌新目初編》1/16b，《新編》2/18/13699下。

《蒿里遺文目錄補遺》2a，《新編》2/20/14996下。

《漢魏南北朝墓誌集釋》10/110a，《新編》3/3/253。

《國立北平圖書館藏碑目》17a，《新編》3/36/257上。

《墓誌徵存目錄》卷1，《羅振玉學術論著集》第五集，588頁。

《洛陽出土石刻時地記》隋宮人墓誌008，68頁。

《歷代墓誌銘拓片目錄》44頁。

《六朝墓誌檢要》（修訂本）209頁。

《隋代墓誌銘彙考》4冊120頁。

《碑帖鑒定》225頁。

淑德大學《中國石刻拓本目錄》"墓誌"編號304。

《北朝隋代墓誌所在総合目錄》編號1675。

《北京大學圖書館藏歷代墓誌拓片目錄》編號00908。

## 大業146

段摸墓誌

又名：段模墓誌。大業六年（610）八月十五日卒於雒陽縣之懷仁里宅，以其年十二月五日葬於北邙之上。1923年洛陽城北鳳凰臺村南數里處出土，江蘇武進陶氏舊藏，今石存遼寧省博物館。誌長、寬均47釐米。誌文21行，滿行22字，正書。蓋失拓，蓋題：段君墓銘。首題：周故儀同大將軍府參軍事段君墓誌銘并序。

圖版著錄：

《漢魏南北朝墓誌集釋》圖版四四四，《新編》3/4/155。

《北京圖書館藏中國歷代石刻拓本匯編》10冊43頁。

《隋唐五代墓誌匯編·洛陽卷》1冊59頁。

《遼寧省博物館藏碑誌精粹》122頁。

《隋代墓誌銘彙考》4冊121頁。

錄文著錄：

《芒洛冢墓遺文四編》1/56a–57a，《新編》1/19/14176下—14177上。

《滿洲金石志別錄》卷下/21a–22a，《新編》1/23/17437上—下。

《全隋文補遺》4/257下—258下。

《隋代墓誌銘彙考》4冊122—123頁。

《遼寧省博物館藏碑誌精粹》122頁。

碑目題跋著錄：

《滿洲金石志別錄》卷下/22a，《新編》1/23/17437下。

《石刻題跋索引》159頁左，《新編》1/30/22497。

《石刻名彙》3/26b，《新編》2/2/1038上。

《古誌新目初編》1/16b，《新編》2/18/13699下。

《蒿里遺文目錄》2（1）/7b，《新編》2/20/14947上。

《漢魏南北朝墓誌集釋》8/96b–97a，《新編》3/3/226–227。

《墓誌徵存目錄》卷1，《羅振玉學術論著集》第五集，588頁。

《洛陽出土石刻時地記》隋代大業017，56頁。

《歷代墓誌銘拓片目錄》44頁。

《遼寧省博物館藏碑誌精粹》123頁。

《六朝墓誌檢要》（修訂本）209頁。

《隋代墓誌銘彙考》4冊124頁。

《碑帖鑒定》225頁。

淑德大學《中國石刻拓本目錄》"墓誌"編號305。

《北朝隋代墓誌所在總合目錄》編號 1676。

《北京大學圖書館藏歷代墓誌拓片目錄》編號 00909。

### 大業 147
賈珉墓誌

大業六年（610）閏十一月廿六日終於東都之洛濱里舍，十二月十四日葬於邙山之北原。洛陽北邙山出土。誌長、寬均 52.3 釐米。文 23 行，滿行 23 字，隸書。

圖版著錄：

《漢魏南北朝墓誌集釋》圖版四四五，《新編》3/4/156。

《隋唐五代墓誌匯編·洛陽卷》1 冊 60 頁。

《隋代墓誌銘彙考》4 冊 125 頁。

錄文著錄：

《芒洛冢墓遺文續補》3b – 4b，《新編》1/19/14092 上—下。

《魯迅輯校石刻手稿·墓誌》下冊 269—271 頁。

《全隋文補遺》4/258 下—259 上。

《隋代墓誌銘彙考》4 冊 126—127 頁。

碑目題跋著錄：

《石刻題跋索引》159 頁左，《新編》1/30/22497。

《石刻名彙》3/26a，《新編》2/2/1038 上。

《古誌新目初編》1/16b，《新編》2/18/13699 下。

《蒿里遺文目錄》2（1）/7b，《新編》2/20/14947 上。

《漢魏南北朝墓誌集釋》8/97a，《新編》3/3/227。

《墓誌徵存目錄》卷 1，《羅振玉學術論著集》第五集，588 頁。

《洛陽出土石刻時地記》隋代大業 018，56 頁。

《六朝墓誌檢要》（修訂本）210 頁。

《隋代墓誌銘彙考》4 冊 127 頁。

《北朝隋代墓誌所在總合目錄》編號 1677。

### 大業 148
譚魏墓誌

大業六年（610）十二月十七日。河南禹州出土，藏禹州市博物館。

碑目著錄：

《隋代墓誌銘彙考·存目》6 冊 154 頁。

《北朝隋代墓誌所在綜合目錄》編號 1678。

**大業 149**

宮人典綵朱氏墓誌

大業六年（610）十二月十一日卒於清化里之別房，即以其月廿日葬於河南郡河南縣千金鄉芒山之北嶺。1925 年洛陽城西北邙山後洞村出土，于右任舊藏，今石存西安碑林博物館。誌長、寬均 41 釐米。文 14 行，滿行 15 字，正書。首題：隋宮人典綵六品朱氏墓誌銘。

圖版著錄：

《漢魏南北朝墓誌集釋》圖版五三七，《新編》3/4/293。

《北京圖書館藏中國歷代石刻拓本匯編》10 冊 44 頁。

《隋唐五代墓誌匯編·洛陽卷》1 冊 61 頁。

《鴛鴦七誌齋藏石》圖 249。

《西安碑林全集》69/1371－1376。

《隋代墓誌銘彙考》4 冊 128 頁。

錄文著錄：

《全隋文補遺》4/259 下。

《隋代墓誌銘彙考》4 冊 129 頁。

碑目題跋著錄：

《石刻題跋索引》159 頁左，《新編》1/30/22497。

《石刻名彙》3/26a，《新編》2/2/1038 上。

《崇雅堂碑錄補》1/14b，《新編》2/6/4557 下。

《古誌新目初編》1/16b，《新編》2/18/13699 下。

《蒿里遺文目錄補遺》2a，《新編》2/20/14996 下。

《漢魏南北朝墓誌集釋》10/110a，《新編》3/3/253。

《國立北平圖書館藏碑目》17a，《新編》3/36/257 上。

《蒿里遺文目錄續編·墓誌徵存》3b，《新編》3/37/538 上。

《墓誌徵存目錄》卷 1，《羅振玉學術論著集》第五集，588 頁。

《洛陽出土石刻時地記》隋宮人墓誌009，68頁。
《歷代墓誌銘拓片目錄》44頁。
《六朝墓誌檢要》（修訂本）210頁。
《隋代墓誌銘彙考》4冊130頁。
《碑帖鑒定》225頁。
淑德大學《中國石刻拓本目錄》"墓誌"編號306。
《北朝隋代墓誌所在総合目錄》編號1679。
《北京大學圖書館藏歷代墓誌拓片目錄》編號00910。

### 大業150

司空秀墓誌銘

大業六年（610）十二月。河南洛陽出土，藏陝西三原于氏。正書。

碑目著錄：

《石刻名彙》3/26b，《新編》2/2/1038上。

### 大業151

開府鄭渙墓誌

大業六年（610）十二月。

碑目題跋著錄：

《金石錄》3/7b，《新編》1/12/8815上。
《通志·金石略》卷中/5a，《新編》1/24/18040上。
《佩文齋書畫譜·金石》62/17a下，《新編》3/2/59下。
《古誌彙目》1/14b，《新編》3/37/32。
《六藝之一錄》62/15b，《新編》4/5/128上。
《隋代墓誌銘彙考·存目》6冊151頁。
《北朝隋代墓誌所在総合目錄》編號1680。

### 大業152

李穆墓誌

大業六年（610）。正書。

碑目題跋著錄：

《求恕齋碑錄》，《新編》3/2/527上。

備考：《隋書》卷三七有《李穆傳》，穆卒於開皇六年，是否碑主，因無墓誌錄文，待考。

## 大業 153

### 甄元希磚誌

又名：甄元孝磚誌。大業六年（610）。端方舊藏。磚高、寬均 28 釐米。文 5 行，滿行 6 字，正書。

圖版著錄：

《北京圖書館藏中國歷代石刻拓本匯編》10 冊 46 頁。

《隋唐五代墓誌匯編·北京大學卷》1 冊 18 頁。

《隋代墓誌銘彙考》4 冊 131 頁。

《中國古代磚刻銘文集》上冊編號 1130。

錄文著錄：

《新出魏晉南北朝墓誌疏證》（修訂本）538 頁。

《魯迅輯校石刻手稿·墓誌》下冊 272 頁。

《隋代墓誌銘彙考》4 冊 132 頁。

《中國古代磚刻銘文集》下冊編號 1130。

碑目題跋著錄：

《續補寰宇訪碑錄》8/7a，《新編》1/27/20348 上。

《石刻名彙》12/208b，《新編》2/2/1132 上。

《古誌彙目》1/14a，《新編》3/37/31。

《蒿里遺文目錄續編·甄誌徵存》13a，《新編》3/37/543 上。

《增補校碑隨筆》（修訂本）296 頁。

《六朝墓誌檢要》（修訂本）210 頁。

《新出魏晉南北朝墓誌疏證》（修訂本）538 頁。

《隋代墓誌銘彙考》4 冊 132 頁。

《北朝隋代墓誌所在総合目錄》編號 1681。

《北京大學圖書館藏歷代墓誌拓片目錄》編號 00911。

淑德大學《中國石刻拓本目錄》"碑碣等刻石"編號 567。

備考：從時間和字形看，甄元希、甄元孝當為一人。

## 大業 154

九門縣令鉗耳文激清德碑

大業六年（610）建。碑在今廢九門縣中，一說在藁城縣。首題：大隋恒山郡九門縣令鉗耳君清德之頌。

碑目題跋著錄：

《金石錄補》9/8b – 9a，《新編》1/12/9033 下—9034 上。（節文）

《集古錄跋尾》5/5b – 6a，《新編》1/24/17876 上—下。（節文）

《集古錄目》4/7b – 8a，《新編》1/24/17964 上—下。

《通志・金石略》卷中/1b，《新編》1/24/18038 上。

《寶刻叢編》6/23b，《新編》1/24/18175 上。

《金石彙目分編》3（2）/34a，《新編》1/27/20709 下。

《石刻題跋索引》39 頁左，《新編》1/30/22377。

《天下金石志》1/7，《新編》2/2/804 下。

《墨華通考》卷 10，《新編》2/6/4412 上。

（光緒）《畿輔通志・金石九》146/46a – b，《新編》2/11/8468 下。

《京畿金石考》卷下/10b，《新編》2/12/8772 下。

《古今碑帖考》13b，《新編》2/18/13169 上。

《畿輔待訪碑目》卷上/4a，《新編》2/20/14802 下。

《佩文齋書畫譜・金石》62/17a 上，《新編》3/2/59 下。

《河朔訪古記》卷上/22a，《新編》3/25/156 下。

《金石備攷・真定府》，《新編》4/1/8 上。

《六藝之一錄》62/10a，《新編》4/5/125 下。

《墨池篇》6/8b《新編》4/9/670 下。

## 大業 155

元幼娥墓誌

大業六年（610）卒。西安市長安縣出土，石存陝西省考古研究所。蓋題：隋鄎襄公夫人元墓誌。

碑目著錄：

《隋代墓誌銘彙考・存目》6 冊 152 頁。

《北朝隋代墓誌所在総合目錄》編號 1683。

### 大業 156
樂㣲墓誌

大業六年（610）葬。山西長治城東壺山出土。

碑目著錄：

《隋代墓誌銘彙考・存目》6 冊 153 頁。

《北朝隋代墓誌所在総合目錄》編號 1682。

論文：

山西省文物管理委員會晉東南文物工作組：《山西長治北石槽唐墓》，《考古》1965 年第 9 期。

### 大業 157
淨漢將軍□□銘

大業六年（610）。湖北沔陽黃氏藏拓本。正書。

碑目著錄：

《石刻名彙》3/26b，《新編》2/2/1038 上。

### 大業 158
襄郡汝南縣前主簿董世華墓誌

大業六年（610）。石存寧波市文管會。

碑目著錄：

《隋代墓誌銘彙考・存目》6 冊 155 頁。

《北朝隋代墓誌所在総合目錄》編號 1684。

### 大業 159
宮人司仗郭氏墓誌

大業七年（611）正月十二日卒於清化里之別房，以其月廿三日葬於河南郡河南縣千金鄉北芒山之下。1925 年農曆九、十月間洛陽城西後洞村西北寇姓田中出土，三原于右任舊藏，今石存西安碑林博物館。誌長、寬均 43.6 釐米。文 12 行，滿行 12 字，正書。首題：隋宮人司仗郭氏六品墓誌。

圖版著錄：

《漢魏南北朝墓誌集釋》圖版五三八，《新編》3/4/294。
《北京圖書館藏中國歷代石刻拓本匯編》10 冊 47 頁。
《隋唐五代墓誌匯編・洛陽卷》1 冊 62 頁。
《鴛鴦七誌齋藏石》圖 250。
《西安碑林全集》69/1400–1405。
《隋代墓誌銘彙考》4 冊 133 頁。

錄文著錄：

《全隋文補遺》4/260 上。
《隋代墓誌銘彙考》4 冊 134 頁。

碑目題跋著錄：

《石刻題跋索引》159 頁左，《新編》1/30/22497。
《石刻名彙》3/26b，《新編》2/2/1038 上。
《古誌新目初編》1/16b，《新編》2/18/13699 下。
《蒿里遺文目錄補遺》2a，《新編》2/20/14996 下。
《漢魏南北朝墓誌集釋》10/110a，《新編》3/3/253。
《國立北平圖書館藏碑目》17a，《新編》3/36/257 上。
《墓誌徵存目錄》卷 1，《羅振玉學術論著集》第五集，588 頁。
《洛陽出土石刻時地記》隋宮人墓誌 010，68 頁。
《歷代墓誌銘拓片目錄》44 頁。
《六朝墓誌檢要》（修訂本）210 頁。
《隋代墓誌銘彙考》4 冊 135 頁。
《碑帖鑒定》225 頁。
《北朝隋代墓誌所在綜合目錄》編號 1685。
《北京大學圖書館藏歷代墓誌拓片目錄》編號 00912。

## 大業 160

### 趙榮墓誌

大業六年（610）六月廿□日薨於官位，七年（611）二月廿八日葬於京兆郡武功縣教義鄉菩薩之原。陝西武功縣出土。誌高、寬均 34 釐米。文 21 行，滿行 21 字，正書。首題：□□朝請大夫黃櫨鎮將故趙府君之墓誌銘。

著錄：

《秦晉豫新出墓誌蒐佚續編》1冊198頁。（圖）

《珍稀墓誌百品》38—39頁。（圖、文）

《北京大學圖書館藏歷代墓誌拓片目錄》編號00913。（目）

### 大業161

劉則墓誌并蓋

大業六年（610）九月廿二日薨於浚儀縣治，以十月十五日歸於河南郡河南縣崇業里，權葬於私第，以七年（611）四月六日葬於雒陽縣常平鄉仙遊里北邙山下。1925年農曆五月二十六日洛陽城東北馬溝西南一里處出土，曾歸鄞縣馬叔平，今佚。誌并蓋均長46.5、寬47.6釐米。蓋3行，行3字，篆書。文36行，滿行36字，正書。蓋題：隋故內承奉劉君墓銘。首題：隋奮武尉內承奉劉公之墓誌銘并序。

圖版著錄：

《漢魏南北朝墓誌集釋》圖版四四六，《新編》3/4/157–158。

《北京圖書館藏中國歷代石刻拓本匯編》10冊48頁。

《隋唐五代墓誌匯編·洛陽卷》1冊63頁。

《隋代墓誌銘彙考》4冊136—137頁。

錄文著錄：

《全隋文補遺》4/260下—262上。

《隋代墓誌銘彙考》4冊138—140頁。

碑目題跋著錄：

《石刻題跋索引》159頁左，《新編》1/30/22497。

《石刻名彙》3/26b，《新編》2/2/1038上。

《古誌新目初編》1/17a，《新編》2/18/13700上。

《蒿里遺文目錄補遺》2a，《新編》2/20/14996下。

《漢魏南北朝墓誌集釋》8/97a–b，《新編》3/3/227–228。

《國立北平圖書館藏碑目》17a，《新編》3/36/257上。

《墓誌徵存目錄》卷1，《羅振玉學術論著集》第五集，588頁。

《洛陽出土石刻時地記》隋代大業 019，56 頁。
《歷代墓誌銘拓片目錄》44 頁。
《六朝墓誌檢要》（修訂本）211 頁。
《隋代墓誌銘彙考》4 冊 141—142 頁。
《北朝隋代墓誌所在綜合目錄》編號 1686。
《北京大學圖書館藏歷代墓誌拓片目錄》編號 00914。

## 大業 162

宋禮墓誌并蓋

開皇十六年（596）卒於京宅，大業七年（611）四月十八日與夫人衛氏合葬於京兆郡大興縣義陽鄉陽原里高陽之原。2008 年秋，陝西省出土，石存洛陽民間。蓋高 35.5、寬 35 釐米；誌高 45、寬 44.5 釐米。蓋題：大隋故宋君之墓誌銘。首題：隋奮武尉尚書給事郎宋君墓誌銘。

圖版著錄：

《秦晉豫新出墓誌蒐佚》1 冊 111—112 頁。

碑目著錄：

《北朝隋代墓誌所在綜合目錄》編號 1687。

## 大業 163

周良墓誌

開皇十六年（596）亡於京宅，大業七年（611）四月十八日夫人衛氏與之合葬於京兆郡大興縣義陽鄉陽原里高陽之原。陝西西安出土。誌高、寬均 42 釐米。文 20 行，滿行 20 字，正書。首題：隋奮武尉尚書給事郎周君墓誌銘。

圖版著錄：

《秦晉豫新出墓誌蒐佚續編》1 冊 199 頁。

碑目著錄：

《北京大學圖書館藏歷代墓誌拓片目錄》編號 00915。

## 大業 164

斛斯樞磚誌

大業七年（611）四月十六日薨於東都宅，其月廿一日權葬於芒山之北原。河南洛陽出土，于右任舊藏，今石存西安碑林博物館。磚高25.5、寬21.8釐米。文6行，滿行7字，正書。

圖版著錄：

《漢魏南北朝墓誌集釋》圖版六〇四，《新編》3/4/367。

《隋唐五代墓誌匯編·洛陽卷》1冊64頁。

《鴛鴦七誌齋藏石》圖198。

《中國磚銘》圖版下冊1032頁。

《隋代墓誌銘彙考》4冊143頁。

《中國古代磚刻銘文集》上冊編號1131。

錄文著錄：

《全隋文補遺》4/262上。

《隋代墓誌銘彙考》4冊144頁。

《中國古代磚刻銘文集》下冊編號1131。

碑目題跋著錄：

《石刻題跋索引》159頁左，《新編》1/30/22497。

《石刻名彙》12/208b，《新編》2/2/1132上。

《古誌新目初編》1/17a，《新編》2/18/13700上。

《蒿里遺文目錄補遺》11b，《新編》2/20/15001上。

《漢魏南北朝墓誌集釋》11/117b，《新編》3/3/268。

《墓誌徵存目錄》卷1，《羅振玉學術論著集》第五集，589頁。

《洛陽出土石刻時地記》隋代大業020，56頁。

《歷代墓誌銘拓片目錄》44頁。

《六朝墓誌檢要》（修訂本）211頁。

《隋代墓誌銘彙考》4冊145頁。

《碑帖鑒定》225頁。

《北朝隋代墓誌所在綜合目錄》編號1688。

## 大業165

宮人陳氏墓誌

大業七年（611）四月十七日卒於河南郡河南縣清化里之別房，即以其月廿九日葬於千金鄉芒山之北原。1925 年九月十日洛陽城西後洞村西北出土，曾歸三原于右任，今石存西安碑林博物館。誌長、寬均 41.2 釐米。文 13 行，滿行 13 字，正書。首題：大隋宮人故司囗陳氏六品墓誌銘。

圖版著錄：

《漢魏南北朝墓誌集釋》圖版五三九，《新編》3/4/295。

《北京圖書館藏中國歷代石刻拓本匯編》10 冊 49 頁。

《隋唐五代墓誌匯編·洛陽卷》1 冊 65 頁。

《鴛鴦七誌齋藏石》圖 251。

《隋代墓誌銘彙考》4 冊 146 頁。

錄文著錄：

《全隋文補遺》4/262 下。

《隋代墓誌銘彙考》4 冊 147 頁。

碑目題跋著錄：

《石刻題跋索引》159 頁左，《新編》1/30/22497。

《古誌新目初編》1/17a，《新編》2/18/13700 上。

《蒿里遺文目錄補遺》2a，《新編》2/20/14996 下。

《漢魏南北朝墓誌集釋》10/110a，《新編》3/3/253。

《國立北平圖書館藏碑目》17a，《新編》3/36/257 上。

《蒿里遺文目錄續編·墓誌徵存》3b，《新編》3/37/538 上。

《墓誌徵存目錄》卷 1，《羅振玉學術論著集》第五集，589 頁。

《洛陽出土石刻時地記》隋宮人墓誌 011，68 頁。

《六朝墓誌檢要》（修訂本）211 頁。

《隋代墓誌銘彙考》4 冊 148 頁。

《碑帖鑒定》225—226 頁。

《北朝隋代墓誌所在總合目錄》編號 1689。

《北京大學圖書館藏歷代墓誌拓片目錄》編號 00916。

## 大業 166

宮人司燈李氏墓誌

大業七年（611）五月十四日卒於外坊，其月廿二日葬於河南郡河南縣千金鄉邙山之北原。1925 年洛陽城西北後洞村西北出土，三原于右任舊藏，今石存西安碑林博物館。誌長、寬均 41.8 釐米。文 15 行，滿行 15 字，正書。首題：隋故宮人司燈李氏墓誌銘并序。

  圖版著錄：

  《漢魏南北朝墓誌集釋》圖版五四〇，《新編》3/4/296。

  《北京圖書館藏中國歷代石刻拓本匯編》10 冊 50 頁。

  《隋唐五代墓誌匯編·洛陽卷》1 冊 66 頁。

  《鴛鴦七誌齋藏石》圖 252。

  《西安碑林博全集》69/1406 – 1411。

  《隋代墓誌銘彙考》4 冊 149 頁。

  錄文著錄：

  《全隋文補遺》4/263 下。

  《隋代墓誌銘彙考》4 冊 150—151 頁。

  碑目題跋著錄：

  《石刻題跋索引》159 頁左，《新編》1/30/22497。

  《石刻名彙》3/26b，《新編》2/2/1038 上。

  《崇雅堂碑錄補》1/14b，《新編》2/6/4557 下。

  《古誌新目初編》1/17a，《新編》2/18/13700 上。

  《蒿里遺文目錄補遺》2a，《新編》2/20/14996 下。

  《漢魏南北朝墓誌集釋》10/110a，《新編》3/3/253。

  《國立北平圖書館藏碑目》17a，《新編》3/36/257 上。

  《蒿里遺文目錄續編·墓誌徵存》3b，《新編》3/37/538 上。

  《墓誌徵存目錄》卷 1，《羅振玉學術論著集》第五集，589 頁。

  《洛陽出土石刻時地記》隋宮人墓誌 012，68 頁。

  《歷代墓誌銘拓片目錄》44 頁。

  《六朝墓誌檢要》（修訂本）211 頁。

  《隋代墓誌銘彙考》4 冊 151 頁。

  《碑帖鑒定》226 頁。

  淑德大學《中國石刻拓本目錄》"墓誌"編號 307。

  《北朝隋代墓誌所在總合目錄》編號 1690。

《北京大學圖書館藏歷代墓誌拓片目錄》編號00917。

**大業 167**

姚辯墓誌

又作"姚辨墓誌"。隋大業七年（611）三月十九日卒於京兆郡，以其年十月二十一日葬。虞世基撰，歐陽詢書，萬文韶刻字。陝西西安出土，原石久佚，有重摹本，傳世皆為翻刻，故有偽刻之說。碑一石兩面，宋時重刻本多訛字落字。高三尺三寸，廣一尺五寸。陽面20行，陰面20行，滿行均33字，正書。首題：隨故左屯衛大將軍左光祿大夫姚恭公墓誌銘并序。

圖版著錄：

《隋代墓誌銘彙考》4冊152—153頁。

錄文著錄：

《金石萃編》40/24a–27b，《新編》1/1/690下—692上。

《金薤琳琅》8/11b–15b，《新編》1/10/7692上—7694上。

《古誌石華》4/9a–12a，《新編》2/2/1183上—1184下。

《望堂金石二集》，《新編》2/4/3117上—3121下。

《宜祿堂收藏金石記》卷16，《新編》2/5/3501下—3502下。

《全隋文》14/4b–6b，《全文》4冊4096下—4097下。

《隋代墓誌銘彙考》4冊154—156頁。

碑目題跋著錄：

《金石萃編》40/29a–31b，《新編》1/1/693上—694上。

《金薤琳琅》8/15b–16a，《新編》1/10/7694上—下。

《集古求真》2/1a–1b，《新編》1/11/8489上。

《金石錄》3/7b，《新編》1/12/8815上。

《金石文字記》2/25b，《新編》1/12/9223上。

《陝西金石志》7/13a–b，《新編》1/22/16451上。

《集古錄目》4/8a，《新編》1/24/17964下。

《通志·金石略》卷下/1b，《新編》1/24/18054上。

《寶刻叢編》8/2a，《新編》1/24/18218下。

《寶刻類編》1/18a,《新編》1/24/18415 下。

《潛研堂金石文跋尾》3/28a-b,《新編》1/25/18776 下。

《潛研堂金石文字目錄》1/14b,《新編》1/25/19013 下。

《授堂金石三跋·一跋》4/7b-8a,《新編》1/25/19112 上—下。

《平津讀碑記》3/21a-22a,《新編》1/26/19384 上—下。

《寰宇訪碑錄》2/31b,《新編》1/26/19876 上。

《寰宇訪碑錄刊謬》5b,《新編》1/26/20087 上。

《金石彙目分編》12（1）/24a,《新編》1/28/21288 下。

《石刻題跋索引》159 頁左—右,《新編》1/30/22497。

《天下金石志》6/4,《新編》2/2/832 下。

《石刻名彙》3/26b,《新編》2/2/1038 上。

《古誌石華》4/12a-13b,《新編》2/2/1184 下—1185 上。

《平津館金石萃編》6/17a,《新編》2/4/2495 上。

《望堂金石二集》,《新編》2/4/3122 上。附鳴鶴題跋。

《宜祿堂金石記》2/15b,《新編》2/6/4225 上。

《墨華通考》卷 10,《新編》2/6/4408 上。

《崇雅堂碑錄》2/5a,《新編》2/6/4502 上。

《香南精舍金石契》,《新編》2/6/4990 下。

《碑藪》,《新編》2/16/11828 上。

《語石》4/2b,《新編》2/16/11918 下。

《古今碑帖考》13b,《新編》2/18/13169 上。

《古墨齋金石跋》2/24b-25a,《新編》2/19/14093 下—14094 上。

《竹崦盦金石目錄》28a,《新編》2/20/14560 下。

《古林金石表》15a,《新編》2/20/14901 上。

《兩浙金石別錄》卷上/12a,《新編》3/10/459 上。

（民國）《咸寧長安兩縣續志·金石考上》12/7b,《新編》3/31/518 上。

《金石文考略》5/26a,《新編》3/34/311 下。

《寒山堂金石林時地攷》卷下/5b,《新編》3/34/504 上。

《石目》,《新編》3/36/73 下。

《古誌彙目》1/14b，《新編》3/37/32。

《西安碑目·西安府》，《新編》3/37/263 上。

《竹崦盦金石目錄》1/33b，《新編》3/37/356 上。

《碑帖跋》57—58 頁，《新編》3/38/205－206、4/7/429 上。

《漢石經室金石跋尾》，《新編》3/38/267 下。

《半氈齋題跋》卷下/4b－5a，《新編》3/38/240 下—241 上。

《漢魏六朝志墓金石例》2/21a－b，《新編》3/40/414 上。

《汉魏六朝墓銘纂例》4/18a－19a。《新編》3/40/467 下—468 上。

《金石備攷·西安府》，《新編》4/1/29 上。

《六藝之一錄》62/16a，《新編》4/5/128 下。

《鄰蘇老人手書題跋》，《新編》4/7/357 上—360 下。

《墨池篇》6/9a，《新編》4/9/671 上。

《讀碑小箋》，《羅振玉學術論著集》第三集，46 頁。

《歷代墓誌銘拓片目錄》44 頁。

《六朝墓誌檢要》（修訂本）212 頁。

《碑帖鑒定》"新舊偽造各代石刻"，474 頁。（偽刻）

《隋代墓誌銘彙考》4 冊 166 頁。

《碑帖敘錄》126 頁。

淑德大學《中國石刻拓本目錄》"墓誌"編號 309—310。

《北朝隋代墓誌所在總合目錄》編號 1692。

《北京大學圖書館藏歷代墓誌拓片目錄》編號 00919。

論文：

顧鐵符：《隋姚辯墓誌銘傳本小議》，《故宮博物院院刊》1991 年第 2 期。

備考：姚辯，其事見《北史》卷一一、《隋書》卷二《文帝本紀》、《北史》卷一二、《隋書》卷三《煬帝本紀》、《北史》卷九九、《隋書》卷八四《突厥傳》。《碑帖鑒定》云其偽造，蓋指其為翻刻，故暫附此。

## 大業 168

元鍾墓誌并蓋

大業七年（611）五月五日卒於河南郡河南縣思順鄉之第，以其年十月二十一日遷葬於東都郭城東北十里邙山之陽。1918 年洛陽城東北攔駕溝村出土，江蘇武進陶蘭泉舊藏，今石存北京故宫博物院。誌高 52.5、廣 53 釐米；蓋高、廣均 53 釐米。蓋 3 行，行 3 字，篆書。文 22 行，滿行 22 字，隸書。蓋題：隋故冠軍司錄元君銘。

圖版著錄：

《漢魏南北朝墓誌集釋》圖版六六，《新編》3/3/356－357。

《北京圖書館藏中國歷代石刻拓本匯編》10 册 52 頁。

《隋唐五代墓誌匯編·洛陽卷》1 册 67 頁。（誌）

《洛陽出土歷代墓誌輯繩》62 頁。

《隋代墓誌銘彙考》4 册 167—168 頁。

《故宫博物院藏歷代墓誌彙編》1 册 102—103 頁。

錄文著錄：

《芒洛冢墓遺文四編補遺》15a－b，《新編》1/19/14315 上。

《全隋文補遺》4/264 上—下。

《隋代墓誌銘彙考》4 册 169—170 頁。

《故宫博物院藏歷代墓誌彙編》1 册 102 頁。

碑目題跋著錄：

《石刻題跋索引》159 頁右，《新編》1/30/22497。

《石刻名彙》3/26b，《新編》2/2/1038 上。

《崇雅堂碑錄補》1/14b，《新編》2/6/4557 下。

《古誌新目初編》1/17a，《新編》2/18/13700 上。

《蒿里遺文目錄》2（1）/7b，《新編》2/20/14947 上。

《漢魏南北朝墓誌集釋》3/16b，《新編》3/3/66。

《墓誌徵存目錄》卷 1，《羅振玉學術論著集》第五集，589 頁。

《洛陽出土石刻時地記》隋代大業 021，56 頁。

《歷代墓誌銘拓片目錄》44 頁。

《六朝墓誌檢要》（修訂本）212 頁。

《隋代墓誌銘彙考》4 册 171 頁。

《北朝隋代墓誌所在總合目錄》編號 1691。

《北京大學圖書館藏歷代墓誌拓片目錄》編號 00918。

## 大業 169

張濤妻禮氏墓誌并蓋

又名：廉平縣君禮墓誌并蓋。大業七年（611）七月廿日卒，以其年十一月三日葬於都郭之北九里。1936 年洛陽城北前海資村南出土，石存洛陽。誌長 44、寬 43.5 釐米。蓋盝頂長、寬均 34 釐米。蓋 3 行，行 3 字，篆書。文 21 行，滿行 21 字，正書。蓋題：隋故廉平縣君禮墓銘。

圖版著錄：

《漢魏南北朝墓誌集釋》圖版六〇五，《新編》3/4/368 – 369。

《北京圖書館藏中國歷代石刻拓本匯編》10 冊 53 頁。

《隋唐五代墓誌匯編·洛陽卷》1 冊 68 頁。

《隋代墓誌銘彙考》4 冊 172—173 頁。

錄文著錄：

《全隋文補遺》4/265 上—下。

《隋代墓誌銘彙考》4 冊 174—175 頁。

碑目題跋著錄：

《石刻題跋索引》159 頁右，《新編》1/30/22497。

《漢魏南北朝墓誌集釋》11/117b，《新編》3/3/268。

《國立北平圖書館藏碑目》17a，《新編》3/36/257 上。

《墓誌徵存目錄》卷 1，《羅振玉學術論著集》第五集，589 頁。

《洛陽出土石刻時地記》隋代大業 022，56 頁。

《六朝墓誌檢要》（修訂本）212 頁。

《隋代墓誌銘彙考》4 冊 175 頁。

《北朝隋代墓誌所在總合目錄》編號 1693。

《北京大學圖書館藏歷代墓誌拓片目錄》編號 00920。

## 大業 170

鄭睿墓誌

大業六年（610）十一月九日終於上馬縣任所之宅，以七年（611）十一月廿一日遷葬於河南郡城北八里邙山之陽。河南洛陽出土，石存洛陽古代藝術館。誌長、寬均 43.5 釐米。文 24 行，滿行 24 字，正書。首題：隋故春陵郡上馬縣正鄭君墓誌之銘。

著錄：

《隋唐五代墓誌匯編·洛陽卷》1 冊 69 頁。（圖）

《洛陽出土歷代墓誌輯繩》63 頁。（圖）

《隋代墓誌銘彙考》4 冊 176—180 頁。（圖、文、跋）

《全隋文補遺》4/266 下—267 上。（文）

《新出魏晉南北朝墓誌疏證》（修訂本）539—541 頁。（文、跋）

《北朝隋代墓誌所在總合目錄》編號 1694。（目）

### 大業 171

#### 王德墓誌并蓋

又名：王香仁墓誌。大業七年（611）十一月十五日遘疾終於敬業里第，以其年十一月廿八日葬於城東北千金鄉楊村北二里，南眺伊洛之水，北背邙阜之山。1935 年河南洛陽城北井溝村北出土，于右任舊藏，今石存西安碑林博物館。誌高 45、寬 43 釐米。誌文正書，19 行，滿行 19 字。蓋篆書，3 行，行 3 字。蓋題：大隋故處仕王君墓銘；首題：隋故王香仁墓誌之銘。

著錄：

《鴛鴦七誌齋藏石》圖 199。（圖）

《洛陽出土歷代墓誌輯繩》64 頁。（圖）

《西安碑林全集》69/1416–1423。（圖）

《隋代墓誌銘彙考》4 冊 181—184 頁、6 冊 156 頁"存目"。（圖、文、跋）

《全隋文補遺》4/265 下—266 上。（文）

《新出魏晉南北朝墓誌疏證》（修訂本）542—543 頁。（文、跋）

《漢魏南北朝墓誌集釋·編例》1b，《新編》3/3/4。（目）

《洛陽出土石刻時地記》隋代大業 023，56—57 頁。（目）

《六朝墓誌檢要》（修訂本）212 頁。（目）

《北朝隋代墓誌所在總合目錄》編號 1695。（目）

**大業 172**

  □睦（字景和）磚誌

  大業七年（611）十二月九日葬於洛京城北之隅。河南洛陽城北前海資村南出土，曾歸建德周季木，今存北京故宮博物院。磚高33.8、廣33.3釐米。文16行，滿行18字，正書。

圖版、錄文著錄：

《漢魏南北朝墓誌集釋》圖版六〇六，《新編》3/4/370。（圖）

《北京圖書館藏中國歷代石刻拓本匯編》10冊54頁。（圖）

《隋唐五代墓誌匯編·洛陽卷》1冊70頁。（圖）

《中國磚銘》圖版下冊1033頁。（圖）

《隋代墓誌銘彙考》4冊185—186頁。（圖、文）

《中國古代磚刻銘文集》上、下冊編號1132。（圖、文）

《故宮博物院藏歷代墓誌彙編》1冊104—105頁。（圖、文）

《芒洛冢墓遺文四編》1/60a–b，《新編》1/19/14178下。（文）

《全隋文補遺》4/267下。（文）

碑目題跋著錄：

《石刻題跋索引》159頁右，《新編》1/30/22497。

《石刻名彙》3/26b，《新編》2/2/1038上。

《蒿里遺文目錄》2（1）/8a，《新編》2/20/14947下。

《漢魏南北朝墓誌集釋》11/117b–118a，《新編》3/3/268–269。

《墓誌徵存目錄》卷1，《羅振玉學術論著集》第五集，589頁。

《六朝墓誌檢要》（修訂本）213頁。

《隋代墓誌銘彙考》4冊187頁。

《北朝隋代墓誌所在總合目錄》編號1696。

**大業 173**

  宮人尚寢衣魏氏墓誌

  大業七年（611）十二月二日卒於外患坊，其月廿二日以五品禮葬於河南郡河南縣老子鄉邙山之北原。1925年洛陽城西後洞村西北寇姓田中出土，三原于右任舊藏，今石存西安碑林博物館。誌高、寬均48.1釐米。

文 15 行，滿行 15 字，正書。首題：隋故宮人尚寢衣魏氏墓誌銘并序。

圖版著錄：

《漢魏南北朝墓誌集釋》圖版五四一，《新編》3/4/297。

《北京圖書館藏中國歷代石刻拓本匯編》10 冊 56 頁。

《隋唐五代墓誌匯編·洛陽卷》1 冊 71 頁。

《鴛鴦七誌齋藏石》圖 253。

《西安碑林全集》69/1412 – 1415。

《隋代墓誌銘彙考》4 冊 193 頁。

錄文著錄：

《全隋文補遺》4/268 上。

《隋代墓誌銘彙考》4 冊 194—195 頁。

碑目題跋著錄：

《石刻題跋索引》159 頁右，《新編》1/30/22497。

《石刻名彙》3/26b，《新編》2/2/1038 上。

《古誌新目初編》1/17a，《新編》2/18/13700 上。

《蒿里遺文目錄補遺》2a，《新編》2/20/14996 下。

《漢魏南北朝墓誌集釋》10/110a，《新編》3/3/253。

《國立北平圖書館藏碑目》17a，《新編》3/36/257 上。

《墓誌徵存目錄》卷 1，《羅振玉學術論著集》第五集，589 頁。

《洛陽出土石刻時地記》隋宮人墓誌 013，68 頁。

《歷代墓誌銘拓片目錄》44 頁。

《六朝墓誌檢要》（修訂本）213 頁。

《隋代墓誌銘彙考》4 冊 195 頁。

《碑帖鑒定》226 頁。

《北朝隋代墓誌所在総合目錄》編號 1697。

《北京大學圖書館藏歷代墓誌拓片目錄》編號 00921。

## 大業 174

田德元墓誌并蓋

大業七年（611）六月廿二日終於官舍，以七年十二月廿二日歸葬於大興縣瀍川鄉白鹿原。1954 年西安市東郊郭家灘滻河東白鹿原西麓出土，石存西安碑林博物館。誌、蓋均長 44、寬 43 釐米。蓋文 4 行，行 4 字，篆書。誌文 27 行，滿行 26 字，正書。蓋題：大隋故豫章郡西曹掾田府君之墓誌銘。首題：隋故豫章郡掾田府君墓誌。

圖版，錄文著錄：

《北京圖書館藏中國歷代石刻拓本匯編》10 冊 55 頁。（誌圖）

《隋唐五代墓誌匯編·陝西卷》1 冊 3 頁。（圖）

《中國西北地區歷代石刻匯編》1 冊 133 頁。（圖）

《西安碑林全集》69/1424－1431。（圖）

《新中國出土墓誌·陝西（貳）》上冊 9 頁（圖）、下冊 7 頁（文）。

《隋代墓誌銘彙考》4 冊 188—191 頁。（圖、文）

《全隋文補遺》4/268 下—269 下。（文）

《新出魏晉南北朝墓誌疏證》（修訂本）544—545 頁。（文）

碑目題跋著錄：

《六朝墓誌檢要》（修訂本）213 頁。

《新出魏晉南北朝墓誌疏證》（修訂本）545—546 頁。

《隋代墓誌銘彙考》4 冊 192 頁。

《碑帖鑒定》226 頁。

《碑帖敘錄》46 頁。

《北朝隋代墓誌所在總合目錄》編號 1698。

論文：

陝西省文物管理委員會：《西安郭家灘隋墓清理簡報》，《文物參考資料》1957 年第 8 期。

### 大業 175

郭達暨妻侯氏墓誌并蓋

仁壽二年（602）十月十二日終於雒陽城西白馬里，夫人侯氏大業七年（611）七月七日亡於河南縣敦行里，以八年（612）正月五日同葬於東都東北八里邙山之陽。1917 年洛陽城東北馬溝村出土，曾歸建德周進，今佚。誌長 40.4、寬 41 釐米。蓋 3 行，行 3 字，篆書。文 21 行，滿行

21字,隸書。蓋題:隋故府司馬郭君墓銘。

圖版著錄:

《漢魏南北朝墓誌集釋》圖版四四七,《新編》3/4/159－160。

《北京圖書館藏中國歷代石刻拓本匯編》10冊57頁。(誌)

《隋唐五代墓誌匯編・洛陽卷》1冊72頁。

《隋代墓誌銘彙考》4冊196—197頁。

錄文著錄:

《芒洛冢墓遺文三編》17b－18b,《新編》1/19/14116上—下。

《誌石文錄》卷上/59a－b,《新編》2/19/13771上。

《魯迅輯校石刻手稿・墓誌》下冊273—275頁。

《全隋文補遺》4/269下—270上。

《隋代墓誌銘彙考》4冊198—199頁。

碑目題跋著錄:

《石刻題跋索引》159頁右,《新編》1/30/22497。

《石刻名彙》3/27a,《新編》2/2/1038下。

《崇雅堂碑錄補》1/14b,《新編》2/6/4557下。

《古誌新目初編》1/17a,《新編》2/18/13700上。

《蒿里遺文目錄》2(1)/8a,《新編》2/20/14947下。

《漢魏南北朝墓誌集釋》9/98a,《新編》3/3/229。

《墓誌徵存目錄》卷1,《羅振玉學術論著集》第五集,589頁。

《洛陽出土石刻時地記》隋代大業024,57頁。

《歷代墓誌銘拓片目錄》44頁。

《六朝墓誌檢要》(修訂本)213頁。

《隋代墓誌銘彙考》4冊200頁。

《北京大學圖書館藏歷代墓誌拓片目錄》編號00922。

《北朝隋代墓誌所在總合目錄》編號1699。

## 大業176

劉德墓誌

大業八年(612)正月九日遘疾終於涿郡。1929年農曆四月初洛陽城北前海資村出土，曾歸三原于右任，今存西安碑林博物館。誌高、寬均54.8釐米。文28行，滿行28字，正書。首題：隋金紫光祿大夫梁郡太守劉府君墓誌銘并序。

圖版著錄：

《漢魏南北朝墓誌集釋》圖版四四八，《新編》3/4/161。

《北京圖書館藏中國歷代石刻拓本匯編》10冊58頁。

《隋唐五代墓誌匯編·洛陽卷》1冊73頁。

《鴛鴦七誌齋藏石》圖200。

《西安碑林全集》70/1455－1463。

《隋代墓誌銘彙考》4冊201頁。

錄文著錄：

《全隋文補遺》4/270下—271下。

《隋代墓誌銘彙考》4冊202—203頁。

碑目題跋著錄：

《石刻題跋索引》159頁右，《新編》1/30/22497。

《崇雅堂碑錄》2/5a，《新編》2/6/4502上。

《古誌新目初編》1/17a，《新編》2/18/13700上。

《漢魏南北朝墓誌集釋》9/98a，《新編》3/3/229。

《國立北平圖書館藏碑目》17a，《新編》3/36/257上。

《墓誌徵存目錄》卷1，《羅振玉學術論著集》第五集，589頁。

《六朝墓誌檢要》（修訂本）214頁。

《洛陽出土石刻時地記》隋代大業025，57頁。

淑德大學《中國石刻拓本目錄》"墓誌"編號308。

《隋代墓誌銘彙考》4冊204頁。

《北朝隋代墓誌所在綜合目錄》編號1700。

## 大業177

### 高叡墓誌

大業七年（611）九月卒於任所，八年（612）正月十九日歸葬於華陰縣之東塬。2008年6月銅川市耀州區博物館徵集，據云20世紀70年代在陝西省銅川市耀州區孫塬鎮五臺村的陝西秦嶺水泥公司黏土礦出土。誌長、寬均37釐米，厚6釐米。文16行，滿行16字，正書。首題：大隋京兆郡華原縣故高叡墓誌銘。

碑目著錄：

《北朝隋代墓誌所在總合目錄》編號1701。

論文：

王建域：《新見隋〈高叡墓誌〉考釋》，《碑林集刊》第14輯，2008年。（圖、文）

## 大業178

左僕射元長壽碑

又名：元壽碑。大業八年（612）正月。在西安府長安縣咸寧縣。虞世基撰，歐陽詢正書。

碑目題跋著錄：

《金石錄》3/7b、22/12b，《新編》1/12/8815上、8933下。（節文）

《寶刻叢編》8/2a，《新編》1/24/18218下。

《寶刻類編》1/18a，《新編》1/24/18415下。

《金石彙目分編》12（1）/24a，《新編》1/28/21288下。

《石刻題跋索引》39頁左，《新編》1/30/22377。

《石墨考異》卷上，《新編》2/16/11640上。

《六藝之一錄》62/9a，《新編》4/5/125上。

備考：元壽，字長壽，《隋書》卷六三有傳。

## 大業179

宮人何氏墓誌

大業八年（612）二月十四日卒於金谷屯，其月廿二日葬於河南郡邙山之北原。1925年農曆九、十月間洛陽城西北後洞村寇姓田中出土，曾歸三原于右任，今石存西安碑林博物館。誌長46.5、寬47釐米。文15行，滿行16字，正書。首題：隋故宮人何氏六品墓誌銘并序。

圖版著錄：

《漢魏南北朝墓誌集釋》圖版五四二，《新編》3/4/298。

《北京圖書館藏中國歷代石刻拓本匯編》10 冊 60 頁。
《隋唐五代墓誌匯編·洛陽卷》1 冊 74 頁。
《洛陽出土歷代墓誌輯繩》65 頁。
《鴛鴦七誌齋藏石》圖 254。
《中國金石集萃》9 函 1 輯編號 7。
《西安碑林全集》69/1432 – 1434。
《隋代墓誌銘彙考》4 冊 212 頁。

錄文著錄：

《全隋文補遺》4/272 上—下。
《隋代墓誌銘彙考》4 冊 213—214 頁。

碑目題跋著錄：

《石刻題跋索引》159 頁右，《新編》1/30/22497。
《石刻名彙》3/27a，《新編》2/2/1038 下。
《古誌新目初編》1/17a，《新編》2/18/13700 上。
《蒿里遺文目錄補遺》2b，《新編》2/20/14996 下。
《漢魏南北朝墓誌集釋》10/110a，《新編》3/3/253。
《國立北平圖書館藏碑目》17a，《新編》3/36/257 上。
《蒿里遺文目錄續編·墓誌徵存》3b，《新編》3/37/538 上。
《墓誌徵存目錄》卷 1，《羅振玉學術論著集》第五集，589 頁。
《洛陽出土石刻時地記》隋宮人墓誌 014，68 頁。
《歷代墓誌銘拓片目錄》45 頁。
《六朝墓誌檢要》（修訂本）215 頁。
《隋代墓誌銘彙考》4 冊 214 頁。
《碑帖鑒定》227 頁。
淑德大學《中國石刻拓本目錄》"墓誌"編號 311。
《北朝隋代墓誌所在總合目錄》編號 1704。
《北京大學圖書館藏歷代墓誌拓片目錄》編號 00924。

## 大業 180

孟孝敏妻劉氏墓誌

大業三年（607）十月一日卒於敦厚里，權葬城東，八年（612）二月廿二日葬於洛陽縣常平鄉芒山之北原。1925年三月十五日洛陽城東北馬溝村西南二里出土，于右任舊藏，今石存西安碑林博物館。誌長20.5、寬18釐米。文7行，滿行8字，正書。

圖版著錄：

《漢魏南北朝墓誌集釋》圖版四四九，《新編》3/4/162。

《北京圖書館藏中國歷代石刻拓本匯編》10冊61頁。

《隋唐五代墓誌匯編·洛陽卷》1冊75頁。

《鴛鴦七誌齋藏石》圖201。

《西安碑林全集》70/1464－1465。

《隋代墓誌銘彙考》4冊207頁。

錄文著錄：

《全隋文補遺》4/272下。

《隋代墓誌銘彙考》4冊208頁。

碑目題跋著錄：

《石刻題跋索引》159頁右，《新編》1/30/22497。

《石刻名彙》3/27a，《新編》2/2/1038下。

《崇雅堂碑錄補》1/15a，《新編》2/6/4558上。

《古誌新目初編》1/17a，《新編》2/18/13700上。

《蒿里遺文目錄補遺》2a，《新編》2/20/14996下。

《漢魏南北朝墓誌集釋》9/98a－b，《新編》3/3/229－230。

《國立北平圖書館藏碑目》17a，《新編》3/36/257上。

《墓誌徵存目錄》卷1，《羅振玉學術論著集》第五集，589頁。

《洛陽出土石刻時地記》隋代大業026，57頁。

《歷代墓誌銘拓片目錄》45頁。

《六朝墓誌檢要》（修訂本）214頁。

《隋代墓誌銘彙考》4冊209頁。

《碑帖鑒定》227頁。

《北朝隋代墓誌所在総合目錄》編號1705。

《北京大學圖書館藏歷代墓誌拓片目錄》編號00925。

論文：

趙力光：《隋〈劉氏墓誌〉、唐〈孟孝敏墓誌〉、唐〈陸氏墓誌〉考》，《碑林集刊》第 5 輯，1998 年。

### 大業 181

#### 尉仁弘墓誌

大業八年（612）二月一日卒於燕薊，其月廿二日權葬大墳東北。1981 年河北曲陽縣溝裏鄉王家莊村西北角出土，現藏曲陽縣文物保管所。誌高 22.7、寬 40.5、厚 7 釐米。蓋高 22.5、寬 39、厚 5.5 釐米。文 15 行，滿行 9 字，正書。蓋素面無文。

著錄：

《隋唐五代墓誌彙編·河北卷》19 頁。（圖）

《新中國出土墓誌·河北〔壹〕》上冊 48 頁（圖）、下冊 35 頁（文）。

《隋代墓誌銘彙考》4 冊 210—211 頁。（圖、文、跋）

《河北金石輯錄》259—260 頁。（圖、文、跋）

《保定出土墓誌選註》29—31 頁。（圖、文、跋）

《全隋文補遺》4/271 下—272 上。（文）

《新出魏晉南北朝墓誌疏證》（修訂本）547—548 頁。（文、跋）

《北朝隋代墓誌所在總合目錄》編號 1703。（目）

論文：

薛增福：《河北曲陽發現隋代墓誌及瓷器》，《文物》1984 年第 2 期。

吳磐軍、劉德彪：《新出"魏尉陵、賀夫人墓誌銘"淺說—兼談隋尉仁弘墓誌銘》，《榮寶齋》2005 年第 3 期。

### 大業 182

#### 盧昌寓墓誌

齊武平七年（576）七月卒於涿城，隋大業八年（612）二月廿二日葬於涿城西北十三里溫潤之鄉。河北涿州出土，石存涿州市文物保管所。誌長 41、寬 43、厚 7 釐米。文 20 行，滿行 20 字，正書。首題：齊故通直散騎常侍盧公墓誌銘。

著錄：

《隋代墓誌銘彙考》4 冊 215—217 頁。（圖、文、跋）

《北朝隋代墓誌所在総合目錄》編號1706。(目)

### 大業183

**宫人陳氏墓誌**

大業八年（612）二月廿二日卒於内患坊，其年三月三日葬邙山之北原。1925年洛陽城西後洞村西北寇姓田中出土，石存西安碑林博物館。誌長39.8、寬40.2釐米。文14行，滿行16字，正書。首題：隋故宫人陳氏七品墓誌銘并序。

圖版著錄：

《漢魏南北朝墓誌集釋》圖版五四三，《新編》3/4/299。

《隋唐五代墓誌匯編·洛陽卷》1冊76頁。

《鴛鴦七誌齋藏石》圖255。

《西安碑林全集》69/1435-1438。

《隋代墓誌銘彙考》4冊218頁。

錄文著錄：

《全隋文補遺》4/273上。

《隋代墓誌銘彙考》4冊219頁。

碑目題跋著錄：

《石刻題跋索引》159頁右，《新編》1/30/22497。

《石刻名彙》3/27a，《新編》2/2/1038下。

《古誌新目初編》1/17a，《新編》2/18/13700上。

《蒿里遺文目錄補遺》2b，《新編》2/20/14996下。

《漢魏南北朝墓誌集釋》10/110a，《新編》3/3/253。

《國立北平圖書館藏碑目》17b，《新編》3/36/257上。

《墓誌徵存目錄》卷1，《羅振玉學術論著集》第五集，589頁。

《洛陽出土石刻時地記》隋宫人墓誌015，68頁。

《歷代墓誌銘拓片目錄》45頁。

《六朝墓誌檢要》(修訂本)215頁。

《隋代墓誌銘彙考》4冊220頁。

《碑帖鑒定》227頁。

《北朝隋代墓誌所在總合目錄》編號1707。

《北京大學圖書館藏歷代墓誌拓片目錄》編號00926。

## 大業184

徐智竦墓誌并陰

大業六年（610）十一月三日卒於江都，大業八年（612）三月二十一日歸葬於南海甘泉北之山。清宣統三年（1911）在廣州城北鎮海樓後山岡出土，據《古石抱守錄》題識，番禺陳鳳翔舊藏，後遭搶奪，流落日本，1962年香港何賢捐與廣東省博物館。誌高95、寬55釐米。碑陽18行，碑陰16行，滿行均29字，正書。首題：大隋儀同三司建州刺史故徐使君墓誌銘并序。

圖版著錄：

《古石抱守錄》，《新編》3/1/342－343。

《漢魏南北朝墓誌集釋》圖版六〇七，《新編》3/4/371－372。

《粵東金石略補註》433—434頁。

《隋代墓誌銘彙考》4冊221—222頁。

錄文著錄：

《漢魏南北朝墓誌集釋》圖版六〇七附錄文，《新編》3/4/371－372。

《隋徐智竦墓誌考》，《新編》3/35/89上—90上。

《粵東金石略補註》1/50－52。

《全隋文補遺》4/274上—275上。

《隋代墓誌銘彙考》4冊223—225頁。

碑目題跋著錄：

《石刻題跋索引》159頁右，《新編》1/30/22497。

《石刻名彙》3/26a，《新編》2/2/1038上。

《崇雅堂碑錄補》1/14b，《新編》2/6/4557下。

《蒿里遺文目錄》2（1）/8a，《新編》2/20/14947下。

《古石抱守錄》，《新編》3/1/342－343。附陳鳳翔識、鄒安跋。

《漢魏南北朝墓誌集釋》11/118a，《新編》3/3/269。

《隋徐智竦墓誌考》，《新編》3/35/90下—96下。

《石交錄》3/30a－b,《新編》4/6/477 下。

《墓誌徵存目錄》卷 1,《羅振玉學術論著集》第五集, 589 頁。

《增補校碑隨筆》(修訂本) 297—298 頁。

《六朝墓誌檢要》(修訂本) 215 頁。

《隋代墓誌銘彙考》4 冊 228 頁。

《北朝隋代墓誌所在總合目錄》編號 1708。

《北京大學圖書館藏歷代墓誌拓片目錄》編號 00927。

論文:

汪兆鏞:《〈隋儀同三司建州刺史徐智竦墓誌銘〉跋》,《汪兆鏞文集·微尚齋雜文》卷三, 第 267 頁。

## 大業 185

馬懷玉墓誌

大業八年 (612) 三月。河南洛陽出土。正書。

碑目題跋著錄:

《石刻名彙》3/27a,《新編》2/2/1038 下。

《崇雅堂碑錄補》1/15a,《新編》2/6/4558 上。

《六朝墓誌檢要》(修訂本) 215 頁。

《隋代墓誌銘彙考·存目》6 冊 158 頁。

《北朝隋代墓誌所在總合目錄》編號 1709。

## 大業 186

劉賓暨妻王氏墓誌

天統五年 (569) 七月十六日終於鄴城西孝義里之宅, 權葬於城西南廿五里野馬崗之南; 夫人王氏, 大業七年 (611) 十月十五日亡於東都道化里, 大業八年 (612) 五月三十日合葬於洛陽縣東北, 邙山之陽, 常平鄉永安里。1928 年河南洛陽三里橋出土, 一說 1936 年洛陽城東北馬溝村南出土, 石存洛陽市博物館。誌長 53、寬 51、厚 9 釐米。誌文 21 行, 滿行 25 字, 隸書。《隋代墓誌銘彙考·存目》"附考"認為,《六朝墓誌檢要》誤作"劉貝墓誌"。

著錄:

《隋唐五代墓誌匯編・洛陽卷》1 冊 78 頁。（圖）

《洛陽新獲七朝墓誌》59 頁。（圖）

《秦晉豫新出墓誌蒐佚續編》1 冊 200 頁。（圖）

《隋代墓誌銘彙考》4 冊 229—231 頁、6 冊"存目"159 頁。（圖、文、跋）

《洛陽新獲墓誌》18 頁（圖）、203 頁（文）。

《全隋文補遺》4/277 上—下。（文）

《新出魏晉南北朝墓誌疏證》（修訂本）553—555 頁。（文、跋）

《洛陽出土石刻時地記》隋代大業 027，57 頁。（目）

《六朝墓誌檢要》（修訂本）215—216 頁。（目）

《北朝隋代墓誌所在總合目錄》編號 1710、1711。（目）

《北京大學圖書館藏歷代墓誌拓片目錄》編號 00844。（目）

論文：

沈淑玲、唐俊玲：《劉賓與妻王氏墓誌考釋》，《中原文物》1997 年第 2 期。

任昉：《〈洛陽新獲墓誌〉釋文補正》，《故宮博物院院刊》2001 年第 5 期。

### 大業 187

扈士濬妻焦氏磚誌

大業八年（612）六月四日記。1960 年以前河南鄭州市南關出土。磚兩塊，均呈長方形，尺寸不詳。誌文 16 字。

著錄：

《隋代墓誌銘彙考》4 冊 232 頁。（文、跋）

《北朝隋代墓誌所在總合目錄》編號 1712。（目）

論文：

《鄭州市南關外一八七號唐墓發掘簡訊》，《文物》1960 年第 8、9 合期。

### 大業 188

宮人韋氏墓誌

大業八年（612）六月十六日以七品禮葬邙山之北原。1925 年農曆

九、十月間洛陽城西北後洞村西北宼姓田中出土，于右任舊藏，今存西安碑林博物館。誌高 42.5、寬 43.5 釐米。文 14 行，滿行 15 字，正書。首題：隋故宮人韋氏墓誌銘。

圖版著錄：

《漢魏南北朝墓誌集釋》圖版五四四，《新編》3/4/300。

《北京圖書館藏中國歷代石刻拓本匯編》10 冊 63 頁。

《隋唐五代墓誌匯編·洛陽卷》1 冊 79 頁。

《鴛鴦七誌齋藏石》圖 256。

《西安碑林全集》69/1439－1444。

《隋代墓誌銘彙考》4 冊 233 頁。

錄文著錄：

《全隋文補遺》4/278 上。

《隋代墓誌銘彙考》4 冊 234—235 頁。

碑目題跋著錄：

《石刻題跋索引》159 頁右，《新編》1/30/22497。

《石刻名彙》3/27a，《新編》2/2/1038 下。

《古誌新目初編》1/17a，《新編》2/18/13700 上。

《蒿里遺文目錄補遺》2b，《新編》2/20/14996 下。

《漢魏南北朝墓誌集釋》10/110a，《新編》3/3/253。

《國立北平圖書館藏碑目》17b，《新編》3/36/257 上。

《墓誌徵存目錄》卷 1，《羅振玉學術論著集》第五集，589 頁。

《洛陽出土石刻時地記》隋宮人墓誌 016，68 頁。

《歷代墓誌銘拓片目錄》45 頁。

《六朝墓誌檢要》（修訂本）216 頁。

《隋代墓誌銘彙考》4 冊 235 頁。

《碑帖鑒定》227 頁。

《北朝隋代墓誌所在総合目錄》編號 1713。

《北京大學圖書館藏歷代墓誌拓片目錄》編號 00928。

## 大業 189

宮人沈氏墓誌

大業八年（612）六月廿三日卒於金谷屯，其年七月一日以六品禮葬邙山之北原。1925 年洛陽城西北後洞村西北寇姓田中出土，于右任舊藏，今藏西安碑林博物館。誌高、寬均 44.2 釐米。文 18 行，滿行 17 字，正書。首題：隋故宮人沈氏墓誌銘并序。

圖版著錄：

《漢魏南北朝墓誌集釋》圖版五四五，《新編》3/4/301。

《北京圖書館藏中國歷代石刻拓本匯編》10 冊 64 頁。

《隋唐五代墓誌匯編·洛陽卷》1 冊 80 頁。

《鴛鴦七誌齋藏石》圖 257。

《西安碑林全集》69/1445 – 1450。

《隋代墓誌銘彙考》4 冊 236 頁。

錄文著錄：

《全隋文補遺》4/278 下。

《隋代墓誌銘彙考》4 冊 237—238 頁。

碑目題跋著錄：

《石刻題跋索引》159 頁右，《新編》1/30/22497。

《漢魏南北朝墓誌集釋》10/110a，《新編》3/3/253。

《國立北平圖書館藏碑目》17b，《新編》3/36/257 上。

《洛陽出土石刻時地記》隋宮人墓誌 017，68 頁。

《六朝墓誌檢要》（修訂本）216 頁。

《隋代墓誌銘彙考》4 冊 238 頁。

《碑帖鑒定》227 頁。

《北朝隋代墓誌所在總合目錄》編號 1714。

《北京大學圖書館藏歷代墓誌拓片目錄》編號 00928。

## 大業 190

僧志倹塔述

又作"志修塔記"。大業八年（612）六月十三日圓寂揚州江陽縣道化坊九華禪院，以當年秋七月六日營塔院東吳方地內。出土於江蘇省江都縣，出土時間不詳。拓本高、寬均 21 釐米。文 12 行，滿行 12 字，正書。

著錄：

《北京圖書館藏中國歷代石刻拓本匯編》10 冊 62 頁。（圖）

《隋唐五代墓誌匯編・北京卷附遼寧卷》1 冊 26 頁。（圖）

《全隋文補遺》4/279 上。（文）

《匋齋藏石記》16/12a－b，《新編》1/11/8134 下。（文、跋）

《新出魏晉南北朝墓誌疏證》（修訂本）556 頁。（文、跋）

《石刻名彙》3/27a，《新編》2/2/1038 下。（目）

《古誌彙目》1/14b，《新編》3/37/32。（目）

《北朝隋代墓誌所在總合目錄》編號 1715。（目）

### 大業 191

宮人蕭氏墓誌

大業八年（612）七月十九日卒於別院，以其月廿五日葬於邙山之北原。1925 年農曆九、十月間洛陽城西北後洞村西北寇姓田中出土，于右任舊藏，今存西安碑林博物館。誌長、寬均 46 釐米。文 18 行，滿行 18 字，正書。首題：隋故宮人墓誌銘并序。

圖版著錄：

《漢魏南北朝墓誌集釋》圖版五四六，《新編》3/4/302。

《北京圖書館藏中國歷代石刻拓本匯編》10 冊 65 頁。

《隋唐五代墓誌匯編・洛陽卷》1 冊 81 頁。

《鴛鴦七誌齋藏石》圖 258。

《中國金石集萃》9 函 1 輯編號 8。

《西安碑林全集》69/1451－1454。

《隋代墓誌銘彙考》4 冊 239 頁。

錄文著錄：

《全隋文補遺》4/279 下—280 上。

《隋代墓誌銘彙考》4 冊 240—241 頁。

碑目題跋著錄：

《石刻題跋索引》159 頁右，《新編》1/30/22497。

《石刻名彙》3/27a，《新編》2/2/1038 下。

《古誌新目初編》1/17a，《新編》2/18/13700 上。

《蒿里遺文目錄補遺》2b，《新編》2/20/14996 下。

《漢魏南北朝墓誌集釋》10/110a，《新編》3/3/253。

《國立北平圖書館藏碑目》17b，《新編》3/36/257 上。

《蒿里遺文目錄續編·墓誌徵存》3b，《新編》3/37/538 上。

《墓誌徵存目錄》卷 1，《羅振玉學術論著集》第五集，589 頁。

《洛陽出土石刻時地記》隋宮人墓誌 018，69 頁。

《歷代墓誌銘拓片目錄》45 頁。

《六朝墓誌檢要》（修訂本）216 頁。

《隋代墓誌銘彙考》4 冊 241 頁。

《碑帖鑒定》227 頁。

《北朝隋代墓誌所在總合目錄》編號 1716。

《北京大學圖書館藏歷代墓誌拓片目錄》編號 00930。

## 大業 192

蕭瑒墓誌并蓋

大業七年（611）十二月十七日薨於涿郡薊縣之燕夏鄉歸善里，大業八年（612）八月十三日葬於河南郡河南縣千金鄉靈淵里。清末洛陽城北前海資村出土，洛陽雷氏舊藏，今存洛陽古代藝術館。誌并蓋均長 59、寬 58.5 釐米。蓋 4 行，行 4 字，篆書。文 24 行，滿行 24 字，正書。首題：隋故秘書監左光祿大夫陶丘簡侯蕭君墓誌銘并序。蓋題：隋故秘書監左光祿大夫陶丘簡侯之銘。

圖版著錄：

《漢魏南北朝墓誌集釋》圖版四五〇，《新編》3/4/163 - 164。

《北京圖書館藏中國歷代石刻拓本匯編》10 冊 66 頁。（誌）

《隋唐五代墓誌匯編·洛陽卷》1 冊 82 頁。

《中國金石集萃》9 函 1 輯編號 9。（誌）

《隋代墓誌銘彙考》4冊242—243頁。

錄文著錄：

《芒洛冢墓遺文》卷上/12b-13b，《新編》1/19/13985下—13986上。

《誌石文錄》卷上/60a-b，《新編》2/19/13771下。

《魯迅輯校石刻手稿·墓誌》下冊276—278頁。

《全隋文補遺》4/281上—下。

《隋代墓誌銘彙考》4冊244—245頁。

碑目題跋著錄：

《續補寰宇訪碑錄》8/7b，《新編》1/27/20348上。

《石刻題跋索引》160頁左，《新編》1/30/22498。

《石刻名彙》3/26b，《新編》2/2/1038上。

《崇雅堂碑錄補》1/14b，《新編》2/6/4557下。

《蒿里遺文目錄》2（1）/8a，《新編》2/20/14947下。

《漢魏南北朝墓誌集釋》9/98b，《新編》3/3/230。

《國立北平圖書館藏碑目》17b，《新編》3/36/257上。

《古誌彙目》1/14b，《新編》3/37/32。

《墓誌徵存目錄》卷1，《羅振玉學術論著集》第五集，590頁。

《洛陽出土石刻時地記》隋代大業028，57頁。

《歷代墓誌銘拓片目錄》45頁。

《增補校碑隨筆》（修訂本）296—297頁。

《六朝墓誌檢要》（修訂本）216—217頁。

《隋代墓誌銘彙考》4冊247頁。

《碑帖鑒定》227頁。

《碑帖敘錄》239頁。

淑德大學《中國石刻拓本目錄》"墓誌"編號312。

《北朝隋代墓誌所在總合目錄》編號1717。

《北京大學圖書館藏歷代墓誌拓片目錄》編號00931。

論文：

李春敏：《隋蕭瑒墓誌考》，《考古與文物》1996年第1期。

備考：蕭瑒，其事見《周書》卷四八《蕭察傳》，《北史》卷九三《蕭巋傳》、《蕭琮傳》、《隋書》卷七九《蕭巋傳》及附傳《蕭瓛傳》等。

## 大業 193

### 高繁墓誌

大業八年（612）四月十八日遘疾薨於河南郡洛陽縣靜仁里，以其年八月廿五日葬於崇邙之阜河南縣靈淵鄉。1928 年農曆六月洛陽城北南陳莊南出土，一說洛陽城北前海資村出土，于右任舊藏，今存西安碑林博物館。誌長、寬均 53 釐米。文 23 行，滿行 23 字，正書。

圖版著錄：

《漢魏南北朝墓誌集釋》圖版四五一，《新編》3/4/165。

《北京圖書館藏中國歷代石刻拓本匯編》10 冊 67 頁。

《隋唐五代墓誌匯編‧洛陽卷》1 冊 83 頁。

《鴛鴦七誌齋藏石》圖 202。

《西安碑林全集》70/1466–1473。

《隋代墓誌銘彙考》4 冊 251 頁。

錄文著錄：

《全隋文補遺》4/282 上—下。

《隋代墓誌銘彙考》4 冊 252—253 頁。

碑目題跋著錄：

《石刻題跋索引》160 頁左，《新編》1/30/22498。

《古誌新目初編》1/17a，《新編》2/18/13700 上。

《漢魏南北朝墓誌集釋》9/98b，《新編》3/3/230。

《國立北平圖書館藏碑目》17b，《新編》3/36/257 上。

《墓誌徵存目錄》卷 1，《羅振玉學術論著集》第五集，590 頁。

《洛陽出土石刻時地記》隋代大業 029，57 頁。

《六朝墓誌檢要》（修訂本）217 頁。

《隋代墓誌銘彙考》4 冊 253 頁。

《北朝隋代墓誌所在總合目錄》編號 1719。

## 大業 194

裴逸墓誌

大業七年（611）二月十八日終於雒陽之隣德里，粵以八年（612）八月廿五日葬於瀍水之陽邙山之阜。1928 年洛陽城北前海資村出土，曾歸固始許氏，今石存中國國家博物館。誌長 43.9、寬 43.5 釐米。23 行，滿行 23 字，正書。

圖版、錄文著錄：

《漢魏南北朝墓誌集釋》圖版四五二，《新編》3/4/166。（圖）

《隋唐五代墓誌匯編·洛陽卷》1 冊 84 頁。（圖）

《隋代墓誌銘彙考》4 冊 248—250 頁。（圖、文）

《中國國家博物館館藏文物研究叢書·墓誌卷》42—43 頁。（圖、文）

《全隋文補遺》4/280 上—下。（文）

碑目題跋著錄：

《石刻題跋索引》160 頁左，《新編》1/30/22498。

《漢魏南北朝墓誌集釋》9/98b，《新編》3/3/230。

《墓誌徵存目錄》卷 1，《羅振玉學術論著集》第五集，590 頁。

《洛陽出土石刻時地記》隋代大業 030，57—58 頁。

《歷代墓誌銘拓片目錄》45 頁。

《六朝墓誌檢要》（修訂本）217 頁。

《隋代墓誌銘彙考》4 冊 250 頁。

《北朝隋代墓誌所在總合目錄》編號 1718。

《北京大學圖書館藏歷代墓誌拓片目錄》編號 00932。

## 大業 195

田光山妻李氏墓誌并蓋

大業八年（612）九月廿九日卒於河南郡通閨鄉嘉慶里，以十月十四日權葬於雒陽縣常平鄉張村西北二里。1925 年陰曆二月洛陽城東北馬溝村西北嶺出土，于右任舊藏，今存西安碑林博物館。誌長 41、寬 39.5 釐米。蓋拓本長 30、寬 31 釐米。蓋 2 行，行 2 字，篆書。文 16 行，滿行

16 字，正書。首題：京兆郡田光山夫人李氏墓誌；蓋題：李夫人銘。

圖版著錄：

《漢魏南北朝墓誌集釋》圖版四五三，《新編》3/4/167 - 168。

《北京圖書館藏中國歷代石刻拓本匯編》10 冊 68 頁。

《隋唐五代墓誌匯編·洛陽卷》1 冊 85 頁。

《鴛鴦七誌齋藏石》圖版 203。

《西安碑林全集》65/914 - 915、70/1474 - 1479。

《隋代墓誌銘彙考》4 冊 254—255 頁。

錄文著錄：

《全隋文補遺》4/282 下—283 上。

《隋代墓誌銘彙考》4 冊 256—257 頁。

碑目題跋著錄：

《石刻題跋索引》160 頁左，《新編》1/30/22498。

《石刻名彙》3/27a，《新編》2/2/1038 下。

《古誌新目初編》1/17b，《新編》2/18/13700 上。

《蒿里遺文目錄補遺》2b，《新編》2/20/14996 下。

《漢魏南北朝墓誌集釋》9/98b - 99a，《新編》3/3/230 - 231。

《國立北平圖書館藏碑目》17b，《新編》3/36/257 上。

《墓誌徵存目錄》卷 1，《羅振玉學術論著集》第五集，590 頁。

《洛陽出土石刻時地記》隋代大業 031，58 頁。

《歷代墓誌銘拓片目錄》45 頁。

《六朝墓誌檢要》（修訂本）217 頁。

《隋代墓誌銘彙考》4 冊 257 頁。

《北朝隋代墓誌所在總合目錄》編號 1720。

《北京大學圖書館藏歷代墓誌拓片目錄》編號 00933。

## 大業 196

韓暨墓誌并陰、蓋

韓暨薨於遼澤，夫人王氏以大業八年（612）十月十五日合葬於柳城縣西北七里風神崗之南麓。1977 年遼寧省朝陽市北郊新荒地村狼山南坡出土，石存遼寧省博物館。誌長57、寬56、厚7釐米，誌文分刻於誌石正面、誌蓋背面和側面，50行，滿行24字。蓋3行，行3字，正書。蓋題：大都督韓府君之墓誌。

著錄：

《隋唐五代墓誌匯編·北京卷附遼寧卷》第3冊178頁。（圖）

《遼寧省博物館藏碑誌精粹》124—127頁。（誌圖、文、跋）。

《隋代墓誌銘彙考》4冊258—263頁。（圖、文、跋）。

《全隋文補遺》4/284上—285下。（文）

《新出魏晉南北朝墓誌疏證》（修訂本）557—559頁。（文、跋）

《北朝隋代墓誌所在總合目錄》編號1721。（目）

論文：

朱子方、孫國平：《隋〈韓暨墓誌〉跋》，《北方文物》1986年第1期。

傅仁義：《隋大都督韓暨墓》，載於《東北古文化》，第211—213頁。

井上直樹：《〈韓暨墓誌〉を通してみた高句麗の對北魏外交の一側面—六世紀前半を中心に—》，《朝鮮學報》178，2001年。

## 大業197

### 張娥英墓誌并蓋

又名：張妙芬墓誌。大業八年（612）五月九日薨於雒陽之章善里，其年十月廿一日葬於邙山之北原。河南洛陽出土，石存洛陽古代藝術館。誌長53、寬52.5釐米；蓋長、寬均54釐米。文25行，滿行25字，正書。蓋4行，行3字，篆書。蓋題：隋故貴鄉夫人張氏墓誌之銘；首題：隋故貴鄉夫人張氏墓誌銘并序。

著錄：

《隋唐五代墓誌匯編·洛陽卷》1冊77頁。（圖）

《隋代墓志銘彙考》4冊264—267頁。（圖、文、跋）

《全隋文補遺》4/276上—下。（文）

《新出魏晉南北朝墓誌疏證》（修訂本）549—552頁。（文、跋）

《洛陽出土墓誌目錄》第0416號。（目）

《北朝隋代墓誌所在総合目録》編號1722。（目）

### 大業 198

宮人劉氏墓誌

大業八年（612）十月廿三日。河南洛陽出土。

碑目著錄：

《洛陽出土石刻時地記》隋宮人墓誌019，69頁。

《北朝隋代墓誌所在総合目録》編號1723。

### 大業 199

任清奴墓誌

卒於館室，大業八年（612）十一月丁丑朔葬安陽城西五里空延鄉之地，權村西四百餘步，西連長野。河南安陽出土。誌高、寬均44釐米，厚10釐米。首題：魏郡安陽縣積善鄉任清奴墓誌。

著錄：

《安陽墓誌選編》19頁（圖）、172—173頁（文）。

### 大業 200

孔神通墓誌并蓋

大業七年（611）十一月十二日遘疾終於家，大業八年（612）十一月八日葬於河南郡河南縣千金鄉北芒山原。1928年（一說1918年）陰曆六月七日洛陽城北前海資村南溝岸處出土。天津徐世昌舊藏，今存北京故宮博物院。誌并蓋均長、寬55.5釐米。蓋3行，行3字；文28行，滿行28字，均正書。蓋題：隋故河陽都尉孔公銘。首題：孔河陽都尉墓誌。

圖版著錄：

《漢魏南北朝墓誌集釋》圖版四五五，《新編》3/4/170–171。

《北京圖書館藏中國歷代石刻拓本匯編》10冊69頁。

《隋唐五代墓誌匯編·洛陽卷》1冊86頁。

《隋代墓誌銘彙考》4冊268—269頁。

《故宮博物院藏歷代墓誌彙編》1冊106—107頁。

錄文著錄：

《芒洛冢墓遺文四編》1/57a-58a,《新編》1/19/14177 上—下。
《誌石文錄》卷上/60b-61b,《新編》2/19/13771 下—13772 上。
《全隋文補遺》4/286 上—287 上。
《隋代墓誌銘彙考》4 冊 270—271 頁。
《故宮博物院藏歷代墓誌彙編》1 冊 106 頁。

碑目題跋著錄：

《石刻題跋索引》160 頁左,《新編》1/30/22498。
《石刻名彙》3/27a,《新編》2/2/1038 下。
《崇雅堂碑錄補》1/15a,《新編》2/6/4558 上。
《古誌新目初編》1/17b,《新編》2/18/13700 上。
《蒿里遺文目錄》2（1）/8a,《新編》2/20/14947 下。
《漢魏南北朝墓誌集釋》9/99a,《新編》3/3/231。
《國立北平圖書館藏碑目》17b,《新編》3/36/257 上。
《遼居稿》24b-25b,《新編》4/1/271 上—下。
《墓誌徵存目錄》卷 1,《羅振玉學術論著集》第五集, 590 頁。
《洛陽出土石刻時地記》隋代大業 032, 58 頁。
《六朝墓誌檢要》（修訂本）218 頁。
《隋代墓誌銘彙考》4 冊 273 頁。
《北朝隋代墓誌所在總合目錄》編號 1724。

## 大業 201

**麻君妻龐畏孃墓誌并蓋**

大業七年（611）八月一日卒於涿郡，以大業八年（612）十一月九日權葬於河南郡河南縣千金鄉華邑里千金原。1929 年洛陽城北前海資村東出土，曾歸洛陽郭玉堂。誌長 24、寬 23 釐米。蓋拓本長、寬均 20 釐米。蓋 2 行, 行 2 字; 文 9 行, 滿行 10 字; 均正書。蓋題: 麻君妻銘; 首題: 大隋左武侍綏德尉麻府君妻龐墓誌。

圖版著錄：

《漢魏南北朝墓誌集釋》圖版四五六,《新編》3/4/172-173。
《北京圖書館藏中國歷代石刻拓本匯編》10 冊 70 頁。

《隋唐五代墓誌匯編·洛陽卷》1冊87頁。

《隋代墓誌銘彙考》4冊274—275頁。

錄文著錄：

《全隋文補遺》4/287上。

《隋代墓誌銘彙考》4冊276頁。

碑目題跋著錄：

《石刻題跋索引》160頁左，《新編》1/30/22498。

《漢魏南北朝墓誌集釋》9/99a，《新編》3/3/231。

《國立北平圖書館藏碑目》17b，《新編》3/36/257上。

《洛陽出土石刻時地記》隋代大業033，58頁。

《六朝墓誌檢要》（修訂本）218頁。

《隋代墓誌銘彙考》4冊277頁。

《碑帖鑒定》227頁。

《北朝隋代墓誌所在總合目錄》編號1725。

## 大業202

□墮暨妻趙氏墓誌

又名：吳墮墓誌，信正墓誌。開皇十三年（593）四月十四日終於洛州歸義鄉之宅；夫人趙氏，大業六年（610）正月十六日亡於河南縣弘教鄉之別舍，壬申年（八年，612）十一月十四日遷葬於河南郡城東北九里邙山之陽。1917年洛陽東北馬溝村出土，曾歸洛陽雷氏，今佚。誌長、寬均53釐米。文19行，滿行20字，隸書。

圖版著錄：

《漢魏南北朝墓誌集釋》圖版四五七，《新編》3/4/174。

《北京圖書館藏中國歷代石刻拓本匯編》10冊71頁。

《隋唐五代墓誌匯編·洛陽卷》1冊88頁。

《隋唐五代墓誌匯編·陝西卷》3冊4頁。

《洛陽出土歷代墓誌輯繩》61頁。

《隋代墓誌銘彙考》4冊95頁。

錄文著錄：

《芒洛冢墓遺文》卷上/12a－b，《新編》1/19/13985下。

《誌石文錄》卷上/58b－59a，《新編》2/19/13770下—13771上。

《魯迅輯校石刻手稿·墓誌》下冊267—268頁。

《全隋文補遺》4/287下—288上。

《隋代墓誌銘彙考》4冊96—97頁。

碑目題跋著錄：

《石刻題跋索引》160頁左，《新編》1/30/22498。

《石刻名彙》3/26a，《新編》2/2/1038上。

《崇雅堂碑錄》2/5a，《新編》2/6/4502上。

《蒿里遺文目錄》2（1）/8a，《新編》2/20/14947下。

《漢魏南北朝墓誌集釋》9/99a－b，《新編》3/3/231－232。

《國立北平圖書館藏碑目》16b，《新編》3/36/256下。

《古誌彙目》1/14b，《新編》3/37/32。

《墓誌徵存目錄》卷1，《羅振玉學術論著集》第五集，588、590頁。

《洛陽出土石刻時地記》隋代大業034，58頁。

《歷代墓誌銘拓片目錄》45頁。

《增補校碑隨筆》（修訂本）296頁。

《六朝墓誌檢要》（修訂本）218頁。

《隋代墓誌銘彙考》4冊98頁。

《北朝隋代墓誌所在綜合目錄》編號1666。

《北京大學圖書館藏歷代墓誌拓片目錄》編號00934。

備考：《隋代墓誌銘彙考》葬年作"大業六年"，然從"歲次壬申十一月丁丑朔十四日庚寅"來看，"壬申"年當為大業八年。

## 大業203

王君妻成公氏墓誌并蓋

大業七年（611）七月五日卒，大業八年（612）十一月廿六日葬。1914年洛陽城北安駕溝村出土，于右任舊藏，今石存西安碑林博物館。誌長43、寬42釐米。蓋拓本長、寬均34釐米。文17行，滿行17字，正書。蓋3行，行3字，篆書。蓋題：王氏成公夫人墓誌銘。

圖版著錄：

《漢魏南北朝墓誌集釋》圖版四五八，《新編》3/4/175。（誌）

《北京圖書館藏中國歷代石刻拓本匯編》10 冊 72 頁。

《隋唐五代墓誌匯編·洛陽卷》1 冊 89 頁。（誌）

《鴛鴦七誌齋藏石》圖版 204。

《隋代墓誌銘彙考》4 冊 278—279 頁。

錄文著錄：

《芒洛冢墓遺文四編》1/58b–59a，《新編》1/19/14177 下—14178 上。

《誌石文錄》卷上/62b–63a，《新編》2/19/13772 下—13773 上。

《魯迅輯校石刻手稿·墓誌》下冊 279—280 頁。

《全隋文補遺》4/288 上—下。

《隋代墓誌銘彙考》4 冊 280—281 頁。

碑目題跋著錄：

《石刻題跋索引》160 頁左，《新編》1/30/22498。

《石刻名彙》3/27a，《新編》2/2/1038 下。

《古誌新目初編》1/17b，《新編》2/18/13700 上。

《蒿里遺文目錄》2（1）/8a，《新編》2/20/14947 下。

《漢魏南北朝墓誌集釋》9/99b，《新編》3/3/232。

《墓誌徵存目錄》卷 1，《羅振玉學術論著集》第五集，590 頁。

《洛陽出土石刻時地記》隋代大業 035，58 頁。

《歷代墓誌銘拓片目錄》45 頁。

《六朝墓誌檢要》（修訂本）218—219 頁。

《隋代墓誌銘彙考》4 冊 281 頁。

《北朝隋代墓誌所在總合目錄》編號 1726。

《北京大學圖書館藏歷代墓誌拓片目錄》編號 00935。

## 大業 204

宮人丁氏墓誌

大業八年（612）十一月。河南洛陽出土。三原于右任舊藏。正書。

碑目著錄：

《石刻名彙》3/28b,《新編》2/2/1039 上。

## 大業 205

**張伏敬墓誌**

大業八年（612）十二月廿二日卒，以其月廿七日葬於河南郡河南縣零淵鄉。1929 年陰曆三月洛陽城北鄭凹村出土，于右任舊藏，今存西安碑林博物館。誌高、寬均 43 釐米。文 18 行，滿行 18 字，正書。首題：隋故人朝請大夫右武衛純德府鷹揚副郎將張伏敬之銘。

圖版著錄：

《漢魏南北朝墓誌集釋》圖版四五四,《新編》3/4/169。

《北京圖書館藏中國歷代石刻拓本匯編》10 冊 73 頁。

《隋唐五代墓誌匯編·洛陽卷》1 冊 90 頁。

《鴛鴦七誌齋藏石》圖版 205。

《西安碑林全集》70/1489 – 1494。

《隋代墓誌銘彙考》4 冊 282 頁。

錄文著錄：

《全隋文補遺》4/283 下—284 上。

《隋代墓誌銘彙考》4 冊 283—284 頁。

碑目題跋著錄：

《石刻題跋索引》160 頁左,《新編》1/30/22498。

《漢魏南北朝墓誌集釋》9/99a,《新編》3/3/231。

《國立北平圖書館藏碑目》17b,《新編》3/36/257 上。

《洛陽出土石刻時地記》隋代大業 036，58 頁。

《六朝墓誌檢要》（修訂本）219 頁。

《隋代墓誌銘彙考》4 冊 284 頁。

《北朝隋代墓誌所在總合目錄》編號 1727。

《北京大學圖書館藏歷代墓誌拓片目錄》編號 00936。

## 大業 206

**潞城縣令段君碑**

大業八年（612）十二月。舊在潞城縣。

碑目題跋著錄：

《金石錄》3/7b，《新編》1/12/8815 上。

《佩文齋書畫譜·金石》62/17a 下，《新編》3/2/59 下。

（光緒）《山西通志·金石記二》90/35a，《新編》3/30/349 上。

《六藝之一錄》62/6a，《新編》4/5/123 下。

**大業 207**

兵部尚書段文振碑

《寶刻叢編》、《寶刻類編》作大業八年（612）立，而《金石錄》作貞觀中立，暫從大業八年。潘徽撰，歐陽詢八分書。在西安府咸陽縣。

碑目題跋著錄：

《金石錄》4/1a，《新編》1/12/8818 上。

《集古錄目》5/5a，《新編》1/24/17968 上。

《寶刻叢編》8/43b，《新編》1/24/18239 上。

《寶刻類編》1/18a，《新編》1/24/18415 下。

《金石彙目分編》12（1）/76b，《新編》1/28/21314 下。

《石刻題跋索引》39 頁左，《新編》1/30/22377。

《六藝之一錄》62/6a，《新編》4/5/123 下。

備考：段文振，《北史》卷七六、《隋書》卷六〇有傳。

**大業 208**

霍遷墓誌并蓋

大業八年（612）十二月廿七日卒，大業九年（613）正月九日葬於都郭東北廿里。2008 年秋河南洛陽孟津縣出土，存民間。蓋高、寬均 32 釐米；誌高 41、寬 41.5 釐米。誌文 15 行，滿行 15 字，正書。蓋 3 行，行 3 字，篆書。蓋題：故同昌郡主簿霍君銘。

著錄：

《秦晉豫新出墓誌蒐佚》1 冊 113—114 頁。（圖）

《北朝隋代墓誌所在總合目錄》編號 1728。（目）

《北京大學圖書館藏歷代墓誌拓片目錄》編號 00937。（目）

## 大業 209

### 宮人陳氏墓誌

大業八年（612）十二月廿九日卒於外患坊，九年（613）正月十六日以七品禮葬河南郡之千金鄉邙山之北原。1925 年洛陽城西北邙山後洞村西北出土，于右任舊藏，今石存西安碑林博物館。誌長、寬均 57.7 釐米，石面略蝕。文 16 行，滿行 15 字，正書。首題：隋故宮人陳氏墓誌銘并序。

圖版著錄：

《漢魏南北朝墓誌集釋》圖版五四七，《新編》3/4/303。

《北京圖書館藏中國歷代石刻拓本匯編》10 冊 74 頁。

《隋唐五代墓誌匯編·洛陽卷》1 冊 91 頁。

《鴛鴦七誌齋藏石》圖 259。

《西安碑林全集》70/1495－1500。

《隋代墓誌銘彙考》4 冊 285 頁。

錄文著錄：

《全隋文補遺》4/289 上—下。

《隋代墓誌銘彙考》4 冊 286—287 頁。

碑目題跋著錄：

《石刻題跋索引》160 頁左，《新編》1/30/22498。

《石刻名彙》3/27a，《新編》2/2/1038 下。

《崇雅堂碑錄補》1/15a，《新編》2/6/4558 上。

《古誌新目初編》1/17b，《新編》2/18/13700 上。

《蒿里遺文目錄補遺》2b，《新編》2/20/14996 下。

《漢魏南北朝墓誌集釋》10/110a，《新編》3/3/253。

《國立北平圖書館藏碑目》17b，《新編》3/36/257 上。

《蒿里遺文目錄續編·墓誌徵存》3b，《新編》3/37/538 上。

《墓誌徵存目錄》卷 1，《羅振玉學術論著集》第五集，590 頁。

《洛陽出土石刻時地記》隋宮人墓誌 020，69 頁。

《歷代墓誌銘拓片目錄》45 頁。

《六朝墓誌檢要》（修訂本）219 頁。

《隋代墓誌銘彙考》4 冊 287 頁。

《碑帖鑒定》228 頁。

淑德大學《中國石刻拓本目錄》"墓誌" 編號 313。

《北朝隋代墓誌所在總合目錄》編號 1729。

《北京大學圖書館藏歷代墓誌拓片目錄》編號 00938。

## 大業 210

陳叔榮墓誌

大業八年（612）五月十五日終於縣廨，九年（613）正月廿一日葬於邙山之鳳臺里。1923 年洛陽城東北呂家廟村出土。誌長 44.2、寬 43.5 釐米。文 24 行，滿行 24 字，正書。

圖版著錄：

《漢魏南北朝墓誌集釋》圖版四五九，《新編》3/4/176。

《北京圖書館藏中國歷代石刻拓本匯編》10 冊 75 頁。

《隋唐五代墓誌匯編·洛陽卷》1 冊 92 頁。

《隋代墓誌銘彙考》4 冊 288 頁。

錄文著錄：

《全隋文補遺》4/289 下—290 下。

《隋代墓誌銘彙考》4 冊 289—290 頁。

碑目題跋著錄：

《集古求真續編》2/7b，《新編》1/11/8724 上。

《石刻題跋索引》160 頁左，《新編》1/30/22498。

《漢魏南北朝墓誌集釋》9/99b，《新編》3/3/232。

《洛陽出土石刻時地記》隋代大業 037，58 頁。

《歷代墓誌銘拓片目錄》45 頁。

《六朝墓誌檢要》（修訂本）219—220 頁。

《隋代墓誌銘彙考》4 冊 291 頁。

《碑帖敘錄》147 頁。

《北朝隋代墓誌所在總合目錄》編號 1730。

## 大業 211

**蕭球墓誌并蓋**

大業八年（612）七月十六日卒於縣舍，九年（613）二月十六日葬於邙山之北原。1926年五月三十日洛陽城北前海資村西出土，曾歸紹興周肇祥。誌長46.5、寬49釐米。誌文21行，滿行21字，正書。蓋2行，行2字，正書。蓋題：蕭公墓誌。

圖版著錄：

《北京圖書館藏中國歷代石刻拓本匯編》10冊76頁。（誌）

《隋唐五代墓誌匯編·洛陽卷》1冊93頁。（誌）

《洛陽出土歷代墓誌輯繩》66頁。

《隋代墓誌銘彙考》4冊292—293頁。

錄文著錄：

《全隋文補遺》4/290下—291上。

《新出魏晉南北朝墓誌疏證》（修訂本）560頁。

《隋代墓誌銘彙考》4冊294—295頁。

碑目題跋：

《國立北平圖書館藏碑目》17b，《新編》3/36/257上。

《洛陽出土石刻時地記》隋代大業038，58頁。

《歷代墓誌銘拓片目錄》45頁。

《六朝墓誌檢要》（修訂本）220頁。

《新出魏晉南北朝墓誌疏證》（修訂本）560—562頁。

《隋代墓誌銘彙考》4冊295頁。

《北朝隋代墓誌所在總合目錄》編號1731。

《北京大學圖書館藏歷代墓誌拓片目錄》編號00939。

## 大業 212

**□大墓誌**

又名：曹大墓誌。卒於寢，大業九年（613）二月十六日葬於舜山東北七里。1972年山東濟南市千佛山東北麓出土，石存濟南市博物館。誌長36、寬38釐米。文12行，滿行11字，正書。

著錄：

《隋代墓誌銘彙考》4 冊 296—297 頁。（圖、文、跋）

《濟南歷代墓誌銘》21 頁。（文、跋）

《齊魯碑刻墓誌研究》"附表" 369 頁。（目）

《北朝隋代墓誌所在總合目錄》編號 1732。（目）

**大業 213**

華原縣令周瑞墓誌并蓋

大業七年（611）十月四日薨於私第，即以其月十五日葬於永安鄉安陽城東北三里，大業九年（613）二月十六日夫人顏氏祔葬於此。誌高、寬均 42 釐米，厚 10 釐米。文正書，20 行，滿行 20 字。蓋篆書，2 行，行 2 字。蓋題：周君墓銘。首題：隋故京兆郡華原縣令周君墓誌銘。

著錄：

《安陽墓誌選編》18（圖）、172 頁（文）。

**大業 214**

張☒妻蘇恒墓誌并蓋

大業八年（612）十二月廿四日卒於河南郡樂和里之第，以大業九年（613）二月十七日合葬於河南北邙之山。河南洛陽北邙山出土，于右任舊藏，今石存西安碑林博物館。誌高、寬均 59.7 釐米。蓋 3 行，行 3 字，篆書。文 26 行，滿行 25 字，隸書。首題：齊故武陽縣令張君妻蘇夫人等墓誌銘。蓋題：武陽縣令張君妻蘇銘。

圖版著錄：

《漢魏南北朝墓誌集釋》圖版四六〇，《新編》3/4/177 – 178。

《北京圖書館藏中國歷代石刻拓本匯編》10 冊 77 頁。

《隋唐五代墓誌匯編·洛陽卷》1 冊 94 頁。

《鴛鴦七誌齋藏石》圖版 206。

《西安碑林全集》70/1507 – 1514。（誌）

《隋代墓誌銘彙考》4 冊 298—299 頁。

錄文著錄：

《全隋文補遺》4/291 下—292 上。

《隋代墓誌銘彙考》4 冊 300—301 頁。

碑目題跋著錄：

《石刻題跋索引》160 頁左，《新編》1/30/22498。

《漢魏南北朝墓誌集釋》9/99b，《新編》3/3/232。

《國立北平圖書館藏碑目》17b，《新編》3/36/257 上。

《墓誌徵存目錄》卷 1，《羅振玉學術論著集》第五集，590 頁。

《洛陽出土石刻時地記》隋代大業 039，59 頁。

《六朝墓誌檢要》（修訂本）220 頁。

《隋代墓誌銘彙考》4 冊 302 頁。

《北朝隋代墓誌所在總合目錄》編號 1733。

## 大業 215

**逸民蘭義墓誌并蓋**

仁壽二年（602）七月五日終於家，大業九年（613）二月廿八日遷葬於魏郡安陽之積善里。2006 年八月出土於安陽市鐵西路與文源街交叉口西北文源綠島住宅社區六號樓。誌高、寬均 42 釐米，厚 10 釐米。文隸書，22 行，滿行 22 字。蓋篆書，2 行，行 2 字。蓋題：蘭君墓銘；首題：隋故逸民蘭君墓誌銘。

著錄：

《安陽墓誌選編》20 頁（圖）、173 頁（文）。

## 大業 216

**姜明墓誌**

北周大象元年（579）正月廿六日終於官，隋大業九年（613）二月廿八日葬於王城之北。河南洛陽出土，一說河南開封出土，曾歸河南圖書館，今存河南博物院。誌長、寬均 50.8 釐米。文 25 行，滿行 25 字，正書。首題：周上儀同三司岐山縣開國侯姜君墓誌銘。

圖版著錄：

《漢魏南北朝墓誌集釋》圖版四六三，《新編》3/4/183。

《北京圖書館藏中國歷代石刻拓本匯編》10 冊 78 頁。

《隋唐五代墓誌匯編·洛陽卷》1 冊 95 頁。

《中國金石集萃》8 函 10 輯編號 100。

《隋代墓誌銘彙考》4 冊 303 頁。

錄文著錄：

《芒洛冢墓遺文續編》卷上/11a–12a，《新編》1/19/14062 上—下。

《魯迅輯校石刻手稿·墓誌》下冊 281—283 頁。

《全隋文補遺》4/292 下—293 下。

《隋代墓誌銘彙考》4 冊 304—305 頁。

碑目題跋著錄：

《石刻題跋索引》160 頁左—右，《新編》1/30/22498。

《石刻名彙》3/27b，《新編》2/2/1038 下。

《崇雅堂碑錄補》1/15a，《新編》2/6/4558 上。

《古誌新目初編》1/17b，《新編》2/18/13700 上。

《蒿里遺文目錄》2（1）/8a，《新編》2/20/14947 下。

《夢碧簃石言》4/20b，《新編》3/2/208 下。

《漢魏南北朝墓誌集釋》9/100a，《新編》3/3/233。

《河南圖書館藏石目》2a，《新編》3/36/126 上。

《國立北平圖書館藏碑目》18a，《新編》3/36/257 下。

《墓誌徵存目錄》卷 1，《羅振玉學術論著集》第五集，590 頁。

《洛陽出土石刻時地記》隋代大業 040，59 頁。

《歷代墓誌銘拓片目錄》45—46 頁。

《六朝墓誌檢要》（修訂本）221 頁。

《隋代墓誌銘彙考》4 冊 306 頁。

淑德大學《中國石刻拓本目錄》"墓誌"編號 314。

《北朝隋代墓誌所在總合目錄》編號 1734。

《北京大學圖書館藏歷代墓誌拓片目錄》編號 00940。

## 大業 217

張業暨妻路氏墓誌并蓋

大業六年（610）七月十三日薨於雒陽，夫人以大業八年（612）五月薨於京第，大業九年（613）二月廿八日合葬於東都之北原。河南洛陽北邙山上出土，于右任鴛鴦七誌齋藏石，今存西安碑林博物館。誌高、寬均40.5釐米。蓋拓本長31、寬33釐米。蓋2行，行2字，篆書。文21行，滿行21字，正書。蓋題：張君墓銘。

  圖版著錄：

《漢魏南北朝墓誌集釋》圖版四六二，《新編》3/4/181－182。

《北京圖書館藏中國歷代石刻拓本匯編》10冊80頁。

《隋唐五代墓誌匯編·洛陽卷》1冊97頁。

《鴛鴦七誌齋藏石》圖版207。

《西安碑林全集》65/918－919（蓋）、70/1515－1522（誌）。

《隋代墓誌銘彙考》4冊307—308頁。

  錄文著錄：

《全隋文補遺》4/294下—295上。

《隋代墓誌銘彙考》4冊309—310頁。

  碑目題跋著錄：

《石刻題跋索引》160頁左，《新編》1/30/22498。

《石刻名彙》3/27b，《新編》2/2/1038下。

《崇雅堂碑錄補》1/15a，《新編》2/6/4558上。

《古誌新目初編》1/17b，《新編》2/18/13700上。

《蒿里遺文目錄補遺》2b，《新編》2/20/14996下。

《漢魏南北朝墓誌集釋》9/99b，《新編》3/3/232。

《國立北平圖書館藏碑目》18a，《新編》3/36/257下。

《墓誌徵存目錄》卷1，《羅振玉學術論著集》第五集，590頁。

《洛陽出土石刻時地記》隋代大業042，59頁。

《歷代墓誌銘拓片目錄》46頁。

《六朝墓誌檢要》（修訂本）220—221頁。

《隋代墓誌銘彙考》4冊310—311頁。

《碑帖鑒定》228頁。

《北朝隋代墓誌所在總合目錄》編號1736。

《北京大學圖書館藏歷代墓誌拓片目錄》編號00942。

  備考：《石刻名彙》所著錄"君諱業墓誌并蓋"，從時間和出土地點、收藏地看，當與"張業墓誌"為同一方，故附此。

## 大業 218

皇甫深墓誌并蓋

大業八年（612）六月十一日終於河南郡，九年（613）二月廿八日葬於河南縣零淵鄉。1925 年陰曆四月洛陽北南石山村出土，石存開封博物館。誌長、寬均 54 釐米。蓋拓本長、寬均 40 釐米。蓋 3 行，行 3 字，篆書。文 23 行，滿行 23 字，隸書。首題：隋故齊漢陽王府記室參軍皇甫君墓誌銘；蓋題：皇甫記室參軍墓誌銘。

圖版著錄：

《漢魏南北朝墓誌集釋》圖版四六一，《新編》3/4/179－180。

《北京圖書館藏中國歷代石刻拓本匯編》10 冊 79 頁。

《隋唐五代墓誌匯編·洛陽卷》1 冊 96 頁。

《隋代墓誌銘彙考》4 冊 312—313 頁。

錄文著錄：

《全隋文補遺》4/293 下—294 上。

《隋代墓誌銘彙考》4 冊 314—315 頁。

碑目題跋著錄：

《石刻題跋索引》160 頁左，《新編》1/30/22498。

《古誌新目初編》1/17b，《新編》2/18/13700 上。

《蒿里遺文目錄補遺》2b，《新編》2/20/14996 下。

《漢魏南北朝墓誌集釋》9/99b，《新編》3/3/232。

《國立北平圖書館藏碑目》18a，《新編》3/36/257 下。

《墓誌徵存目錄》卷 1，《羅振玉學術論著集》第五集，590 頁。

《洛陽出土石刻時地記》隋代大業 041，59 頁。

《歷代墓誌銘拓片目錄》46 頁。

《六朝墓誌檢要》（修訂本）220 頁。

《隋代墓誌銘彙考》4 冊 315—316 頁。

《北朝隋代墓誌所在總合目錄》編號 1735。

《北京大學圖書館藏歷代墓誌拓片目錄》編號 00941。

### 大業 219

**郝伏愿墓誌并蓋**

大業八年（612）卒，大業九年（613）三月五日葬於延安郡東百里去斤川肖糾村一里道。1998 年 5 月陝西省延長縣黑家堡鎮瓦村望莊臺出土，石藏延長縣文物管理委員會。誌長、寬均 51 釐米。蓋頂邊長 39.5、底邊長 54、斜剎寬 7 釐米。文 14 行，滿行 17 字，隸書。蓋篆書，4 行，滿行 4 字。蓋題：隋故朝請大夫郝伏愿銘記。

碑目著錄：

《北朝隋代墓誌所在總合目錄》編號 1737。

論文：

段雙印、馬旭東：《隋郝伏愿墓誌考釋》，《碑林集刊》第 14 輯，2008 年。（圖、文）

### 大業 220

**張盈墓誌并蓋**

仁壽元年（601）五月廿五日終於長安，大業九年（613）三月十日葬於河南縣北邙山。清末洛陽城北南陳莊村出土，今存開封博物館。誌長、寬均 54.5 釐米。蓋拓本長、寬均 45 釐米。蓋 3 行，行 3 字，篆書。文 24 行，滿行 24 字，正書。蓋題：隋朝散大夫張府君誌；首題：隋故朝散大夫張府君墓誌銘并序。

圖版著錄：

《漢魏南北朝墓誌集釋》圖版四六四，《新編》3/4/184－185。

《北京圖書館藏中國歷代石刻拓本匯編》10 冊 82 頁。

《隋唐五代墓誌匯編·洛陽卷》1 冊 99 頁。

《中國金石集萃》9 函 2 輯編號 11。（誌）

《隋代墓誌銘彙考》4 冊 317—318 頁。

錄文著錄：

《芒洛冢墓遺文續編》卷上/12a－13a，《新編》1/19/14062 下—14063 上。

《魯迅輯校石刻手稿·墓誌》下冊 284—286 頁。

《全隋文補遺》4/296 上—297 上。

《隋代墓誌銘彙考》4 冊 319—320 頁。

碑目題跋著錄：

《集古求真續編》2/7b－8a，《新編》1/11/8724 上—下。

《石刻題跋索引》160 頁右，《新編》1/30/22498。

《石刻名彙》3/27b，《新編》2/2/1038 下。

《崇雅堂碑錄》2/5a，《新編》2/6/4502 上。

《古誌新目初編》1/17b，《新編》2/18/13700 上。

《蒿里遺文目錄》2（1）/8a，《新編》2/20/14947 下。

《夢碧簃石言》4/20b，《新編》3/2/208 下。

《漢魏南北朝墓誌集釋》9/100a，《新編》3/3/233。

《河南圖書館藏石目》2a，《新編》3/36/126 上。

《國立北平圖書館藏碑目》18a，《新編》3/36/257 下。

《古誌彙目》1/14b，《新編》3/37/32。

《墓誌徵存目錄》卷 1，《羅振玉學術論著集》第五集，590 頁。

《洛陽出土石刻時地記》隋代大業 043，59 頁。

《歷代墓誌銘拓片目錄》46 頁。

《增補校碑隨筆》（修訂本）298 頁。

《六朝墓誌檢要》（修訂本）221 頁。

《碑帖敘錄》168 頁。

《隋代墓誌銘彙考》4 冊 322 頁。

淑德大學《中國石刻拓本目錄》"墓誌" 編號 315。

《北朝隋代墓誌所在總合目錄》編號 1740。

《北京大學圖書館藏歷代墓誌拓片目錄》編號 00944。

## 大業 221

張盈妻蕭餝牲墓誌并蓋

大業七年（611）二月廿三日卒於譙郡，九年（613）三月十日葬於河南郡河南縣之北邙山。清末河南洛陽城北南陳莊出土，今存開封博物館。誌長、寬均 53 釐米。蓋拓本長、寬均 40 釐米。蓋 3 行，行 3 字，篆書。文 24 行，滿行 24 字，正書。蓋題：隋朝散張盈妻蕭氏誌；首題：隋故朝散大夫張府君夫人蕭氏墓誌銘并序。

圖版著錄：

《漢魏南北朝墓誌集釋》圖版四六五，《新編》3/4/186－187。

《北京圖書館藏中國歷代石刻拓本匯編》10 冊 81 頁。

《隋唐五代墓誌匯編·洛陽卷》1 冊 98 頁。

《中國金石集萃》9 函 1 輯編號 10。（誌）

《隋代墓誌銘彙考》4 冊 323—324 頁。

《秦晉豫新出墓誌蒐佚》1 冊 116 頁。（誌）

錄文著錄：

《芒洛冢墓遺文續編》卷上/13b－14b，《新編》1/19/14063 上—下。

《魯迅輯校石刻手稿·墓誌》下冊 287—289 頁。

《全隋文補遺》4/295 上—296 上。

《隋代墓誌銘彙考》4 冊 325—326 頁。

碑目題跋著錄：

《集古求真續編》2/8a，《新編》1/11/8724 下。

《石刻題跋索引》160 頁右，《新編》1/30/22498。

《石刻名彙》3/27b，《新編》2/2/1038 下。

《崇雅堂碑錄》2/5a，《新編》2/6/4502 上。

《古誌新目初編》1/17b，《新編》2/18/13700 上。

《蒿里遺文目錄》2（1）/8a，《新編》2/20/14947 下。

《夢碧簃石言》4/20b，《新編》3/2/208 下。

《漢魏南北朝墓誌集釋》9/100a，《新編》3/3/233。

《河南圖書館藏石目》2a－b，《新編》3/36/126 上。

《國立北平圖書館藏碑目》18a，《新編》3/36/257 下。

《墓誌徵存目錄》卷 1，《羅振玉學術論著集》第五集，590 頁。

《洛陽出土石刻時地記》隋代大業 044，59 頁。

《歷代墓誌銘拓片目錄》46 頁。

《六朝墓誌檢要》（修訂本）221、225 頁。

《隋代墓誌銘彙考》4 冊 327 頁、6 冊 163 頁"存目"。

《碑帖敘錄》168 頁。

《北朝隋代墓誌所在總合目錄》編號 1739。

《北京大學圖書館藏歷代墓誌拓片目錄》編號 00943。

備考：《秦晉豫新出墓誌蒐佚》著錄為"蕭餝墓誌"，漏一"性"字。《六朝墓誌檢要》（修訂本）225 頁和《隋代墓誌銘彙考·存目》所引"蕭氏墓誌"，按原出於《芒洛冢墓遺文續編》卷上·一三，核原書，即"蕭餝性墓誌"。

### 大業 222

楊矩墓誌

大業四年（608）八月廿四日遘疾卒於官舍，九年（613）三月十日遷葬於華陰縣留名鄉歸正里之東原。1999 年陝西省華陰縣出土，旋歸張氏，現藏河南新安縣千唐誌齋博物館。誌長 57.3、寬 56.5、厚 9 釐米。文 33 行，滿行 32 字，正書。首題：隋故通議大夫安陸太守楊府君墓誌。

著錄：

《洛陽新見墓誌》22 頁。（圖）

《洛陽新獲七朝墓誌》60 頁。（圖）

《秦晉豫新出墓誌蒐佚》1 冊 115 頁。（圖）

《隋代墓誌銘彙考》4 冊 328—330 頁。（文、跋）

《新出魏晉南北朝墓誌疏證》（修訂本）563—565 頁。（文、跋）

《北朝隋代墓誌所在總合目錄》編號 1741。（目）

論文：

李獻奇、周錚：《北周隋五方楊氏家族墓誌綜考》，《碑林集刊》第 7 輯，2001 年。

### 大業 223

郝歡妻張氏墓銘磚

大業九年（613）三月十一日。石藏河北正定墨香閣。高 28、寬 14 釐米。文 3 行，行 7 至 9 字，正書。

著錄：

《墨香閣藏北朝墓誌》282 頁。（圖、文）

## 大業 224

**楊文思墓誌**

大業七年（611）正月十六日薨於江都郡，以九年（613）三月廿八日遷葬於華陰縣潼鄉習仙之里。陝西華陰縣出土，石存河南新安縣千唐誌齋博物館。誌拓本長 86.5、寬 87 釐米。文正書，43 行，滿行 43 字。首題：隋故光祿大夫尚書右僕射平舒侯之墓誌銘。

著錄：

《隋代墓誌銘彙考》4 冊 331—335 頁。（圖、文、跋）

《北京大學圖書館新藏金石拓本菁華 1996—2012》134—135 頁。（圖）

《全唐文補遺·千唐誌齋新藏專輯》461—463 頁。（文）

《北朝隋代墓誌所在總合目錄》編號 1742。（目）

《北京大學圖書館藏歷代墓誌拓片目錄》編號 00945。（目）

論文：

王慶衛、王煊：《隋代弘農楊氏續考——以墓誌銘為中心》，《碑林集刊》第 12 輯，2006 年。

周偉洲：《〈楊文思墓誌〉與北朝民族及民族關係》，《西北民族論叢》2016 年第 2 期。

備考：楊文思，《北史》卷四一、《隋書》卷四八有傳。

## 大業 225

**楊約墓誌**

大業五年（609）十月廿五日遘疾薨於東京之遊藝里第，以九年（613）四月廿九日歸葬於華陰縣潼關鄉招遠里舊山。陝西華陰縣出土，石存河南新安縣千唐誌齋博物館。誌長、寬均 88 釐米。文隸書，42 行，滿行 43 字。首題：大隋故內史令金紫光祿大夫楊公墓誌銘。

著錄：

《隋代墓誌銘彙考》4 冊 336—340 頁。（圖、文、跋）

《北京大學圖書館新藏金石拓本菁華 1996—2012》133 頁。（圖）

《秦晉豫新出墓誌蒐佚續編》1 冊 201 頁。（圖）

《全唐文補遺·千唐誌齋新藏專輯》463—465 頁。（文）
《北朝隋代墓誌所在總合目錄》編號 1743。（目）
《北京大學圖書館藏歷代墓誌拓片目錄》編號 00946。（目）

論文：

王慶衛、王煊：《隋代弘農楊氏續考——以墓誌銘為中心》，《碑林集刊》第 12 輯，2006 年。

備考：楊約，《北史》卷四一、《隋書》卷四八有傳。

## 大業 226

宮人豆盧氏墓誌

大業九年（613）八月十九日感疾而終，以八月廿六日葬於河南郡河南縣千金鄉。1925 年洛陽城西北邙山後洞村出土，于右任舊藏，今存西安碑林博物館。誌長 46.5、寬 48.5 釐米。文 16 行，滿行 17 字，正書。首題：豆盧宮人墓誌銘并序。

圖版著錄：

《漢魏南北朝墓誌集釋》圖版五四八，《新編》3/4/304。
《北京圖書館藏中國歷代石刻拓本匯編》10 冊 83 頁。
《隋唐五代墓誌匯編·洛陽卷》1 冊 100 頁。
《鴛鴦七誌齋藏石》圖 260。
《西安碑林全集》70/1501－1506。
《隋代墓誌銘彙考》4 冊 341 頁。

錄文著錄：

《全隋文補遺》4/298 上。
《隋代墓誌銘彙考》4 冊 342—343 頁。

碑目題跋著錄：

《石刻題跋索引》160 頁右，《新編》1/30/22498。
《漢魏南北朝墓誌集釋》10/110a，《新編》3/3/253。
《國立北平圖書館藏碑目》18a，《新編》3/36/257 下。
《墓誌徵存目錄》卷 1，《羅振玉學術論著集》第五集，591 頁。
《洛陽出土石刻時地記》隋宮人墓誌 021，69 頁。

《歷代墓誌銘拓片目錄》46 頁。

《六朝墓誌檢要》（修訂本）222 頁。

《隋代墓誌銘彙考》4 冊 343 頁。

《碑帖鑒定》228 頁。

《北朝隋代墓誌所在總合目錄》編號 1744。

《北京大學圖書館藏歷代墓誌拓片目錄》編號 00947。

**大業 227**

楊雄墓誌并蓋

大業八年（612）三月十日遘疾卒於遼西郡，九年（613）九月十三日葬於弘仁里山。據云出土於陝西省華陰市，石藏河北正定墨香閣。誌長、寬均 102 釐米、厚 11.5 釐米。蓋長、寬均 119 釐米。誌文 46 行，滿行 46 字，正書。蓋 5 行，行 4 字，篆書。蓋題：大隋京兆尹司空公光祿大夫故觀德王之墓誌銘。首題：隋京兆尹司空公光祿大夫故觀德王之墓誌銘。

著錄：

《秦晉豫新出墓誌蒐佚續編》1 冊 202—203 頁。（圖）

《墨香閣藏北朝墓誌》238—241 頁（圖、文）。

論文：

張應橋：《隋觀德王楊雄及夫人王妃墓誌》，《中國國家博物館館刊》2016 年第 12 期。

備考：楊雄，《北史》卷六八、《隋書》卷四三有傳。

**大業 228**

楊雄妻長孫淑信墓誌并蓋

建德二年（573）二月八日卒於京第，以大業九年（613）九月十三日合葬於京兆華陰縣還淳鄉之墓。據云出土於陝西省華陰市。誌長、寬均 73 釐米，蓋長、寬均 75 釐米。文 29 行，滿行 30 字，正書。蓋 5 行，行 5 字，篆書。蓋題：大隋京兆尹太子太傅司空公光祿大夫觀國夫人長孫氏誌銘。首題：隋故京兆尹司空公光祿大夫觀國夫人長孫氏墓誌銘。

圖版著錄：

《秦晉豫新出墓誌蒐佚續編》1 冊 206—207 頁。

論文：

張應橋：《隋觀德王楊雄及夫人王妃墓誌》，《中國國家博物館館刊》2016 年第 12 期。

備考：楊雄，《北史》卷六八、《隋書》卷四三有傳。

### 大業 229
楊雄妃王媛華墓誌并蓋

開皇四年（584）五月廿九日卒，觀王楊雄以大業八年（612）三月十日卒於遼西郡，九年（613）九月十三日合葬於華陰縣之還淳鄉弘仁里。據云出土於陝西省華陰市。誌長 73、寬 73、厚 11 釐米。蓋長、寬均 91 釐米。誌文 28 行，滿行 27 字，正書。蓋 5 行，滿行 5 字，篆書。蓋題：大隋京兆尹太子太傅司空公光祿大夫故觀國妃王氏之墓誌。首題：大隋故觀王妃墓誌銘。

圖版著錄：

《秦晉豫新出墓誌蒐佚續編》1 冊 204—205 頁。

論文：

張應橋：《隋觀德王楊雄及夫人王妃墓誌》，《中國國家博物館館刊》2016 年第 12 期。

備考：楊雄，《北史》卷六八、《隋書》卷四三有傳。

### 大業 230
張道淵暨妻衛氏墓誌

大業九年（613）十月二日張道淵與夫人衛氏葬於女古之西。河南洛陽出土。拓片高 33、寬 30.5 釐米。文 13 行，滿行 13 字，正書。

著錄：

《隋代墓誌銘彙考》4 冊 344—345 頁。（文、跋）

《北朝隋代墓誌所在總合目錄》編號 1745。（目）

《北京大學圖書館藏歷代墓誌拓片目錄》編號 00948。（目）

### 大業 231
豆盧寔墓誌并蓋

又名：豆盧實墓誌。大業五年（609）八月四日卒於軍幕，大業九年

(613) 十月三日歸葬河南郡河南縣之邙山。河南洛陽北邙山出土，曾存開封圖書館，今存河南博物院；或云曾存河南圖書館，今存開封博物館。誌長 73、寬 72 釐米，誌蓋下端裂為四塊。蓋 4 行，行 4 字，篆書。文 39 行，滿行 40 字，隸書。首題：大隨故金紫光祿大夫豆盧公墓誌銘并序；蓋題：大隋故金紫光祿大夫豆盧公墓誌之銘。

  圖版著錄：

《漢魏南北朝墓誌集釋》圖版四六六，《新編》3/4/188–189。

《北京圖書館藏中國歷代石刻拓本匯編》10 冊 84 頁。

《隋唐五代墓誌匯編·洛陽卷》1 冊 101 頁。

《中國金石集萃》9 函 2 輯編號 12。（誌）

《隋代墓誌銘彙考》4 冊 346—347 頁。

  錄文著錄：

《芒洛冢墓遺文續補》4b–7b，《新編》1/19/14092 下—14094 上。

《魯迅輯校石刻手稿·墓誌》下冊 290—296 頁。

《全隋文補遺》4/298 下—300 下。

《隋代墓誌銘彙考》4 冊 348—351 頁。

  碑目題跋著錄：

《集古求真》10/8a，《新編》1/11/8576 下。

《石刻題跋索引》160 頁右，《新編》1/30/22498。

《石刻名彙》3/27b，《新編》2/2/1038 下。

《崇雅堂碑錄補》1/15a，《新編》2/6/4558 上。

《古誌新目初編》1/17b，《新編》2/18/13700 上。

《蒿里遺文目錄》2（1）/8a，《新編》2/20/14947 下。

《夢碧簃石言》4/20b，《新編》3/2/208 下。

《漢魏南北朝墓誌集釋》9/100b，《新編》3/3/234。

《河南圖書館藏石目》2b，《新編》3/36/126 上。

《國立北平圖書館藏碑目》18a，《新編》3/36/257 下。

《古誌彙目》1/14b，《新編》3/37/32。

《墓誌徵存目錄》卷 1，《羅振玉學術論著集》第五集，591 頁。

《洛陽出土石刻時地記》隋代大業 045，59 頁。

《歷代墓誌銘拓片目錄》46—47 頁。

《增補校碑隨筆》（修訂本）298 頁。

《六朝墓誌檢要》（修訂本）222 頁。

《隋代墓誌銘彙考》4 冊 352 頁。

《碑帖敘錄》67 頁。

淑德大學《中國石刻拓本目錄》"墓誌"編號 316。

《北朝隋代墓誌所在總合目錄》編號 1746。

《北京大學圖書館藏歷代墓誌拓片目錄》編號 00949。

論文：

高鐵泰、高然：《〈豆盧實墓誌〉與北朝隋唐豆盧氏家族》，《齊魯學刊》2015 年第 3 期。

備考：豆盧寔，《隋書》卷一《高祖本紀》、卷六六《高構傳》有載。

### 大業 232

潘嗣墓誌并蓋

卒於富義里，大業九年（613）十月三日葬于東都城南。2006 年冬河南省安陽出土，旋歸洛陽程氏。蓋長 37.5、寬 38.5 釐米。誌長 36.5、寬 37.5 釐米。誌文 20 行，滿行 20 字，隸書。蓋 3 行，行 3 字，篆書。蓋題：隋故七交戍主潘君銘。

著錄：

《秦晉豫新出墓誌蒐佚》1 冊 117—118 頁。（圖）

《北朝隋代墓誌所在總合目錄》編號 1747。（目）

備考：《秦晉豫新出墓誌蒐佚》著錄蓋題為"七交戎主"，據圖版，當為"戍主"。

### 大業 233

王鍾葵墓誌

又名：□鍾葵墓誌。《鴛鴦七誌齋藏石》著錄為"楊鍾葵墓誌"。大業九年（613）九月十日卒於館舍，於其年十月十二日歸葬於河南郡北山之原。河南洛陽北邙山出土，舊藏于右任鴛鴦七誌齋，今石存西安碑林博物館。誌高 34.5、寬 36.5 釐米。文 18 行，滿行 17 字，正書。

圖版著錄：

《漢魏南北朝墓誌集釋》圖版四六七，《新編》3/4/190。

《北京圖書館藏中國歷代石刻拓本匯編》10 冊 85 頁。

《隋唐五代墓誌匯編·洛陽卷》1 冊 102 頁。

《鴛鴦七誌齋藏石》圖版 208。

《隋代墓誌銘彙考》4 冊 353 頁。

錄文著錄：

《全隋文補遺》4/300 下—301 上。

《隋代墓誌銘彙考》4 冊 354—355 頁。

碑目題跋著錄：

《石刻題跋索引》160 頁右，《新編》1/30/22498。

《古誌新目初編》1/17b，《新編》2/18/13700 上。

《漢魏南北朝墓誌集釋》9/100b，《新編》3/3/234。

《國立北平圖書館藏碑目》18a，《新編》3/36/257 下。

《洛陽出土石刻時地記》隋代大業 046，59 頁。

《六朝墓誌檢要》（修訂本）222 頁。

《隋代墓誌銘彙考》4 冊 355 頁。

《北朝隋代墓誌所在總合目錄》編號 1748。

《北京大學圖書館藏歷代墓誌拓片目錄》編號 00950。

**大業 234**

元誠墓誌并蓋

仁壽二年（602）四月十二日終，以大業九年（613）十月十四日遷葬於大興縣小陵原。蓋邊長 54、厚 7 釐米；誌方形，邊長 54、厚 9 釐米。誌文 29 行，滿行 29 字，正書。蓋 4 行，行 4 字，篆書。蓋題：大隋故梁州白雲縣令元府君之墓誌銘。首題：大隋故梁州白雲縣令元府君之墓誌銘并序。

著錄：

《西安新獲墓誌集萃》28—29 頁。（圖、文）

## 大業 235

董重暨夫人梁氏墓誌并蓋

開皇十年（590）十月五日卒於江州潯陽縣，大業九年（613）十月十四日返葬洛陽縣崇讓鄉；夫人梁氏，開皇六年（586）六月四日卒於洛州河南縣欽政鄉，與夫同葬於邙山華原鄉。出土時地不詳，現藏洛陽民間。蓋高35、寬34釐米；誌高、寬均40.5釐米。誌文22行，滿行22字，正書。蓋3行，行3字，正書。蓋題：大隋董公梁夫人墓銘。

著錄：

《秦晉豫新出墓誌蒐佚》1冊119—120頁。（圖）

《北朝隋代墓誌所在總合目錄》編號1749。（目）

《北京大學圖書館藏歷代墓誌拓片目錄》編號00951。（目）

## 大業 236

□均墓誌

大業九年（613）十月十四日葬。山西長治出土。拓片高、寬均45.5釐米。文20行，滿行20字，隸書兼篆書。

碑目著錄：

《北京大學圖書館藏歷代墓誌拓片目錄》編號00952。

## 大業 237

趙朗暨妻孫氏墓誌并蓋

仁壽二年（602）正月十二日卒於河南縣勸善鄉恭安里，夫人孫氏，開皇十二年（592）二月十六日終於家，大業九年（613）十月十五日合葬於洛陽縣北邙山之陽。河南洛陽城北出土，曾存河南圖書館，今存開封博物館。誌長、寬49.5釐米。蓋拓本長、寬均50釐米。蓋3行，行3字，篆書。文25行，滿行26字，隸書。首題：隋故偏威將軍北海縣令趙君墓誌銘。蓋題：隋故北海縣令趙君銘。

圖版著錄：

《漢魏南北朝墓誌集釋》圖版四六八，《新編》3/4/191–192。

《北京圖書館藏中國歷代石刻拓本匯編》10冊88頁。

《隋唐五代墓誌匯編·洛陽卷》1冊104頁。

《隋代墓誌銘彙考》4 冊 356—357 頁。

錄文著錄：

《芒洛冢墓遺文四編》1/59a – 60a，《新編》1/19/14178 上—下。

《全隋文補遺》4/302 上—下。

《隋代墓誌銘彙考》4 冊 358—359 頁。

碑目題跋著錄：

《石刻題跋索引》160 頁右，《新編》1/30/22498。

《石刻名彙》3/27b，《新編》2/2/1038 下。

《崇雅堂碑錄補》1/15a，《新編》2/6/4558 上。

《古誌新目初編》1/17b，《新編》2/18/13700 上。

《蒿里遺文目錄》2（1）/8a，《新編》2/20/14947 下。

《漢魏南北朝墓誌集釋》9/100b – 101a，《新編》3/3/234 – 235。

《河南圖書館藏石目》2b，《新編》3/36/126 上。

《國立北平圖書館藏碑目》18a，《新編》3/36/257 下。

《墓誌徵存目錄》卷 1，《羅振玉學術論著集》第五集，591 頁。

《洛陽出土石刻時地記》隋代大業 047，59—60 頁。

《歷代墓誌銘拓片目錄》47 頁。

《六朝墓誌檢要》（修訂本）222—223 頁。

《隋代墓誌銘彙考》4 冊 360 頁。

淑德大學《中國石刻拓本目錄》"墓誌"編號 317。

《北朝隋代墓誌所在總合目錄》編號 1751。

《北京大學圖書館藏歷代墓誌拓片目錄》編號 00955。

## 大業 238

**尼那提墓誌并蓋**

又名：丁那提墓誌。仁壽四年（604）五月廿一日終於真化道場，以大業九年（613）十月十五日歸葬於京兆大興縣高平鄉之杜原。1952 年西安市長安縣韋曲鎮出土，石存西安碑林博物館。誌、蓋均長 29、寬 29 釐米。蓋 3 行，行 3 字，篆書。誌文 19 行，滿行 19 字，正書。蓋題：大隋真化道場尼墓誌；首題：大隋真化道場尼那提墓誌之銘。

著錄：

《隋唐五代墓誌匯編·北京大學卷》1 冊 19 頁。（圖）

《中國西北地區歷代石刻匯編》1 冊 137 頁。（圖）

《西安碑林全集》70/1523－1529。（圖）

《新中國出土墓誌·陝西〔貳〕》上冊 10 頁（誌圖）、下冊 7—8 頁（文）。

《隋代墓誌銘彙考》4 冊 361—364 頁。（圖、文、跋）

《全隋文補遺》4/304 上—下。（文）

《新出魏晉南北朝墓誌疏證》（修訂本）568—569 頁。（文、跋）

《碑帖鑒定》228 頁。（跋）

《北朝隋代墓誌所在總合目錄》編號 1752。（目）

《北京大學圖書館藏歷代墓誌拓片目錄》編號 00954。（目）

### 大業 239

**杜祐墓誌并蓋**

大業六年（610）十月廿日終於河源縣，大業九年（613）十月十五日葬於大興縣洪原鄉小陵原。陝西西安市長安區出土，2012 年入藏西安碑林博物館。誌高、寬均 45、厚 7.3 釐米；蓋高、寬均 43、厚 6.5 釐米。誌文正書，22 行，滿行 23 字。蓋篆書，3 行，行 4 字。蓋題：大隋故河源縣令杜君墓誌銘；首題：大隋故河源縣令杜君之墓誌銘。

著錄：

《秦晉豫新出墓誌蒐佚續編》1 冊 208—209 頁。（圖）

《西安碑林博物館新藏墓誌續編》上冊 32—34 頁。（圖、文）

《北京大學圖書館藏歷代墓誌拓片目錄》編號 00953。（目）

論文：

王其禕、周曉薇：《長安新出隋大業九年〈杜祐墓誌〉疏證——兼為梳理隋唐墓誌所見京兆杜氏世系》，《唐史論叢》第 14 輯，2011 年。

### 大業 240

**席德將墓誌并蓋**

又名：常德將墓誌、□德將墓誌。大業九年（613）六月十四日殞於賊陣，以其年十月十五日葬於芒山之北靈淵勝地。1933 年農曆十一月二十三日洛陽城北南石山村西北出土，石存西安碑林博物館。誌高 41.5、寬 41 釐米。蓋拓本長、寬均 35 釐米。蓋 2 行，行 2 字，篆書。文 22 行，滿行 22 字，正書。蓋題：席君之銘。

著錄：

《北京圖書館藏中國歷代石刻拓本匯編》10 冊 87 頁。（圖）

《隋唐五代墓誌匯編·洛陽卷》1 冊 103 頁。（誌圖）

《鴛鴦七誌齋藏石》圖版 209。（圖）

《西安碑林全集》70/1530–1538。（圖）

《隋代墓誌銘彙考》4 冊 365—368 頁。（圖、文、跋）

《全隋文補遺》4/301 上—下。（文）

《新出魏晉南北朝墓誌疏證》（修訂本）570—572 頁。（文、跋）

《洛陽出土石刻時地記》隋代大業 048，60 頁。（目）

《六朝墓誌檢要》（修訂本）223 頁。（目）

《北朝隋代墓誌所在總合目錄》編號 1750。（目）

## 大業 241
**趙凱暨妻樊氏墓誌并蓋**

"趙凱"又作"趙凱"。大業九年（613）十月十五日與夫人樊氏合葬於明堂園東莊嚴寺之所。1992 年河北臨漳縣倪辛莊鄉趙彭城村出土，石存河北臨漳縣文物保管所。誌長、寬均 33 釐米，厚 7 釐米；蓋長 33.5、寬 33、厚 10.5 釐米。蓋 2 行，行 2 字，篆書。誌文 17 行，滿行 17 字，正書。蓋題：趙君墓誌。

著錄：

《新中國出土墓誌·河北〔壹〕》上冊 49 頁（圖）、下冊 35—36 頁（文）。

《隋代墓誌銘彙考》4 冊 369—372 頁。（圖、文、跋）

《北朝隋代墓誌所在總合目錄》編號 1753。（目）

## 大業 242
**賀叔達妻張客孃磚誌**

大業九年（613）十月廿一日。寒玉堂舊藏。磚高 30、寬 15 釐米。

文2行，行7或9字，正書。

著錄：

《隋唐五代墓誌匯編·北京大學卷》1冊20頁。（圖）

《隋代墓誌銘彙考》4冊373—374頁。（圖、文、跋）

《中國古代磚刻銘文集》上、下冊編號1133。（圖、文）

《北朝隋代墓誌所在總合目錄》編號1754。（目）

《北京大學圖書館藏歷代墓誌拓片目錄》編號00956。（目）

## 大業243

張受墓誌

又名：張虔墓誌。大業九年（613）八月十三日卒於家，以其年十月廿六日合葬於東都西北十里零淵鄉。1921年洛陽城北前海資村出土，稍損，曾歸固始許氏，今存中國國家博物館。誌高42.5、寬41.8釐米。文25行，滿行25字，正書。首題：隋故光州司戶參軍事太僕寺司廩張君墓誌銘。

圖版著錄：

《漢魏南北朝墓誌集釋》圖版四六九，《新編》3/4/193。

《北京圖書館藏中國歷代石刻拓本匯編》10冊89頁。

《隋唐五代墓誌匯編·洛陽卷》1冊105頁。

《隋代墓誌銘彙考》4冊375頁。

《中國國家博物館館藏文物研究叢書·墓誌卷》45頁。

錄文著錄：

《全隋文補遺》4/303上—304上。

《隋代墓誌銘彙考》4冊376—377頁。

《中國國家博物館館藏文物研究叢書·墓誌卷》44頁。

碑目題跋著錄：

《石刻題跋索引》160頁右，《新編》1/30/22498。

《漢魏南北朝墓誌集釋》9/101a，《新編》3/3/235。

《國立北平圖書館藏碑目》18a，《新編》3/36/257下。

《墓誌徵存目錄》卷1，《羅振玉學術論著集》第五集，591頁。

《洛陽出土石刻時地記》隋代大業049，60頁。

《歷代墓誌銘拓片目錄》48頁。

《六朝墓誌檢要》（修訂本）223頁。

《隋代墓誌銘彙考》4冊378頁。

《北朝隋代墓誌所在綜合目錄》編號1755。

《北京大學圖書館藏歷代墓誌拓片目錄》編號00957。

**大業244**

張子明墓誌

大統八年（542）十月廿一日終於里舍，以大業九年（613）十一月二日遷葬於涇陽縣洪川鄉洪原里石安原。20世紀80年代末於陝西咸陽機場基建工地出土，石存陝西省考古研究所。誌拓片長45.5、寬46.2釐米。文27行，滿行27字，正書。首題：周故金紫光祿大夫清河縣男張府君墓誌。

著錄：

《隋代墓誌銘彙考》4冊379—381頁。（圖、文、跋）

《北朝隋代墓誌所在綜合目錄》編號1759。（目）

**大業245**

衛侗墓誌并蓋

大業八年（612）十二月廿八日終於河南毆居里舍，以九年（613）十一月二日葬於伊洛之間。2003年河南洛陽出土，石存洛陽師範學院圖書館。誌長、寬均47釐米，厚14釐米。文23行，滿行23字，隸書。蓋3行，行3字，篆書。首題：隋故上開府記室參軍事衛公墓誌銘；蓋題：隋故記室衛君墓誌銘。

著錄：

《隋代墓誌銘彙考》4冊382—384頁。（誌圖、文、跋）

《洛陽新出土墓誌釋錄》328頁。（目）

《北朝隋代墓誌所在綜合目錄》編號1758。（目）

《北京大學圖書館藏歷代墓誌拓片目錄》編號00959。（目）

論文：

洛陽市文物工作隊：《洛陽龍門新村出土隋代墓誌》，《文物》2009年第11期。（圖、文）

周能儁：《徙居洛陽求發展，家族盛衰豈由人——洛陽龍門新村出土隋衛侗墓誌考釋》，《閱江學刊》2014年第1期。

**大業 246**

郭寵墓誌并蓋

卒於軍伍，以大業九年（613）十一月二日遷葬於邙山。1931年農曆六月洛陽城東北馬溝村西出土，郭玉堂舊藏，今石存洛陽。誌長、寬均47釐米；蓋拓本長、寬均42釐米。蓋2行，行2字，篆書。文26行，滿行26字，正書。首題：隋故洛州從事郭君墓誌之銘；蓋題：郭君墓銘。

圖版著錄：

《漢魏南北朝墓誌集釋》圖版四七〇，《新編》3/4/194-195。

《北京圖書館藏中國歷代石刻拓本匯編》10冊90頁。

《隋唐五代墓誌匯編·洛陽卷》1冊106頁。

《隋代墓誌銘彙考》4冊385—386頁。

錄文著錄：

《全隋文補遺》4/304下—305下。

《隋代墓誌銘彙考》4冊387—388頁。

碑目題跋著錄：

《石刻題跋索引》160頁右，《新編》1/30/22498。

《漢魏南北朝墓誌集釋》9/101a，《新編》3/3/235。

《國立北平圖書館藏碑目》18a，《新編》3/36/257下。

《墓誌徵存目錄》卷1，《羅振玉學術論著集》第五集，591頁。

《洛陽出土石刻時地記》隋代大業050，60頁。

《六朝墓誌檢要》（修訂本）223頁。

《隋代墓誌銘彙考》4冊389頁。

《北京大學圖書館藏歷代墓誌拓片目錄》編號00958。

《北朝隋代墓誌所在總合目錄》編號1757。

## 大業247
### 牛諒墓誌并蓋

卒於殖業里之第，夫人喬氏卒於牛氏之第，大業九年（613）十一月九日與牛諒合葬於邙山。洛陽市孟津縣朝陽鎮出土，石存洛陽市第二文物工作隊。誌長44.5、寬41.5、厚8釐米。文25行，滿行23字，隸書。蓋3行，行3字，篆書。蓋題：隋故處士牛君墓誌銘。

著錄：

《北京圖書館藏中國歷代石刻拓本匯編》10冊91頁。（圖）

《隋唐五代墓誌匯編·洛陽卷》1冊107頁。（誌圖）

《隋代墓誌銘彙考》4冊390—393頁。（圖、文、跋）

《洛陽新獲墓誌續編》14頁（誌圖）、315—316頁（文、跋）。

《全隋文補遺》4/306上—下。（文）

《新出魏晉南北朝墓誌疏證》（修訂本）573—574頁。（文、跋）

《北朝隋代墓誌所在總合目錄》編號1760。（目）

## 大業248
### 張順墓誌

大業九年（613）十一月九日葬。山西長治出土。拓片高、寬均42釐米。文隸書，19行，滿行19字。

碑目著錄：

《北京大學圖書館藏歷代墓誌拓片目錄》編號00961。

## 大業249
### 元惠暨妻吳氏墓誌

武平四年（573）六月四日終於鄴，夫人吳氏開皇十二年（592）六月十二日卒，以大業九年（613）十一月九日合葬於渦陽。1974年安徽亳州出土，石存安徽亳州博物館。誌拓片高、寬均50.5釐米。文15行，滿行15字，正書。

著錄：

《隋代墓誌銘彙考》4冊394—396頁。（圖、文、跋）

《北京大學圖書館藏歷代墓誌拓片目錄》編號00960。（目）

《北朝隋代墓誌所在綜合目錄》編號1761。（目）

**大業 250**

徐純暨妻王氏墓誌

夫人王氏仁壽二年（602）五月四日卒，徐純大業九年（613）三月九日終於里舍，十一月十六日合葬於洛州洛陽縣北邙之山。河南洛陽北邙山出土，曾歸安徽建德周進（字季木），今存北京故宮博物院。誌高、廣均53.5釐米。文24行，滿行24字，正書。首題：隋故儀同三司兗州長史徐府君墓誌并序。

著錄：

《隋唐五代墓誌匯編·江蘇山東卷》9頁。（圖）

《隋代墓誌銘彙考》4冊397—399頁。（圖、文、跋）

《故宮博物院藏歷代墓誌彙編》1冊108—109頁。（圖、文）

《芒洛冢墓遺文》卷上/17a–18a，《新編》1/19/13988上—下。（文）

《新出魏晉南北朝墓誌疏證》（修訂本）583—584頁。（文、跋）

《續補寰宇訪碑錄》8/7b，《新編》1/27/20348上。（目）

《石刻名彙》3/24b，《新編》2/2/1037上。（目）

《崇雅堂碑錄》2/4a，《新編》2/6/4501下。（目）

《六朝墓誌檢要》（修訂本）193頁。（目）

《歷代墓誌銘拓片目錄》42頁。（目）

《北朝隋代墓誌所在綜合目錄》編號1738。（目）

**大業 251**

劉度墓誌并蓋

大業九年（613）六月十四日卒於行陣，同年十一月十九日葬於雒陽縣長平鄉。河南省洛陽市出土，石原歸洛陽張氏，旋歸洛陽劉氏。誌蓋盝頂長35.5、寬36釐米。誌長43、寬42釐米。文22行，滿行22字，正書。蓋篆書，3行，行3字。蓋題：大隋戰士劉君墓銘記；首題：大隋處士劉君墓誌銘。

著錄：

《邙洛碑誌三百種》49—50頁。（圖）

《洛陽新獲七朝墓誌》61 頁。（圖）

《隋代墓誌銘彙考》5 冊 1—4 頁。（圖、文、跋）

《北朝隋代墓誌所在總合目錄》編號 1762。（目）

論文：

刁淑琴、李惠君：《隋劉度墓誌與楊玄感起義》，《中原文物》2011 年第 1 期。

舒韶雄：《〈隋劉度墓誌文字校補〉》，《中原文物》2013 年第 5 期。

**大業 252**

衛君妻王氏墓誌并蓋

大業九年（613）閏九月廿四日卒於私第，即以其年十一月廿日葬於河南郡河南縣靈泉鄉華陽里。河南洛陽出土，石存洛陽。誌長 38、寬 37 釐米。文 19 行，滿行 20 字，正書。蓋篆書，4 行，行 4 字。蓋題：將作監甄官丞衛君夫人王氏墓誌之銘。

著錄：

《洛陽出土歷代墓誌輯繩》67 頁（圖）。

《隋代墓誌銘彙考》5 冊 5—8 頁。（圖、文、跋）

《新出魏晉南北朝墓誌疏證》（修訂本）566—567 頁。（文、跋）

《北朝隋代墓誌所在總合目錄》編號 1763。（目）

**大業 253**

陳常墓誌并蓋

終於洛陽縣尊賢里，大業九年（613）十二月十三日葬於芒山之陽。1929 年洛陽城東北西呂廟村西北嶺出土，舊藏于右任鴛鴦七誌齋，今石存西安碑林博物館。誌長 46.5、寬 47.5 釐米。蓋拓本長 37、寬 36 釐米。蓋 3 行，行 3 字；文 23 行，滿行 23 字；均正書。蓋題：隋故齊陳府君墓銘誌。尾題：陳府君墓銘記。

圖版著錄：

《漢魏南北朝墓誌集釋》圖版四七一，《新編》3/4/196－197。

《北京圖書館藏中國歷代石刻拓本匯編》10 冊 92 頁。

《隋唐五代墓誌匯編·洛陽卷》1 冊 108 頁。

《鴛鴦七誌齋藏石》圖版210。

《西安碑林全集》70/1539－1547。

《隋代墓誌銘彙考》5冊9—10頁。

錄文著錄：

《全隋文補遺》4/306下—307下。

《隋代墓誌銘彙考》5冊11—12頁。

碑目題跋：

《石刻題跋索引》160頁右，《新編》1/30/22498。

《古誌新目初編》1/17b，《新編》2/18/13700上。

《漢魏南北朝墓誌集釋》9/101a，《新編》3/3/235。

《國立北平圖書館藏碑目》18a，《新編》3/36/257下。

《墓誌徵存目錄》卷1，《羅振玉學術論著集》第五集，591頁。

《洛陽出土石刻時地記》隋代大業051，60頁。

《六朝墓誌檢要》（修訂本）223—224頁。

《隋代墓誌銘彙考》5冊12—13頁。

《北朝隋代墓誌所在總合目錄》編號1764。

**大業254**

宋仲暨妻劉氏墓誌并蓋

卒於梁州易俗鄉昇平里之第，夫人劉氏卒於東都惠和里第，大業九年（613）十二月十六日合葬於東都洛陽縣北邙之山。河南洛陽北邙山上出土，曾存河南博物館，今存開封市博物館。誌高、寬均44.2釐米。蓋拓本長、寬均39釐米。蓋3行，行3字，篆書。文25行，滿行25字，隸書。蓋題：大隋故宋君墓誌之銘。

圖版著錄：

《漢魏南北朝墓誌集釋》圖版四七二，《新編》3/4/198－199。

《北京圖書館藏中國歷代石刻拓本匯編》10冊93頁。

《隋唐五代墓誌匯編·洛陽卷》1冊109頁。

《隋代墓誌銘彙考》5冊14—15頁。

錄文著錄：

《芒洛冢墓遺文四編》1/60b-61b,《新編》1/19/14178下—14179上。

《全隋文補遺》4/307下—308下。

《隋代墓誌銘彙考》5冊16—17頁。

碑目題跋著錄：

《石刻題跋索引》160頁右,《新編》1/30/22498。

《石刻名彙》3/27b、29b,《新編》2/2/1038下、1039下。

《崇雅堂碑錄補》1/15a,《新編》2/6/4558上。

《古誌新目初編》1/18a,《新編》2/18/13700下。

《蒿里遺文目錄》2（1）/8b,《新編》2/20/14947下。

《漢魏南北朝墓誌集釋》9/101a,《新編》3/3/235。

《河南圖書館藏石目》2b,《新編》3/36/126上。

《國立北平圖書館藏碑目》18a,《新編》3/36/257下。

《墓誌徵存目錄》卷1,《羅振玉學術論著集》第五集,591頁。

《洛陽出土石刻時地記》隋代大業052,60頁。

《歷代墓誌銘拓片目錄》47頁。

《六朝墓誌檢要》（修訂本）224頁。

《隋代墓誌銘彙考》5冊18頁。

《北朝隋代墓誌所在總合目錄》編號1765。

《北京大學圖書館藏歷代墓誌拓片目錄》編號00962。

## 大業 255

蕭瑾墓誌并蓋

大業九年（613）十一月廿四日卒於東都溫柔里第，其年十二月廿八日葬於河南縣靈淵鄉安川里北邙山之陽。1919年洛陽城北鄭凹村北出土，曾歸常熟曾炳章，後存河南圖書館，今存開封博物館。誌長56.5、寬56釐米。蓋拓片長、寬均56釐米。蓋4行，行4字，篆書。文30行，滿行30字，隸書。首題：大隋故滎陽郡新鄭縣令蕭明府墓誌銘并序。蓋題：隋故滎陽郡新鄭縣令蕭明府墓誌之銘。

圖版著錄：

《漢魏南北朝墓誌集釋》圖版四七三,《新編》3/4/200-201。

《北京圖書館藏中國歷代石刻拓本彙編》10 冊 94 頁。（誌）

《隋唐五代墓誌匯編·洛陽卷》1 冊 110 頁。

《隋代墓誌銘彙考》5 冊 19—20 頁。

錄文著錄：

《芒洛冢墓遺文續補》7b–9a，《新編》1/19/14094 上—14095 上。

《誌石文錄》卷上/63a–64a，《新編》2/19/13773 上—下。

《全隋文補遺》4/308 下—309 下。

《隋代墓誌銘彙考》5 冊 21—23 頁。

碑目題跋著錄：

《石刻題跋索引》160 頁右，《新編》1/30/22498。

《石刻名彙》3/27b，《新編》2/2/1038 下。

《崇雅堂碑錄補》1/15a，《新編》2/6/4558 上。

《古誌新目初編》1/18b，《新編》2/18/13700 下。

《蒿里遺文目錄》2（1）/8b，《新編》2/20/14947 下。

《漢魏南北朝墓誌集釋》9/101a–b，《新編》3/3/235–236。

《河南圖書館藏石目》2b，《新編》3/36/126 上。

《國立北平圖書館藏碑目》18b，《新編》3/36/257 下。

《墓誌徵存目錄》卷 1，《羅振玉學術論著集》第五集，591 頁。

《洛陽出土石刻時地記》隋代大業 053，60 頁。

《歷代墓誌銘拓片目錄》47 頁。

《六朝墓誌檢要》（修訂本）224 頁。

《隋代墓誌銘彙考》5 冊 24 頁。

淑德大學《中國石刻拓本目錄》"墓誌"編號 318。

《北朝隋代墓誌所在總合目錄》編號 1766。

《北京大學圖書館藏歷代墓誌拓片目錄》編號 00963。

論文：

周錚：《隋新鄭縣令蕭瑾墓誌》，《中原文物》1987 年特刊（7）"洛陽古墓博物館館刊"創刊號，第 65 頁。

## 大業 256

張鳳舉墓誌

大業九年（613）。河南洛陽出土。誌長 20、寬 18.5 釐米。文 4 行，滿行 4 字，正書。

圖版著錄：

《漢魏南北朝墓誌集釋》圖版四七四，《新編》3/4/202。

《隋代墓誌銘彙考》5 冊 25 頁。

錄文著錄：

《全隋文補遺》4/310 上。

《隋代墓誌銘彙考》5 冊 26 頁。

碑目題跋著錄：

《石刻題跋索引》160 頁右，《新編》1/30/22498。

《石刻名彙》3/27b，《新編》2/2/1038 下。

《蒿里遺文目錄》2（1）/8b，《新編》2/20/14947 下。

《漢魏南北朝墓誌集釋》9/101b，《新編》3/3/236。

《古誌彙目》1/14b，《新編》3/37/32。

《墓誌徵存目錄》卷 1，《羅振玉學術論著集》第五集，591 頁。

《洛陽出土石刻時地記》隋代大業 054，60—61 頁。

《增補校碑隨筆》（修訂本）298 頁。

《六朝墓誌檢要》（修訂本）224 頁。

《隋代墓誌銘彙考》5 冊 26 頁。

《北朝隋代墓誌所在綜合目錄》編號 1767。

## 大業 257

遲檸磚誌

大業九年（613）。乾隆五十八年蕺山下居人商裕曾於住屋清暉軒掘土得之。甄長一尺九寸，寬六寸四分，厚二寸二分。文正書，計 12 字。

著錄：

（嘉慶）《山陰縣志·碑刻》27/6a，《新編》3/9/63 下。（文、跋）

《補寰宇訪碑錄》2/24b，《新編》1/27/20217 下。（目）

## 大業 258
### 齊郡太守元整墓誌

東魏元象元年（538）卒，大業九年（613）葬。陝西長安縣出土。

碑目題跋著錄：

《寶刻叢編》8/2a，《新編》1/24/18218 下。

《金石彙目分編》12（1）/24a，《新編》1/28/21288 下。

《石刻題跋索引》160 頁右，《新編》1/30/22498。

《古誌彙目》1/15a，《新編》3/37/33。

《六藝之一錄》62/16b，《新編》4/5/128 下。

《六朝墓誌檢要》（修訂本）224—225 頁。

《隋代墓誌銘彙考·存目》6 冊 161 頁。

《北朝隋代墓誌所在總合目錄》編號 1768。

備考：元整，事見《魏書》卷一二、《北史》卷五《孝靜本紀》；《北齊書》卷一九《任延敬傳》，《北齊書》卷二一、《北史》卷三一《高乾傳》；《北史》卷九八《蠕蠕傳》。

## 大業 259
### 光祿卿涂寔墓誌

又名：徐寔墓誌。大業九年（613）。陝西長安縣出土。

碑目題跋著錄：

《寶刻叢編》8/2b，《新編》1/24/18218 下。

《金石彙目分編》12（1）/24a，《新編》1/28/21288 下。

《石刻題跋索引》160 頁右，《新編》1/30/22498。

《古誌彙目》1/15a，《新編》3/37/33。

《六藝之一錄》62/16b，《新編》4/5/128 下。

《六朝墓誌檢要》（修訂本）225 頁。

《隋代墓誌銘彙考·存目》6 冊 162 頁。

《北朝隋代墓誌所在總合目錄》編號 1769。

## 大業 260

游元墓誌

大業九年（613）卒。原存直隸廣平縣。正書。

碑目題跋著錄：

《石刻名彙》3/27b，《新編》2/2/1038 下。

（光緒）《畿輔通志·金石十一》148/37a–b，《新編》2/11/8526 上。附《縣志》。

《六朝墓誌檢要》（修訂本）225 頁。

《隋代墓誌銘彙考·存目》6 冊 164 頁。

《北朝隋代墓誌所在總合目錄》編號 1771。

備考：游元，《隋書》卷七一有傳。

## 大業 261

司徒觀德王楊雄碑

大業九年（613）立，《金石錄》云唐初立，暫從前者。岑文本撰。在華州。

碑目題跋著錄：

《金石錄》3/8a，《新編》1/12/8815 下。

《陝西金石志》7/20a，《新編》1/22/16454 下。

《集古錄目》4/8a，《新編》1/24/17964 下。

《通志·金石略》卷中/1b，《新編》1/24/18038 上。

《寶刻叢編》10/34a，《新編》1/24/18266 下。

《寶刻類編》8/19b，《新編》1/24/18514 上。

《金石彙目分編》12（2）/27b，《新編》1/28/21349 上。

《石刻題跋索引》39 頁左，《新編》1/30/22377。

《天下金石志》6/15，《新編》2/2/838 上。

《墨華通考》卷 10，《新編》2/6/4411 上、4412 上。

《關中金石文字存逸考》8/24a、12/5a，《新編》2/14/10548 下、10639 上。

《古今碑帖考》14a，《新編》2/18/13169 下。

《佩文齋書畫譜·金石》63/8a 下,《新編》3/2/44 下。

《西安碑目·華陰縣》,《新編》3/37/268 上。

《金石備攷·西安府》,《新編》4/1/33 上。

《六藝之一錄》62/6b,《新編》4/5/123 下。

《墨池篇》6/9a,《新編》4/9/671 上。

備考：楊雄,《北史》卷六八、《隋書》卷四三有傳,封"觀德王"。

## 大業 262

儀同府參軍黃山碑

大業九年（613）立。在滑縣。

碑目題跋著錄：

《集古錄目》4/8a,《新編》1/24/17964 下。

《寶刻叢編》5/15b,《新編》1/24/18150 上。

《金石彙目分編》9（2）/27b、34b,《新編》1/28/20967 上、20970 下。

《石刻題跋索引》39 頁左,《新編》1/30/22377。

《中州金石目錄》2/22b,《新編》2/20/14702 下。

《六藝之一錄》62/6b,《新編》4/5/123 下。

## 大業 263

僧顯墓誌

大業九年（613）二月十六日葬於舜山東北七里。1972 年濟南市郊出土,濟南市博物館藏石。石高 41、寬 35 釐米。文正書,12 行,滿行 11 字。

著錄：

《山東石刻分類全集·歷代墓誌》111 頁。（圖、文）

《齊魯碑刻墓誌研究》"附表"369 頁。（目）

## 大業 264

宮人元氏墓誌

大業十年（614）二月十四日遘疾卒於掖庭宮,以二月廿三日葬於河南郡河南縣老子鄉邙山之北原。1925 年農曆九、十月間洛陽城西北後洞村西北寇姓田中出土,于右任舊藏,石存西安碑林博物館。誌高 47、寬

47.5 釐米。文 13 行，滿行 14 字，正書。首題：隋故宮人元氏墓誌銘。

圖版著錄：

《漢魏南北朝墓誌集釋》圖版五四九，《新編》3/4/305。

《北京圖書館藏中國歷代石刻拓本匯編》10 冊 95 頁。

《隋唐五代墓誌匯編·洛陽卷》1 冊 111 頁。

《鴛鴦七誌齋藏石》圖 261。

《西安碑林全集》70/1548－1551。

《隋代墓誌銘彙考》5 冊 27 頁。

錄文著錄：

《全隋文補遺》4/310 上—下。

《隋代墓誌銘彙考》5 冊 28 頁。

碑目題跋：

《石刻題跋索引》160 頁右，《新編》1/30/22498。

《石刻名彙》3/28a，《新編》2/2/1039 上。

《古誌新目初編》1/20a，《新編》2/18/13701 下。

《蒿里遺文目錄補遺》2b，《新編》2/20/14996 下。

《漢魏南北朝墓誌集釋》10/110b，《新編》3/3/254。

《國立北平圖書館藏碑目》18b，《新編》3/36/257 下。

《墓誌徵存目錄》卷 1，《羅振玉學術論著集》第五集，591 頁。

《洛陽出土石刻時地記》隋宮人墓誌 022，69 頁；隋宮人墓誌 041，71 頁。

《歷代墓誌銘拓片目錄》47 頁。

《六朝墓誌檢要》（修訂本）225 頁。

《隋代墓誌銘彙考》5 冊 29 頁。

《碑帖鑒定》228 頁。

《北朝隋代墓誌所在總合目錄》編號 1772。

《北京大學圖書館藏歷代墓誌拓片目錄》編號 00964。

備考：《洛陽出土石刻時地記》將宮人元氏墓誌著錄兩次，因為從兩方墓誌葬年時間來看，當是同一方。

## 大業 265
宋文成墓誌并蓋

大業十年（614）二月十三日卒於宅，即以其年三月九日葬於洛陽縣首陽之前。近年河南洛陽出土。誌拓片長41、寬40.5釐米，誌蓋盝頂拓片長35、寬34.5釐米。誌文20行，滿行20字，正書。蓋篆書，2行，行2字。首題：大隋故昭武校尉宋君之墓誌；蓋題：宋君墓誌。

著錄：

《隋代墓誌銘彙考》5册30—33頁。（圖、文、跋）

《北朝隋代墓誌所在總合目錄》編號1773。（目）

## 大業 266
宮人元氏墓誌

大業十年（614）三月十一日。

碑目著錄：

《古誌新目初編》1/18a，《新編》2/18/13700下。

## 大業 267
□君妻王光墓誌

大業十年（614）正月九日終於河南縣樂和鄉樂和里舍，三月十一日葬。河南洛陽出土，于右任舊藏，今存西安碑林博物館。誌高、寬均45釐米。文15行，滿行17字，正書。首題：王夫人墓誌。

圖版著錄：

《漢魏南北朝墓誌集釋》圖版四七五，《新編》3/4/203。

《北京圖書館藏中國歷代石刻拓本匯編》10册96頁。

《隋唐五代墓誌匯編・洛陽卷》1册112頁。

《鴛鴦七誌齋藏石》圖211。

《西安碑林全集》70/1581-1588。

《隋代墓誌銘彙考》5册34頁。

錄文著錄：

《全隋文補遺》4/310下—311上。

《隋代墓誌銘彙考》5册35—36頁。

碑目題跋著錄：

《石刻題跋索引》161 頁左，《新編》1/30/22499。

《古誌新目初編》1/18a，《新編》2/18/13700 下。

《漢魏南北朝墓誌集釋》9/101b，《新編》3/3/236。

《國立北平圖書館藏碑目》18b，《新編》3/36/257 下。

《洛陽出土石刻時地記》隋代大業 055，61 頁。

《歷代墓誌銘拓片目錄》47 頁。

《六朝墓誌檢要》（修訂本）226 頁。

《隋代墓誌銘彙考》5 冊 36 頁。

《北朝隋代墓誌所在総合目錄》編號 1774。

《北京大學圖書館藏歷代墓誌拓片目錄》編號 00965。

論文：

羅曼：《隋〈王光墓誌〉所見"右箱角抵"考》，《中國文字研究》第 19 輯，2014 年。

## 大業 268

牛弘第三女牛暉墓誌

大業十年（614）三月廿一日卒於東都雒陽宅，以其年其月廿六日葬於北芒山。1925 年農曆四月洛陽城北前海資村出土，于右任舊藏，今石存西安碑林博物館。誌長 23、寬 22 釐米。文 9 行，滿行 11 字，隸書。

圖版著錄：

《漢魏南北朝墓誌集釋》圖版四七六，《新編》3/4/204。

《北京圖書館藏中國歷代石刻拓本匯編》10 冊 97 頁。

《隋唐五代墓誌匯編・洛陽卷》1 冊 113 頁。

《鴛鴦七誌齋藏石》圖版 212。

《西安碑林全集》71/1589－1590。

《隋代墓誌銘彙考》5 冊 37 頁。

錄文著錄：

《全隋文補遺》4/311 上。

《隋代墓誌銘彙考》5 冊 38 頁。

碑目題跋著錄：

《石刻題跋索引》161 頁左，《新編》1/30/22499。

《石刻名彙》3/28a，《新編》2/2/1039 上。

《崇雅堂碑錄補》1/15b，《新編》2/6/4558 上。

《古誌新目初編》1/18a，《新編》2/18/13700 下。

《蒿里遺文目錄補遺》2b，《新編》2/20/14996 下。

《漢魏南北朝墓誌集釋》9/101b，《新編》3/3/236。

《國立北平圖書館藏碑目》18b，《新編》3/36/257 下。

《墓誌徵存目錄》卷 1，《羅振玉學術論著集》第五集，591 頁。

《洛陽出土石刻時地記》隋代大業 056，61 頁。

《歷代墓誌銘拓片目錄》47 頁。

《六朝墓誌檢要》（修訂本）226 頁。

《碑帖鑒定》228 頁。

《隋代墓誌銘彙考》5 冊 39 頁。

《北朝隋代墓誌所在總合目錄》編號 1775。

《北京大學圖書館藏歷代墓誌拓片目錄》編號 00966。

## 大業 269

崔上師妻封依德墓誌

大業十年（614）三月廿五日終於東都雒陽縣嘉善里，以其年四月六日權葬於城西北八里河南縣千金鄉。1930 年洛陽城北前李村之南嶺出土，曾歸三原于右任，今存西安碑林博物館。誌高 23.8、寬 26 釐米。文 12 行，滿行 12 字，正書。

圖版著錄：

《漢魏南北朝墓誌集釋》圖版四七七，《新編》3/4/205。

《北京圖書館藏中國歷代石刻拓本匯編》10 冊 98 頁。

《隋唐五代墓誌匯編‧洛陽卷》1 冊 114 頁。

《鴛鴦七誌齋藏石》圖 213。

《西安碑林全集》71/1591－1592。

《隋代墓誌銘彙考》5 冊 40 頁。

錄文著錄：

《全隋文補遺》4/311 下。

《隋代墓誌銘彙考》5 冊 41 頁。

碑目題跋著錄：

《石刻題跋索引》161 頁左，《新編》1/30/22499。

《漢魏南北朝墓誌集釋》9/101b，《新編》3/3/236。

《國立北平圖書館藏碑目》18b，《新編》3/36/257 下。

《墓誌徵存目錄》卷 1，《羅振玉學術論著集》第五集，591 頁。

《洛陽出土石刻時地記》隋代大業 057，61 頁。

《六朝墓誌檢要》（修訂本）226 頁。

《隋代墓誌銘彙考》5 冊 42 頁。

《北朝隋代墓誌所在總合目錄》編號 1776。

## 大業 270

**楊岳墓誌并蓋**

大業九年（613）六月廿四日卒，以十年（614）四月十七日改葬於大興縣洪固鄉之原。誌高 43、寬 45、厚 9 釐米。盝頂蓋，蓋高 43.5、寬 44.5、厚 10.5 釐米。文 29 行，滿行 29 字，正書。蓋 3 行，行 3 字，篆書。蓋題：大隋故楊府君之墓誌。

著錄：

《大唐西市博物館藏墓誌》上冊 52—53 頁。（圖、文）

《北朝隋代墓誌所在總合目錄》編號 1777。（目）

論文：

湯勤福：《魏晉南北朝南人北遷及相關史跡釋讀》，《大唐西市博物館藏墓誌研究》（續一），第 22—23 頁。

胡明曌：《有涉楊玄感起兵事件的三方新發現墓誌》，《大唐西市博物館藏墓誌研究》（續一），第 54—61 頁。

黃正建：《從〈楊岳墓誌〉看楊氏在唐前期的浮沉》，《大唐西市博物館藏墓誌研究》（續一），第 62—67 頁。

## 大業 271

韓叔鸞磚誌

大業十年（614）五月十二日。1925 年河南洛陽城北鄭凹村南出土，曾歸三原于右任，後歸北京大學文科研究所，1952 年後藏故宮博物院，一說存西安碑林博物館。誌高 36、寬 17.2 釐米。文 4 行，行 9 字，正書。

圖版著錄：

《漢魏南北朝墓誌集釋》圖版六〇八，《新編》3/4/373。

《北京圖書館藏中國歷代石刻拓本匯編》10 冊 99 頁。

《隋唐五代墓誌匯編·洛陽卷》1 冊 115 頁。

《中國磚銘》圖版下冊 1034 頁。

《隋代墓誌銘彙考》5 冊 43 頁。

《中國古代磚刻銘文集》上冊編號 1134。

錄文著錄：

《全隋文補遺》4/312 上。

《隋代墓誌銘彙考》5 冊 44 頁。

《中國古代磚刻銘文集》下冊編號 1134。

碑目題跋著錄：

《石刻題跋索引》161 頁左，《新編》1/30/22499。

《古誌新目初編》1/18a，《新編》2/18/13700 下。

《蒿里遺文目錄補遺》11b，《新編》2/20/15001 上。

《漢魏南北朝墓誌集釋》11/118a，《新編》3/3/269。

《國立北平圖書館藏碑目》18b，《新編》3/36/257 下。

《洛陽出土石刻時地記》隋代大業 058，61 頁。

《六朝墓誌檢要》（修訂本）226 頁。

《隋代墓誌銘彙考》5 冊 44 頁。

《北朝隋代墓誌所在總合目錄》編號 1778。

《北京大學圖書館藏歷代墓誌拓片目錄》編號 00967。

## 大業 272

宮人席氏墓誌

大業十年（614）六月四日卒，卜葬邙山。河南洛陽出土，于右任舊藏，石藏西安碑林博物館。誌高 35、寬 35.5 釐米。文 14 行，滿行 14 字，正書。首題：宮人席氏墓誌銘。

圖版著錄：

《漢魏南北朝墓誌集釋》圖版五五〇，《新編》3/4/306。

《北京圖書館藏中國歷代石刻拓本匯編》10 冊 101 頁。

《隋唐五代墓誌匯編・洛陽卷》1 冊 116 頁。

《鴛鴦七誌齋藏石》圖 262。

《西安碑林全集》70/1552－1556。

《隋代墓誌銘彙考》5 冊 45 頁。

錄文著錄：

《全隋文補遺》4/313 上。

《隋代墓誌銘彙考》5 冊 46—47 頁。

碑目題跋著錄：

《石刻題跋索引》161 頁左，《新編》1/30/22499。

《石刻名彙》3/28a，《新編》2/2/1039 上。

《古誌新目初編》1/18a，《新編》2/18/13700 下。

《漢魏南北朝墓誌集釋》10/110b，《新編》3/3/254。

《國立北平圖書館藏碑目》18b，《新編》3/36/257 下。

《洛陽出土石刻時地記》隋宮人墓誌 023，69 頁。

《六朝墓誌檢要》（修訂本）227 頁。

《隋代墓誌銘彙考》5 冊 47 頁。

《碑帖鑒定》228 頁。

淑德大學《中國石刻拓本目錄》"墓誌"編號 319。

《北朝隋代墓誌所在總合目錄》編號 1779。

## 大業 273

宮人采女田氏墓誌

大業十年（614）六月卒於永巷，以其年其月廿四日葬於河南郡河南縣北芒之山。1925 年河南洛陽後洞村出土，于右任舊藏，今石藏西安碑林博物館。誌高 40.8、寬 40.5 釐米。文 12 行，滿行 15 字，正書。首題：

隋故宫人采女田氏墓誌銘并序。

圖版著錄：

《漢魏南北朝墓誌集釋》圖版五五一，《新編》3/4/307。

《北京圖書館藏中國歷代石刻拓本匯編》10 冊 103 頁。

《隋唐五代墓誌匯編·洛陽卷》1 冊 118 頁。

《鴛鴦七誌齋藏石》圖 263。

《西安碑林全集》71/1637–1640。

《隋代墓誌銘彙考》5 冊 48 頁。

錄文著錄：

《全隋文補遺》4/313 下。

《隋代墓誌銘彙考》5 冊 49 頁。

碑目題跋著錄：

《石刻題跋索引》161 頁左，《新編》1/30/22499。

《石刻名彙》3/28a，《新編》2/2/1039 上。

《古誌新目初編》1/18a，《新編》2/18/13700 下。

《蒿里遺文目錄補遺》2b，《新編》2/20/14996 下。

《漢魏南北朝墓誌集釋》10/110b，《新編》3/3/254。

《國立北平圖書館藏碑目》18b，《新編》3/36/257 下。

《蒿里遺文目錄續編·墓誌徵存》3b，《新編》3/37/538 上。

《墓誌徵存目錄》卷 1，《羅振玉學術論著集》第五集，591 頁。

《洛陽出土石刻時地記》隋宮人墓誌 024，69 頁。

《歷代墓誌銘拓片目錄》48 頁。

《六朝墓誌檢要》（修訂本）227 頁。

《隋代墓誌銘彙考》5 冊 50 頁。

《碑帖鑒定》228 頁。

淑德大學《中國石刻拓本目錄》"墓誌"編號 328。

《北朝隋代墓誌所在總合目錄》編號 1781。

《北京大學圖書館藏歷代墓誌拓片目錄》編號 00968。

## 大業 274

張達墓誌

卒於東都洛陽縣通闓鄉，以大業十年（614）七月廿五日葬於芒山程崗之北。河南洛陽北邙山上出土，曾歸河南博物館，今藏開封市博物館。誌高 29.2、寬 28.7 釐米。文 15 行，滿行 15 字，正書。

圖版著錄：

《漢魏南北朝墓誌集釋》圖版四七八，《新編》3/4/206。

《北京圖書館藏中國歷代石刻拓本匯編》1 冊 104 頁。

《隋唐五代墓誌匯編・洛陽卷》1 冊 119 頁。

《隋代墓誌銘彙考》5 冊 51 頁。

錄文著錄：

《全隋文補遺》4/314 上。

《隋代墓誌銘彙考》5 冊 52 頁。

碑目題跋著錄：

《石刻題跋索引》161 頁左，《新編》1/30/22499。

《古誌新目初編》1/18a，《新編》2/18/13700 下。

《漢魏南北朝墓誌集釋》9/101b – 102a，《新編》3/3/236 – 237。

《國立北平圖書館藏碑目》18b，《新編》3/36/257 下。

《墓誌徵存目錄》卷 1，《羅振玉學術論著集》第五集，591 頁。

《洛陽出土石刻時地記》隋代大業 059，61 頁。

《歷代墓誌銘拓片目錄》48 頁。

《六朝墓誌檢要》（修訂本）227 頁。

《隋代墓誌銘彙考》5 冊 53 頁。

《北朝隋代墓誌所在総合目錄》編號 1782。

《北京大學圖書館藏歷代墓誌拓片目錄》編號 00969。

## 大業 275

宮人司寶陳花樹墓誌

大業十年（614）七月卒，其月廿九日葬河南郡河南縣老子鄉邙山之北原。1925 年河南洛陽後洞村出土，于右任舊藏，今石藏西安碑林博物館。誌高、寬均41.8釐米。文13行，滿行14字，正書。首題：故宮人司寶陳氏墓誌銘并序。

圖版著錄：

《漢魏南北朝墓誌集釋》圖版五五二，《新編》3/4/308。

《北京圖書館藏中國歷代石刻拓本匯編》10冊105頁。

《隋唐五代墓誌匯編·洛陽卷》1冊120頁。

《鴛鴦七誌齋藏石》圖264。

《西安碑林全集》70/1557-1561。

《隋代墓誌銘彙考》5冊54頁。

錄文著錄：

《全隋文補遺》4/314下。

《隋代墓誌銘彙考》5冊55頁。

碑目題跋著錄：

《石刻題跋索引》161頁左，《新編》1/30/22499。

《石刻名彙》3/26b，《新編》2/2/1038上。

《古誌新目初編》1/18a，《新編》2/18/13700下。

《蒿里遺文目錄補遺》3a，《新編》2/20/14997上。

《漢魏南北朝墓誌集釋》10/110b，《新編》3/3/254。

《國立北平圖書館藏碑目》18b，《新編》3/36/257下。

《墓誌徵存目錄》卷1，《羅振玉學術論著集》第五集，591頁。

《洛陽出土石刻時地記》隋宮人墓誌025，69頁。

《歷代墓誌銘拓片目錄》48頁。

《六朝墓誌檢要》（修訂本）227—228頁。

《隋代墓誌銘彙考》5冊56頁。

《碑帖鑒定》229頁。

淑德大學《中國石刻拓本目錄》"墓誌"編號322。

《北朝隋代墓誌所在總合目錄》編號1783。

《北京大學圖書館藏歷代墓誌拓片目錄》編號00970。

## 大業 276

馬稱心墓誌

又名：馬夫人墓誌。大業十年（614）八月十五日卒。河南洛陽出土，曾歸三原于右任，今存西安碑林博物館。誌高、寬均43.3釐米。文23行，滿行22字，正書。首題：馬夫人墓誌序幷銘。

圖版著錄：

《漢魏南北朝墓誌集釋》圖版四七九，《新編》3/4/207。

《北京圖書館藏中國歷代石刻拓本匯編》10冊106頁。

《隋唐五代墓誌匯編·洛陽卷》1冊121頁。

《鴛鴦七誌齋藏石》圖版214。

《西安碑林全集》71/1593—1600。

《隋代墓誌銘彙考》5冊57頁。

錄文著錄：

《全隋文補遺》4/315上—下。

《隋代墓誌銘彙考》5冊58—59頁。

碑目題跋著錄：

《石刻題跋索引》161頁左，《新編》1/30/22499。

《漢魏南北朝墓誌集釋》9/102a，《新編》3/3/237。

《國立北平圖書館藏碑目》18b，《新編》3/36/257下。

《洛陽出土石刻時地記》隋代大業060，61頁。

《六朝墓誌檢要》（修訂本）228頁。

《隋代墓誌銘彙考》5冊60頁。

《碑帖鑒定》229頁。

《北朝隋代墓誌所在總合目錄》編號1784。

## 大業 277

高嗣墓誌幷蓋

大業八年（612）九月十六日終於隣德里之第，大業十年（614）八月十九日遷厝於零淵鄉安川里。1924年洛陽城北前海資村出土。誌高、寬均45.3釐米。蓋3行，行3字，篆書。文18行，滿行18字，正書。

蓋題：大隋開府長史高君銘。

圖版著錄：

《漢魏南北朝墓誌集釋》圖版四八〇，《新編》3/4/208－209。

《隋唐五代墓誌匯編·洛陽卷》1 冊 122 頁。

《隋代墓誌銘彙考》5 冊 65—66 頁。

錄文著錄：

《全隋文補遺》4/315 下—316 上。

《隋代墓誌銘彙考》5 冊 67—68 頁。

碑目題跋著錄：

《石刻題跋索引》161 頁左，《新編》1/30/22499。

《蒿里遺文目錄補遺》3a，《新編》2/20/14997 上。

《漢魏南北朝墓誌集釋》9/102a，《新編》3/3/237。

《墓誌徵存目錄》卷 1，《羅振玉學術論著集》第五集，592 頁。

《洛陽出土石刻時地記》隋代大業 061，61 頁。

《六朝墓誌檢要》（修訂本）228 頁。

《隋代墓誌銘彙考》5 冊 68 頁。

《北朝隋代墓誌所在總合目錄》編號 1785。

《北京大學圖書館藏歷代墓誌拓片目錄》編號 00972。

## 大業 278

姚太墓誌并蓋

開皇十五年（595）七月十三日終於河南玄酒里舍，夫人袁氏終於雒陽章善里舍，大業十年（614）八月十九日合葬邙山之陽。1924 年洛陽城北前海資村南出土，于右任舊藏，今石藏西安碑林博物館。誌高 36.3、寬 36.8 釐米。蓋 3 行，行 3 字，篆書。文 15 行，滿行 15 字，正書。蓋題：荊州刺史姚君墓誌銘。

圖版著錄：

《漢魏南北朝墓誌集釋》圖版四八一，《新編》3/4/210－211。

《北京圖書館藏中國歷代石刻拓本匯編》10 冊 107 頁。（誌）

《隋唐五代墓誌匯編·洛陽卷》1 冊 123 頁。

《鴛鴦七誌齋藏石》圖 215。

《西安碑林全集》71/1601 – 1606。（誌）

《隋代墓誌銘彙考》5 冊 61—62 頁。

錄文著錄：

《全隋文補遺》4/316 下。

《隋代墓誌銘彙考》5 冊 63—64 頁。

碑目題跋著錄：

《石刻題跋索引》161 頁左，《新編》1/30/22499。

《古誌新目初編》1/18a，《新編》2/18/13700 下。

《蒿里遺文目錄補遺》3a，《新編》2/20/14997 上。

《漢魏南北朝墓誌集釋》9/102a，《新編》3/3/237。

《國立北平圖書館藏碑目》18b，《新編》3/36/257 下。

《墓誌徵存目錄》卷 1，《羅振玉學術論著集》第五集，592 頁。

《洛陽出土石刻時地記》隋代大業 062，61 頁。

《歷代墓誌銘拓片目錄》48 頁。

《六朝墓誌檢要》（修訂本）228 頁。

《碑帖鑒定》229 頁。

《隋代墓誌銘彙考》5 冊 64 頁。

《北朝隋代墓誌所在總合目錄》編號 1786。

《北京大學圖書館藏歷代墓誌拓片目錄》編號 00971。

## 大業 279

宮人唐氏墓誌

大業十年（614）十月九日亡，其月廿一日葬河南縣千金鄉北邙嶺。1925 年洛陽城西後洞村西北寇姓田中出土，曾歸三原于右任，今存西安碑林博物館。誌高、寬均 46 釐米。文 13 行，滿行 16 字，正書。首題：唐宮人墓誌銘并序。

圖版著錄：

《漢魏南北朝墓誌集釋》圖版五五三，《新編》3/4/309。

《北京圖書館藏中國歷代石刻拓本匯編》10 冊 108 頁。

《隋唐五代墓誌匯編·洛陽卷》1 冊 124 頁。

《鴛鴦七誌齋藏石》圖 265。

《西安碑林全集》70/1562 – 1564。

《隋代墓誌銘彙考》5 冊 69 頁。

錄文著錄：

《全隋文補遺》4/317 上。

《隋代墓誌銘彙考》5 冊 70—71 頁。

碑目題跋著錄：

《石刻題跋索引》161 頁左，《新編》1/30/22499。

《石刻名彙》3/28a，《新編》2/2/1039 上。

《崇雅堂碑錄補》1/15b，《新編》2/6/4558 上。

《古誌新目初編》1/18a，《新編》2/18/13700 下。

《蒿里遺文目錄補遺》3a，《新編》2/20/14997 上。

《漢魏南北朝墓誌集釋》10/110b，《新編》3/3/254。

《國立北平圖書館藏碑目》19a，《新編》3/36/258 上。

《墓誌徵存目錄》卷 1，《羅振玉學術論著集》第五集，592 頁。

《洛陽出土石刻時地記》隋宮人墓誌 026，69 頁。

《歷代墓誌銘拓片目錄》48 頁。

《六朝墓誌檢要》（修訂本）228—229 頁。

《隋代墓誌銘彙考》5 冊 71 頁。

《碑帖鑒定》229 頁。

《北朝隋代墓誌所在總合目錄》編號 1787。

《北京大學圖書館藏歷代墓誌拓片目錄》編號 00973。

**大業 280**

張衡（字建平）墓誌

大業十年（614）十月廿一日葬。2004 年河南洛陽出土，石存洛陽師範學院圖書館。誌長、寬均 30 釐米，厚 4 釐米。文 7 行，行 7 字，正書。

著錄：

《隋代墓誌銘彙考》5 冊 72—73 頁（圖、文、跋）。

《洛陽新出土墓誌釋錄》328 頁。(目)

《北京大學圖書館藏歷代墓誌拓片目錄》編號 00974。(目)

《北朝隋代墓誌所在總合目錄》編號 1788。(目)

備考：張衡，《北史》卷七四、《隋書》卷五六有傳。

## 大業 281

### 宮人侯氏墓誌

大業十年（614）九月廿五日卒，以其年十月廿七日葬於河南縣北邙之山。1925 年洛陽城西北邙山後洞村出土，曾歸三原于右任，今存西安碑林博物館。誌高 51、寬 51.4 釐米。文 15 行，滿行 15 字，正書。首題：侯宮人墓誌銘。

圖版著錄：

《漢魏南北朝墓誌集釋》圖版五五四，《新編》3/4/310。

《北京圖書館藏中國歷代石刻拓本匯編》10 冊 109 頁。

《隋唐五代墓誌匯編·洛陽卷》1 冊 125 頁。

《鴛鴦七誌齋藏石》圖 266。

《西安碑林全集》70/1565－1569。

《隋代墓誌銘彙考》5 冊 74 頁。

錄文著錄：

《全隋文補遺》4/317 下。

《隋代墓誌銘彙考》5 冊 75—76 頁。

碑目題跋著錄：

《石刻題跋索引》161 頁左，《新編》1/30/22499。

《古誌新目初編》1/18a，《新編》2/18/13700 下。

《漢魏南北朝墓誌集釋》10/110b，《新編》3/3/254。

《國立北平圖書館藏碑目》19a，《新編》3/36/258 上。

《墓誌徵存目錄》卷 1，《羅振玉學術論著集》第五集，592 頁。

《洛陽出土石刻時地記》隋宮人墓誌 027，69 頁。

《六朝墓誌檢要》（修訂本）229 頁。

《隋代墓誌銘彙考》5 冊 76 頁。

《碑帖鑒定》229 頁。

《北朝隋代墓誌所在總合目錄》編號 1789。

**大業 282**

宮人樊氏墓誌

大業九年（613）十月十八日亡，以十年（614）十一月十五日葬於河南縣北芒嶺。1925 年洛陽城西北邙山後洞村出土，曾歸三原于右任，今存西安碑林博物館。誌高 48.7、寬 49 釐米。文 17 行，滿行 20 字，正書。首題：樊三品宮人墓誌銘并序。

圖版著錄：

《漢魏南北朝墓誌集釋》圖版五五五，《新編》3/4/311。

《北京圖書館藏中國歷代石刻拓本匯編》10 冊 111 頁。

《隋唐五代墓誌匯編·洛陽卷》1 冊 127 頁。

《鴛鴦七誌齋藏石》圖 267。

《西安碑林全集》70/1570－1575。

《隋代墓誌銘彙考》5 冊 77 頁。

錄文著錄：

《全隋文補遺》5/319 上—下。

《隋代墓誌銘彙考》5 冊 78—79 頁。

碑目題跋著錄：

《石刻題跋索引》161 頁左，《新編》1/30/22499。

《古誌新目初編》1/18a，《新編》2/18/13700 下。

《漢魏南北朝墓誌集釋》10/110b，《新編》3/3/254。

《國立北平圖書館藏碑目》19a，《新編》3/36/258 上。

《洛陽出土石刻時地記》隋宮人墓誌 028，69—70 頁。

《歷代墓誌銘拓片目錄》48 頁。

《六朝墓誌檢要》（修訂本）229 頁。

《隋代墓誌銘彙考》5 冊 79 頁。

《碑帖鑒定》229 頁。

《北朝隋代墓誌所在總合目錄》編號 1791。

《北京大學圖書館藏歷代墓誌拓片目錄》編號00976。

**大業283**

鄧晅墓誌

又名：鄧寶明墓誌。大業十年（614）五月廿七日終於五臺縣所，以大業十年十一月十五日葬於邙山之陽。1930年洛陽城北南石山村出土，曾歸三原于右任，今存西安碑林博物館。誌高51.5、寬52.4釐米。文30行，滿行32字，正書。首題：□□□虎賁郎將朝請大夫南陽鄧君墓誌銘。

圖版著錄：

《漢魏南北朝墓誌集釋》圖版四八二，《新編》3/4/212。

《北京圖書館藏中國歷代石刻拓本匯編》10冊112頁。

《隋唐五代墓誌匯編·洛陽卷》1冊128頁。

《鴛鴦七誌齋藏石》圖216。

《西安碑林全集》71/1607－1614。

《隋代墓誌銘彙考》5冊80頁。

錄文著錄：

《全隋文補遺》5/320上—321上。

《隋代墓誌銘彙考》5冊81—83頁。

碑目題跋著錄：

《石刻題跋索引》161頁左，《新編》1/30/22499。

《漢魏南北朝墓誌集釋》9/102a，《新編》3/3/237。

《國立北平圖書館藏碑目》19a，《新編》3/36/258上。

《墓誌徵存目錄》卷1，《羅振玉學術論著集》第五集，592頁。

《洛陽出土石刻時地記》隋代大業063，62頁。

《歷代墓誌銘拓片目錄》48頁。

《六朝墓誌檢要》（修訂本）229頁。

《隋代墓誌銘彙考》5冊84頁。

《碑帖鑒定》229頁。

《北朝隋代墓誌所在總合目錄》編號1792。

**大業284**

張軻墓誌并蓋

大業十年（614）七月十日遘疾薨於官舍，以其年十一月十五日遷葬於河南郡河南縣之靈淵里。1928年洛陽城北前海資村南出土，曾歸三原于右任，今存西安碑林博物館。誌高52、寬54.5釐米。蓋拓本長43、寬42釐米。蓋4行，行4字，篆書。文28行，滿行27字，正書。首題：隋故魏郡太守正議大夫張府君墓誌銘并序；蓋題：隋故魏郡太守正議大夫張府君墓誌銘。

圖版著錄：

《漢魏南北朝墓誌集釋》圖版四八三，《新編》3/4/213－214。

《北京圖書館藏中國歷代石刻拓本匯編》10冊110頁。

《隋唐五代墓誌匯編·洛陽卷》1冊126頁。

《鴛鴦七誌齋藏石》圖217。

《中國金石集萃》9函2輯編號13。（誌）

《西安碑林全集》71/1615－1624。

《隋代墓誌銘彙考》5冊85—86頁。

錄文著錄：

《全隋文補遺》4/318上—319上。

《隋代墓誌銘彙考》5冊87—88頁。

碑目題跋著錄：

《石刻題跋索引》161頁左，《新編》1/30/22499。

《石刻名彙》3/28a、第一編"誌銘類"續補2a，《新編》2/2/1039上、1139上。

《崇雅堂碑錄補》1/15b，《新編》2/6/4558上。

《古誌新目初編》1/18b，《新編》2/18/13700下。

《蒿里遺文目錄補遺》3a，《新編》2/20/14997上。

《漢魏南北朝墓誌集釋》9/102b，《新編》3/3/238。

《國立北平圖書館藏碑目》19a，《新編》3/36/258上。

《墓誌徵存目錄》卷1，《羅振玉學術論著集》第五集，592頁。

《松翁近稿補遺》,《羅振玉學術論著集》第十集(上)97—98頁。

《洛陽出土石刻時地記》隋代大業064,62頁。

《歷代墓誌銘拓片目錄》48頁。

《六朝墓誌檢要》(修訂本)229—230頁。

《隋代墓誌銘彙考》5冊89頁。

《碑帖鑒定》229頁。

淑德大學《中國石刻拓本目錄》"墓誌"編號320—321。

《北朝隋代墓誌所在總合目錄》編號1790。

《北京大學圖書館藏歷代墓誌拓片目錄》編號00975。

### 大業285

陸平墓誌并蓋

大業十年(614)四月卒,以其年十一月十五日葬於郭北破陵之西三里。2002年冬河南洛陽邙山出土。蓋高、寬均43釐米,厚8釐米。誌高、寬均42.5釐米,厚6.5釐米。蓋3行,行3字,篆書。文19行,滿行20字,正書。蓋題:隋太谷戍主陸君之銘。

著錄:

《龍門區系石刻文萃》438頁。(圖)

《北朝隋代墓誌所在總合目錄》編號1793。(目)

### 大業286

袁亮墓誌并蓋

大業十年(614)九月十一日卒,其年十一月廿七日葬於河南郡雒陽縣華原鄉馬鶋子村西北北邙山之崗,齊默兒鐫刻。2000年7月河南省偃師市出土,石存洛陽。誌長、寬均53釐米,蓋盝頂長、寬均42釐米。文24行,滿行24字,正書。首題:隋故奮武尉袁府君墓誌銘;蓋題:隋故袁府君墓誌之銘。

著錄:

《邙洛碑誌三百種》51頁。(誌圖)

《洛陽新獲七朝墓誌》62頁。(誌圖)

《隋代墓誌銘彙考》5冊90—93頁。(圖、文、跋)

《北朝隋代墓誌所在總合目錄》編號1794。(目)

## 大業 287

宮人鮑氏墓誌

大業十年（614）十二月廿一日卒，以其月廿七日葬於河南縣北邙嶺。1925 年農曆九、十月間洛陽城西北後洞村西北寇姓田中出土，曾歸三原于右任，今存西安碑林博物館。誌高、寬均 48.2 釐米。文 15 行，滿行 16 字，正書。首題：故鮑宮人墓誌銘并序。

圖版著錄：

《漢魏南北朝墓誌集釋》圖版五五六，《新編》3/4/312。

《北京圖書館藏中國歷代石刻拓本匯編》10 冊 113 頁。

《隋唐五代墓誌匯編·洛陽卷》1 冊 129 頁。

《鴛鴦七誌齋藏石》圖 268。

《西安碑林全集》70/1576－1580。

《隋代墓誌銘彙考》5 冊 94 頁。

錄文著錄：

《全隋文補遺》5/321 下。

《隋代墓誌銘彙考》5 冊 95—96 頁。

碑目題跋著錄：

《石刻題跋索引》161 頁左，《新編》1/30/22499。

《石刻名彙》3/28a，《新編》2/2/1039 上。

《古誌新目初編》1/18b，《新編》2/18/13700 下。

《蒿里遺文目錄補遺》3a，《新編》2/20/14997 上。

《漢魏南北朝墓誌集釋》10/110b，《新編》3/3/254。

《國立北平圖書館藏碑目》19a，《新編》3/36/258 上。

《墓誌徵存目錄》卷 1，《羅振玉學術論著集》第五集，592 頁。

《洛陽出土石刻時地記》隋宮人墓誌 029，70 頁。

《歷代墓誌銘拓片目錄》48 頁。

《六朝墓誌檢要》（修訂本）230 頁。

《隋代墓誌銘彙考》5 冊 96 頁。

《碑帖鑒定》229 頁。

《北朝隋代墓誌所在総合目錄》編號1795。
《北京大學圖書館藏歷代墓誌拓片目錄》編號00977。

### 大業 288
王慶墓誌

大業十年（614）卒。石存陝西省考古研究所。
碑目著錄：
《隋代墓誌銘彙考・存目》6冊165頁。
《北朝隋代墓誌所在総合目錄》編號1796。

### 大業 289
內史令鄭譯碑

大業十年（614）。西安府長安縣咸寧縣。
碑目題跋著錄：
《寶刻叢編》8/2b，《新編》1/24/18218下。
《金石彙目分編》12（1）/24a，《新編》1/28/21288下。
《石刻題跋索引》39頁左，《新編》1/30/22377。
《六藝之一錄》62/6b，《新編》4/5/123下。
備考：鄭譯，《周書》卷三五、《北史》卷三五、《隋書》卷三八有傳。

### 大業 290
宮人典樂姜氏墓誌

大業十一年（615）正月四日遘疾暴終，以其月十六日葬於北芒山。1925年洛陽城西北邙山後洞村出土，曾歸三原于右任，今存西安碑林博物館。誌高、寬均49釐米。文14行，滿行14字，正書。首題：故宮人典樂姜氏墓誌銘并序。

圖版著錄：
《漢魏南北朝墓誌集釋》圖版五五七，《新編》3/4/313。
《北京圖書館藏中國歷代石刻拓本匯編》10冊114頁。
《隋唐五代墓誌匯編・洛陽卷》1冊130頁。
《洛陽出土歷代墓誌輯繩》68頁。
《鴛鴦七誌齋藏石》圖269。

《西安碑林全集》71/1625－1630。
《隋代墓誌銘彙考》5 冊 97 頁。
錄文著錄：
《全隋文補遺》5/324 上—下。
《隋代墓誌銘彙考》5 冊 98 頁。
碑目題跋著錄：
《石刻題跋索引》161 頁左，《新編》1/30/22499。
《石刻名彙》3/28a，《新編》2/2/1039 上。
《古誌新目初編》1/18b，《新編》2/18/13700 下。
《蒿里遺文目錄補遺》3a，《新編》2/20/14997 上。
《漢魏南北朝墓誌集釋》10/110b，《新編》3/3/254。
《國立北平圖書館藏碑目》19a，《新編》3/36/258 上。
《蒿里遺文目錄續編·墓誌徵存》3b，《新編》3/37/538 上。
《墓誌徵存目錄》卷 1，《羅振玉學術論著集》第五集，592 頁。
《洛陽出土石刻時地記》隋宮人墓誌 030，70 頁。
《歷代墓誌銘拓片目錄》48 頁。
《六朝墓誌檢要》（修訂本）230 頁。
《隋代墓誌銘彙考》5 冊 99 頁。
《碑帖鑒定》229—230 頁。
淑德大學《中國石刻拓本目錄》"墓誌" 編號 323。
《北朝隋代墓誌所在總合目錄》編號 1797。
《北京大學圖書館藏歷代墓誌拓片目錄》編號 00978。

## 大業 291

*秦僧伽暨妻徐氏墓誌*

開皇十三年（593）十二月卒，妻徐氏大業九年（613）二月卒，大業十一年（615）正月十六日合葬於長安縣福陽鄉龍仁里奉誠村。陝西西安出土，2012 年入藏西安碑林博物館。誌高、寬均 41、厚 7.5 釐米。文正書，8 行，滿行 13 字。

著錄：

《西安碑林博物館新藏墓誌續編》上冊 35—36 頁。（圖、文）

《北京大學圖書館藏歷代墓誌拓片目錄》編號 00979。（目）

論文：

周曉薇、王其禕：《長安新出隋〈秦僧伽暨妻徐氏墓誌〉小考——兼說北朝隋唐墓誌中的"地主"一詞》，《考古與文物》2013 年第 6 期；又載於《片石千秋：隋代墓誌銘與隋代歷史文化》，第 293—298 頁。

**大業 292**

<u>瞿突娑墓誌</u>

大業十一年（615）正月十八日卒於河南郡雒陽縣崇業鄉嘉善里，葬在芒山北之翟村東南一里。1930 年洛陽城北鄭凹村南地出土，曾歸三原于右任，今存西安碑林博物館。誌高 35、寬 36 釐米。文正書，18 行，滿行 20 字。

圖版著錄：

《漢魏南北朝墓誌集釋》圖版四八四，《新編》3/4/215。

《北京圖書館藏中國歷代石刻拓本匯編》10 冊 115 頁。

《隋唐五代墓誌匯編·洛陽卷》1 冊 131 頁。

《鴛鴦七誌齋藏石》圖 218。

《西安碑林全集》71/1651 – 1656。

《隋代墓誌銘彙考》5 冊 100 頁。

錄文著錄：

《全隋文補遺》5/324 下—325 上。

《隋代墓誌銘彙考》5 冊 101—102 頁。

碑目題跋著錄：

《石刻題跋索引》161 頁左，《新編》1/30/22499。

《漢魏南北朝墓誌集釋》9/102b，《新編》3/3/238。附《唐代長安與西域文明》七。

《墓誌徵存目錄》卷 1，《羅振玉學術論著集》第五集，592 頁。

《洛陽出土石刻時地記》隋代大業 065，62 頁。

《六朝墓誌檢要》（修訂本）230 頁。

《隋代墓誌銘彙考》5 冊 103 頁。

《北朝隋代墓誌所在総合目錄》編號 1798。

**大業 293**

王光（字平升）墓誌

大業十年（614）八月廿六日終，以大業十一年（615）一月廿一日葬於河南郡河南縣零淵鄉。2003 年河南省洛陽市白馬寺鎮出土，旋歸洛陽古玩城孟氏。誌長 48、寬 47 釐米。文 21 行，滿行 20 字，正書。首題：隋故王君墓誌銘并序。

著錄：

《河洛墓刻拾零》上冊 59 頁。（圖）

《北朝隋代墓誌所在総合目錄》編號 1799。（目）

論文：

王其禕、王慶衛：《〈隋代墓誌銘彙考〉補》，《碑林集刊》第 13 輯，2008 年。（文）

**大業 294**

崔玉墓誌

又名：崔松林墓誌。大業十一年（615）正月廿七日葬在顯陽鄉平原之地。光緒初山西潞安出土，一說山西長治出土，一說彰德出土，曾歸江寧孫氏之天津別墅，今不詳。誌高 41、寬 40.8 釐米。文 18 行，滿行 18 字，正書。

圖版著錄：

《漢魏南北朝墓誌集釋》圖版四八五，《新編》3/4/216。

《隋唐五代墓誌匯編·北京大學卷》1 冊 21 頁。

《隋代墓誌銘彙考》5 冊 104 頁。

錄文著錄：

《山右冢墓遺文》卷上/5b–6a，《新編》1/21/15879 上—下。

《全隋文補遺》5/323 下—324 上。

《隋代墓誌銘彙考》5 冊 105—106 頁。

碑目題跋：

《石刻題跋索引》161 頁左,《新編》1/30/22499。

《石刻名彙》3/28a,《新編》2/2/1039 上。

《崇雅堂碑錄補》1/15b,《新編》2/6/4558 上。

《古誌新目初編》1/18b,《新編》2/18/13700 下。

《蒿里遺文目錄》2（1）/8b,《新編》2/20/14947 下。

《求恕齋碑錄》,《新編》3/2/527 上。

《漢魏南北朝墓誌集釋》9/102b,《新編》3/3/238。

《國立北平圖書館藏碑目》19a,《新編》3/36/258 上。

《古誌彙目》1/15a,《新編》3/37/33。

《鄰蘇老人手書題跋》,《新編》4/7/340 上—下。

《墓誌徵存目錄》卷 1,《羅振玉學術論著集》第五集,592 頁。

《歷代墓誌銘拓片目錄》48 頁。

《增補校碑隨筆》（修訂本）298—299 頁。

《善本碑帖錄》2/93。

《六朝墓誌檢要》（修訂本）230—231 頁。

《隋代墓誌銘彙考》5 冊 107 頁。附（光緒）《屯留縣志》。

《北朝隋代墓誌所在總合目錄》編號 1801。

《北京大學圖書館藏歷代墓誌拓片目錄》編號 00980。

## 大業 295

**陳叔明墓誌并蓋**

大業七年（611）十二月廿七日終於河南縣思順里之宅,以十一年（615）正月廿八日葬於雒陽縣安山里鳳臺原。1936 年農曆七月二十九日洛陽城北楊凹村北地出土,曾歸三原于右任,今存西安碑林博物館。誌高、寬均 66 釐米。文正書,31 行,滿行 31 字。蓋篆書,2 行,行 2 字。首題：隋故禮部侍郎通議大夫陳府君之墓誌銘；蓋題：陳君墓銘。

圖版著錄：

《漢魏南北朝墓誌集釋》圖版六〇九,《新編》3/4/374－375。

《北京圖書館藏中國歷代石刻拓本匯編》10 冊 116 頁。（誌）

《隋唐五代墓誌匯編·洛陽卷》1 冊 132 頁。

《鴛鴦七誌齋藏石》圖219。（誌）

《西安碑林全集》71/1657－1662。（誌）

《隋代墓誌銘彙考》5 冊 108—109 頁。

錄文著錄：

《全隋文補遺》5/322 上—323 上。

《隋代墓誌銘彙考》5 冊 110—112 頁。

碑目題跋著錄：

《石刻題跋索引》161 頁右，《新編》1/30/22499。

《漢魏南北朝墓誌集釋》11/118a－b，《新編》3/3/269－270。

《國立北平圖書館藏碑目》19a，《新編》3/36/258 上。

《墓誌徵存目錄》卷1，《羅振玉學術論著集》第五集，592 頁。

《洛陽出土石刻時地記》隋代大業 066，62 頁。

《六朝墓誌檢要》（修訂本）231 頁。

《隋代墓誌銘彙考》5 冊 113 頁。

《北朝隋代墓誌所在總合目錄》編號 1800。

論文：

趙曜曜：《隋〈陳叔明墓誌〉相關問題新探》，《河南理工大學學報》2016 年第 3 期。

## 大業 296

### 姜氏墓誌

大業十一年（615）正月。河南洛陽出土。曾歸三原于氏。正書。

碑目著錄：

《石刻名彙》3/28a，《新編》2/2/1039 上。

備考：《石刻名彙》同頁著錄了兩方姜氏墓誌，一為姜宮人，"大業十一年十月"；一為姜氏墓誌，"大業十一年正月"。《石刻名彙》可能將兩方墓誌著錄混淆，因為無它書著錄。暫單列。

## 大業 297

### 白仵貴墓誌并蓋

大業十年（614）十二月十八日卒於河南郡河南縣安衆鄉安衆里，以十一年（615）二月七日葬於北芒山安川里。白士信撰。1929 年農曆二月二十八日洛陽城北前海資村出土，石存中國國家博物館。誌高 43.6、寬 47 釐米。蓋高、寬均 40 釐米。蓋 4 行，行 4 字，篆書。文 24 行，滿行 24 字，正書。首題：隋故韓城縣令白府君墓誌銘并序；蓋題：隋故北川縣令韓城縣令白府君墓誌銘。

　　圖版、錄文著錄：

　　《漢魏南北朝墓誌集釋》圖版四八六，《新編》3/4/217 - 218。（圖）

　　《北京圖書館藏中國歷代石刻拓本匯編》10 冊 117 頁。（圖）

　　《隋唐五代墓誌匯編・洛陽卷》1 冊 133 頁。（圖）

　　《隋代墓誌銘彙考》5 冊 114—117 頁。（圖、文）

　　《中國國家博物館館藏文物研究叢書・墓誌卷》46—47 頁。（誌圖、文）

　　《全隋文補遺》5/325 下—326 上。（文）

　　碑目題跋著錄：

　　《石刻題跋索引》161 頁右，《新編》1/30/22499。

　　《漢魏南北朝墓誌集釋》9/102b - 103a，《新編》3/3/238 - 239。

　　《國立北平圖書館藏碑目》18b，《新編》3/36/257 下。

　　《墓誌徵存目錄》卷 1，《羅振玉學術論著集》第五集，592 頁。

　　《洛陽出土石刻時地記》隋代大業 067，62 頁。

　　《歷代墓誌銘拓片目錄》47 頁。

　　《六朝墓誌檢要》（修訂本）231 頁。

　　《隋代墓誌銘彙考》5 冊 117—118 頁。

　　《北朝隋代墓誌所在總合目錄》編號 1801。

　　《北京大學圖書館藏歷代墓誌拓片目錄》編號 00981。

**大業 298**

楊定暨妻丁氏墓誌并蓋

　　大業十年（614）十一月六日終於京師，大業十一年（615）二月九日葬於新都東北一十三里。2002 年秋河南洛陽北邙山出土，誌石先歸平樂郭新夏，旋存洛陽師範學院圖書館。誌高 43.5、寬 43 釐米。蓋高、寬均 43.5 釐米。文 19 行，滿行 20 字，正書。蓋 3 行，行 3 字，篆書。首題：魏驫驤將軍安州車騎府司馬故楊公并夫人丁氏合葬墓誌；蓋題：魏車騎府司馬楊君銘。

著錄：

《邙洛碑誌三百種》52—53 頁。（圖）

《隋代墓誌銘彙考》5 冊 119—122 頁。（圖、文、跋）

《北朝隋代墓誌所在總合目錄》編號 1803。（目）

### 大業 299

明雲騰墓誌并蓋

大業十一年（615）二月九日葬於宮城東北十里亥地所。1926 年洛陽城北南石山村東南出土，曾歸三原于右任，今存西安碑林博物館。誌高、寬均 58.3 釐米。蓋拓本長、寬均 48 釐米。蓋 2 行，行 2 字，篆書。文正書，23 行，滿行 23 字。首題：隋故上郡三川縣正明雲騰墓誌；蓋題：明君墓銘。

圖版著錄：

《漢魏南北朝墓誌集釋》圖版四八七，《新編》3/4/219 – 220。

《北京圖書館藏中國歷代石刻拓本匯編》10 冊 118 頁。

《隋唐五代墓誌匯編·洛陽卷》1 冊 134 頁。

《鴛鴦七誌齋藏石》圖 220。

《西安碑林全集》71/1663 – 1673。

《隋代墓誌銘彙考》5 冊 123—124 頁。

錄文著錄：

《全隋文補遺》5/326 下—327 上。

《隋代墓誌銘彙考》5 冊 125—126 頁。

碑目題跋著錄：

《石刻題跋索引》161 頁右，《新編》1/30/22499。

《石刻名彙》第一編"誌銘類"續補 2b，《新編》2/2/1139 上。

《古誌新目初編》1/18b，《新編》2/18/13700 下。

《漢魏南北朝墓誌集釋》9/103a，《新編》3/3/239。

《國立北平圖書館藏碑目》19a，《新編》3/36/258 上。

《蒿里遺文目錄續編補遺·墓誌徵存》1b，《新編》3/37/545 上。

《墓誌徵存目錄》卷1，《羅振玉學術論著集》第五集，592 頁。

《洛陽出土石刻時地記》隋代大業 068，62 頁。

《歷代墓誌銘拓片目錄》48 頁。

《六朝墓誌檢要》（修訂本）231 頁。

《隋代墓誌銘彙考》5 冊 126—127 頁。

《碑帖鑒定》230 頁。

淑德大學《中國石刻拓本目錄》"墓誌" 編號 331。

《北朝隋代墓誌所在總合目錄》編號 1802。

《北京大學圖書館藏歷代墓誌拓片目錄》編號 00982。

## 大業 300

唐該暨妻蘇洪姿墓誌并蓋

大業十年（614）八月九日卒於東都綏里，夫人蘇洪姿以其年十月三十日卒於家，以大業十一年（615）二月二十一日合葬於東都城北十里。1949 年前洛陽城北盤龍塚村出土，曾歸武進陶蘭泉、武進董氏、上虞羅振玉，今存遼寧省博物館。誌高 43、寬 42 釐米。蓋拓本長 35、寬 33 釐米。蓋 3 行，行 5 字，篆書。文 24 行，滿行 25 字，隸書。蓋題：大隋帥都督故唐君故蘇夫人墓誌銘。

圖版著錄：

《漢魏南北朝墓誌集釋》圖版四八八，《新編》3/4/221 - 222。

《北京圖書館藏中國歷代石刻拓本匯編》10 冊 121 頁。

《隋唐五代墓誌匯編·洛陽卷》1 冊 137 頁。

《遼寧省博物館藏碑誌精粹》128 頁。（誌）

《隋代墓誌銘彙考》5 冊 128—129 頁。

錄文著錄：

《滿洲金石志別錄》卷下/22a - 23b，《新編》1/23/17437 下—17438 上。

《誌石文錄》卷上/61b - 62b，《新編》2/19/13772 上—下。

《魯迅輯校石刻手稿・墓誌》下冊297—299頁。
《全隋文補遺》5/328上—329上。
《遼寧省博物館藏碑誌精粹》265頁。
《隋代墓誌銘彙考》5冊130—131頁。

碑目題跋著錄：
《滿洲金石志別錄》卷下/23b，《新編》1/23/17438上。
《石刻題跋索引》161頁右，《新編》1/30/22499。
《石刻名彙》3/28a，《新編》2/2/1039上。
《崇雅堂碑錄補》1/15b，《新編》2/6/4558上。
《古誌新目初編》1/18b，《新編》2/18/13700下。
《蒿里遺文目錄》2（1）/9a，《新編》2/20/14948上。
《漢魏南北朝墓誌集釋》9/103a，《新編》3/3/239。
《國立北平圖書館藏碑目》19a，《新編》3/36/258上。
《墓誌徵存目錄》卷1，《羅振玉學術論著集》第五集，593、595頁。
《洛陽出土石刻時地記》隋代大業071，63頁。
《歷代墓誌銘拓片目錄》48頁。
《六朝墓誌檢要》（修訂本）232頁。
《遼寧省博物館藏碑誌精粹》129頁。
《隋代墓誌銘彙考》5冊132頁。
淑德大學《中國石刻拓本目錄》"墓誌"編號324—325。
《北朝隋代墓誌所在總合目錄》編號1807。
《北京大學圖書館藏歷代墓誌拓片目錄》編號00985。

備考：《古誌新目初編》誤為"蘇該墓誌"。

## 大業301

苟君妻宋玉艷墓誌并蓋

遘疾終於里舍，大業十一年（615）二月廿一日歸葬於河南縣靈淵鄉舊塋。1928年陰曆六月洛陽城北南陳莊村南地出土，曾歸三原于右任，今存西安碑林博物館。誌高48.3、寬46.6釐米。蓋拓本長49、寬50釐米。蓋3行，行3字，篆書。文22行，滿行23字，正書。首題：隋正議大夫内常侍苟府君夫人故宋氏墓誌銘并序；蓋題：隋苟府君夫人墓誌銘。

圖版著錄：

《漢魏南北朝墓誌集釋》圖版四八九，《新編》3/4/223－224。

《北京圖書館藏中國歷代石刻拓本匯編》10 冊 120 頁。

《隋唐五代墓誌匯編·洛陽卷》1 冊 136 頁。

《鴛鴦七誌齋藏石》圖 222。

《西安碑林全集》71/1682－1690。

《隋代墓誌銘彙考》5 冊 133—134 頁。

錄文著錄：

《全隋文補遺》5/327 下—328 上。

《隋代墓誌銘彙考》5 冊 135—136 頁。

碑目題跋著錄：

《石刻題跋索引》161 頁右，《新編》1/30/22499。

《古誌新目初編》1/18b，《新編》2/18/13700 下。

《漢魏南北朝墓誌集釋》9/103a，《新編》3/3/239。

《國立北平圖書館藏碑目》19a，《新編》3/36/258 上。

《墓誌徵存目錄》卷 1，《羅振玉學術論著集》第五集，592 頁。

《洛陽出土石刻時地記》隋代大業 070，63 頁。

《六朝墓誌檢要》（修訂本）232 頁。

《隋代墓誌銘彙考》5 冊 136 頁。

《北朝隋代墓誌所在總合目錄》編號 1806。

《北京大學圖書館藏歷代墓誌拓片目錄》編號 00984。

## 大業 302

王袞暨妻蕭氏墓誌并蓋

大業九年（613）十月終於高陽郡之逆旅館，夫人蕭氏以大業十年（614）四月薨於河南永豐里舍，以十一年（615）二月廿一日同葬於河南縣芒山。蔡允恭撰。1926 年陰曆五月二十三日洛陽城北邙山上出土，曾歸吳興徐氏、三原于右任，今存西安碑林博物館。誌高、寬均 50.8 釐米。蓋拓本長 37、寬 38 釐米。蓋 3 行，行 3 字，篆書。文 31 行，滿行 31 字，正書。

首題：隋故桃林縣令王府君墓誌；蓋題：隋故王府君墓誌之銘。

圖版著錄：

《漢魏南北朝墓誌集釋》圖版四九〇，《新編》3/4/225－226。

《北京圖書館藏中國歷代石刻拓本匯編》10 册 119 頁。

《隋唐五代墓誌匯編·洛陽卷》1 册 135 頁。

《鴛鴦七誌齋藏石》圖 221。（誌）

《西安碑林全集》71/1674－1681。（誌）

《隋代墓誌銘彙考》5 册 137—138 頁。

錄文著錄：

《全隋文補遺》1/48 下—49 下。

《隋代墓誌銘彙考》5 册 139—141 頁。

碑目題跋著錄：

《石刻題跋索引》161 頁右，《新編》1/30/22499。

《古誌新目初編》1/18b，《新編》2/18/13700 下。

《蒿里遺文目錄補遺》3a，《新編》2/20/14997 上。

《漢魏南北朝墓誌集釋》9/103a，《新編》3/3/239。

《國立北平圖書館藏碑目》19a，《新編》3/36/258 上。

《墓誌徵存目錄》卷 1，《羅振玉學術論著集》第五集，592 頁。

《洛陽出土石刻時地記》隋代大業 069，62 頁。

《六朝墓誌檢要》（修訂本）232 頁。

《碑帖鑒定》230 頁。

《隋代墓誌銘彙考》5 册 142 頁。

《北朝隋代墓誌所在總合目錄》編號 1805。

《北京大學圖書館藏歷代墓誌拓片目錄》編號 00983。

**大業 303**

苟君妻周大孃墓誌

大業八年（612）三月廿日終於東都進德里，以大業十一年（615）二月廿一日合葬於河南縣靈淵鄉飛龍原。河南洛陽城北出土。拓片長、寬均 48.5 釐米。文 24 行，滿行 24 字，正書。首題：隋正議大夫苟府君大夫人故京兆郡君周墓誌銘并序。

著錄：

《隋代墓誌銘彙考》5 冊 143—146 頁。（圖、文、跋）

《北朝隋代墓誌所在總合目錄》編號 1808。（目）

### 大業 304

張壽墓誌并蓋

大業十年（614）七月二日薨，以十一年（615）二月廿二日遷葬於河南郡河南縣之北芒山。張義誠撰。1925 年陰曆十二月洛陽城北前海資村西出土，曾歸三原于右任，今存西安碑林博物館。誌高 57.1、寬 57.7 釐米。蓋拓本長、寬均 47 釐米。文 33 行，滿行 34 字，正書。蓋 4 行，行 4 字，篆書。首題：隋故光祿大夫右翊衛大將軍張公墓誌；蓋題：隋故光祿大夫右翊衛大將軍張公墓誌。

圖版著錄：

《漢魏南北朝墓誌集釋》圖版四九一，《新編》3/4/227。（誌）

《北京圖書館藏中國歷代石刻拓本匯編》10 冊 122 頁。

《隋唐五代墓誌匯編・洛陽卷》1 冊 138 頁。（誌）

《鴛鴦七誌齋藏石》圖 223。

《中國金石集萃》9 函 2 輯編號 14。（誌）

《西安碑林全集》71/1691－1700。

《隋代墓誌銘彙考》5 冊 147—148 頁。

錄文著錄：

《全隋文補遺》5/329 上—330 下。

《隋代墓誌銘彙考》5 冊 149—151 頁。

碑目題跋著錄：

《石刻題跋索引》161 頁右，《新編》1/30/22499。

《石刻名彙》3/23a，《新編》2/2/1036 下。

《崇雅堂碑錄補》1/12b，《新編》2/6/4556 下。

《古誌新目初編》1/18b，《新編》2/18/13700 下。

《蒿里遺文目錄補遺》3a，《新編》2/20/14997 上。

《漢魏南北朝墓誌集釋》9/103b，《新編》3/3/240。

《國立北平圖書館藏碑目》19b，《新編》3/36/258 上。

《墓誌徵存目錄》卷 1，《羅振玉學術論著集》第五集，593 頁。

《洛陽出土石刻時地記》隋代大業 072，63 頁。

《歷代墓誌銘拓片目錄》48 頁。

《六朝墓誌檢要》（修訂本）232—233 頁。

《隋代墓誌銘彙考》5 冊 152 頁。

《碑帖鑒定》230 頁

淑德大學《中國石刻拓本目錄》"墓誌"編號 332—333。

《北朝隋代墓誌所在総合目錄》編號 1809。

《北京大學圖書館藏歷代墓誌拓片目錄》編號 00986。

## 大業 305

### 嚴元貴墓誌并蓋

大業十一年（615）二月廿四日終於河南郡修善里，其年三月五日葬於芒山。1925 年農曆七月十一日，洛陽城東北西呂家廟村東南數百步處出土，曾歸三原于右任，今存西安碑林博物館。誌高、寬均 43.5 釐米。蓋拓本長 37、寬 36 釐米。蓋 2 行，行 2 字，篆書。文 20 行，滿行 20 字，正書。首題：嚴參軍墓誌銘并序；蓋題：嚴君之銘。

圖版著錄：

《漢魏南北朝墓誌集釋》圖版四九二，《新編》3/4/228 - 229。

《北京圖書館藏中國歷代石刻拓本匯編》10 冊 123 頁。

《隋唐五代墓誌匯編·洛陽卷》1 冊 139 頁。

《鴛鴦七誌齋藏石》圖 224。

《西安碑林全集》71/1701 - 1709。

《隋代墓誌銘彙考》5 冊 153—154 頁。

錄文著錄：

《全隋文補遺》5/330 下—331 上。

《隋代墓誌銘彙考》5 冊 155—156 頁。

碑目題跋著錄：

《石刻題跋索引》161 頁右,《新編》1/30/22499。

《石刻名彙》3/28a、28b,《新編》2/2/1039 上。

《古誌新目初編》1/18b,《新編》2/18/13700 下。

《蒿里遺文目錄補遺》3a,《新編》2/20/14997 上。

《漢魏南北朝墓誌集釋》/9/103b,《新編》3/3/240。

《國立北平圖書館藏碑目》19b,《新編》3/36/258 上。

《墓誌徵存目錄》卷1,《羅振玉學術論著集》第五集,593 頁。

《洛陽出土石刻時地記》隋代大業 073,63 頁。

《歷代墓誌銘拓片目錄》48 頁。

《六朝墓誌檢要》(修訂本)233 頁。

《碑帖鑒定》230 頁。

《隋代墓誌銘彙考》5 冊 156 頁。

《北朝隋代墓誌所在總合目錄》編號 1810。

《北京大學圖書館藏歷代墓誌拓片目錄》編號 00987。

備考:《石刻名彙》卷三(28a)所載"元貴墓誌",諸家不見著錄,從時間、出土地點看,可能是嚴元貴墓誌,故附此。

## 大業 306

**伍道進墓誌并蓋**

又名:伍恭公墓誌。大業十一年(615)二月十四日薨於東都清化里宅,以其年三月十四日葬於河南郡雒陽縣零淵鄉里山。伍士雄撰。1925 年陰曆正月十七日,洛陽城北前海資村西出土,曾歸陽湖吳氏、武進陶湘收藏。誌高 49.5、寬 49 釐米。蓋拓本長、寬均 40 釐米。蓋 4 行,行 4 字,篆書。文 30 行,滿行 30 字,正書。首題:隋正議大夫左禦衛將軍伍恭公墓誌銘并序;蓋題:隋正議大夫左禦衛將軍伍恭公之墓誌。

圖版著錄:

《漢魏南北朝墓誌集釋》圖版四九三、六一〇,《新編》3/4/230、376。

《北京圖書館藏中國歷代石刻拓本匯編》10 冊 124 頁。

《隋唐五代墓誌匯編·洛陽卷》1 冊 140 頁。

《隋代墓誌銘彙考》5 冊 157—158 頁。

錄文著錄：

《全隋文補遺》5/331 下—332 下。

《隋代墓誌銘彙考》5 冊 159—161 頁。

碑目題跋著錄：

《石刻題跋索引》161 頁右，《新編》1/30/22499。

《石刻名彙》3/28b，《新編》2/2/1039 上。

《崇雅堂碑錄補》1/15b，《新編》2/6/4558 上。

《古誌新目初編》1/18b，《新編》2/18/13700 下。

《蒿里遺文目錄補遺》3a，《新編》2/20/14997 上。

《漢魏南北朝墓誌集釋》9/103b、11/118b，《新編》3/3/240、270。

《國立北平圖書館藏碑目》19b，《新編》3/36/258 上。

《墓誌徵存目錄》卷 1，《羅振玉學術論著集》第五集，593 頁。

《洛陽出土石刻時地記》隋代大業 074，63 頁。

《歷代墓誌銘拓片目錄》48 頁。

《六朝墓誌檢要》（修訂本）233 頁。

《隋代墓誌銘彙考》5 冊 161 頁。

《碑帖鑒定》230 頁。

《北朝隋代墓誌所在總合目錄》編號 1811。

《北京大學圖書館藏歷代墓誌拓片目錄》編號 00988。

## 大業 307

張波墓誌并蓋

大業十一年（615）三月十一日卒於雒陽縣之嘉善里，其月廿二日葬於北邙山。清末洛陽城北南陳莊村出土，曾存河南圖書館，今存開封博物館。誌高 33.3、寬 34.5 釐米。蓋拓本長、寬均 25 釐米。蓋 2 行，行 2 字，篆書。文 16 行，滿行 16 字，正書。首題：隋故張君墓誌銘并序；蓋題：隋故墓銘。

圖版著錄：

《漢魏南北朝墓誌集釋》圖版四九四，《新編》3/4/231－232。

《北京圖書館藏中國歷代石刻拓本匯編》10 冊 125 頁。

《隋唐五代墓誌匯編·洛陽卷》1 冊 141 頁。

《中國金石集萃》9 函 2 輯編號 15。(誌)

《隋代墓誌銘彙考》5 冊 162—163 頁。

錄文著錄：

《芒洛冢墓遺文續編》卷上/14b - 15a，《新編》1/19/14063 下—14064 上。

《魯迅輯校石刻手稿·墓誌》下冊 300—301 頁。

《全隋文補遺》5/333 上。

《隋代墓誌銘彙考》5 冊 164—165 頁。

碑目題跋著錄：

《集古求真續編》2/8a，《新編》1/11/8724 下。

《續補寰宇訪碑錄》8/7b，《新編》1/27/20348 上。

《石刻題跋索引》161 頁右，《新編》1/30/22499。

《石刻名彙》3/28b，《新編》2/2/1039 上。

《崇雅堂碑錄補》1/15b，《新編》2/6/4558 上。

《古誌新目初編》1/17b，《新編》2/18/13700 上。

《蒿里遺文目錄》2（1）/8b，《新編》2/20/14947 下。

《夢碧簃石言》4/21a，《新編》3/2/209 上。

《漢魏南北朝墓誌集釋》9/103b，《新編》3/3/240。

《河南圖書館藏石目》2b，《新編》3/36/126 上。

《國立北平圖書館藏碑目》19b，《新編》3/36/258 上。

《墓誌徵存目錄》卷 1，《羅振玉學術論著集》第五集，593 頁。

《洛陽出土石刻時地記》隋代大業 075，63 頁。

《歷代墓誌銘拓片目錄》48—49 頁。

《六朝墓誌檢要》(修訂本) 233—234 頁。

《碑帖敘錄》168 頁。

《隋代墓誌銘彙考》5 冊 166 頁。

《北朝隋代墓誌所在總合目錄》編號 1812。

《北京大學圖書館藏歷代墓誌拓片目錄》編號 00989。

## 大業 308

謝善富磚誌

大業十一年（615）四月十六日葬於永寧鄉安邑里。磚高34、寬33、厚4.5釐米。文正書，7行，滿行7字。尾題：謝善富銘記。

著錄：

《西安新獲墓誌集萃》30頁。（圖、文）

## 大業 309

蕭濱墓誌

大業十一年（615）四月廿一日亡於河南郡河南縣隆化里第，以其月廿三日葬於河南縣靈泉鄉龍淵里北邙山之陽。1921年洛陽城北前海資村東出土，曾歸三原于右任，今存西安碑林博物館。誌高、寬均29.3釐米。文14行，滿行15字，正書。首題：大隋金紫光祿大夫蕭岑孫内宮堂侄故蕭濱之銘。

圖版著錄：

《漢魏南北朝墓誌集釋》圖版四九五，《新編》3/4/233。

《北京圖書館藏中國歷代石刻拓本匯編》10冊126頁。

《隋唐五代墓誌匯編·洛陽卷》1冊142頁。

《鴛鴦七誌齋藏石》圖225。

《西安碑林全集》71/1710–1711。

《隋代墓誌銘彙考》5冊167頁。

錄文著錄：

《全隋文補遺》5/333下。

《隋代墓誌銘彙考》5冊168頁。

碑目題跋：

《石刻題跋索引》161頁右，《新編》1/30/22499。

《古誌新目初編》1/18b，《新編》2/18/13700下。

《漢魏南北朝墓誌集釋》9/103b，《新編》3/3/240。

《國立北平圖書館藏碑目》19b，《新編》3/36/258上。

《蒿里遺文目錄續編補遺·墓誌徵存》1b，《新編》3/37/545上。

《墓誌徵存目錄》卷1,《羅振玉學術論著集》第五集,593頁。

《洛陽出土石刻時地記》隋代大業076,63頁。

《歷代墓誌銘拓片目錄》49頁。

《六朝墓誌檢要》(修訂本)234頁。

《隋代墓誌銘彙考》5冊169—170頁。

《北朝隋代墓誌所在總合目錄》編號1814。

《北京大學圖書館藏歷代墓誌拓片目錄》編號00990。

備考:《墓誌徵存目錄》"蕭濱"誤作"孫濱"。

## 大業310

張忘相妻潘善利墓誌并蓋

大業十一年(615)五月五日歿於感德鄉從善里,即以其月九日葬於邙山之巔。1929年洛陽城北前海資村出土,曾歸三原于右任,今存西安碑林博物館。誌高、寬均40.2釐米。蓋拓本長、寬均35釐米。蓋3行,行3字,篆書。文19行,滿行20字,正書。首題:奉誠尉校尉崇業府司馬張志相妻潘氏墓誌銘;蓋題:隋故潘夫人墓誌之銘。

圖版著錄:

《漢魏南北朝墓誌集釋》圖版四九六,《新編》3/4/234-235。

《北京圖書館藏中國歷代石刻拓本匯編》10冊127頁。

《隋唐五代墓誌匯編·洛陽卷》1冊143頁。

《鴛鴦七誌齋藏石》圖226。

《西安碑林全集》71/1712-1720。

《隋代墓誌銘彙考》5冊171—172頁。

錄文著錄:

《全隋文補遺》5/334上—下。

《隋代墓誌銘彙考》5冊173—174頁。

碑目題跋著錄:

《石刻題跋索引》161頁右,《新編》1/30/22499。

《漢魏南北朝墓誌集釋》9/104a,《新編》3/3/241。

《洛陽出土石刻時地記》隋代大業077,63—64頁。

《六朝墓誌檢要》（修訂本）234 頁。

《隋代墓誌銘彙考》5 冊 174—175 頁。

《北朝隋代墓誌所在總合目錄》編號 1815。

### 大業 311

王弘墓誌

大業十一年（615）五月五日歿於家，即以其月十一日遷葬於河南郡邙山之陽。河南洛陽出土，曾歸三原于右任，今存西安碑林博物館。誌高 44.6、寬 45.3 釐米。文 21 行，滿行 23 字，正書。首題：隋故奉誠尉王君墓誌銘。

圖版著錄：

《漢魏南北朝墓誌集釋》圖版四九七，《新編》3/4/236。

《北京圖書館藏中國歷代石刻拓本匯編》10 冊 128 頁。

《隋唐五代墓誌匯編·洛陽卷》1 冊 144 頁。

《鴛鴦七誌齋藏石》圖 227。

《西安碑林全集》72/1721–1728。

《隋代墓誌銘彙考》5 冊 176 頁。

錄文著錄：

《全隋文補遺》5/335 下—336 上。

《隋代墓誌銘彙考》5 冊 177—178 頁。

碑目題跋著錄：

《石刻題跋索引》161 頁右，《新編》1/30/22499。

《古誌新目初編》1/19a，《新編》2/18/13701 上。

《漢魏南北朝墓誌集釋》9/104a，《新編》3/3/241。

《國立北平圖書館藏碑目》19b，《新編》3/36/258 上。

《六朝墓誌檢要》（修訂本）234 頁。

《隋代墓誌銘彙考》5 冊 178 頁。

《碑帖鑒定》231 頁。

《北朝隋代墓誌所在總合目錄》編號 1816。

《北京大學圖書館藏歷代墓誌拓片目錄》編號 00991。

## 大業 312

### 尉富娘墓誌并蓋

又名：李富娘墓誌。大業十一年（615）五月十三日終於京宅，以其月十七日葬於京兆郡長安縣龍首鄉興臺里。清同治十年（1871）陝西長安龍首鄉出土，曾歸南海李山農、天津王氏等，今存上海博物館，另有重刻數種。誌長、寬均45釐米。蓋4行，行4字，篆書。文24行，滿行24字，正書。蓋題：大隋左光祿大夫吳國公第三女之墓誌；首題：大隋左武衛大將軍吳公李氏女墓誌文。

圖版著錄：

《古石抱守錄》，《新編》3/1/344 – 347。

《漢魏南北朝墓誌集釋》圖版四九八，《新編》3/4/237。（誌）

《北京圖書館藏中國歷代石刻拓本匯編》10 冊 129 頁。（誌）

《隋唐五代墓誌匯編·北京大學卷》1 冊 22 頁。（誌）

《中國金石集萃》9 函 2 輯編號 16。（誌）

《中國西北地區歷代石刻匯編》1 冊 138 頁。（誌）

《隋代墓誌銘彙考》5 冊 179—180 頁。

錄文著錄：

《八瓊室金石補正》27/11a – 12b，《新編》1/6/4431 上—下。

《陝西金石志》7/14b – 15a，《新編》1/22/16451 下—16452 上。

《關中石刻文字新編》3/4b – 5a，《新編》1/22/17012 – 17013。

《古誌石華續編》1/10a – 11b，《新編》2/2/1423 下—1424 上。

《全隋文補遺》5/334 下—335 下。

《隋代墓誌銘彙考》5 冊 181—182 頁。

碑目題跋著錄：

《八瓊室金石補正》27/12b – 17b，《新編》1/6/4431 下—4434 上。

《藝風堂金石文字目》18/4a，《新編》1/26/19815 下。

《石刻題跋索引》161 頁右，《新編》1/30/22499。

《石刻名彙》3/28b，《新編》2/2/1039 上。

《崇雅堂碑錄補》1/15b，《新編》2/6/4558 上。

《關中金石文字存逸考》3/14b－16b、11/12b,《新編》2/14/10426下—10427下、10625下。

《寶鴨齋題跋》卷中/19b－20a,《新編》2/19/14356上—下。

《寰宇貞石圖目錄》卷上/8b、卷下/6a,《新編》2/20/14675上、14680上。

《蒿里遺文目錄》2（1）/8b,《新編》2/20/14947下。

《漢魏南北朝墓誌集釋》9/104a、b,《新編》3/3/241、242。附《藝風堂文集》六。

（民國）《咸寧長安兩縣續志·金石考下》13/8a－b,《新編》3/31/543下。

《石目》,《新編》3/36/73下。

《國立北平圖書館藏碑目》19b,《新編》3/36/258上。

《古誌彙目》1/15a,《新編》3/37/33。

《碑帖跋》45—46頁,《新編》3/38/193－194、4/7/426上—下。

《雪堂金石文字跋尾》3/22a,《新編》3/38/314下。

《丁戊金石跋》11a－12b,《新編》4/7/292上—下。

《鄰蘇老人手書題跋》,《新編》4/7/316上—317下。

《雪堂所藏金石文字簿錄》98a,《新編》4/7/418下。

《再續寰宇訪碑錄》卷上,《羅振玉學術論著集》第五集,446頁。

《墓誌徵存目錄》卷1,《羅振玉學術論著集》第五集,593頁。

《歷代墓誌銘拓片目錄》49頁。

《增補校碑隨筆》（修訂本）299—300頁。

《六朝墓誌檢要》（修訂本）234—235頁。

《善本碑帖錄》2/93。

《隋代墓誌銘彙考》5冊191頁。

《碑帖敘錄》174頁。

《碑帖鑒定》230—231頁。

淑德大學《中國石刻拓本目錄》"墓誌"編號326。

《北朝隋代墓誌所在總合目錄》編號1817。

《北京大學圖書館藏歷代墓誌拓片目錄》編號00992。

論文：

仲威：《真假〈尉富娘墓誌〉》，《書法》2012 年第 7 期。

## 大業 313

宮人采女田氏墓誌

大業十一年（615）六月五日葬於河南縣北芒嶺。1925 年洛陽城西北邙山後洞村出土，曾歸三原于右任，今存西安碑林博物館。誌高 45.2、寬 45.8 釐米。文 13 行，滿行 15 字，正書。首題：大隋故宮人采女田氏墓誌銘并序。

圖版著錄：

《漢魏南北朝墓誌集釋》圖版五五八，《新編》3/4/314。

《北京圖書館藏中國歷代石刻拓本匯編》10 冊 130 頁。

《隋唐五代墓誌匯編·洛陽卷》1 冊 145 頁。

《鴛鴦七誌齋藏石》圖 270。

《西安碑林全集》71/1631 – 1636。

《隋代墓誌銘彙考》5 冊 192 頁。

錄文著錄：

《全隋文補遺》5/336 下。

《隋代墓誌銘彙考》5 冊 193 頁。

碑目題跋著錄：

《石刻題跋索引》162 頁左，《新編》1/30/22500。

《石刻名彙》3/28b，《新編》2/2/1039 上。

《古誌新目初編》1/19a，《新編》2/18/13701 上。

《漢魏南北朝墓誌集釋》10/110b，《新編》3/3/254。

《國立北平圖書館藏碑目》19b，《新編》3/36/258 上。

《洛陽出土石刻時地記》隋宮人墓誌 031，70 頁。

《歷代墓誌銘拓片目錄》49 頁。

《六朝墓誌檢要》（修訂本）235 頁。

《隋代墓誌銘彙考》5 冊 194 頁。

《北朝隋代墓誌所在總合目錄》編號 1818。

《北京大學圖書館藏歷代墓誌拓片目錄》編號00993。

**大業314**

曹海凝墓誌并蓋

　　大業十年（614）七月廿一日卒於縣治，以十一年（615）六月十五日葬於芒山之原、翟村之南。1923年洛陽城北前海資村出土，曾歸三原于右任，今存西安碑林博物館。誌高42.9、寬43.6釐米。蓋拓本長、寬均35釐米。蓋3行，行3字，篆書。文25行，滿行25字，正書。首題：大隋故扶風郡陳倉縣令曹君之墓誌；蓋題：隋故陳倉縣令曹君銘。

圖版著錄：

《漢魏南北朝墓誌集釋》圖版四九九，《新編》3/4/238－239。

《北京圖書館藏中國歷代石刻拓本匯編》10冊131頁。

《隋唐五代墓誌匯編·洛陽卷》1冊146頁。

《鴛鴦七誌齋藏石》圖228。

《西安碑林全集》72/1729－1737。

《隋代墓誌銘彙考》5冊195—196頁。

錄文著錄：

《芒洛冢墓遺文四編補遺》16a－17a，《新編》1/19/14315下—14316上。

《全隋文補遺》5/337上—下。

《隋代墓誌銘彙考》5冊197—198頁。

碑目題跋著錄：

《石刻題跋索引》162頁左，《新編》1/30/22500。

《石刻名彙》3/28b，《新編》2/2/1039上。

《古誌新目初編》1/19a，《新編》2/18/13701上。

《定庵題跋》66b－67a，《新編》2/19/14318下—14319上。

《蒿里遺文目錄》2（1）/8b，《新編》2/20/14947下。

《漢魏南北朝墓誌集釋》9/104b－105a，《新編》3/3/241－242。

《國立北平圖書館藏碑目》19b，《新編》3/36/258上。

《墓誌徵存目錄》卷1，《羅振玉學術論著集》第五集，593頁。

《洛陽出土石刻時地記》隋代大業078，64頁。

《歷代墓誌銘拓片目錄》49頁。

《六朝墓誌檢要》（修訂本）235—236頁。

《隋代墓誌銘彙考》5冊200頁。

《北朝隋代墓誌所在總合目錄》編號1819。

《北京大學圖書館藏歷代墓誌拓片目錄》編號00994。

**大業315**

元□智墓誌

又名：太僕卿元公墓誌、元智墓誌。大業九年（613）卒於懷遠鎮，十一年（615）八月廿四日葬於大興縣。清嘉慶二十年（1815）陝西西安咸寧縣出土，曾歸武進陸耀遹，後歸大興惲毓嘉、南皮張之洞，清咸豐十年毀於兵燹，殘石存故宮博物院。誌拓片長58、寬57釐米。文37行，滿行37字，正書。首題：大隋故朝請大夫夷陵郡太守太僕卿元公之墓誌銘。

圖版著錄：

《漢魏南北朝墓誌集釋》圖版五一，《新編》3/3/337。

《北京圖書館藏中國歷代石刻拓本匯編》10冊133頁。

《隋唐五代墓誌匯編·北京大學卷》1冊23頁。

《中國金石集萃》9函2輯編號17。

《中國西北地區歷代石刻匯編》1冊140頁。

《隋代墓誌銘彙考》5冊201頁。

錄文著錄：

《金石續編》3/30a–33a，《新編》1/4/3064下—3066上。

《金石萃編補略》1/28a–31a，《新編》1/5/3569下—3571上。

《八瓊室金石補正》27/17a–21a，《新編》1/6/4434上—4436上。

《古誌石華》4/13b–16b，《新編》2/2/1185上—1186下。

《隋唐石刻拾遺》卷上，《新編》2/14/10303上—10304下。

（道光）《武進陽湖縣合志·金石志》34/92b–95b，《新編》3/6/124下—126上。

《魯迅輯校石刻手稿·墓誌》下冊302—308頁。

《全隋文補遺》5/340 上—341 下。

《隋代墓誌銘彙考》5 冊 202—204 頁。

碑目題跋著錄：

《金石續編》3/36a – 40b，《新編》1/4/3067 下—3069 下。

《金石萃編補略》1/31a – 32b，《新編》1/5/3571 上—下。

《八瓊室金石補正》27/28a – 29b，《新編》1/6/4439 下—4440 上。

《集古求真》1/20a，《新編》1/11/8487 下。

《陝西金石志》7/13b，《新編》1/22/16451 上。

《平津讀碑記續記》2a – 3a，《新編》1/26/19449 下—19450 上。

《藝風堂金石文字目》18/4a，《新編》1/26/19815 下。

《補寰宇訪碑錄》2/24b，《新編》1/27/20217 下。

《補寰宇訪碑錄刊誤》5b，《新編》1/27/20273 上。

《金石彙目分編》4/30a、12（補遺）/1b，《新編》1/27/20774 下、1/28/21365 上。

《石刻題跋索引》162 頁左，《新編》1/30/22500。

《石刻名彙》3/28b，《新編》2/2/1039 上。

《古誌石華》4/16b – 17b，《新編》2/2/1186 下—1187 上。

《古泉山館金石文編殘稿》1/20a – 22b，《新編》2/3/1634 下—1635 下。

《崇雅堂碑錄》2/5a，《新編》2/6/4502 上。

《隋唐石刻拾遺》卷上，《新編》2/14/10305 下。

《語石》2/3b、4/3a、4/12b、9/6b – 7a、10/22a，《新編》2/16/11877 上、11919 上、11923 下、12013 下—12014 上、12030 下。

《關中金石文字存逸考》5/11b – 13b、11/19b，《新編》2/14/10474 上—10475 上、10629 上。

《續校碑隨筆・藏石》卷下/11b，《新編》2/17/12507 上。

《平安館藏碑目》，《新編》2/18/13426 下。

《清儀閣題跋》75a – 76b，《新編》2/19/13916 上—下。

《寰宇貞石圖目錄》卷上/8b、卷下/6a，《新編》2/20/14675 上、14680 上。

《蒿里遺文目錄補遺》3a,《新編》2/20/14997 上。

《漢魏南北朝墓誌集釋》3/12a–b、13a–14a,《新編》3/3/57–61。附《清風室文鈔》《獨笑齋金石考略》《史諱舉例》。

（道光）《武進陽湖縣合志·金石志》34/95b–96a,《新編》3/6/126 上—下。

（嘉慶）《咸寧縣志·金石志》16/3a,《新編》3/31/504 上。

《石目》,《新編》3/36/73 下。

《國立北平圖書館藏碑目》19b,《新編》3/36/258 上。

《非見齋審定六朝正書碑目》2b,《新編》3/36/519 下。

《古誌彙目》1/15a,《新編》3/37/33。

《金石萃編補目》1/7b,《新編》3/37/487 上。

《激素飛清閣平碑記》卷 2,《新編》4/1/206 上。

《遼居稿》23b–24a,《新編》4/1/270 下—271 上。

《清儀閣金石題識》2/37b–39b,《新編》4/7/60 上—61 上。

《丁戊金石跋》4a–7a,《新編》4/7/288 下—290 上。

《鄰蘇老人手書題跋》,《新編》4/7/308 上—310 下。

《雪堂所藏金石文字簿錄》98a,《新編》4/7/418 下。

《墓誌徵存目錄》卷 1,《羅振玉學術論著集》第五集,593 頁。

《北山集古錄》卷三"殘石題跋",《北山金石錄》上冊 428 頁。

《增補校碑隨筆》（修訂本）300—301 頁。

《六朝墓誌檢要》（修訂本）236 頁。

《善本碑帖錄》2/93。

《隋代墓誌銘彙考》5 冊 219 頁。

《碑帖敘錄》31 頁。

《碑帖鑒定》231 頁。

淑德大學《中國石刻拓本目錄》"墓誌"編號 327。

《北朝隋代墓誌所在總合目錄》編號 1821。

《北京大學圖書館藏歷代墓誌拓片目錄》編號 00995。

論文：

葉其峰：《隋元智墓誌涉及的史事及其用典》,載於《古代銘刻論叢》，第 341—358 頁。

## 大業 316

### 元□智妻姬氏墓誌

又名：太僕卿夫人姬氏墓誌。建德六年（577）六月九日卒，大業十一年（615）八月廿四日合葬於大興縣。清嘉慶二十年（1815）陝西咸寧縣出土，曾歸武進陸耀遹，後歸大興惲毓嘉、南皮張之洞，清咸豐十年毀於兵燹，今殘石存故宮博物院。誌拓片長、寬均 48 釐米。文 27 行，滿行 27 字，正書。首題：大隋故太僕卿夫人姬氏之誌。

圖版著錄：

《漢魏南北朝墓誌集釋》圖版五二，《新編》3/3/338。

《北京圖書館藏中國歷代石刻拓本匯編》10 冊 132 頁。

《中國金石集萃》9 函 2 輯編號 18。

《中國西北地區歷代石刻匯編》1 冊 141 頁。

《隋代墓誌銘彙考》5 冊 220 頁。

錄文著錄：

《金石續編》3/40b–42a，《新編》1/4/3069 下—3070 下。

《金石萃編補略》1/33a–34b，《新編》1/5/3572 上—下。

《八瓊室金石補正》27/29b–31b，《新編》1/6/4440 上—4441 上。

《古誌石華》4/17b–19a，《新編》2/2/1187 上—1188 上。

《宜祿堂收藏金石記》卷 16，《新編》2/5/3504 下—3505 上。

《隋唐石刻拾遺》卷上，《新編》2/14/10304 下—10305 下。

（道光）《武進陽湖縣合志·金石志》34/96a–97b，《新編》3/6/126 下—127 上。

《魯迅輯校石刻手稿·墓誌》下冊 309—312 頁。

《全隋文補遺》5/338 下—339 下。

《隋代墓誌銘彙考》5 冊 221—223 頁。

碑目題跋著錄：

《金石續編》3/42a–43a，《新編》1/4/3070 下—3071 上。

《金石萃編補略》1/34b，《新編》1/5/3572 下。

《八瓊室金石補正》27/32a-b,《新編》1/6/4441下。

《集古求真》1/20a-21b,《新編》1/11/8487下—8488上。（偽作）

《陝西金石志》7/14a,《新編》1/22/16451下。

《平津讀碑記再續》12b-13b,《新編》1/26/19465下—19466上。

《藝風堂金石文字目》18/4a,《新編》1/26/19815下。

《補寰宇訪碑錄》2/24b-25a,《新編》1/27/20217下—20218上。

《金石彙目分編》4/30b、12（補遺）/1b,《新編》1/27/20774下、1/28/21365上。

《石刻題跋索引》162頁左—右,《新編》1/30/22500。

《石刻名彙》3/28b,《新編》2/2/1039上。

《古誌石華》4/19a,《新編》2/2/1188上。

《宜祿堂收藏金石記》卷16,《新編》2/5/3505上。

《宜祿堂金石記》2/16a,《新編》2/6/4225下。

《崇雅堂碑錄》2/5a,《新編》2/6/4502上。

《隋唐石刻拾遺》卷上,《新編》2/14/10305下。

《關中金石文字存逸考》5/11b-14a、11/19b,《新編》2/14/10474上—10475下、10629上。

《語石》2/3b、4/3a、4/12b、9/6b-7a、10/22a,《新編》2/16/11877上、11919上、11923下、12013下—12014上、12030下。

《續校碑隨筆·藏石》卷下/11b,《新編》2/17/12507上。

《平安館藏碑目》,《新編》2/18/13426下。

《清儀閣題跋》76b-77b,《新編》2/19/13916下—13917上。

《寰宇貞石圖目錄》卷上/8b、卷下/6a,《新編》2/20/14675上、14680上。

《蒿里遺文目錄補遺》3b,《新編》2/20/14997上。

《漢魏南北朝墓誌集釋》3/14a,《新編》3/3/61。

（嘉慶）《咸寧縣志·金石志》16/3a,《新編》3/31/504上。

《石目》,《新編》3/36/73下。

《國立北平圖書館藏碑目》19b,《新編》3/36/258上。

《古誌彙目》1/15a,《新編》3/37/33。

《金石萃編補目》1/7b，《新編》3/37/487 上。

《碑帖跋》51 頁，《新編》3/38/199、4/7/427 下。

《漢石經室金石跋尾》，《新編》3/38/266 下。

《激素飛清閣平碑記》卷 2，《新編》4/1/206 上。

《清儀閣金石題識》2/40a–41a，《新編》4/7/61 下—62 上。

《丁戊金石跋》8a–10a，《新編》4/7/290 下—291 下。

《鄰蘇老人手書題跋》，《新編》4/7/311 上—312 下。

《雪堂所藏金石文字簿錄》98a，《新編》4/7/418 下。

《墓誌徵存目錄》卷 1，《羅振玉學術論著集》第五集，593 頁。

《北山集古錄》卷三"殘石題跋"，《北山金石錄》上冊 428 頁。

《歷代墓誌銘拓片目錄》49 頁。

《增補校碑隨筆》（修訂本）301—302 頁。

《六朝墓誌檢要》（修訂本）236—237 頁。

《善本碑帖錄》2/94。

《碑帖敘錄》30 頁。

《碑帖鑒定》231—232 頁。

《金石論叢》"金石證史·姬肇"，52 頁。

《隋代墓誌銘彙考》5 冊 230 頁。

淑德大學《中國石刻拓本目錄》"墓誌"編號 329。

《北朝隋代墓誌所在総合目錄》編號 1820。

《北京大學圖書館藏歷代墓誌拓片目錄》編號 00996。

備考：《集古求真》以其偽作，然諸書皆云其真，故附此。

## 大業 317

**常景暨妻傅氏墓誌**

大業元年（605）十二月七日卒於勸善里，夫人傅氏以大業十一年（615）六月廿日卒，以大業十一年八月廿四日夫人與君合葬於零淵之原。河南洛陽出土，洛陽市都城博物館藏石。誌高 40、寬 41、厚 7.5 釐米。文 24 行，滿行 24 字，正書。首題：河南郡河南縣勸善鄉勸善里故平正常府君墓誌并序。

著錄：

《洛陽新獲墓誌續編》15 頁（圖）、316 頁（文、跋）。

《隋代墓誌銘彙考》5 冊 231—233 頁（文、跋）。

《石刻名彙》第一編"誌銘類"續補 2b，《新編》2/2/1139 上。（目）

《古誌新目初編》1/19a，《新編》2/18/13701 上。（目）

《蒿里遺文目錄補遺》3b，《新編》2/20/14997 上。（目）

《墓誌徵存目錄》卷 1，《羅振玉學術論著集》第五集，593 頁。（目）

《洛陽出土石刻時地記》隋代大業 079，64 頁。（目）

《六朝墓誌檢要》（修訂本）237 頁。（目）

《北朝隋代墓誌所在總合目錄》編號 1822。（目）

## 大業 318

宮人司饎丁氏墓誌

大業十一年（615）八月十五日亡，以其月廿五日葬於河南縣北芒山。1925 年九月洛陽北邙山後洞村出土，曾歸三原于右任，今存西安碑林博物館。誌高、寬均 40.5 釐米。文 14 行，滿行 15 字，正書。首題：大隋故宮人司饎丁氏墓誌銘并序。

圖版著錄：

《漢魏南北朝墓誌集釋》圖版五五九，《新編》3/4/315。

《北京圖書館藏中國歷代石刻拓本匯編》10 冊 134 頁。

《隋唐五代墓誌匯編·洛陽卷》1 冊 147 頁。

《鴛鴦七誌齋藏石》圖 271。

《西安碑林全集》71/1641–1646。

《隋代墓誌銘彙考》5 冊 234 頁。

錄文著錄：

《全隋文補遺》5/338 上—下。

《隋代墓誌銘彙考》5 冊 235—236 頁。

碑目題跋著錄：

《石刻題跋索引》162 頁右，《新編》1/30/22500。

《古誌新目初編》1/19a，《新編》2/18/13701 上。
《蒿里遺文目錄補遺》3b，《新編》2/20/14997 上。
《漢魏南北朝墓誌集釋》10/110b，《新編》3/3/254。
《國立北平圖書館藏碑目》19b，《新編》3/36/258 上。
《蒿里遺文目錄續編·墓誌徵存》4a，《新編》3/37/538 下。
《墓誌徵存目錄》卷 1，《羅振玉學術論著集》第五集，593 頁。
《洛陽出土石刻時地記》隋宮人墓誌 032，70 頁。
《歷代墓誌銘拓片目錄》49 頁。
《六朝墓誌檢要》（修訂本）237 頁。
《碑帖鑒定》231 頁
《隋代墓誌銘彙考》5 冊—236 頁。
淑德大學《中國石刻拓本目錄》"墓誌"編號334。
《北朝隋代墓誌所在總合目錄》編號1823。
《北京大學圖書館藏歷代墓誌拓片目錄》編號00997。

### 大業 319
**吳弘暨妻高氏墓誌并蓋**

大業十一年（615）八月十七日終於大興縣永寧鄉之本第，夫人高氏以其月廿二日終於本第，以其年十月一日夫妻合葬於大興縣產川鄉白祿之源。西安東郊出土，石存西安市文物保護研究所。誌、蓋均長47、寬46釐米。文20行，滿行23字，正書。蓋3行，行3字，篆書。首題：大隋故濟陰縣令吳府君之墓誌銘；蓋題：隋濟音縣令吳府君誌。

著錄：
《隋唐五代墓誌匯編·陝西卷》3 冊 10 頁。（圖）
《中國西北地區歷代石刻匯編》1 冊 139 頁。（圖）
《隋代墓誌銘彙考》5 冊 237—241 頁。（圖、文、跋）
《新出魏晉南北朝墓誌疏證》（修訂本）576—577 頁。（文、跋）
《北朝隋代墓誌所在總合目錄》編號1824。（目）

### 大業 320
**周法尚墓誌并蓋**

大業十年（614）六月廿日卒於軍幕，大業十一年（615）十月廿三日葬於河南郡河南縣靈潤鄉靈泉里北邙之山。出土時地不詳，藏石不詳。蓋高66.5、寬68.5釐米；誌高、寬均95釐米。文55行，滿行54字，正書。蓋4行，行4字，篆書。蓋題：大隋故左武衛將軍僖子周府君之墓誌。首題：大隋故右武衛將軍右光祿大夫僖子周府君之墓誌銘。

著錄：

《秦晉豫新出墓誌蒐佚》1冊121—122頁。（圖）

《北朝隋代墓誌所在総合目錄》編號1825。（目）

論文：

趙振華、徐友欽：《隋左武衛將軍周法尚墓誌研究》，《唐史論叢》第13輯，2011年。

備考：周法尚，《北史》卷七六、《隋書》卷六五有傳。

## 大業321

趙達挐墓誌并蓋

又名：趙通墓誌。卒於故都城西南，大業十一年（615）十月廿六日改葬新都東北一十五里。2003年冬河南省洛陽市孟津縣出土，旋歸洛陽古玩城張氏。蓋高33.5、寬34釐米；誌高、寬均43、厚9釐米。文25行，滿行25字，正書。蓋2行，行2字，篆書。蓋題：趙君墓誌。

著錄：

《秦晉豫新出墓誌蒐佚》1冊123—124頁。（圖）

《北朝隋代墓誌所在総合目錄》編號1827。（目）

## 大業322

程諧暨妻石氏墓誌并蓋

卒於私第，夫人石氏卒於嘉善里之第，以大業十一年（615）十月廿六日同遷葬於邙山。1926南洛陽城北前海資村出土，石存西安碑林博物館。誌高44、寬43.6釐米。蓋拓本長、寬均46釐米。蓋3行，行3字，篆書。文24行，滿行24字，正書。尾題：大隋大業十一年十月廿六日程君銘。蓋題：故端氏縣令前司馬銘。

圖版著錄：

《漢魏南北朝墓誌集釋》圖版五〇〇，《新編》3/4/240－241。

《鴛鴦七誌齋藏石》圖229。
《北京圖書館藏中國歷代石刻拓本匯編》10冊135頁。
《隋唐五代墓誌匯編・洛陽卷》1冊148頁。
《西安碑林全集》72/1742－1750。
《隋代墓誌銘彙考》5冊242—243頁。

錄文著錄：
《全隋文補遺》5/341下—342下。
《隋代墓誌銘彙考》5冊244—245頁。

碑目題跋著錄：
《石刻題跋索引》162頁右，《新編》1/30/22500。
《漢魏南北朝墓誌集釋》9/105a，《新編》3/3/243。
《國立北平圖書館藏碑目》19b，《新編》3/36/258上。
《洛陽出土石刻時地記》隋代大業080，64頁。
《六朝墓誌檢要》（修訂本）237頁。
《隋代墓誌銘彙考》5冊246頁。
《北朝隋代墓誌所在總合目錄》編號1826。

## 大業323

周德墓誌

又名：□德墓誌。大業八年（612）五月十三日終於雒陽縣千金鄉靈泉里，以大業十一年（615）十一月九日葬於芒山之北李村東北一里。河南洛陽出土，曾歸武進陶蘭泉，後歸日本中村不折。誌高、寬均35.2釐米。文15行，滿行15字，正書。

圖版著錄：
《漢魏南北朝墓誌集釋》圖版五〇一，《新編》3/4/242。
《隋唐五代墓誌匯編・洛陽卷》1冊149頁。
《隋代墓誌銘彙考》5冊247頁。

錄文著錄：
《芒洛冢墓遺文》卷上/13b－14a，《新編》1/19/13986上—下。
《魯迅輯校石刻手稿・墓誌》下冊313—314頁。

《全隋文補遺》5/342 下—343 上。

《隋代墓誌銘彙考》5 冊 248 頁。

碑目題跋著錄：

《石刻題跋索引》162 頁右，《新編》1/30/22500。

《石刻名彙》3/28b，《新編》2/2/1039 上。

《崇雅堂碑錄補》1/15b，《新編》2/6/4558 上。

《古誌新目初編》1/19a，《新編》2/18/13701 上。

《蒿里遺文目錄》2（1）/8b，《新編》2/20/14947 下。

《漢魏南北朝墓誌集釋》9/105a，《新編》3/3/243。

《古誌彙目》1/15a，《新編》3/37/33。

《墓誌徵存目錄》卷 1，《羅振玉學術論著集》第五集，593 頁。

《洛陽出土石刻時地記》隋代大業 081，64 頁。

《增補校碑隨筆》（修訂本）302 頁。

《六朝墓誌檢要》（修訂本）237—238 頁。

《隋代墓誌銘彙考》5 冊 249 頁。

《北朝隋代墓誌所在總合目錄》編號 1828。

《北京大學圖書館藏歷代墓誌拓片目錄》編號 00998。

## 大業 324

宮人劉氏墓誌

大業十一年（615）十一月二日遘疾卒，以其年十一月十二日葬於河南郡河南縣之北邙山。1925 年洛陽城西北邙山後洞村出土，曾歸三原于右任，今存西安碑林博物館。誌高、寬均 40.5 釐米。文 14 行，滿行 17 字，正書。首題：宮人劉氏墓誌銘。

圖版著錄：

《漢魏南北朝墓誌集釋》圖版五六〇，《新編》3/4/316。

《北京圖書館藏中國歷代石刻拓本匯編》10 冊 136 頁。

《隋唐五代墓誌匯編·洛陽卷》1 冊 150 頁。

《鴛鴦七誌齋藏石》圖 272。

《西安碑林全集》71/1647–1650。

《隋代墓誌銘彙考》5 冊 250 頁。

錄文著錄：

《全隋文補遺》5/343 上—下。

《隋代墓誌銘彙考》5 冊 251—252 頁。

碑目題跋著錄：

《石刻題跋索引》162 頁右，《新編》1/30/22500。

《石刻名彙》3/28b，《新編》2/2/1039 上。

《古誌新目初編》1/19a，《新編》2/18/13701 上。

《漢魏南北朝墓誌集釋》10/110b，《新編》3/3/254。

《國立北平圖書館藏碑目》20a，《新編》3/36/258 下。

《洛陽出土石刻時地記》隋宮人墓誌 033，70 頁。

《歷代墓誌銘拓片目錄》49 頁。

《六朝墓誌檢要》（修訂本）238 頁。

《隋代墓誌銘彙考》5 冊 252 頁。

《碑帖鑒定》232 頁。

《北朝隋代墓誌所在總合目錄》編號 1829。

《北京大學圖書館藏歷代墓誌拓片目錄》編號 00999。

## 大業 325

范安貴墓誌并蓋

大業十一年（615）六月八日薨於行陣，其年十一月十四日遷葬於河南縣永豐里。1921 年洛陽城東北白鹿莊村南出土，曾歸三原于右任，今存西安碑林博物館。誌高 66、寬 68.5 釐米。蓋盝頂長 53、寬 55 釐米。蓋 4 行，行 4 字，篆書。文 32 行，滿行 30 字，正書。首題：隋故左候衛大將軍右光祿大夫范公墓誌銘；蓋題：隋故左候衛大將軍右光祿大夫范公銘。

圖版著錄：

《漢魏南北朝墓誌集釋》圖版五〇二，《新編》3/4/243–244。

《北京圖書館藏中國歷代石刻拓本匯編》10 冊 137 頁。

《隋唐五代墓誌匯編·洛陽卷》1 冊 151 頁。

《鴛鴦七誌齋藏石》圖 230。

《西安碑林全集》72/1751–1759。

《隋代墓誌銘彙考》5 冊 253—254 頁。

錄文著錄：

《全隋文補遺》5/345 上—346 上。

《隋代墓誌銘彙考》5 冊 255—257 頁。

碑目題跋著錄：

《石刻題跋索引》162 頁右，《新編》1/30/22500。

《古誌新目初編》1/19a，《新編》2/18/13701 上。

《漢魏南北朝墓誌集釋》9/105a，《新編》3/3/243。

《國立北平圖書館藏碑目》20a，《新編》3/36/258 下。

《松翁未焚稿》21b–22a，《新編》3/38/333 上—下。

《墓誌徵存目錄》卷 1，《羅振玉學術論著集》第五集，593 頁。

《洛陽出土石刻時地記》隋代大業 082，64 頁。

《六朝墓誌檢要》（修訂本）238、248 頁。

《隋代墓誌銘彙考》5 冊 258 頁。

《碑帖鑒定》232 頁。

淑德大學《中國石刻拓本目錄》"墓誌" 編號 335—336。

《北朝隋代墓誌所在総合目錄》編號 1831。

《北京大學圖書館藏歷代墓誌拓片目錄》編號 01000。

## 大業 326

蕭汍墓誌

亦名 "蕭汎墓誌"、"蕭汜墓誌"。大業十一年（615）七月十一日卒於郡，其年十一月十四日遷葬於河南郡之北芒山。1925 年陰曆四月洛陽城北前海資村出土，曾歸三原于右任，今存西安碑林博物館。誌高 27.7、寬 28.6 釐米。文正書，14 行，滿行 16 字。首題：隋故上黨郡司功書佐蕭君墓誌銘并序。

圖版著錄：

《漢魏南北朝墓誌集釋》圖版五〇三，《新編》3/4/245。

《北京圖書館藏中國歷代石刻拓本匯編》10 冊 138 頁。
《隋唐五代墓誌匯編·洛陽卷》1 冊 152 頁。
《鴛鴦七誌齋藏石》圖 231。
《西安碑林全集》72/1738－1741。
《隋代墓誌銘彙考》5 冊 259 頁。

錄文著錄：
《全隋文補遺》5/343 下—344 上。
《隋代墓誌銘彙考》5 冊 260—261 頁。

碑目題跋著錄：
《石刻題跋索引》162 頁右，《新編》1/30/22500。
《石刻名彙》3/28b，《新編》2/2/1039 上。
《古誌新目初編》1/19a，《新編》2/18/13701 上。
《蒿里遺文目錄補遺》2b，《新編》2/20/14996 下。
《漢魏南北朝墓誌集釋》9/105a－b，《新編》3/3/243－244。
《國立北平圖書館藏碑目》20a，《新編》3/36/258 下。
《墓誌徵存目錄》卷 1，《羅振玉學術論著集》第五集，590 頁。
《丙寅稿》，《羅振玉學術論著集》第十集（上）152 頁。
《洛陽出土石刻時地記》隋代大業 083，64 頁。
《歷代墓誌銘拓片目錄》49 頁。
《六朝墓誌檢要》（修訂本）238 頁。
《隋代墓誌銘彙考》5 冊 261 頁。
《碑帖鑒定》232 頁。
《北朝隋代墓誌所在綜合目錄》編號 1830。
《北京大學圖書館藏歷代墓誌拓片目錄》編號 01001。

**大業 327**

劉世恭墓誌

十月廿日卒於河南郡，以大業十一年（615）十一月十四日葬於城東白鹿原滻川鄉之原。1954 年出土於陝西省西安市東郊白鹿原。石存中國社會科學院考古研究所西安研究室。誌并蓋長、寬均 28 釐米。文 9 行，滿行9字，正書。蓋素面無字。

著錄：

《隋唐五代墓誌匯編·陝西卷》3冊11頁。（圖）

《隋代墓誌銘彙考》5冊262—263頁。（圖、文、跋）

《全隋文補遺》5/346下。（文）

《新出魏晉南北朝墓誌疏證》（修訂本）578頁。（文、跋）

《北朝隋代墓誌所在總合目錄》編號1832。（目）

論文：

俞偉超：《西安白鹿原墓葬發掘報告》，《考古學報》1956年第3期。

**大業 328**

董君妻衛美墓誌

卒於私第，以大業十一年（615）十一月十八日權葬於同縣零淵鄉翟村南一里。1930年洛陽城北鄭凹村出土，曾歸三原于右任，今存西安碑林博物館。誌高、寬均34.7釐米。文正書，18行，滿行18字。首題：董氏衛夫人墓誌銘。

圖版著錄：

《漢魏南北朝墓誌集釋》圖版五〇四，《新編》3/4/246。

《北京圖書館藏中國歷代石刻拓本匯編》10冊139頁。

《隋唐五代墓誌匯編·洛陽卷》1冊153頁。

《鴛鴦七誌齋藏石》圖232。

《西安碑林全集》72/1760－1761。

《隋代墓誌銘彙考》5冊264頁。

錄文著錄：

《全隋文補遺》5/344上—下。

《隋代墓誌銘彙考》5冊265—266頁。

碑目題跋著錄：

《石刻題跋索引》162頁右，《新編》1/30/22500。

《漢魏南北朝墓誌集釋》9/105b，《新編》3/3/244。

《洛陽出土石刻時地記》隋代大業085，64—65頁。

《六朝墓誌檢要》（修訂本）239 頁。

《隋代墓誌銘彙考》5 冊 266 頁。

《北朝隋代墓誌所在總合目錄》編號 1833。

**大業 329**

蔣慶墓誌

大業十一年（615）十一月一日卒，十八日葬，1936 年農曆五月初六，洛陽城北鄭凹村南出土，1966 年由河南石刻藝術館徵集，1998 年移交河南博物院收藏。誌高、寬均 48 釐米、厚 6 釐米。文正書，25 行，滿行 25 字。首題：蔣君墓誌。

碑目著錄：

《洛陽出土石刻時地記》隋代大業 084，64 頁。

《六朝墓誌檢要》（修訂本）239 頁。

《隋代墓誌銘彙考・存目》6 冊 166 頁。

《北朝隋代墓誌所在總合目錄》編號 1834。

論文：

黃林納：《隋代蔣慶墓誌考釋》，《中原文物》2014 年第 3 期。（圖、文）

**大業 330**

李善墓誌

大業十一年（615）十一月廿一日葬。2004 年河南洛陽邙山鎮出土，旋歸井溝村某氏。誌高、寬均 43 釐米。文 18 行，滿行 18 字，正書。首題：隋故內給事內承奉內常侍李君墓誌銘。

著錄：

《河洛墓刻拾零》上冊 60 頁。（圖）

《北京大學圖書館藏歷代墓誌拓片目錄》編號 01002。（目）

《北朝隋代墓誌所在總合目錄》編號 1835。（目）

論文：

王其禕、王慶衛：《〈隋代墓誌銘彙考〉補》，《碑林集刊》第 13 輯，2008 年。（文）

## 大業 331

**蕭翹墓誌并蓋**

大業十年（614）七月二十七日卒於魏郡，以十一年（615）十一月二十六日葬於洛陽縣之北邙山。蔡叔悌撰。1925年農曆八月八日洛陽城北十里前海資村西出土，曾歸三原于右任，今存西安碑林博物館。誌長、寬均49釐米。蓋盝頂長、寬均39釐米。蓋3行，行3字，篆書。文29行，滿行29字，正書。首題：隋故武安郡肥鄉縣令蕭明府墓誌銘并敘；蓋題：肥鄉縣令蕭府君之銘。

圖版著錄：

《漢魏南北朝墓誌集釋》圖版五〇五，《新編》3/4/247－248。

《北京圖書館藏中國歷代石刻拓本匯編》10冊140頁。

《隋唐五代墓誌匯編·洛陽卷》1冊154頁。

《鴛鴦七誌齋藏石》圖233。

《西安碑林全集》72/1762－1770。

《隋代墓誌銘彙考》5冊267—268頁。

錄文著錄：

《全隋文補遺》1/50上—51上。

《隋代墓誌銘彙考》5冊269—271頁。

碑目題跋著錄：

《石刻題跋索引》162頁右，《新編》1/30/22500。

《古誌新目初編》1/19a，《新編》2/18/13701上。

《漢魏南北朝墓誌集釋》9/105b，《新編》3/3/244。

《國立北平圖書館藏碑目》20a，《新編》3/36/258下。

《蒿里遺文目錄續編·墓誌徵存》4a，《新編》3/37/538下。

《墓誌徵存目錄》卷1，《羅振玉學術論著集》第五集，593頁。

《洛陽出土石刻時地記》隋代大業086，65頁。

《六朝墓誌檢要》（修訂本）239頁。

《隋代墓誌銘彙考》5冊272頁。

《碑帖鑒定》232頁。

《北朝隋代墓誌所在總合目錄》編號1836。
《北京大學圖書館藏歷代墓誌拓片目錄》編號01003。

### 大業332
馮淹墓誌并蓋

大業十一年（615）十一月廿五日終於私第，即以其年十二月二日葬於大興縣滻川鄉白鹿之原。1956年西安市東郊韓森寨出土，石存西安碑林博物館。誌并蓋均長、寬均29釐米。蓋3行，行3字，篆書。文17行，滿行17字，正書。首題：隋故宣惠尉馮君之墓誌。蓋題：隋宣惠尉馮君之墓誌。

著錄：
《西安碑林全集》72/1771－1773。（圖）
《新中國出土墓誌·陝西（貳）》上冊11頁（圖）、下冊8頁（文）。
《隋代墓誌銘彙考》5冊273—276頁。（圖、文、跋）
《全隋文補遺》5/346下—347上。（文）
《北朝隋代墓誌所在總合目錄》編號1837。（目）

### 大業333
裴延齡磚誌

大業十一年（615）葬。磚存日本東京書道博物館。

碑目著錄：
《隋代墓誌銘彙考·存目》6冊167頁。
《北朝隋代墓誌所在總合目錄》編號1838。

### 大業334
狄太墓誌銘并蓋

大業十一年（615）。河南洛陽出土。正書。

碑目著錄：
《石刻名彙》第一編"誌銘類"續補2a，《新編》2/2/1139上。

### 大業335
宋俊墓誌

大業四年（608）卒，以大業十二年（616）正月十九日葬於洛陽縣伊□鄉密妃里東。2002 年秋河南省洛陽市伊川縣出土，石藏河南新安縣千唐誌齋博物館。誌高、寬均 46 釐米。文 23 行，滿行 22 字，正書。

著錄：

《河洛墓刻拾零》上冊 61 頁。（圖）

《北朝隋代墓誌所在總合目錄》編號 1840。（目）

論文：

王其禕、王慶衛：《〈隋代墓誌銘彙考〉補》，《碑林集刊》第 13 輯，2008 年。（文）

## 大業 336

### 于緯暨妻唐氏墓誌并蓋

大業七年（611）十一月十六日卒於博陵候館，夫人唐氏大業八年（612）八月八日終，以十二年（616）正月十九日合葬於京兆郡長安縣之高陽原。近年西安市長安縣出土，石藏大唐西市博物館。誌高 36.5、寬 36、厚 6 釐米。盝頂蓋，蓋高 34、寬 34、厚 6 釐米。文 19 行，滿行 20 字，正書。蓋 3 行，行 3 字，篆書。首題：隋故左勳衛于君墓誌；蓋題同上。

著錄：

《隋代墓誌銘彙考》5 冊 277—280 頁。（誌圖、文、跋）

《大唐西市博物館藏墓誌》上冊 54—55 頁。（圖、文）

《北朝隋代墓誌所在總合目錄》編號 1839。（目）

## 大業 337

### 于懿墓誌并蓋

大業十一年（615）五月廿四日卒，大業十二年（616）正月十九日葬於京兆郡長安縣之高陽原。2009 年春陝西省西安市長安區出土，今存洛陽民間。蓋高 35、寬 36 釐米。誌高、寬均 44 釐米。文 26 行，滿行 28 字，正書。蓋 3 行，行 3 字，篆書。蓋題：隋故奮武尉于君之誌。首題：大隋故奮武尉于君之墓誌銘。

圖版著錄：

《洛陽新獲七朝墓誌》63 頁。

《秦晉豫新出墓誌蒐佚》1冊125—126頁。

碑目著錄：

《北朝隋代墓誌所在總合目錄》編號1841。

《北京大學圖書館藏歷代墓誌拓片目錄》編號01004。

## 大業338

### 尹君妻王氏磚誌

大業十二年（616）正月廿日葬。1955年西安市東郊郭家灘東國棉四廠基建工地出土，現藏西安碑林博物館。磚高32、寬16釐米。文3行，行6至15字不等，正書。

著錄：

《新出魏晉南北朝墓誌疏證》（修訂本）575頁。（文、跋）

《隋代墓誌銘彙考》5冊281頁。（文、跋）

《新中國出土墓誌·陝西（貳）》補遺七，下冊388頁（文）、上冊434頁下（目）。

《北朝隋代墓誌所在總合目錄》編號1813。（目）

論文：

武伯綸：《唐萬年長安縣鄉里考》，《考古學報》1963年第2期。

## 大業339

### 段濟墓誌并蓋

大業十一年（615）九月二日卒，大業十二年（616）正月廿二日權葬於雒陽東北馬安山西鳳臺鄉界。1920年洛陽城東北鳳凰臺村出土，曾歸紹興周氏。誌高、寬均65.5釐米。蓋盝頂長55、寬54釐米。蓋4行，行4字，篆書。文36行，滿行36字，隸書。首題：大隋故銀青光祿大夫始扶汴蔡四州刺史段使君墓誌銘；蓋題：大隋故銀青光祿大夫段使君墓誌之銘。

圖版著錄：

《漢魏南北朝墓誌集釋》圖版五〇六，《新編》3/4/249－250。

《北京圖書館藏中國歷代石刻拓本匯編》10冊141頁。（誌）

《隋唐五代墓誌匯編·洛陽卷》1冊155頁。

《隋代墓誌銘彙考》5 冊 282—283 頁。

錄文著錄：

《芒洛冢墓遺文續編》卷上/15a – 17a，《新編》1/19/14064 上—14065 上。

《全隋文補遺》5/347 下—349 上。

《隋代墓誌銘彙考》5 冊 284—286 頁。

碑目題跋著錄：

《石刻題跋索引》162 頁右、163 頁右，《新編》1/30/22500、22501。

《古誌新目初編》1/19a，《新編》2/18/13701 上。

《蒿里遺文目錄》2（1）/8b，《新編》2/20/14947 下。

《漢魏南北朝墓誌集釋》9/105b – 106a，《新編》3/3/244 – 245。

《國立北平圖書館藏碑目》20a，《新編》3/36/258 下。

《墓誌徵存目錄》卷 1，《羅振玉學術論著集》第五集，594 頁。

《洛陽出土石刻時地記》隋代大業 087，65 頁。

《六朝墓誌檢要》（修訂本）239 頁。

《隋代墓誌銘彙考》5 冊 287 頁。

《北朝隋代墓誌所在總合目錄》編號 1842。

《北京大學圖書館藏歷代墓誌拓片目錄》編號 01005。

### 大業 340

韓舒墓誌

大業十一年（615）二月廿三日卒於私第，夫人婁氏大業十年（614）九月五日卒，大業十二年（616）正月廿二日葬於老□之南。2011 年陝西省寶雞市在打擊文物犯罪活動中繳獲。誌方形，邊長 45 釐米。誌蓋底邊長 45、斜邊長 3、盝頂邊長 42 釐米。誌文分刻於誌石和誌蓋，共 28 行，前 15 行行 14 字，後 13 行行 11 字，隸書寓楷意。首題：大隋朝散大夫永平府鷹揚郎將韓舒之墓誌。

論文：

常美琦：《〈隋韓舒之墓誌〉考釋》，《圖書情報論壇》2016 年第 6 期。（圖、文）

常美琦：《〈隋韓舒之墓誌〉考釋》，《成都大學學報》2017 年第 4 期。（文）

**大業 341**

李元暨妻鄧氏墓誌并蓋

大業八年（612）七月十七日遘疾卒於家館，夫人鄧氏大業十年（614）十二月十三日又卒於家，以大業十二年（616）二月三日合葬於雒陽縣北鳳臺鄉安山里。河南洛陽出土。誌高 56、寬 54.7 釐米。蓋盝頂長、寬均 47 釐米。蓋 2 行，行 2 字，篆書。文 28 行，滿行 28 字，隸書。首題：齊開府行參軍故李君墓誌文；蓋題：李君墓銘。

圖版著錄：

《漢魏南北朝墓誌集釋》圖版五〇七，《新編》3/4/251－252。

《北京圖書館藏中國歷代石刻拓本匯編》10 冊 142 頁。

《隋唐五代墓誌匯編·洛陽卷》1 冊 156 頁。

《中國金石集萃》9 函 2 輯編號 19。（誌）

《隋代墓誌銘彙考》5 冊 288—289 頁。

錄文著錄：

《全隋文補遺》5/349 上—350 上。

《隋代墓誌銘彙考》5 冊 290—291 頁。

碑目題跋著錄：

《石刻題跋索引》162 頁右，《新編》1/30/22500。

《漢魏南北朝墓誌集釋》9/106a，《新編》3/3/245。

《國立北平圖書館藏碑目》20a，《新編》3/36/258 下。

《六朝墓誌檢要》（修訂本）240 頁。

《隋代墓誌銘彙考》5 冊 292 頁。

《北朝隋代墓誌所在總合目錄》編號 1843。

**大業 342**

□伽昂墓誌

大業九年（613）七月二日薨於河南縣，大業十二年（616）二月廿五日葬在遷金鄉都城北十里邙山之南。1932 年洛陽城北出土，曾歸三原于右任，今存西安碑林博物館。誌高 43、寬 42.4 釐米。文 24 行，滿行 24 字，正書。

圖版著錄：

《漢魏南北朝墓誌集釋》圖版五〇八，《新編》3/4/253。

《北京圖書館藏中國歷代石刻拓本匯編》10 冊 143 頁。

《隋唐五代墓誌匯編·洛陽卷》1 冊 157 頁。

《鴛鴦七誌齋藏石》圖版 234。

《西安碑林全集》72/1811 – 1818。

《隋代墓誌銘彙考》5 冊 293 頁。

錄文著錄：

《全隋文補遺》5/350 下—351 上。

《隋代墓誌銘彙考》5 冊 294—295 頁。

碑目題跋著錄：

《石刻題跋索引》162 頁右，《新編》1/30/22500。

《漢魏南北朝墓誌集釋》9/106a，《新編》3/3/245。

《洛陽出土石刻時地記》隋代大業 088，65 頁。

《六朝墓誌檢要》（修訂本）240 頁。

《隋代墓誌銘彙考》5 冊 295 頁。

《北朝隋代墓誌所在總合目錄》編號 1844。

## 大業 343

大都督袁君碑

大業十二年（616）二月。

碑目題跋著錄：

《金石錄》3/8a，《新編》1/12/8815 下。

《通志·金石略》卷中/3b，《新編》1/24/18039 上。

《寶刻叢編》20/31b，《新編》1/24/18388 上。

《石刻題跋索引》39 頁左，《新編》1/30/22377。

《佩文齋書畫譜·金石》62/17b 上，《新編》3/2/59 下。

《六藝之一錄》62/6b，《新編》4/5/123 下。

## 大業 344

□澈墓誌

又名：□澈墓誌。隋丙子年（大業十二年，616）三月一日卒，大業十二年三月十日葬於東都城北老子鄉大翟村東三百餘步。河南洛陽出土，曾歸常熟曾炳章、吳興蔣氏。誌高 37.2、寬 38.2 釐米。文 15 行，滿行 15 字，正書。

圖版著錄：

《漢魏南北朝墓誌集釋》圖版五〇九，《新編》3/4/254。

《北京圖書館藏中國歷代石刻拓本匯編》10 冊 144 頁。

《隋唐五代墓誌匯編·洛陽卷》1 冊 158 頁。

《中國金石集萃》9 函 2 輯編號 20。

《隋代墓誌銘彙考》5 冊 296 頁。

《龍門區系石刻文萃》439 頁。

錄文著錄：

《芒洛冢墓遺文續編》卷上/17b–18a，《新編》1/19/14065 上—下。

《魯迅輯校石刻手稿·墓誌》下冊 321—322 頁。

《全隋文補遺》5/351 上—下。

《隋代墓誌銘彙考》5 冊 297 頁。

碑目題跋著錄：

《石刻題跋索引》162 頁右，《新編》1/30/22500。

《石刻名彙》3/29a，《新編》2/2/1039 下。

《崇雅堂碑錄補》1/16a，《新編》2/6/4558 下。

《古誌新目初編》1/19a，《新編》2/18/13701 上。

《蒿里遺文目錄》2（1）/8b，《新編》2/20/14947 下。

《漢魏南北朝墓誌集釋》9/106a，《新編》3/3/245。

《國立北平圖書館藏碑目》20a，《新編》3/36/258 下。

《墓誌徵存目錄》卷 1，《羅振玉學術論著集》第五集，594 頁。

《洛陽出土石刻時地記》隋代大業 089，65 頁。

《六朝墓誌檢要》（修訂本）240 頁。

《金石論叢》"貞石證史·突厥人澈墓誌"，93—94 頁。

《隋代墓誌銘彙考》5 冊 298 頁。

《北朝隋代墓誌所在總合目錄》編號 1845。

《北京大學圖書館藏歷代墓誌拓片目錄》編號 01006。

論文：

朱振宏：《隋〈□澈墓誌〉箋證考釋》，《碑林集刊》第 18 輯，2012 年。

## 大業 345

□俊墓誌

大業十二年（616）三月十九日葬，河南洛陽出土。石存河南新安千唐誌齋博物館。

碑目著錄：

《隋代墓誌銘彙考·存目》6 冊 168 頁。

## 大業 346

宮人卜氏墓誌

大業十二年（616）三月九日卒，其年三月廿六日葬於河南郡河南縣北芒之山。1925 年洛陽城西北邙山後洞村出土，曾歸三原于右任，今存西安碑林博物館。誌高 34.3、寬 36.3 釐米。文 16 行，滿行 16 字，正書。首題：宮人卜氏墓誌銘并序。

圖版著錄：

《漢魏南北朝墓誌集釋》圖版五六一，《新編》3/4/317。

《北京圖書館藏中國歷代石刻拓本匯編》10 冊 145 頁。

《隋唐五代墓誌匯編·洛陽卷》1 冊 159 頁。

《鴛鴦七誌齋藏石》圖 273。

《西安碑林全集》72/1774－1778

《隋代墓誌銘彙考》5 冊 299 頁。

錄文著錄：

《全隋文補遺》5/352 上。

《隋代墓誌銘彙考》5 冊 300—301 頁。

碑目題跋著錄：

《石刻題跋索引》162 頁右，《新編》1/30/22500。

《漢魏南北朝墓誌集釋》10/111a，《新編》3/3/255。

《國立北平圖書館藏碑目》20a，《新編》3/36/258 下。

《洛陽出土石刻時地記》隋宫人墓誌 034，70 頁。

《六朝墓誌檢要》（修訂本）241 頁。

《隋代墓誌銘彙考》5 冊 301 頁。

《碑帖鑒定》232 頁。

《北朝隋代墓誌所在總合目録》編號 1846。

《北京大學圖書館藏歷代墓誌拓片目録》編號 01007。

## 大業 347

宫人徐氏墓誌

大業十二年（616）三月九日卒，以三月廿六日葬於河南郡河南縣。1925 年洛陽城西北邙山後洞村出土，曾歸三原于右任，今存西安碑林博物館。誌高 34.1、寬 33.7 釐米。文 14 行，滿行 14 字，正書。首題：宫人徐氏墓誌銘并序。

圖版著録：

《漢魏南北朝墓誌集釋》圖版五六二，《新編》3/4/318。

《北京圖書館藏中國歷代石刻拓本匯編》10 冊 146 頁。

《隋唐五代墓誌匯編·洛陽卷》1 冊 160 頁。

《鴛鴦七誌齋藏石》圖 274。

《西安碑林全集》72/1779－1783。

《隋代墓誌銘彙考》5 冊 302 頁。

録文著録：

《全隋文補遺》5/352 下。

《隋代墓誌銘彙考》5 冊 303 頁。

碑目題跋著錄：

《石刻題跋索引》163 頁左，《新編》1/30/22501。

《古誌新目初編》1/19a，《新編》2/18/13701 上。

《漢魏南北朝墓誌集釋》10/111a,《新編》3/3/255。
《國立北平圖書館藏碑目》20a,《新編》3/36/258 下。
《墓誌徵存目錄》卷 1,《羅振玉學術論著集》第五集, 594 頁。
《洛陽出土石刻時地記》隋宮人墓誌 035, 70 頁。
《歷代墓誌銘拓片目錄》49 頁。
《六朝墓誌檢要》(修訂本) 240 頁。
《隋代墓誌銘彙考》5 冊 304 頁。
《碑帖鑒定》232 頁。
《北朝隋代墓誌所在總合目錄》編號 1847。
《北京大學圖書館藏歷代墓誌拓片目錄》編號 01008。

## 大業 348

### 張善敬磚誌

大業十二年 (616) 三月廿六日葬。1999 年河北省永清縣西通澤村出土,石存河北廊坊市文物管理所。磚長 30.5、寬 14.5 釐米。文 3 行,行字數不等,正書。

著錄:

《隋代墓誌銘彙考》5 冊 305—306 頁。(圖、文、跋)

《全隋文補遺》5/353 上。(文)

《新出魏晉南北朝墓誌疏證》(修訂本) 579 頁。(文、跋)

《北朝隋代墓誌所在總合目錄》編號 1848。(目)

論文:

呂冬梅、田燕萍:《廊坊近年出土的隋唐墓誌》,《文物春秋》2002 年第 3 期。

## 大業 349

### 裴通墓誌

開皇十八年 (598) 卒,妻辛氏大業十一年 (615) 六月廿七日卒於長安,十二年 (616) 三月廿九日合葬於京兆郡大興縣。2012 年出土於西安南郊長安區,2012 年入藏西安碑林博物館。誌高 44、寬 43.7、厚 6.8 釐米。文 23 行,滿行 23 字,正書。首題:大隋故使持節上柱國懷義公裴使君之墓誌銘。

著錄：

《西安碑林博物館新藏墓誌續編》上冊 37—38 頁。（圖、文）

論文：

王其禕、周曉薇：《長安地區新出隋代墓誌銘十種集釋》，《碑林集刊》第 19 輯，2013 年。

備考：裴通，《周書》卷三一、《北史》卷七三《梁士彥傳》有載。

### 大業 350

獨孤儉墓誌

大業十二年（616）正月十六日卒於東都館舍，以其年四月十七日葬於咸陽之小陵原。陝西咸陽出土，2012 年入藏西安碑林博物館。誌高 46.8、寬 46、厚 7.5 釐米。文正書，19 行，滿行 21 字。首題：大隋御史臺監察御史獨孤府君墓誌銘。

著錄：

《西安碑林博物館新藏墓誌續編》上冊 39—40 頁。（圖、文）

《北京大學圖書館藏歷代墓誌拓片目錄》編號 01009。（目）

論文：

周曉薇、王其禕：《長安新出〈獨孤儉墓誌〉與隋代監察御史》，《片石千秋：隋代墓誌銘與隋代歷史文化》，第 284—287 頁。

### 大業 351

楊氏墓誌銘

大業十二年（616）四月。河南洛陽出土，三原于氏舊藏。正書。

碑目著錄：

《石刻名彙》3/29a，《新編》2/2/1039 下。

### 大業 352

李陁墓誌

開皇十九年（599）六月三日卒於雒陽縣常平鄉，葬於北邙山邊；夫人安氏開皇十七年（597）二月廿三日卒，大業十二年（616）閏五月五日葬。1995 年洛陽城東呂廟村出土。誌石先歸平樂郭氏，旋歸平樂宋氏，一說今存洛陽市考古所，一說洛陽張書良藏石。誌長 33.5、寬 32.5、厚 5 釐米。文 16 行，滿行 15 字，正書。

著錄：

《邙洛碑誌三百種》54 頁。（圖）

《隋代墓誌銘彙考》5 冊 307—309 頁。（圖、文、跋）

《洛陽新獲墓誌續編》17 頁（圖）、317 頁（文）。

《北朝隋代墓誌所在總合目錄》編號 1851。（目）

論文：

趙君平：《隋皇朝將軍李陁墓誌》，《書法》1998 年第 2 期。

**大業 353**

李吁墓誌

又名"李吁典墓誌"。大業六年（610）五月十三日卒於雒陽縣常平鄉，葬於北望山邊，南臨伊洛，北坎明津，西挾迴城，東餘洛邑，大業十二年（616）閏五月五日葬。1995 年洛陽城東呂廟村出土，誌石先歸平樂郭氏，旋歸平樂宋張氏，一說今存洛陽市考古所。誌長 33、寬 32.5 釐米。文 13 行，滿行 17 字，正書。

著錄：

《邙洛碑誌三百種》48 頁（圖）。

《隋代墓誌銘彙考》5 冊 310—312 頁。（圖、文、跋）

《洛陽新獲墓誌續編》18 頁（圖）、317—318 頁（文、跋）。

《北朝隋代墓誌所在總合目錄》編號 1850。（目）

**大業 354**

田行達墓誌并蓋

大業十一年（615）卒於幕府，以大業十二年（616）閏五月五日葬於京兆郡大興縣。1954 年西安市東郊郭家灘出土，石存西安碑林博物館。誌并蓋均長 49.5、寬 49 釐米。蓋 3 行，行 3 字，篆書。文 30 行，滿行 30 字，正書。首題：隋故正議大夫虎賁郎將光祿卿田公墓誌。蓋題：隋故正議大夫田公銘。

著錄：

《西安碑林全集》72/1784－1786。（圖）

《隋唐五代墓誌匯編・陝西卷》1冊4頁。（圖）

《中國西北地區歷代石刻匯編》1冊142頁。（圖）

《新中國出土墓誌・陝西（貳）》上冊12頁（圖）、下冊9—10頁（文）。

《隋代墓誌銘彙考》5冊313—317頁。（圖、文、跋）

《全隋文補遺》5/353上—354上。（文）

《新出魏晉南北朝墓誌疏證》（修訂本）580—582頁。（文、跋）

《碑帖鑒定》232—233頁。（跋）

《北朝隋代墓誌所在總合目錄》編號1849。（目）

論文：

岳紹輝：《隋〈田行達墓誌〉考釋》，《碑林集刊》第6輯，2000年。

## 大業355

劉玄暢磚誌

大業十二年（616）閏五月七日。日本大田氏舊藏。正書。

碑目題跋著錄：

《石刻名彙》12/208b，《新編》2/2/1132上。

《蒿里遺文目錄》3上/5b，《新編》2/20/14983上。

《海外貞珉錄》6b，《新編》4/1/245下。

《隋代墓誌銘彙考・存目》6冊169頁。

《北朝隋代墓誌所在總合目錄》編號1852。

## 大業356

段世琳墓誌并蓋

大業十二年（616）六月十三日卒於河南縣樂和鄉樂和里，大業十二年七月六日葬於洛陽縣常平鄉遊仙里。河南洛陽出土，石存洛陽市考古研究所。誌高29.2、寬29.8、厚5.7釐米。文正書，14行，滿行14字。首題：惟大隋前漢國府參軍段世琳年六十九銘記；蓋題：段故墓銘。

著錄：

《洛陽新獲墓誌續編》19 頁（圖）、318 頁（文）。
《隋代墓誌銘彙考》5 冊 318—319 頁。（文、跋）
《北朝隋代墓誌所在總合目錄》編號 1853。（目）

### 大業 357

楊厲墓誌

大業十二年（616）七月十八日葬於東都城北廿餘里零淵鄉零淵里。1949 年前河南洛陽出土，曾歸陽湖董氏誦芬室、武進陶蘭泉，今存遼寧省博物館。誌高 47.1、寬 46.3 釐米。文 22 行，滿行 22 字，正書。首題：大隋滕王故長子墓誌之銘。

圖版著錄：
《漢魏南北朝墓誌集釋》圖版五一〇，《新編》3/4/255。
《北京圖書館藏中國歷代石刻拓本匯編》10 冊 148 頁。
《隋唐五代墓誌匯編·洛陽卷》1 冊 161 頁。
《遼寧省博物館藏碑誌精粹》130 頁。
《隋代墓誌銘彙考》5 冊 320 頁。

錄文著錄：
《芒洛冢墓遺文續補》9a–10a,《新編》1/19/14095 上—下。
《滿洲金石志別錄》卷下/23b–24b,《新編》1/23/17438 上—下。
《誌石文錄》卷上/64a–65a,《新編》2/19/13773 下—13774 上。
《魯迅輯校石刻手稿·墓誌》下冊 323—325 頁。
《全隋文補遺》5/354 下—355 上。
《隋代墓誌銘彙考》5 冊 321—322 頁。
《遼寧省博物館藏碑誌精粹》130 頁。

碑目題跋著錄：
《滿洲金石志別錄》卷下/24b–25a,《新編》1/23/17438 下—17439 上。
《石刻題跋索引》163 頁左,《新編》1/30/22501。
《石刻名彙》3/29a,《新編》2/2/1039 下。
《崇雅堂碑錄補》1/16a,《新編》2/6/4558 下。

《古誌新目初編》1/19b，《新編》2/18/13701 上。
《蒿里遺文目錄》2（1）/8b，《新編》2/20/14947 下。
《漢魏南北朝墓誌集釋》9/106a–b，《新編》3/3/245–246。
《國立北平圖書館藏碑目》20a，《新編》3/36/258 下。
《墓誌徵存目錄》卷1，《羅振玉學術論著集》第五集，594 頁。
《洛陽出土石刻時地記》隋代大業090，65 頁。
《歷代墓誌銘拓片目錄》50 頁。
《六朝墓誌檢要》（修訂本）241 頁。
《遼寧省博物館藏碑誌精粹》131 頁。
《隋代墓誌銘彙考》5 冊 323 頁。
《碑帖鑒定》233 頁。
淑德大學《中國石刻拓本目錄》"墓誌"編號 330。
《北朝隋代墓誌所在總合目錄》編號 1854。
《北京大學圖書館藏歷代墓誌拓片目錄》編號 01010。

## 大業 358

### 竇儼墓誌并蓋

大業十二年（616）三月十五日卒於東都，以其年七月十八日歸葬於京兆郡大興縣小陵原。史令卿撰。近年西安市長安縣出土，石存長安縣民間。誌長、寬均 58.5 釐米；蓋盝頂長、寬均 45 釐米。文 30 行，滿行 31 字，正書。蓋 4 行，行 3 字，篆書。首題：大隋故河堤使者西河公竇君墓誌；蓋題：隋故河堤使者西河公竇君誌。

著錄：

《長安新出墓誌》30—31 頁。（圖、文）
《隋代墓誌銘彙考》5 冊 324—328 頁。（圖、文、跋）
《北朝隋代墓誌所在總合目錄》編號 1855。（目）

## 大業 359

### 王世琛墓誌并蓋

大業十一年（615）十二月廿五日卒，十二年（616）七月卅日權葬洛陽北芒山安川里。1925 年河南洛陽北邙山上出土，曾歸三原于右任，今存西安碑林博物館。誌高 43.9、寬 46 釐米。蓋拓本長 34、寬 36 釐米。蓋 3 行，行 3 字，篆書。文 27 行，滿行 25 字，正書。蓋題：隋朝散大夫王君墓銘。

圖版著錄：

《漢魏南北朝墓誌集釋》圖版五一一，《新編》3/4/256－257。

《北京圖書館藏中國歷代石刻拓本匯編》10 冊 149 頁。

《隋唐五代墓誌匯編·洛陽卷》1 冊 162 頁。

《鴛鴦七誌齋藏石》圖 235。

《西安碑林全集》72/1819－1826。（誌）

《隋代墓誌銘彙考》5 冊 329—330 頁。

錄文著錄：

《全隋文補遺》5/355 下—356 上。

《隋代墓誌銘彙考》5 冊 331—332 頁。

碑目題跋著錄：

《石刻題跋索引》163 頁左，《新編》1/30/22501。

《石刻名彙》3/29a，《新編》2/2/1039 下。

《古誌新目初編》1/19a，《新編》2/18/13701 上。

《蒿里遺文目錄補遺》3b，《新編》2/20/14997 上。

《漢魏南北朝墓誌集釋》9/106b，《新編》3/3/246。

《國立北平圖書館藏碑目》20a，《新編》3/36/258 下。

《墓誌徵存目錄》卷 1，《羅振玉學術論著集》第五集，594 頁。

《洛陽出土石刻時地記》隋代大業 091，65 頁。

《歷代墓誌銘拓片目錄》50 頁。

《六朝墓誌檢要》（修訂本）241 頁。

《隋代墓誌銘彙考》5 冊 333 頁。

《碑帖鑒定》233 頁。

《北朝隋代墓誌所在總合目錄》編號 1856。

《北京大學圖書館藏歷代墓誌拓片目錄》編號 01011。

## 大業360

**羊本暨妻周氏墓誌并蓋**

大業十年（614）四月十二日卒於襄國，葬於任所，大業十二年（616）七月三十日改葬於河南郡都城西北邙山之陽；夫人周氏，卒於大業十二年七月九日，葬於羊氏之域。清光緒年間洛陽城北徐家溝村出土，先存洛陽古物保存所，1929年後石存杭州孤山西泠印社。誌高、寬均40.3釐米。蓋3行，行3字，篆書。文21行，滿行21字，正書。首題：隋故朝請大夫襄國郡贊治羊公墓誌銘；蓋題：隋故襄國贊治羊君銘。

圖版著錄：

《漢魏南北朝墓誌集釋》圖版五一二，《新編》3/4/258－259。

《北京圖書館藏中國歷代石刻拓本匯編》10冊150頁。（誌）

《隋唐五代墓誌匯編·洛陽卷》1冊163頁。

《隋代墓誌銘彙考》5冊334—335頁。

錄文著錄：

《芒洛冢墓遺文續補》10a－11a，《新編》1/19/14095下—14096上。

《誌石文錄》卷上/65a－b，《新編》2/19/13774上。

《魯迅輯校石刻手稿·墓誌》下冊326—328頁。

《全隋文補遺》5/356下—357上。

《隋代墓誌銘彙考》5冊336—337頁。

碑目題跋著錄：

《集古求真續編》2/8b，《新編》1/11/8724下。

《石刻題跋索引》163頁左，《新編》1/30/22501。

《石刻名彙》3/29a，《新編》2/2/1039下。

《崇雅堂碑錄補》1/16a，《新編》2/6/4558下。

《古誌新目初編》1/19b，《新編》2/18/13701上。

《蒿里遺文目錄》2（1）/8b，《新編》2/20/14947下。

《漢魏南北朝墓誌集釋》9/106b，《新編》3/3/246。

《國立北平圖書館藏碑目》20a，《新編》3/36/258下。

《墓誌徵存目錄》卷1，《羅振玉學術論著集》第五集，594頁。

《洛陽出土石刻時地記》隋代大業 092，65—66 頁。

《歷代墓誌銘拓片目錄》50 頁。

《六朝墓誌檢要》（修訂本）241—242 頁。

《隋代墓誌銘彙考》5 冊 338 頁。

《碑帖敘錄》65 頁。

《北朝隋代墓誌所在總合目錄》編號 1857。

《北京大學圖書館藏歷代墓誌拓片目錄》編號 01011。

論文：

周郢：《新見泰山羊族墓誌二種》，《泰山鄉鎮企業職工大業學報》2001 年第 3 期。

## 大業 361

宮人司言楊氏墓誌

卒於別館，以大業十二年（616）八月四日遷葬於河南郡河南縣北望山。1925 年洛陽城西北邙山後洞村出土，曾歸三原于右任，今存西安碑林博物館。誌高、寬均 35.2 釐米。文 16 行，滿行 16 字，正書。首題：宮人司言楊氏墓誌。

圖版著錄：

《漢魏南北朝墓誌集釋》圖版五六三，《新編》3/4/319。

《北京圖書館藏中國歷代石刻拓本匯編》10 冊 151 頁。

《隋唐五代墓誌匯編·洛陽卷》1 冊 164 頁。

《鴛鴦七誌齋藏石》圖 275。

《西安碑林全集》72/1787－1790。

《隋代墓誌銘彙考》5 冊 339 頁。

錄文著錄：

《全隋文補遺》5/357 下。

《隋代墓誌銘彙考》5 冊 340—341 頁。

碑目題跋著錄：

《石刻題跋索引》163 頁左，《新編》1/30/22501。

《石刻名彙》3/29a，《新編》2/2/1039 下。

《古誌新目初編》1/19b,《新編》2/18/13701 上。

《蒿里遺文目錄補遺》3b,《新編》2/20/14997 上。

《漢魏南北朝墓誌集釋》10/111a,《新編》3/3/255。

《國立北平圖書館藏碑目》20a,《新編》3/36/258 下。

《蒿里遺文目錄續編·墓誌徵存》4a,《新編》3/37/538 下。

《墓誌徵存目錄》卷1,《羅振玉學術論著集》第五集,594 頁。

《洛陽出土石刻時地記》隋宮人墓誌036,70 頁。

《歷代墓誌銘拓片目錄》50 頁。

《六朝墓誌檢要》(修訂本)242 頁。

《隋代墓誌銘彙考》5 冊341 頁。

《碑帖鑒定》233 頁。

《北朝隋代墓誌所在總合目錄》編號1858。

《北京大學圖書館藏歷代墓誌拓片目錄》編號01013。

## 大業 362

張濬墓誌并蓋

大業十二年閏五月九日卒於河南郡雒陽縣章善里,大業十二年(616)十月二日葬於東都城北一十餘里零淵鄉安川里營立泉隴。1923年夏洛陽城北十里前海資村出土,曾歸三原于右任,今存西安碑林博物館。誌高62.8、寬62.3釐米。蓋3行,行3字,篆書。文33行,滿行33字,正書。首題:大隋大業十二年閏五月九日薨於河南郡雒陽縣章善里故張主簿墓銘;蓋題:隋故東垣縣張主簿銘。

圖版著錄:

《漢魏南北朝墓誌集釋》圖版五一三,《新編》3/4/260 - 261。

《北京圖書館藏中國歷代石刻拓本匯編》10 冊153 頁。(誌)

《隋唐五代墓誌匯編·洛陽卷》1 冊166 頁。

《鴛鴦七誌齋藏石》圖236。

《西安碑林全集》72/1827 - 1835。

《隋代墓誌銘彙考》5 冊342—343 頁。

錄文著錄:

《全隋文補遺》5/360下—362上。

《隋代墓誌銘彙考》5冊344—346頁。

碑目題跋著錄：

《石刻題跋索引》163頁左，《新編》1/30/22501。

《石刻名彙》3/29a，《新編》2/2/1039下。

《古誌新目初編》1/19b，《新編》2/18/13701上。

《定庵題跋》66b−67a，《新編》2/19/14318下—14319上。

《蒿里遺文目錄補遺》3b，《新編》2/20/14997上。

《漢魏南北朝墓誌集釋》9/106b，《新編》3/3/246。

《國立北平圖書館藏碑目》20b，《新編》3/36/258下。

《墓誌徵存目錄》卷1，《羅振玉學術論著集》第五集，594頁。

《洛陽出土石刻時地記》隋代大業093，66頁。

《歷代墓誌銘拓片目錄》50頁。

《六朝墓誌檢要》（修訂本）242、248頁。

《隋代墓誌銘彙考》5冊347頁。

《碑帖鑒定》233頁。

《北朝隋代墓誌所在総合目錄》編號1860。

《北京大學圖書館藏歷代墓誌拓片目錄》編號01015。

## 大業363

### 卞鑒暨妻劉氏墓誌并蓋

大業十二年（616）八月三日終於家會節里，夫人劉氏相隨亡歿，即以其年十月二日合葬邙之上。河南洛陽北邙出土，曾歸江蘇毗陵吳氏。誌高37.3、寬36.5釐米。蓋拓本長、寬均27釐米。蓋3行，行3字，篆書。文24行，行23字，正書。首題：上林署丞河南郡伊闕縣戶曹卞君墓誌銘；蓋題：隋故戶曹卞君墓誌銘。

圖版著錄：

《漢魏南北朝墓誌集釋》圖版五一四，《新編》3/4/262−263。

《北京圖書館藏中國歷代石刻拓本匯編》10冊152頁。

《隋唐五代墓誌匯編·洛陽卷》1冊165頁。

《隋代墓誌銘彙考》5 冊 348—349 頁。

錄文著錄：

《全隋文補遺》5/358 上—下。

《隋代墓誌銘彙考》5 冊 350—351 頁。

碑目題跋著錄：

《石刻題跋索引》163 頁左，《新編》1/30/22501。

《石刻名彙》3/29a，《新編》2/2/1039 下。

《崇雅堂碑錄補》1/16a，《新編》2/6/4558 下。

《古誌新目初編》1/19b，《新編》2/18/13701 上。

《蒿里遺文目錄》2（1）/9a，《新編》2/20/14948 上。

《蒿里遺文目錄補遺》3b，《新編》2/20/14997 上。

《漢魏南北朝墓誌集釋》9/106b，《新編》3/3/246。

《國立北平圖書館藏碑目》20b，《新編》3/36/258 下。

《墓誌徵存目錄》卷 1，《羅振玉學術論著集》第五集，594 頁。

《洛陽出土石刻時地記》隋代大業 094，66 頁。

《歷代墓誌銘拓片目錄》50 頁。

《六朝墓誌檢要》（修訂本）242 頁。

《隋代墓誌銘彙考》5 冊 351—352 頁。

《北朝隋代墓誌所在總合目錄》編號 1859。

《北京大學圖書館藏歷代墓誌拓片目錄》編號 01014。

## 大業 364

**長孫汪暨妻杜氏墓誌**

大業十二年（616）三月十二日卒於京師永嘉里，夫人杜氏，大業二年（606）二月廿九日終於永嘉里，大業十二年十月二日合葬於城南京兆郡大興縣洪原鄉洪原里。西安市長安縣出土，一說 2007 年陝西省大荔縣出土，存大唐西市博物館。誌高 54、寬 55.5、厚 9 釐米。文 29 行，滿行 29 字，正書。首題：隋故正議大夫左武侍鷹揚郎將長孫君墓誌。

著錄：

《秦晉豫新出墓誌蒐佚》1 冊 127 頁（圖）。

《大唐西市博物館藏墓誌》上冊 56—57 頁。（圖、文）

《隋代墓誌銘彙考》5 冊 353—357 頁。（圖、文、跋）

《北朝隋代墓誌所在總合目錄》編號 1861。（目）

## 大業 365

蘇威妻宇文氏墓誌

大業十二年（616）七月三十日薨於東都時邕里私第，其年十月十三日權葬於東都城東北九里閑居鄉。1925 年陰曆六月十八日洛陽城東北馬坡村東地出土，曾歸三原于右任，今存西安碑林博物館。誌高 36.9、寬 36.3 釐米。文 9 行，滿行 10 字，正書。首題：大隋前納言開府儀同三司光祿大夫房公蘇威妻夫人宇文氏墓誌。

圖版著錄：

《漢魏南北朝墓誌集釋》圖版五一五，《新編》3/4/264。

《北京圖書館藏中國歷代石刻拓本匯編》10 冊 154 頁。

《隋唐五代墓誌匯編·洛陽卷》1 冊 167 頁。

《鴛鴦七誌齋藏石》圖 237。

《西安碑林全集》72/1836 - 1837。

《隋代墓誌銘彙考》5 冊 358 頁。

錄文著錄：

《全隋文補遺》5/359 上。

《隋代墓誌銘彙考》5 冊 359 頁。

碑目題跋著錄：

《石刻題跋索引》163 頁左，《新編》1/30/22501。

《石刻名彙》3/29a，《新編》2/2/1039 下。

《崇雅堂碑錄補》1/16a，《新編》2/6/4558 下。

《古誌新目初編》1/19b，《新編》2/18/13701 上。

《蒿里遺文目錄補遺》3b，《新編》2/20/14997 上。

《漢魏南北朝墓誌集釋》9/106b，《新編》3/3/246。

《國立北平圖書館藏碑目》20b，《新編》3/36/258 下。

《墓誌徵存目錄》卷 1，《羅振玉學術論著集》第五集，594 頁。

《洛陽出土石刻時地記》隋代大業 095，66 頁。

《歷代墓誌銘拓片目錄》50 頁。

《六朝墓誌檢要》（修訂本）242—243 頁。

《隋代墓誌銘彙考》5 冊 360 頁。

《北朝隋代墓誌所在總合目錄》編號 1862。

《北京大學圖書館藏歷代墓誌拓片目錄》編號 01016。

## 大業 366

明質墓誌

大業十二年（616）九月九日卒於家尊賢里，其年十月十九日葬於邙山。河南洛陽出土。誌高、寬均 39 釐米。文 18 行，滿行 18 字，正書。首題：故平原郡將陵縣明府君墓誌銘。

圖版著錄：

《漢魏南北朝墓誌集釋》圖版五一六，《新編》3/4/265。

《北京圖書館藏中國歷代石刻拓本匯編》10 冊 155 頁。

《隋唐五代墓誌匯編·洛陽卷》1 冊 168 頁。

《隋代墓誌銘彙考》5 冊 361 頁。

錄文著錄：

《芒洛冢墓遺文》卷上/14a – 15a，《新編》1/19/13986 下—13987 上。

《全隋文補遺》5/359 下。

《隋代墓誌銘彙考》5 冊 362—363 頁。

碑目題跋著錄：

《石刻題跋索引》163 頁左，《新編》1/30/22501。

《石刻名彙》3/29a，《新編》2/2/1039 下。

《蒿里遺文目錄》2（1）/9a，《新編》2/20/14948 上。

《漢魏南北朝墓誌集釋》/9/106b，《新編》3/3/246。

《國立北平圖書館藏碑目》20b，《新編》3/36/258 下。

《古誌彙目》1/15a，《新編》3/37/33。

《墓誌徵存目錄》卷 1，《羅振玉學術論著集》第五集，594 頁。

《增補校碑隨筆》（修訂本）302 頁。
《六朝墓誌檢要》（修訂本）243 頁。
《隋代墓誌銘彙考》5 冊 362—363 頁。
《北朝隋代墓誌所在總合目錄》編號 1863。
《北京大學圖書館藏歷代墓誌拓片目錄》編號 01017。

## 大業 367

### 齊士幹墓誌并蓋

大業十二年（616）三月十八日卒於郡舍，以其年十月廿六日葬於河南郡雒陽縣鳳臺鄉安山里邙山之陽。陸搢撰，韓鳳卿書。2002 年夏河南洛陽出土，石藏河北正定墨香閣。誌高、寬均 80 釐米。蓋高、寬均 72 釐米。文 38 行，滿行 36 字，正書。蓋 4 行，行 4 字，篆書。首題：隋故汝陰郡丞齊府君墓誌銘；蓋題：隋故奮武尉汝陰郡丞齊府君墓誌之銘。

著錄：
《邙洛碑誌三百種》55—56 頁。（圖）
《洛陽新見墓誌》23 頁。（圖）
《洛陽新獲七朝墓誌》64 頁。（圖）
《金石拓本題跋集萃》72—73 頁。（圖）
《隋代墓誌銘彙考》5 冊 365—370 頁。（圖、文、跋）
《新出土墓誌精粹》（隋唐卷）2—11 頁。（誌圖、跋）
《墨香閣藏北朝墓誌》242—245 頁。（圖、文）
《北朝隋代墓誌所在總合目錄》編號 1865。（目）

論文：
楊勇：《從陸搢撰〈隋齊士幹墓誌〉——窺隋代墓誌之體例》，《書法》2014 年第 12 期。

## 大業 368

### 唐直墓誌

大業十二年（616）八月五日薨於齊郡之公廨，以其年十月二十六日權葬於河南郡河南縣靈淵鄉翟村西南二里。1925 年陰曆六月三日洛陽城北十里前海資村東南出土，曾歸李銘三、鄞縣馬叔平（即馬衡），今存北京故宫博物院。誌高44.5、廣44釐米。文20行，滿行21字，隸書。

圖版著錄：

《漢魏南北朝墓誌集釋》圖版五一七，《新編》3/4/266。

《北京圖書館藏中國歷代石刻拓本匯編》10冊156頁。

《隋唐五代墓誌匯編·洛陽卷》1冊169頁。

《隋代墓誌銘彙考》5冊371頁。

《故宮博物院藏歷代墓誌彙編》1冊111頁。

錄文著錄：

《芒洛冢墓遺文三編》18b–19a，《新編》1/19/14116下—14117上。

《全隋文補遺》5/360上—下。

《隋代墓誌銘彙考》5冊372—373頁。

《故宮博物院藏歷代墓誌彙編》1冊110頁。

碑目題跋著錄：

《石刻題跋索引》163頁左，《新編》1/30/22501。

《石刻名彙》3/29a，《新編》2/2/1039下。

《崇雅堂碑錄補》1/16a，《新編》2/6/4558下。

《古誌新目初編》1/19b，《新編》2/18/13701上。

《蒿里遺文目錄》2（1）/9a，《新編》2/20/14948上。

《漢魏南北朝墓誌集釋》9/106b–107a，《新編》3/3/246–247。

《國立北平圖書館藏碑目》20b，《新編》3/36/258下。

《墓誌徵存目錄》卷1，《羅振玉學術論著集》第五集，594頁。

《洛陽出土石刻時地記》隋代大業096，66頁。

《六朝墓誌檢要》（修訂本）243頁。

《隋代墓誌銘彙考》5冊373頁。

《北朝隋代墓誌所在總合目錄》編號1864。

《北京大學圖書館藏歷代墓誌拓片目錄》編號01018。

## 大業369

宮人常泰夫人房氏墓誌

大業十二年（616）十月十二日卒，以十一月三日葬於河南縣北邙山。1925 年農曆九、十月間洛陽西北後洞村西北寇姓田中出土，曾歸三原于右任，今存西安碑林博物館。誌高 35、寬 34.5 釐米。文 15 行，滿行 16 字，正書。首題：大隋故宮人常泰夫人墓誌銘并序。

圖版著錄：

《漢魏南北朝墓誌集釋》圖版五六四，《新編》3/4/320。

《北京圖書館藏中國歷代石刻拓本匯編》10 冊 157 頁。

《隋唐五代墓誌匯編·洛陽卷》1 冊 170 頁。

《鴛鴦七誌齋藏石》圖 276。

《西安碑林全集》72/1791–1793。

《隋代墓誌銘彙考》5 冊 374 頁。

錄文著錄：

《全隋文補遺》5/362 上—下。

《隋代墓誌銘彙考》5 冊 375—376 頁。

碑目題跋著錄：

《石刻題跋索引》163 頁左，《新編》1/30/22501。

《石刻名彙》3/29b，《新編》2/2/1039 下。

《古誌新目初編》1/19b，《新編》2/18/13701 上。

《蒿里遺文目錄補遺》3b，《新編》2/20/14997 上。

《漢魏南北朝墓誌集釋》10/111a，《新編》3/3/255。

《國立北平圖書館藏碑目》20b，《新編》3/36/258 下。

《墓誌徵存目錄》卷 1，《羅振玉學術論著集》第五集，594 頁。

《洛陽出土石刻時地記》隋宮人墓誌 037，70 頁。

《歷代墓誌銘拓片目錄》50 頁。

《六朝墓誌檢要》（修訂本）243 頁。

《隋代墓誌銘彙考》5 冊 375—376 頁。

《碑帖鑒定》233 頁。

《北朝隋代墓誌所在總合目錄》編號 1866。

《北京大學圖書館藏歷代墓誌拓片目錄》編號 01019。

備考：《北京圖書館藏中國歷代石刻拓本匯編》、《隋唐五代墓誌匯編》等定名為"常泰妻房氏墓誌"，恐有誤，因為從墓誌內容來看，其

"選自良家",是從小入宮,"常泰夫人"當是其封號。

### 大業 370

唐世榮墓誌并蓋

大業十二年（616）十一月九日葬於太微城北靈淵鄉安川里。1923年（一說1933年）農曆十月二十六日洛陽城北鄭凹村南嶺出土,曾歸洛陽郭氏、三原于右任,今存西安碑林博物館。誌高22、寬21.2釐米。蓋拓本長21、寬20釐米。蓋2行,行2字,篆書。文8行,滿行8字,隸書。蓋題:唐君墓銘。

圖版著錄:

《漢魏南北朝墓誌集釋》圖版五一八,《新編》3/4/267-268。

《北京圖書館藏中國歷代石刻拓本匯編》10冊158頁。

《隋唐五代墓誌匯編·洛陽卷》1冊171頁。

《鴛鴦七誌齋藏石》圖238。

《西安碑林全集》72/1838-1840。

《隋代墓誌銘彙考》5冊377—378頁。

錄文著錄:

《全隋文補遺》5/362下。

《隋代墓誌銘彙考》5冊379頁。

碑目題跋著錄:

《石刻題跋索引》163頁左,《新編》1/30/22501。

《漢魏南北朝墓誌集釋》9/107a,《新編》3/3/247。

《洛陽出土石刻時地記》隋代大業097,66頁。

《六朝墓誌檢要》（修訂本）244頁。

《隋代墓誌銘彙考》5冊380頁。

《北朝隋代墓誌所在總合目錄》編號1867。

《北京大學圖書館藏歷代墓誌拓片目錄》編號01020。

### 大業 371

李同仁墓誌

大業十二年（616）六月二十三日卒,十一月十六日葬。2002年河南洛陽出土，石存洛陽師範學院圖書館。誌長·寬均51、厚16釐米。文20行，滿行20字，正書。首題：隋宣惠尉陝東道大行台屯主李君墓誌。

碑目著錄：

《洛陽新出土墓誌釋錄》328頁。

《隋代墓誌銘彙考·存目》6冊170頁。

《北朝隋代墓誌所在總合目錄》編號1868。

## 大業 372

牛方大墓誌

大業十一年（615）五月遘疾終於東都履順里第，以大業十二年（616）十一月廿日權葬於河南郡河南縣之零淵里。1925年洛陽城北前海資村出土，曾歸三原于右任，今存西安碑林博物館。誌高、寬均27.2釐米。文16行，滿行16字，正書。首題：隋故內史舍人牛府君墓記。

圖版著錄：

《漢魏南北朝墓誌集釋》圖版五一九，《新編》3/4/269。

《北京圖書館藏中國歷代石刻拓本匯編》10冊159頁。

《隋唐五代墓誌匯編·洛陽卷》1冊172頁。

《鴛鴦七誌齋藏石》圖239。

《西安碑林全集》72/1841–1844。

《隋代墓誌銘彙考》5冊381頁。

錄文著錄：

《全隋文補遺》5/363上—下。

《隋代墓誌銘彙考》5冊382頁。

碑目題跋著錄：

《石刻題跋索引》163頁左，《新編》1/30/22501。

《古誌新目初編》1/19b，《新編》2/18/13701上。

《漢魏南北朝墓誌集釋》9/107a，《新編》3/3/247。

《國立北平圖書館藏碑目》20b，《新編》3/36/258下。

《洛陽出土石刻時地記》隋代大業098，66頁。

《歷代墓誌銘拓片目錄》50頁。

《六朝墓誌檢要》（修訂本）244 頁。

《隋代墓誌銘彙考》5 冊 383 頁。

《碑帖鑒定》233 頁。

《北朝隋代墓誌所在總合目錄》編號 1869。

備考：牛方大，《北史》卷七二，《隋書》卷四九附《牛弘傳》。

**大業 373**

宋永貴墓誌并蓋

大業十年（614）卒於樓煩郡，大業十二年（616）十一月廿一日歸葬於京兆郡長安縣龍首鄉。陝西西安出土，清光緒十五年（1889）以前入藏西安碑林博物館。誌長、寬均 57 釐米，蓋拓片長、寬均 55.5 釐米。蓋 3 行，行 3 字，篆書。文 34 行，滿行 34 字，正書。首題：隋故左御衛府長史通議大夫宋君墓誌銘；蓋題：隋故通議大夫宋君誌。

圖版著錄：

《漢魏南北朝墓誌集釋》圖版五二〇，《新編》3/4/270–271。

《北京圖書館藏中國歷代石刻拓本匯編》10 冊 160 頁。

《隋唐五代墓誌匯編·陝西卷》1 冊 5 頁。

《中國西北地區歷代石刻匯編》1 冊 143 頁。

《西安碑林全集》72/1794–1803。

《隋代墓誌銘彙考》5 冊 384—385 頁。

錄文著錄：

《八瓊室金石補正》28/1b–4b、13a，《新編》1/6/4442 上—4443 下、4448 上。

《陝西金石志》7/15b–17b，《新編》1/22/16452 上—16453 上。

《關中石刻文字新編》3/5b–6b，《新編》1/22/17014–17016。

《古誌石華續編》1/12a–14b，《新編》2/2/1424 下—1425 下。

《宜祿堂收藏金石記》卷 16，《新編》2/5/3505 下—3506 下。

《誌石文錄續編》19a–20b，《新編》2/19/13786 上—下。

《魯迅輯校石刻手稿·墓誌》下冊 315—320 頁。

《全隋文補遺》5/363 下—365 上、375 下。

《隋代墓誌銘彙考》5 冊 386—388 頁。

碑目題跋著錄：

《八瓊室金石補正》28/4b－7a，《新編》1/6/4443 下—4445 上。

《集古求真》1/19a－b，《新編》1/11/8487 上。

《陝西金石志》7/17b，《新編》1/22/16453 上。

《藝風堂金石文字目》18/4a，《新編》1/26/19815 下。

《補寰宇訪碑錄》2/25a，《新編》1/27/20218 上。

《補寰宇訪碑錄校勘記》1/12a，《新編》1/27/20291 下。

《金石彙目分編》12（1）/2b，《新編》1/28/21277 下。

《石刻題跋索引》163 頁左—右，《新編》1/30/22501。

《石刻名彙》3/29a，《新編》2/2/1039 下。

《宜祿堂收藏金石記》卷 16，《新編》2/5/3506 下。

《宜祿堂金石記》2/16a，《新編》2/6/4225 下。

《崇雅堂碑錄》2/5b，《新編》2/6/4502 上。

《香南精舍金石契》，《新編》2/6/4991 下。

《關中金石文字存逸考》1/8b－9a、11/1b，《新編》2/14/10359 下—10360 上、10620 上。

《平安館藏碑目》，《新編》2/18/13426 下。

《蒿里遺文目錄》2（1）/9a，《新編》2/20/14948 上。

《漢魏南北朝墓誌集釋》9/107a，《新編》3/3/247。

（民國）《咸寧長安兩縣續志·金石考上》12/7b，《新編》3/31/518 上。

《石目》，《新編》3/36/73 下。

《國立北平圖書館藏碑目》20b，《新編》3/36/258 下。

《古誌彙目》1/15a、15b，《新編》3/37/33、34。

《雪堂所藏金石文字簿錄》98a，《新編》4/7/418 下。

《墓誌徵存目錄》卷 1，《羅振玉學術論著集》第五集，594 頁。

《歷代墓誌銘拓片目錄》50 頁。

《六朝墓誌檢要》（修訂本）244、248 頁。

《隋代墓誌銘彙考》5 冊 392 頁。

《碑帖敘錄》83 頁。

《碑帖鑒定》233 頁。

《北朝隋代墓誌所在總合目錄》編號 1870。

《北京大學圖書館藏歷代墓誌拓片目錄》編號 01021。

備考：《古誌彙目》、《六朝墓誌檢要》（修訂本）、《八瓊室金石補正》和《全隋文補遺》皆重複著錄誌蓋，按蓋題及誌蓋尺寸，上述諸書著錄的"通議大夫宋君誌蓋"當是宋永貴墓誌蓋，故附於此。

### 大業 374

顏通墓誌

大業十二年（616）八月廿三日終於本宅，十一月廿一日葬於河南郡河南縣零淵鄉。河南洛陽孟津縣朝陽鄉鄭凹出土，石歸孟津縣朝陽鄉鄭家凹村吳氏，一說今存洛陽市考古所。誌高 49.5、寬 50.2 釐米。文 20 行，滿行 22 字，正書。首題：隋故顏君墓誌文并序。

著錄：

《邙洛碑誌三百種》57 頁（圖）。

《隋代墓誌銘彙考》5 冊 393—395。（圖、文、跋）

《洛陽新獲墓誌續編》16 頁（圖）、317 頁（文）。

《北朝隋代墓誌所在總合目錄》編號 1871。（目）

### 大業 375

馮忱妻叱李綱子墓誌并蓋

又名：叱李剛子墓誌。大業十二年（616）十一月廿三日卒於第，以其年十二月二日葬於邙山。1925 年洛陽城北前海資村出土，曾歸三原于右任，今存西安碑林博物館。誌高 37.9、寬 37.2 釐米。蓋 3 行，行 3 字，篆書。文 20 行，滿行 20 字，隸書。首題：隋司儀丞馮忱故夫人叱李墓誌銘；蓋題：隋故叱李夫人墓誌銘。

圖版著錄：

《漢魏南北朝墓誌集釋》圖版五二一，《新編》3/4/272-273。

《北京圖書館藏中國歷代石刻拓本匯編》10 冊 161 頁。（誌）

《隋唐五代墓誌匯編·洛陽卷》1 冊 173 頁。

《鴛鴦七誌齋藏石》圖 240。

《西安碑林全集》72/1804 – 1810。

《隋代墓誌銘彙考》5 冊 396—397 頁。

錄文著錄：

《全隋文補遺》5/365 上—下。

《隋代墓誌銘彙考》5 冊 398—399 頁。

碑目題跋：

《石刻題跋索引》163 頁右，《新編》1/30/22501。

《古誌新目初編》1/19b，《新編》2/18/13701 上。

《蒿里遺文目錄補遺》3b，《新編》2/20/14997 上。

《漢魏南北朝墓誌集釋》9/107b – 108a，《新編》3/3/248 – 249。

《國立北平圖書館藏碑目》20b，《新編》3/36/258 下。

《墓誌徵存目錄》卷 1，《羅振玉學術論著集》第五集，594 頁。

《洛陽出土石刻時地記》隋代大業 099，66—67 頁。

《歷代墓誌銘拓片目錄》50 頁。

《六朝墓誌檢要》（修訂本）244—245 頁。

《隋代墓誌銘彙考》5 冊 400 頁。

《北朝隋代墓誌所在總合目錄》編號 1872。

《北京大學圖書館藏歷代墓誌拓片目錄》編號 01022。

## 大業 376

*尚衣奉御尹彥卿墓誌*

大業十年（614）七月廿七日卒於東都景行里，大業十二年（616）十二月十四日改葬於大興縣洪原鄉之小陵原。據云出土於西安市城南長安區，存石未詳。誌高、寬均 23.5 釐米。文正書，11 行，滿行 12 字。首題：大隋故朝請大夫尚衣奉御萬安郡開國公尹君墓誌。

圖版著錄：

《秦晉豫新出墓誌蒐佚續編》1 冊 210 頁。

碑目著錄：

《北朝隋代墓誌所在總合目錄》編號 1873。

《北京大學圖書館藏歷代墓誌拓片目錄》編號 01023。

論文：

周曉薇、王其褘《新見隋代〈尚衣奉御尹彥卿墓誌〉研讀》，《考古與文物》2011年第4期。

備考：尹彥卿，其事見《隋書》卷七六、《北史》卷八三《尹式傳》。

### 大業377

李氏墓誌銘

大業十二年（616）十二月。河南洛陽出土，陝西三原于氏舊藏。正書。

碑目著錄：

《石刻名彙》3/29b，《新編》2/2/1039下。

### 大業378

李寶墓誌

大業十二年（616）十二月葬。山西屯留縣出土。正書。

碑目題跋著錄：

《石刻名彙》3/29b，《新編》2/2/1039下。

《崇雅堂碑錄補》1/16a，《新編》2/6/4558下。

（光緒）《山西通志·金石記二》90/35a–b，《新編》3/30/349上。（節文）

《古誌彙目》1/15a，《新編》3/37/33。

《六朝墓誌檢要》（修訂本）245頁。

《隋代墓誌銘彙考·存目》6冊171頁。

《北朝隋代墓誌所在總合目錄》編號1874。

### 大業379

包愷墓誌

大業十二年（616）十二月廿九日亡於私第，十三年（617）正月十日歸葬於京兆郡大興縣洪固鄉修善原。2015年春西安市南郊出土。誌拓本高、寬均45釐米。蓋拓本高、寬均45.5釐米，盝頂高、寬均35.5釐米。文28行，滿行27字，正書。蓋4行，行4字，篆書。蓋題：大隋故國子監太學助教包府君之墓誌。首題：大隋故國子監太學助教包先生墓誌。

碑目著錄：

《佩文齋書畫譜·金石》62/17b 下，《新編》3/2/59 下。

《六藝之一錄》62/16b，《新編》4/5/128 下。

論文：

周曉薇、王其禕：《禮遇與懷柔：江南士人流寓隋朝的文教事功——以新出隋大業十三年〈包愷墓誌〉為中心》，《陝西師範大學學報》2017 年第 2 期。（文）

備考：包愷，《北史》卷八二、《隋書》卷七五有傳。

### 大業 380

**元統師墓誌并蓋**

大業十二年（616）八月十二日卒於臨邛郡蒲江縣舍，以十三年（617）二月三日歸葬於大興縣洪源鄉之小陵原。石藏大唐西市博物館。誌高、寬均 46 釐米，厚 12.5 釐米。盝頂蓋，蓋高、寬均 47 釐米，厚 6.5 釐米。文 24 行，滿行 23 字，正書。蓋 4 行，行 4 字，篆書。蓋題：大隋故餘杭郡東曹掾元府君之墓誌銘；首題：大隋故餘杭郡東曹掾元府君之墓誌銘并序。

著錄：

《大唐西市博物館藏墓誌》上冊 58—59 頁。（圖、文）

《北朝隋代墓誌所在總合目錄》編號 1875。（目）

### 大業 381

**宮人御女唐氏墓誌**

大業十三年（617）二月一日卒，以其月十三日葬於河南縣北邙山。1925 年河南洛陽城西北後洞村出土，曾歸三原于右任，今存西安碑林博物館。誌高、寬均 35 釐米。文 11 行，滿行 16 字，正書。首題：大隋故宮人六品御女唐氏墓誌銘并序。

圖版著錄：

《漢魏南北朝墓誌集釋》圖版五六五，《新編》3/4/321。

《北京圖書館藏中國歷代石刻拓本匯編》10 冊 162 頁。

《隋唐五代墓誌匯編·洛陽卷》1 冊 174 頁。

《鴛鴦七誌齋藏石》圖 277。
《西安碑林全集》72/1845–1846。
《隋代墓誌銘彙考》5 冊 401 頁。
錄文著錄：
《全隋文補遺》5/367 上。
《隋代墓誌銘彙考》5 冊 402 頁。
碑目題跋著錄：
《石刻題跋索引》163 頁右，《新編》1/30/22501。
《石刻名彙》第一編"誌銘類補遺"2a，《新編》2/2/1136 下。
《古誌新目初編》1/19b，《新編》2/18/13701 上。
《蒿里遺文目錄補遺》3b，《新編》2/20/14997 上。
《漢魏南北朝墓誌集釋》10/111a，《新編》3/3/255。
《國立北平圖書館藏碑目》20b，《新編》3/36/258 下。
《墓誌徵存目錄》卷 1，《羅振玉學術論著集》第五集，595 頁。
《洛陽出土石刻時地記》隋宮人墓誌 038，70—71 頁。
《歷代墓誌銘拓片目錄》50 頁。
《六朝墓誌檢要》（修訂本）245 頁。
《隋代墓誌銘彙考》5 冊 403 頁。
《碑帖鑒定》234 頁。
《北朝隋代墓誌所在總合目錄》編號 1876。
《北京大學圖書館藏歷代墓誌拓片目錄》編號 01024。

## 大業 382

宮人六品墓誌

大業十三年（617）卒，以其年二月廿五日葬於河南郡河南縣北邙山。1925 年河南洛陽城西北後洞村出土，曾歸三原于右任，今存西安碑林博物館。誌高、寬均 32.5 釐米。文 12 行，滿行 15 字，正書。首題：大隋故宮人六品墓誌銘并序。

圖版著錄：
《漢魏南北朝墓誌集釋》圖版五六六，《新編》3/4/322。

《北京圖書館藏中國歷代石刻拓本匯編》10 冊 163 頁。
《隋唐五代墓誌匯編·洛陽卷》1 冊 175 頁。
《鴛鴦七誌齋藏石》圖 278。
《西安碑林全集》72/1851 – 1855。
《隋代墓誌銘彙考》5 冊 404 頁。

錄文著錄：

《全隋文補遺》5/366 下。
《隋代墓誌銘彙考》5 冊 405 頁。

碑目題跋著錄：

《石刻題跋索引》163 頁右，《新編》1/30/22501。
《石刻名彙》第一編"誌銘類補遺"2a，《新編》2/2/1136 下。
《古誌新目初編》1/19b，《新編》2/18/13701 上。
《蒿里遺文目錄補遺》3b，《新編》2/20/14997 上。
《漢魏南北朝墓誌集釋》10/111a，《新編》3/3/255。
《國立北平圖書館藏碑目》20b，《新編》3/36/258 下。
《墓誌徵存目錄》卷 1，《羅振玉學術論著集》第五集，595 頁。
《洛陽出土石刻時地記》隋宮人墓誌 039，71 頁。
《歷代墓誌銘拓片目錄》50 頁。
《六朝墓誌檢要》（修訂本）245 頁。
《隋代墓誌銘彙考》5 冊 406 頁。
《北朝隋代墓誌所在総合目錄》編號 1877。
《北京大學圖書館藏歷代墓誌拓片目錄》編號 01025。

## 大業 383

宮人司計劉氏墓誌

大業十三年（617）六月廿五日卒，以其年七月四日葬於河南縣北邙山。1925 年河南洛陽城西北邙山後洞村出土，曾歸三原于右任，今存西安碑林博物館。誌高、寬均 28.2 釐米。文 14 行，滿行 15 字，正書。首題：大隋故宮人司計劉氏銘并序。

圖版著錄：

《漢魏南北朝墓誌集釋》圖版五六七，《新編》3/4/323。

《北京圖書館藏中國歷代石刻拓本匯編》10 冊 164 頁。

《隋唐五代墓誌匯編·洛陽卷》1 冊 176 頁。

《鴛鴦七誌齋藏石》圖 279。

《西安碑林全集》72/1847－1850。

《隋代墓誌銘彙考》5 冊 407 頁。

錄文著錄：

《全隋文補遺》5/367 下。

《隋代墓誌銘彙考》5 冊 408—409 頁。

碑目題跋著錄：

《石刻題跋索引》163 頁右，《新編》1/30/22501。

《石刻名彙》第一編"誌銘類補遺"2a，《新編》2/2/1136 下。

《古誌新目初編》1/20a，《新編》2/18/13701 下。

《蒿里遺文目錄補遺》4a，《新編》2/20/14997 下。

《漢魏南北朝墓誌集釋》10/111a，《新編》3/3/255。

《國立北平圖書館藏碑目》20b，《新編》3/36/258 下。

《墓誌徵存目錄》卷 1，《羅振玉學術論著集》第五集，595 頁。

《洛陽出土石刻時地記》隋宮人墓誌 040，71 頁。

《歷代墓誌銘拓片目錄》50 頁。

《六朝墓誌檢要》（修訂本）245—246 頁。

《隋代墓誌銘彙考》5 冊 410 頁。

《碑帖鑒定》234 頁。

《北朝隋代墓誌所在總合目錄》編號 1878。

《北京大學圖書館藏歷代墓誌拓片目錄》編號 01026。

## 大業 384

劉政墓誌

大業十三年（617）七月葬。正書。

碑目著錄：

《石刻名彙》3/29b，《新編》2/2/1039 下。

《六朝墓誌檢要》（修訂本）246 頁。
《隋代墓誌銘彙考·存目》6 冊 172 頁。
《北朝隋代墓誌所在總合目錄》編號 1879。

### 大業 385

徵君文中子王通碣銘

又名：文中子碣銘。大業十三年（617）五月甲子遘疾終於萬春鄉甘澤里第，八月遷葬於汾水之北原。薛收撰。在絳州河津縣。未見拓本。

錄文著錄：

《全唐文》133/5a – 7b，2 冊 1338 上—1339 上。

碑目著錄：

《金石彙目分編》11/54a，《新編》1/28/21254 下。

論文：

鄧小軍：《元好问诗述沁州出土隋薛收撰〈文中子墓志〉》，《學術交流》2016 年第 1 期。

### 大業 386

杜君妻鄭善妃墓誌

大業十三年（617）五月一日卒於宮城內史省，以其年十月七日葬於河南縣千金鄉。河南洛陽出土。誌高 48、寬 47.5 釐米。文 22 行，滿行 21 字，正書。首題：齊故華陽王長史杜府君夫人鄭氏墓誌銘。

圖版著錄：

《漢魏南北朝墓誌集釋》圖版五二二，《新編》3/4/274。

《北京圖書館藏中國歷代石刻拓本匯編》10 冊 165 頁。

《隋唐五代墓誌匯編·洛陽卷》1 冊 177 頁。

《隋代墓誌銘彙考》5 冊 414 頁。

錄文著錄：

《全隋文補遺》5/368 上—下。

《隋代墓誌銘彙考》5 冊 415—416 頁。

碑目題跋著錄：

《石刻題跋索引》163 頁右，《新編》1/30/22501。

《漢魏南北朝墓誌集釋》9/108a，《新編》3/3/249。

《國立北平圖書館藏碑目》20b，《新編》3/36/258下。

《六朝墓誌檢要》（修訂本）246頁。

《隋代墓誌銘彙考》5冊417—418頁。

《北朝隋代墓誌所在總合目錄》編號1880。

《北京大學圖書館藏歷代墓誌拓片目錄》編號01027。

## 大業387

涇陽府旅帥孟常暨妻呂氏趙氏墓誌

大業十三年（617）九月七日卒於戰陣，夫人呂氏、趙氏開皇十二年（592）卒，十月八日合葬於永□之里。陝西長安出土，一說1923年洛陽北鄉出土，或云閆甘國藏石。誌長40、寬42.5釐米。文20行，滿行21字，正書。首題：隋故涇陽府旅帥孟君墓誌。

圖版著錄：

《漢魏南北朝墓誌集釋》圖版五二三，《新編》3/4/275。

《隋代墓誌銘彙考》5冊418頁。

錄文著錄：

《全隋文補遺》2/143上—下。

《隋代墓誌銘彙考》5冊419—420頁。

碑目題跋著錄：

《石刻題跋索引》163頁右，《新編》1/30/22501。

《石刻名彙》3/23a，《新編》2/2/1036下。

《古誌新目初編》1/15a，《新編》2/18/13699上。

《蒿里遺文目錄》2（1）/6a，《新編》2/20/14946下。

《漢魏南北朝墓誌集釋》9/108a，《新編》3/3/249。

《墓誌徵存目錄》卷1，《羅振玉學術論著集》第五集，584頁。

《洛陽出土石刻時地記》隋代開皇018，52頁。

《六朝墓誌檢要》（修訂本）246頁。

《隋代墓誌銘彙考》5冊420—421頁。

《北朝隋代墓誌所在總合目錄》編號1881。

趙振華：《近代洛陽復刻偽造墓誌述略》引郭玉堂《偽造石刻錄》，《洛陽銘刻文獻研究》773 頁。（偽刻）

備考：郭玉堂《偽造石刻錄》云其偽造，因未見原書，諸家又皆以其為真品，故暫附此。

### 大業 388
**陳雄暨妻馮氏墓誌**

大業十三年（617）卒於家館，以其年十二月十九日合葬蔭城村東一里。山西長治縣蔭城鎮蔭城村出土，石存長治縣文博館。誌拓片長、寬均 50 釐米。文 20 行，滿行 20 字，正書。

著錄：

《隋唐五代墓誌匯編·山西卷》6 頁。（圖）

《隋代墓誌銘彙考》5 冊 422—424 頁。（圖、文、跋）

《全隋文補遺》5/369 下—370 上。（文）

《北朝隋代墓誌所在總合目錄》編號 1882。（目）

### 大業 389
**宮人□□墓誌銘**

大業十三年（617）□月。河南洛陽出土。正書。

碑目著錄：

《石刻名彙》第一編"誌銘類補遺"2a，《新編》2/2/1136 下。

### 大業 390
**張琰妻王法愛磚誌**

又名：王法受墓誌。大業年間（605—618）□月十日葬於河南郡洛陽縣北邙山之陽。河南洛陽出土，曾歸建德周進。誌高 37、寬 17 釐米。兩面刻：正面 1 行 5 字，題"元公女墓誌"，代替蓋。背面 12 行，行約 39 字，可辨 200 餘字。均正書。首題：大隋金紫光祿大夫潭州總管江都郡通守張府君第四息琰妻王氏墓誌銘并序。

著錄：

《漢魏南北朝墓誌集釋》圖版六一一之二，《新編》3/4/378。（圖）

《中國古代磚刻銘文集》上、下冊編號 1135。（圖、文）

《隋代墓誌銘彙考》6 冊 2—5 頁。（圖、文、跋）

《全隋文補遺》5/370 上—下。（文）

《漢魏南北朝墓誌集釋》11/118b - 119a,《新編》3/3/270 - 271。（跋）

《石刻題跋索引》163 頁右,《新編》1/30/22501。（目）

《古誌新目初編》1/20a,《新編》2/18/13701 下。（目）

《歷代墓誌銘拓片目錄》50 頁。（目）

《六朝墓誌檢要》（修訂本）246 頁。（目）

《北朝隋代墓誌所在總合目錄》編號 1883。（目）

備考：磚正面的"元公女磚誌"當為一人,而背面磚誌可能為另一人,故單獨著錄。

### 大業 391

王威猛墓誌

大業中立（605—618）。陝西醴泉縣出土。正書。

碑目著錄：

《集古錄目》4/8b,《新編》1/24/17964 下。

《寶刻叢編》9/1a,《新編》1/24/18243 上。

《金石彙目分編》12（1）/110b,《新編》1/28/21331 下。

《石刻題跋索引》163 頁右,《新編》1/30/22501。

《石刻名彙》3/30a,《新編》2/2/1040 上。

《古誌彙目》1/14b、15b,《新編》3/37/32、34。

《六藝之一錄》62/16b,《新編》4/5/128 下。

《六朝墓誌檢要》（修訂本）247 頁。

《隋代墓誌銘彙考·存目》173 頁。

《北朝隋代墓誌所在總合目錄》編號 1884。

### 大業 392

□君墓誌

又名：隋楊（或陽）城石碣。大業年間（605—618）,原在寧晉縣。"楊城"即縣址,非人名。

碑目題跋著錄：

（光緒）《畿輔通志·金石十五》152/33b，《新編》2/11/8660 上。附《州志》。

《京畿金石考》卷下/18b，《新編》2/12/8776 下。

《畿輔待訪碑目》卷上/4a，《新編》2/20/14802 下。

《隋代墓誌銘彙考·存目》6 冊 174 頁。

《北朝隋代墓誌所在總合目錄》編號 1885。

## 大業 393

### 張文詡碑

又名：張先生碑。大業中（605—618）。在蒲州府永濟縣。

碑目題跋著錄：

《金石彙目分編》11/32b，《新編》1/28/21243 下。

《佩文齋書畫譜·金石》62/16b 上，《新編》3/2/59 上。

（光緒）《山西通志·金石記二》90/35b，《新編》3/30/349 上。

《六藝之一錄》62/12a–b，《新編》4/5/126 下。

備考：張文詡，《隋書》卷七七、《北史》卷八八有傳。

## 大業 394

### 臨安令□□墓塼

大業年間（605—618）。正書。

碑目著錄：

《石刻名彙》12/208b，《新編》2/2/1132 上。

《隋代墓誌銘彙考·存目》6 冊 175 頁。

《北朝隋代墓誌所在總合目錄》編號 1886。

# 隋朝無年號

## 無年號 001

### 趙樂墓誌

隋（581—618）。1930 年（一說 1926 年）洛陽城北前海資村出土。

碑目著錄：

《洛陽出土石刻時地記》隋代大業 100，67 頁。

《六朝墓誌檢要》（修訂本）247 頁。

《隋代墓誌銘彙考・存目》6 冊 177 頁。

《北朝隋代墓誌所在總合目錄》編號 1890。

### 無年號 002

□敏字懷文墓誌

隋（581—618）。1920 年洛陽東北大馬村出土，曾歸鄞縣馬叔平，後存西湖博物館。朱書。

碑目著錄：

《洛陽出土石刻時地記》隋代大業 101，67 頁。

《六朝墓誌檢要》（修訂本）247 頁。

《隋代墓誌銘彙考・存目》6 冊 178 頁。

《北朝隋代墓誌所在總合目錄》編號 1891。

### 無年號 003

上儀同楊緒墓誌

隋（581—618）。許善心撰序，虞世基銘，傳為歐陽詢書。陝西咸陽縣出土。

碑目題跋著錄：

《金石錄》3/8a,《新編》1/12/8815 下。

《通志・金石略》卷中/3b,《新編》1/24/18039 上。

《寶刻叢編》8/43a,《新編》1/24/18239 上。

《寶刻類編》1/18a,《新編》1/24/18415 下。

《金石彙目分編》12（1）/77a,《新編》1/28/21315 上。

《石刻題跋索引》163 頁右,《新編》1/30/22501。

《佩文齋書畫譜・金石》62/17b 下,《新編》3/2/59 下。

《古誌彙目》1/12b、15b,《新編》3/37/28、34。

《六藝之一錄》62/13b,《新編》4/5/127 上。

《六朝墓誌檢要》（修訂本）247 頁。

《隋代墓誌銘彙考・存目》6 冊 179 頁。

《北朝隋代墓誌所在總合目錄》編號1893。

**無年號004**

石輔益磚誌

隋（581—618）。周保定四年（564）卒，保定五年（565）三月葬。原歸浙江吳興張氏，今佚。磚高、廣各一尺三寸八分。文正書，12行，行14字。首題：随故薩海石府君墓誌銘并序。魯迅認為：原磚可能有殘泐，僅存保定五年葬，又稱"隋"，當最後葬於隋代，故歸入隋。

錄文著錄：

《魯迅輯校石刻手稿·墓誌》下冊130頁。

《北山集古錄》卷一，《北山金石錄》上冊389—390頁。

碑目題跋著錄：

《石刻名彙》3/29b，《新編》2/2/1039下。

《崇雅堂碑錄補》1/16a，《新編》2/6/4558下。

《求恕齋碑錄》，《新編》3/2/527下。

《北山集古錄》卷一，《北山金石錄》上冊389—390頁。

《隋代墓誌銘彙考·存目》6冊180頁。

《漢魏六朝碑刻校注·總目提要》編號2384。

《北朝隋代墓誌所在總合目錄》編號1043、1894。

**無年號005**

刺史竇宗墓碣

隋（581—618）。原在直隸磁縣，今佚。正書。

碑目題跋著錄：

《金石彙目分編》3（2）/78a，《新編》1/27/20731下。

《石刻名彙》3/29b，《新編》2/2/1039下。

（光緒）《畿輔通志·金石十一》148/66a，《新編》2/11/8540下。

（光緒）《重修廣平府志·金石略下》36/6b，《新編》3/25/132下。

《隋代墓誌銘彙考·存目》6冊181頁。

《北朝隋代墓誌所在總合目錄》編號1895。

**無年號 006**

居士陳君墓誌

隋（581—618）。正書。

碑目著錄：

《石刻名彙》3/29b，《新編》2/2/1039 下。

《隋代墓誌銘彙考・存目》6 冊 183 頁。

《北朝隋代墓誌所在總合目錄》編號 1896。

**無年號 007**

江州刺史戴希廉墓誌

隋（581—618）。子崿書。正書。

碑目著錄：

《石刻名彙》3/29b，《新編》2/2/1039 下。

《古誌彙目》1/15b，《新編》3/37/34。

《隋代墓誌銘彙考・存目》6 冊 184 頁。

《北朝隋代墓誌所在總合目錄》編號 1897。

**無年號 008**

許君妻宋氏墓誌

隋（581—618）。正書。

碑目著錄：

《石刻名彙》3/30a，《新編》2/2/1040 上。

《古誌彙目》1/15b，《新編》3/37/34。附《隋唐石刻補遺》。

《隋代墓誌銘彙考・存目》6 冊 185 頁。

《北朝隋代墓誌所在總合目錄》編號 1898。

**無年號 009**

洺州□□法師記

隋（581—618）。原在河南安陽寶山，今佚。文正書，21 行，拓作兩紙。一紙存 21 行，行 9 至 12 字不等；一紙存 15 行，行 9 字。

碑目題跋著錄：

《石刻名彙》3/30a，《新編》2/2/1040 上。

《河朔金石待訪目》3a，《新編》2/12/9014 上。

《河朔新碑目》中卷/8a，《新編》3/35/574 下。

《隋代墓誌銘彙考・存目》6 冊 186 頁。

《增補校碑隨筆》（修訂本）242 頁。

《北朝隋代墓誌所在總合目錄》編號 1899。

**無年號 010**

寇君墓誌

隋（581—618）。湖北沔陽黃氏藏拓本。正書。

碑目著錄：

《石刻名彙》3/30a，《新編》2/2/1040 上。

《隋代墓誌銘彙考・存目》6 冊 187 頁。

《北朝隋代墓誌所在總合目錄》編號 1900。

**無年號 011**

北絳公姚察妻蕭氏墓誌

又名：北絳公夫人蕭氏墓誌。隋（581—618）。在陝西西安府。

碑目題跋著錄：

《通志・金石略》卷中/1a，《新編》1/24/18038 上。

《金石彙目分編》12（1）/24b，《新編》1/28/21288 下。

《天下金石志》6/4，《新編》2/2/832 下。

《墨華通考》卷 10，《新編》2/6/4407 上。

《古今碑帖考》14a，《新編》2/18/13169 下。

《佩文齋書畫譜・金石》62/18a 上，《新編》3/2/60 上。

《古誌彙目》1/10b、15b，《新編》3/37/24、34。

《西安碑目・西安府》，《新編》3/37/263 上。

《金石備攷・西安府》，《新編》4/1/29 上。

《六藝之一錄》62/16b，《新編》4/5/128 下。

《墨池篇》6/9a，《新編》4/9/671 上。

《隋代墓誌銘彙考・存目》6 冊 189 頁。

《北朝隋代墓誌所在總合目錄》編號 1770。

**無年號 012**

董康生妻墓記磚

隋（581—618）。1996 年在河南滎陽市區東北、河陰路北段路東計委住宅樓發掘出土。尺寸不詳。磚 2 塊，皆正書，一正面刻字，1 行 4 字；一正、背面刻字，各 1 行 4 字。

著錄：

《中國古代磚刻銘文集》上、下冊編號 1053。（圖、文）

《北朝隋代墓誌所在總合目錄》編號 1194。（目）

論文：

鄭州市文物考古研究所等：《鄭州市幾座隋墓的發掘》，《中原文物》1997 年第 3 期。

**無年號 013**

景城令蕭瑤南墓誌

隋（581—618）。

碑目著錄：

《隋代墓誌銘彙考・存目》6 冊 190 頁。附《獻縣志》。

《北朝隋代墓誌所在總合目錄》編號 1902。

**無年號 014**

韓擒虎母□氏墓誌

隋（581—618）。明隆慶初河南滑縣城東南三十里橫村寨北門內古塚出土。

碑目著錄：

（民國）《重修滑縣縣志・金石》1/14a，《新編》3/29/26 下。

《隋代墓誌銘彙考・存目》6 冊 191 頁。

《北朝隋代墓誌所在總合目錄》編號 1903。

**無年號 015**

嚴君磚誌

隋（581—618）。

碑目著錄：

《石刻題跋索引》685 頁右引《三邕翠墨簃題跋》,《新編》1/30/23023。

《隋代墓誌銘彙考・存目》6 冊 193 頁。

《北朝隋代墓誌所在總合目錄》編號 1905。

### 無年號 016

息州長史崔志暨妻趙氏刁氏墓誌

隋（581—618）。河南洛陽出土,石存中國國家博物館。

碑目著錄:

《隋代墓誌銘彙考・存目》6 冊 192 頁。

《北朝隋代墓誌所在總合目錄》編號 1904。

### 無年號 017

涿郡崔氏磚誌

隋（581—618）。

碑目著錄:

《石刻題跋索引》685 頁右引《三邕翠墨簃題跋》,《新編》1/30/23023。

《隋代墓誌銘彙考・存目》6 冊 194 頁。

《北朝隋代墓誌所在總合目錄》編號 1906。

### 無年號 018

馬邑大令南廬臨公劉君墓誌

隋（581—618）。河南洛陽出土,石存新安縣千唐誌齋博物館。

碑目題跋著錄:

《隋代墓誌銘彙考・存目》6 冊 195 頁。

### 無年號 019

德陽公梁君碑

隋（581—618）。卒於京第,葬於九嵕山。碑在醴泉縣昭陵墓田之內,一云在醴泉縣叱干村。碑之長短廣狹及行字數不詳。碑額篆書,額題:大隋柱國德陽公之碑。

錄文著錄:

《關中石刻文字新編》1/25a – 27a，《新編》1/22/16905 – 16909。
《金石萃編補遺》1/56a – 60a，《新編》2/2/1522 下—1524 下。
《昭陵碑考》11/1b – 5b，《新編》2/15/10911 上—10913 上。
《全隋文補遺》2/76 上—77 下。
碑目題跋著錄：
《集古求真續編》2/10b – 11a，《新編》1/11/8725 下—8726 上。
《陝西金石志》7/18b，《新編》1/22/16453 下。
《藝風堂金石文字目》2/45b，《新編》1/26/19556 上。
《金石彙目分編》12（1）/108b，《新編》1/28/21330 下。
《石刻題跋索引》39 頁左，《新編》1/30/22377。
《關中金石文字存逸考》8/1a – 2b、12/1a，《新編》2/14/10537 上—下、10637 上。
《昭陵碑考》11/5b – 7a，《新編》2/15/10913 上—10914 上。
淑德大學《中國石刻拓本目錄》"碑碣等刻石"編號 569。

### 無年號 020

淮陽王□君墓誌

隋（581—618）。拓本長 30、寬 20 釐米。文殘存 9 行，行約 14 字。
碑目著錄：
《隋代墓誌銘彙考·存目》6 冊 197 頁。
《北朝隋代墓誌所在總合目錄》編號 1908。誤作"淮南王"。

### 無年號 021

幽州總管陰壽墓誌

隋（581—618）。2003 年在陝西省西安市長安縣郭杜鎮出土。未見拓本。
論文：
韓昇：《從〈陰雲墓誌〉論周隋之際的政局》，《碑林集刊》第 15 輯，2009 年。（節文）
韓昇：《新發現隋代陰壽の墓誌》，《汲古》56，汲古書院 2009 年版。
備考：陰壽，《北史》卷七三、《隋書》卷三九有傳。

**無年號 022**

韋國成妻獨孤氏墓誌

隋（581—618）。西安市長安縣出土。首題：大隋使持節開府儀同三司鄖國公韋國成妻鄖國夫人獨孤氏墓誌。

碑目著錄：

《隋代墓誌銘彙考·存目》6 冊 199 頁。

《北朝隋代墓誌所在總合目錄》編號 1909。

**無年號 023**

光天寺大比丘尼普相法師灰身塔記

隋（581—681）。河南安陽寶山。正書。

碑目題跋著錄：

《石刻名彙》3/30a，《新編》2/2/1040 上。

《崇雅堂碑錄補》1/16a，《新編》2/6/4558 下。

《河朔訪古新錄》2/6b，《新編》2/12/8896 下。

《河朔金石目》2/7b，《新編》2/12/8963 上。

《河朔新碑目》上卷/5b、中卷/9a，《新編》3/35/558 上、575 上。

**無年號 024**

王成墓誌

隋（581—618）。終於河南郡雒陽縣弘藝里，葬於芒山之陽，漢陵之右，1928 年洛陽城北鄭凹村出土，于右任舊藏，今存西安碑林博物館。誌高、寬均 32 釐米。文正書，18 行，滿行 18 字。

圖版著錄：

《漢魏南北朝墓誌集釋》圖版五二四，《新編》3/4/276。

《北京圖書館藏中國歷代石刻拓本匯編》10 冊 167 頁。

《隋唐五代墓誌匯編·洛陽卷》1 冊 178 頁。

《鴛鴦七誌齋藏石》圖 170。

《洛陽出土歷代墓誌輯繩》56 頁。

《西安碑林全集》73/1921—1926。

《隋代墓誌銘彙考》6 冊 6 頁。

錄文著錄：

《全隋文補遺》2/106 上—下。

《隋代墓誌銘彙考》6 冊 7—8 頁。

碑目題跋著錄：

《石刻題跋索引》163 頁右，《新編》1/30/22501。

《漢魏南北朝墓誌集釋》9/108a，《新編》3/3/249。

《墓誌徵存目錄》卷 1，《羅振玉學術論著集》第五集，583 頁。

《洛陽出土石刻時地記》隋代開皇 006，50 頁。

《六朝墓誌檢要》（修訂本）247 頁。

《隋代墓誌銘彙考》6 冊 8 頁。

《碑帖鑒定》210 頁。

《北朝隋代墓誌所在綜合目錄》編號 1253。

備考：《西安碑林全集》作"唐貞觀八年（643）"，然誌文只有隋代年號，故暫從隋。

### 無年號 025

靈裕法師灰身塔記

隋（581—618）。河南安陽縣寶山。正書。

碑目題跋著錄：

《石刻名彙》3/30a，《新編》2/2/1040 上。

《崇雅堂碑錄補》1/16b，《新編》2/6/4558 下。

《河朔訪古新錄》2/8a，《新編》2/12/8897 下。

《河朔金石目》2/6a，《新編》2/12/8962 下。

《河朔新碑目》上卷/5b、中卷/8a，《新編》3/35/558 上、574 下。

### 無年號 026

誠敬夫人冼氏廟碑

又名：譙國夫人廟碑。卒於隋仁壽初年，立碑時間不詳，附隋代（581—618）。在高州。

碑目題跋著錄：

《金石彙目分編》17/41a，《新編》1/28/21554 上。

（道光）《廣東通志·金石略》200/12a,《新編》3/20/417 下。附《輿地紀勝》。

（道光）《重修電白縣志·金石》15/1a－b,《新編》3/22/333 上。

（光緒）《化州志·金石錄》12/41b,《新編》3/22/339 下。

備考：譙國夫人冼氏,《隋書》卷八〇有傳。

**無年號 027**

譙國夫人冼氏墓碑

隋（581—618）。嘉慶二十三年出土。碑佚，龜趺猶存。在縣北山兜娘娘廟旁。譙國夫人即冼夫人。

碑目題跋著錄：

《金石彙目分編》17/41a,《新編》1/28/21554 上。

（道光）《重修電白縣志·金石》15/1b－2a,《新編》3/22/333 上—下。

備考：《金石彙目分編》作梁朝，誤。譙國夫人冼氏,《隋書》卷八〇有傳。

**無年號 028**

齊開府參軍事張君墓誌蓋

隋（581—618）。河南洛陽出土。蓋拓片高、寬均 40 釐米。蓋篆書，3 行，行 3 字。蓋題：齊開府參軍事張君銘。

碑目著錄：

《北京大學圖書館藏歷代墓誌拓片目錄》編號 01029。

**無年號 029**

李行之墓誌

隋（581—618）。

著錄：

《全隋文》20/7a,《全文》4 冊 4134 上。（文）

《隋代墓誌銘彙考》6 冊 9 頁。（文、跋）

《北朝隋代墓誌所在總合目錄》編號 1888。（目）

備考：李行之,《北史》卷一〇〇有傳，其事又附《北齊書》卷二九

《李璵傳》。

**無年號 030**

隋劉家闞殘碑

隋（581—618）。在宿州。

碑目題跋著錄：

《安徽金石略》7/5a，《新編》1/16/11738 上。

《金石彙目分編》5/46a，《新編》1/27/20812 下。

**無年號 031**

慧休塔頌

隋（581—618）。安陽縣。文正書，5 行，前行 2 字，後 4 行各 18 字。

碑目題跋著錄：

《河朔訪古新錄》2/6b，《新編》2/12/8896 下。

《增補校碑隨筆》（修訂本）242 頁。

備考：《校碑隨筆》中有"塔頌"，在河南寶山，可能是《河朔訪古新錄》中的"慧休塔頌"，故附此。

**無年號 032**

釋慧海旌德碑

隋（581—618）。王睿撰。碑在揚州。

碑目題跋著錄：

（嘉慶）《重修揚州府志·金石志》64/1b，《新編》3/6/303 上。

（雍正）《江都縣志·碑目》30/28a，《新編》3/6/317 上。

（乾隆）《甘泉縣志·碑碣》16/3b，《新編》3/6/418 上。

（光緒）《增修甘泉縣志·碑碣志》22/3b，《新編》3/6/468 上。

**無年號 033**

釋慧覺紀行碑

隋（581—618）。虞世南撰。

碑目題跋著錄：

（嘉慶）《重修揚州府志》64/1b，《新編》3/6/303 上。

（雍正）《江都縣志·碑目》30/28a，《新編》3/6/317 上。

（乾隆）《甘泉縣志·碑碣》16/3b，《新編》3/6/418 上。

（光緒）《增修甘泉縣志·碑碣志》22/3b – 4a，《新編》3/6/468 上—下。

### 無年號 034

田真墓碑

隋（581—618）。兗州府陽穀縣城東北十五里。

碑目題跋著錄：

《金石彙目分編》10（2）/44b，《新編》1/28/21162 下。

《墨華通考》卷 8，《新編》2/6/4391 上。

《山左碑目》2/17b，《新編》2/20/14847 上。

### 無年號 035

明慶寺尚禪師碑

又名：鍾山尚法師碑、明慶寺尚禪師碑銘。隋（581—618），或作南朝陳（557—589），暫置隋。江總撰。

錄文著錄：

《藝文類聚》卷 76，下冊 1310 頁。

《全隋文》11/7b，《全文》4 冊 4076 上。

《江令君集》1/25a，《漢魏六朝百三名家集》5 冊 237 上。

碑目題跋著錄：

《江寧金石待訪目》1/11a，《新編》1/13/10135 上。

《金石彙目分編》4/6b，《新編》1/27/20762 下。

（嘉慶）《重刊江寧府志·金石》53/5a，《新編》3/5/29 下。

（同治）《上江兩縣志·藝文下》12 下/4b，《新編》3/5/112 下。

《金陵古金石考目》5b，《新編》3/35/503 上。

《漢魏六朝墓銘纂例》3/17b，《新編》3/40/458 上。

### 無年號 036

感應禪師碑

隋（581—618）。在京城西。

碑目題跋著錄：

（光緒）《畿輔通志·金石一》138/27a－b，《新編》2/11/8188 上。附《青溪漫稿》《帝京景物略》。

**無年號 037**

*房彥謙德政碑*

隋（581—618）。在許州長葛縣。

碑目題跋著錄：

《中州金石考》2/11a，《新編》1/18/13683 上。

《金石彙目分編》9（1）/49a、10（3）/36b，《新編》1/28/20948 上、21196 下。

《中州金石目錄》2/23a，《新編》2/20/14703 上。

《山左碑目》4/15b，《新編》2/20/14871 上。

《佩文齋書畫譜·金石》62/17b 下，《新編》3/2/59 下。

《六藝之一錄》62/12b，《新編》4/5/126 下。

備考：房彥謙，《北史》卷三九、《隋書》卷六六有傳。《中州金石目錄》著錄為"房彥碑"，從地點"長葛"來看，當是"房彥謙"，可能漏"謙"字，故合併著錄。

**無年號 038**

*玉泉寺智禪師碑*

隋（581—618）。當陽令皇甫昆撰。在玉泉山當陽縣西三十里。

錄文著錄：

（民國）《湖北通志·金石志》3/37b－40b，《新編》1/16/11992 上—11993 下。

（嘉慶）《湖北通志·金石一》88/43b－47b，《新編》3/13/24 上—26 上。

《續古文苑》16/24a－28a，《新編》4/2/249 下—251 下。

碑目題跋著錄：

《金石彙目分編》14/14a，《新編》1/28/21389 下。

《石刻題跋索引》39 頁左，《新編》1/30/22377。

（嘉慶）《湖北通志·金石一》88/47b－48a，《新編》3/13/26 上—下。

**無年號 039**

梁明達墓誌并蓋

永隆二年（618）十一月七日葬。內蒙古烏審旗納林河鄉背鍋沙村出土，石存榆林市文管會。誌石長 60、寬 58、厚 13 釐米。蓋高、寬均 56、厚 15 釐米。誌文 16 行，滿行 17 字，正書。蓋 3 行，行 4 字，正書。首題：永隆二年歲次己卯十一月丙寅朔七日壬申故上柱國杞國公杜義總管梁明達墓誌；蓋題：上柱國杞國公總管梁明達誌。

著錄：

《隋代墓誌銘彙考》6 冊 12—13、15 頁。（圖、文、跋）

《榆林碑石》21 頁（圖）、207 頁（文）。

**無年號 040**

蕭球妻袁客仁墓誌

隋（581—618）。河南洛陽出土，京師歷史博物館舊藏。文 21 行，滿行 21 字，正書。首題：梁太子洗馬秘書丞仁化侯隨博州深澤縣令蕭公夫人袁氏墓誌銘并序。《隋代墓誌銘彙考》疑其為唐代墓誌，暫附此。

著錄：

《隋代墓誌銘彙考‧存疑》6 冊 74—76 頁。（圖、文、跋）

《石刻名彙》3/30a，《新編》2/2/1040 上。（目）

《崇雅堂碑錄補》1/16a，《新編》2/6/4558 下。（目）

《六朝墓誌檢要》（修訂本）248 頁。（目）

《北朝隋代墓誌所在總合目錄》編號 1889。（目）

備考：《六朝墓誌檢要》（修訂本）"袁客仁"誤作"袁蓉仁"。

**無年號 041**

韋操墓誌

隋（581—618）。西安市長安縣出土。首題：隋使持節開府陳沈貳州刺史鄖國靜公墓誌銘；蓋題：大隋開府陳沈貳州刺史鄖國靜公墓誌銘。

碑目著錄：

《隋代墓誌銘彙考‧存目》6 冊 200 頁。

《北朝隋代墓誌所在總合目錄》編號 1910。

**無年號 042**
韋操妻楊氏墓誌

隋（581—618）。西安市長安縣出土。首題：隋故上開府儀同三司沈州刺史鄘靜公妻楊夫人墓誌文；蓋題：隋故沈州刺史韋使君妻楊夫人墓誌文。

碑目著錄：

《隋代墓誌銘彙考・存目》6 冊 201 頁。

《北朝隋代墓誌所在總合目錄》編號 1911。

**無年號 043**
韋辟邪墓誌

隋（581—618）。西安市長安縣出土。首題：隋故尚衣奉御朝請大夫□□公韋辟邪墓誌銘。

碑目著錄：

《隋代墓誌銘彙考・存目》6 冊 202 頁。

《北朝隋代墓誌所在總合目錄》編號 1912。

**無年號 044**
司農陳暄墓誌

隋（581—618）。江總撰。

錄文著錄：

《藝文類聚》卷 49，上冊 886 頁。

《全隋文》11/6b，《全文》4 冊 4075 下。

《江令君集》2/14b，《漢魏六朝百三名家集》5 冊 244 上。

碑目題跋著錄：

《漢魏六朝墓銘纂例》3/18a，《新編》3/40/458 下。

**無年號 045**
懷公□君妻達奚氏墓誌

隋（581—618）。西安市長安縣出土。首題：隋故河南懷公夫人達奚氏墓誌；蓋題：大隋柱國河南懷公夫人達奚氏之墓誌。

碑目著錄：

《隋代墓誌銘彙考·存目》6 冊 203 頁。

《北朝隋代墓誌所在総合目録》編號 1913。

### 無年號 046

李晃墓誌

隋（581—618）。西安市長安縣出土。首題：隋渭州刺史大將軍流江公李晃墓誌銘。

碑目著錄：

《隋代墓誌銘彙考·存目》6 冊 204 頁。

《北朝隋代墓誌所在総合目録》編號 1914。

### 無年號 047

容璨大師碑

隋（581—618）。薛道衡撰。在安慶府潛山縣。

碑目題跋著錄：

《安徽金石略》1/1a，《新編》1/16/11645 上。

《金石彙目分編》5/2a，《新編》1/27/20790 下。

### 無年號 048

秦州都督陸杳碑

隋（581—618），北齊武平年間卒於州館，某月日殯於故里之第。李德林撰。

錄文著錄：

《全隋文補遺》引《文館詞林》卷四五九，1/13 上—14 下。

備考：陸杳，《魏書》卷四〇、《北史》卷二八有傳。

### 無年號 049

涂州刺史寧遠將軍程超碑

隋（581—618）。在封丘縣西北十六里墓下。

碑目題跋著錄：

《寶刻叢編》1/20a，《新編》1/24/18089 下。

《金石彙目分編》9（2）/36b，《新編》1/28/20971 下。

《石刻題跋索引》39 頁左，《新編》1/30/22377。

**無年號 050**

隋河北道大總管王聃子碑

隋（581—618）。舊在臨晉縣北二十里耽子村。

碑目題跋著錄：

《金石彙目分編》11/37a，《新編》1/28/21246 上。

（光緒）《山西通志·金石記二》90/36a，《新編》3/30/349 下。

**無年號 051**

淮南公墓碑

隋（581—618）。在葉縣。

碑目題跋著錄：

《中州金石考》8/12a，《新編》1/18/13740 下。

《中州金石目錄》2/23a，《新編》2/20/14703 上。

**無年號 052**

司隸從事李德饒墓碑

隋（581—618）。贊皇縣邢郭村。

碑目題跋著錄：

《金石彙目分編》3（2）/29b，《新編》1/27/20707 上。

（光緒）《畿輔通志·金石九》146/31a–b，《新編》2/11/8461 上。

《京畿金石考》卷下/9a，《新編》2/12/8772 上。

《畿輔待訪碑目》卷上/4a，《新編》2/20/14802 下。

備考：李德饒，《北史》卷三三、《隋書》卷七二有傳。

**無年號 053**

章仇禹生碑

隋（581—618）。

碑目題跋著錄：

《語石》4/2b，《新編》2/16/11918 下。

## 無年號 054
元公女墓誌磚

無年月，因其背面為隋"王法愛磚誌"，故暫附隋（581—618）。磚高 37、寬 17 釐米。1 行 5 字，正書。題云：元公女墓誌。

著錄：

《漢魏南北朝墓誌集釋》圖版六一一之一，《新編》3/4/377。（圖）

《隋代墓誌銘彙考》6 冊 1、3 頁。（圖、文）

《中國古代磚刻銘文集》上、下冊編號 1135。（圖、文）

《漢魏南北朝墓誌集釋》11/118b－119a，《新編》3/3/270－271。（跋）

《蒿里遺文目錄補遺》11b，《新編》2/20/15001 上。（目）

《六朝墓誌檢要》（修訂本）246 頁。（目）

## 無年號 055
朗法禪師碑

隋（581—618）。漢中府鳳縣。

碑目題跋著錄：

《輿地碑記目·鳳州碑記》4/38b，《新編》1/24/18578 下。

《金石彙目分編》12（2）/52a，《新編》1/28/21361 下。

## 無年號 056
索法師清德碑

又名：索靖法師精行清德碑。隋（581—618）。在敦煌縣鄉賢祠內。

碑目題跋著錄：

《金石錄補》25/18a，《新編》1/12/9123 下。

（光緒）《甘肅新通志·藝文志》92/4a，《新編》3/32/178 上。

## 無年號 057
神尼□□塔記

隋（581—618）。在甘肅天水麥積山。

碑目題跋著錄：

《隴右金石錄》1/57b，《新編》1/21/15981 上。

《金石彙目分編》13/10a，《新編》1/28/21377 下。

**無年號 058**

司隸大夫贈臨河縣公□□碑

隋（581—618）。在絳州。

碑目題跋著錄：

《通志·金石略》卷中/1b，《新編》1/24/18038 上。

《金石彙目分編》11/48a，《新編》1/28/21251 下。

《墨華通考》卷9，《新編》2/6/4399 下。

《佩文齋書畫譜·金石》62/18a 上，《新編》3/2/60 上。

**無年號 059**

陳居士墓誌

又名：陳居士塔銘。隋（581—618）。正書。

碑目著錄：

《石刻名彙》3/29b，《新編》2/2/1039 下。

《古誌彙目》1/13b，《新編》3/37/30。

**無年號 060**

建初寺瓊法師碑

隋（581—618）。江總撰。

錄文著錄：

《藝文類聚》卷76，下冊1310 頁。

《全隋文》11/7b－8a，《全文》4 冊4076 上—下。

《江令君集》1/24b－25a，《漢魏六朝百三名家集》5 冊 236 下—237 上。

碑目題跋著錄：

《漢魏六朝墓銘纂例》3/17b，《新編》3/40/458 上。

**無年號 061**

尚書薛道實碑

隋（581—618）。舊在臨晉縣北四十里平宜村。八分書。

碑目題跋著錄：

《金石彙目分編》11/36b，《新編》1/28/21245 下。

（光緒）《山西通志·金石記二》90/35b－36a，《新編》3/30/349 上一下。

備考：薛道實，《北史》卷三六附《薛孺傳》、《隋書》卷五七附《薛道衡傳》。

**無年號 062**

縣令梁執威德政碑

隋（581—618）。在絳州。

碑目題跋著錄：

《通志·金石略》卷中/1b，《新編》1/24/18038 上。

《金石彙目分編》11/48a，《新編》1/28/21251 下。

《墨華通考》卷9，《新編》2/6/4399 下。

《佩文齋書畫譜·金石》62/18a 上，《新編》3/2/60 上。

《六藝之一錄》62/11a，《新編》4/5/126 上。

**無年號 063**

臨安令□□墓磚

隋（581—618）。出烏程，浙江歸安陸心源舊藏。長九寸五分，厚一寸六分。計7字。

著錄：

《千甓亭磚錄》5/19a－b，《歷代陶文研究資料選刊》上冊481—482頁。（文、跋）

備考：其與"大業394"的"臨安令□□墓磚"可能為同一方墓誌，但後者著錄時間為"大業間"，故暫單列。

**無年號 064**

諸山明公殘記

隋（581—618）。安陽縣寶山。正書。

碑目題跋著錄：

《河朔訪古新錄》2/8a，《新編》2/12/8897 下。

《河朔新碑目》中卷/9a，《新編》3/35/575 上。

### 無年號 065
楊君讓墓碑

隋（581—618）。在順天府良鄉縣。

碑目題跋著錄：

《金石彙目分編》1/10b，《新編》1/27/20662 下。

（光緒）《畿輔通志・金石三》140/1a，《新編》2/11/8245 上。

《京畿金石考》卷上/16a，《新編》2/12/8753 下。

（光緒）《順天府志・金石志二》128/10a，《新編》2/12/8818 下。

### 無年號 066
楊將軍墓碑

隋（581—618）。在州西十里（階州成縣），刻於將軍墓側。今佚。

碑目題跋著錄：

《隴右金石錄》1/59b，《新編》1/21/15982 上。附《新通志稿》。

《輿地碑記目・成州碑記》4/38a，《新編》1/24/18578 下。

《金石彙目分編》13/9a，《新編》1/28/21377 上。

《佩文齋書畫譜・金石》62/18a 下，《新編》3/2/60 上。

### 無年號 067
梁王墓刻石

又名：梁王墓題字。隋（581—618）。山東嶧縣城西二十里梁王墓。正書。

碑目題跋著錄：

《山左金石志》10/41a－b，《新編》1/19/14493 上。

《石刻名彙》3/29b，《新編》2/2/1039 下。

《山左南北朝石刻存目》9a，《新編》2/20/14889 上。

### 無年號 068
朝津大師碑

隋（581—618）。

碑目題跋著錄：

《江寧金石待訪目》1/11b 引《建康志》，《新編》1/13/10135 上。

（至正）《金陵新志・碑碣》72/82b，《新編》3/5/7 下。

（嘉慶）《重刊江寧府志・金石》53/5b，《新編》3/5/29 下。

《江寧金石待訪錄》1/8b，《新編》3/5/86 下。

**無年號 069**

敬族碑

隋（581—618）。深州。

碑目題跋著錄：

《寶刻叢編》6/54a，《新編》1/24/18190 下。

《金石彙目分編》3（2）/43b，《新編》1/27/20714 上。

《石刻題跋索引》512 頁右，《新編》1/30/22850。

（光緒）《畿輔通志・金石十五》152/39b，《新編》2/11/8663 上。

《京畿金石考》卷下/18b，《新編》2/12/8776 下。

《畿輔待訪碑目》卷上/4a，《新編》2/20/14802 下。

備考：《畿輔待訪碑目》誤為"敬侯碑"。

**無年號 070**

洛州刺史趙昭公碑

隋（581—618）。裴肅撰。墓在蒲州府虞鄉縣五老原西北三十里。

碑目題跋著錄：

《金石彙目分編》11/38a，《新編》1/28/21246 下。

（光緒）《山西通志・金石記二》90/36a，《新編》3/30/349 下。

**無年號 071**

井陘令邢光秉清德頌

隋（581—618）。正定府井陘縣。

碑目題跋著錄：

《寶刻叢編》6/24a，《新編》1/24/18175 下。

《金石彙目分編》3（2）/19a，《新編》1/27/20702 上。

（光緒）《畿輔通志・金石八》145/18b，《新編》2/11/8422 下。

《京畿金石考》卷下/5a，《新編》2/12/8770 上。

《畿輔待訪碑目》卷上/4a，《新編》2/20/14802 下。

備考：《畿輔待訪碑目》"邢光乘"誤作"邢光盛"。

**無年號 072**

□持節都督定州□悅（字壽孫）殘碑

又名：土山殘碑。齊隋間，暫附隋（581—618）。衛輝府濬縣。隸書。

著錄：

《濬縣金石錄》卷上/4a–6a，《新編》2/14/10250 下—10251 下。（文、跋）

《金石彙目分編》9（2）/28a，《新編》1/28/20967 下。（目）

《石刻題跋索引》39 頁右，《新編》1/30/22377。（目）

**無年號 073**

□文亮碑殘石

隋（581—618）。在山東濰縣。正書。題名有法曹、士曹、禮曹。

碑目著錄：

《藝風堂金石文字目》2/45b，《新編》1/26/19556 上。

**無年號 074**

瀛洲刺史侯莫陳潁（穎）清德頌碑

隋（581—618）。河間府河間縣。

碑目著錄：

《金石彙目分編》3（2）/1b，《新編》1/27/20693 上。

備考：侯莫陳潁，《北史》卷六〇、《隋書》卷五五有傳。

**無年號 075**

滄州刺史令狐熙頌德碑

隋（581—618）。在滄州。

碑目題跋著錄：

《金石彙目分編》3（2）/6a，《新編》1/27/20695 下。

（光緒）《畿輔通志·金石六》143/55a，《新編》2/11/8371 上。

《佩文齋書畫譜·金石》62/17b 上，《新編》3/2/59 下。

《六藝之一錄》62/12b，《新編》4/5/126 下。

備考：令狐熙，《周書》卷三六、《北史》卷六七附《令狐整傳》；

《隋書》卷五六有傳。

### 無年號 076
韓公碑

隋（581—618）。在河北永年縣。

碑目題跋著錄：

《寶刻叢編》6/52a–b，《新編》1/24/18189 下。

《金石彙目分編》3（2）/70a，《新編》1/27/20727 下。

《石刻題跋索引》39 頁左，《新編》1/30/22377。

《京畿金石考》卷下/34a–b，《新編》2/12/8784 下。

《畿輔待訪碑目》卷上/4a，《新編》2/20/14802 下。

備考：《畿輔待訪碑目》將廣平府"永年縣"誤著為"永平縣"，其所著錄的時間"開皇八年"，不知何據？

### 無年號 077
魏州刺史楊文思德政碑

隋（581—618）。大名府元城縣。

碑目題跋著錄：

《金石彙目分編》3（2）/80a，《新編》1/27/20732 下。

（光緒）《畿輔通志·金石十二》149/2a，《新編》2/11/8548 下。附《明一統志》。

（民國）《大名縣志·金石》21/9a，《新編》3/24/624 上。

備考：楊文思，《北史》卷四一、《隋書》卷四八有傳。

### 無年號 078
尚書左丞郎茂碑

隋（581—618）。李百藥撰，張師丘書。在鎮州。

碑目題跋著錄：

《通志·金石略》卷中/1a，《新編》1/24/18038 上。

《墨華通考》1/14b，《新編》2/6/4297 下。

《佩文齋書畫譜·金石》62/18a 上，《新編》3/2/60 上。

《墨池篇》6/9a，《新編》4/9/671 上。

備考：郎茂，《北史》卷五五、《隋書》卷六六有傳。

**無年號 079**

武威太守樊子蓋碑

隋（581—618）。在涼州府武威縣。

碑目題跋著錄：

《金石彙目分編》13/13a，《新編》1/28/21379 上。

備考：樊子蓋，《北史》卷七六、《隋書》卷六三有傳。

**無年號 080**

吳興郡廬陵王□□德政碑

隋（581—618）。江總撰。

錄文著錄：

《藝文類聚》卷52，上冊948頁。

《全隋文》11/7a–b，《全文》4冊4076上。

《江令君集》1/18b，《漢魏六朝百三名家集》5冊233下。

碑目題跋著錄：

（雍正）《敕修浙江通志·湖州府》256/13b，《新編》3/7/77 上。

（天啓）《吳興備志·金石徵》24/1a，《新編》3/7/493 上。

**無年號 081**

田達墓誌

隋（581—618）。原在直隸任邱縣。正書。

碑目題跋著錄：

《石刻名彙》3/29b，《新編》2/2/1039 下。

（光緒）《畿輔通志·金石六》143/33b，《新編》2/11/8360 上。

《隋代墓誌銘彙考·存目》6冊182頁。

**無年號 082**

宋君碑額

隋（581—618）。

碑目著錄：

《崇雅堂碑錄》2/5b，《新編》2/6/4502 上。

### 無年號 083
索府君墓誌蓋

葬年不詳，推測為隋代（581—618）。蓋邊長 41 釐米，厚 7 釐米。蓋 2 行，行 3 字，正書。蓋題：索府君墓誌銘。

圖版著錄：

《西安新獲墓誌集萃》31 頁。

### 無年號 084
賀蘭寬墓誌蓋

又名：賀蘭使君墓誌蓋。隋（581—618）。陝西涇陽縣出土。久佚。篆書蓋題：大隋開府武始肅公賀蘭使君之墓誌。《關中金石文字存逸考》認為，當即賀蘭寬誌銘之蓋。

碑目題跋著錄：

《陝西金石志》7/19a，《新編》1/22/16454 上。

《石刻題跋索引》163 頁右，《新編》1/30/22501。

《關中金石文字存逸考》7/2a–b、11/29a，《新編》2/14/10517 下、10634 上。

《六朝墓誌檢要》（修訂本）248 頁。

《隋代墓誌銘彙考·存目》6 冊 205 頁。附《續修陝西通志金石稿》。

《北朝隋代墓誌所在總合目錄》編號 1924。

備考：賀蘭寬，《周書》卷二〇、《北史》卷六一附《賀蘭祥傳》。

### 無年號 085
鄭君誌蓋

隋（581—618）。1976 年 5 月江蘇省銅山縣茅村出土，存徐州博物館。蓋長 85、寬 75 釐米。蓋 4 行，行 4 字，正書。蓋題：大隋故右光祿大夫貝州使君鄭公之銘。

著錄：

《隋代墓誌銘彙考》6 冊 45—46 頁。（圖、文、跋）

《全隋文補遺》5/376 上。（文）

《北朝隋代墓誌所在總合目錄》編號 1915。（目）

論文：

徐州博物館：《江蘇銅山縣茅村隋墓》，《考古》1983 年第 2 期。

**無年號 086**

成公□誌蓋

隋（581—618），明嘉靖年間陝西同州出土。原存普照寺，今佚。蓋高、寬均 31.5 釐米。蓋 4 行，行 4 字，正書。蓋題：大隋同州儀同姑臧郡太守成公□□誌銘。

圖版著錄：

《漢魏南北朝墓誌集釋》圖版六一二，《新編》3/4/379。

《隋代墓誌銘彙考》6 冊 47 頁。

錄文著錄：

《八瓊室金石補正》28/12b，《新編》1/6/4447 下。

《全隋文補遺》5/376 上。

《隋代墓誌銘彙考》6 冊 48 頁。

碑目題跋：

《八瓊室金石補正》28/12b，《新編》1/6/4447 下。

《陝西金石志》7/19a，《新編》1/22/16454 上。

《藝風堂金石文字目》18/4a，《新編》1/26/19815 下。

《金石彙目分編》12（2）/5b，《新編》1/28/21338 上。

《石刻題跋索引》163 頁右，《新編》1/30/22501。

《石刻名彙》3/30a，《新編》2/2/1040 上。

《關中金石文字存逸考》8/17b－18a、12/4a，《新編》2/14/10545 上—下、10638 下。

《寰宇貞石圖目錄》卷上/8b，《新編》2/20/14675 上。

《蒿里遺文目錄》2（1）/9a，《新編》2/20/14948 上。

《漢魏南北朝墓誌集釋》11/119a，《新編》3/3/271。

（咸豐）《同州府志·金石志》26/37a，《新編》3/31/707 上。

（咸豐）《澄城縣志·金石上》20/4a，《新編》3/32/10 下。

《古誌彙目》1/15b，《新編》3/37/34。

《墓誌徵存目錄》卷1,《羅振玉學術論著集》第五集,595頁。

《六朝墓誌檢要》(修訂本) 248 頁。

《隋代墓誌銘彙考》6 冊 49 頁。

《北朝隋代墓誌所在總合目錄》編號 1916。

### 無年號 087

于君墓誌蓋

或作"王君誌蓋"。隋(581—618)。1960 年陝西省高陵縣姬家鄉年家村南 400 米處出土,曾歸陝西省高陵縣姬家鄉年家村村民年志清家,今存高陵縣文化館。蓋長、寬均 56 釐米,厚 7 釐米。蓋 4 行,行 4 字,篆書。蓋題:大隋使持節上儀同華陽公于史君墓誌。

著錄:

《高陵碑石》4 頁。(圖、跋)

《隋唐五代墓誌匯編·陝西卷》3 冊 12 頁。(圖)

《新中國出土墓誌·陝西(壹)》上冊 26 頁(圖)、下冊 23 頁(文)。

《隋代墓誌銘彙考》6 冊 50—51 頁。(圖、文、跋)

《北朝隋代墓誌所在總合目錄》編號 1917。(目)

### 無年號 088

于寔誌蓋

隋(581—618)。1949 年後陝西三原縣陵前鄉扣外村出土,舊藏三原縣城隍廟,今存三原縣博物館。蓋長 87、寬 86、厚 14 釐米。蓋 4 行,行 4 字,篆書。蓋題:大隋大左輔司空公上柱國燕安公墓誌。

著錄:

《隋唐五代墓誌匯編·陝西卷》3 冊 14 頁。(圖)

《咸陽碑刻》上冊 17 頁。(圖、文)

《新中國出土墓誌·陝西(壹)》上冊 26 頁(圖)、下冊 24 頁(文)。

《隋代墓誌銘彙考》6 冊 52—53 頁。(圖、文、跋)

《北朝隋代墓誌所在總合目錄》編號 1918。(目)

備考：《隋代墓誌銘彙考》考證，燕安公即于寔，于謹之子。于寔，《周書》卷一五、《北史》卷二三有傳。

**無年號 089**

趙芬誌蓋

隋（581—618）。西安市長安縣出土，石存陝西藍田縣。拓片長60、寬59釐米。蓋4行，行4字，篆書。蓋題：大隋大將軍尚書左僕射淮安定公墓銘。

著錄：

《隋唐五代墓誌匯編・陝西卷》3冊13頁。（圖）

《隋代墓誌銘彙考》6冊54—56頁。（圖、文、跋）

《北朝隋代墓誌所在總合目錄》編號1919。（目）

備考：趙芬，《北史》卷七五、《隋書》卷四六有傳。

**無年號 090**

靳將軍墓誌蓋

隋（581—618）。在定縣古物保存所。高一尺三寸，廣一尺二寸八分。蓋3行，行3字，正書。蓋題：大隋靳將軍墓誌之銘。

錄文著錄：

《京畿冢墓遺文》卷上/21a，《新編》1/18/13619上。

《隋代墓誌銘彙考》6冊57頁。

碑目題跋著錄：

《蒿里遺文目錄補遺》4a，《新編》2/20/14997下。

（民國）《定縣志・志餘》18/27b，《新編》3/24/280上。

《墓誌徵存目錄》卷1，《羅振玉學術論著集》第五集，595頁。

《隋代墓誌銘彙考》6冊57頁。

《北朝隋代墓誌所在總合目錄》編號1920。

**無年號 091**

隅陽縣令王君墓誌蓋

隋（581—618）。石原歸天津姚貴昉，今存不詳。拓本長、寬均28釐米。蓋4行，行3字，正書。蓋題：大隋隅陽縣令王明府墓誌銘。

錄文著錄：

《魯迅輯校石刻手稿·墓誌》下冊 329 頁。

《隋代墓誌銘彙考》6 冊 58 頁。

碑目題跋著錄：

《續補寰宇訪碑錄》8/8a，《新編》1/27/20348 下。

《石刻名彙》3/30a，《新編》2/2/1040 上。

《古誌新目初編》1/20a，《新編》2/18/13701 下。

《蒿里遺文目錄》2（1）/9a，《新編》2/20/14948 上。

《墓誌徵存目錄》卷 1，《羅振玉學術論著集》第五集，595 頁。

《歷代墓誌銘拓片目錄》50 頁。

《六朝墓誌檢要》（修訂本）249 頁。

《隋代墓誌銘彙考》6 冊 58 頁。

《北朝隋代墓誌所在總合目錄》編號 1921。

《北京大學圖書館藏歷代墓誌拓片目錄》編號 01028。

### 無年號 092
王君誌蓋

隋（581—618）。拓片盝頂長 36.5、寬 37.5 釐米。蓋 3 行，行 3 字，篆書。蓋題：隋殄寇將軍王贊府銘。

著錄：

《隋代墓誌銘彙考》6 冊 59—60 頁。（圖、文、跋）

《北朝隋代墓誌所在總合目錄》編號 1922。（目）

### 無年號 093
裴某妻岐氏墓誌蓋

隋（581—618）。2006 年 1 月 20 日出土於陝西師範大學後勤基地工地。誌佚，僅存誌蓋。蓋高、廣均 39.5 釐米，厚 7.5 釐米。蓋 3 行，行 3 字，篆書。蓋題：大隋裴氏岐夫人墓誌。

著錄：

《長安高陽原新出土隋唐墓誌》44—45 頁。（圖、文、跋）

**無年號 094**

萬君誌蓋

隋（581—618）。山西上黨縣出土，石存西安碑林博物館。長、寬均 45 釐米。蓋 3 行，行 3 字，篆書。蓋題：隋故萬君墓誌之銘。

著錄：

《隋代墓誌銘彙考》6 冊 61—62 頁。（圖、文、跋）

《北朝隋代墓誌所在總合目錄》編號 1923。（目）

**無年號 095**

大將軍張公墓誌蓋

隋（581—618）。篆書。

碑目著錄：

《歷代墓誌銘拓片目錄》50 頁。

《隋代墓誌銘彙考·存目》6 冊 206 頁。

《北朝隋代墓誌所在總合目錄》編號 1925。

備考：標題作"大將軍張公"，可能是隋張壽墓誌蓋，皆篆書。因未見拓本，暫單列。

**無年號 096**

虞君墓誌蓋

隋（581—618）。西安市長安縣出土。首題：隋郡國虞君墓誌銘。

碑目著錄：

《隋代墓誌銘彙考·存目》6 冊 207 頁。

《北朝隋代墓誌所在總合目錄》編號 1926。

**無年號 097**

高陽令趙君墓誌蓋

隋（581—618）。馬衡舊藏，今存北京故宮博物院。蓋高、廣均 59.5 釐米。蓋 3 行，行 3 字，篆書。蓋題：隋故高陽令趙君墓誌。

著錄：

《故宮博物院藏歷代墓誌彙編》1 冊 112—113 頁。（圖、文）

## 鄭·開明

### 開明 001

劉開妻孟淑容墓誌并蓋

鄭開明元年（617）五月廿二日卒於將作監之官舍，即以其月廿四日葬於河南縣千金鄉。出土地不詳，洛陽市張書良藏石。誌高 23、寬 22.5、厚 4.4 釐米。文 12 行，滿行 14 字，隸書。蓋 2 行，行 2 字，篆書。蓋題：孟夫人銘。首題：大鄭柱國劉開妻故夫人孟氏墓誌。

著錄：

《洛陽新獲墓誌續編》20 頁（圖）、318 頁（文、跋）。

## 涼·安樂

### 安樂 001

劉和墓誌

涼安樂元年（617）九月廿五日葬於神烏縣建昌鄉通明里。甘肅武威市出土，石存武威文廟。拓片長、寬均 49 釐米。文 19 行，滿行 19 字，正書。首題：涼故儀同三司尚藥奉御劉君墓誌并序。

著錄：

《北京圖書館藏中國歷代石刻拓本匯編》10 冊 166 頁。（圖）

《隋唐五代墓誌匯編·北京卷附遼寧卷》1 冊 27 頁。（圖）

《中國西北地區歷代石刻匯編》1 冊 145 頁。（圖）

《隋代墓誌銘彙考》5 冊 411—413 頁。（圖、文、跋）

## 唐前碑誌

### 唐前 001

孫臏墓碑

時代不詳，一般皆列在隋或隋前（？—618）。順天府房山縣。

碑目題跋著錄：

《金石彙目分編》1/22a，《新編》1/27/20668 下。

《天下金石志》1/3，《新編》2/2/802 下。

《墨華通考》1/2b，《新編》2/6/4291 下。

《京畿金石考》卷上/26b，《新編》2/12/8756 下。

《金石備攷·直隸順天府》，《新編》4/1/6 上。

**唐前 002**
黃氏塚磚

又名：上虞縣東南冢磚文。籠統置於唐代以前（？—618）。宋朝出土。計 20 字。

著錄：

（光緒）《上虞縣志校續·金石志》40/3a，《新編》3/9/190 上。（文、跋）

《先唐文》11a，《全文》4 冊 4245 上。（文）

# 人名筆畫索引

## 一　畫

### 乙

乙女休（杜子達妻）北齊·天統050　乙弗紹　北周·天和007

## 二　畫

### 丁 刁 卜

丁今遵　東魏·武定094　　　　丁氏（丁異生女）北魏·無年號081
丁仲禮　東漢·無年號023　　　丁好思大　十六國·前秦014
丁房　東漢·無年號215　　　　丁昭儀　西漢·建平001
丁紹　三國魏·青龍005　　　　丁紹　晉·無年號090
丁遂安　南朝梁·普通006　　　丁儀（議）東漢·無年號024
丁魴　東漢·元嘉003　　　　　丁穆　晉·無年號060
丁□　東漢·永寧009　　　　　丁□　南朝齊·永明002
丁□　南朝齊·無年號003　　　刁翔　北齊·天統007
刁遵　北魏·熙平039　　　　　卜仁　隋·仁壽059
卜式　東漢·無年號025　　　　卜□　東漢·無年號314
卜□　東晉·太元011

## 三　畫

### 于 山 大 上官 万俟 乞伏

于氏（元讞妻）　北齊·天保006　　于仙姬（元濬妻）北魏·孝昌032
于仲文　北周·大象030　　　　　于孝卿　北齊·天統067
于何　三國吳·甘露002　　　　　于昌容（元通直妻）北魏·熙平010
于宜容（元威妻）隋·仁壽027　　于神恩　北魏·孝昌081
于彧　東魏·元象001　　　　　　于烈　北魏·景明018
于景　北魏·孝昌048　　　　　　于寔　隋·無年號088
于暉　北魏·景明020　　　　　　于寬　隋·開皇084
于儀　隋·開皇173　　　　　　　于緯　隋·大業336

于謹　北周·無年號 011　　于纂（字万年）北魏·孝昌 073
于纂（字榮業）　北魏·孝昌 054　　于懿　隋·大業 337
于（王）□　隋·無年號 087　　山暉　北魏·延昌 034
山徽　北魏·永安 024　　山屬（？）東魏·無年號 019
大利稽冒頓　北周·建德 012　　上官政　　隋·大業 121
万俟受洛　北齊·無年號 019　　乞伏保達　北齊·武平 030
乞伏龍璨　北周·建德 020　　乞伏暉　　北魏·熙平 042
乞伏寶　　北魏·永熙 004

## 四　畫

### 卞 方 文 王 元 支 尹 孔
### 牛 毛 巴 仇 匹 婁 公乘 公孫

卞茂　隋·仁壽 043　　卞統　三國魏·嘉平 003
卞壺　晉·無年號 023　　卞鑒　隋·大業 363
方□　南朝齊·建武 001　　文里　三國魏·無年號 058
文叔陽　東漢·建康 001　　文通　東漢·漢安 001
文盛　東漢·永寧 001　　文歆（韻）東漢·無年號 113
文聘　三國魏·黃初 007　　文穆　東漢·光和 027
文羅氣（雷亥郎妻）東魏·武定 068
文□　南朝宋·泰始 003　　王士良　隋·開皇 039
王子羊　東漢·延光 003　　王子香　東漢·永元 024
王子雅　東漢·無年號 016　　王元（長孫遐妻）北魏·永熙 016
王元賓　東漢·延熹 016　　王元賞　東漢·延熹 017
王中　東漢·無年號 252　　王升　東漢·無年號 258
王氏（□君妻）隋·開皇 171　　王氏（□君妻）北魏·永平 022
王氏（元麗妻）北魏·延昌 018　　王氏（元願平妻）北魏·永平 016
王氏（卞君妻）東晉·太和 001　　王氏（尹君妻）隋·大業 338
王氏（平梁公妻）隋·開皇 299　　王氏（司馬馗妻）西晉·太康 012
王氏（高建妻）北齊·武平 070　　王氏（陳君妻）隋·大業 045

王氏（張崇妻）　隋・開皇 015　　王氏（張冀周妻）北齊・天保 046
王氏（衛君妻）　隋・大業 252　　王氏（趙超宗妻）西魏・大統 004
王氏（蕭敷妻）南朝梁・普通 001　王氏（矯軍妻）北魏・無年號 068
王氏（謝濤妻）南朝宋・無年號 003　王丹　十六國・後燕 002
王丹虎　東晉・升平 008　　　　王文伯　西晉・太康 030
王文康　東漢・永元 008　　　　王世將　晉・無年號 039
王世琛　隋・大業 359　　　　　王平　三國蜀・無年號 007
王平（字子均）三國蜀・無年號 008　王史威　西漢・無年號 001
王仕恭　隋・開皇 132　　　　　王仚（企）之　東晉・太和 004
王令媛（元湛妃）東魏・武定 024　王令媯（柳鷟妻）北周・天和 013
王外慶　東魏・武定 016　　　　王立　東漢・永平 010
王弘　隋・大業 311　　　　　　王母　東漢・永平 007
王戎　晉・無年號 045　　　　　王成　隋・無年號 024
王光（□君妻）隋・大業 267　　王光（字平升）隋・大業 293
王光（字興國）北周・武成 005　王休　東魏・天平 025
王伏生（字大寶）　隋・大業 119　王行淹　隋・大業 019
王孝康　北齊・天統 055　　　　王孝深　隋・開皇 162
王孝淵　東漢・永建 002　　　　王虬　北魏・正光 061
王秀（字文達）　北齊・天統 030　王伯　隋・大業 108
王羌仁　北魏・無年號 075　　　王沙彌（李君妻）隋・開皇 322
王忻　東魏・武定 056　　　　　王初　西晉・無年號 004
王君平　東漢・永元 011　　　　王君平（伯魚）東漢・永元 012
王阿妃（石紹妻）東魏・武定 098　王阿暈（周肱妻）北齊・武平 035
王阿隤　北魏・太和 016　　　　王表　西晉・太安 002
王長翁　西晉・元康 006　　　　王坦（恒）三國魏・無年號 022
王坦之　東晉・無年號 036　　　王坤　北魏・孝昌 044
王茂　東魏・天平 022　　　　　王英　北魏・無年號 064
王述　東晉・無年號 010　　　　王東關　南朝梁・大同 011
王昌（字天興）北魏・熙平 005　王昌（字進昌）隋・開皇 133
王迴悅　北周・建德 047　　　　王知　東漢・中平 008

王季　隋・仁壽025　　　　王季族　隋・開皇023
王金姬（尉櫚妻）　北齊・天保123
王法愛（受）（張琰妻）隋・大業390
王建之　東晉・咸安001　　王珍　隋・開皇063
王政　東漢・元嘉007　　　王軌　隋・開皇035
王威　東漢・無年號153　　王威長　漢代・無年號024
王威猛　隋・大業391　　　王昞　隋・大業062
王香　北魏・景明003　　　王重光　東晉・永和019
王洛妃（張黑奴妻）北齊・天保052
王泰　西晉・泰始024　　　王珪之　南朝齊・永明007
王振　隋・開皇066　　　　王振建　西晉・元康034
王起　北齊・無年號018　　王真保　北魏・永安009
王夏　隋・仁壽084　　　　王倩　東漢・無年號254
王倫　三國魏・甘露002　　王息　北周・保定008
王釗（達）　隋・大業052　王袞　隋・大業302
王悅　北魏・永熙012　　　王朗　南朝梁・大通002
王祥　晉・無年號025　　　王通（文中子）隋・大業385
王通（字紹仙）隋・開皇058　王純（紛）　東漢・延熹021
王球　南朝宋・元嘉019　　王規　南朝梁・無年號022-023
王聃子　隋・無年號050　　王基（字洪業）北魏・正光072
王基（字鴻業）隋・仁壽024　王基　三國魏・景元004
王乾緒　隋・開皇080　　　王盛　東魏・興和043
王晧　北魏・延昌008　　　王偃　東魏・武定009
王進紀　東漢・無年號265　王得元　東漢・永元017
王逸　東漢・無年號020　　王猛（字景略）晉・無年號052
王猛（字子猛）隋・開皇198　王訛　東魏・武定095
王康之　東晉・永和018　　王章　東漢・無年號019
王翊　北魏・永安018　　　王清　隋・大業030
王紹　北魏・延昌038　　　王琳（字玉賢）西魏・恭帝001
王琳　南朝宋・元嘉018　　王埢奴　北魏・永平002

王敬妃（公孫氏妻）北齊・河清 005
王惠平　東晉・永和 006
王遇　北魏・正始 005
王舒　北魏・永安 041
王善（馬君妻）隋・開皇 315
王普賢（元恪貴華）北魏・延昌 015
王道習　北齊・天保 047
王渾　晉・無年號 085
王瑜　北齊・武平 041
王幹　隋・開皇 334
王粲（梁王妃）西晉・太康 039
王筠　隋・大業 082
王誠興　東漢・無年號 162
王溫　北魏・太昌 039
王肅　北魏・景明 011
王臺　隋・開皇 244
王戢郎　東魏・無年號 003
王僧　東魏・天平 013
王誦　北魏・建義 022
王毖（遜）隋・大業 124
王賢思（思賢）三國魏・無年號 011
王儉　南朝梁・無年號 009-010
王德（字可如）隋・仁壽 072
王德光（謝球妻）東晉・義熙 006
王慶　隋・大業 288
王遵　北魏・正光 079
王導　北魏・永安 001
王靜　北魏・正光 062
王融　東魏・天平 026
王叡　北魏・太和 043

王朝陽　北魏・太和 004
王雄　北周・保定 018
王景　東漢・無年號 126
王鈞（字德衡）　北周・建德 034
王善來　隋・大業 008
王尊　西漢・河平 001
王渙（稚子）　東漢・元興 003
王媛華（楊雄妃）隋・大業 229
王聖序　東漢・永元 023
王楚英（封忠簡妻）隋・開皇 022
王暉　東漢・建安 008
王節　隋・開皇 260
王慈　隋・開皇 160
王禎　北魏・延昌 035
王瑱　隋・開皇 135
王壽德　北魏・正光 034
王閏之　東晉・升平 005
王誨　東漢・陽嘉 004
王榮　隋・仁壽 078
王賢　隋・開皇 312
王震　北齊・太寧 008
王億變（韓弩真妻）北魏・興安 001
王德（字香仁）隋・大業 171
王褒　東漢・無年號 017
王毅　西魏・大統 002
王遵敬　北魏・熙平 012
王導　東晉・無年號 009
王橋　北魏・太和 044
王勵　南朝陳・無年號 006
王興之　東晉・永和 007

王羲之　東晉・無年號029　　王熾　北齊・天保039
王鍾葵　隋・大業233　　王縈韶（蕭融太妃）南朝梁・天監012
王懋　隋・開皇102　　王謨　北齊・天保028
王曜　隋・開皇175　　王馥　北魏・建義023
王譚　東漢・無年號298　　王曦　北魏・正光013
王寶玉（蕭君妻）南朝齊・永明006　　王襲　北魏・無年號099
王顯明　東魏・武定085　　王顯慶　東魏・興和014
王□　三國魏・無年號056　　王□　北周・無年號014
王□　北周・無年號017　　王□　北齊・天統018
王□　北魏・正始035　　王□　北魏・永熙014
王□　西晉・太康030　　王□　東漢・延熹008
王□　東漢・無年號015　　王□　東漢・無年號018
王□　東漢・無年號021　　王□　東魏・無年號001
王□　東漢・建和006　　王□　漢代・無年號042
王□（隅陽縣令）隋・無年號091　　王□　三國・魏無年號066
王□（殄寇將軍）隋・無年號092　　王□（王景信父）東漢・無年號253
王□（中郎將）西晉・元康032　　王□（安丘長）西晉・太康021
王□（虎牙將軍）晉・無年號007　　王□（侍中）南朝宋・無年號005
王□（舍人）東漢・光和021　　王□（膠東令）三國魏・黃初005
王□（膠東令）西晉・太康024　　王□（臨睢長）東漢・無年號269
王□　南朝梁・無年號083　　王□（驃騎將軍）晉・無年號098
王□□　東魏・武定001　　元乂　北魏・孝昌035
元子正　北魏・建義027　　元子永　北魏・永安011
元子直　北魏・正光095　　元子華　北魏・無年號031
元子豫　北魏・孝昌071　　元子邃　北齊・天保064
元天穆　北魏・普泰006　　元仁宗　隋・開皇178
元氏（寧陵公主，王誦妻）北魏・永平017
元氏（元公女）隋・無年號054　　元氏（房纂妻）東魏・武定017
元氏（孟君妻）東魏・天平019　　元氏（高伯禮妻）北魏・太昌001
元氏（常山公主）北魏・無年號085　　元氏（尉寶妻）北齊・武平019

元氏（馮邕妻）　北魏・正光 047
元氏（楊泰妻）西魏・大統 036
元引　北魏・正光 060
元世斌　隋・大業 098
元世緒　北周・天和 031
元仙　北魏・正光 059
元匡　北魏・孝昌 024
元成　北魏・正始 036
元伏山　北齊・皇建 001
元延生　北魏・熙平 016
元仲英　東魏・興和 015
元安（賀拔君妻）北周・天和 018
元羽　北魏・景明 006
元孝輔　北齊・天保 022
元均之　北魏・建義 008
元囧（字士亮）北齊・天保 003
元沙彌（高永樂妻）北周・建德 045
元良　北齊・天保 049
元妙（堯君妻）北魏・神龜 022
元茂　北魏・正光 119
元英（字洪儁）　隋・開皇 057
元昂　北魏・永安 004
元固（字全安）　北魏・孝昌 079
元季（秀）艷（華陽公主）北齊・河清 013
元季聰（李挺妻）東魏・興和 041
元周安　北魏・建義 030
元祉　北魏・永安 038
元孟輝　北魏・正光 011
元始宗　北齊・武平 085
元威　隋・開皇 190

元氏（楊君妻）　隋・大業 064
元文　北魏・太昌 033
元世雄　北齊・武平 045
元世壽　隋・開皇 252
元平　北魏・正光 087
元幼娥（鄢襄公夫人）隋・大業 155
元匡（字建扶）北魏・熙平 050
元光基　東魏・武定 048
元伏和　隋・開皇 283
元延明　北魏・太昌 003
元汎略　北魏・武泰 009
元如聞（穆君妻）北齊・河清 007
元玕　東魏・天平 007
元均　東魏・武定 026
元同（字曇朗）北魏・永平 027
元秀　北魏・正光 063
元宏　北魏・無年號 014
元阿耶（祖子碩妻）東魏・興和 022
元邵　北魏・建義 004
元英　北魏・永平 025
元尚之　北魏・正光 076
元昉　北魏・建義 025

元伻　北魏・永平 032
元定　北魏・景明 004
元孟瑜（鄭踐妻）東魏・武定 110
元始和　北魏・正始 013
元珍　北魏・延昌 027
元則　北魏・孝昌 053

元昭　北魏・正光089　　　　元思　北魏・正始025
元咳女（韋君妻）隋・大業127　元保洛　北魏・永平029
元信　北魏・建義013　　　　元禹　北魏・太昌034
元彥　北魏・熙平014　　　　元洪敬　北齊・河清037
元洛神（穆彥妻）北魏・建義001　元宥　北魏・建義018
元客女（司馬季沖妻）北齊・天統034
元祐　東魏・天平029　　　　元祐　北魏・神龜011
元玼　北魏・孝昌042　　　　元華（和紹隆妻）北齊・武平067
元華光（王君妻）北魏・孝昌003　元恭　北魏・太昌035
元彧　北魏・無年號100　　　元恩　北魏・永安031
元脩　北魏・無年號025　　　元倪　北魏・正光056
元悅（字慶安）北魏・永平037　元悅　東魏・無年號008
元悌　北魏・建義003　　　　元俊　北魏・建義011
元朗　北魏・孝昌056
元純陁（陀）（邢巒妻）北魏・永安025
元萇　北魏・延昌039、熙平029　元彬　北魏・太和037
元爽　北魏・永熙010　　　　元略　北魏・建義019
元崇　北魏・無年號024　　　元崇業　北魏・正光105
元過仁　北魏・孝昌031　　　元偃　北魏・太和029
元進　北魏・熙平020　　　　元馗（字孝道）北魏・太昌036
元渠姨（段韶妻）隋・開皇303　元淑　北魏・永平006
元液　北魏・永安037　　　　元悰　東魏・武定004
元瑛（高猛妻）　北魏・孝昌029　元琛　北魏・神龜015
元敬　東魏・武定032　　　　元惠　隋・大業249
元暐　北魏・孝昌013　　　　元貴妃（王誦妻）北魏・熙平035
元智　隋・大業315　　　　元策（榮）北齊・天統047
元順　北魏・建義006　　　　元欽　北魏・永安007
元斌　北魏・正光077　　　　元道隆　北魏・永安010
元湛（字士深）東魏・武定027　元湛（字珍興）北魏・建義020
元淵　北魏・孝昌083　　　　元愕　北齊・武平024

元愔　北魏・建義012
元遐　西魏・無年號002
元弼（字扶皇）北魏・太和035
元弼（字思輔）北魏・普泰007
元統師　隋・大業380
元項　北魏・太昌005
元瑗　北魏・無年號004
元琰　北周・建德051
元楨（禎）北魏・太和027
元賄　北魏・正光008
元暉　北魏・神龜032、正光044
元暐　北魏・武泰007
元嵩　北魏・正始027
元圓（字孝矩）　北齊・天保057
元遙　北魏・熙平038
元誠　隋・大業234
元誕（字子發）東魏・天平016
元誕（字那延）北魏・建義014
元誕業　北魏・永安008
元詮（診）北魏・延昌003
元詳　北魏・太和022、永平003
元義華　北魏・孝昌011
元煥　北魏・孝昌006
元禪　隋・大業099
元肅　北魏・永熙003
元嘉　東魏・武定046
元壽（字長壽）　隋・大業178
元壽（杜君妻）北周・天和016
元壽安　北魏・孝昌043
元壽興　北魏・無年號053
元熙　北魏・孝昌014
元睿　北魏・熙平004
元曄　北魏・孝昌068
元毓　北魏・建義024
元誘　北魏・孝昌015
元誨　北魏・普泰004、太昌042
元廣　北魏・熙平023
元端　北魏・建義016
元榮宗　北魏・景明005
元遵（遼、馗）北魏・永安019
元演　北魏・延昌014
元寧　北魏・正光107
元嫲耶（馬公瑾妻）北齊・天保062
元緒　北魏・正始030
元維　北魏・永安020
元綸　隋・開皇272
元慤　北魏・孝昌021
元標　東魏・武定013
元敷　北魏・正光058
元賢　北齊・天保016
元賢真　北齊・天保048
元德　北魏・永平014
元暐　東魏・武定051
元儉　隋・開皇056
元厥　北魏・建義021
元遵　北魏・孝昌019
元澄　北魏・神龜037
元緦　北魏・永平004
元甑　北魏・永安014
元樹　北魏・無年號002

元整　隋・大業258
元叡（字世哲）北齊・天保025
元舉（字長融）北魏・武泰006
元儒　北周・明帝003
元懌　北魏・孝昌010
元璨　北魏・正光103
元鍾　隋・大業168
元禮之　北魏・永安012
元簡　北魏・太和032
元彝　北魏・建義010
元懷　北魏・太昌044
元獻　北魏・無年號005
元騰　北魏・神龜023
元寶建（名景植）東魏・無年號002
元繼　北魏・永安023
元顥（字神周）西魏・大統012
元鷟（字孔雀）東魏・興和030
元鑒（字紹達）北魏・正始026
元譿　北魏・正光009
元瓚　北魏・神龜024
元顯（字顯）　東魏・武定025
元顯魏　北魏・孝昌005
元鑽遠　北魏・永熙009
元鬱　北魏・熙平008
元□　北魏・無年號088
元□智　隋・大業313
尹氏（李超妻）　十六國・西涼001
尹式和　北魏・正光041
尹尚　三國魏・無年號015
尹彥卿　隋・大業376

元融　北魏・孝昌066
元叡（字伯達）隋・開皇151
元舉（字景昇）北魏・武泰004
元龍　北魏・正始004
元隱　北魏・正光088
元徽　北魏・太昌037
元謐　北魏・正光086
元瞻　北魏・建義009
元颺（字遺興）　北魏・延昌028
元譚　北魏・建義007
元懷　北魏・熙平036
元纂　北魏・孝昌012
元寶月　北魏・孝昌022
元寶建（字景植）東魏・興和028
元顥（字子明）北魏・太昌004
元躍　北魏・太昌031
元鑒（字長文）北齊・天保097
元鑒之　北魏・正光084
元襲　北魏・太昌032
元顯（字進）北魏・建義028
元顯儁　北魏・延昌013
元靈曜　北魏・正光065
元讞　北魏・建義017
元鸞　北魏・正始012
元□　北魏・無年號097
支伯姬（安文明妻）西晉・永康001

尹武孫　東漢・無年號012
尹宙　東漢・熹平027
尹祥　北魏・孝昌034

| | |
|---|---|
| 尹儉　東漢・中平 022 | 尹□　東晉・永和 004 |
| 尹□　東漢・永平 008 | 尹□　東漢・無年號 011 |
| 孔少垂（孔麟）東漢・永壽 005 | 孔扶　東漢・建寧 002 |
| 孔志　東漢・無年號 006 | 孔宏　東漢・建寧 012 |
| 孔君德　東漢・永壽 010 | 孔明（翊、詡或栩）晉・無年號 057 |
| 孔和　東漢・無年號 268 | 孔宙（季將）東漢・延熹 030 |
| 孔神通　隋・大業 200 | 孔耽　東漢・光和 019 |
| 孔峽　東漢・建寧 002 | 孔乘　東漢・無年號 007 |
| 孔彪　東漢・建寧 031 | 孔铿　三國魏・無年號 049 |
| 孔翊　東漢・熹平 004 | 孔雄　東漢・建寧 035 |
| 孔餘抗　晉・無年號 105 | 孔褒　東漢・無年號 009 |
| 孔謙（字德讓）東漢・永興 002 | 孔寵（龐）東漢・無年號 301 |
| 孔□（孔彪？）東漢・建寧 032 | 孔□　東漢・無年號 103 |
| 孔□　晉・無年號 109 | 孔□（孔伾之父）東漢・建武 001 |
| 牛公產　東漢・熹平 022 | 牛文明　東漢・永初 001 |
| 牛方大　隋・大業 372 | 牛玉　隋・大業 011 |
| 牛季平　東漢・永和 008 | 牛登　西晉・元康 046 |
| 牛暉（牛弘女）隋・大業 268 | 牛諒　隋・大業 247 |
| 牛譙州　隋・開皇 292 | 毛玠　南朝梁・大同 008 |
| 毛辨　漢代・無年號 066 | 毛護　隋・仁壽 015 |
| 巴肅　東漢・無年號 291 | 仇□　東漢・延熹 022 |
| 匹婁歡　北周・建德 010 | 公乘氏（趙豪妻）北朝・魏 013 |
| 公乘田魴　東漢・永元 007 | 公孫肱　北齊・天統 026 |
| 公孫倍（趙氏妻）西晉・永嘉 008 | 公孫略　東魏・元象 017 |
| 公孫猗　北魏・孝昌 047 | 公孫賀　漢代・無年號 022 |
| 公孫甑生（元鷟妃）東魏・天平 028 | |

## 五　畫

甘 左 石 申 田 史 丘 白 包 玄 皮 平 由 尼
毋丘（邱）司空 司馬 司徒 叱干 叱奴 叱列
叱李 叱羅 令狐 尒朱 尒綿 可朱渾 可足渾

甘卓　西晉・無年號 096　　　左元異　東漢・和平 006
左申　東漢・無年號 251　　　左表　東漢・和平 006
左棻（晉武帝貴人）西晉・永康 002　左深　北齊・無年號 028
左雄（伯豪、伯桃）東漢・無年號 001
石好（劉長明妻）　西晉・元康 043
石苞　晉・無年號 100　　　石育　北魏・永熙 011
石定　西晉・永嘉 007　　　石定姬（趙阿祥妻）北魏・太和 024
石信　北齊・太寧 003　　　石崇　晉・無年號 101
石婉（元繼妃）北魏・永平 005　石暎　隋・仁壽 076
石備金　南朝宋・元嘉 006　　石尠　西晉・永嘉 006
石熙　南朝宋・無年號 004　　石輔益　隋・無年號 004
石難陁　北周・大象 027　　石蘭靖　北周・天和 014
石鑒　西晉・無年號 027　　申宏　西晉・永安 002
申洪之　北魏・延興 001　　申屠氏（元禧妾）北魏・景明 001
申貴　隋・開皇 025　　　申穆　隋・仁壽 038
田文成　東漢・延平 002　　田丙舍　三國魏・無年號 009
田弘　北周・建德 029－030　田行達　隋・大業 354
田伯　北齊・天保 114　　田保洛　隋・仁壽 046
田洛　東魏・武定 074　　田真　隋・無年號 034
田悅　隋・開皇 091　　田盛　東魏・興和 001
田彪　隋・開皇 164　　田達　隋・無年號 081
田達（字伽兒）隋・開皇 072　田閏　隋・開皇 165
田煛　十六國・大夏 002　　田景申　隋・開皇 206
田寧陵　北魏・正光 037　　田德元　隋・大業 174

田靜　東魏·武定063　　田簡眉（黎陽縣令妻）　隋·開皇052
田鸞　北魏·無年號012　　田□　北周·無年號009
田□　東漢·延熹009　　田□　東漢·熹平029
史世貴（韋壽妻）　隋·開皇094　　史立　三國吳·天紀002
史岡　隋·開皇143　　史定伯　漢代·無年號018
史郎郎（藺君妻）東魏·武定007　　史射勿　隋·大業118
史爽　晉·無年號029　　史崇　東漢·無年號223
史崇基　隋·仁壽066　　史纂　南朝梁·無年號037
史□　北周·大象009　　史□（司空）東晉·永和015
史□（建安太守）東晉·無年號005　　丘哲　北魏·永安030
丘雋　東漢·無年號145　　丘□　東漢·無年號065
白氏（節婦）西晉·咸寧002　　白仲理　西晉·永寧009
白仵貴　隋·大業297　　白馬　漢代·無年號026
白顯（長命）北齊·武平075　　白□　漢代·無年號027
包咸　東晉·永和005　　包愷　隋·大業379
包□　晉·無年號082　　玄□姬　北魏·太和040
皮演　北魏·熙平025　　平鑒　北齊·無年號021
由□　東漢·元初007　　尼丁那提　隋·大業238
尼法容　北齊·天保009　　尼垣南姿　北齊·太寧012
尼脩梵　隋·開皇268　　尼惠寂　北齊·天保089
尼惠義　東魏·武定102　　尼普相　隋·無年號023
尼道洪　北齊·武平012　　尼道洪（曹姓）東魏·武定010
尼統慈慶　北魏·正光091　　尼僧芝　北魏·熙平007
尼僧敬　南朝梁·無年號012　　尼慧仙　南朝陳·天嘉001
尼劉集　北齊·武平011　　尼靈辨　北齊·天保086
尼□□　隋·無年號057　　毌丘（邱）悅　三國魏·正元003
毌丘儉　三國魏·正始004　　毌丘興　三國魏·無年號050
毌丘歡洛　三國魏·無年號053　　毌邱（丘）興　晉·無年號089
司空秀　隋·大業150　　司馬□　西晉·永熙001
司馬□（宜侯王）東晉·咸和001　　司馬士會　西晉·永嘉013

司馬氏（元譚妻）　北魏・正光 064　　司馬氏（司馬越女）　晉・無年號 064
司馬文預　　晉・無年號 021　　　　司馬芳　　晉・無年號 130
司馬長元　　東漢・建初 005　　　　司馬昇　　東魏・天平 008
司馬季主　　三國蜀・無年號 003　　司馬季沖　隋・大業 072
司馬金龍　　北魏・太和 011－012　　司馬宜　　隋・大業 142
司馬孟臺　　東漢・無年號 003　　　司馬城鐵　東漢・無年號 005
司馬相如　　漢代・無年號 040　　　司馬昞（景和）　北魏・正光 012
司馬虓　　　晉・無年號 056　　　　司馬留（季德）　東漢・無年號 002
司馬悅　　　北魏・永平 026　　　　司馬祔紅　東漢・永和 006
司馬紹　　　北魏・永平 030　　　　司馬達　　東魏・武定 029
司馬斌（子政）　西晉・太康 045　　司馬遐　　晉・元康 015
司馬裔　　　北周・建德 002　　　　司馬綏　　晉・無年號 055
司馬輔　　　晉・無年號 065　　　　司馬暢　　晉・無年號 033
司馬僧光　　東魏・興和 034　　　　司馬遷　　西晉・永嘉 016
司馬德文　　南朝宋・永初 002　　　司馬遵業　北齊・天保 036
司馬整　　　西晉・泰始 008　　　　司馬融　　隋・仁壽 045
司馬興　　　隋・開皇 336　　　　　司馬興龍　東魏・興和 037
司馬駿　　　晉・無年號 068　　　　司馬懿　　北周・建德 004
司馬懿　　　晉・無年號 067　　　　司馬顯姿（元恪嬪）　北魏・正光 018
司徒祖堃　　北魏・無年號 003　　　叱干渴侯　北魏・天安 001
叱奴輝　　　隋・開皇 229　　　　　叱列氏（尉粲妃）　隋・開皇 250
叱列棄圣（□莫陳阿仁伏妻）　北齊・天保 063
叱李綱（剛）子　（馮忱妻）　隋・大業 375
叱羅外妃　　北周・建德 015
叱羅招男（烏丸光妻）　　北周・明帝 001
叱羅協　　　北周・建德 027　　　　令狐熙　　隋・無年號 075
尒朱氏（北齊神武帝妃）　東魏・無年號 007
尒朱世邕　　北齊・天保 056　　　　尒朱彥伯　隋・開皇 138
尒朱紹　　　北魏・永安 026　　　　尒（爾）朱敞　隋・開皇 196
尒（爾）朱榮　北魏・建義 034　　　尒（爾）朱襲　北魏・永安 027

介綿永　北周・建德014　　　可朱渾王息　東魏・武定036
可朱渾孝裕　北齊・武平107　　可足渾桃杖　東魏・武定058

## 六　畫

州 安 次 江 汝 氾 祁 邢 羊 朱 伍 向 任 伊 伏
仲 先 合 全 母 戌 成 公 宇文 吐谷渾

州輔（苞）　東漢・永壽007　　安伽　北周・大象007
安威　東魏・元象007　　安備　隋・開皇137
次□　南朝梁・天監010　　江氏　東漢・永寧006
江妙養（□□妻）北齊・天保077　江原白　北魏・永平044
江淹　南朝梁・無年號036　　江臺　東漢・永元001
江總　南朝陳・無年號005　　江纂　南朝梁・無年號043
江□　三國魏・無年號057　　汝伯寧　東漢・建初003
氾純光　北魏・神龜001　　祁□（丞相）北齊・無年號029
邢光乘　隋・無年號071　　邢合姜（韓受洛拔妻）北魏・皇興004
邢阿光（是連公妻）北齊・皇建012　邢邵　北齊・無年號025
邢邵　晉・無年號062　　邢晏　東魏・興和039
邢勔　北魏・無年號044　　邢偉　北魏・延昌033
邢僧蘭（李仲胤妻）北魏・永熙023　邢巒　北魏・延昌026
邢巒　北魏・延昌032　　羊本　隋・大業360
羊祉　北魏・熙平015
羊祜　西晉・咸寧004、太康001、無年號006－007；南朝梁・大同009－010
羊烈　隋・開皇125　　羊瑋　隋・大業129
羊瑾　西晉・無年號011　　羊續　三國魏・無年號010
羊靈引　北魏・熙平043　　朱丈　十六國・前秦010
朱公信　西晉・無年號017　　朱阿買　北朝・無年號010
朱苟　十六國・前秦012　　朱林樆　北周・大象029
朱岱林　北齊・武平025　　朱欣　西魏・廢帝007
朱度　漢代・無年號052　　朱神達　隋・開皇081

朱卿　十六國・前秦011　　　朱商（房吉妻）　隋・仁壽039
朱買臣　漢代・無年號007　　朱幹　隋・開皇116
朱緒　北周・宣政007　　　　朱德　十六國・前秦012
朱穆（字公叔）東漢・延熹026　朱龜　東漢・中平010
朱鮪（長舒）東漢・無年號211　朱寶　隋・仁壽056
朱顯　東魏・天平036　　　　朱□　十六國・前秦013
朱□　三國魏・無年號067　　朱□　西晉・太康026
朱□　西晉・永寧010　　　　朱□　西晉・咸寧.34
伍道進　隋・大業306　　　　向氏　東漢・永寧003
向阼　東漢・陽嘉003　　　　向凱　西晉・永康008
任小香　西魏・大統032　　　任夫　南朝齊・隆昌001
任元升　東漢・中平020　　　任氏（朱龍妻）西魏・大統033
任老　北周・建德032　　　　任孝孫　東漢・永元021
任伯嗣　東漢・延熹019　　　任虎　北周・建德001
任尚　東漢・永元005　　　　任昉　南朝梁・無年號065
任軌　隋・大業079　　　　　任侯　東晉・咸康002
任華仁（慕容恃德妻）北齊・天保078　任恭　隋・開皇074
任倏　西晉・無年號029　　　任祥　東魏・元象010
任清奴　隋・大業199　　　　任照先　三國魏・無年號054
任遜　北齊・武平040　　　　任榮　北魏・正光031
任顯（字德明）　隋・開皇114　任□（太保）三國魏・無年號030
任□　東漢・中平018　　　　任□　東漢・永初002
任□　東漢・無年號032　　　任□　東漢・無年號289
任□　西晉・咸寧001　　　　伊璣　隋・仁壽005
伊穆　隋・開皇087　　　　　伏生　漢代・無年號036
伏曼容　南朝梁・無年號066　伏暅　南朝梁・無年號067
仲定　東漢・熹平002　　　　仲思那　隋・開皇073
仲雄　東漢・無年號029　　　仲義　漢代・無年號043
仲舉　晉・無年號103　　　　仲□　東漢・建寧039
先（光）尼和（先絡、先叔雄）東漢・永建001

合氏　西晉・咸寧 006
母稚　東晉・隆安 004
成洪顯　隋・大業 063
成惡仁　隋・大業 044
成備　隋・開皇 140
成磨子（楊昇遊妻）北齊・天保 040
成公氏（王君妻）隋・大業 203
成公重　西晉・永寧 005
成公□　隋・無年號 086
宇文氏（北周義陽郡長公主）隋・仁壽 018
宇文氏（蘇威妻）隋・大業 365
宇文永　北魏・正光 111
宇文長（萇）北齊・天統 065、武平 003
宇文逢恩　北周・建德 008
宇文泰　北周・無年號 007
宇文通　北周・天和 042
宇文盛　北周・無年號 020
宇文紹義　東魏・武定 047
宇文貴　北周・無年號 005
宇文斌（字孝桀）北周・大象 011
宇文測　西魏・大統 009
宇文誠　北齊・武平 009
宇文廣　北周・天和 012
宇文儉　北周・建德 056
宇文憲　北周・宣政 005
宇文瓘　北周・宣政 004
宇文□　北齊・無年號 002
吐谷渾靜媚（堯峻妻）北齊・天統 032
吐谷渾璣　北魏・熙平 017

全□　西晉・元康 038
成氏（顯祖嬪）北魏・延昌 031
成晃　西晉・元康 003
成景儁　南朝梁・無年號 051
成肆虎　隋・開皇 305
成□　北齊・保定 011
成公氏（元君妻）北魏・正光 001
成公蒙　隋・仁壽 013
宇文子遷（韋子遷）北周・建德 005

宇文延　北魏・孝昌 052

宇文泰　北周・閔帝 002
宇文迪　北周・大象 026
宇文邕　北周・宣政 012
宇文猛　北周・保定 021
宇文景尚　北齊・天保 084
宇文斌　北周・天和 004
宇文善　北魏・孝昌 051
宇文業　北周・建德 007
宇文廣　北周・天和 032
宇文端　北周・武成 001
宇文穆　隋・開皇 329
宇文憲　北周・無年號 006
宇文顯（字顯和）　北周・建德 016
吐谷渾氏（元鑒妃）北魏・建義 026

## 七　畫

狄 宋 沈 辛 岐 車 杜 求 谷 阮 邨 邱 折 吳
呂 孚 何 佐 李 束 邵 邸 邴 邳 豆 雷 蘭 豆 盧

狄太　隋・大業334　　　　狄湛　北齊・河清028
狄□（荊州刺史）北魏・無年號096　宋乞　南朝宋・元嘉001
宋子浚　東漢・無年號281　宋氏（王氏妻）北周・天和003
宋氏（許君妻）隋・無年號008　宋氏（楊元讓妻）北齊・天保042
宋文成　隋・大業265　　　宋文彪　隋・開皇198
宋玉艷（苟君妻）隋・大業301　宋用（呂恪妻）西晉・元康016
宋玄慶　北魏・太和031　　宋永貴　隋・大業373
宋仲　隋・大業254　　　　宋迎男　北齊・河清036
宋忻　隋・開皇120　　　　宋叔彥　隋・開皇309
宋虎　北魏・太昌009　　　宋和之（王興之妻）東晉・永和008
宋京　北魏・孝昌049　　　宋胡　隋・開皇059
宋俊　隋・大業335　　　　宋盛　隋・開皇313
宋異　三國魏・青龍001　　宋紹祖　北魏・太和002
宋循　隋・開皇136　　　　宋睦　隋・開皇310
宋愛姿（任榮祖妻）北朝・無年號001
宋義　北朝・魏006　　　　宋寧道　東魏・武定080
宋禮　隋・大業162　　　　宋靈妃（長孫士亮妻）北魏・永興001
宋靈媛（李祖牧妻）北齊・武平087　宋□　東漢・無年號034
宋□　隋・無年號082　　　沈三師　南朝宋・泰始001
沈氏　西漢・建昭001　　　沈氏（沈約女）南朝梁・無年號058
沈氏（陳叔興妃）隋・大業084　沈起　北魏・永安042
沈常遷　南朝宋・泰始002　沈麻顧　南朝宋・元嘉013
沈欽　南朝陳・太建001　　沈僧旻　南朝梁・無年號057
沈慶之　南朝宋・無年號002　沈興　北齊・天統004
沈□　東漢・無年號035　　沈□（參軍）晉・無年號115

辛匡　東魏・天平 021　　　　　　辛威　隋・開皇 002
辛彥之（?）　隋・開皇 177　　　辛祥　北魏・神龜 033
辛茛　西魏・大統 003　　　　　　辛偘　隋・大業 144
辛術（字懷哲）東魏・無年號 006　辛術（字延軌）西魏・大統 026
辛琛　東魏・興和 008　　　　　　辛韶　隋・開皇 012
辛瑾　隋・開皇 237　　　　　　　辛蕃　東魏・興和 018
辛輝蘭（鄧玄秀妻）隋・開皇 019　辛憐（寇奉叔妻）隋・開皇 186
辛璞　北魏・永熙 015　　　　　　辛穆　北魏・武泰 002
岐子根　東漢・熹平 030　　　　　岐氏（裴某妻）隋・無年號 093
岐安　三國魏・無年號 052　　　　車延暉（魏世儁妻）　北齊・天保 076
車渚　東晉・建元 003　　　　　　杜子恭　東晉・無年號 014
杜氏（拓跋嗣密皇后）北魏・真君 001
杜延登（王僧玉妻）北魏・正光 112　杜羽資（李殺鬼妻）隋・大業 010
杜孝績　北齊・武平 044　　　　　杜何拔　西魏・大統 027
杜改　西晉・元康 063　　　　　　杜法生（菀德讚妻）隋・開皇 326
杜祐　隋・大業 239　　　　　　　杜祖悅　北魏・正光 110
杜達　北齊・天保 115　　　　　　杜敬妃（王遵遠妻）北齊・天保 090
杜景達　北魏・無年號 022　　　　杜預　西晉・無年號 022－023
杜鄴（子夏）西漢・元壽 001　　　杜臨（或□通）　東漢・延熹 024
杜謖　西晉・太熙 001　　　　　　杜羅侯　北朝・無年號 003
杜歡　北周・無年號 016　　　　　求明　隋・仁壽 069
求瓊之（女道士）南朝梁・大同 002　谷昕（所）東漢・無年號 039
谷朗　三國吳・鳳皇 001　　　　　谷□　三國吳・無年號 006
阮籍（字嗣宗）　三國魏・無年號 039
邯□　東漢・建武 004　　　　　　邱遲　南朝齊・無年號 001
邱□（邱季承父）　西晉・太康 025　折克行　北周・無年號 010
吳□晦　西晉・元康 008　　　　　吳小妃（郭貴賓妻）隋・開皇 061
吳子蘭　東漢・無年號 129　　　　吳女英（楊君妻）隋・開皇 123
吳氏（江文遙母）　北魏・正始 021
吳氏（宜都王妃）　南朝宋・永初 004

吳弘　隋・大業 319
吳光　北魏・熙平 009
吳安國　北魏・孝昌 023
吳明徹　北周・大象 014
吳□　晉・無年號 111
吳桃初　西晉・太康 031
吳慈恩　東魏・無年號 016
吳輝（李賢和妻）西魏・大統 027
吳穆　北齊・天保 105
吳嚴　隋・大業 089
吳□　三國吳・黃龍 001
吳□　西晉・太康 041
呂氏（宇文妻）北齊・天統 029
呂他　十六國・後秦 003
呂武　隋・開皇 223
呂胡　隋・大業 106
呂思禮　隋・開皇 204
呂員　晉・無年號 004
呂朗　三國魏・黃初 001
呂通　北魏・正光 099
呂超　南朝齊・永明 010
呂達　北魏・正光 100
呂游　晉・無年號 002
呂鳳　北魏・太和 018
呂曇　隋・大業 069
呂龜　隋・開皇 010
呂□　南朝宋・元嘉 009
孚惠　西晉・太康 033
何氏（李蓁妻）東晉・無年號 019
何伯申　三國魏・無年號 033

吳吉堂　南朝宋・元嘉 014
吳仲山　東漢・熹平 003
吳妃　東漢・永初 003
吳金宛　西晉・元康 041
吳素　隋・開皇 095
吳通　隋・開皇 341
吳遷　北齊・武平 018
吳奮　東漢・永康 004
吳颺　西魏・廢帝 009
吳□　三國吳・天紀 001
吳□　北魏・無年號 059
呂仁　北魏・普泰 012
呂氏（呂通息女）西晉・太安 003
呂光　東魏・武定 045
呂法勝（楊順妻）北魏・正光 071
呂相姬（□君妻）北朝・無年號 012
呂冕　東魏・武定 034
呂倉　隋・開皇 209
呂祥　北齊・皇建 002
呂盛　東魏・武定 018
呂超　隋・大業 109
呂道貴　隋・開皇 208
呂瑞　隋・開皇 110
呂寧　十六國・後秦 004
呂憲　十六國・後秦 002
呂顯　北魏・無年號 054
呂□　晉・無年號 003
何子哲　南朝梁・無年號 064
何休　東漢・無年號 203
何武　西晉・太康 015

| | |
|---|---|
| 何尚之　南朝宋・無年號 007 | 何法登（王康之妻）東晉・太元 006 |
| 何思榮　北齊・河清 008 | 何晏　三國魏・太和 004 |
| 何清兒（何劉之子）北齊・天保 044 | 何琛　東魏・武定 003 |
| 何敬容　南朝梁・無年號 042 | 何雄　隋・開皇 278 |
| 何楨　西晉・無年號 010 | 何□　西晉・太康 019 |
| 何□　西漢・建武中元 001 | 何□　東漢・永平 001 |
| 何□　東漢・無年號 038 | 何□　南朝宋・元嘉 012 |
| 何□　南朝宋・泰始 007 | 何□宗　北周・建德 013 |
| 佐孟機　東漢・延熹 006 | 李士通　隋・大業 021 |
| 李士謙　隋・開皇 119 | 李子叔　北齊・天保 080 |
| 李元　隋・大業 341 | 李元姜（元顥妃）北魏・延昌 005 |
| 李元儉　北周・建德 054 | 李元禮　東漢・光和 018 |
| 李少君　漢代・無年號 003 | 李仁　隋・大業 031 |
| 李公勖　隋・仁壽 088 | 李氏（王獻之保母）東晉・興寧 003 |
| 李氏（元恪嬪）北魏・孝昌 036 | 李氏（元新成妃）北魏・熙平 041 |
| 李氏（元澄妃）北魏・景明 009 | 李氏（田光山妻）隋・大業 195 |
| 李氏（柴烈妻）北周・建德 031 | 李氏（徐君妻）東魏・天平 004 |
| 李氏（高道悅妻）北魏・神龜 010 | 李氏（孫惠妻）南朝宋・元嘉 008 |
| 李氏（彭君妻）西晉・建興 004 | 李氏（楊君後夫人）隋・大業 065 |
| 李氏（趙始伯妻）西晉・永熙 003 | 李文都　隋・大業 002 |
| 李巴西　隋・大業 112 | 李玉婍（馮君妻）隋・仁壽 081 |
| 李世洺　隋・大業 110 | 李世舉　隋・大業 117 |
| 李左車　東漢・無年號 278 | 李平　北魏・無年號 063 |
| 李令穆　隋・開皇 007 | 李玄　東魏・天平 037 |
| 李尼（名難勝，高殷妻）北齊・武平 008 | |
| 李弘秤　隋・大業 032 | 李奴奴　隋・大業 038 |
| 李季加壹　南朝齊・建武 002 | 李幼芷（崔孝直妻）北齊・天保 121 |
| 李光顯　東魏・天平 003 | 李吁（吁典）隋・大業 353 |
| 李同　北周・大象 020 | 李同仁　隋・大業 371 |
| 李休（子材）東漢・永壽 006 | 李延　北周・大象 012 |

李仲胤　北魏・正始022　　　　李行之　隋・無年號029
李好信　北齊・武平049　　　　李秀之　北齊・天保033
李伯成（茂）　東漢・無年號296　李伯欽　北魏・景明015
李伯憲　隋・開皇071　　　　　李希仁　北齊・天保082
李希宗　東魏・武定044　　　　李希禮　北齊・天保081
李亨　北齊・武平119　　　　　李沖　隋・大業035
李君穎　北齊・武平089　　　　李陁　隋・大業352
李苞　西晉・泰始022　　　　　李林　北魏・太昌040
李松　北齊・天保103　　　　　李叔（淑）蘭（楊君妻）隋・大業060
李叔儉（字思約）　北齊・河清010　李虎　隋・大業016
李固　東漢・建和003　　　　　李和　隋・開皇014
李季次　西晉・元康023　　　　李季嬪（安樂王妃）北齊・天保098
李法洛　北齊・天統044　　　　李孟初　東漢・永興001
李始妃（侯惠阪妻）隋・開皇207　李挺　東魏・興和040
李咸　東漢・熹平024　　　　　李威　北齊・天保111
李貞姬（平珍顯妻）北魏・正光073　李是衆　東漢・延光004
李則　隋・開皇219　　　　　　李禹　東漢・永壽002
李彥休　北齊・武平010　　　　李恢　三國蜀・無年號010
李祐　北魏・永熙001　　　　　李祖牧　北齊・武平088
李祖勳　北齊・武平113　　　　李泰　西晉・元康018
李華（索勇妻）北齊・皇建008　　李華（陸君妻）北齊・武平116
李桃杖　北齊・天保094　　　　李晃　隋・無年號046
李剛　東漢・熹平005　　　　　李倩之　北齊・天保119
李倩之　隋・開皇090　　　　　李徐　北魏・太和028
李旅　西晉・永嘉005　　　　　李陵　漢代・無年號015
李彬　東魏・武定039　　　　　李帶　北魏・正光049
李盛（字□孫）北魏・永熙027　　李盛（字雙顯）隋・開皇311
李略　北魏・永安015　　　　　李康　隋・開皇182
李翊（翌）東漢・熹平013　　　李清仁　北齊・天保026
李淑真（張櫛妻）北魏・正光027　李淑容　北齊・天統042

李琮　北齊·武平 078　　李超　北魏·正光 113
李達　北魏·孝昌 072　　李敬族　隋·開皇 069
李惠　隋·開皇 068　　李雄　北周·大象 024
李雲　北齊·武平 117　　李雲（字行祖）東漢·無年號 277
李景亮　隋·大業 009　　李貴　隋·開皇 045
李智源　北齊·武平 109　　李欽（字文安）　隋·開皇 224
李翕　東漢·建寧 029、建寧 036、建寧 038
李勝鬘（胡宣景妻）北齊·武平 015　李廆　十六國·前燕 001
李善　隋·大業 330　　李道勝　北魏·永平 018
李富娘　隋·大業 310　　李裕　隋·大業 001
李弼　北魏·孝昌 058　　李媛華（元緦妃）北魏·正光 096
李項　東漢·無年號 037　　李椿　隋·開皇 231
李業　東漢·無年號 322　　李暉儀（鄭平城妻）北魏·永熙 007
李嗣（字紹祖）隋·開皇 220　李稚華　北周·保定 014
李稚廉　北齊·武平 084　　李詵　北魏·太和 038
李誕　北周·保定 016　　李摹　東晉·升平 002
李豪　晉·無年號 050　　李彰　北魏·太昌 006
李鄰（趙敞妻）西晉·元康 057　李寧　北齊·天保 091
李綸　北周·建德 024　　李渠蘭（鄧羨妻）北魏·神龜 007
李蕤　北魏·正始 015　　李賢　北周·天和 019
李遷　西晉·元康 054　　李劇　北魏·孝昌 060
李德元　北齊·天保 079　　李德饒　隋·無年號 052
李慶容　北魏·永平 023　　李遵　北魏·正光 120
李緝　東晉·升平 003　　李靜（字天安）北齊·河清 029
李靜（字靜眼）隋·仁壽 077　李靜訓　隋·大業 092
李憙　北魏·太和 003　　李頤　北魏·孝昌 030
李穆　隋·大業 152　　李謀　北魏·孝昌 027
李憲　東魏·元象 014　　李蘩　東晉·寧康 002
李禮之　隋·開皇 089　　李翼　北魏·永熙 028
李瞻　北魏·正始 031　　李璧　北魏·正光 014

李麗儀（崔仲方妻）　隋・開皇 055　　李識蕾　　北齊・天保 070
李繪　　東魏・無年號 004　　　　　　李寶　　　隋・大業 378
李騫　　北齊・天保 007　　　　　　　李艷華（元子遂妻）東魏・興和 036
李□　　十六國・後趙 001　　　　　　李□　　　西晉・永寧 004
李□　　東漢・本初 001　　　　　　　李□　　　東漢・和平 002
李□　　南朝齊・永明 009　　　　　　李□　　　隋・大業 093
李□　　隋・大業 377　　　　　　　　李□　　　漢代・無年號 044
李□　　南北朝 002　　　　　　　　　李□（主簿）　南朝梁・普通 018
李□（安喜公）隋・開皇 288　　　　　李□（李進玄孫）西晉・無年號 002
李□（阿陽縣令）北朝・無年號 014　　李□（兗州刺史）北魏・景明 010
李□（蜀郡太守）東漢・陽嘉 001　　　李□（盤白真人）晉・無年號 030
李□　　南朝 004　　　　　　　　　　李□（瀛洲刺史）東魏・武定 019
束皙　　晉・無年號 081　　　　　　　邵巨　　　三國魏・無年號 019
邵氏（楊元伯妻）隋・開皇 011　　　　邵孝禮　　隋・開皇 271
邵咸　　隋・開皇 041　　　　　　　　邵真　　　北魏・正光 006
邵遠　　北魏・太安 003　　　　　　　邵□　　　南朝宋・元嘉 007
邸肱肱（楊元伯妻）隋・開皇 010　　　邸珍　　　東魏・天平 009；北齊・武平 093
邸遷（元明）北魏・和平 004　　　　　邟原　　　三國魏・無年號 035
邳集　　晉・無年號 015　　　　　　　邲□　　　晉・無年號 016
豆雷蘭幼欐　北魏・熙平 021　　　　　豆盧公（刺史）北周・無年號 002
豆盧恩　北周・天和 001　　　　　　　豆盧寔（實）隋・大業 231
豆盧毓　隋・大業 078

# 八　畫

兖 夜 拔 抱 法 冼 宗 武 郅 來 屈 孟 尚 明 肥 兒
周 季 岳 官 和 房 金 呼 茅 英 竺 長孫 步陸 叔先
叔孫 若干 東鄉 沮渠 拓王 拓拔（跋）郁久閭 阿史那

兖衆敬　北齊・天統 001　　　　　　　夜國君　　西晉・太康 038
拔拔兕　北周・天和 002　　　　　　　抱睹生　　北魏・無年號 039

抱嶷　北魏・無年號 038
洗夫人　隋・無年號 026–027
宗欣　東魏・武定 050
宗愨　北魏・正始 018
武梁　東漢・元嘉 002
武開明　東漢・建和 005
武□　北齊・武平 062
郅惲　東漢・無年號 297
來僧護　北魏・無年號 069
屈突隆業　北魏・太和 017
孟有　三國吳・建衡 001
孟桃湯　東魏・武定 064
孟琁（璇或瑄）東漢・永壽 008
孟常　隋・大業 387
孟敞　西晉・無年號 004
孟慶　隋・仁壽 087
孟熾　北魏・太和 030
孟□　三國吳・泰元 001
孟□　東晉・太元 001
明姬（孫槃龍妻）北齊・天保 024
明雲騰　隋・大業 299
明賫　東魏・興和 035
明曇憘　南朝宋・元徽 003
肥致　東漢・建寧 016
兒寬（道兒君）東漢・無年號 285
周千（于、午）北魏・永平 021
周令華（張永儁妻）北齊・天統 040
周亞夫　漢代・無年號 012
周法尚　隋・大業 320
周威　隋・開皇 077

法高卿　東漢・建康 003
宗均　西晉・泰始 007
宗俱　東漢・熹平 012
武氏（李縶妻）東晉・升平 004
武斑（班）東漢・建和 001
武榮　東漢・建寧 043
武□　東漢・建和 002
來和　隋・開皇 130
屈護　北齊・天統 016
孟氏　北魏・無年號 058
孟孝琚　東漢・永壽 009
孟陳　三國吳・鳳皇 002
孟淑容（劉開妻）鄭・開明 001
孟敬訓（司馬昞妻）北魏・延昌 020
孟廣宗（孝琚）東漢・永壽 008
孟蕭姜（□君妻）北齊・天保 004
孟顯達　隋・開皇 340
孟□　三國魏・無年號 068
尚博　東漢・無年號 031
明副恭　北朝・魏 005
明湛　北齊・武平 031
明賫　隋・大業 366
明□　隋・無年號 064
肥範　三國魏・無年號 014
周大孃（苟君妻）隋・大業 303
周代　東漢・建和 007
周良　隋・大業 163
周協（字巨勝）東漢・延熹 007
周勃　漢代・無年號 002
周皆　隋・大業 057

周胙　晉・無年號038
周訪　晉・無年號037
周道舒　東晉・升平011
周褚　西晉・太康037
周德　隋・大業323
周闡（字道舒）　東晉・升平010
周□　西晉・元康012
周□　東漢・無年號312
周□（贈太尉）晉・無年號083
季南　東漢・無年號196
官奴富加　西晉泰始002
官婢少阜　西晉・泰始002
官婢延文　西晉・泰始006
官婢宜　西晉・泰始017
官婢郭南　西晉・泰始013
官婢益斗　西晉・泰始028
官婢富歸　西晉・泰始014
官婢虜女　西晉・泰始010
官婢遼夷　西晉・泰始020
官婢興屈文　西晉・泰始016
和子源　北齊・天統049
和國仁　西晉・太康016
和照　西魏・大統018
和邃　北魏・孝昌067
房元陁　北齊・天統020
房吉　隋・仁壽039
房彥謙　隋・無年號037
房楨　東漢・無年號191
房蘭和　東魏・武定008
金恭　東漢・無年號183

周處　東晉・大興001
周惠達　西魏・大統028
周瑞　隋・大業213
周撫　東晉・無年號027
周憬　東漢・熹平019
周羅睺　隋・大業005
周□　東晉・隆安005
周□　晉・無年號063
周□　北齊・武平054
岳守信　北齊・武平060
官婢子　西晉・泰始011
官婢文　西晉・泰始009
官婢金女　西晉・泰始012
官婢桃枝　西晉・泰始025-027
官婢益　西晉・泰始015
官婢雅女　西晉・泰始033
官婢楊阿養　西晉・泰始003
官婢虜女　西晉・泰始018
官婢樂　西晉・泰始019
和士開　北齊・武平039
和安　北齊・天統060
和紹隆　北齊・天統051
和醜仁（于祚妻）北魏・太昌007
房子明　北齊・天統023
房文姬（趙安妻）北魏・孝昌025
房周陁　北齊・天統011
房悅　東魏・興和038
房廣淵　北齊・天統054
房纂　東魏・武定096
金□　東漢・無年號041

呼亮　北齊·武平063　　　　　茅盈　南朝梁·普通012
英布　漢代·無年號016　　　　竺瑤　東晉·太元003
長孫子梵　北魏·普泰002　　　長孫子澤　北魏·永熙026
長孫氏（上官氏妻）北齊·天保034　長孫氏（封君妻）北魏·孝昌009
長孫汪　隋·大業364　　　　　長孫忻　北魏·正光033
長孫季　北魏·太昌008　　　　長孫彥　北齊·河清011
長孫盛　北魏·普泰001　　　　長孫淑信（楊雄妻）隋·大業228
長孫紹遠　北周·保定026　　　長孫敬顏（羊烈妻）隋·開皇218
長孫儁（儁）西魏·大統030　　長孫嵩　北魏·正光101
長孫瑱　北魏·延昌024　　　　長孫儉　北周·天和039
長孫儉　西魏·無年號001　　　長孫穉　西魏·大統006
長孫懿　隋·開皇217
步六（陸）孤須蜜多（宇文儉妻）北周·建德006
步陸逞　北周·建德021　　　　叔先雄　東漢·永建001
叔孫氏（可足渾洛妻）東魏·武定038
叔孫多奴（薛君妻）北齊·武平020　叔孫固　東魏·武定040
叔孫都　北齊·武平097　　　　若干雲　北周·宣政001
若干榮　北周·建德044　　　　東鄉氏（趙始伯妻）西晉·永熙004
沮渠愍　北魏·正光036　　　　拓王廻叔　北周·武成003
拓拔猗盧　北魏·無年號098　　拓拔儉　北周·天和039
拓拔氏（建康長公主）北魏·延興003
拓拔濟　北周·保定004
拓拔吐度真　北周·保定003　　拓跋虎　北周·保定012
拓跋（元）忠　北魏·太和008、景明022
拓跋育　北周·明帝004　　　　拓跋猗㐌　北魏·永興001
拓跋寧　北周·明帝002　　　　拓跋燾　北魏·神䴥001
郁久閭可婆頭　隋·開皇205　　郁久閭伏仁　隋·開皇078
郁久閭肱　東魏·興和027　　　郁久閭思盈　隋·開皇134
郁久閭業　北齊·天保071
阿史那氏（北周武帝皇后）隋·開皇008

## 九　畫

施 祖 祝 度 姜 封 胡 柏 柳 种 陝 郝 郗 郤
韋 范 苑 苟 荊 昝 信 段 俞 是 染 負 侯
紀 姚 皇 相里 皇甫 紇干 紇豆陵 侯莫陳

施氏（陳宣帝夫人）隋・大業 100　　施俱　晉・無年號 117
施晞年父　西晉・元康 030　　施□　西晉・太安 004
施□　西晉・太康 006　　施□　東漢・永寧 015
施□　晉・無年號 118　　施□（太中大夫）晉・無年號 094
祖遜　東晉・無年號 032　　祖淮　東魏・天平 018
祖氏（李府君妻）北周・大象 032　　祖氏（封隆之妻）北魏・無年號 062
祝其卿　西漢・居攝 001　　祝睦　東漢・延熹 031、延熹 036
度尚　東漢・永康 002　　姜太妃（楊文弘妻）北魏・正始 006
姜氏　隋・大業 296　　姜氏（趙君妻）東魏・天平 010
姜氏（戴倕妻）三國魏・無年號 018　　姜長妃（孫氏妻）北齊・天保 053
姜明　隋・大業 216　　姜肱（伯淮）　東漢・熹平 010
姜敬親（寇熾妻）隋・開皇 029　　姜維　三國蜀・無年號 005
姜濟　隋・大業 058　　姜□　北齊・天保 011
姜□　隋・仁壽 055　　封之秉　北魏・孝昌 057
封子繪　北齊・河清 032　　封氏（文帝皇后）北魏・無年號 052
封延之　東魏・興和 031　　封孝琰　北周・大象 006
封昕　北魏・永平 042　　封和突　北魏・正始 003
封依德（崔上師妻）隋・大業 269　　封胤　北齊・太寧 009
封柔　東魏・武定 054　　封隆之　北齊・豫章 001
封隆之　北魏・無年號 063　　封獨生　西魏・大統 019
封龍　北魏・正光 118　　封魔奴　北魏・正光 030
封觀　東漢・無年號 046　　封□　東漢・永壽 012
胡元壬　東漢・建寧 027　　胡屯進　北魏・孝昌 080
胡公輔　三國吳・甘露 003　　胡玄輝（元叉妻）北齊・天保 101

胡延　北齊・無年號033　　　　胡均　西晉・元康049
胡伯（佰）樂　東魏・興和024
胡長仁　北齊・武平002、武平033、武平076
胡明相　北魏・孝昌074　　　　胡根　東漢・建寧020
胡烈　三國魏・景元006　　　　胡著　東漢・延熹017
胡國寶　北魏・神龜006　　　　胡碩　東漢・建寧021
胡廣　東漢・建寧040、無年號163　胡質　三國魏・無年號025
胡徹貴　北魏・永平010　　　　胡奮　西晉・泰始034
胡奮　晉・無年號036　　　　　胡歸德　北周・天和038
胡羆　晉・無年號035　　　　　胡寵　東漢・熹平014
胡騰　東漢・無年號042　　　　胡顯明（辛鳳麟妻）北魏・正光050
胡□　三國吳・太平002　　　　胡□　北魏・無年號089
胡□　東漢・無年號149　　　　柏氏（周闡妻）東晉・升平010
柳子輝　北齊・天保104　　　　柳旦　隋・大業139
柳敏　東漢・建寧018　　　　　柳䜩　隋・開皇054
柳敬憐（韋彧妻）西魏・大統034　柳御天　西魏・廢帝004
柳遐（霞）　北周・天和045　　柳遺蘭（韋彪妻）西魏・廢帝006
柳機　隋・仁壽019　　　　　　柳檜　西魏・廢帝005
柳鷟　北周・建德048　　　　　种多　東漢・無年號309
种美珠　西晉・太康028　　　　陝氏　三國魏・咸熙001
郝氏（張滿澤妻）北周・建德037　郝方　東漢・無年號155
郝令（董季祿妻）隋・開皇246　郝伏愿　隋・大業219
郝偉（字元尚）　隋・仁壽009　郗恢　東晉・無年號026
郗蓋族（袟）東魏・興和011　　郗慮　三國魏・無年號045
郗鑒　東晉・無年號028　　　　郤休　西晉・泰始021
卻氏（朱巖妻）東漢・無年號150　韋氏　東漢・無年號055
韋氏（張振妻）隋・仁壽022　　韋孝寬　北周・大象023
韋孝寬　北周・大象028　　　　韋協　隋・開皇317
韋始華（楊寬妻）隋・開皇100　韋彧　北魏・孝昌059
韋乾　北魏・永熙018　　　　　韋彪　北周・建德036

韋略　隋・開皇117
韋舒　北周・天和036
韋壽　隋・開皇316
韋輝和　北魏・永熙002
韋諶　隋・開皇318
韋鴻　北齊・武平068
韋□（韋意子）南朝宋・元嘉011
范功平　西漢・建平002
范冉（史雲、范丹）東漢・中平004
范式　三國魏・青龍004
范始興　北魏・無年號034
范高　隋・大業122
范雲　南朝梁・無年號021
范粹　北齊・武平095
范□　漢代・無年號047
范□（西戎令）西晉・永嘉009
苑孟興　東漢・無年號045
苟大亮　北朝・無年號009
苟舜才　隋・開皇211
昚雙仁（伏君妻）北魏・孝昌033
段文振　隋・大業207
段仲孟　東漢・永和007
段威　隋・開皇269
段敬修　漢代・無年號023
段摸（模）　隋・大業146
段濟　隋・大業339
俞張　西晉・永康004
俞□　西晉・永寧006
是戉　東晉・咸和003
貟標　北魏・景明016

韋隆　西魏・廢帝003
韋辟邪　隋・無年號043
韋端　東漢・無年號144
韋操　隋・無年號041
韋鮮玉（韋敬元女）北魏・永安032
韋□　北齊・天保055
范氏（段華息妻）　北魏・正光026
范平　西晉・太康047
范皮（伯友）東漢・無年號043
范安貴　隋・大業325
范思彥　東魏・興和021
范雲　南朝梁・無年號020
范滂　東漢・無年號302
范寧　東晉・無年號016
范□　漢代・無年號063
范□（范雲?）南朝梁・無年號032
苑鎮　東漢・無年號044
苟氏（韋咸妻）北朝・無年號005
荆□　東漢・無年號137
信始將　北朝・魏009
段世琳　隋・大業356
段宗仲　晉・無年號041
段通　北齊・天保018
段淵　東魏・興和006
段榮　北齊・太寧004
段□　隋・大業206
俞□　東漢・永寧014
是云偘　北周・天和006
染華　北魏・孝昌046
貟德　北齊・天統022

侯子欽　隋·開皇 073　　　　侯氏（元弘嬪）北魏·景明 017
侯氏（李錢妻）西晉·太安 006　侯氏（張明妻）東晉·太元 014
侯文敬妃　北齊·皇建 004　　　侯成　東漢·建寧 015
侯安都　南朝陳·無年號 007　　侯伯咸　東漢·建寧 042
侯忻　北魏·普泰 015　　　　　侯苞　東漢·永壽 008
侯明（字子欽）　隋·開皇 072　侯宗　北魏·正光 046
侯相　東漢·無年號 292　　　　侯剛　北魏·孝昌 040
侯海　東魏·武定 030　　　　　侯紹　隋·開皇 106
侯掌　北魏·正光 090　　　　　侯惜　北魏·孝昌 077
侯遠　北周·武成 002　　　　　侯義　西魏·大統 022
侯肇　隋·開皇 247　　　　　　侯興　西魏·大統 031
侯獲　東漢·永和 010　　　　　侯□　西晉·元康 028
侯□（金城長）晉·無年號 097
侯□（高平太守）　西晉·永寧 001　紀信　東漢·無年號 217
紀德　東晉·太元 004　　　　　紀瞻　晉·無年號 027
姚女勝（孝女）北魏·正光 122　姚太　隋·大業 278
姚平元　晉·無年號 079　　　　姚孝經　東漢·永平 010
姚洪姿（宇文紹義妻）北齊·武平 017　姚勛　隋·大業 054
姚萇　十六國·後秦 001　　　　姚齊姬（廉君妻）北魏·太和 034
姚纂　北魏·延昌 030　　　　　姚辯　隋·大業 167
皇女　三國魏·無年號 029
皇圣卿（南武陽功曹）　東漢·元和 004
皇毓　東漢·無年號 274　　　　相里才　東魏·武定 066
相里叔悅　北齊·天保 035　　　皇甫九會　隋·開皇 067
皇甫光　隋·開皇 037　　　　　皇甫忍　隋·開皇 155
皇甫陶　晉·無年號 092　　　　皇甫深　隋·大業 218
皇甫琳　北齊·天保 110　　　　皇甫楚　北齊·天統 069
皇甫誕　隋·大業 056　　　　　皇甫謙　隋·開皇 065
皇甫驎　北魏·延昌 036　　　　皇甫艷（薛懷儁妻）北齊·天統 058
紇干廣　隋·仁壽 007

紇豆陵含生（宇文招妻）北周・天和 041
紇豆陵毅（寶毅）隋・開皇 018　　紇豆陵曦　北周・保定 010
侯莫陳道生　北周・天和 027
侯莫陳穎（穎）隋・大業 094，隋・無年號 074

## 十　畫

宮 高 唐 席 郎 秦 班 索 袁 郯 都 陳 陸 陶 陰
郭 耿 桓 孫 桑 馬 連 冥 荀 茹 柴 桂 時 奚
留 倪 徐 姬 婗 淨 凌 涂 浩 惠 殷 栗 秘 華 烈
圂 莫 夏 夏侯 徒何 烏蘭 烏丸 烏六渾 烏石蘭 庫狄

| | |
|---|---|
| 宮人丁氏　隋・大業 204 | 宮人丁氏　隋・大業 318 |
| 宮人卜氏　隋・大業 346 | 宮人王僧男　北魏・正光 029 |
| 宮人王遺女　北魏・正光 028 | 宮人元氏　隋・大業 068 |
| 宮人元氏　隋・大業 103 | 宮人元氏　隋・大業 264 |
| 宮人元氏　隋・大業 266 | 宮人田氏　隋・大業 273 |
| 宮人田氏　隋・大業 313 | 宮人朱氏　隋・大業 022 |
| 宮人朱氏　隋・大業 149 | 宮人杜法真　北魏・正光 097 |
| 宮人李氏　隋・大業 104 | 宮人李氏　隋・大業 166 |
| 宮人豆盧氏隋・大業 226 | 宮人何氏　隋・大業 179 |
| 宮人沈氏　隋・大業 189 | 宮人房氏　隋・大業 369 |
| 宮人孟元華　北魏・正光 051 | 宮人侯氏　隋・大業 281 |
| 宮人姜氏　隋・大業 290 | 宮人韋氏　隋・大業 188 |
| 宮人徐氏　隋・大業 347 | 宮人郭氏　隋・大業 159 |
| 宮人席氏　隋・大業 272 | 宮人唐氏　隋・大業 279 |
| 宮人唐氏　隋・大業 381 | 宮人陳氏　隋・大業 165 |
| 宮人陳氏　隋・大業 183 | 宮人陳氏　隋・大業 209 |
| 宮人陳花樹　隋・大業 275 | 宮人張安姬　北魏・正光 023 |
| 宮人程氏　隋・大業 130 | 宮人馮氏　隋・大業 131 |
| 宮人馮迎男　北魏・正光 022 | 宮人楊氏　北魏・正光 032 |

宮人楊氏　隋·大業361　　宮人賈氏　隋·大業145
宮人樊氏　隋·大業282　　宮人劉氏　隋·大業025
宮人劉氏　隋·大業113　　宮人劉氏　隋·大業198
宮人劉氏　隋·大業324　　宮人劉氏　隋·大業383
宮人劉阿素　北魏·正光005　宮人劉華仁　北魏·正光021
宮人蕭氏　隋·大業191　　宮人鮑氏　隋·大業287
宮人魏氏　隋·大業173　　宮人□□　北魏·無年號043
宮人□□　隋·大業382　　宮人□□　隋·大業389
宮迎男（袁君妻）北齊·武平005　高氏（田子桀妻）北朝·無年號006
高氏（永昌郡長公主）北周·大象017
高氏（公主，齊王四妹）北齊·無年號006
高氏（皮阿輸迦妻）北齊·武平096　高氏（楊君妻）隋·仁壽065
高氏（韓贿妻）北魏·正光102　高六奇　隋·大業055
高允　北齊·天統039　　高允遺　北魏·正光121
高玄　東漢·無年號280　　高永樂　東魏·興和022
高百年　北齊·河清020　　高仲　北朝·無年號008
高孝瑜　北齊·河清014　　高孝緒　北齊·無年號031
高虬　隋·仁壽008　　　　高阿逯　北魏·熙平027
高阿難（劉洪徽妻）北齊·天保106　高妙儀　北周·宣政002
高苗侯　北齊·武平094　　高英　北魏·神龜005
高直　東漢·無年號047　　高肱　北齊·天統026
高建　北齊·天保063　　　高貞　北魏·正光069
高彥　新莽·天鳳001　　　高華英　北魏·景明007
高原　西晉·無年號012　　高峻　東漢·無年號225
高淑　北齊·河清024　　　高朗　北齊·天保108
高盛（字盆生）東魏·天平015　高彪　東漢·中平007
高婁斤（尉景妻）東魏·興和004　高崧　東晉·太和002
高偃　北魏·神龜035　　　高猛　北魏·正光074
高湝　北齊·乾明007　　　高琨　北魏·延昌025
高喬　隋·大業087　　　　高敬容　北齊·天保032

| | |
|---|---|
| 高植　北魏・神龜036 | 高雅　東魏・天平032 |
| 高貴　東魏・元象008 | 高買女　北齊・天保100 |
| 高善德（陸君妻）隋・大業037 | 高道悅　北魏・神龜009 |
| 高湛　東魏・元象016 | 高渙　北齊・乾明005 |
| 高照容（文昭皇后）北魏・神龜028 | 高嗣　隋・大業277 |
| 高肅　北齊・武平098 | 高緊　隋・大業193 |
| 高僧保　北齊・天保087 | 高僧護　北齊・武平072 |
| 高廣　北魏・孝昌045 | 高榮　北齊・天保107 |
| 高綜　西晉・元康031 | 高褒　東漢・無年號049 |
| 高慶　北魏・正始034 | 高潭　隋・開皇006 |
| 高濜　北齊・乾明006 | 高潤　北齊・武平104 |
| 高談德（好太王）　東晉・義熙005、無年號022 | |
| 高頤（貫光）東漢・建安005 | 高樹生　北魏・永熙005 |
| 高叡（字阿族）隋・大業177 | 高叡（字須拔）北齊・天保088 |
| 高瓊　北齊・天保066 | 高翻　東魏・元象018 |
| 高纂　晉・無年號022 | 高寶　東魏・元象009 |
| 高歡　東魏・武定065 | 高顯　北魏・無年號017 |
| 高□　東漢・無年號048 | 高□　南朝宋・元嘉003 |
| 高□　南朝梁・大通003 | 高□（武陰令）漢代・無年號004 |
| 唐公房（昉）　東漢・無年號122 | 唐世榮　隋・大業370 |
| 唐扶　東漢・光和020 | 唐直　隋・大業368 |
| 唐恭　隋・開皇017 | 唐邕　北齊・無年號008 |
| 唐彬　晉・無年號080 | 唐該　隋・大業300 |
| 唐耀　北魏・永安003 | 席固　北周・保定017 |
| 席盛　北魏・正光054 | 席淵　隋・開皇338 |
| 席（常）德將　隋・大業240 | 郎山暉（李榮妻）北魏・無年號070 |
| 郎氏（吳名桃妻）北魏・永平019 | 郎茂　北齊・無年號022 |
| 郎茂　隋・無年號078 | 秦永太　南朝宋・景平001 |
| 秦洪　北魏・孝昌039 | 秦僧伽　隋・大業291 |
| 秦頡　東漢・中平015 | 秦頡　東漢・熹平036 |

秦賜　西晉・建興 001　　　　　秦德信　西晉・元康 052
秦（滕）□　東漢・無年號 283　　秦□　東漢・元興 001－002
班固（孟堅）　東漢・永壽 004、無年號 221
班超　東漢・無年號 250　　　　索昉　隋・開皇 158
索欣　隋・開皇 157　　　　　　索泰　北齊・皇建 007
索雄　隋・開皇 159　　　　　　索誕　北齊・武平 036
索叡　隋・開皇 156　　　　　　索□　隋・無年號 083
袁月璣（蔡彥深妻）北齊・天統 064　袁成　東漢・無年號 208
袁光　東漢・無年號 175　　　　袁安　東漢・永元 006
袁良（梁）東漢・永建 006　　　袁亮　隋・大業 286
袁客仁（蕭球妻）隋・無年號 040　袁逢　東漢・無年號 133
袁清　北齊・河清 011　　　　　袁博　東漢・無年號 031
袁敞　東漢・元初 003　　　　　袁喬　東漢・無年號 205
袁湯　東漢・無年號 201　　　　袁渙（煥）　三國魏・無年號 020
袁滂　東漢・無年號 176　　　　袁滿來　東漢・無年號 199
袁慶　東晉・興寧 002　　　　　袁騰　東漢・無年號 174
袁□　西晉・無年號 003　　　　袁□（大都督）隋・大業 343
袁（爰、奚）□（太原太守）西晉・泰始 032
郯□　隋・開皇 201　　　　　　都□　東晉・永和 013
都□　東晉・升平 009　　　　　都□　晉・無年號 043
陳三　北齊・武平 079　　　　　陳元盛　東漢・建安 006
陳化　三國吳・無年號 011　　　陳氏（李峻母）　南朝梁・天監 009
陳氏（趙韜妻）西晉・永康 006　陳氏（齊蒽妻）西晉・元康 037
陳文岳　隋・大業 014　　　　　陳布（希）西晉・永康 003
陳平　東漢・無年號 061　　　　陳平整（長孫伯年妻）東魏・武定 021
陳永　北魏・延興 005　　　　　陳伯仁（廬陵王）南朝陳・無年號 011
陳奉車　西晉・永嘉 010　　　　陳武王　晉・無年號 048
陳茂　隋・開皇 321　　　　　　陳叔明　隋・大業 295
陳叔榮　隋・大業 210　　　　　陳叔興　隋・大業 046
陳叔獻　南朝陳・無年號 014　　陳度　東漢・中平 019

陳宣　東漢・建寧 034　　　　　　陳祚　三國魏・青龍 003
陳紀　三國魏・無年號 040　　　　陳紀　東漢・建安 013
陳球　東漢・光和 004、無年號 164　陳章　晉・無年號 104
陳常　隋・大業 253　　　　　　　陳隆　北魏・永安 002
陳博達　北齊・武平 092　　　　　陳雄　隋・大業 388
陳單（道場）　晉・無年號 044　　陳買德　東漢・永和 001
陳勝　東漢・無年號 040　　　　　陳道談　南朝陳・永定 001
陳寔（字仲弓）東漢・中平 014、中平 024
陳暄　隋・無年號 044　　　　　　陳暉　隋・仁壽 014
陳詡　隋・開皇 346　　　　　　　陳肅　三國吳・永安 001
陳群　東漢・中平 023　　　　　　陳壽　晉・無年號 051
陳慶之　南朝梁・無年號 049　　　陳毅　北周・保定 009
陳遵　隋・開皇 104　　　　　　　陳禮　三國魏・青龍 002
陳寶（字神玉）北齊・武平 102　　陳□　東漢・永建 004
陳□　隋・無年號 006　　　　　　陳□（居士）隋・無年號 059
陳□（陳子昂父）西晉・元康 050　陳□（陳元方祖父）東漢・無年號 159
陳□（陳豨父）西晉・元康 004　　陳□　東漢・永建 005
陳□（襄州司馬）北周・無年號 003　陳□（議郎）西晉・元康 013
陸子玉　東魏・武定 053　　　　　陸少文　北魏・永平 024
陸平　隋・大業 285　　　　　　　陸延壽　北齊・武平 080
陸希道　北魏・正光 082　　　　　陸杳　隋・無年號 048
陸孟暉（元君妻）北魏・永安 039　陸逞　北周・無年號 013
陸脩容（穆瑜妻）北齊・天保 067　陸倕　南朝梁・普通 017
陸淨　北齊・天保 050　　　　　　陸盛榮　北齊・河清 027
陸紹　北魏・建義 015　　　　　　陸雲　晉・無年號 087
陸啫　東晉・咸和 006　　　　　　陸順華（元凝妃）東魏・武定 077
陸勝　北周・無年號 018　　　　　陸蒺藜（羅宗妻）北魏・普泰 003
陸禪　東晉・太寧 003　　　　　　陸遜　三國吳・無年號 010
陸邁　晉・無年號 127　　　　　　陸襄　南朝梁・無年號 052
陸嚴　三國魏・無年號 021　　　　陶弘景　南朝梁・大同 003、007

| | |
|---|---|
| 陶弘景　南朝梁・無年號 001－003 | 陶弘景　南朝梁・無年號 014 |
| 陶侃　東晉・咸康 006 | 陶侃　東晉・無年號 017 |
| 陶基　三國吳・無年號 001 | 陶超　東漢・無年號 287 |
| 陶貴（張通妻）隋・開皇 289 | 陶璜　南朝宋・元嘉 015 |
| 陶蠻朗　隋・開皇 236 | 陰雲　隋・開皇 043 |
| 陰壽　隋・無年號 021 | 陰誨孫　東魏・無年號 009 |
| 陰寶　東魏・武定 058 | 陰繼安　北齊・天保 005 |
| 郭王　隋・大業 090 | 郭夫人　東漢・無年號 267 |
| 郭元通　東漢・永元 018 | 郭太妃　北魏・正光 045 |
| 郭巨　北齊・武平 003 | 郭氏（王琚妻）北魏・永平 039 |
| 郭氏（夫人）隋・大業 023 | 郭氏（太妃）三國魏・正元 001 |
| 郭氏（昭皇太后）北魏・無年號 057 | 郭氏（康王妃）東魏・無年號 017 |
| 郭氏（董富妻）北魏・太和 015 | 郭氏（趙嚮妻）北朝・魏 015 |
| 郭氏（赫連君妻）東魏・興和 007 | 郭文　東晉・咸和 009 |
| 郭世昌　隋・大業 102 | 郭石妃（楊黑妻）東魏・武定 097 |
| 郭生　北周・建德 035 | 郭休　隋・仁壽 050 |
| 郭仲奇　東漢・建寧 037 | 郭仲理　東漢・無年號 119 |
| 郭均　隋・開皇 258 | 郭禿　三國魏・黃初 004 |
| 郭究　東漢・中平 001 | 郭阿雙　北齊・太寧 007 |
| 郭奉孝　東漢・無年號 197 | 郭旻　東漢・延熹 003 |
| 郭季妃　東漢・無年號 120 | 郭定洛　隋・大業 003 |
| 郭定興　北魏・正光 043 | 郭挺　東魏・元象 012 |
| 郭彥道　北齊・天保 013 | 郭泰（有道、林宗）東漢・建寧 013 |
| 郭哲　北齊・天保 065 | 郭容　東漢・中平 002 |
| 郭崇　北魏・孝昌 063 | 郭淮　三國魏・無年號 055 |
| 郭達　隋・大業 175 | 郭雲　隋・大業 077 |
| 郭欽　東魏・武定 100 | 郭槐（賈充妻）西晉・元康 033 |
| 郭稚文　東漢・永元 020 | 郭輔　東漢・無年號 060 |
| 郭肇　東魏・武定 002 | 郭憨（憖）　北齊・河清 015 |
| 郭擇　東漢・建安 002 | 郭穎　北魏・正光 039 |

郭禧　東漢・光和003　　　　郭翼　北魏・神龜029
郭翻　北魏・正光020　　　　郭寵　隋・大業246
郭顯　北魏・正光108　　　　郭□　東漢・光和005
郭□　東漢・無年號059　　　郭□　西晉・太康017
耿氏（文成帝嬪）北魏・延昌022　耿弇　東漢・無年號294
耿球　東漢・無年號181　　　耿雄　隋・開皇176
耿壽姬（元濬妃）北魏・神龜002
耿勳　東漢・熹平017　　　　耿□　三國魏・無年號024
耿□　北魏・無年號041　　　耿□　東漢・無年號051
桓氏（□君妻）北魏・熙平044　桓氏（程難兒妻）東魏・無年號011
桓玄城　東晉・無年號033　　桓伊　晉・無年號126
桓宣　東晉・無年號025　　　桓乔　東漢・永和012
桓彬　東漢・無年號135　　　桓溫　東晉・無年號015
桓□　南朝齊・永明004　　　孫大壽　晉・無年號088
孫化　隋・開皇113　　　　　孫氏（元坦妻）北齊・天保118
孫氏（任城太守妻）西晉・泰始029　孫氏（虎洛仁妻）北魏・正始016
孫氏（傅宣妻、孫松女）西晉・永寧008
孫氏（鍾濟妻）南朝宋・元嘉002　孫世樹　北魏・孝昌026
孫休延　北朝・無年號004　　孫仲陽父　東漢・元和001
孫仲隱　東漢・熹平021　　　孫叔敖　東漢・延熹010
孫放　東晉・太元005　　　　孫炎　三國魏・甘露003
孫恪　北魏・正平001　　　　孫桃史　北魏・永平009
孫根　東漢・光和015　　　　孫烏路　北朝・魏007
孫高　隋・開皇024　　　　　孫琮　東漢・無年號156
孫惠蔚　北魏・神龜004　　　孫策　三國吳・赤烏001、無年號012
孫尊　北魏・正光015　　　　孫惲　北魏・太和009
孫瑒　南朝陳・無年號013　　孫嵩（賓碩）東漢・無年號054
孫詵　南朝梁・無年號063　　孫模　東魏・無年號012
孫模　晉・無年號011　　　　孫僧蔭　東魏・天平017
孫復　南朝梁・無年號062　　孫遼　北魏・正光093

| | |
|---|---|
| 孫魯育（孫權女） 三國吳・五鳳001 | 孫緬　南朝梁・無年號061 |
| 孫熹　東漢・光和001 | 孫圜　東漢・和平003 |
| 孫臏　唐前001 | 孫權　三國吳・赤烏003 |
| 孫顯　北齊・天統019 | 孫顯安　東漢・建寧033 |
| 孫觀　隋・開皇293 | 孫驥　北齊・武平099 |
| 孫□　三國魏・嘉平005 | 孫□　北朝・魏008 |
| 孫□（孫方興父）　北魏・神龜039 | 孫□（居士）　隋・開皇096 |
| 桑氏（何孝廉妻）南朝宋・泰始004 | 桑弘麗　十六國・大夏001 |
| 馬元仁　北周・建德039 | 馬少敏　隋・仁壽071 |
| 馬氏（袁公妻）東漢・光和023 | 馬氏（孫世雄妻）北齊・武平074 |
| 馬江　東漢・建寧025 | 馬希孃（李君妻）隋・開皇097 |
| 馬君興　東漢・延熹020 | |
| 馬阿（何）媚（靳杜生妻）北魏・永平028 | |
| 馬姜（羊文興息妻）北齊・天保002 | 馬姜（賈武仲妻）東漢・延平001 |
| 馬晉平　南朝梁・天監003 | 馬援　東漢・無年號118 |
| 馬稜（棱）　東漢・無年號305 | 馬會之　隋・開皇082 |
| 馬稱心（夫人）隋・大業276 | 馬融　東漢・無年號053 |
| 馬頭（李君妻）北齊・天統037 | 馬穉　隋・開皇344 |
| 馬龜　北周・大象015 | 馬羅（劉榮先妻）北魏・神龜018 |
| 馬懷玉　隋・大業185 | 馬孃靜妹　南朝梁・普通004 |
| 馬□　漢代・無年號035 | 馬□（建威將軍）北魏・正始010 |
| 馬□奴　北周・天和005 | 連小胡　東魏・興和019 |
| 冥漠□　南朝宋・元嘉004 | 荀岳　西晉・永安001 |
| 荀彧　東漢・無年號143 | 荀爽　東漢・無年號242 |
| 荀煒（□君妻）晉・無年號017 | 荀藐　晉・無年號066 |
| 荀□　東漢・無年號056 | 荀□（太僕）三國魏・正始003 |
| 茹洪　隋・開皇009 | 茹□　東漢・無年號321 |
| 柴朗（字開雲）　北齊・天統028 | 柴惲　隋・大業034 |
| 桂□　東晉・寧康001 | 時珍　北周・宣政008 |
| 奚真　北魏・正光078 | 奚智　北魏・正始023 |

留□　東晉・永和 010
徐之才　北齊・武平 057
徐氏（女官道士）晉・無年號 119
徐氏（陳君妻）晉・無年號 093
徐氏（劉頡妻）東晉・無年號 020
徐孝嗣　南朝梁・無年號 070
徐則　南朝陳・無年號 003
徐起　北魏・武泰 001
徐純　隋・大業 250
徐庶　三國魏・無年號 008
徐智竦　隋・大業 184
徐寔（實）隋・大業 259
徐義（賈皇后乳母）西晉・元康 051
徐徹　北齊・天保 113
徐穆之　東魏・武定 012
徐顯秀　北齊・武平 043
徐□　西晉・太康 005
徐□　東晉・太元 008
徐□　東漢・無年號 057
徐□（司馬）東晉・無年號 002
徐□（聘士）東晉・無年號 030
姬氏（元□智妻）隋・大業 316
姬威　隋・大業 126
姬通　北魏・正始 032
姬買勛　西魏・大統 010
娬馬（韓猛妻）北魏・皇興 003
淩統　三國吳・無年號 002
涂□（安邑令）晉・無年號 073
惠□□　北魏・太和 026
殷華　東漢・光和 002

倪壽　東漢・無年號 058
徐之範　隋・開皇 053
徐氏（郭稚忠妻）北齊・天統 056
徐氏（梁君妻）西晉・元康 017
徐文□（德）西晉・元康 048
徐建　隋・仁壽 049
徐勉　南朝梁・無年號 069
徐陵　南朝陳・至德 001
徐敏行　隋・開皇 051
徐雅　東魏・天平 005
徐淵（法智）北魏・正光 114
徐稚（孺子）　三國吳・嘉禾 001
徐聞先（夫）晉・無年號 114
徐整　東漢・無年號 293
徐釋山　隋・仁壽 048
徐□　三國吳・寶鼎 001
徐□　西晉・無年號 014
徐□　東漢・永寧 004
徐□　南朝宋・元徽 002
徐□（金鄉令）北魏・景明 023
徐□（欒州使君）隋・大業 024
姬伯度　北魏・正光 068
姬朗　東魏・武定 062
姬景神　東魏・武定 104
姬靜　東魏・元象 013
淨漢（將軍）　隋・大業 157
凌□（穎川太守）　漢代・無年號 064
浩喆　隋・大業 042
殷伯姜（張君妻）北魏・孝昌 001
殷融　西晉・太康 022

| | |
|---|---|
| 殷□ 南朝梁・中大通 001 | 殷□□ 北周・大象 010 |
| 栗妙朱（孫紹兒妻）北魏・太和 036 | 秘天興 北齊・天保 096 |
| 秘丹 隋・大業 027 | 華孝（考） 北齊・皇建 011 |
| 華芳（王浚妻）西晉・永嘉 004 | 華陀 東漢・無年號 266 |
| 華端 隋・開皇 004 | 華□ 東漢・無年號 279 |
| 烈老穆 西晉・太康 044 | 圂典 東漢・建寧 017 |
| 莫仁相 北周・宣政 003 | 莫仁誕 北周・建德 038 |
| 莫賀弗好（韓買奴妻）北齊・天保 075 | 莫龍編侯 東晉・永和 011 |
| 莫□ 東晉・太和 005 | 莫□ 東漢・永寧 002 |
| 莫□ 東晉・義熙 004 | 莫□□ 北魏・太和 006 |
| 夏阿奴 晉・無年號 128 | 夏金虎（王彬繼室）東晉・太元 007 |
| 夏承 東漢・建寧 023 | 夏堪 東漢・無年號 050 |
| 夏□ 西晉・泰始 005 | 夏□ 東漢・永平 003 |
| 夏侯念（祖）北齊・天保 029 | 夏侯惇 三國魏・無年號 063 |
| 夏侯湛 晉・無年號 099 | 夏侯亶 南朝梁・無年號 047–048 |
| 徒何綸 北周・建德 025 | 徒何樹 北周・保定 019 |
| 烏蘭氏 西晉・泰始 030 | 烏丸光 北周・武成 005 |
| 烏丸僧修 北周・天和 040 | 烏六渾氏（宇文泰妻）北周・天和 043 |
| 烏六渾樂 北周・天和 025 | |
| 烏石蘭氏（冠軍公夫人）北周・保定 020 | |
| 庫（厙）狄干 北齊・無年號 010 | 庫（厙）狄士文 隋・開皇 242 |
| 庫（厙）狄迴洛 北齊・河清 002 | 庫（厙）狄業 北齊・天統 041 |

## 十一畫

宿 寇 章 牽 梁 許 康 庚 鹿 曹 戚 陽 張 尉
屠 常 畢 婁 國 圈 崔 逢 扈 魚 笱 符 菅 梅 敏
閺 問 堅 處 畦 眭 淳于 斛律 斛斯 尉遲

| | |
|---|---|
| 宿光明 北魏・無年號 074 | 寇永 東魏・天平 014 |
| 寇奉叔 隋・開皇 030 | 寇郁 隋・開皇 189 |

寇治　北魏・孝昌 050　　　　寇修之　北魏・無年號 036
寇胤哲　北周・宣政 009　　　寇俱　北魏・孝昌 062
寇猛　北魏・正始 019　　　　寇演　北魏・神龜 013
寇霄　北魏・永安 036　　　　寇遵考　隋・開皇 031
寇臻　北魏・正始 017　　　　寇憑　北魏・神龜 012
寇熾　北周・宣政 010　　　　寇□　隋・無年號 010
章仇禹生　隋・無年號 053　　章昭達　南朝陳・太建 003
章顯章（胡廣妻）東漢・建寧 026　牽招　西晉・無年號 021
梁才　北周・建德 018　　　　梁子彥　北齊・武平 032
梁夫　西晉・元康 039　　　　梁茪　隋・開皇 179
梁氏（元遙妻）北魏・神龜 020　梁氏（韋隆妻）西魏・大統 024
梁氏（寇嶠妻）北周・無年號 001　梁氏（楊機妻）北魏・普泰 013
梁休　東漢・建安 012　　　　梁安寧　北周・建德 041
梁伽耶　北齊・河清 034　　　梁阿廣　十六國・前秦 009
梁拔胡　北魏・和平 003　　　梁坦　隋・開皇 033
梁明達　隋・無年號 039　　　梁軌　隋・開皇 286
梁衍　隋・開皇 188　　　　　梁洋　隋・開皇 202
梁恭　隋・仁壽 034　　　　　梁脩之　隋・開皇 230
梁邕　隋・開皇 034　　　　　梁執威　隋・無年號 062
梁寂　隋・開皇 298　　　　　梁舒　十六國・前秦 005
梁道弘　隋・仁壽 041　　　　梁暄　隋・開皇 005
梁嗣鼎　北周・大象 013　　　梁睿　隋・開皇 103
梁羅　隋・大業 086　　　　　梁瓛　隋・大業 138
梁歡祖　北周・保定 015　　　梁鑒　北魏・延昌 037
梁巖（嚴）東漢・無年號 275　梁龕　隋・開皇 245
梁□　東魏・無年號 020　　　梁□　北周・建德 042
梁□　隋・無年號 019　　　　許氏（張位妻）西晉・太康 002
許氏（劉茂妻）隋・大業 041　許白　東魏・武定 083
許安國　東漢・永壽 009　　　許伯令　東漢・無年號 264
許阿瞿　東漢・建寧 022　　　許叔臺　東漢・光和 029

許和世　北魏・正始007　　　　許荆　東漢・無年號223
許鹹　東漢・無年號228　　　　許緣　三國魏・無年號016
許穆（謐）　南朝梁・普通009　許嬰　東漢・建寧010
許續　東漢・延熹041　　　　　許□　北齊・無年號032
許□　西晉・建興003　　　　　許□　東漢・光和024
許□　南朝梁・大同006　　　　許□　東漢・無年號308
許□（柘令）東漢・無年號207　許□（真君）晉・無年號074
康業　北周・天和037　　　　　康僧慶　北齊・河清022
康寶足　隋・大業048　　　　　庾冰　東晉・建元002
庾肩吾　南朝梁・無年號034　　庾承先　南朝梁・無年號033
庾侯　東漢・無年號134　　　　庾亮　東晉・無年號021
庾兗　晉・無年號024　　　　　庾翼　東晉・永和001
庾□　隋・開皇124　　　　　　鹿基誕　隋・開皇277
鹿善　隋・開皇264　　　　　　曹大　隋・大業211
曹氏（王源妻）北魏・延興002　曹永康　北朝・魏001
曹全　東漢・中平006　　　　　曹叔文　東漢・建初006
曹待淹　隋・大業040　　　　　曹胤　東漢・熹平032
曹恪　北周・天和028　　　　　曹真　三國魏・太和003
曹真　三國魏・無年號005　　　曹海凝　隋・大業314
曹娥　東漢・元嘉004　　　　　曹植　三國魏・太和005
曹植　三國魏・無年號004　　　曹植　隋・開皇233
曹敞　東漢・無年號219　　　　曹道洪　東魏・武定010
曹嵩　東漢・無年號166　　　　曹褒　東漢・延熹037
曹横　東晉・咸康004　　　　　曹勳　東漢・無年號138
曹熾　東漢・熹平031　　　　　曹禮　北齊・武平061
曹騰　東漢・延熹013　　　　　曹□　北齊・武平022
曹□　西晉・無年號030　　　　曹□　東漢・無年號030
曹□　隋・大業017　　　　　　曹□（都督）北魏・孝昌085
戚伯著　東漢・章和002　　　　陽三老　東漢・延平003
陽玉君　西晉・太康020　　　　陽休之　北齊・無年號020、027

陽洎（洎或伯）侯　東漢・無年號073　陽翁伯　東漢・無年號136
陽瑾　隋・仁壽044　張子明　隋・大業244
張子陽　東漢・永建003　張元　西魏・大統001
張元妮　北朝・無年號013　張元穎　東魏・無年號010
張太和　北魏・太昌038　張比婁（若干子雄妻）北齊・天保083
張氏（□君妻）北魏・延昌007　張氏（王文謨母）北魏・無年號035
張氏（王社惠妻）隋・開皇308　張氏（王君妻）隋・開皇050
張氏（左興妻）西晉・太康023　張氏（朱妃妻）十六國・前秦008
張氏（李續妻）西晉・無年號015　張氏（郎元鑒妻）北魏・無年號082
張氏（郝歡妻）隋・大業223　張氏（劉詳□妻）北魏・孝昌076
張氏（錡强妻）西晉・太康040　張氏（魏君妻）西晉・元康056
張氏（邸香妻）北魏・和平005　張文思父　東漢・建初008
張文卿　東漢・永元022　張文詡　隋・大業393
張文簡　三國魏・無年號036　張玉憐（崔鴻妻）東魏・天平024
張世陵　西晉・元康044　張平　十六國・後趙003
張平仲（谷或譚或祌）東漢・光和028
張令（劉陁羅妻）隋・大業136　張玄（字伯雅）東漢・無年號200
張玄（字黑女）北魏・普泰008　張永　北魏・延昌016
張永男（□君妻）東晉・太和006　張弁　北魏・正光010
張耳　漢代・無年號041　張西陵　東晉・義熙003
張光　隋・仁壽020　張光（字孝光）西晉・泰始001
張早（卑）東魏・興和016　張休　三國蜀・無年號012
張伏奴　隋・大業006　張伏敬　隋・大業205
張延敬　隋・開皇302　張仲有　東漢・永元015
張仲瑜　東漢・無年號161　張字（解盛妻）隋・大業114
張羽生　東魏・武定070　張孝　漢代・無年號011
張芳　隋・大業125　張里　漢代・無年號011
張男（樊景妻）西晉・元康009　張亻尗祖　北魏・武泰005
張佃保　北齊・武平050　張伯升　西漢・無年號002
張伯雅　東漢・無年號282　張忻　北齊・天統043

張良　東漢・無年號 064
張阿蘭（王邕妻）東魏・武定 049
張表　東漢・建寧 008
張茂　隋・開皇 149
張來君　東漢・無年號 066
張叔（字士仁）　隋・開皇 021
張明月（軍人妻）北齊・天統 066
張法　北齊・天統 015
張法會　東魏・興和 013
張怦　隋・大業 053
張宜　北魏・熙平 030
張胡仁　北齊・河清 003
張胄　三國魏・無年號 065
張彥（字副傌）北齊・天統 014
張姜（馬稺繼室）隋・仁壽 086
張洛都　北魏・正始 033
張軍　晉・無年號 012
張盈　隋・大業 220
張起　北齊・天統 012
張烈　東魏・元象 015
張宴之　北齊・無年號 024
張娥英（字妙芬）　隋・大業 197
張純　東漢・無年號 303
張推（稚）兒　南朝宋・元徽 001
張盛　三國魏・無年號 044
張盛（字僧賢）隋・開皇 214
張略　北魏・皇興 001
張崇訓　隋・開皇 038
張猛龍　北魏・正光 038
張寂　隋・仁壽 032

張阿儂（馬榮妻）西晉・元康 060
張武（羅君妻）晉・無年號 013
張長元　十六國・前趙 001
張林長　北魏・景明 012
張協　隋・開皇 279
張明　東漢・無年號 263
張受（或作"虔"）隋・大業 243
張法　隋・仁壽 006
張波　隋・大業 307
張宗憲　北齊・武平 029
張承　北齊・天保 116
張是　東漢・無年號 121
張禹　東漢・永初 005
張彥（字安都）北魏・建義 005
張洛　北魏・太昌 002
張客孃（賀叔達妻）隋・大業 242
張神保　隋・開皇 287
張振　隋・仁壽 021
張華原　北齊・無年號 023
張海翼　北齊・天統 005
張朗　西晉・永康 007
張通　隋・仁壽 042
張納　東漢・中平 025
張奢　東魏・興和 026
張盛（字永興）隋・開皇 275
張問　北魏・孝昌 007
張略（字永康）　東魏・興和 029
張敏　東漢・無年號 165
張悙　西魏・大統 005
張陽（張明）東漢・無年號 263

張紹祖　北齊・天保072　　張琛　東魏・天平011
張達　隋・大業274　　　　張軻　隋・大業284
張開　隋・大業085　　　　張景和　北朝・魏011
張景略　隋・開皇181　　　張貴男（蔡君妻）隋・大業033
張買壽　西魏・大統011　　張智明　隋・大業004
張智朗（毛德祖妻）北魏・和平001　張喬　隋・大業123
張順　隋・大業248　　　　張勝（孫龍妻）西晉・元康010
張猥　北周・天和008　　　張斌　北魏・孝昌078
張善　北魏・太延003
張善相（上當嗣王美人）　北齊・武平103
張善敬　隋・大業348　　　張道陵　三國魏・嘉平001
張道貴　北齊・武平028　　張道淵　隋・大業230
張蔭　隋・開皇342　　　　張雷　北魏・熙平034
張業　隋・大業217　　　　張與　漢代・無年號028
張詹　三國魏・無年號042　張慎　西晉・元康025
張愷　晉・無年號018　　　張裸　北魏・正始029
張肅俗　北齊・天保124　　張經世　東魏・天平027
張濆（湛）東漢・無年號063　張壽　隋・大業304
張壽（字仲吾）東漢・建寧003　張僧殷　隋・開皇146
張僧顯　北齊・河清035　　張鳳舉　隋・大業256
張廣　三國魏・無年號043　張端姑　北周・天和020
張滿　東魏・天平034　　　張賓　十六國・後趙002
張偉伯　東漢・建初002　　張寧　北魏・永熙008
張遷　東漢・中平011　　　張儉　東漢・無年號142
張儉　隋・仁壽063　　　　張樂　北齊・無年號013
張徹　北魏・正光117　　　張摩子（元叡妻）隋・仁壽031
張遵　東魏・武定090　　　張導　東漢・建和008
張潔　北齊・武平053　　　張潘慶　隋・開皇146
張靜　隋・開皇042　　　　張璣　東漢・無年號290
張熹　東漢・無年號276　　張整　北魏・景明021

張盧　北魏・正光040　　　　　張嘯　西晉・元康042
張興　三國魏・無年號017　　　張衡（平子）東漢・永和009
張衡（平子）晉・無年號005　　張衡（建平）隋・大業280
張懋　北魏・永安028　　　　　張嬰　西晉・太安005
張謨　北齊・武平106　　　　　張濬　隋・大業362
張禮　隋・開皇145　　　　　　張翼　東漢・無年號067
張瓊　東魏・武定088　　　　　張雙　北齊・武平001
張鎮（蒼梧）　東晉・太寧002　張顏　隋・開皇027
張瓆　北魏・永安029　　　　　張攀　北齊・天保021
張闥　北周・建德050　　　　　張纂　西晉・永嘉002
張纂（字仲安）晉・無年號018
張騫　西漢・無年號003、漢代・無年號009
張孃　北魏・正光055　　　　　張顯　三國魏・無年號064
張□　北魏・正光017　　　　　張□　東漢・和平001
張□　東漢・無年號062　　　　張□　東漢・無年號261
張□　東漢・無年號262　　　　張□　南朝宋・泰始005
張□　隋・開皇153　　　　　　張□　隋・開皇266
張□　隋・開皇351　　　　　　張□　隋・無年號028
張□　隋・無年號095
張□（西掖門衛士）三國魏・無年號003
張□（西鄉侯兄）三國魏・無年號026
張□（先師）南朝梁・天監006
張□（軍假司馬）三國魏・景元001　張□（張宜世子）北魏・熙平031
張□（張神龍息□□）北魏・孝昌075
張□（張興回孫）北周・大象001　　張□（將軍）西魏・無年號003
張□彥　東魏・武定055　　　　尉太妃（穆亮妻）北魏・神龜034
尉仁弘　隋・大業181　　　　　尉永　隋・開皇265
尉州　北魏・永熙017　　　　　尉囘　北齊・武平101
尉茂　北周・大象016　　　　　尉陵　北魏・永熙019
尉景　北齊・武平055　　　　　尉富娘　隋・大業312

尉欐　北齊・天保 120　　　　　尉瓊仁　隋・仁壽 064
尉孃孃（厙狄迴洛妻）北齊・天保 117
尉□　東漢・永寧 008　　　　　屠玉　西晉・建興 002
屠□　晉・無年號 108　　　　　屠□（屠玉子）晉・無年號 107
屠□（屠錢子）晉・無年號 109　常氏（元簡妃）北魏・太和 041
常氏（元楨妃）北魏・無年號 087　常氏（高宗乳母）北魏・和平 002
常文貴　北齊・武平 023　　　　常季繁（元祐妃）北魏・正光 057
常通　三國魏・無年號 037　　　常敬蘭（李緬妻）北魏・神龜 008
常景　隋・大業 317　　　　　　常澄　北魏・無年號 055
常醜奴　隋・大業 050　　　　　常□（將軍）北齊・無年號 016
畢脩密（封柔妻）東魏・興和 032　婁貴華（長孫儁妻）西魏・大統 013
婁黑女（竇泰妻）北齊・天保 058　婁壽　東漢・熹平 015
婁叡　北齊・武平 006　　　　　國文甫　東漢・建安 007
圈典　東漢・建寧 017　　　　　崔大苟　隋・開皇 047
崔大善　隋・開皇 259　　　　　崔元容（羊深妻）東魏・武定 041
崔氏　隋・無年號 017　　　　　崔氏（常襲妻）北魏・神龜 031
崔氏（楊椿妻）北魏・永平 038　崔玉（字松林）　隋・大業 294
崔令姿（鄧恭伯妻）東魏・天平 036　崔弘（宏）安　隋・開皇 276
崔幼妃（李希宗妻）北齊・武平 112　崔仲姿　北齊・天保 069
崔孝直　北齊・天保 121　　　　崔志　隋・無年號 016
崔芷蘩（李君妻）隋・開皇 013　崔芬　北齊・天保 015
崔伯言　東漢・無年號 068　　　崔含　北魏・無年號 049
崔迎男（梅勝郎妻）北齊・武平 047　崔長暉（封延之妻）隋・開皇 121
崔昂　北齊・天統 025　　　　　崔苟　西晉・元康 007
崔重和　北魏・無年號 048　　　崔亮　北魏・神龜 030
崔宣華（李君妻）北齊・河清 004　崔宣靖　北周・大象 005
崔宣默　北周・大象 004　　　　崔神妃（羊祉妻）北魏・孝昌 002
崔約　北魏・無年號 046　　　　崔浩　北魏・興光 001
崔婁訶（封孝琰妻）隋・開皇 324　崔混　東魏・元象 011
崔隆　北魏・正始 011　　　　　崔博　北齊・武平 069

崔敬邕　北魏・熙平 040　　崔景播　東魏・武定 005
崔寔　東漢・建寧 044　　　崔瑗　東漢・無年號 227
崔楷　北齊・無年號 035　　崔楷（偕）　北魏・延昌 021
崔猷　北魏・延昌 009　　　崔說　北周・建德 026
崔寬　北齊・天保 068　　　崔賓媛（李叔胤妻）北魏・神龜 017
崔遑（元君妻）隋・大業 071　崔德　北齊・天統 003
崔頠　北齊・天保 038　　　崔遹　十六國・後燕 001
崔盧夫　北齊・無年號 034　崔藏　北魏・無年號 064
崔徽華（李翼妻）北魏・永熙 024　崔鴻　北魏・孝昌 038
崔曜華（王君妻）北齊・天統 002　崔纂　北魏・無年號 045
崔繽　北魏・無年號 047　　崔顯人　東漢・光和 010
崔鷫　東魏・天平 023　　　崔□　東漢・無年號 125
崔□　隋・大業 081　　　　崔□（陶城郡守）東魏・無年號 005
逢汾　東漢・無年號 069　　逢哲　北齊・武平 037
逢盛　東漢・光和 009　　　逢□　東漢・無年號 070
魚玄明　北魏・皇興 002　　扈志　隋・開皇 249、開皇 251
扈歲　北齊・天統 063　　　扈□　東漢・建武 002
笱景　北魏・永安 021　　　符盛　隋・仁壽 080
菅洛（徐君妻）西晉・永平 002　菅晏　西晉・太康 009
梅淵　隋・開皇 263　　　　敏勛（最）　東漢・無年號 071
閔道生　北魏・熙平 022　　問度　北齊・太寧 005
堅鐔　東漢・無年號 182　　處子賤　漢代・無年號 035
眭仲（房悟妻）北齊・天保 093　眭希遠　隋・仁壽 083
淳于儉　隋・開皇 115　　　淳于□（淳于康父）西晉・元嘉 017
斛律氏（高百年妻）北齊・河清 021　斛律明月　北齊・武平 048
斛律昭男（庫狄迴洛妻）北齊・河清 001
斛律斯公　北魏・無年號 023　斛律徹　隋・開皇 294
斛律羨（字豐洛）　北周・建德 046　斛斯疌　北魏・永熙 013
斛斯樞　隋・大業 164　　　斛斯謙　北魏・永平 031
尉遲氏（拓跋競妻）北周・建德 023　尉遲迴　北周・無年號 008

尉遲定州　北魏・太安 002
尉遲將男（拓跋虎妻）北周・天和 021
尉遲運　北周・大象 002　　尉遲廓（字元偉）北周・大象 003
尉遲綱　北周・天和 023

## 十二畫

甯 游 渴 湯 渡 馮 曾 彭 雲 覃 項 敬 董 黃 盛 費 貫 賀
隗 鄒 鄐 景 喻 單 程 嵇 稅 喬 傅 欽 鈖 焦 雋 舒 無 堯
賀屯 賀拔 賀若 賀婁 賀蘭 達奚 達奚 普屯 普六茹

甯恒　東魏・武定 107　　甯懋　北魏・孝昌 084
甯贊　隋・大業 095　　游元　隋・大業 260
游玉（宋洪敬妻）北齊・天統 009　　游松　東魏・天平 038
游述　西晉・咸寧 003　　渴丸瓛　北魏・正光 080
湯□　西晉・太康 036　　渡□　東漢・延熹 015
馮氏（元誘妻）北魏・景明 019　　馮氏（元端妻）北魏・永安 022
馮氏（文明皇后）北魏・太和 010　　馮令華（元澄妃）東魏・武定 076
馮聿　北魏・正始 020　　馮虬　北齊・天統 052
馮君孺人（馮孺久）　新莽・天鳳 002　　馮昕　北齊・天保 085
馮季華（元悅妃）北魏・正光 104　　馮恭　西晉・太康 007
馮恭貞（元延明妃）東魏・武定 089　　馮原　隋・大業 134
馮佷　東漢・永元 013　　馮勛　三國魏・無年號 038
馮娑羅（高淹妃）北齊・天保 043　　馮朗　北魏・無年號 037
馮敏人　南朝宋・元嘉 017　　馮章　北周・無年號 012
馮淹　隋・大業 332　　馮婢　西晉・建始 001
馮景之　西魏・大統 020　　馮會（元謐妃）　北魏・熙平 007
馮誕　北魏・太和 023　　馮煥　東漢・永寧 011-012
馮熙　北魏・太和 025　　馮僧暉　東魏・武定 081
馮緄　東漢・永康 001　　馮緄　東漢・無年號 179
馮□　東漢・永和 013　　馮□　東漢・和平 007

曾阿雌（曾檀女）　東魏・無年號 015　　曾檀　東魏・無年號 014
彭成興　北魏・永平 007　　　　　　　彭祈　西晉・元康 011
彭□　東漢・無年號 072　　　　　　　雲榮　北齊・武平 077
覃毅　晉・無年號 040　　　　　　　　項羽　漢代・無年號 018
項伯　晉・無年號 091　　　　　　　　敬氏（高顯國妃）北齊・天保 051
敬族　隋・無年號 069　　　　　　　　敬韶（仲或歆）東漢・光和 011
敬顯儁　東魏・興和 020　　　　　　　董小兒　西晉・太康 042
董元負　北朝・無年號 011　　　　　　董世華　隋・大業 158
董永　漢代・無年號 039　　　　　　　董仲舒　東漢・無年號 237
董重　隋・大業 235　　　　　　　　　董保和　北朝・魏 003
董美人（楊秀妃）隋・開皇 296　　　　董恢　東漢・無年號 090
董宣　東漢・無年號 213　　　　　　　董索　東魏・武定 057
董偉　北魏・孝昌 064　　　　　　　　董琳　隋・開皇 101
董敬　隋・大業 018　　　　　　　　　董蒲　東漢・永寧 010
董榮暉（王士良妻）北周・保定 023　　董儀（張君妻）北齊・天統 013
董穆　隋・大業 133　　　　　　　　　董黯　晉・無年號 042
董襲　東漢・無年號 089　　　　　　　董顯□　北齊・乾明 003
董□　晉・無年號 001　　　　　　　　董□　隋・開皇 211
黃小休　北齊・乾明 002　　　　　　　黃山　隋・大業 262
黃天（周叔宣母）南朝 002　　　　　　黃氏（□君妻）西晉・太康 014
黃氏（卞君妻）東晉・無年號 008　　　黃丙午　北魏・無年號 019
黃芍（黃君法女）東漢・無年號 154
黃列嬴（胡君妻，胡廣繼母）東漢・建寧 019
黃來（黃宗息女）西晉・永寧 002　　　黃尚　東漢・無年號 230
黃法氍　南朝陳・太建 008　　　　　　黃畏長　晉・無年號 120
黃香　東漢・延平 004　　　　　　　　黃侯　西晉・永嘉 011
黃訓　西晉・太康 035　　　　　　　　黃晨（黃君法女）東漢・無年號 154
黃詹　西晉・永嘉 015　　　　　　　　黃穎　東漢・無年號 256
黃權　三國魏・無年號 032　　　　　　黃霸　東漢・無年號 288
黃□　漢代・無年號 031　　　　　　　黃□　唐前 002

黃□（大中大夫）東晉·永和014　　黃□（典倉令）東晉·永和017
盛允　東漢·延熹040　　　　　　盛沖　三國吳·甘露001
盛紹遠　南朝梁·天監016　　　　盛□　西晉·永寧007
盛□　西晉·永興001　　　　　　盛□　東漢·永寧013
盛□　東漢·永興005　　　　　　費汎（況）東漢·無年號286
費康遠　北齊·太寧010　　　　　費鳳　東漢·熹平028、熹平033
貫泰　西晉·無年號005　　　　　賀示廻（尉陵妻）北魏·永熙020
賀拔　北魏·正光053　　　　　　賀聞貴　北齊·天統048
賀齊　三國吳·無年號009　　　　隗天念　東魏·武定043
隗靜　南朝齊·無年號008　　　　鄒□　西晉·太康003
鄳□　東漢·永平005　　　　　　景豹　東漢·無年號074
景雲　東漢·熹平008　　　　　　景□（北海相）東漢·漢安002
景□（郯令）　東漢·元初005　　景□（謁者）　東漢·元初001
喻禧　東晉·咸和007　　　　　　單英儒　北周·建德033
程沖（仲）西晉·泰始004　　　　程法珠（元騰妻）　北魏·神龜023
程封　東漢·無年號076　　　　　程哲　東魏·天平002
程虔　南朝梁·太清001　　　　　程堅　東漢·無年號299
程超　隋·無年號049　　　　　　程暐　北魏·正光035
程聞　隋·大業105　　　　　　　程曉　三國魏·無年號051
程諧　隋·大業322　　　　　　　程□（樂安令）東晉·無年號007
稽紹　西晉·太安001　　　　　　稅少卿　東漢·元和005
喬玄　東漢·光和022　　　　　　喬貳仁　東魏·武定069
傅大士（善慧）南朝陳·太建005　傅長興　北齊·天統046
傅祇　晉·無年號058
傅華（趙奉伯妻）北齊·武平108、無年號004
傅隆顯　北齊·武平042　　　　　傅瑗　南朝宋·無年號008
傅豎眼　北魏·永熙025
傅雙之（劉平頭妻）北魏·無年號072
傅□　北魏·熙平026
欽文姬辰（司馬金龍妻）北魏·延興004

人名筆畫索引　3055

鉟珍　隋・開皇 092
焦氏（扈土瀋妻）隋・大業 187
雋敬（修羅）北齊・皇建 005
無蘭氏　西晉・泰始 031
堯遵　北魏・熙平 047
賀屯植　北周・保定 013
賀拔岳　北魏・永熙 021
賀拔毗沙（尉遲運妻）隋・仁壽 030
賀若誼　隋・開皇 281
賀婁慈　北周・建德 028
賀蘭祥　北周・保定 006
達苻忠　北周・建德 011
普屯威（辛威）　隋・開皇 002

焦氏（孟珍妻）北魏・無年號 018
焦立　東漢・無年號 270
舒史軍　西魏・廢帝 002
堯峻　北齊・天統 031
堯奮　東魏・武定 006
賀拔昌　北齊・天保 037
賀拔定妃（是云侶妻）隋・開皇 105
賀若嵩　隋・開皇 291
賀婁悅　北齊・皇建 004
賀蘭才　隋・大業 039
賀蘭寬　隋・無年號 084
達奚氏（□君妻）隋・無年號 045
普六茹忠（楊忠）北周・天和 010

## 十三畫

源　溫　雍　賈　靳　楊　甄　虞　蓋　萬
葛　路　號　剼　解　衙　鉗　耳　萬　紐　于

源延伯　北魏・永安 005
源模　北魏・永安 006
源磨耶　東魏・武定 106
源□　隋・開皇 003
溫嶠　東晉・咸和 004
雍長　隋・仁壽 026
賈氏　隋・大業 101
賈氏（輔顯袟妻）隋・開皇 232
賈季卿　東漢・無年號 151
賈念　北齊・無年號 017
賈法師　隋・開皇 234
賈思同　東魏・興和 009

源剛　隋・開皇 036
源叡　北魏・熙平 002
源顯明（楊君妻）　北魏・熙平 018
溫式之　東晉・太和 008
雍伯　東漢・無年號 136
雍（雎）勸　東漢・無年號 077
賈氏（單明暈妻）北魏・正光 067
賈尼　東魏・武定 015
賈金寶　北魏・太昌 045
賈夜宇　三國蜀・無年號 011
賈珉　隋・大業 147
賈思伯　北魏・孝昌 020

| | |
|---|---|
| 賈思伯　北魏・神龜 016 | 賈祥　北魏・孝昌 028 |
| 賈逵　三國魏・太和 001 | 賈逵　三國魏・無年號 007 |
| 賈彪　東漢・無年號 177 | 賈崧　隋・開皇 127 |
| 賈敏　東漢・無年號 078 | 賈進　北齊・武平 052 |
| 賈善　隋・開皇 343 | 賈義　隋・仁壽 004 |
| 賈榮　晉・無年號 006 | 賈瑾　北魏・普泰 009 |
| 賈寶　北齊・武平 066 | 賈□　東漢・無年號 079 |
| 賈□　隋・仁壽 003 | |
| 靳彥姬（叔孫可知陵妻）北魏・延昌 006 | |
| 靳□　隋・無年號 090 | 楊士貴　隋・仁壽 002 |
| 楊子諧　北魏・太昌 011 | 楊子興　東漢・無年號 087 |
| 楊子謐　北魏・太昌 010 | 楊叉　隋・開皇 122 |
| 楊元　隋・大業 020 | 楊元君　東漢・無年號 139 |
| 楊元昭　東漢・無年號 257 | 楊元讓　北齊・武平 046 |
| 楊公主（王法壽妻）東魏・興和 033 | 楊氏（韋操妻）隋・無年號 042 |
| 楊氏（楊君女）北齊・天保 023 | 楊氏（楊胤季女）北魏・神龜 019 |
| 楊六　北齊・天保 095 | 楊文父（甫）東漢・無年號 083 |
| 楊文弘　北魏・無年號 086 | 楊文志　隋・開皇 099 |
| 楊文思　隋・無年號 077 | 楊文思　隋・大業 224 |
| 楊文恩　隋・開皇 349 | 楊文愿　隋・開皇 332 |
| 楊文端　隋・大業 066 | 楊文愻　隋・仁壽 075 |
| 楊弘　隋・大業 043 | 楊幼才　北魏・太昌 023 |
| 楊老壽　北魏・永平 036 | 楊地伯　北魏・太昌 013 |
| 楊休　隋・大業 061 | 楊伏俱　三國魏・正始 001 |
| 楊延　北周・天和 026 | 楊仲彥　北魏・孝昌 069 |
| 楊仲宣　北魏・太昌 020 | 楊仲禮　北魏・太昌 029 |
| 楊异　隋・仁壽 028 | 楊孝邕　北魏・太昌 016 |
| 楊孝偘　隋・仁壽 074 | 楊孝楨　北魏・太昌 014 |
| 楊秀　隋・大業 132 | 楊宏　隋・仁壽 029 |
| 楊君讓　隋・無年號 065 | 楊阿難　北魏・永平 035 |

楊陁羅　隋・開皇 163　　　　楊若首　西晉・元康 055
楊叔貞　北魏・太昌 024　　　楊叔恭　東漢・建寧 030
楊忠　隋・開皇 016　　　　　楊忠祥　隋・仁壽 016
楊季姜（齊國太夫人）隋・開皇 172　楊秉　東漢・延熹 033
楊岳　隋・大業 270　　　　　楊兒　北魏・永安 016
楊侃　北魏・太昌 017　　　　楊宗　東漢・無年號 084
楊定　隋・大業 298　　　　　楊宜成　北魏・孝昌 070
楊戾　北周・建德 049　　　　楊居　隋・開皇 048
楊孟元　東漢・永元 010　　　楊孟文　東漢・建和 004
楊昱　北魏・太昌 022　　　　楊矩　隋・大業 222
楊修　晉・無年號 071　　　　楊信　東漢・和平 004
楊胐（腓）　隋・開皇 194　　楊胤　北魏・熙平 024
楊亮　東晉・無年號 012　　　楊彥　東漢・光和 025
楊彥（字仲彥）北魏・太昌 027　楊彥□　西晉・永康 005
楊洪　東漢・無年號 080　　　楊津　北魏・太昌 019
楊恆　西魏・大統 021　　　　楊宣（羋）　北魏・延昌 011
楊祖興　北魏・延昌 010　　　楊約　隋・大業 225
楊紀　隋・仁壽 073　　　　　楊泰　北魏・熙平 048
楊珽（劉英妻）北魏・太和 007　楊素　隋・大業 036
楊素　隋・大業 047　　　　　楊耿伯　東漢・無年號 195
楊恭侯　西晉・無年號 016　　楊真　隋・開皇 166
楊恩　北魏・永平 015　　　　楊著　東漢・建寧 007
楊乾　北魏・孝昌 041　　　　楊堵　北魏・太昌 030
楊國佐　東晉・咸康 001　　　楊崇和　隋・大業 067
楊逸　北魏・太昌 028　　　　楊淮　東漢・熹平 007
楊陽　東晉・隆安 003　　　　楊紹　北周・建德 009
楊紹　隋・開皇 127　　　　　楊期　東漢・無年號 081
楊雄　隋・大業 227　　　　　楊雄　隋・大業 261
楊景　隋・開皇 144
楊貴姜（元達豆官妻）北魏・正始 024

| | |
|---|---|
| 楊無醜　北魏・熙平 046 | 楊順　北魏・太昌 021 |
| 楊棐度　北魏・太和 013 | 楊遁　北魏・太昌 018 |
| 楊復　東漢・無年號 198 | 楊舒　北魏・熙平 037 |
| 楊欽　隋・開皇 331 | 楊鈞　北魏・建義 032 |
| 楊竦　東漢・元初 004 | 楊道顯　東魏・武定 023 |
| 楊渙　隋・開皇 152 | 楊愘　東漢・光和 017 |
| 楊尋　東漢・熹平 034 | 楊統　東漢・建寧 001 |
| 楊椿　北魏・太昌 026 | 楊楸之　北齊・無年號 027 |
| 楊暐　北魏・太昌 043 | 楊奧妃（臨洮王妃）北魏・正光 066 |
| 楊璉　北魏・神龜 014 | 楊熙僎　北魏・熙平 001 |
| 楊厲　隋・大業 357 | 楊裦　東漢・永和 004 |
| 楊暢　東漢・無年號 085 | 楊暢　隋・開皇 108 |
| 楊廣　北魏・太昌 012 | 楊端　隋・開皇 261 |
| 楊肇　西晉・無年號 032 | 楊寬　北周・保定 002 |
| 楊實　隋・大業 051 | 楊瑾（僅）東漢・無年號 082 |
| 楊播　北魏・熙平 011 | 楊震　東漢・無年號 141 |
| 楊賜　東漢・中平 009 | 楊範　北魏・永平 034 |
| 楊儉　西魏・大統 017 | 楊德　隋・大業 088 |
| 楊德安　東漢・永平 009 | 楊得采　東漢・元初 006 |
| 楊褒　西魏・大統 037 | 楊遵智　北魏・太昌 025 |
| 楊瑩（字玉起）西魏・大統 014 | 楊魾　隋・開皇 195 |
| 楊靜徽（韋圓照妻）隋・大業 128 | 楊操（越勤操）北周・建德 022 |
| 楊機　北魏・無年號 029 | 楊機　東魏・天平 006 |
| 楊穆　西魏・廢帝 008 | 楊穆（字長和）北魏・無年號 061 |
| 楊興　北朝・魏 010 | 楊穎　北魏・永平 033 |
| 楊禪　東漢・光和 026 | 楊縉　隋・無年號 003 |
| 楊璨　北齊・武平 051 | 楊駿　西晉・咸寧 009 |
| 楊謨　隋・大業 028 | 楊鍾葵　隋・大業 233 |
| 楊濟（字法度）北魏・建義 029 | 楊濟（字廣度）隋・開皇 203 |
| 楊濟（字文立）北周・建德 040 | 楊嚴　北魏・太昌 015 |

楊蘭　西魏・大統 015　　　楊瓉　南朝宋・永初 003
楊□　東漢・延熹 023　　　楊□　東漢・無年號 086
楊□　東漢・無年號 284　　楊□　隋・大業 059
楊□　隋・大業 351　　　　楊□　隋・仁壽 035
楊□　隋・無年號 066　　　楊□　東漢・無年號 188
楊□　東漢・無年號 194　　楊□　東漢・無年號 238
楊□　東漢・無年號 239　　楊□　東漢・無年號 244
楊□　漢代・無年號 017　　楊□（繁陽令）東漢・熹平 016
楊□（梁王）隋・無年號 067　楊□（參軍）晉・無年號 078
甄元希（孝）　隋・大業 153　甄邯　新莽・無年號 001
甄凱　北魏・正光 115　　　虞弘　隋・開皇 222
虞詡　東漢・無年號 170　　虞歆　三國魏・無年號 006
虞愿　南朝齊・建元 001　　虞□　隋・無年號 096
蓋王氏　東漢・永康 003　　蓋天保　北魏・太和 019
蓋寬饒　漢代・無年號 014　萬縱□　北魏・太延 002
萬寶　隋・開皇 307　　　　萬□　隋・無年號 094
葛玄　南朝梁・天監 015　　葛祚　三國吳・無年號 005
葛□（平西將軍）晉・無年號 028　路氏（□君妻）北魏・永平 043
路眾　北齊・太寧 002　　　路寧　北魏・武泰 008
路蘭（呂杏洛息妻）隋・開皇 107　路□　東晉・永和 003
路□　東漢・永平 006　　　路□　東漢・永和 003
號鄐之　東魏・武定 072　　蒯徹　漢代・無年號 006
解氏（甄君妻）東晉・無年號 004　解方保　隋・大業 137
解盛　隋・仁壽 070　　　　衛聞　隋・大業 107
鉗耳文徹　隋・大業 154　　萬紐于寔　北周・保定 001

## 十四畫

僧 僕 齊 滿 褚 趙 輔 蔡 蔣 蓊 臧 鄗
鄧 鄭 熊 暨 翟 裴 管 赫連 爾朱 慕容

僧二祖大師　北齊・無年號 015　　僧大融法師　隋・開皇 234

僧支遁　東晉・永和012　　　僧正法師　南朝梁・無年號006
僧令法師　北魏・永熙022　　僧安道一　北齊・無年號001
僧志脩　隋・大業190　　　　僧尚禪師　隋・無年號035
僧旻法師　南朝梁・無年號005　僧法昂　南朝梁・無年號072
僧法洪　北齊・河清030　　　僧法朗　南朝陳・無年號002
僧法憨禪師　北齊・太寧006　僧信行禪師　隋・開皇238－240
僧約法師　南朝梁・無年號013　僧都達禪師　北齊・天保112
僧真應禪師　隋・開皇301　　僧根法師　北魏・正光052
僧索法師（或稱索靖法師）隋・無年號056
僧淨修　東魏・武定092　　　僧淨悟法師　北魏・神瑞001
僧淨智　東魏・元象005　　　僧容璨大師　隋・無年號047
僧朗法禪師　隋・無年號055　僧菩提達摩　南朝梁・大同004
僧婁禪師　南朝梁・無年號018　僧崇公禪師　北魏・太安001
僧張僧妙　北周・建德024　　僧達法度　北魏・正光002
僧敬脫法師　南朝梁・無年號078　僧朝律大師　隋・無年號068
僧惠（慧）遠法師　南朝宋・無年號012
僧惠猛法師　北魏・無年號009　僧惠雲法師　隋・開皇243
僧惠集法師　南朝陳・太建007　僧雲法師　南朝梁・無年號068
僧跋陀大師　北魏・無年號021　僧智者大師　隋・開皇350
僧智者法師　南朝梁・大同013　僧智者禪師　隋・大業007
僧智寂法師（揚州僧正）南朝梁・無年號011
僧智寂師（同泰寺正）南朝梁・無年號007
僧智蒨法師　南朝梁・無年號004　僧智聚　隋・大業111
僧智稱法師　南朝齊・永元002　僧智禪師　隋・無年號038
僧智藏法師　南朝梁・普通010　僧善知　南朝陳・太建006
僧道政　隋・開皇170　　　　僧道寂　隋・仁壽001
僧瑋禪師　北周・無年號019　僧感應禪師　隋・無年號036
僧會　北魏・正光083　　　　僧靖定大師　北齊・天統070
僧義明　南朝宋・孝建001　　僧慈明　隋・仁壽060
僧誌法師　南朝梁・天監013　僧慧光　東魏・元象003

| | |
|---|---|
| 僧慧休　隋・無年號 031 | 僧慧念法師　南朝梁・無年號 008 |
| 僧慧海　隋・無年號 032 | 僧慧覺　隋・無年號 033 |
| 僧賢　北齊・武平 004 | 僧德□□　隋・開皇 131 |
| 僧靜證法師　隋・開皇 256 | 僧曇始禪師　北齊・武平 021 |
| 僧曇雲禪師　北魏・無年號 051 | 僧曇詢禪師　隋・開皇 327 |
| 僧憑法師　北齊・河清 006 | 僧璨　隋・開皇 213 |
| 僧瓊法師　隋・無年號 060 | 僧寶公　南朝梁・無年號 019 |
| 僧寶誌　南朝梁・無年號 017 | 僧權法師　北齊・河清 016 |
| 僧顥　隋・大業 263 | 僧靈裕法師　隋・無年號 025 |
| 僧□□　北周・天和 024 | 僧□□　北齊・無年號 003 |
| 僧□□　北魏・延昌 001 | 僧□□　隋・仁壽 062 |
| 僕□　西晉・太康 029 | 僕□　西晉・元康 045 |
| 齊士幹　隋・大業 367 | 滿寵　三國魏・無年號 046 |
| 滿□　西晉・永嘉 014 | 褚向　南朝梁・無年號 055 |
| 褚伯玉　南朝齊・建元 002 | 褚裒　東晉・無年號 031 |
| 褚淵（彥回）　南朝齊・建元 003 | 褚寶慧（張齊之母）北齊・皇建 010 |
| 褚□　東晉・興寧 001 | 趙小慶　東魏・武定 084 |
| 趙女　三國魏・景元 005 | 趙仁表　北魏・無年號 062 |
| 趙氏（王憐妻）北齊・天保 061 | 趙氏（郝丘妻）隋・開皇 187 |
| 趙氏（高祖充華）北魏・延昌 023 | 趙氏（高慈妻）東魏・元象 006 |
| 趙氏（張虎妻）北朝・魏 012 | 趙令芝（孟□妻）西晉・永嘉 012 |
| 趙氾　西晉・元康 047 | 趙氾　東漢・建安 002 |
| 趙光（元氏妻）北魏・正光 004 | 趙光（孫君妻）北魏・永平 012 |
| 趙年　北朝・魏 014 | 趙仲南　西晉・元康 027 |
| 趙充國　漢代・無年號 021 | 趙芬　隋・開皇 255、無年號 089 |
| 趙奉伯　北齊・武平 107、無年號 012 | |
| 趙長述　隋・開皇 290 | 趙明度　東魏・天平 033 |
| 趙佺　北周・天和 034 | 趙征興　北齊・天統 009 |
| 趙定　西晉・元康 001 | 趙孟麟　東漢・永初 004 |
| 趙胡仁（堯榮妻）東魏・武定 071 | 趙柱　三國魏・無年號 013 |

人名筆畫索引　3061

趙晒　北魏・正光 094　　　趙昭公　隋・無年號 070
趙信　北齊・河清 019　　　趙洪　隋・開皇 139
趙洪源　北魏・正始 001　　趙起　北齊・無年號 011
趙倫之　南朝宋・無年號 009　趙悅　西魏・廢帝 011
趙悌　東晉・咸和 002　　　趙家馭　東晉・升平 012
趙朗　隋・大業 237　　　　趙邕　北魏・武泰 010
趙莉　東漢・無年號 088　　趙盛　北魏・熙平 028
趙問　北齊・天保 014　　　趙國　北魏・無年號 080
趙國華（羊）東漢・陽嘉 005　趙進　東漢・無年號 259
趙猛　北魏・正光 098　　　趙紹　東魏・天平 031
趙越　東漢・建寧 041　　　趙超宗　北魏・永平 001
趙達拏　隋・大業 321　　　趙惠（字世摸）　隋・開皇 193
趙惠安　北魏・無年號 060　趙貴　東魏・天平 012
趙道德　北齊・天統 008　　趙碑　北魏・正光 070
趙暄　北魏・永安 033　　　趙慎　隋・開皇 154
趙嘉　東漢・無年號 193　　趙監　南朝梁・天監 011
趙廣　北周・天和 032　　　趙廣者　北魏・普泰 010
趙韶　隋・仁壽 017　　　　趙榮　隋・大業 160
趙寬　東漢・光和 006　　　趙億　北魏・孝昌 055
趙儀　東漢・建安 004　　　趙樂　隋・無年號 001
趙樂子（程主簿妻）北齊・乾明 004　趙徵　東漢・無年號 185
趙靜　北齊・天統 062　　　趙樹（李爰妻）東漢・永興 003
趙融　東漢・建安 001　　　趙歷　東漢・無年號 202
趙熾　北齊・天統 038　　　趙覬　隋・大業 241
趙謐　北魏・景明 008　　　趙羅　隋・開皇 129
趙蘭姿（李敬族妻）隋・開皇 070　趙齡　隋・開皇 215
趙續生　北魏・景明 014　　趙鑒　東魏・元象 002
趙□　北齊・武平 081　　　趙□　西晉・無年號 009
趙□　西漢・建始 001　　　趙□　東漢・初平 001
趙□　晉・無年號 010　　　趙□　晉・無年號 084

| | |
|---|---|
| 趙□　隋・開皇 093 | 趙□　隋・開皇 253 |
| 趙□（高陽令）隋・無年號 097 | 趙□（鬱林太守）晉・無年號 009 |
| 趙□□　東魏・武定 011 | 輔保達　北魏・無年號 066 |
| 輔道念　北齊・皇建 009 | 蔡氏（孝婦）東漢・無年號 300 |
| 蔡冰　南朝 001 | 蔡阿妃（李弘秤妻）隋・大業 031 |
| 蔡昭　東漢・無年號 093 | 蔡朗　東漢・永興 007 |
| 蔡棱　東漢・無年號 204 | 蔡景歷　南朝陳・禎明 001 |
| 蔡順　東漢・無年號 169 | 蔡湛　東漢・光和 014 |
| 蔡儁　東魏・興和 012 | 蔡攜　東漢・無年號 172 |
| 蔡□　漢代・無年號 033 | 蔡□　東漢・永寧 007 |
| 蔣之　西晉・元康 002 | 蔣黑　西魏・大統 016 |
| 蔣慶　隋・大業 329 | 蔣□　東漢・元嘉 005 |
| 蔣□（四耶耶）北魏・永安 035 | 鄃他君　東漢・永興 004 |
| 臧質　隋・開皇 345 | 臧禮　北魏・景明 002 |
| 鄀月光（車伯生息妻）北魏・正始 014 | |
| 鄀乾　北魏・延昌 004 | 鄧子詢　西魏・大統 025 |
| 鄧元女　西晉・元康 036 | 鄧艾　十六國・前秦 003、006 |
| 鄧艾　晉・無年號 072、無年號 133 | 鄧芝　三國蜀・無年號 002 |
| 鄧晌（字寶明）　隋・大業 283 | 鄧禹　東漢・無年號 218 |
| 鄧景達　東漢・無年號 255 | 鄧椽　東漢・熹平 020 |
| 鄧□　三國吳・無年號 004 | 鄭三益　西漢・建元 001 |
| 鄭子尚　北齊・武平 091 | 鄭氏（五原國太夫人）隋・開皇 333 |
| 鄭氏（安昌公夫人，鄭穆女）北周・天和 046 | |
| 鄭氏（李雲妻）東魏・武定 103 | 鄭氏（李弼妻）北魏・延昌 029 |
| 鄭氏（達奚武妻）北周・天和 009 | 鄭平　隋・開皇 285 |
| 鄭生　北周・建德 052 | 鄭令妃（元範妻）隋・開皇 148 |
| 鄭玄（字康成）東漢・無年號 210 | 鄭仲林　西晉・泰始 023 |
| 鄭仲明　隋・大業 135 | 鄭仲華（崔昂後妻）隋・開皇 111 |
| 鄭祁耶（楊素妻）隋・仁壽 033 | 鄭述祖　北齊・河清 031 |
| 鄭固　東漢・延熹 001 | 鄭季宣　東漢・中平 012 |

鄭始容（元羽妻）北齊・河清 018　鄭胡　北魏・太昌 041
鄭茹　東魏・興和 002
鄭毗羅（韋孝寬妻）西魏・廢帝 010、北周・大象 025
鄭胤伯　北魏・無年號 013　　鄭烈　西晉・太康 013
鄭宮　東漢・無年號 091　　　鄭邕　北周・大象 021
鄭常（宇文常）北周・大象 008　鄭常　北周・大象 018
鄭㧾　漢代・無年號 049　　　鄭偉　北周・天和 035
鄭術　北周・天和 022　　　　鄭袤　晉・無年號 019
鄭萬頃　南朝陳・無年號 008　鄭善妃（杜君妻）隋・大業 386
鄭道忠　北魏・正光 048　　　鄭道育　隋・開皇 200
鄭道昭　北魏・無年號 026　　鄭渙　隋・大業 151
鄭慎　東漢・無年號 224　　　鄭興蘭（楊君妻）北魏・延昌 017
鄭羲　北魏・永平 040－041　鄭謇　隋・大業 170
鄭豐姒（趙文玉妻）北齊・天保 099　鄭譯　隋・大業 289
鄭□　東魏・武定 052　　　　鄭□　隋・開皇 169
鄭□　隋・無年號 085　　　　鄭□（西兗州刺史）東魏・武定 067
鄭□（阿陽令）漢代・無年號 046　熊心　漢代・無年號 037
熊尚　東漢・無年號 229　　　熊喬　東漢・建安 009
熊□　東漢・建安 009　　　　暨遜　東晉・咸和 008
翟仙　晉・無年號 132　　　　翟仲偘　隋・大業 075
翟突娑　隋・大業 292　　　　翟曹明　北周・大成 001
翟煞鬼　北齊・天保 073　　　翟酺（䎱）東漢・無年號 220
翟□　東漢・無年號 171　　　裴之橫　南朝陳・無年號 012
裴子休　隋・開皇 060　　　　裴子通　隋・開皇 192
裴子野　南朝梁・無年號 060　裴子誕　北齊・武平 027
裴氏（辛術妻）北周・保定 005　裴氏（裴氏女）西晉・無年號 018
裴文基　隋・開皇 180　　　　裴休義　北周・保定 025
裴延齡　隋・大業 333　　　　裴岑　東漢・永和 005
裴良　北齊・武平 026　　　　裴相　隋・仁壽 023
裴俠　東魏・武定 014　　　　裴祇　西晉・元康 021

| | |
|---|---|
| 裴通　隋·大業 349 | 裴逸　隋·大業 194 |
| 裴敬　北魏·熙平 033 | 裴雄　西晉·元康 062 |
| 裴智英（拓拔榮興妻）北周·建德 017 | |
| 裴道文　西晉·無年號 019 | 裴楷　晉·無年號 046–047 |
| 裴僧仁　北魏·無年號 050 | 裴遺業　隋·開皇 191 |
| 裴融　北齊·太寧 001 | 裴覬　隋·仁壽 052 |
| 裴鴻　北周·天和 011 | 裴鴻　隋·開皇 141 |
| 裴譚　北魏·孝昌 004 | 裴權　西晉·元康 061 |
| 裴□　東漢·元嘉 006 | 裴□　晉·無年號 059 |
| 裴□　隋·開皇 216 | 管寧　三國魏·正始 005 |
| 管□　東漢·永興 006 | 赫連山妃　隋·仁壽 047 |
| 赫連子悅　北齊·無年號 005 | 赫連子悅　北齊·武平 071 |
| 赫連阿妃（張氏妻）東魏·武定 028 | 赫連栩（相）　東魏·武定 073 |
| 赫連悅　北魏·普泰 005 | 赫連遷　北齊·天保 031 |
| 爾（尒）朱元靜（叱列延慶妻）北齊·河清 017 | |
| 爾（尒）朱敞　隋·開皇 064 | 爾朱端　隋·開皇 197 |
| 爾朱榮　北魏·建義 034 | 爾綿永（段永）　北周·建德 014 |
| 慕容寧　北周·保定 022 | 慕容纂（字承伯）　北魏·永安 017 |
| 慕容纂（字元仁）　東魏·興和 044 | 慕容鑒　東魏·天平 030 |

# 十五畫

## 潘 遲 鞏 樊 樓 暴 閭 黎
## 魯 樂 劉 劇 緱 歐陽

| | |
|---|---|
| 潘氏　西漢·甘露 001 | 潘氏　東漢·永寧 005 |
| 潘氏（周芳命妻）東晉·升平 011 | 潘立　晉·無年號 113 |
| 潘延壽　東漢·建寧 004 | 潘岳　西晉·無年號 025 |
| 潘芘　西晉·無年號 026 | 潘乾（字元卓）　東漢·光和 013 |
| 潘達　東魏·武定 093 | 潘善利（張志相妻）隋·大業 310 |
| 潘嗣　隋·大業 232 | 潘億　三國吳·太平 001 |

潘儒南父母　晉·無年號 121　　潘□　三國魏·甘露 001
潘□　西晉·元康 029　　　　　潘□　東晉·升平 007
遲柠　隋·大業 257　　　　　　鞏忠　西晉·永嘉 001
鞏賓　隋·開皇 270　　　　　　樊上　北齊·武平 059
樊子蓋　隋·無年號 079　　　　樊安　東漢·延熹 011
樊宏　東漢·無年號 214　　　　樊於期　漢代·無年號 025
樊重　東漢·無年號 186　　　　樊陵（德雲）東漢·無年號 180
樊萌　東漢·無年號 187　　　　樊敏　東漢·建安 003
樊演　東漢·無年號 092　　　　樊噲　漢代·無年號 020
樓護　東漢·無年號 272　　　　暴永　隋·開皇 147
暴誕　北齊·武平 007　　　　　閭子璨　北齊·天保 030
閭氏（高歡妻）東魏·武定 086　閭叱地連（高湛妻）東魏·武定 108
閭伯昇　東魏·興和 015　　　　閭胘　東魏·興和 027
閭炫（赫連子悅妻）北齊·河清 023
閭詳　東魏·武定 031　　　　　閭麟　北魏·天興 001
黎淳　隋·大業 015　　　　　　魯子敬　三國吳·無年號 008
魯綜（練）西晉·元康 005　　　魯阿鼻　隋·仁壽 036
魯峻　東漢·熹平 009　　　　　魯景　北齊·武平 013
魯銓　西晉·太康 004　　　　　魯廣達　隋·開皇 167
魯鍾馗　隋·仁壽 037　　　　　魯□　東魏·武定 087
魯□　漢代·無年號 038　　　　樂氏（建安王妻）北魏·無年號 078
樂生　西晉·元康 019　　　　　樂微　隋·大業 156
樂□　西晉·泰始 031　　　　　樂□　東漢·永元 016
樂□（記室）南朝梁·普通 003　劉士安　隋·大業 115
劉子山　東漢·建寧 009　　　　劉仁恩　隋·開皇 254
劉氏（宗愨母）南朝宋·大明 003　劉氏（孟孝敏妻）隋·大業 180
劉氏（冠軍將軍妻）北魏·延昌 002　劉氏（許彧妻）東漢·熹平 038
劉氏（張儁妻）西晉·太康 034　劉氏（賀蘭祥妻）隋·開皇 020
劉氏（鄭舒妻）東晉·無年號 006　劉氏（劉夫生女）北魏·無年號 071
劉氏（劉安女）西晉·永嘉 003

劉氏（豫章長公主）南朝宋・無年號 006
劉氏（顏謙妻）東晉・永和 002　　劉玉　北魏・孝昌 082
劉世　三國魏・無年號 047　　劉世恭　隋・大業 327
劉玄（字世清）　隋・開皇 199　　劉平國　東漢・永壽 011
劉玄暢　隋・大業 355　　劉弘　西晉・元康 026
劉弘（字子光）　隋・開皇 228　　劉幼妃（李挺妻）東魏・興和 042
劉邦　東漢・無年號 189　　劉邦　東漢・延熹 039
劉延　東漢・無年號 212　　劉行　北周・建德 053
劉多　隋・開皇 339　　劉江女（王文愛母）北魏・熙平 003
劉安　隋・開皇 304　　劉安囧　北魏・建義 031
劉安妙娥（上官何陰妻）北魏・太和 001
劉安和　東魏・無年號 013　　劉孝綽　南朝梁・無年號 080
劉虬　南朝梁・無年號 081　　劉秀　東漢・無年號 028
劉伯言　東漢・無年號 068　　劉伯麟　東漢・建寧 031
劉忻　北齊・武平 034　　劉宏　南朝宋・無年號 010
劉君霜　隋・大業 096　　劉阿元　北齊・武平 090
劉阿如　西晉・永平 001　　劉阿倪提　西魏・大統 008
劉表　三國魏・太和 002　　劉奇　東漢・無年號 097
劉明　東漢・漢安 003　　劉明（字世榮）　隋・開皇 306
劉迪　東漢・延熹 014　　劉和　涼・安樂 001
劉岱　北魏・無年號 032　　劉岱　南朝齊・永明 005
劉庚　東晉・無年號 001　　劉珍　隋・大業 026
劉政　隋・大業 384　　劉尅（尅）東晉・升平 001
劉相　隋・仁壽 085　　劉則　隋・大業 161
劉俠　隋・開皇 086　　劉信　漢代・無年號 005
劉盆子　三國魏・正始 002　　劉度　隋・大業 251
劉炫　隋・大業 012　　劉洪徽　北齊・天保 106
劉班　東漢・無年號 095　　劉振　北魏・無年號 084
劉造　東晉・咸康 005　　劉脩　東漢・建寧 028
劉悅（字衆歡）北齊・天保 027　　劉悅（字優昕）北齊・武平 016

劉通　北齊・武平058　　　　劉焉　東漢・無年號099
劉乾　北魏・無年號020　　　劉勔　南朝齊・永明001
劉晦　西魏・廢帝001　　　　劉崇　東漢・無年號304
劉偉　隋・開皇046　　　　　劉猛進　隋・大業105
劉梁　東漢・光和008　　　　劉強　東魏・武定060
劉紹　隋・開皇295　　　　　劉琬華（李椿妻）隋・大業116
劉彭祖　漢代・無年號013　　劉達　隋・大業076
劉靜憐（賈思伯妻）東魏・武定042　劉極　南朝陳・太建004
劉雄　十六國・漢001　　　　劉景　北齊・乾明001
劉景暈（皇甫仁妻）東魏・興和025　劉貴（字至遷）北齊・河清009
劉貴（字宗）北齊・武平065　劉喬　南朝梁・無年號056
劉備　三國蜀・無年號009　　劉傑　北齊・無年號014
劉衆　隋・開皇221　　　　　劉欽　東魏・武定091
劉道成　南朝梁・天監005　　劉道斌　北魏・正光085
劉淵　隋・大業070　　　　　劉滋　北魏・正光007
劉媚子（王建之妻）東晉・太和009　劉登　北朝・魏004
劉蒼　東漢・建初007　　　　劉睦　隋・開皇325
劉遙　隋・大業140　　　　　劉詢　西晉・元康058
劉靖　三國魏・嘉平002　　　劉靖　西晉・元康024
劉福　東漢・和平008　　　　劉熙　東漢・無年號098
劉爾頭　北魏・無年號027　　劉寬　東漢・中平005
劉賓　隋・大業186　　　　　劉熊　東漢・無年號115
劉賢　北魏・無年號001　　　劉遷　西晉・太康043
劉德　隋・大業176　　　　　劉整（懃）北齊・皇建005
劉穆　隋・開皇088　　　　　劉穆之　南朝宋・無年號011
劉興安　北齊・武平073　　　劉興甫　十六國・前秦007
劉衡　東漢・中平016　　　　劉彊　東漢・無年號168
劉駿　南朝宋・無年號001　　劉覬　南朝齊・永明003
劉曜　東漢・無年號100　　　劉簡訓（荀岳妻）西晉・永安001
劉雙仁　北齊・武平014　　　劉顏　北魏・熙平013

人名筆畫索引　3069

劉難陁　北齊・天統 053　　　劉譚剛　北魏・無年號 073
劉懷民　南朝宋・大明 005　　劉韜　　晉・無年號 008
劉黨　　東漢・無年號 094　　劉歸　　隋・開皇 026
劉纂　　北魏・正光 081　　　劉寶　　西晉・永康 009
劉寶　　隋・仁壽 079　　　　劉霸　　東魏・天平 001
劉儼　　晉・無年號 034　　　劉懿　　北魏・普泰 016
劉懿（字貴珍）東魏・興和 003　劉鑒　　隋・開皇 032
劉襲　　南朝宋・泰始 006　　劉顯　　南朝梁・無年號 079
劉瓛　　南朝梁・天監 003　　劉□　　北魏・熙平 049
劉□　　西晉・太康 046　　　劉□　　東漢・延熹 028
劉□　　東漢・無年號 116　　劉□　　南朝宋・元嘉 010
劉□　　隋・仁壽 061　　　　劉□　　隋・開皇 026
劉□　　隋・無年號 018　　　劉□　　隋・無年號 030
劉□　　漢代・無年號 050　　劉□（征南將軍）東漢・無年號 096
劉□（郡功曹）隋・開皇 241　劉□（琅邪相）東漢・無年號 013
劉□（樂陵太守）東魏・武定 020　劉□（豫州刺史）北齊・天保 102
劉□（襄陽太守）三國魏・正元 002　劇市　北魏・孝昌 018
劇逸　　北魏・孝昌 017　　　緱光姬　北魏・正光 116
緱靜　　北魏・建明 001　　　歐陽啟　晉・無年號 070
歐陽頠　南朝陳・天嘉 002、無年號 009

## 十六畫

嬴 龍 懷 隱 霍 燕 橋 盧 閻 穆 衛
衡 鮑 錢 蕭 薛 諸葛 諸熙 獨孤

嬴政　　東漢・無年號 052，北周・大象 031
龍章言　西晉・太康 010　　　龍□　　東晉・永和 007
懷□　　東漢・無年號 236　　隱昌　　東漢・無年號 157
霍去病　漢代・無年號 029　　霍育　　東魏・武定 037
霍還　　隋・大業 208　　　　霍□　　東晉・太元 009

霍□　東魏・無年號 018　　　　霍□（公丘長）三國魏・無年號 028
燕大胡　北周・建德 043　　　　燕（邵）孝禮　隋・開皇 271
燕繼　北齊・天統 068　　　　　橋仁　漢代・無年號 030
橋玄　東漢・光和 022　　　　　橋紹　隋・開皇 062
橋載　東漢・熹平 026　　　　　盧氏（李士謙妻）隋・開皇 184
盧氏婦　東漢・初平 002　　　　盧文構　隋・仁壽 011
盧文機　隋・仁壽 010　　　　　盧令媛（肅宗充華）北魏・正光 042
盧伯珣　北魏・無年號 028　　　盧茂　晉・無年號 049
盧昌寓　隋・大業 182　　　　　盧胄　隋・開皇 274
盧脩娥（崔昂妻）北齊・天統 024　盧袁　北魏・正始 009
盧旋（璇）芷（馮君妻）　隋・仁壽 082
盧貴蘭（元融妃）東魏・武定 061　盧魯元　北魏・真君 003
盧瞻（贍）　隋・開皇 284　　　盧蘭（元壽安妃）北周・大象 019
盧譽　北齊・天統 017　　　　　盧□　東漢・元和 003
盧□　南朝宋・大明 002　　　　盧□　南朝梁・普通 008
盧□　晉・無年號 124　　　　　閻氏（張君妻）　北魏・熙平 032
閻孝侯　東魏・天平 020　　　　閻德　晉・無年號 087
閻靜　隋・大業 143　　　　　　閻顯　隋・開皇 337
穆子寧　北齊・武平 115　　　　穆子巖　東魏・武定 109
穆氏（□君妻）北魏・無年號 056　穆氏（元融妃）北魏・永平 008
穆玉容（元珽妻）北魏・神龜 021　穆良　東魏・武定 099
穆建　北齊・武平 114　　　　　穆亮　北魏・景明 013
穆彥　北魏・永安 034　　　　　穆祚　三國魏・無年號 023
穆崇　北魏・太和 042　　　　　穆紹　北魏・普泰 011
穆景相　東魏・武定 079　　　　穆景胄　北魏・建義 002
穆循　北魏・永平 013　　　　　穆瑜　東魏・武定 075
穆纂　北魏・正光 019　　　　　衛氏（□君妻）晉・無年號 077
衛氏（趙仲南妻）西晉・永熙 002　衛左（張業妻）西晉・元康 059
衛和　南朝陳・太建 002　　　　衛侗　隋・大業 245
衛美（董君妻）隋・大業 328

衛（街）彈（或"衛為"）東漢・中平003
衛覬　三國魏・無年號041　　　衛□　西晉・無年號028
衡方　東漢・建寧005　　　　　衡立（元節）東漢・無年號101
鮑必　北魏・建義033　　　　　鮑朱□　東漢・無年號146
鮑宣　東漢・無年號102　　　　鮑捐　三國魏・無年號001
鮑寄　三國魏・無年號002　　　錢□　西晉・元康053
蕭子恪　南朝梁・大通001　　　蕭子顯　南朝梁・無年號077
蕭太（字世怡）北周・天和029
蕭氏（永嘉長公主）南朝齊・無年號004
蕭氏（姚察妻）隋・無年號011
蕭氏（新安長公主）南朝齊・無年號009
蕭氏（臨海公主）南朝齊・無年號007
蕭正立　南朝梁・無年號028　　蕭正表　東魏・武定105
蕭沈（汎或氵几）隋・大業326　蕭秀　南朝梁・天監014
蕭秀　南朝梁・無年號015–016　蕭宏　南朝梁・無年號025–026
蕭妙瑜（楊敷妻）隋・大業049　蕭昱　南朝梁・無年號045
蕭昭文　南朝齊・無年號010　　蕭昭業　南朝齊・無年號006
蕭修　南朝梁・無年號053　　　蕭恢　南朝梁・普通016
蕭特　南朝梁・無年號075　　　蕭球　隋・大業211
蕭象　南朝梁・無年號085　　　蕭紹　隋・仁壽058
蕭琛　南朝梁・無年號076　　　蕭暎　南朝梁・無年號029–030
蕭景　南朝梁・普通014—015　蕭順之　南朝梁・無年號027
蕭淵明　南朝梁・無年號050　　蕭瑒　隋・大業192
蕭楷　南朝梁・無年號046　　　蕭猷　南朝梁・無年號074
蕭瑤南　隋・無年號013　　　　蕭瑾　隋・大業255
蕭敷　南朝梁・普通002　　　　蕭艗性（張盈妻）隋・大業221
蕭緬　南朝齊・永明008　　　　蕭融　南朝梁・天監001
蕭醜女　北齊・天保017　　　　蕭穎冑　南朝梁・普通013
蕭憺　南朝梁・普通011　　　　蕭巋　南朝齊・無年號005
蕭濱　隋・大業309　　　　　　蕭績　南朝梁・無年號024

蕭翹　隋・大業331　　　　　蕭繹　南朝梁・無年號054
蕭懿　南朝梁・無年號038–041　蕭□　北周・無年號015
蕭□（安成蕃王）南朝梁・無年號071
蕭□（蕭恢?）南朝梁・無年號031　蕭□（會稽王）南朝齊・永元001
薛氏（長孫公妻）隋・仁壽054　薛氏（寇嶠妻）北周・宣政011
薛伯徽（元誘妻）北魏・孝昌016　薛季像　東漢・熹平025
薛保興　隋・大業141　　　　　薛脩義　北齊・天保054
薛琰　北齊・武平064　　　　　薛貴珍　隋・開皇212
薛舒　隋・開皇044　　　　　　薛道實　隋・無年號061
薛詣　西晉・無年號013　　　　薛廣　北齊・河清033
薛廣智　北魏・正光024　　　　薛慧命（元湛妻）北魏・武泰003
薛懷儁　北齊・天統059　　　　薛寶　隋・開皇235
薛□　東漢・延熹025　　　　　薛□　東漢・無年號116
諸葛子恆　隋・開皇227　　　　諸葛始豐　晉・無年號032
諸葛亮　三國蜀・無年號006　　諸葛亮　西晉・無年號008
諸葛瑾　西晉・無年號024　　　諸熙伯　晉・無年號112
獨孤氏（韋國成妻）隋・無年號022　獨孤忻　北齊・天保041
獨孤思男（堯難宗妻）北齊・武平038
獨孤信　北周・閔帝001　　　　獨孤華　北齊・天統036
獨孤渾貞　北周・武成004　　　獨孤賓　北周・建德003
獨孤輝　北齊・天統006　　　　獨孤儉　隋・大業350
獨孤藏　北周・宣政006　　　　獨孤羅　隋・開皇330
獨孤譽　北齊・武平100

# 十七畫

### 應 謝 戴 鞠 韓 檀 臨
### 鍾 儲 禮 翼 輿 繆 鮮于

應知　隋・開皇348　　　　　謝王四　東漢・延熹005
謝氏（高崧妻）東晉・永和016　謝世榮　東魏・武定022

| | |
|---|---|
| 謝成　隋・開皇 335 | 謝安　東晉・無年號 011 |
| 謝岳　隋・開皇 267 | 謝重　東晉・隆安 002 |
| 謝朏　南朝梁・無年號 035 | 謝琉　南朝宋・永初 001 |
| 謝球　東晉・義熙 002 | 謝婆仁　西魏・大統 035 |
| 謝琰　東晉・太元 010 | 謝善富　隋・大業 308 |
| 謝溫　東晉・義熙 001 | 謝舉　南朝梁・無年號 044 |
| 謝濤　南朝宋・大明 004 | 謝鯤　東晉・太寧 001 |
| 謝歡同　北齊・天保 109 | 謝靈運　東晉・無年號 023 |
| 謝□　東晉・無年號 003 | 謝□　東漢・元和 002 |
| 謝□（典農中郎將）三國魏・無年號 031 | |
| 謝□（都督）晉・無年號 031 | 戴仲若　南朝 003 |
| 戴仲和　北齊・天統 061 | 戴希廉　隋・無年號 007 |
| 戴封　東漢・無年號 184 | 戴禺　晉・無年號 102 |
| 戴□　東漢・永初 006 | 鞠彥雲　北魏・正光 075 |
| 鞠基　北齊・太寧 011 | 鞠遵　隋・大業 013 |
| 韓木蘭　北周・天和 015 | 韓仁　東漢・熹平 023 |
| 韓氏（宇文永妻）北魏・熙平 045 | 韓玄　北魏・正光 003 |
| 韓弘　晉・無年號 014 | 韓延壽　漢代・無年號 010 |
| 韓玟　北魏・正光 092 | 韓叔鸞　隋・大業 271 |
| 韓虎　北魏・正光 106 | 韓迴生　東魏・興和 017 |
| 韓肱　北齊・無年號 030 | |
| 韓法容（崔令珍妻）北魏・無年號 095 | |
| 韓彥　東魏・興和 023 | 韓恒貴　隋・開皇 314 |
| 韓祐（祐）　隋・開皇 083 | 韓祖念　北齊・天統 057 |
| 韓華　北齊・武平 110 | 韓陵　三國魏・無年號 048 |
| 韓邕　隋・開皇 098 | 韓期姬（高樹生妻）北魏・永熙 006 |
| 韓景　隋・開皇 183 | 韓貴和　隋・開皇 049 |
| 韓買奴　北齊・天保 074 | 韓無忌　北魏・無年號 065 |
| 韓智　隋・開皇 161 | 韓智輝（高歡妻）北齊・天保 020 |
| 韓舒　隋・大業 340 | 韓裔　北齊・天統 031 |

人名筆畫索引　3073

韓壽　西晉・永寧003　　　　　韓輔　隋・仁壽040
韓裦（襃）　北周・天和030　　韓暨　隋・大業196
韓擒虎　隋・開皇273　　　　　韓震　北魏・普泰017
韓樂妃（天水王妃）西魏・大統029　韓麒麟　北魏・無年號030
韓寶暉　北齊・武平105　　　　韓顯宗　北魏・太和039
韓□　北齊・無年號026　　　　韓□　北魏・太和005
韓□　北魏・無年號083　　　　韓□　東晉・元熙001
韓□　隋・開皇118　　　　　　韓□　隋・無年號076
韓□叔　隋・開皇280　　　　　檀賓　北魏・正光109
檀超　南朝梁・無年號073　　　檀道濟　南朝齊・無年號002
檀□　西晉・太康027　　　　　臨灘　東漢・永建007
鍾繇　三國魏・無年號034　　　鍾濟之　南朝宋・元嘉005
鍾□　東漢・無年號106　　　　儲□　晉・無年號106
禮氏（張濤妻）隋・大業169　　翼神　晉・無年號020
輿氏（王禮斑妻）北魏・無年號076　輿氏（韓君妻）北魏・熙平019
輿龍姬（元伏生妻）北魏・孝昌061　繆宇　東漢・元嘉001
繆紆　東漢・延熹035　　　　　鮮于仲兒（丘哲妻）北魏・孝昌037
鮮于璜　東漢・延熹034

## 十八畫

### 顏 魏 聶 瞿

顏玉光　北齊・武平111　　　　顏含　東晉・無年號024
顏威山　東漢・無年號260　　　顏通　隋・大業374
顏（韻）智孫　隋・開皇262　　魏女位（李道慶妻）隋・開皇128
魏元丕　東漢・光和016　　　　魏氏（虞弘妻）隋・開皇320
魏冉　漢代・無年號062　　　　魏昇　隋・大業011
魏昕　三國魏・無年號012　　　魏悅　北魏・無年號033
魏乾　隋・大業029　　　　　　魏僧勖　北魏・無年號010
魏榮宗　北周・建德019　　　　魏演　北周・大象022

魏雛　西晉・元康 040　　　　魏蘭根　東魏・興和 045
魏懿　北齊・武平 086　　　　魏□　北周・無年號 004
聶□　漢代・無年號 008　　　瞿威然　十六國・前秦 001
瞿硎　東晉・無年號 035

## 十九畫

### 譚 譙 龐 麴 蘇 關 羅 邊

譚毅　晉・無年號 040　　　　譚巍　隋・大業 148
譙敏　東漢・中平 017　　　　龐元慶　十六國・後秦 005
龐厷　三國蜀・無年號 001　　龐畏孃（麻君妻）隋・大業 201
龐泰　西晉・咸寧 007　　　　麴氏（元壽妃）北魏・正始 028
蘇屯　北魏・孝昌 065　　　　蘇氏（鄭君妻）晉・無年號 076
蘇綢（張海欽妻）北齊・天保 001　蘇阿女（卓吳仁妻）北魏・神龜 003
蘇武　漢代・無年號 001　　　蘇金封　隋・大業 097
蘇禹珪　東漢・無年號 226　　蘇洪姿（唐該妻）隋・大業 297
蘇恒（張囧妻）隋・大業 214　蘇華芝　西晉・太康 032
蘇貫針（畢小妻）北魏・太和 033　蘇順　隋・大業 080
蘇統師　隋・大業 083　　　　蘇慈（字孝慈）隋・仁壽 057
蘇舉　南朝梁・大同 005　　　蘇衡　東漢・無年號 103
蘇嶷　隋・開皇 226　　　　　蘇□　東漢・無年號 110
蘇□（平寇將軍）三國魏・無年號 028
關明　隋・開皇 150　　　　　關勝（寶顯）東魏・武定 101
關氏（隴西郡夫人）晉・無年號 131　羅氏（長孫瑕妻）北周・天和 017
羅氏（楊儉妻）北周・保定 007　羅含　東漢・無年號 107
羅宗　北魏・神龜 025　　　　羅訓　東漢・無年號 108
羅家娣　東魏・武定 033　　　羅達　隋・開皇 282
羅暎　隋・開皇 040　　　　　羅鳳　東漢・無年號 109
羅□（益州刺史）晉・無年號 053　羅□（廣信令）東晉・建元 001
邊韶　東漢・無年號 104　　　邊讓　東漢・無年號 105

## 二十畫

### 竇 蘭 嚴 纂

竇太后（保母）　北魏・真君 002　　竇氏（侯莫陳君妻）北周・天和 033
竇氏（劉盛燕妻）北魏・無年號 093　竇奉高　北齊・河清 038
竇宗　隋・無年號 005　　　　　　　竇泰　北齊・天保 059
竇貴人（竇章女）　東漢・建康 002　竇滔　晉・無年號 069
竇興洛　北齊・天保 122　　　　　　竇憲　東漢・永元 002
竇儼　隋・大業 358　　　　　　　　蘭將（元景略妻）北魏・永安 013
蘭欽　南朝梁・天監 007　　　　　　蘭勝蠻（廣平王國太妃）隋・開皇 297
蘭義　隋・大業 215　　　　　　　　嚴元貴　隋・大業 305
嚴巨昭　東漢・熹平 001　　　　　　嚴氏（孝婦）東晉・咸康 003
嚴君平　東漢・無年號 271　　　　　嚴堅　東晉・太元 012
嚴訢　東漢・和平 005　　　　　　　嚴發　東漢・無年號 112
嚴詮　北齊・天保 012　　　　　　　嚴德蚝　北魏・太和 021
嚴舉　東漢・延熹 029　　　　　　　嚴顏　三國蜀・無年號 004
嚴□　東晉・太元 002　　　　　　　嚴□　隋・無年號 015
纂息奴子　北齊・天保 092

## 二十一畫

### 權 顧 酈

權氏（宇文泰妻）北周・天和 044　　權景宣　西魏・大統 023
顧野王　南朝陳・無年號 001、無年號 015
顧錢世　西晉・元康 035　　　　　　顧颺　晉・無年號 125
酈炎　北魏・無年號 040
酈食其（廣野君）東漢・延熹 027、無年號 192

## 二十二畫

### 龔

龔（襲）玄之　東晉・太元 013　　　龔明　東晉・隆安 001

龔勝　東漢・無年號 111

## 三十畫

### 爨

爨文　東晉・無年號 018　　爨琛（深）晉・無年號 075
爨雲　北魏・無年號 042　　爨龍顏　南朝宋・大明 001
爨龍驤　東晉・太和 007　　爨寶子　東晉・太亨 001

### 無姓氏

□大　　隋・大業 212　　　□子明　北魏・永安 040
□子建　隋・開皇 109　　　□子是　晉・無年號 110
□子游　東漢・元初 002　　□子監　隋・開皇 076
□元賓　東漢・延熹 004　　□氏（□君妻）北魏・無年號 007
□氏（□君妻）北魏・無年號 067　　□氏（丁正值妻）南朝梁・大同 001
□氏（大女史息婦）東漢・無年號 147
□氏（元穆妻）北魏・神龜 038
□氏（公乘孫仲妻）東漢・無年號 123
□氏（田買奴妻）東漢・延熹 002　　□氏（史小磁妻）北魏・太和 014
□氏（台君妻）西晉・咸寧 005　　□氏（李巨妻）晉・無年號 120
□氏（李翊夫人）東漢・無年號 036　　□氏（求安城妻）南朝梁・普通 007
□氏（伯或柏興妻）　東漢・熹平 018
□氏（邵氏妻）三國吳・赤烏 002　　□氏（兒中良妻）南朝梁・大同 012
□氏（京兆康王妃）北魏・無年號 011
□氏（建安王妻樂鄉君）北魏・無年號 077
□氏（□君女）晉・無年號 061　　□氏（胡公妻）東漢・中平 021
□氏（胡場母）東漢・延熹 018　　□氏（馬武妾）東漢・無年號 310
□氏（破多羅太夫人）北魏・太延 001　　□氏（晏崇妻）北魏・無年號 079
□氏（徐庶母）東漢・無年號 206　　□氏（高林仁母）東魏・武定 082
□氏（郭子休妻）北齊・天統 035　　□氏（郭市妻女）西晉・咸寧 008

□氏（郭君妻）東漢・無年號 152　　□氏（孫炎妻）三國吳・無年號 007
□氏（孫龍貴妻）北齊・河清 025
□氏（麥孟京妻）三國蜀・無年號 013
□氏（張圭妻）西晉・太康 008　　□氏（張宜世子妻）北魏・熙平 034
□氏（張保妻）西晉・元康 020　　□氏（張保妻）東魏・元象 004
□氏（張賓公妻）東漢・建初 002　　□氏（張麟妻）晉・無年號 054
□氏（黃定陽妻）南朝梁・普通 005　　□氏（董子達妻）隋・大業 091
□氏（董康生妻）隋・無年號 012　　□氏（雲南郡主）西晉・元康 022
□氏（馮孫妻）西晉・無年號 020　　□氏（劉瓛妻）南朝梁・天監 002
□氏（韓朗妻）　東漢・無年號 148　　□氏（韓擒虎母）隋・無年號 014
□文亮　隋・無年號 073　　□盆（字思穆）隋・開皇 142
□弘（字法雅）北齊・天保 045　　□弘越　隋・大業 074
□匡（繹幕令）東漢・無年號 033　　□光　隋・開皇 001
□伏買　北齊・天統 045　　□光（文成王）隋・開皇 112
□孝衍　隋・開皇 085　　□均　隋・大業 236
□伯超　北魏・延昌 019　　□君　東漢・熹平 011
□忝　北齊・武平 083　　□叔（平楊府君）東漢・無年號 167
□昌　北齊・武平 082　　□伋昂　隋・大業 342
□季和　北齊・天統 027　　□季度　東漢・無年號 311
□柳　西晉・太康 018　　□思祖　十六國・前秦 015
□俊　隋・大業 345　　□洛（字豐洛）北齊・河清 026
□（侯?）莫陳阿仁伏　北齊・天保 060
□脩（字顯業）北齊・天保 008　　□高　東漢・無年號 173
□通　東漢・建武 003　　□悅（字壽孫）隋・無年號 072
□陵　三國魏・景初 001　　□陳君　隋・仁壽 051
□爽　隋・大業 073　　□敏　隋・無年號 002
□進德　東漢・延熹 012　　□（張?）產　十六國・前秦 004
□斑（班）　東漢・無年號 075　　□敬　隋・開皇 248
□敬妃（王立周妻）東魏・興和 010　　□道仁　北魏・普泰 014
□道明　北齊・天保 019　　□睦（字景和）隋・大業 172

| | | | |
|---|---|---|---|
| □寧 | 北魏・延昌 012 | □墮（字信正） | 隋・大業 202 |
| □遷 | 隋・開皇 225 | □德 | 隋・大業 321 |
| □徹（字仲達） | 隋・開皇 319 | □徹（字姤注） | 隋・大業 344 |
| □遵 | 隋・開皇 079 | □憘（字元樂） | 北齊・武平 056 |
| □靜 | 隋・開皇 028 | □禮 | 隋・大業 120 |
| □□ | 東漢・建初 001 | □□ | 東漢・建初 004 |
| □□ | 東漢・永平 002 | □□ | 東漢・永平 004 |
| □□ | 東漢・延熹 038 | □□ | 東漢・建安 010 |
| □□ | 東漢・熹平 035 | □□ | 東漢・永元 019 |
| □□ | 東漢・延光 001 | □□ | 東漢・延光 005 |
| □□ | 東漢・延光 006 | □□ | 東漢・延光 007 |
| □□ | 東漢・永元 009 | □□ | 東漢・永和 002 |
| □□ | 東漢・永和 011 | □□ | 三國魏・黃初 002 |
| □□ | 北齊・天統 021 | □□ | 北齊・天統 035 |
| □□ | 北齊・武平 118 | □□ | 北魏・正光 025 |
| □□ | 北魏・正光 039 | □□ | 北魏・正始 008 |
| □□ | 北魏・永平 011 | □□ | 北魏・孝昌 008 |
| □□ | 北魏・無年號 008 | □□ | 北魏・無年號 015 |
| □□ | 北魏・無年號 016 | □□ | 北魏・無年號 090 |
| □□ | 西晉・元康 014 | □□ | 西晉・無年號 001 |
| □□ | 西晉・無年號 031 | □□ | 東晉・太和 003 |
| □□ | 東晉・咸和 005 | □□ | 東漢・中平 013 |
| □□ | 東漢・延光 002 | □□ | 東漢・建安 011 |
| □□ | 東漢・建寧 024 | □□ | 東漢・無年號 231 |
| □□ | 東漢・漢安 004 | □□ | 東魏・武定 078 |
| □□ | 南朝梁・無年號 084 | □□ | 南朝梁・無年號 086 |
| □□ | 晉・無年號 129 | □□ | 隋・大業 392 |
| □□ | 隋・仁壽 068 | □□ | 隋・開皇 174 |
| □□ | 隋・開皇 185 | □□ | 隋・開皇 257 |
| □□ | 隋・開皇 300 | □□ | 隋・開皇 323 |

□□　　隋・開皇 328
□□　　東漢・建寧 014
□□　（□珍等字）東漢・無年號 234
□□　（□郡太守）東漢・永壽 003
□□　（大都督）隋・仁壽 053
□□　（大將軍等字）東魏・興和 005
□□　（上谷府卿）西漢・居攝 002
□□　（山陽太守）東漢・無年號 022
□□　（夫婦合葬柱石）東漢・無年號 248
□□　（元孫殘碑）東漢・無年號 131
□□　（五官掾）三國魏・無年號 060
□□　（中部碑）東漢・無年號 140
□□　（孔林殘碑）東漢・無年號 273
□□　（正直碑）東漢・無年號 130
□□　（右侍）東漢・光和 007
□□　（平固令）東晉・無年號 037
□□　（外黃令）東漢・無年號 026
□□　（司空殘碑）東漢・無年號 004
□□　（司農公）東漢・無年號 008
□□　（司隸大夫）隋・無年號 058
□□　（司隸從事等字）東漢・熹平 037
□□　（伏波將軍）南朝陳・無年號 004
□□　（任城府君）東漢・無年號 216
□□　（安語魂軀等字）北魏・無年號 006
□□　（安德縣等字）北朝・無年號 002
□□　（里仁頌德碑）東漢・無年號 245
□□　（折胡伏山等字）北齊・天統 033
□□　（君子殘石）東漢・無年號 233
□□　（青州刺史）北魏・神龜 027
□□　（英烈侯）晉・無年號 123

□□　　十六國・前涼 001
□□　（□州刺史）隋・仁壽 012
□□　（大司馬）北魏・無年號 094
□□　（大將軍）東晉・無年號 013
□□　（上谷太守）東漢・無年號 295
□□　（上蔡令）東漢・無年號 027
□□　（子道乞等）南朝宋・元嘉 016
□□　（五大夫）三國魏・無年號 061
□□　（中郎碑）東漢・無年號 160
□□　（丹陽王）北魏・無年號 078
□□　（巴相）東漢・無年號 243
□□　（功曹廷掾）漢代・無年號 051
□□　（平光侯）南朝梁・無年號 059
□□　（平等寺道人）北魏・永平 020
□□　（立朝等字）東漢・無年號 320
□□　（司徒殘碑）東漢・無年號 132
□□　（司勳等字）東漢・無年號 246
□□　（司隸從事）東漢・光和 012
□□　（竹葉碑）東漢・無年號 158
□□　（伏波將軍）隋・開皇 075
□□　（旬陽成）西漢・元延 001
□□　（武都太守）東漢・無年號 128
□□　（青州默曹）隋・開皇 347
□□　（東郡等字）東漢・永元 003

□□（卓異等倫等字）漢代·無年號 057
□□（門生等字）漢代·無年號 060
□□（忠王）北齊·無年號 007　　□□（侍郎）隋·仁壽 067
□□（侍郎）南朝梁·天監 008
□□（征北將軍）三國吳·無年號 003
□□（兗州刺史）北魏·神龜 026　　□□（法度等字）東漢·無年號 232
□□（法師）隋·無年號 009　　□□（河平侯）北魏·無年號 092
□□（河南平陽諸字）東漢·無年號 241
□□（治張角等字）東漢·無年號 249
□□（定遠侯）十六國·前秦 002
□□（建德六年殘碑）北周·建德 055
□□（承武令）漢代·無年號 019　　□□（封邰等字）東漢·無年號 178
□□（城皋縣人）北朝·魏 002
□□（故吏王叔等）東漢·無年號 307
□□（故吏等字）東漢·無年號 235
□□（故吏應酬）東漢·無年號 313
□□（南武陽功曹）東漢·章和 001
□□（南泊殘碑）東漢·無年號 323
□□（是邦雄傑碑）東漢·無年號 117
□□（毗上等字）東漢·無年號 318
□□（前軍）西晉·太康 011　　□□（素下殘石）東漢·無年號 317
□□（振武將軍）漢代·無年號 034　　□□（都安王）隋·開皇 168
□□（都尉掾）東漢·永元 014　　□□（都鄉侯）東晉·升平 006
□□（虔恭等字）漢代·無年號 055　　□□（倉梧太守）晉·無年號 095
□□（倉龍庚午等字）漢代·無年號 113
□□（益州太守）東漢·永壽 001　　□□（益州太守）東漢·無年號 114
□□（益州刺史）東漢·無年號 306　　□□（陳留太守）北魏·無年號 091
□□（陶洛殘碑）東漢·無年號 124　　□□（曹掾史等字）東漢·建寧 011
□□（處士）東漢·無年號 127　　□□（淮南公）隋·無年號 051
□□（淮陽王）　隋·無年號 020　　□□（將軍）晉·無年號 026

□□（黃初殘碑）三國魏・黃初 006　　□□（朝侯小子）東漢・無年號 014
□□（殘碑陰）晉・無年號 122　　□□（雲南太守）西晉・太熙 002
□□（御史左丞）北魏・正始 002
□□（遂放遣光等字）東漢・建寧 006
□□（賈固等字）東漢・無年號 247
□□（新蔡王）南朝陳・無年號 010　　□□（雍州京兆人）北魏・太和 020
□□（義結君子等字）北朝・無年號 007
□□（輔國將軍）南朝 005　　□□（廣平侯尉）東漢・無年號 315
□□（鄭縣令）北齊・天保 010　　□□（漢陽太守）東漢・無年號 209
□□（寬以濟猛）東漢・無年號 316　　□□（遼東太守）東漢・永元 004
□□（遺孤等字）漢代・無年號 061　　□□（黎陽令）東漢・陽嘉 002
□□（儀同）北周・明帝 005　　□□（樂安利等字）漢代・無年號 058
□□（衛尉）東漢・無年號 190　　□□（餘草等字）漢代・無年號 059
□□（穎川民）東魏・武定 035　　□□（穎州府君）東晉・無年號 034
□□（履和純等字）東漢・無年號 319
□□（豫州）南朝梁・無年號 082　　□□（豫州從事）漢代・無年號 045
□□（靜仁等字）漢代・無年號 056　　□□（蕭劉定興立）東漢・熹平 006
□□（舉孝廉等字）漢代・無年號 054　　□□（學生冢）三國魏・無年號 059
□□（隱昌亭侯）東晉・永和 009　　□□（臨江長）东漢・延熹 032
□□（臨安令）隋・大業 394　　□□（臨安令）隋・無年號 063
□□（臨淄令）北魏・正光 016　　□□（魏郡等字）東漢・無年號 240
□□（鍾山壙中銘）漢代・無年號 048
□□（豐都古冢）三國魏・黃初 003
□□（譙令）漢代・無年號 065　　□□（議郎）東漢・無年號 010
□□（鶴鳴殘碑）三國魏・無年號 062
□□（觀音廟漢墓殘碑）漢代・無年號 053
□□（廣平王）北齊・無年號 009　　□□（廬陵王）隋・無年號 080

# 刑徒磚誌人名筆畫索引

## 二　畫

### 丁、卜

丁吉　東漢・永初 102　　　丁同　東漢・無年號 004
丁何　東漢・元初 021　　　丁勃　東漢・無年號 099
丁熊　東漢・元初 022　　　卜文　東漢・無年號 105
卜齊　東漢・永初 142

## 三　畫

### 于

于叔　東漢・永初 047

## 四　畫

### 卞　文　王　木　尹　孔　牛　毛　仇　太史

卞得　東漢・永初 082　　　文章　東漢・元初 087
王大　東漢・永初 205　　　王丸　東漢・永初 164
王少（完城旦）東漢・永初 048　王少（髡鉗）東漢・永初 015
王升　東漢・無年號 013　　王平　東漢・永初 054
王生　東漢・元初 029　　　王任　東漢・永初 180
王妾　東漢・元初 059　　　王扶　東漢・無年號 161
王伯　東漢・永初 140　　　王初　東漢・元初 093
王苛　東漢・無年號 148　　王奇　東漢・永初 006
王非　東漢・永初 036　　　王非　東漢・永初 123
王叔　東漢・永初 150　　　王孟　東漢・永初 131
王勉　東漢・元初 053　　　王柱　東漢・元初 142
王祕　東漢・永初 145　　　王都　東漢・永初 122
王倪　東漢・永初 068　　　王寄　東漢・元初 162
王寄　東漢・無年號 109　　王朝　東漢・元初 181
王貴　東漢・元初 026　　　王富　東漢・無年號 070

王勤　東漢・元初 102　　王園（完城旦）東漢・永初 009
王園（髠鉗）東漢・永初 010　　王豪　東漢・元初 103
王廣　東漢・無年號 096　　王養　東漢・永初 196
王衡　東漢・無年號 039　　王顏　東漢・無年號 071
王讚　東漢・元初 094　　王□　東漢・永初 104
王□　東漢・元初 052　　王□　東漢・元初 110
木召　東漢・元初 125　　尹文　東漢・永初 129
尹生　東漢・永初 115　　尹仲　東漢・無年號 074
尹孝　東漢・永初 011　　尹弟　東漢・永初 089
尹高　東漢・元初 039　　尹陽　東漢・永初 062
孔奴　東漢・元初 113　　牛侯　東漢・永初 185
毛元　東漢・永元 045　　毛始　東漢・無年號 056
毛輔　東漢・元初 002　　仇平　東漢・永初 026
太史少　東漢・元初 028

## 五　畫

### 左 石 史 白 平 申 田 司馬

左次　東漢・元初 044　　左倪　東漢・無年號 166
左章　東漢・章和 001　　左達　東漢・永建 002
左護　東漢・永元 009　　左次　東漢・元初 044
左達　東漢・永建 002　　左護　東漢・永元 010
左章　東漢・章和 001　　左□　東漢・永初 021
石次　東漢・永初 009　　石小　東漢・永初 160
石襄　東漢・永初 042　　石□　東漢・永初 200
石□　東漢・無年號 005　　史仲　東漢・元和 001
史國　東漢・永和 001　　史燕　東漢・永元 031
史嬰　東漢・元初 122　　史齋　東漢・永初 193
白定　東漢・元初 063　　平□　東漢・無年號 172
申令次　東漢・無年號 014　　田文　東漢・永初 138

| | | | |
|---|---|---|---|
| 田幼 | 東漢・無年號 030 | 田□ | 東漢・無年號 019 |
| 司馬伯 | 東漢・永初 070 | | |

## 六　畫

安 江 池 羊 并 朱
年 向 同 任 仲 灰

| | | | |
|---|---|---|---|
| 安達 | 東漢・延光 003 | 江于伯 | 東漢・無年號 112 |
| 江和 | 東漢・元初 046 | 江原 | 東漢・永平 001 |
| 江鹿 | 東漢・元初 188 | 江賓安 | 東漢・永初 001 |
| 池建 | 東漢・元初 136 | 羊長 | 東漢・無年號 114 |
| 并昌 | 東漢・元初 108 | 朱少 | 東漢・無年號 044 |
| 朱午 | 東漢・無年號 165 | 朱耳 | 東漢・永初 075 |
| 朱延 | 東漢・永初 014 | 朱次 | 東漢・永元 028 |
| 朱非 | 東漢・永初 033 | 朱叔 | 東漢・元初 007 |
| 朱明 | 東漢・無年號 164 | 朱賜 | 東漢・無年號 173 |
| 朱僧 | 東漢・永初 183 | 年英 | 東漢・元初 068 |
| 向利 | 東漢・元初 019 | 同平 | 東漢・永初 130 |
| 任安 | 東漢・元初 144 | 任平 | 東漢・永初 080 |
| 任克 | 東漢・永初 019 | 任珍 | 東漢・無年號 155 |
| 任張 | 東漢・永元 051 | 仲番 | 東漢・元初 084 |
| 灰奉 | 東漢・元初 148 | | |

## 七　畫

宋 弟 沈 沙 車 杜 邯 吳
呂 何 但 李 杞 邴 却 延

| | | | |
|---|---|---|---|
| 宋文 | 東漢・永初 020 | 宋建 | 東漢・元初 073 |
| 宋盂 | 東漢・元初 163 | 宋駭 | 東漢・延平 017 |
| 宋□ | 東漢・永元 015 | 弟國 | 東漢・永初 035 |
| 沈漢 | 東漢・元初 121 | 沙哀 | 東漢・元初 040 |

| | | | |
|---|---|---|---|
| 車少 | 東漢・無年號 024 | 車弘 | 東漢・無年號 036 |
| 杜孟 | 東漢・元初 145 | 杜孟 | 東漢・永初 136 |
| 杜倪 | 東漢・永元 003 | 邯丹 | 東漢・無年號 143 |
| 吳伯 | 東漢・永初 167 | 吳奴 | 東漢・元初 120 |
| 吳金 | 東漢・永初 199 | 吳捐 | 東漢・元初 132 |
| 吳顏 | 東漢・永元 004 | 呂午 | 東漢・永初 081 |
| 呂叔 | 東漢・無年號 088 | 呂通 | 東漢・永元 043 |
| 呂野 | 東漢・元初 182 | 何旱 | 東漢・延平 008 |
| 何陵 | 東漢・元初 160 | 何孫 | 東漢・元興 008 |
| 何陽 | 東漢・永元 042 | 何賓 | 東漢・永初 155 |
| 但少 | 東漢・無年號 046 | 李小 | 東漢・永初 044 |
| 李文 | 東漢・永初 038 | 李代 | 東漢・無年號 042 |
| 李仲 | 東漢・延平 016 | 李英 | 東漢・無年號 153 |
| 李叔 | 東漢・永初 079 | 李典 | 東漢・元興 006 |
| 李金 | 東漢・元初 013 | 李建 | 東漢・無年號 043 |
| 李馬少 | 東漢・無年號 047 | 李陵 | 東漢・延平 007 |
| 李盖 | 東漢・元初 071 | 李壽 | 東漢・元初 064 |
| 李壽 | 東漢・延光 004 | 李輔 | 東漢・永初 177 |
| 李鄭少 | 東漢・無年號 048 | 李彊 | 東漢・永初 125 |
| 李□ | 東漢・永初 059 | 李□ | 東漢・永初 060 |
| 杞條 | 東漢・無年號 116 | 邧達 | 東漢・永初 096 |
| 却威 | 東漢・永初 032 | 延□ | 東漢・永初 088 |

## 八　畫

叔　若　法　宗　宛　武　東　果　析　屈
孟　尚　兒　周　季　委　金　弩　東門

| | | | |
|---|---|---|---|
| 叔紆 | 東漢・無年號 061 | 叔孫閏 | 東漢・永初 050 |
| 若□ | 東漢・無年號 010 | 法祥 | 東漢・元初 055 |
| 宗石 | 東漢・元初 057 | 宗□ | 東漢・元初 030 |

| | | | |
|---|---|---|---|
| 宛完 | 東漢・永元 021 | 宛威 | 東漢・無年號 069 |
| 武丑 | 東漢・永初 197 | 武陸 | 東漢・無年號 123 |
| 東陽 | 東漢・無年號 018 | 果薄 | 東漢・永元 017 |
| 析本 | 東漢・無年號 092 | 屈吳 | 東漢・永初 208 |
| 屈孟 | 東漢・元初 060 | 孟仲 | 東漢・永初 031 |
| 孟伯 | 東漢・永初 061 | 孟孫 | 東漢・永寧 009 |
| 孟敞 | 東漢・東漢 304 | 孟贖 | 東漢・元初 124 |
| 尚季 | 東漢・無年號 094 | 兒長 | 東漢・無年號 176 |
| 兒潘 | 東漢・永初 116 | 周王 | 東漢・元初 159 |
| 周少 | 東漢・無年號 162 | 周田 | 東漢・元初 031 |
| 周年 | 東漢・元初 072 | 周非 | 東漢・元初 177 |
| 周捐 | 東漢・永初 034 | 周恩 | 東漢・元初 075 |
| 周陽 | 東漢・永元 038 | 周路 | 東漢・元初 119 |
| 周□ | 東漢・元興 007 | 季嬈 | 東漢・元初 001 |
| 委文 | 東漢・永寧 004 | 金（？）陵 | 東漢・元初 129 |
| 弩文 | 東漢・無年號 058 | 東門當 | 東漢・永元 012 |

## 九　畫

宣　泉　祝　封　胡　朐　柳　郝　郳
卻　范　苟　荊　段　俞　侯　紆　姚

| | | | |
|---|---|---|---|
| 宣強 | 東漢・無年號 086 | 宣曉 | 東漢・熹平 001 |
| 泉生 | 東漢・無年號 120 | 泉寵 | 東漢・永初 173 |
| 祝德 | 東漢・無年號 006 | 封平 | 東漢・永元 034 |
| 胡生 | 東漢・元初 116 | 胡度 | 東漢・無年號 118 |
| 胡高 | 東漢・元初 097 | 胡高 | 東漢・元初 141 |
| 胡從 | 東漢・永初 195 | 胡開 | 東漢・元初 024 |
| 胡蒲 | 東漢・永寧 008 | 胡□ | 東漢・元初 099 |
| 朐平 | 東漢・永初 024 | 柳怒 | 東漢・永初 117 |
| 柳掾 | 東漢・無年號 119 | 郝仲 | 東漢・元初 010 |

| | | | |
|---|---|---|---|
| 郵伯 | 東漢・無年號 002 | 卻威 | 東漢・永初 032 |
| 范仲 | 東漢・永元 018 | 范和 | 東漢・永初 166 |
| 范建 | 東漢・無年號 091 | 范保 | 東漢・延光 006 |
| 范畫 | 東漢・永初 039 | 范雍 | 東漢・永初 040 |
| 苟□ | 東漢・永初 202 | 荊石 | 東漢・延平 018 |
| 荊昇 | 東漢・元興 001 | 段䫄 | 東漢・永初 156 |
| 俞衡 | 東漢・元初 006 | 侯慎 | 東漢・無年號 007 |
| 紆便 | 東漢・建寧 001 | 姚伯 | 東漢・無年號 130 |

## 十 畫

宮 高 涉 唐 倉 捐 晏 師 秦 袁 陳 陰 郭
孫 能 馬 連 桂 時 徐 惠 栗 翁 夏 夏侯 耿

| | | | |
|---|---|---|---|
| 宮□□ | 東漢・元初 035 | 高史君 | 東漢・永初 086 |
| 高仲 | 東漢・無年號 029 | 高孟 | 東漢・元初 118 |
| 高蓋 | 東漢・永建 002 | 涉金 | 東漢・元初 106 |
| 唐衆 | 東漢・無年號 156 | 倉寄 | 東漢・無年號 144 |
| 捐祖 | 東漢・永初 046 | 捐根 | 東漢・無年號 147 |
| 晏全 | 東漢・永初 076 | 師昌 | 東漢・永初 135 |
| 師直 | 東漢・無年號 090 | 秦仲 | 東漢・無年號 059 |
| 秦鄰 | 東漢・無年號 060 | 秦房 | 東漢・元初 193 |
| 秦廄 | 東漢・永元 040 | 秦潘 | 東漢・元初 081 |
| 袁常 | 東漢・元初 067 | 袁箱 | 東漢・無年號 075 |
| 陳元 | 東漢・元初 133 | 陳少 | 東漢・無年號 100 |
| 陳幼 | 東漢・永初 013 | 陳幼 | 東漢・永寧 001 |
| 陳向 | 東漢・無年號 113 | 陳扶 | 東漢・元初 169 |
| 陳李 | 東漢・章和 004 | 陳邽 | 東漢・永初 058 |
| 陳宗 | 東漢・無年號 152 | 陳孟 | 東漢・元初 070 |
| 陳垣 | 東漢・元初 041 | 陳便 | 東漢・永初 025 |
| 陳高 | 東漢・永初 124 | 陳唐 | 東漢・永初 147 |

| | | | |
|---|---|---|---|
| 陳堅 | 東漢・永初 110 | 陳敝 | 東漢・無年號 037 |
| 陳隗 | 東漢・永初 064 | 陳敞 | 東漢・無年號 127 |
| 陳舒 | 東漢・延平 013 | 陳當 | 東漢・永初 055 |
| 陳模 | 東漢・元初 083 | 陳賢 | 東漢・永寧 002 |
| 陳齋 | 東漢・永初 128 | 陳□ | 東漢・無年號 012 |
| 陰□□ | 東漢・無年號 139 | 郭大 | 東漢・無年號 108 |
| 郭仲 | 東漢・永初 008 | 郭見 | 東漢・元初 042 |
| 郭伯 | 東漢・元初 002 | 郭明 | 東漢・元初 012 |
| 郭劦 | 東漢・永初 126 | 郭陵 | 東漢・永初 120 |
| 郭陽 | 東漢・無年號 101 | 郭難 | 東漢・元初 085 |
| 孫土 | 東漢・永初 074 | 孫己 | 東漢・元初 187 |
| 孫少 | 東漢・元初 054 | 孫奴 | 東漢・無年號 052 |
| 孫成 | 東漢・無年號 065 | 孫胡 | 東漢・永初 157 |
| 孫信諸 | 東漢・無年號 111 | 孫度 | 東漢・永初 121 |
| 孫客 | 東漢・無年號 066 | 孫彪 | 東漢・無年號 008 |
| 孫崔 | 東漢・無年號 001 | 孫路 | 東漢・永初 153 |
| 孫樂 | 東漢・元初 139 | 孫□ | 東漢・無年號 053 |
| 能度 | 東漢・無年號 095 | 馬平 | 東漢・元初 066 |
| 馬平（無任） | 東漢・無年號 157 | 馬仲 | 東漢・永初 192 |
| 馬次 | 東漢・無年號 051 | 馬和 | 東漢・元初 015 |
| 馬始 | 東漢・元初 171 | 馬則 | 東漢・永初 184 |
| 馬保 | 東漢・無年號 049 | 馬孫 | 東漢・無年號 055 |
| 馬常 | 東漢・元初 088 | 馬商 | 東漢・元初 105 |
| 馬䅵 | 東漢・永初 053 | 馬遊 | 東漢・永初 111 |
| 馬富 | 東漢・無年號 050 | 馬德 | 東漢・永初 091 |
| 馬□ | 東漢・永元 023 | 連宗 | 東漢・章和 003 |
| 桂仲 | 東漢・元初 005 | 桂道 | 東漢・元初 038 |
| 時赦 | 東漢・永初 067 | 徐千 | 東漢・元初 050 |
| 徐次 | 東漢・永寧 007 | 徐伯 | 東漢・無年號 117 |
| 徐河 | 東漢・元初 011 | 徐孟 | 東漢・延平 010 |

| | | | |
|---|---|---|---|
| 徐始 | 東漢・元初 157 | 徐孫 | 東漢・元初 180 |
| 徐萌 | 東漢・無年號 073 | 徐蓁 | 東漢・無年號 072 |
| 惠偶 | 東漢・元初 018 | 粟偃 | 東漢・無年號 084 |
| 翁□ | 東漢・元初 170 | 夏文 | 東漢・元初 153 |
| 夏安子 | 東漢・永元 016 | 夏伯 | 東漢・無年號 149 |
| 夏買 | 東漢・永初 118 | 夏侯當 | 東漢・延光 007 |
| 耿潮 | 東漢・永初 094 | | |

## 十一畫

### 乾 俙 偃 副 區 梁 許 鹿
### 曹 蓋 貫 張 常 畢 崔 梅 犁

| | | | |
|---|---|---|---|
| 乾文 | 東漢・永初 004 | 乾慮 | 東漢・元初 131 |
| 俙升 | 東漢・永元 010 | 偃福 | 東漢・永初 190 |
| 副也 | 東漢・永初 100 | 區巡 | 東漢・永初 180 |
| 梁奴 | 東漢・延光 008 | 梁東 | 東漢・永元 006 |
| 梁始 | 東漢・永初 083 | 許少 | 東漢・永初 097 |
| 許石 | 東漢・元初 096 | 許仲 | 東漢・元初 107 |
| 許伯 | 東漢・永建 001 | 許度 | 東漢・無年號 102 |
| 許崇 | 東漢・延光 001 | 許腸 | 東漢・永初 108 |
| 許齋 | 東漢・無年號 077 | 許驕 | 東漢・元初 014 |
| 許□ | 東漢・永初 094 | 鹿伯 | 東漢・元初 190 |
| 鹿□ | 東漢・元初 091 | 曹武 | 東漢・元初 004 |
| 曹閏 | 東漢・元初 086 | 曹福 | 東漢・永初 041 |
| 蓋黨 | 東漢・永初 090 | 貫兒 | 東漢・永元 041 |
| 貫紀 | 東漢・元初 111 | 張久 | 東漢・永初 106 |
| 張少 | 東漢・無年號 020 | 張少 | 東漢・無年號 076 |
| 張午 | 東漢・元初 115 | 張升 | 東漢・元初 104 |
| 張文 | 東漢・無年號 078 | 張他 | 東漢・無年號 080 |
| 張永 | 東漢・無年號 028 | 張幼 | 東漢・永初 144 |

| | | | |
|---|---|---|---|
| 張耳 | 東漢·元初 151 | 張成 | 東漢·永初 101 |
| 張仲 | 東漢·永元 032 | 張仲 | 東漢·永初 084 |
| 張仲 | 東漢·永初 119 | 張仲 | 東漢·無年號 081 |
| 張次 | 東漢·永初 029 | 張次 | 東漢·永初 179 |
| 張丞 | 東漢·元初 049 | 張邯 | 東漢·延平 003 |
| 張利 | 東漢·元初 146 | 張伯 | 東漢·永寧 005 |
| 張彤 | 東漢·無年號 124 | 張武 | 東漢·無年號 067 |
| 張松 | 東漢·無年號 003 | 張建 | 東漢·永初 187 |
| 張政 | 東漢·延平 012 | 張便 | 東漢·永初 028 |
| 張卿 | 東漢·元初 123 | 張高 | 東漢·元初 043 |
| 張陵 | 東漢·無年號 174 | 張孫 | 東漢·元初 074 |
| 張常 | 東漢·元興 002 | 張國 | 東漢·元和 004 |
| 張冞 | 東漢·無年號 026 | 張魚 | 東漢·永初 171 |
| 張麻 | 東漢·無年號 169 | 張超 | 東漢·元初 183 |
| 張達 | 東漢·永初 188 | 張達 | 東漢·無年號 135 |
| 張（？）與 | 東漢·元興 005 | 張諸 | 東漢·元初 156 |
| 張摩取 | 東漢·元初 025 | 張嬈 | 東漢·永元 014 |
| 張熹 | 東漢·永初 066 | 張興 | 東漢·永初 003 |
| 張興 | 東漢·延平 001 | 張錄 | 東漢·元初 152 |
| 張難 | 東漢·永初 170 | 張護 | 東漢·永元 035 |
| 張寶 | 東漢·元初 158 | 張□ | 東漢·永初 105 |
| 張□ | 東漢·元初 174 | 張□ | 東漢·無年號 027 |
| 張□ | 東漢·無年號 068 | 張□ | 東漢·無年號 098 |
| 常山 | 東漢·永元 005 | 畢通 | 東漢·永元 002 |
| 畢□ | 東漢·永元 030 | 崔元 | 東漢·無年號 021 |
| 崔旦 | 東漢·元初 161 | 崔旦 | 東漢·無年號 107 |
| 崔伯 | 東漢·無年號 038 | 崔長 | 東漢·永初 069 |
| 梅叔 | 東漢·元初 034 | 犁錯 | 東漢·元和 002 |

## 十二畫

馮 滑 渭 曾 彭 遂 覃 項 須 董 葉 黃
番 貴 費 單 程 傅 焦 舒 絳 間 雅 無

| | | | |
|---|---|---|---|
| 馮八 | 東漢・永初 087 | 馮元 | 東漢・元初 062 |
| 馮少 | 東漢・永初 037 | 馮少（無任） | 東漢・無年號 160 |
| 馮次 | 東漢・元初 172 | 馮伯 | 東漢・永初 169 |
| 滑常 | 東漢・元初 032 | 渭陽 | 東漢・元初 130 |
| 曾元 | 東漢・元初 192 | 彭洛 | 東漢・永寧 003 |
| 遂政 | 東漢・元初 149 | 覃祖 | 東漢・永初 168 |
| 項官 | 東漢・元初 051 | 項漢 | 東漢・永初 016 |
| 須昌 | 東漢・永元 037 | 董八 | 東漢・元初 023 |
| 董少 | 東漢・延平 009 | 董未 | 東漢・元初 134 |
| 董世 | 東漢・永元 020 | 董史 | 東漢・永元 107 |
| 董祖 | 東漢・無年號 083 | 董買 | 東漢・元初 090 |
| 葉□ | 東漢・無年號 141 | 黃丸 | 東漢・元初 078 |
| 黃丸（南陽） | 東漢・永元 036 | 黃日 | 東漢・元初 128 |
| 黃平 | 東漢・永初 159 | 黃初 | 東漢・元初 191 |
| 黃武 | 東漢・元初 082 | 黃明 | 東漢・元初 056 |
| 黃建 | 東漢・無年號 121 | 黃柏 | 東漢・元初 095 |
| 黃新 | 東漢・永初 092 | 黃駭 | 東漢・永初 206 |
| 番勝 | 東漢・永初 072 | 貴谷 | 東漢・永元 019 |
| 費免 | 東漢・無年號 134 | 單甫 | 東漢・永初 109 |
| 程陽 | 東漢・章和 006 | 程漢 | 東漢・永初 186 |
| 傅魚 | 東漢・永初 175 | 焦少 | 東漢・無年號 041 |
| 焦石 | 東漢・延平 014 | 焦孫 | 東漢・無年號 129 |
| 舒思新 | 東漢・元和 003 | 絳叔 | 東漢・元初 058 |
| 間土 | 東漢・永初 182 | 雅閏 | 東漢・元初 076 |
| 無明 | 東漢・永初 189 | | |

## 十三畫

### 雍 賈 置 靳 楊 虞 萬 葛 蒙 路 雷 解 幹

| | | | |
|---|---|---|---|
| 雍齋 | 東漢・元初 092 | 賈狗 | 東漢・無年號 110 |
| 置□ | 東漢・元初 189 | 靳田 | 東漢・永初 071 |
| 楊元 | 東漢・無年號 126 | 楊旦 | 東漢・永初 181 |
| 楊宗 | 東漢・永初 017 | 楊寄 | 東漢・無年號 009 |
| 楊扈 | 東漢・元初 077 | 虞少 | 東漢・永初 030 |
| 虞幼 | 東漢・元初 109 | 虞幼 | 東漢・永初 099 |
| 虞禄 | 東漢・永初 103 | 萬日 | 東漢・永初 189 |
| 萬偶 | 東漢・元初 036 | 葛景 | 東漢・永初 162 |
| 蒙惠 | 東漢・無年號 057 | 路春 | 東漢・永初 007 |
| 路孫 | 東漢・無年號 032 | 雷午 | 東漢・元初 047 |
| 雷仲 | 東漢・永初 005 | 雷益 | 東漢・無年號 155 |
| 雷樹 | 東漢・永初 149 | 解凡 | 東漢・永初 176 |
| 解禾 | 東漢・永初 112 | 幹仲 | 東漢・無年號 133 |

## 十四畫

### 榮 齊 寧 蔡 趙 綦 鄧 鄭 銅

| | | | |
|---|---|---|---|
| 榮曾 | 東漢・元初 069 | 齊祚 | 東漢・延平 004 |
| 齊□ | 東漢・永初 057 | 寧叩 | 東漢・元初 184 |
| 寧猛 | 東漢・元初 155 | 蔡仲 | 東漢・元初 101 |
| 蔡安 | 東漢・元初 140 | 蔡非 | 東漢・永初 154 |
| 蔡威 | 東漢・無年號 106 | 蔡□ | 東漢・永元 013 |
| 趙巨 | 東漢・元初 100 | 趙少 | 東漢・無年號 045 |
| 趙文 | 東漢・無年號 168 | 趙石 | 東漢・永初 137 |
| 趙旦 | 東漢・無年號 103 | 趙年 | 東漢・無年號 128 |
| 趙仲 | 東漢・無年號 150 | 趙汍（從） | 東漢・無年號 062 |
| 趙伯 | 東漢・無年號 125 | 趙昌 | 東漢・永初 143 |

| | | | |
|---|---|---|---|
| 趙房 | 東漢・延平 015 | 趙孟 | 東漢・無年號 137 |
| 趙度 | 東漢・永初 158 | 趙倉 | 東漢・永初 133 |
| 趙寄 | 東漢・元初 165 | 趙棠 | 東漢・永初 022 |
| 趙賓 | 東漢・元初 138 | 趙齋 | 東漢・無年號 151 |
| 趙□ | 東漢・無年號 130 | 綦無遊 | 東漢・無年號 085 |
| 鄧竟 | 東漢・無年號 087 | 鄭士 | 東漢・元初 016 |
| 鄭少 | 東漢・無年號 132 | 鄭石 | 東漢・永初 002 |
| 鄭羌 | 東漢・永初 148 | 鄭宗 | 東漢・無年號 015 |
| 鄭故 | 東漢・元初 117 | 鄭陵 | 東漢・永初 139 |
| 鄭開 | 東漢・無年號 131 | 鄭□ | 東漢・章和 004 |
| 鄭□ | 東漢・無年號 176 | 銅當 | 東漢・永初 163 |

## 十五畫

### 審 潘 樊 魯 樂 劉

| | | | |
|---|---|---|---|
| 審正 | 東漢・永初 134 | 潘孟 | 東漢・永初 141 |
| 潘釘 | 東漢・無年號 136 | 樊平 | 東漢・永初 095 |
| 樊廷 | 東漢・永初 178 | 樊贖 | 東漢・元初 065 |
| 魯久 | 東漢・元初 147 | 魯王 | 東漢・元初 166 |
| 魯申 | 東漢・元初 178 | 魯畢 | 東漢・元初 175 |
| 樂舒 | 東漢・延平 011 | 劉丫 | 東漢・元初 194 |
| 劉平 | 東漢・元初 037 | 劉便 | 東漢・無年號 104 |
| 劉達延 | 東漢・無年號 171 | 劉贖 | 東漢・永初 198 |

## 十六畫

### 蕭 薛 壅 龍 霍 閻 衛 錢 錡 駱 篚

| | | | |
|---|---|---|---|
| 蕭延 | 東漢・章和 008 | 薛宗 | 東漢・元初 186 |
| 薛□ | 東漢・永元 047 | 壅寶 | 東漢・元初 045 |
| 龍倉 | 東漢・永初 172 | 霍直 | 東漢・元初 098 |
| 閻文 | 東漢・無年號 159 | 閻淵 | 東漢・永初 161 |

| | | | |
|---|---|---|---|
| 衛仲 | 東漢・永元 029 | 錢宗 | 東漢・無年號 011 |
| 錡始 | 東漢・永初 204 | 駱麻 | 東漢・永元 044 |
| 璽金 | 東漢・元初 020 | 璽崇 | 東漢・永初 174 |

## 十七畫

### 藍 應 謝 戴 韓 臨 麴

| | | | |
|---|---|---|---|
| 藍衛 | 東漢・元初 048 | 應丁 | 東漢・元初 135 |
| 謝仲 | 東漢・永初 073 | 謝多 | 東漢・永初 151 |
| 謝亥 | 東漢・永初 065 | 謝明 | 東漢・永初 207 |
| 謝金 | 東漢・永初 023 | 謝官 | 東漢・元初 126 |
| 謝郎 | 東漢・永初 045 | 謝度 | 東漢・永初 043 |
| 謝浮 | 東漢・無年號 031 | 謝道 | 東漢・元初 033 |
| 謝睢 | 東漢・元初 003 | 謝□ | 東漢・無年號 097 |
| 謝□ | 東漢・無年號 035 | 戴昌 | 東漢・永初 194 |
| 戴高 | 東漢・元初 168 | 戴路 | 東漢・無年號 158 |
| 戴雅 | 東漢・無年號 145 | 韓呈 | 東漢・永初 165 |
| 韓少 | 東漢・永初 049 | 韓金 | 東漢・永初 127 |
| 韓桓 | 東漢・永初 191 | 韓偃 | 東漢・無年號 170 |
| 臨沮 | 東漢・無年號 082 | 麴新 | 東漢・永初 203 |

## 十八畫

### 顏 魏 鵠

| | | | |
|---|---|---|---|
| 顏季 | 東漢・永元 048 | 顏客 | 東漢・元初 112 |
| 顏紀 | 東漢・永初 113 | 魏山 | 東漢・元初 143 |
| 魏山 | 東漢・永初 146 | 魏未 | 東漢・無年號 122 |
| 魏朱 | 東漢・永初 056 | 魏仲 | 東漢・永初 027 |
| 魏建 | 東漢・永初 098 | 魏善 | 東漢・無年號 093 |
| 魏蘭 | 東漢・永元 027 | 鵠□ | 東漢・元初 150 |

## 十九畫

### 譚 龐 蘇 關

| | | | |
|---|---|---|---|
| 譚山 | 東漢・元初 017 | 譚肥 | 東漢・元初 127 |
| 龐文 | 東漢・永元 046 | 龐廣 | 東漢・永初 077 |
| 蘇大 | 東漢・元初 008 | 蘇山 | 東漢・無年號 063 |
| 蘇阿 | 東漢・永元 049 | 蘇松 | 東漢・無年號 064 |
| 蘇□ | 東漢・永初 201 | 關元 | 東漢・無年號 040 |
| 關吳 | 東漢・元初 179 | | |

## 二十畫

### 竇 嚴

| | | | |
|---|---|---|---|
| 竇道 | 東漢・元初 079 | 嚴仲 | 東漢・永元 022 |
| 嚴贖 | 東漢・永初 012 | | |

## 二十一畫

### 酈

酈□□　東漢・無年號 140

## 二十二畫

### 龔

| | | | |
|---|---|---|---|
| 龔伯 | 東漢・無年號 146 | 龔孟 | 東漢・永元 050 |

### 無姓氏者

| | | | |
|---|---|---|---|
| □午 | 東漢・永初 018 | □文 | 東漢・無年號 033 |
| □玉 | 東漢・永寧 006 | □世 | 東漢・無年號 023 |
| □仲 | 東漢・無年號 163 | □叔 | 東漢・元初 176 |
| □昌（北海昌）東漢・章和 002 | | □於伯 | 東漢・延平 006 |
| □故 | 東漢・元初 137 | □胡 | 東漢・永元 025 |

| □思　東漢・元興 009 | □侯　東漢・延光 009 |
| □客　東漢・永元 024 | □留　東漢・元興 004 |
| □陵（完城旦）東漢・章和 005 | □陵（髡鉗）東漢・章和 007 |
| □梁　東漢・永初 063 | □開　東漢・無年號 017 |
| □當　東漢・永初 078 | □愈　東漢・元初 061 |
| □寧　東漢・元初 167 | □橫　東漢・元初 164 |
| □霸　東漢・永元 011 | □驕　東漢・永初 132 |
| □□（完城旦）東漢・無年號 177 | □□（邯鄲髡鉗）東漢・永元 001 |
| □□（西平等字）東漢・永元 007 | □□（聊城等字）東漢・永元 008 |
| □□（髡鉗）東漢・永元 026 | □□（狐完城旦等字）東漢・永元 033 |
| □□　東漢・永元 039 | □□（完城旦）東漢・元興 003 |
| □□（完城旦）東漢・延平 002 | □□（完城旦）東漢・永初 051 |
| □□（無任）東漢・永初 052 | □□（完城旦）東漢・永初 085 |
| □□（髡鉗）東漢・永初 093 | □□（髡鉗）東漢・永初 152 |
| □□　東漢・永初 114 | □□（汝南安城）東漢・元初 027 |
| □□（髡鉗）東漢・元初 080 | □□（髡鉗）東漢・元初 114 |
| □□（髡鉗）東漢・元初 089 | □□（無任）東漢・元初 154 |
| □□（髡鉗）東漢・元初 173 | □□（髡鉗）東漢・元初 185 |
| □□（髡鉗）東漢・建光 001 | □□（髡鉗）東漢・延光 002 |
| □□（髡鉗）東漢・延光 005 | |
| □□（完城旦）　東漢・無年號 016 | |
| □□　東漢・無年號 022 | □□　東漢・無年號 025 |
| □□　東漢・無年號 034 | □□　東漢・無年號 079 |
| □□　東漢・無年號 089 | □□　東漢・無年號 115 |
| □□　東漢無年號 138 | □□（萬年髡鉗）東漢・無年號 142 |
| □□（完城旦）東漢・無年號 167 | □□（完城旦）　東漢・永初 114 |

# 偽刻（含疑偽）碑誌索引

# 漢

## 西　漢

### 西漢 001

曹参墓誌

年月泐（歲在甲寅，可能漢高后呂雉元年，前187）。誌高69、廣70釐米。文23行，滿行24字，隸書。

碑目題跋著錄：

《石刻名彙》1/2b，《新編》2/2/1025下。（偽刻）

《石目・墓銘》，《新編》3/36/73上。

《古誌彙目》1/1a，《新編》3/37/5。

《增補校碑隨筆・偽刻》（修訂本）416頁。

《六朝墓誌檢要》（修訂本）2頁。（偽刻）。

《漢魏南北朝墓誌彙編》偽誌（包括疑偽）目錄，56頁。

《碑帖鑒定》"新舊偽造各代石刻"，471頁。

### 西漢 002

廣川令高峻碑

元封三年（前108）七月三日。石斷為上、下兩片，上片存11行，行存6、7字，末行3字；下片存10行，行存5至8字，隸書。

碑目題跋著錄：

《集古求鎮續編》6/1a，《新編》1/11/8761上。

《增補校碑隨筆・偽刻》（修訂本）421頁。

《碑帖鑒定》"新書偽造各代石刻"，470頁。

《漢魏石刻文學考釋》中冊857—858頁。

備考：《集古求真續編》和《漢魏石刻文學考釋》皆將《太尉高峻碑》和《廣川令高峻碑》混淆著錄，引用時須注意。

### 西漢 003

君諱達殘碑

西漢元鳳元年（前80）。

碑目著錄：

《增補校碑隨筆·偽刻》（修訂本）421頁。

《碑帖鑒定》"新舊偽造各代石刻"，470頁。

### 西漢 004

漢水衡都尉邊達碑

西漢永光二年（前42）四月。高135、寬103釐米。文10行，行19—20字不等，隸書。

碑目題跋著錄：

《集古求真續編》6/2a，《新編》1/11/8761下。

《增補校碑隨筆·偽刻》（修訂本）421頁。

《碑帖鑒定》"新舊偽造各代石刻"，470頁。

《漢魏六朝碑刻校注·總目提要》編號0014。（疑偽）

### 西漢 005

朱博頌德殘碑

西漢河平年間（前28—前25年）。清光緒元年山東省青州東武故城出土，曾歸諸城尹氏。殘石不整，高存六寸至一尺三寸不等，廣三尺二寸。文隸書，10行，行3至5字不等。或以為諸城尹祝年偽造。

圖版著錄：

《二銘草堂金石聚》1/58a–60b，《新編》2/3/1754下—1755下。

《古石抱守錄》，《新編》3/1/267。

錄文著錄：

《八瓊室金石補正》2/10a–b，《新編》1/6/4037下

《續語堂碑錄》，《新編》2/1/71下。

《魯迅輯校石刻手稿·碑銘》上冊36—37頁。（疑偽）

《漢魏石刻文學考釋》下冊1328頁。

《增補校碑隨筆》（修訂本）18—19頁。

碑目題跋著錄：

《八瓊室金石補正》2/11a－12a，《新編》1/6/4038 上—下。

《集古求真續編》6/2b－3a，《新編》1/11/8761 下—8762 上。

《藝風堂金石文字目》1/2b，《新編》1/26/19523 下。

《再續寰宇訪碑錄校勘記》1a，《新編》1/27/20460 上。

《石刻題跋索引》25 頁左，《新編》1/30/22363。

《續語堂碑錄》，《新編》2/1/71 下。

《二銘草堂金石聚》1/60b－61b，《新編》2/3/1755 下—1756 上。

《崇雅堂碑錄》1/1b，《新編》2/6/4484 上。

（宣統）《山東通志·藝文志》卷 152，《新編》2/12/9381 上。

《語石》2/9a、10/4b，《新編》2/16/11880 上、12021 下。（偽刻）

《續校碑隨筆·贗本》卷下/5a，《新編》2/17/12504 上。（偽刻）

《寰宇貞石圖目錄》卷上/1b，《新編》2/20/14671 下。

《蒿里遺文目錄》1 上/2a，《新編》2/20/14938 上。

《古石抱守錄》，《新編》3/1/268。

《夢碧簃石言》1/4b－5a，《新編》3/2/156 上—下。

（光緒）《增修諸城縣續志·金石考》4/4a－b，《新編》3/28/74 下。

《碑帖跋》80 頁，《新編》3/38/228、4/7/434 下。

《寫禮廎讀碑記》1a，《新編》3/40/545 上。

《石交錄》1/24b，《新編》4/6/441 下。（偽刻）

《越縵堂讀書記》下冊 1088 頁。

《再續寰宇訪碑錄》卷上，《羅振玉學術論著集》第五集，405 頁。

《增補校碑隨筆》（修訂本）18—19、421 頁。（偽刻）

《善本碑帖錄》1/6。（偽刻）

《碑帖敘錄》60 頁。

《漢魏石刻文字繫年》153—154 頁。

《碑帖鑒定》"新舊偽造各代石刻"，470 頁。

《漢魏六朝碑刻校注·總目提要》編號 0017。（疑偽）

淑德大學《中國石刻拓本目錄》"碑碣等刻石" 編號 26。（偽刻）

備考：朱博，《漢書》卷八三有傳。

**西漢 006**

*麃孝禹碑*

別稱：麃孝禹石闕、河平石碣、平邑侯碑。河平三年（前26）八月刻。清同治九年山東省平邑縣出土，歷城縣南海李氏舊藏，今藏山東省博物館。高190、寬46、厚26釐米。文2行，行7、8字不等，隸書。

圖版著錄：

《古石抱守錄》，《新編》3/1/313。

《北京圖書館藏中國歷代石刻拓本匯編》1冊14頁。

《漢碑全集》1冊39—46頁。

《漢魏六朝碑刻校注》1冊9頁。

《山東石刻分類全集·秦漢碑刻》10頁。

錄文著錄：

《十二硯齋金石過眼錄》1/7a，《新編》1/10/7796上。

（宣統）《山東通志·藝文志》卷150，《新編》2/12/9272上。

（民國）《續修歷城縣志·金石考一》31/4b，《新編》3/25/388下。

（光緒）《費縣志·金石上》14上/10a，《新編》3/26/173下。

《漢魏石刻文學考釋》上冊217頁。

《魯迅輯校石刻手稿·碑銘》上冊34頁。（或以為偽作）

《漢碑全集》1冊40頁。

《漢魏六朝碑刻校注》1冊10頁。

碑目題跋著錄：

《八瓊室金石祛偽》3b，《新編》1/8/6192上。（偽刻）

《十二硯齋金石過眼錄》1/7a—8a，《新編》1/10/7796上—下。

《集古求真續編》6/3a，《新編》1/11/8762上。

《藝風堂金石文字目》1/2b，《新編》1/26/19523下。

《金石彙目分編》10（補遺）/1a，《新編》1/28/21214上。

《石刻題跋索引》1頁左—右，《新編》1/30/22339。

《函青閣金石記》2/5b－6a，《新編》2/6/5022下—5023上。

（宣統）《山東通志·藝文志》卷150，《新編》2/12/9272上。

《語石》1/2b，《新編》2/16/11859 下。

《寰宇貞石圖目錄》卷上/1a，《新編》2/20/14071 下。

（民國）《續修歷城縣志·金石考一》31/4b，《新編》3/25/388 下。

（光緒）《費縣志·金石上》14 上/10a－b，《新編》3/26/173 下。

《石目》，《新編》3/36/44 上。

《漢石存目》卷上/1a，《新編》3/37/521 上。

《碑帖跋》79 頁，《新編》3/38/227、4/7/434 下。

《金石筆識》1b－3a，《新編》4/7/224 上—225 上。

《雪堂所藏金石文字簿錄》6b，《新編》4/7/372 下。

《魯迅輯校石刻手稿·碑銘》上冊 34—35 頁。附（光緒）《泗水縣志》十三。

《北山集古錄》卷一，《北山金石錄》上冊 364—365 頁。

《再續寰宇訪碑錄》卷上，《羅振玉學術論著集》第五集，405 頁。

《廣藝舟雙楫》卷二"本漢第七"，118 頁。（偽刻）

《增補校碑隨筆》（修訂本）19—20 頁。

《碑帖敘錄》232 頁。

《善本碑帖錄》1/7。

《碑帖鑒定》21 頁。

《漢魏石刻文學考釋》上冊 214—217 頁。

《漢魏石刻文字繫年》5 頁。

《齊魯碑刻墓誌研究》"附表" 343 頁。

《漢魏六朝碑刻校注·總目提要》編號 0016。

淑德大學《中國石刻拓本目錄》"碑碣等刻石" 編號 25。

論文：

王思禮、賴非：《山東兩漢碑刻真偽考三例》，《漢魏研究》，第 332—339 頁。

衛松濤：《始刊玄石，旌勒君美—漢〈麃孝禹碑〉》，《中國博物館》2010 年第 2 期。

蘇欣：《漢碑之祖：〈麃孝禹碑〉》，《走向世界》2012 年第 4 期。

# 東　漢

**東漢 001**

王濬墓誌

東漢永平七年（64）十月，或置晉代，或列入漢代，暫從東漢。西晉永平僅元年，無七年。隸書。

碑目題跋著錄：

《石刻名彙》1/3b，《新編》2/2/1026 上。（偽刻）

《古誌彙目》1/1b，《新編》3/37/6。

《增補校碑隨筆・偽刻》（修訂本）417 頁。

**東漢 002**

持節校尉關內侯李壇神道

東漢建初三年（78）八月五日。

碑目題跋著錄：

《增補校碑隨筆・偽刻》（修訂本）421 頁。

《碑帖鑒定》"新舊偽造各代石刻"，470 頁。

**東漢 003**

蘭台令史孔僖碑

東漢元和三年（86）。

碑目題跋著錄：

《增補校碑隨筆・偽刻》（修訂本）421 頁。

《水經注碑錄》卷六編號 178 附註"孔僖碑"，《北山金石錄》上冊 151 頁。

《碑帖鑒定》"新舊偽造各代石刻"，470 頁。

**東漢 004**

武晉侯齊文師碑

東漢永元元年（89）三月四日卒於洛陽之歸頡里。出土時地不詳，拓片藏於日本京都大學，編號 KAN0008X。拓片通高 40 釐米。文 8 行，滿行 11 字，篆書。額題：武晉侯之墓。

論文：

黃敏：《漢〈武晉侯齊文師碑〉考疑》，《樂山師範學院學報》2015年第11期。（圖、文）

**東漢005**

刑徒髡鉗朱敬磚誌

東漢永元四年（92）九月十四日。1958年河南偃師縣出土。文4行，行4至6字，隸書。

錄文著錄：

黃士斌：《漢魏洛陽城刑徒墳場調查記》，《考古通訊》1958年第6期，43頁（六）。

備考：文中有"朱敬墓誌"一語，不符合刑徒磚的書寫格式，且東漢無直接寫"墓誌"者，疑偽。

**東漢006**

處士房子孟殘石

東漢□元十年（98），考為永元。

碑目題跋著錄：

《增補校碑隨筆·偽刻》（修訂本）421頁。

《碑帖鑒定》"新舊偽造各代石刻"，471頁。

**東漢007**

完城旦左□葬磚

東漢永元十三年（101）七月日卒。民國年間河南洛陽地區出土。尺寸不詳。文隸書，殘存5行，計存20字。

著錄：

《中國磚銘》圖版上冊157頁下。（圖）

《中國古代磚刻銘文集》上、下冊編號0093。（圖、文）（疑偽）

**東漢008**

陽三老頌詞

東漢永初元年（107）二月二日。隸書。

碑目題跋著錄：

《增補校碑隨筆·偽刻》（修訂本）421 頁。

《碑帖鑒定》"新舊偽造各代石刻"，471 頁。

**東漢 009**

李昭墓碑

東漢元初五年（118）三月三日刻。清雍正十三年陝西寶雞出土，未幾即毀。文篆書，6 行，行存 12 字；額 2 行，共 6 字。額題：漢故李君之碑。或以為康熙年間褚千峰造。

圖版著錄：

《古石抱守錄》，《新編》3/1/158、237 – 239、241 – 252。

《北京圖書館藏中國歷代石刻拓本匯編》1 冊 43—46 頁。

《漢魏六朝碑刻校注》1 冊 95—98 頁。

《中國西北地區歷代石刻匯編》1 冊 7—10 頁。

錄文著錄：

《金石續編》1/9b，《新編》1/4/3011 上。

《兩漢金石記》14/21a – b，《新編》1/10/7405 上。

《漢魏石刻文學考釋》中冊 510 頁。

《漢魏六朝碑刻校注》1 冊 99 頁。

碑目題跋著錄：

《金石續編》1/9b – 10a，《新編》1/4/3011 上—下。

《兩漢金石記》1/27a、14/21b，《新編》1/10/7218 上、7405 上。

《寰宇訪碑錄》1/2b，《新編》1/26/19852 下。（疑偽）

《石刻題跋索引》3 頁左，《新編》1/30/22341 頁。

《古石抱守錄》，《新編》3/1/159 – 160、240、253 – 258。附桂馥、繆荃孫等人題跋。

《話雨樓碑帖目錄》1/3b，《新編》3/36/532。

《漢石經室金石跋尾》，《新編》3/38/252 上—下。

《漢魏六朝墓銘纂例》1/1b，《新編》3/40/434 上。

《碑帖鑒定》"新舊偽造各代石刻"，471 頁。（偽刻）

《增補校碑隨筆·偽刻》（修訂本）416 頁。

《漢魏石刻文學考釋》中册 509—510 頁。
《善本碑帖錄》1/11。
《漢魏石刻文字繫年》27 頁。
《漢魏六朝碑刻校注·總目提要》編號 0112。

**東漢 010**
黃君殘碑
東漢延光四年（125）。
碑目著錄：
《增補校碑隨筆·偽刻》（修訂本）421 頁。

**東漢 011**
黃君墓碑
東漢永建元年（126）七月三日刻。拓本高 58、寬 30 釐米。文 7 行，滿行 10 字，篆隸之間。額題：漢故黃君之碑。
圖版著錄：
《北京圖書館藏中國歷代石刻拓本匯編》1 册 54 頁。
論文：
劉秀梅：《東漢〈黃君墓碑〉拓片考疑》，《文博》2012 年第 2 期。

**東漢 012**
太尉李固銘殘石
東漢永和六年（141）。隸書。《碑帖鑒定》云：民國廿年左右，山東宋某在天津造。
碑目著錄：
《增補校碑隨筆·偽刻》（修訂本）421 頁。
《碑帖鑒定》"新舊偽造各代石刻"，471 頁。

**東漢 013**
熒陽城司徒驥臣為父炳造家記
又名：司徒驥臣碑。東漢漢安二年（143）七月二十三日，一作漢安三年（144）。
碑目著錄：

《增補校碑隨筆·偽刻》（修訂本）421 頁。

淑德大學《中國石刻拓本目錄》"碑碣等刻石" 編號 70。

### 東漢 014

向壽墓碑

東漢永興二年（154）二月廿九日亡於客舍，三月一日葬於河南許城西北二里。出土時地不詳。拓片高 54、寬 53 釐米。文 4 行，行字不等，隸書。

著錄：

《北京圖書館藏中國歷代石刻拓本匯編》1 冊 104 頁。（圖）（此本有硬傷）

《漢魏六朝碑刻校注》1 冊 182—183 頁。（圖、文）

《漢魏六朝碑刻校注·總目提要》編號 0203。（目）

### 東漢 015

涂州刺史邵丘墓碣

東漢延熹元年（158）二月。道光、咸豐年間出土。隸書。

碑目著錄：

《續補寰宇訪碑錄》1/3b，《新編》1/27/20304 上。（疑是贗作）

### 東漢 016

延熹□□殘石

東漢延熹六年（163）正月。存七行半。

碑目著錄：

《增補校碑隨筆·偽刻》（修訂本）421 頁。

《碑帖鑒定》"新舊偽造各代石刻"，471 頁。

### 東漢 017

刑徒髡鉗李農葬磚

又名：李農墓誌。東漢建寧三年（170）二月十九日卒。清末河南偃師縣出土，曾歸端方，又歸張仁蠡，後歸北京大學文科研究所，1952 年移交北京大學歷史系。磚高 23、寬 22.5 釐米。隸書，4 行，行 5 至 6 字。

圖版著錄：

《草隸存》卷4,《新編》4/3/116。

《中國磚銘》圖版上冊207頁左。

《中國古代磚刻銘文集》上冊編號0182。

錄文著錄:

《匋齋藏甎記》卷上/15a-b,《新編》1/11/8445上。

《雪堂專錄・恒農專錄》11a,《羅雪堂先生全集》五編3冊1201頁。

《中國古代磚刻銘文集》下冊編號0182。

黃士斌:《漢魏洛陽城刑徒墳場調查記》,《考古通訊》1958年第6期,43頁(十)。

《漢魏洛陽故城南郊東漢刑徒墓地》續附錄三・北1,178頁。

碑目題跋著錄:

《匋齋藏甎記》卷上/15b,《新編》1/11/8445上。

《石刻名彙》11/184a,《新編》2/2/1119下。(偽刻)

《崇雅堂碑錄補》1/2a,《新編》2/6/4551下。

《蒿里遺文目錄》3下/4b,《新編》2/20/14986上。

《古誌彙目》1/1b,《新編》3/37/6。(疑偽)

《增補校碑隨筆・偽刻》(修訂本)416頁。

《碑帖鑒定》"新舊偽造各代石刻",471頁。

**東漢 018**

都虞候部銓磚誌

東漢建寧三年(170)四月。洛陽出土。分書。

碑目著錄:

《古誌新目初編・附偽作各目》4/8a,《新編》2/18/13736下。

**東漢 019**

章燦墓碣

東漢建寧四年(171)二月。曾歸崛山李卿。誌高41、廣59.5釐米。文17行,滿行12字,隸書。

碑目題跋著錄:

《石刻名彙》1/1b,《新編》2/2/1025上。

《六朝墓誌檢要》（修訂本）2 頁。（偽刻）

《漢魏南北朝墓誌彙編》偽誌（包括疑偽）目錄，56 頁。

**東漢 020**

郎中陳德殘碑并陰

又名：陳得碑。東漢建寧四年（171）三月。在沂州府蘭山縣。碑只存上截，高三尺八寸，廣二尺八寸，厚五寸。文 10 行，行存 5 字，隸書。篆書額題：漢故陳君之碑；碑陰隸額，額題：故門下史人銘。或以為康熙年間褚千峰偽造。

圖版著錄：

《金石圖說》甲下/53b – 54a，《新編》2/2/942 上—下。

《望堂金石初集》，《新編》2/4/2841 上—2847 上。

《金石經眼錄》37a – 38a，《新編》4/10/509 上—下。

《金石圖》，《新編》4/10/548 下。

錄文著錄：

《金石萃編》13/35a – 36a，《新編》1/1/235 上—下。

《金石存》8/4a，《新編》1/9/6667 下。

《兩漢金石記》16/19b – 21a，《新編》1/10/7442 上—7443 上。

《宜祿堂收藏金石記》卷 4，《新編》2/5/3323 上。

《函青閣金石記》4/10a – 11a，《新編》2/6/5051 上—下。

《漢碑錄文》3/23a – 24b，《新編》2/8/6178 上—下。

《漢魏石刻文學考釋》中冊 618—619 頁。

碑目題跋著錄：

《金石存》8/4b，《新編》1/9/6667 下。

《兩漢金石記》1/31b、16/21a – 22a，《新編》1/10/7220 上、7443 上—下。（偽造）

《集古求真》9/15a – b，《新編》1/11/8569 上。（偽刻）

《山左金石志》8/6b – 7a，《新編》1/19/14446 下—14447 上。

《平津讀碑記》1/13b，《新編》1/26/19355 上。

《寰宇訪碑錄》1/4b，《新編》1/26/19853 下。

《寰宇訪碑錄刊謬》1b,《新編》1/26/20085 上。
《寰宇訪碑錄校勘記》1/3b,《新編》1/27/20103 上。
《續補寰宇訪碑錄》1/4a,《新編》1/27/20304 下。
《金石彙目分編》10（2）/65a,《新編》1/28/21173 上。
《石刻題跋索引》11 頁左,《新編》1/30/22349。
《續語堂碑錄》,《新編》2/1/69 下。
《金石圖說》甲下/54b,《新編》2/2/942 下。
《平津館金石萃編》2/11a,《新編》2/4/2436 上
《望堂金石初集》,《新編》2/4/2847 下。
《宜祿堂收藏金石記》卷 4,《新編》2/5/3323 下
《宜祿堂金石記》1/10a–b,《新編》2/6/4210 下。
《函青閣金石記》4/11a–11b,《新編》2/6/5051 下。
《漢碑錄文》3/23b,《新編》2/8/6178 上。
（宣統）《山東通志·藝文志》卷 152,《新編》2/12/9362 下。
《語石》3/3a,《新編》2/16/11899 上。
《山左碑目》2/30a,《新編》2/20/14853 下。
《兩浙金石別錄》卷上/7b,《新編》3/10/456 下。
《嵩洛訪碑日記》10a,《新編》3/29/601 下。
《題嵩洛訪碑圖》5a,《新編》3/29/593 上。
《話雨樓碑帖目錄》1/7b,《新編》3/36/540。
《碑帖跋》80 頁,《新編》3/38/228、4/7/434 下。
《激素飛清閣平碑記》卷 1,《新編》4/1/196 下。
《退菴金石書畫跋》2/20a–21b,《新編》4/7/159 下—160 上。
《增補校碑隨筆》（修訂本）63—64、422 頁。（偽刻）
《漢魏石刻文學考釋》中冊 616—618 頁。
《漢魏石刻文字繫年》73 頁。
《漢魏六朝碑刻校注·總目提要》編號 0308。
《碑帖鑒定》"新舊偽造各代石刻",471 頁。（偽刻）

### 東漢 021

任君墓題字

光和□年（178—184），隸書。

碑目著錄：

《增補校碑隨筆·偽刻》（修訂本）416 頁。

《碑帖鑒定》"新舊偽造各代石刻"，471 頁。

### 東漢 022

體仁殘碑

東漢中平二年（185）。石已斷裂毀失，僅中段 10 行，行存 13 至 16 字不等。

碑目題跋著錄：

《集古求真續編》6/16b，《新編》1/11/8768 下。（偽作）

### 東漢 023

趙相劉衡墓門記

又名：趙相劉君墓碣。東漢中平四年（187）三月。東平陵作。在山東歷城平陵城旁，存山東省博物館。誌高 38.5、廣 38 釐米。文 4 行，行 5 字，隸書。

錄文著錄：

《獨笑齋金石文玫》第二集 7/11a–b，《新編》2/16/11800 上。

《漢魏石刻文學考釋》中冊 753 頁。

碑目題跋著錄：

《集古求真續編》6/18a，《新編》1/11/8769 下。

《石刻題跋索引》20 頁左，《新編》1/30/22358。

《崇雅堂碑錄》1/5b，《新編》2/6/4486 上。

《獨笑齋金石文玫》第二集 7/11b–12a，《新編》2/16/11800 上—下。

《蒿里遺文目錄》6/1b，《新編》2/20/14994 上。

《六朝墓誌檢要》（修訂本）2 頁。（偽刻）

《漢魏六朝碑刻校注·總目提要》編號 0434。

《漢魏南北朝墓誌彙編》偽誌（包括疑偽）目錄，56 頁。

《碑帖鑒定》73 頁；"新舊偽造各代石刻"，471 頁（偽刻）。
《增補校碑隨筆·偽刻》（修訂本）416 頁。

**東漢 024**

養詹碑

東漢初平四年（193）八月立。在廣西省桂平縣。八分書。

碑目題跋著錄：

《粵西金石略》15/7b，《新編》1/17/12614 上。

《寰宇訪碑錄》1/7a，《新編》1/26/19855 上。（疑偽）

《金石彙目分編》18/37a，《新編》1/28/21577 上。

**東漢 025**

司徒政墓石題字

東漢建安二年（197）。

碑目著錄：

《增補校碑隨筆·偽刻》（修訂本）422 頁。

《碑帖鑒定》"新舊偽造各代石刻"，471 頁。

**東漢 026**

黃承彥碑

東漢建安二十四年（219）葬。文隸書，14 行，首行、十二、十三行存 21 字，三、四兩行存 16 字，其餘俱 14 字。篆書額題：漢故黃君之碑。黃承彥，諸葛亮之岳父。

碑目題跋著錄：

《集古求真續編》6/16a–b，《新編》1/11/8768 下。（疑偽）

《漢魏石刻文學考釋》中冊 869—870 頁。

《漢魏石刻文字繫年》107 頁。

《漢魏六朝碑刻校注·總目提要》編號 0462。（疑偽）

論文：

趙地、劉漢屏：《未見著錄的漢〈黃承彥碑〉》，《文物天地》2000 年第 3 期。

### 東漢 027

孔融碑

東漢（25—220）。在萊州府濰東縣。拓本四方均缺失，僅存一片，約60餘字，隸書。

碑目題跋著錄：

《集古求真續編》6/10a－b，《新編》1/11/8765 下。（偽作）

《墨華通考》卷8，《新編》2/6/4397 上。

《增補校碑隨筆・偽刻》（修訂本）422 頁。

《碑帖鑒定》"新舊偽造各代石刻"，471 頁。

淑德大學《中國石刻拓本目錄》"碑碣等刻石" 編號249。（偽刻）

### 東漢 028

全椒侯馬成墓碑

東漢（25—220）。平谷縣。

碑目題跋著錄：

《金石彙目分編》1/25b，《新編》1/27/20670 上。

（光緒）《畿輔通志・金石四》141/60b－61a，《新編》2/11/8302 下—8303 上。附《日下舊聞》。（偽刻）

《京畿金石考》卷上/30b，《新編》2/12/8760 下。

（光緒）《順天府志・金石志二》128/5a－b，《新編》2/12/8816 上。

《畿輔待訪碑目》卷上/2a，《新編》2/20/14801 下。

備考：馬成，《後漢書》卷二二有傳。

### 東漢 029

滕公夏侯嬰墓銘

又名：滕公石椁銘、東都門外石銘。東漢（25—220）。在長安城東八里飲馬橋南四里。滕公即夏侯嬰。施蟄存《水經注碑錄》云：王佐輔撰《彙堂摘奇》一卷，有《滕公石椁銘》十七字，偽書欺世，亦好奇之過耳。

著錄：

《嘯堂集古錄》1/70a－b，《新編》2/1/39 下。（圖、文）

《彙堂摘奇》6b－8a，《新編》3/1/5 下—6 下。（圖、跋）

《全上古三代文》14/1a-b,《全文》1册 100 上。（文）

《水經注碑錄》卷四編號 118,《北山金石錄》上冊 105 頁。（跋）（偽刻）

備考：圖版為後人偽造，文字則由來已久。

### 東漢 030

**王公禱神碑**

漢代（前 206—220）。文隸書，存 9 行，行 5 字。

碑目著錄：

《增補校碑隨筆·偽刻》（修訂本）422 頁。

《碑帖鑒定》"新舊偽造各代石刻"，471 頁。

### 東漢 031

**琴亭國李夫人墓門題記**

又名：漢鹿題字、漢廿八將李夫人靈臺題字。東漢（25—220）。光緒初（一說同治年間）出土於山東黃縣，石舊藏山東蓬萊張氏，今傳在日本。羅振玉《蒿里遺文目錄》云：此門殆在墓外。全石高一尺六寸，廣三尺六寸。文 3 行，行 7 字，末行 6 字，隸書。云：漢廿八將佐命功苗東藩琴亭國李夫人靈第之門。

圖版著錄：

《金石屑》2/60a-61b,《新編》2/6/4669 上—下。

《古石抱守錄》,《新編》3/1/162。

錄文著錄：

《八瓊室金石袪偽》4a,《新編》1/8/6192 下。

《十二硯齋金石過眼錄》1/11a,《新編》1/10/7798 上。

（宣統）《山東通志·藝文志》卷 151,《新編》2/12/9302 上。

（光緒）《增修登州府志·金石上》65/2a,《新編》3/27/45 下。

《漢魏石刻文學考釋》上冊 249 頁。

碑目題跋著錄：

《八瓊室金石袪偽》4a-b,《新編》1/8/6192 下。（偽刻）

《十二硯齋金石過眼錄》1/11a-b,《新編》1/10/7798 上。

《藝風堂金石文字目》1/15b，《新編》1/26/19530 上。

《金石彙目分編》10（補遺）/16a，《新編》1/28/21221 下。

《石刻題跋索引》25 頁左，《新編》1/30/22363。

《石刻名彙》1/2a，《新編》2/2/1025 下。

《金石屑》2/62a–b，《新編》2/6/4670 上。

（宣統）《山東通志·藝文志》卷 151，《新編》2/12/9302 上—下。

《寰宇貞石圖目錄》卷上/4a、卷下/2b，《新編》2/20/14673 上、14678 上。

《蒿里遺文目錄》6/2b，《新編》2/20/14994 下。

（光緒）《增修登州府志·金石上》65/2a–b，《新編》3/27/45 下。

《石目》，《新編》3/36/53 上。

《漢石存目》卷上/8a，《新編》3/37/524 下。

《循園古冢遺文跋尾》1/2a，《新編》3/38/7 下。

《寫禮廎讀碑記》1a–2a，《新編》3/40/545 上—下。

《再續寰宇訪碑錄》卷上，《羅振玉學術論著集》第五集，408 頁。

《增補校碑隨筆》（修訂本）102 頁。

《漢魏石刻文學考釋》上冊 249—251 頁。

《漢魏石刻文字繫年》上冊 153 頁。

《漢魏六朝碑刻校注·總目提要》編號 0664。

淑德大學《中國石刻拓本目錄》"碑碣等刻石"編號 254。

## 漢代無年號

### 漢代無年號 001

校尉蔡君神道闕殘字

漢代（前 206—220）。隸書。

碑目著錄：

《藝風堂金石文字目》1/15b，《新編》1/26/19530 上。

《碑帖鑒定》"新舊偽造各代石刻"，472 頁。

# 三　國

## 三國·魏

**三國·魏 001**

高君夫人趙氏墓銘

三國魏景初二年（238）正月。正書。

碑目著錄：

《增補校碑隨筆·偽刻》（修訂本）423 頁。

**三國·魏 002**

任達墓誌

三國魏景初二年（238）十一月。正書。

碑目著錄：

《石刻名彙》1/2b，《新編》2/2/1025 下。（偽刻）

《六朝墓誌檢要》（修訂本）4 頁。（偽刻）

《漢魏南北朝墓誌彙編》偽誌（包括疑偽）目錄，56 頁。

**三國·魏 003**

高堂隆墓誌

三國魏景初二年（238）。正書。

碑目著錄：

《石刻名彙》1/2b，《新編》2/2/1025 下。（偽刻）

《六朝墓誌檢要》（修訂本）4 頁。（偽刻）

《漢魏南北朝墓誌彙編》偽誌（包括疑偽）目錄，56 頁。

**三國·魏 004**

管寧墓誌

又名：大儒管夫子寧碑。三國魏正始二年（241）十月一日葬。拓本高 48、寬 49 釐米。文 14 行，滿行 16 字，隸書。首題：大儒管夫子碑。

《碑帖鑒定》云其"以徐君夫人管洛小碑之形式與書法造之"。

圖版著錄：

《北京圖書館藏中國歷代石刻拓本匯編》2 冊 10 頁。

碑目題跋著錄：

《增補校碑隨筆·偽刻》（修訂本）423 頁。

《碑帖鑒定》"新舊偽造各代石刻"，473 頁。

淑德大學《中國石刻拓本目錄》"墓誌"編號 1。

### 三國·魏 005

故護羌校尉京陵侯韓瑱墓誌

又名：諱瑱墓誌、□瑱墓誌。三國魏嘉平元年（249）三月。洛陽出土。正書。

碑目著錄：

《石刻名彙》1/3a，《新編》2/2/1026 上。（偽刻）

《古誌新目初編·附偽作各目》4/8b，《新編》2/18/13736 下。

《六朝墓誌檢要》（修訂本）4 頁。（偽刻）

《漢魏南北朝墓誌彙編》偽誌（包括疑偽）目錄，56 頁。

### 三國·魏 006

太常吏王繩武墓誌

三國魏甘露二年（257）八月，或作甘露五年（260）□月十六日。洛陽出土。誌高 28、廣 26 釐米。文 13 行，滿行 14，正書。

碑目著錄：

《石刻名彙》1/3a，《新編》2/2/1026 上。（偽刻）

《石目·墓銘》，《新編》3/36/73 下。

《古誌新目初編·附偽作各目》4/8b，《新編》2/18/13736 下。

《增補校碑隨筆·偽刻》（修訂本）423 頁。

《六朝墓誌檢要》（修訂本）4 頁。（偽刻）

《漢魏南北朝墓誌彙編》偽誌（包括疑偽）目錄，56 頁。

## 三國·魏 007

陳璟（字蘊山）墓誌

又作"陳景墓誌"。三國魏景元三年（262）九月六日葬。出土於河南洛陽。拓本高36、寬32釐米。文隸書，存8行，滿行8字。首題：大魏故陳公墓誌。

著錄：

《北京圖書館藏中國歷代石刻拓本匯編》2冊19頁。（圖）

《漢魏六朝碑刻校注》2冊214—215頁。（圖、文）

《全三國兩晉南朝文補遺》10頁。（文）

《增補校碑隨筆·偽刻》（修訂本）423頁。（目）

《六朝墓誌檢要》（修訂本）4頁。（目）（偽刻）

《漢魏南北朝墓誌彙編》偽誌（包括疑偽）目錄，56頁。（目）

《漢魏石刻文字繫年》160頁。（目）（疑偽）

《漢魏六朝碑刻校注·總目提要》編號0850。（目）（疑偽）

論文：

趙振華：《近代洛陽復刻偽造墓誌述略》，《洛陽古代銘刻文獻研究》，第772頁。

## 三國·魏 008

部曹侍郎張輔國墓誌

三國魏咸熙元年（264）九月廿九日。誌高33、廣45釐米。文13行，行20字，正書。

碑目著錄：

《石刻名彙》1/3a，《新編》2/2/1026上。（偽刻）

《古誌新目初編·附偽作各目》4/8b，《新編》2/18/13736下。

《古誌彙目》1/2a，《新編》3/37/7。（疑偽）

《增補校碑隨筆·偽刻》（修訂本）417頁。

《六朝墓誌檢要》（修訂本）4—5頁。（偽刻）

《漢魏南北朝墓誌彙編》偽誌（包括疑偽）目錄，56頁。

《碑帖鑒定》"新舊偽造各代石刻"，473頁。

### 三國·魏 009
張翔（字仲潛）碑
三國魏咸熙元年（264）終於其鄉。隸書。
著錄：
《八瓊室金石袪偽》7a-b，《新編》1/8/6194 上。（文、跋）（偽碑）
《漢魏石刻文學考釋》中冊 901—902 頁。（文、跋）
《石刻題跋索引》26 頁右，《新編》1/30/22364。（目）
《漢魏六朝碑刻校注·總目提要》編號 0894。（目）（疑偽）

### 三國·魏 010
寧朔參軍呂猛妻馬氏磚誌
三國魏（220—265），《增補校碑隨筆》作晉代，或作北朝魏，暫從三國魏。磚高 44、寬 22 釐米。文正書，2 行，滿行 10 字。
圖版著錄：
《北京圖書館藏中國歷代石刻拓本匯編》2 冊 25 頁。
《中國古代磚刻銘文集》上冊編號 1055。
錄文著錄：
《漢魏南北朝墓誌彙編》505 頁。
《中國古代磚刻銘文集》下冊編號 1055。
《全北魏東魏西魏文補遺》410 頁。
碑目題跋著錄：
《蒿里遺文目錄》3 上/2a，《新編》2/20/14981 下。
《增補校碑隨筆·偽刻》（修訂本）423 頁。
《六朝墓誌檢要》（修訂本）19 頁。（疑偽）
《漢魏六朝碑刻校注·總目提要》編號 2504。
《北朝隋代墓誌所在綜合目錄》編號 1172。
《北京大學圖書館藏歷代墓誌拓片目錄》編號 00523。（疑偽）

## 三國·蜀

### 三國·蜀 001

**魚復長虞陟墓誌**

三國蜀建興四年（226）五月十日。曾歸吳興王修。誌高 35、廣 30.5 釐米。文 8 行，行 10 字，隸書。

碑目題跋著錄：

《六朝墓誌檢要》（修訂本）2 頁。（偽刻）

《漢魏南北朝墓誌彙編》偽誌（包括疑偽）目錄，56 頁。

### 三國·蜀 002

**張飛破張郃銘**

又名：蜀漢張桓侯八濛紀功銘、張飛流江縣紀功題名。三國蜀（221—263）。在四川渠縣東七里八濛山崖石上。文隸書，22 字。

圖版著錄：

《望堂金石初集》，《新編》2/4/2886 下—2889 上。

錄文著錄：

《漢魏石刻文學考釋》下冊 1267 頁。

碑目題跋著錄：

《集古求真》10/4a，《新編》1/11/8574 下。（偽刻）

《金石錄補》7/3a-b，《新編》1/12/9022 上。

《補寰宇訪碑錄》1/6b，《新編》1/27/20197 下。（疑偽）

《續補寰宇訪碑錄》1/7b，《新編》1/27/20306 上。

《金石彙目分編》16（2）/28a，《新編》1/28/21496 下。

《石刻題跋索引》499 頁左，《新編》1/30/22837。

《天下金石志》7/4，《新編》2/2/843 下。

《望堂金石初集》，《新編》2/4/2889 上。

《獨笑齋金石文攷》第二集 8/10a-b，《新編》2/16/11812 下。

《語石》10/4b，《新編》2/16/12021 下。

《續校碑隨筆·贗本》卷下/5a，《新編》2/17/12504 上。（偽託）

《枕經堂金石題跋》3/33a–34a，《新編》2/19/14275 上—下。（偽作）

（同治）《渠縣志·金石》47/11b–12a，《新編》3/15/430 上—下。

《燕庭金石叢稿》，《新編》3/32/542 上、551 下。

《碑帖鑒定》"新舊偽造各代石刻"，471 頁。

《增補校碑隨筆·偽刻》（修訂本）417 頁。

《漢魏石刻文字繫年》172 頁。

《漢魏六朝碑刻校注·總目提要》編號 0902。（疑偽）

### 三國·蜀 003

諸葛亮紀功碑銘

又名：蜀漢諸葛武侯誓蠻紀功碑、諸葛亮紀功碑。諸葛亮撰。三國蜀（221—263）。或云在湖南耒陽縣、或云在雲南，或云在四川敘州府雷波廳。可能非一石。《漢魏六朝碑刻校注》疑其偽刻，《漢魏石刻文學考釋》亦云："大抵皆後人所刻"，故合併著錄。

錄文著錄：

《諸葛丞相集》1/36a，《漢魏六朝百三名家集》1 冊 635 頁。

《全三國文》59/9b，《全文》2 冊 1377 上。

《漢魏石刻文學考釋》中冊 1026 頁。

碑目題跋著錄：

《金石彙目分編》15/26a、16（1）/66b，《新編》1/28/21419 下、21481 下。

《天下金石志》9/8，《新編》2/2/855 下。

《墨華通考》卷 14、16，《新編》2/6/4455 上、4467 下。

（光緒）《湖南通志·藝文十六》260/7b–9a，《新編》2/11/7753 上—7754 上。附《明統志》《瀟湘聽雨錄》等。

《佩文齋書畫譜·金石》62/3a 上，《新編》3/2/52 下。

（光緒）《衡山縣志·金石》41/12b，《新編》3/14/224 下。

（光緒）《雲南通志·藝文志》212/14b–15a，《新編》3/23/55 下—56 上。附張道宗《記古滇說》。

（光緒）《續雲南通志稿·藝文志》171/6a，《新編》3/23/109 下。

《燕庭金石叢稿》,《新編》3/32/641 下。

《金石備攷·衡州府》,《新編》4/1/23 下。

《古今書刻》下編/19b,《新編》4/1/144 上。

《六藝之一錄》56/27b,《新編》4/5/49 上。

《漢魏石刻文學考釋》中冊 1024—1025 頁。（疑偽）

《漢魏六朝碑刻校注·總目提要》編號 0468。（疑偽）

### 三國·蜀 004

蜀侍中楊公闕

三國蜀（221—263），有云東漢（25—220）時期者，因題云"蜀故侍中楊公之闕"，故附三國時期蜀漢。在四川梓潼縣北門外，僅存闕石一塊。高 70、寬 57 釐米。隸書，2 行，行 4 字，共 8 字。題云：蜀故侍中楊公之闕。錢大昕《十駕齋養新錄》認為褚千峰偽作。

圖版著錄：

《金石苑》1,《新編》1/9/6278 上—6279 上。

《金石圖說》甲下/86a,《新編》2/2/984。

《二銘草堂金石聚》15/81a–82b,《新編》2/3/2326 上—下。

《金石經眼錄》62a–b,《新編》4/10/521 下。

《金石圖》,《新編》4/10/560 上右。

《金石索》石索四，下冊 1545 頁。

《北山談藝錄續編》217 頁。

《四川歷代碑刻》59 頁。（疑偽）

《漢碑全集》6 冊 2045—2046 頁。

錄文著錄：

《八瓊室金石補正》8/1a–b,《新編》1/6/4121 上。

《金石苑》卷 1,《新編》1/9/6278 上。

《兩漢金石記》14/19a,《新編》1/10/7404 上。

《魯迅輯校石刻手稿·碑銘》上冊 470 頁。

《四川歷代碑刻》59 頁。

《漢魏石刻文學考釋》上冊 261 頁。

《漢碑全集》6 冊 2046 頁。

《全三國兩晉南朝文補遺》20 頁。

碑目題跋著錄：

《八瓊室金石補正》8/2b－3a，《新編》1/6/4121 下—4122 上。

《金石苑》卷1，《新編》1/9/6279 下。

《兩漢金石記》14/19a－20a，《新編》1/10/7404 上—下。

《藝風堂金石文字目》1/18b，《新編》1/26/19531 下。

《寰宇訪碑錄》1/7a，《新編》1/26/19855 上。

《續補寰宇訪碑錄》1/8b，《新編》1/27/20306 下。

《金石彙目分編》16（1）/40a，《新編》1/28/21468 下。

《石刻題跋索引》27 頁左，《新編》1/30/22365。

《金石圖說》甲下/86b，《新編》2/2/984。

《石刻名彙》1/4a，《新編》2/2/1026 下。

《二銘草堂金石聚》15/83a－b，《新編》2/3/2327 上。

《崇雅堂碑錄補》1/3b，《新編》2/6/4552 上。

《語石》2/16b，《新編》2/16/11883 下。

《竹崦盦金石目錄》7b，《新編》2/20/14550 上。

《金石苑目》，《新編》2/20/14650 上。

《寰宇貞石圖目錄》卷上/4b，《新編》2/20/14673 上。

《蒿里遺文目錄》6/1b，《新編》2/20/14994 上。

《竹崦盦金石目錄》7b，《新編》2/20/14550 上。

《兩浙金石別錄》卷上/8a，《新編》3/10/457 上。

《燕庭金石叢稿》，《新編》3/32/508 上。

《話雨樓碑帖目錄》1/7b，《新編》3/36/540。

《石目》，《新編》3/36/63 下。

《金石萃編補目》1/1b，《新編》3/37/484 上。

《魏晉石存目》3b，《新編》3/37/534 上。

《紅藕齋漢碑彙鈔集跋》，《新編》3/38/565 下—566 上。

《中國金石學講義·正編》11b，《新編》3/39/140。

《竹崦盦金石目錄》1/7b，《新編》3/37/343 上—下。

《金石圖》，《新編》4/10/560 上左。

《十駕齋養新錄》卷 15，358 頁。（偽刻）

《越縵堂讀書記》下冊 1072 頁。

《善本碑帖錄》1/35。

《北山集古錄》卷三"殘石題跋"，《北山金石錄》上冊 426 頁。

《北山談藝錄續編》216 頁。

《碑帖敘錄》203 頁。

《漢魏石刻文學考釋》上冊 259—261 頁。

《漢魏石刻文字繫年》172 頁。

《漢魏六朝碑刻校注·總目提要》編號 0903。

論文：

陳明達：《漢代的石闕》，《文物》1961 年第 12 期。

孫華、何志國、趙樹中：《梓潼諸闕考述》，《四川文物》1988 年第 3 期。

盧丕承、敬永金：《對〈梓潼諸闕考述〉一文的商榷意見》，《四川文物》1989 年第 1 期。

## 三國·吳

### 三國·吳 001

蕭將軍廟碑

又名：蕭二將祠堂記。三國吳太元二年（252）三月。縣令濮陽興立石。在浙江省上虞縣箭山新黃竹祠。石高二尺三寸，廣三尺。上半題額，3 行，行 2 字；下半記，19 行，行 8 字，正書。

錄文著錄：

《續語堂碑錄》，《新編》2/1/100 下。

《越中金石記》1/7a – b，《新編》2/10/7109 上。

（光緒）《上虞縣志校續·金石志》40/1b – 2a，《新編》3/9/189 上—下。

《魯迅輯校石刻手稿·碑銘》上冊 440 頁。（疑偽）

《漢魏石刻文學考釋》上册 205 頁。

《全三國兩晉南朝文補遺》22 頁。

碑目題跋著錄：

《輿地碑記目·紹興府碑記》1/11b，《新編》1/24/18528 上。

《補寰宇訪碑錄》1/12a，《新編》1/27/20200 下。（偽作）

《補寰宇訪碑錄刊誤》2a，《新編》1/27/20271 下。

《金石彙目分編》7/43b，《新編》1/28/20889 上。

《石刻題跋索引》501 頁左，《新編》1/30/22839。

《越中金石目》卷上/1a，《新編》2/10/7072 下。

《越中金石記》1/8b，《新編》2/10/7109 下。

《語石》1/3a，《新編》2/16/11860 上。（偽作）

（乾隆）《紹興府志·金石志一》75/27b，《新編》3/9/16 上。

（光緒）《上虞縣志校續·金石志》40/2a，《新編》3/9/189 下。

《漢魏石刻文學考釋》上册 203—205 頁。

《漢魏六朝碑刻校注·總目提要》編號 0912。（疑偽）

# 晉

## 西 晉

### 西晉 001

**兵士張楫葬磚**

西晉咸寧五年（279）正月初七。磚出安陽，旋歸上海神州國光社，後歸廣東順德鄧氏。磚高一尺三寸，廣一尺三寸五分。文 4 行，行 7 或 8 字，正書。魯迅根據"安濟坊"懷疑此墓誌是北宋晚期官方製作的葬磚，"咸寧"二字疑其為後人篡改。

錄文著錄：

《魯迅輯校石刻手稿·墓誌》上册 1 頁。（疑偽）

碑目題跋著錄：

《求恕齋碑錄》，《新編》3/2/524 上—下。

《循園古冢遺文跋尾》1/3a，《新編》3/38/8 上。

## 西晉 002

房宣墓誌

又名"房宣墓記磚"、"房宣墓版"、"房玄墓版"。西晉太康三年（282）二月六日。山東掖縣出土，一說陝西咸陽出土，端方舊藏。磚高、寬均 42.5 釐米。文 8 行，行 7 字，隸書。首題：晉故使持節都督青徐諸軍事征東將軍軍司關中侯房府君之墓。

圖版著錄：

《中國古代磚刻銘文集》上冊編號 0741。

錄文著錄：

《希古樓金石萃編》9/31a，《新編》1/5/3928 上。

《匋齋藏石記》4/11b，《新編》1/11/8020 上。

《魯迅輯校石刻手稿·墓誌》上冊 3 頁。

《中國古代磚刻銘文集》下冊編號 0741。

《全三國兩晉南朝文補遺》82 頁。

碑目題跋著錄：

《匋齋藏石記》4/12b，《新編》1/11/8020 下。

《再續寰宇訪碑錄校勘記》1b，《新編》1/27/20460 上。

《石刻題跋索引》678 頁右，《新編》1/30/23016。

《石刻名彙》1/3a，《新編》2/2/1026 上。

《崇雅堂碑錄補》1/3a，《新編》2/6/4552 上。

（宣統）《山東通志·藝文志》卷 152，《新編》2/12/9376 上。

《語石》1/4b、4/2a，《新編》2/16/11860 下、11918 下。

《定庵題跋》59a，《新編》2/19/14315 上。

《石目》，《新編》3/36/73 上、112 下。

《古誌彙目》1/2a，《新編》3/37/7。

《壬癸金石跋》19a–b，《新編》4/7/267 下。

《再續寰宇訪碑錄》卷上，《羅振玉學術論著集》第五集，413 頁。
《歷代墓誌銘拓片目錄》1 頁。
《增補校碑隨筆·偽刻》（修訂本）417 頁。
《漢魏六朝碑刻校注·總目提要》編號0940。（疑偽）
《碑帖鑒定》"新舊偽造各代石刻"，473 頁。
《善本碑帖錄》2/50。
《齊魯碑刻墓誌研究》"附表" 363 頁。
淑德大學《中國石刻拓本目錄》"磚" 編號 32。
《北京大學圖書館藏歷代墓誌拓片目錄》編號00034。

### 西晉003

幽州將軍王興墓誌

西晉永熙元年（290）。誌高 40、寬 45.5 釐米。文 12 行，行 11 字，隸書。

碑目著錄：

《六朝墓誌檢要》（修訂本）8 頁。（偽刻）
《漢魏南北朝墓誌彙編》偽誌（包括疑偽）目錄，56 頁。

### 西晉004

王濬墓誌

西晉永平□年（永平僅"元年"，291）。隸書。

碑目題跋著錄：

《石刻名彙》1/3b，《新編》2/2/1026 上。（偽刻）
《古誌彙目》1/1b，《新編》3/37/6。（疑偽）
《增補校碑隨筆·偽刻》（修訂本）417 頁。
《漢魏南北朝墓誌彙編》偽誌（包括疑偽）目錄，56 頁。
《碑帖鑒定》"新舊偽造各代石刻"，473 頁。
《六朝墓誌檢要》（修訂本）8 頁。（偽刻）

### 西晉005

涿郡太守周章墓記

西晉太康十五年（294）五月十九日。西晉太康僅十年。正書。

碑目著錄：

《石刻名彙》1/3b，《新編》2/2/1026 上。（偽刻）

《古誌新目初編·附偽作各目》4/8b，《新編》2/18/13736 下。

《六朝墓誌檢要》（修訂本）9 頁。（偽刻）

《漢魏南北朝墓誌彙編》偽誌（包括疑偽）目錄，57 頁。

**西晉 006**

都昌令樂陵劉遽墓石

西晉元康六年（296）四月七日，《古誌新目初編》作"太康十四年（293）四月"。誌高 40、寬 42 釐米。文 12 行，滿行 11 字，隸書。

碑目著錄：

《古誌新目初編》1/1a，《新編》2/18/13692 上。

《增補校碑隨筆·偽刻》（修訂本）423 頁。

《六朝墓誌檢要》（修訂本）9—10 頁。（偽刻）

《漢魏南北朝墓誌彙編》偽誌（包括疑偽）目錄，57 頁。

**西晉 007**

郭少女殘石

西晉永嘉二年（308）五月。

碑目著錄：

《增補校碑隨筆·偽刻》（修訂本）423 頁。

**西晉 008**

左丞相都督諸軍事南陽王妃劉氏墓誌

西晉建興三年（315）三月九日葬於洛陽郡仁義里之原壤。石存洛陽。誌高 36、寬 36.5 釐米。殘存 18 行，滿行 19 字，行書。首題：晉故以左丞相都督諸軍事南陽王妃墓誌銘并序。

圖版著錄：

《洛陽出土歷代墓誌輯繩》8 頁。

碑目著錄：

《石刻名彙》1/3b，《新編》2/2/1026 上。（偽刻）

《古誌新目初編·附偽作各目》4/8b，《新編》2/18/13736 下。

《六朝墓誌檢要》（修訂本）14 頁。（偽刻）

《漢魏南北朝墓誌彙編》偽誌（包括疑偽）目錄，57 頁。

**西晉 009**

鎮南將軍張永昌神柩

西晉（265—316）。河南洛陽出土，陝西三原于右任舊藏，今存西安碑林博物館。圭首碑形，高 27、寬 10 釐米。文隸書，3 行，行 3 至 9 字不等。

圖版、錄文著錄：

《鴛鴦七誌齋藏石》圖 9。（圖）

《西安碑林全集》59/16 – 17。（圖）

《漢魏六朝碑刻校注》2 冊 351—352 頁。（圖、文）

碑目題跋著錄：

《增補校碑隨筆・偽刻》（修訂本）423 頁。

《碑帖鑒定》102 頁。

《漢魏南北朝墓誌彙編》偽誌（包括疑偽）目錄，57 頁。

《六朝墓誌檢要》（修訂本）19 頁。（疑偽）

《漢魏六朝碑刻校注・總目提要》編號 0979。

《北京大學圖書館藏歷代墓誌拓片目錄》編號 00073。

淑德大學《中國石刻拓本目錄》"墓誌" 編號 2。

論文：

宮萬瑜：《洛陽西晉鴛鴦誌考辨》，《河洛文化論叢》第 3 輯，2006 年，第 187—191 頁。

**西晉 010**

趙氏墓記

泰始四年（268）七月三日造。河南洛陽出土，于右任舊藏，今存西安碑林博物館。尖首碑形，高 27、寬 10 釐米。隸書，2 行共 15 字。

著錄：

《鴛鴦七誌齋藏石》圖 10。（圖）

《西安碑林全集》59/9 – 10。（圖）

《漢魏六朝碑刻校注》2 冊 255—256 頁。（圖、文）

《漢魏六朝碑刻校注·總目提要》編號0932。（目）

《增補校碑隨筆·偽刻》（修訂本）423頁。（目）

《北京大學圖書館藏歷代墓誌拓片目錄》編號00014。（目）

論文：

宮萬瑜：《洛陽西晉鴛鴦誌考辨》，《河洛文化論叢》2006年第3輯，第187—191頁。

備考：《增補校碑隨筆》云其偽刻，宮萬瑜又考證，其與《張永昌神柩》為鴛鴦誌，然《張永昌神柩》諸家以其為贗品，故《趙氏墓記》也當偽刻。

### 西晉011

永安侯□□墓石

西晉（265—316）刻。1926年河南洛陽出土，陝西三原于右任舊藏，今存西安碑林博物館。石高13、寬63釐米。文隸書，1行5字："晉永安侯墓"五字。

圖版著錄：

《鴛鴦七誌齋藏石》圖8。

《西安碑林全集》59/14-15。

碑目題跋著錄：

《增補校碑隨筆·偽刻》（修訂本）423頁。

《六朝墓誌檢要》（修訂本）19頁。（偽刻）

《漢魏南北朝墓誌彙編》偽誌（包括疑偽）目錄，57頁。

《碑帖鑒定》117頁。

《北京大學圖書館藏歷代墓誌拓片目錄》編號00072。

### 西晉012

烏丸敖王魯政妻許國暘（勝）墓記磚

西晉（265—316），或作漢代，暫從西晉。磚高36.5、寬18釐米。文隸書，2行，行5至6字。

著錄：

《中國磚銘》圖版下冊973頁。（圖）

《中國古代磚刻銘文集》上、下冊編號0781。（圖、文）

《增補校碑隨筆・偽刻》（修訂本）422 頁。（目）

《碑帖鑒定》"新舊偽造各代石刻"，471 頁。（目）

《北京大學圖書館藏歷代墓誌拓片目錄》編號00070。（目）

# 東　晉

### 東晉 001

臨羌都尉安西將軍侯達墓石

東晉太（泰）寧二年（324）三月三日。誌高37.6、寬38.5 釐米。文正書，7 行，行6 字。

碑目著錄：

《增補校碑隨筆・偽刻》（修訂本）423 頁。

《六朝墓誌檢要》（修訂本）14 頁。（偽刻）

《漢魏南北朝墓誌彙編》偽誌（包括疑偽）目錄，57 頁。

### 東晉 002

吳公墓誌

東晉建元元年（343）四月五日。隸書。

碑目著錄：

《石刻名彙》1/4a,《新編》2/2/1026 下。（偽刻）

《古誌新目初編・附偽作各目》4/8b,《新編》2/18/13736 下。

《六朝墓誌檢要》（修訂本）14 頁。（偽刻）

《漢魏南北朝墓誌彙編》偽誌（包括疑偽）目錄，57 頁。

### 東晉 003

侯君殘碑

東晉永和乙卯（永和十一年，355）。葉昌熾舊藏。據柯昌泗《語石異同評》考證，其篆書採用郛休碑額，分書採用郛休碑陰，摹集成文。

碑目題跋著錄：

《語石》1/4a,《新編》2/16/11860 下。

《語石・語石異同評》11 頁。（偽刻）

《碑帖鑒定》119 頁。

### 東晉 004

征北大將軍蔡沖墓誌

東晉太元二年（377）中節二日。隸書。

碑目著錄：

《增補校碑隨筆·偽刻》（修訂本）423 頁。

《六朝墓誌檢要》（修訂本）16 頁。（偽刻）

《漢魏南北朝墓誌彙編》偽誌（包括疑偽）目錄，57 頁。

## 晉無年號

### 晉無年號 001

晉故廣陵太守盧府君俠墓神道

晉（265—420）。篆書。

碑目著錄：

《古誌新目初編·附偽作各目》4/8b，《新編》2/18/13736 下。

### 晉無年號 002

李子忠殘誌

晉（265—420）。隸書。

碑目題跋著錄：

《石刻名彙》1/4b，《新編》2/2/1026 下。

《古誌彙目》1/3a，《新編》3/37/9。

《碑帖鑒定》"新舊偽造各代石刻"，473 頁。

《增補校碑隨筆·偽刻》（修訂本）417 頁。

## 十六國

### 十六國 001

魯潛墓誌

建武十一年（345）九月廿一日卒，七日葬，墓在高決橋陌，西行一千四百廿步，南下去陌一百七十步，故魏武帝陵西北角西行卅三步，北迴至墓明堂二百五十步。1998 年 4 月出土於安陽縣安豐鄉西高穴村西北五百米處的機磚場，現藏安陽市文物局。石長30、寬20、厚4.5釐米。隸書，14行，滿行9字。

著錄：

《北京大學圖書館新藏金石拓本菁華1996—2012》62頁。（圖）

《漢魏六朝碑刻校注》3冊87—88頁。（圖、文）

《文化安豐》136—137頁。（圖、文）

《安陽墓誌選編》1頁（圖）、159頁（文）。

《漢魏六朝碑刻校注·總目提要》編號1049。（目）

《北京大學圖書館藏歷代墓誌拓片目錄》編號00077。（目）

論文：

黨寧：《由"魯潛墓誌"探尋魏武帝陵》，《殷都學刊》2002年第6期。

龍振山：《魯潛墓誌及其相關問題》，《華夏考古》2003年第2期。

李路平：《〈魯潛墓誌〉為新造確有根據》，《中國社會科學報》2010年11月4日。

劉瑞：《說魯潛墓誌的"述地"格式》，《中國文物報》2011年4月29日。

王冰：《〈魯潛墓誌〉之"渤海趙安縣"小考》，《中國文物報》2012年2月29日。

鄭志剛：《〈魯潛墓誌〉略說》，《書畫世界》2010年第5期。

李路平：《〈魯潛墓誌〉河南偽造》，《書畫世界》2010年第5期。

## 十六國 002

前秦樂僔碑

前秦建元二年（366）。在敦煌千佛洞，今佚。

碑目題跋著錄：

《隴右金石錄》1/28b，《新編》1/21/15966下。（疑偽）

## 十六國 003

處士杜欽墓誌銘

後燕光始元年（401），當東晉隆安四年。

碑目著錄：
《古誌新目初編·附僞作各目》4/8b，《新編》2/18/13736 下。

# 南　朝

## 南朝·宋

### 南朝·宋 001
大學博士周顏子墓誌銘

又名：周續子。元嘉四年（427）十月。正書。
碑目著錄：
《增補校碑隨筆·僞刻》（修訂本）424 頁。

### 南朝·宋 002
談高令聞景墓誌并蓋

又名：高景墓誌。南朝宋元嘉廿六年（449）九月。誌高 29.6、寬 29 釐米。文正書，9 行，行 10 字。蓋 3 行，行 3 字，正書。
碑目著錄：
《石刻名彙》2/5a，《新編》2/2/1027 上。（僞刻）
《崇雅堂碑錄補》1/3b，《新編》2/6/4552 上。（僞刻）
《增補校碑隨筆·僞刻》（修訂本）424 頁。
《六朝墓誌檢要》（修訂本）22 頁。（僞刻）
《漢魏南北朝墓誌彙編》僞誌（包括疑僞）目錄，57 頁。

## 南朝·梁

### 南朝·梁 001
沈氏述祖德碑

西晉永平元年（291）卒，葬鄉之金鰲山，梁天監癸未（二年，503）三月立碑，唐大曆八年（773）十二月重刻。沈麟士撰。《湖州府志》云：

"疑出後人偽撰，不類六朝文"。

著錄：

《吳興金石記》2/21b – 24b，《新編》1/14/10701 上—10702 下。（文、跋）（偽刻）

（同治）《湖州府志·金石略八》53/1a – 3b，《新編》3/8/161 上—162 上。（文、跋）（疑偽）

《全梁文》40/2a – 4a，《全文》3 冊 3179 下—3180 下。（文）

《石刻題跋索引》505 頁左，《新編》1/30/22843。（目）

### 南朝·梁 002

威寇將軍司馬妻墓誌

南朝梁天監十八年（519）十月一日。正書。

碑目著錄：

《增補校碑隨筆·偽刻》（修訂本）424 頁。

《六朝墓誌檢要》（修訂本）25 頁。（偽刻）

《漢魏南北朝墓誌彙編》偽誌（包括疑偽）目錄，57 頁。

### 南朝·梁 003

楊公則墓誌

南朝梁刻（502—557）。誌高 69、寬 50 釐米。文 6 行，行 9 至 11 字不等，正書。首題：梁故持節都督相州諸軍事平南將軍寧都侯楊府君之墓。

圖版、錄文著錄：

《北京圖書館藏中國歷代石刻拓本匯編》2 冊 166 頁。（圖）

《漢魏六朝碑刻校注》3 冊 208—209 頁。（圖、文）

《全三國兩晉南朝文補遺》291 頁。（文）

碑目題跋著錄：

《石刻題跋索引》32 頁右，《新編》1/30/22370。

《石刻名彙》2/6a，《新編》2/2/1027 下。

《古誌新目初編》1/2a，《新編》2/18/13692 下。

《循園古冢遺文跋尾》1/10b – 11b，《新編》3/38/11 下—12 上。

《增補校碑隨筆·偽刻》（修訂本）424 頁。
《六朝墓誌檢要》（修訂本）27 頁。（偽刻）
《漢魏南北朝墓誌彙編》偽誌（包括疑偽）目錄，57 頁。
《漢魏六朝碑刻校注·總目提要》編號 1114。
淑德大學《中國石刻拓本目錄》"墓誌"編號 15。

## 南朝·陳

**南朝·陳 001**

張顯墓誌

天嘉元年（560）十二月。正書。

碑目著錄：

《增補校碑隨筆·偽刻》（修訂本）424 頁。

**南朝·陳 002**

衛和石棺銘

南朝陳太建二年（570）十一月葬於河陽村引鳳池上。2005 年夏河南省洛陽市孟州市出土。銘高 73.5、上寬 32、下寬 28.5 釐米。文 7 行，滿行 28 字，正書。首題：陳故衛將軍石棺銘并序。《新見北朝墓誌集釋》"疑石棺銘乃仿佛墓誌而成"，即鑿改《衛和墓誌》而來，因為其與《衛和墓誌》的文字幾乎相同，僅將《衛和墓誌》的首題"墓誌銘"改為"石棺銘"。

著錄：

《河洛墓刻拾零》上冊 42 頁。（圖）

《新見北朝墓誌集釋》201—202 頁。（圖、文、跋）（偽刻）

**南朝·陳 003**

陳宣城太守到仲舉墓誌

南朝陳光大元年（567）三月十二日卒於州舍，夫人信義公主卒於大（太）建八年（576），以太建十年（578）八月十四日葬於洛陽縣之北芒。誌高 37.5、寬 38.5 釐米。文 16 行，行 16 字，正書。

錄文著錄：

《夢碧簃石言・陳到仲舉墓誌之偽》2/18b – 19a,《新編》3/2/182 下—183 上。

碑目題跋著錄：

《石刻名彙》2/6a,《新編》2/2/1027 下。（偽刻）

《崇雅堂碑錄補》1/4b,《新編》2/6/4552 下。（偽刻）

《古誌新目初編・附偽作各目》4/8b,《新編》2/18/13736 下。

《石目・墓銘》,《新編》3/36/73 上。

《夢碧簃石言》2/18b – 19a,《新編》3/2/182 下—183 上。

《石目》,《新編》3/36/73 上。

《古誌彙目》1/4b,《新編》3/37/12。

《增補校碑隨筆》（修訂本）153、417 頁。（偽刻）

《漢魏南北朝墓誌彙編》偽誌（包括疑偽）目錄, 57 頁。

《六朝墓誌檢要》（修訂本）28 頁。（偽刻）

《碑帖鑒定》"新舊偽造各代石刻", 473 頁。

《漢魏六朝碑刻校注・總目提要》編號 1123。（疑偽）

淑德大學《中國石刻拓本目錄》"墓誌" 編號 16。（偽刻）

趙振華：《近代洛陽復刻偽造墓誌述略》引郭玉堂《偽造石刻錄》,《洛陽銘刻文獻研究》773 頁。

**南朝・陳 004**

周君磚誌

陳太建十年（578）。正書。

碑目題跋著錄：

《古誌彙目》1/4b,《新編》3/37/12。

《增補校碑隨筆・偽刻》（修訂本）417—418 頁。

**南朝・陳 005**

梁龕銘記

陳至德二年（584）四月十五日。文正書, 4 行, 行 8 至 10 字不等。

圖版著錄：

《中國磚銘》圖版上冊 625 頁。

備考：按，《陳梁龕銘記》鑿改自《隋梁龕銘記》，僅將開頭的"大隋開皇十四年歲次甲寅"改為"至德二年歲次甲辰"，其餘文字相同。

# 北　朝

## 北　魏

**北魏 001**

靳英墓誌

又名"蘄英墓誌"。北魏始光二年（425）七月十日卒於第，其年八月廿二日葬於北邙永平里。誌高 31、寬 30 釐米。文 11 行，滿行 13 字，正書。

著錄：

《洛陽出土歷代墓誌輯繩》14 頁。（圖）

《洛陽出土北魏墓誌選編》圖版偽一，423 頁；偽刻一，185—186 頁。（圖、文）

《六朝墓誌檢要》（修訂本）29 頁。（目）（偽刻）

《漢魏南北朝墓誌彙編》偽誌（包括疑偽）目錄，57 頁。（目）

**北魏 002**

陶潛墓誌

北魏始光四年（427）十一月七日卒於家，庚午年葬於洛邙江義里之原。劉敬宣撰文，王登閣書丹。1949 年後孟津縣出土，現藏孟津縣文物管理所。誌長 63、寬 63、厚 11.5 釐米。文 23 行，滿行 34 字，正書。首題：大魏故彭澤令陶公墓誌。劉燦輝考證，其為依照古典文籍捏造之作。

著錄：

《新中國出土墓誌·河南〔貳〕》上冊 359 頁（圖）、下冊 366—367 頁（文）。

論文：

王昕：《河南新見陶潛墓誌辨偽》，《中國歷史文物》2003 年第 6 期。

趙振華：《近代洛陽復刻偽造墓誌述略》，《洛陽古代銘刻文獻研究》，第 774 頁。

劉燦輝：《洛陽北魏墓誌的作偽、考辨與鑒別》，《中國書法》2017 年第 20 期。

### 北魏 003

東平太守垣猷墓誌

又名：恒猷墓誌、桓猷墓誌。始光四年（427）九月廿八日卒，神䴥元年（428）二月十九日葬於洛陽北芒山之西次。河南洛陽出土。文正書，20 行，滿行 20 字。首題：魏故宣武將軍定州刺史東平太守垣君墓誌銘。

圖版、錄文著錄：

《洛陽出土北魏墓誌選編》圖版（偽）二，424 頁；偽刻二，186 頁。

碑目著錄：

《石刻名彙》第一編"誌銘類"續補 1a，《新編》2/2/1138 下。（偽刻）

《古誌新目初編·附偽作各目》4/8b，《新編》2/18/13736 下。

《增補校碑隨筆·偽刻》（修訂本）424 頁。

《六朝墓誌檢要》（修訂本）29 頁。（偽刻）

《漢魏南北朝墓誌彙編》偽誌（包括疑偽）目錄，57 頁。

趙振華：《近代洛陽復刻偽造墓誌述略》引郭玉堂《偽造石刻錄》，《洛陽銘刻文獻研究》773 頁。

### 北魏 004

中書博士盧公夫人李氏墓誌

北魏神䴥五年（432）二月十六日卒，其年九月六日葬於城東岷山之陽。1949 年以後徵集，現藏嘉定博物館。誌長 48、寬 47.2 釐米。蓋長 44.5、寬 43 釐米。蓋 2 行，行 5 字，正書。文 13 行，滿行 12 字，正書。蓋題：故歸太原郡李氏墓誌石。

圖版、錄文著錄：

《新中國出土墓誌·上海天津》上冊 3 頁、下冊 1—2 頁。（圖、文）

碑目著錄：

《石刻名彙》2/6b,《新編》2/2/1027 下。

《崇雅堂碑錄補》1/4b,《新編》2/6/4552 下。

《增補校碑隨筆·偽刻》（修訂本）424 頁。

《歷代墓誌銘拓片目錄》2 頁。

《六朝墓誌檢要》（修訂本）29 頁。（偽刻）

《漢魏南北朝墓誌彙編》偽誌（包括疑偽）目錄，57 頁。

備考：《石刻名彙》和《崇雅堂碑錄》皆著錄為神䴥五年四月，有誤。

## 北魏 005

源嘉墓誌

北魏天安元年（466）八月一日。正書。

碑目著錄：

《石刻名彙》2/6b,《新編》2/2/1027 下。（偽刻）

《古誌彙目》1/4b,《新編》3/37/12。

《增補校碑隨筆·偽刻》（修訂本）418 頁。

《六朝墓誌檢要》（修訂本）第 29 頁。（偽刻）

《漢魏南北朝墓誌彙編》偽誌（包括疑偽）目錄，58 頁。

《碑帖鑒定》"新舊偽造各代石刻"，473 頁。

## 北魏 006

周君磚誌

天安二年（467）三月二日。正書。

碑目題跋著錄：

《石刻名彙》12/204b,《新編》2/2/1130 上。

《增補校碑隨筆·偽刻》（修訂本）417—418 頁。

《碑帖鑒定》"新舊偽造各代石刻"，473 頁。

## 北魏 007

游明根墓誌

延興元年（471）正月。正書。

碑目著錄：

《石刻名彙》2/6b，《新編》2/2/1027 下。（偽刻）

《六朝墓誌檢要》（修訂本）30 頁。（偽刻）

《漢魏南北朝墓誌彙編》偽誌（包括疑偽）目錄，58 頁。

### 北魏 008

杜宏墓誌

北魏延興元年（471）正月。

碑目著錄：

《古誌新目初編·附偽作各目》4/9a，《新編》2/18/13737 上。

### 北魏 009

王君殯記

北魏延興三年（473）正月八日。正書。

碑目題跋著錄：

《石刻名彙》2/6b，《新編》2/2/1027 下。

《古誌新目初編·附偽作各目》4/9a，《新編》2/18/13737 上。

《六朝墓誌檢要》（修訂本）30 頁。

《漢魏六朝碑刻校注·總目提要》編號1141。

《北朝隋代墓誌所在綜合目錄》編號8。

### 北魏 010

處士元理墓誌

北魏延興四年（474）終於第，五年（475）十二月二十七日葬。河南省洛陽出土，陝西三原于右任舊藏，今存西安碑林博物館。誌高 31、寬 37 釐米。文正書，12 行，滿行 10 字。首題：魏故處士元公墓誌。馬立軍通過墓誌的祖孫繫年、著貫洛陽的時間明顯錯誤推定其偽刻。

著錄：

《鴛鴦七誌齋藏石》圖 11。（圖）

《西安碑林全集》59/18－19。（圖）

《漢魏六朝碑刻校注》3 冊 252—253 頁。（圖、文）

《古誌新目初編》1/2a，《新編》2/18/13692 下。（目）

《歷代墓誌銘拓片目錄》3頁。

《漢魏六朝碑刻校注·總目提要》編號1143。（目）

論文：

馬立軍：《北魏〈給事君夫人韓氏墓誌〉與〈元理墓誌〉辨偽——兼談北朝墓誌著錄中的偽刻問題》《江漢考古》2010年第2期。

### 北魏011

燕州刺史魯普墓誌

太和二年（478）九月五日。河南洛陽出土。誌高64、寬68釐米。文18行，滿行18字，正書。

碑目題跋著錄：

《石刻名彙》2/7a，《新編》2/2/1028上。（偽刻）

《崇雅堂碑錄補》1/4b，《新編》2/6/4552下。（疑偽）

《古誌新目初編·附偽作各目》4/9a，《新編》2/18/13737上。

《定庵題跋》41b-42a，《新編》2/19/14306上—下。

《增補校碑隨筆·偽刻》（修訂本）424頁。

《六朝墓誌檢要》（修訂本）30頁。（偽刻）

《漢魏南北朝墓誌彙編》偽誌（包括疑偽）目錄，58頁。

### 北魏012

將奴磚銘

生於孝武元年（420），終於太和九年（485）。2000年河南省洛陽偃師市出土，旋歸洛陽某氏。磚長36.5、寬17.5釐米。文3行，行2至6字不等，正書。

圖版著錄：

《河洛墓刻拾零》上冊16頁。

備考：在北魏出土的墓磚中，寫墓主生於某年，終於某年者，極為罕見，故疑偽。

### 北魏013

故秘書丞晉陽王雍墓誌

太和十一年（487）十月。河南洛陽出土。正書。

碑目著錄：

《石刻名彙》2/7a，《新編》2/2/1028 上。（偽刻）

《崇雅堂碑錄補》1/4b，《新編》2/6/4552 下。（疑偽）

《古誌彙目》1/5a，《新編》3/37/13。

《古誌新目初編·附偽作各目》4/9a，《新編》2/18/13737 上。

《增補校碑隨筆·偽刻》（修訂本）418 頁。

《六朝墓誌檢要》（修訂本）第 32 頁。（偽刻）

《碑帖鑒定》"新舊偽造各代石刻"，474 頁。

《漢魏南北朝墓誌彙編》偽誌（包括疑偽）目錄，58 頁。

### 北魏 014

陶超墓誌

太和十四年（490）二月十日卒，八月五日葬於西陵之下。河南洛陽出土。文正書，20 行，滿行 20 字。首題：魏故使持節龍驤將軍定州刺史陶公之銘。

圖版、錄文著錄：

《洛陽出土北魏墓誌選編》圖版（偽）三，425 頁（圖）；偽刻三，186—187 頁（文）。

碑目著錄：

《石刻名彙》2/7a，《新編》2/2/1028 上。（偽刻）

《古誌新目初編·附偽作各目》4/9a，《新編》2/18/13737 上。

《歷代墓誌銘拓片目錄》3 頁。

《六朝墓誌檢要》（修訂本）31 頁。（偽刻）

《漢魏南北朝墓誌彙編》偽誌（包括疑偽）目錄，58 頁。

### 北魏 015

杜懋墓誌

太和十七年（493）七月。正書。

碑目著錄：

《石刻名彙》2/7a，《新編》2/2/1028 上。（偽刻）

《六朝墓誌檢要》（修訂本）32 頁。（偽刻）

《漢魏南北朝墓誌彙編》偽誌（包括疑偽）目錄，58頁。

## 北魏016

陶浚（峻）墓誌

太和十六年（492）卒，十八年（494）十月六日葬於雒陽郡型仁里之原陵。杜坦敬撰書。拓片高51、寬49.5釐米。文正書，16行，滿行17字。首題：大魏故銀青光祿大夫司徒并錄尚書事都督荊湘等州諸軍事陶公墓誌。劉燦輝指出，其作偽手法係"依託史書典籍，捏造名人墓誌"。

著錄：

《洛陽出土北魏墓誌選編》圖版一，215頁（圖）；太和一，3頁（文）。

《漢魏六朝碑刻校注》3冊276—277頁。（圖、文）

《全北魏東魏西魏文補遺》25—26頁。（文）

《古誌新目初編·附偽作各目》4/9a，《新編》2/18/13737上。（目）

《漢魏六朝碑刻校注·總目提要》編號1162。（目）

論文：

李檣：《〈陶浚墓誌〉志疑》，《東方藝術》2012年第20期。

劉燦輝：《洛陽北魏墓誌的作偽、考辨與鑒別》，《中國書法》2017年第20期。

## 北魏017

汝南縣主簿周哲墓誌

太和十九年（495）十月二日。曾歸武昌胡氏。正書。《校碑隨筆》云：與《孫遼墓誌》如出一手。

碑目題跋著錄：

《再續寰宇訪碑錄校勘記》3a，《新編》1/27/20461上。

《石刻名彙》2/7a，《新編》2/2/1028上。（偽刻）

《崇雅堂碑錄補》1/5a，《新編》2/6/4553上。（疑偽）

《古誌彙目》1/5a，《新編》3/37/13。

《古誌新目初編·附偽作各目》4/9a，《新編》2/18/13737上。

《夢碧簃石言》5/16b，《新編》3/2/220下。（疑偽）

《碑帖跋》69 頁，《新編》3/38/217、4/7/432 上。（偽刻）

《再續寰宇訪碑錄》卷上，《羅振玉學術論著集》第五集，433 頁。

《歷代墓誌銘拓片目錄》3 頁。

《增補校碑隨筆·偽刻》（修訂本）418、424 頁。

《六朝墓誌檢要》（修訂本）32 頁。（偽刻）

《碑帖鑒定》"新舊偽造各代石刻"，473 頁。

《漢魏南北朝墓誌彙編》偽誌（包括疑偽）目錄，58 頁。

**北魏 018**

南安王君墓誌

太和廿年（496）八月二日卒於鄴，以其年十月廿六日葬於芒山。河南洛陽出土。文正書，10 行，滿行 10 字。首題：魏故大將軍相州刺史南安王君墓誌。

著錄：

《洛陽出土北魏墓誌選編》圖版（偽）四，426 頁（圖）；偽刻四，187 頁（文）。

**北魏 019**

閻憘令祁暉墓誌銘

太和二十一年（497）三月。洛陽出土。正書。

碑目著錄：

《古誌新目初編·附偽作各目》4/9a，《新編》2/18/13737 上。

**北魏 020**

洛州太守定州刺史曹永墓誌

病終於洛州，北魏景明元年（500）二月安葬。河南省洛陽市出土。誌高 43 釐米，寬 38 釐米。文正書，7 行，行 10 字。首題：大魏洛州太守定州刺史曹君墓誌。

著錄：

《洛陽出土歷代墓誌輯繩》15 頁。（圖）

《洛陽出土北魏墓誌選編》圖版七，221 頁（圖）；景明一，6—7 頁（文）。

《漢魏六朝碑刻校注》3 冊 328—329 頁。（圖、文）

《全北魏東魏西魏文補遺》88 頁。（文）

《古誌新目初編·附偽作各目》4/9a，《新編》2/18/13737 上。（目）

《漢魏六朝碑刻校注·總目提要》編號 1188。（目）

《北朝隋代墓誌所在總合目錄》編號 45。（目）

### 北魏 021
王馨墓誌

北魏景明元年（500）四月十日卒，以十月二日葬於京之西山。河南洛陽出土。文正書，23 行，滿行 18 字。首題：魏故假節龍驤將軍督雍州諸軍事雍州刺史王君墓誌銘。

著錄：

《洛陽出土北魏墓誌選編》圖版（偽）五，427 頁（圖）；偽刻五，187—188 頁（文）。

《石刻名彙》2/7b，《新編》2/2/1028 上。（目）

《崇雅堂碑錄補》1/5a，《新編》2/6/4553 上。（目）

《歷代墓誌銘拓片目錄》3 頁。

《六朝墓誌檢要》（修訂本）35 頁。（目）

《漢魏六朝碑刻校注·總目提要》編號 1189。（目）

### 北魏 022
長孫瀚墓誌

北魏正元九年（？）正月十五日終於彭州官舍，夫人盧氏以景明元年（500）九月廿四日卒於常州晉陵縣官舍，正元廿年（？）八月十四日祔葬於伊闕縣伊川鄉西原。洛陽民間收藏。誌方形，邊長 49 釐米。文 23 行，滿行 24 字，正書。首題：大魏故朝散郎行彭州司戶參軍河南長孫府君墓誌銘并序。北魏無"正元"年號，何俊芳考證該誌改刻唐誌而來。

著錄：

王鶴松、王國旒：《北魏墓誌二十四品》，《書法》2003 年第 6 期。（圖）

《漢魏六朝碑刻校注·總目提要》編號 1194。（目）

論文：

何俊芳：《新見五方偽刻北魏墓誌辨釋》，《許昌學院學報》2016年第1期。

## 北魏023

陳璨墓誌

北魏景明三年（502）九月，洛陽出土。正書。

碑目著錄：

《古誌新目初編·附偽作各目》4/9a，《新編》2/18/13737上。

## 北魏024

密雲太守霍揚碑

景明五年（504）正月廿六日建。1920年山西省臨晉縣東霍村出土，石藏山西臨猗博物館。通高184、寬88釐米。正書，17行，滿行27字。額篆書，額題：密雲太守霍揚之碑。

圖版著錄：

《北京圖書館藏中國歷代石刻拓本匯編》3冊70頁。

《漢魏六朝碑刻校注》4冊20頁。

錄文著錄：

《石交錄》3/12a－13a，《新編》4/6/468下—469上。

《魯迅輯校石刻手稿·碑銘》中冊185—187頁。

《漢魏六朝碑刻校注》4冊21頁。

《全北魏東魏西魏文補遺》52—53頁。

碑目題跋著錄：

《集古求真續編》2/2b－3b，《新編》1/11/8721下—8722上。（偽刻）

《崇雅堂碑錄》1/13a，《新編》2/6/4490上。

《蒿里遺文目錄》1上/3b，《新編》2/20/14938下。

（民國）《臨晉縣志·金石記》13/3b－4a，《新編》3/31/386上—下。

《石交錄》3/11b－12a，《新編》4/6/468上—下。

《碑帖鑒定》155頁。

《碑帖敘錄》240 頁。（偽刻）

《善本碑帖錄》2/67。

《漢魏六朝碑刻校注·總目提要》編號 1219。

淑德大學《中國石刻拓本目錄》"碑碣等刻石"編號 368。

論文：

祝嘉：《〈霍揚碑〉研究》，載祝嘉：《書學論集》，第 199—222 頁。

李蜜：《霍揚碑考略》，《山西檔案》2014 年第 1 期。

梁春勝：《北魏霍揚碑校考》，《文物春秋》2018 年第 1 期。

### 北魏 025

崔孝芬族弟墓誌

又名：崔秀芬墓誌、崔孝芳族弟墓誌、崔季芬族弟墓誌。景明四年（503）五月二十三日遘疾，正始元年（504）正月二十一日葬於鄴城西南之高原。河南安陽出土，歸安陽古物保存所。高 58、寬 56 釐米。正書，20 行，滿行 20 字。首題：大魏（中渤）墓誌銘。

圖版著錄：

《北京圖書館藏中國歷代石刻拓本匯編》3 冊 75 頁。

《漢魏六朝碑刻校注》4 冊 18 頁。

錄文著錄：

《魯迅輯校石刻手稿·墓誌》上冊 37—38 頁。（疑偽）

《漢魏南北朝墓誌彙編》43—44 頁。

《漢魏六朝碑刻校注》4 冊 19 頁。

《全北魏東魏西魏文補遺》93 頁。

碑目題跋著錄：

《續補寰宇訪碑錄》3/2b，《新編》1/27/20315 下。

《石刻名彙》2/7b，《新編》2/2/1028 上。

《河朔訪古新錄》2/1b，《新編》2/12/8894 上。（疑偽）

《河朔新碑目》中卷/4a，《新編》3/35/572 下。（疑偽）

《歷代墓誌銘拓片目錄》4 頁。

《碑帖鑒定》155 頁。

《六朝墓誌檢要》（修訂本）38 頁。

《漢魏六朝碑刻校注・總目提要》編號 1218。

淑德大學《中國石刻拓本目錄》"墓誌"編號 33。

《北京大學圖書館藏歷代墓誌拓片目錄》編號 00107。

《北朝隋代墓誌所在總合目錄》編號 60。

**北魏 026**

崔塗墓誌

北魏正始元年（504）十二月。

碑目著錄：

《古誌新目初編・附偽作各目》4/9a，《新編》2/18/13737 上。

**北魏 027**

處士李端墓誌

北魏正始二年（505）五月十四日卒於嘉善坊，夫人任氏太和八年（484）正月四日終於私寢，以其月廿五日合葬於北芒平樂鄉郝里。河南洛陽出土。誌高、寬均 44 釐米。文正書，20 行，滿行 19 字。首題：魏故處士李君墓誌銘。《石刻名彙》、《古誌新目初編》、《六朝墓誌檢要》皆疑其由唐誌改刻年號而來。

圖版著錄：

《北京圖書館藏中國歷代石刻拓本匯編》3 冊 84 頁。

《中國金石集萃》8 函 1 輯編號 7。

碑目著錄：

《石刻名彙》2/7a，《新編》2/2/1028 上。（疑偽）

《古誌新目初編・附偽作各目》4/9a，《新編》2/18/13737 上。

《國立北平圖書館藏碑目》2a，《新編》3/36/249 下。

《歷代墓誌銘拓片目錄》3 頁。

《六朝墓誌檢要》（修訂本）31 頁。（偽刻）

《漢魏南北朝墓誌彙編》偽誌（包括疑偽）目錄，58 頁。

**北魏 028**

鄭君妻墓誌

北魏正始三年（506）五月二日。誌高 43、寬 40 釐米。文正書，10 行，滿行 12 字。首題：魏故鄭先生夫人墓銘。《古誌新目初編》、《六朝墓誌檢要》、《增補校碑隨筆》、《漢魏南北朝墓誌彙編》誤著為"劉先生夫人墓誌"。

圖版、錄文著錄：

《北京圖書館藏中國歷代石刻拓本匯編》3 冊 93 頁。（圖）

《漢魏六朝碑刻校注》4 冊 66—67 頁。（圖、文）

碑目題跋著錄：

《古誌新目初編·附偽作各目》4/9a，《新編》2/18/13737 上。

《增補校碑隨筆·偽刻》（修訂本）424 頁。

《六朝墓誌檢要》（修訂本）40 頁。（偽刻）

《漢魏南北朝墓誌彙編》偽誌（包括疑偽）目錄，58 頁。

《漢魏六朝碑刻校注·總目提要》編號 1240。

**北魏 029**

侯君妻張列華墓誌并陰

北魏正始四年（507）三月卒，其歲季秋葬於洛陽。河南洛陽出土，曾歸洛陽郭玉堂、三原于右任，今存西安碑林博物館。誌高 43、寬 26 釐米。文正書，兩面刻，正面 9 行，行 12 至 20 字不等；背面 3 行，行 10 至 12 字不等。首題：魏武衛將軍侯氏張夫人墓誌。

圖版、錄文著錄：

《北京圖書館藏中國歷代石刻拓本匯編》3 冊 107—108 頁。（圖）

《鴛鴦七誌齋藏石》圖 26。（圖）

《西安碑林全集》59/109－112。（圖）

《洛陽出土北魏墓誌選編》圖版二六，240 頁（圖）；正始一四，18 頁（文）。

《漢魏六朝碑刻校注》4 冊 91—92 頁。（圖、文）

《全北魏東魏西魏文補遺》100—101 頁。

碑目題跋著錄：

《洛陽出土石刻時地記》北魏正始 010，13 頁。

《歷代墓誌銘拓片目錄》5 頁。

《漢魏六朝碑刻校注·總目提要》編號 1253。

《增補校碑隨筆·偽刻》（修訂本）424 頁。

《六朝墓誌檢要》（修訂本）42—43 頁。

《漢魏南北朝墓誌彙編》偽誌（包括疑偽）目錄，58 頁。

《北京大學圖書館藏歷代墓誌拓片目錄》編號 00122。

備考：《增補校碑隨筆》"侯氏"誤作"伊氏"。

### 北魏 030

燕陵王元暎墓誌

北魏正始四年（507）十月三日。誌高 56、寬 54.5 釐米。文正書，17 行，滿行 18 字。

碑目著錄：

《古誌新目初編·附偽作各目》4/10b，《新編》2/18/13737 下。

《歷代墓誌銘拓片目錄》5 頁。

《增補校碑隨筆·偽刻》（修訂本）424 頁。

《六朝墓誌檢要》（修訂本）38—39 頁。（偽刻）

《漢魏南北朝墓誌彙編》偽誌（包括疑偽）目錄，58 頁。

### 北魏 031

逸人陳峻巖墓誌銘

北魏正始五年（508）八月二十四日。正書。

碑目題跋著錄：

《續補寰宇訪碑錄》3/4a，《新編》1/27/20316 下。

《石刻名彙》2/8a，《新編》2/2/1028 下。（偽刻）

《古誌彙目》1/5a，《新編》3/37/13。

《歷代墓誌銘拓片目錄》5 頁。

《增補校碑隨筆·偽刻》（修訂本）418 頁。

《六朝墓誌檢要》（修訂本）43 頁。（偽刻）

《漢魏南北朝墓誌彙編》偽誌（包括疑偽）目錄，58頁。
《碑帖鑒定》"新舊偽造各代石刻"，474頁。

**北魏 032**

定州刺史陸章墓誌

又名"陸少文墓誌"。北魏永平三年（510）十月六日。洛陽出土。誌高59.5、寬58.5釐米。文25行，滿行25字，正書。

碑目題跋著錄：

《續補寰宇訪碑錄》3/4b，《新編》1/27/20316下。

《古誌新目初編·附偽作各目》4/9b，《新編》2/18/13737上。

《碑帖跋》73頁，《新編》3/38/221。

《六朝墓誌檢要》（修訂本）45—46頁。（偽刻）

《漢魏南北朝墓誌彙編》偽誌（包括疑偽）目錄，58頁。

**北魏 033**

獻武王元英墓誌

北魏永平三年（510）十月卒，十二月庚辰葬於長陵之阿。河南洛陽出土。文正書，40行，滿行30字。首題：魏故持節都督征南諸軍事安南大將軍尚書僕射司徒公獻武元王墓誌銘。

著錄：

《洛陽出土北魏墓誌選編》圖版（偽）六，428頁（圖）；偽刻六，188—189頁（文）。

《石刻名彙》2/8a，《新編》2/2/1028下。（目）（偽刻）

《古誌新目初編》1/3a，《新編》2/18/13693上。（目）

《夢碧簃石言》5/13a，《新編》3/2/219上。（目）

**北魏 034**

郭達墓誌

北魏正始八年正月五日，按正始無八年，當永平四年（511）。正書。

碑目著錄：

《墓誌徵存目錄》卷1，《羅振玉學術論著集》第五集，578頁。

《增補校碑隨筆·偽刻》（修訂本）424頁。

《六朝墓誌檢要》（修訂本）第 48 頁。（偽刻）

《漢魏南北朝墓誌彙編》偽誌（包括疑偽）目錄，58 頁。

備考：諸書皆作"正始八年正月五日"，《墓誌徵存目錄》作"武定八年正月五日"，恐有誤。

## 北魏 035

□達夫人侯氏墓誌

北魏正始八年正月，按正始無八年，按當永平四年（511）。

碑目著錄：

《古誌新目初編・附偽刻各目》4/9a，《新編》2/18/13737 上。

《增補校碑隨筆・偽刻》（修訂本）425 頁。

## 北魏 036

王蕃墓誌

北魏永平五年（512）六月廿八日薨於雒陽第，十月廿七日葬於河陰縣南清泉山。河南洛陽出土。石長、寬均 57 釐米。文正書，15 行，滿行 18 字。首題：魏使持節都督驃騎大將軍定瀛二州刺史王公墓誌銘。

圖版、錄文著錄：

《北京圖書館藏中國歷代石刻拓本匯編》3 冊 158 頁。（圖）

《漢魏六朝碑刻校注》4 冊 221—222 頁。（圖、文）

碑目題跋著錄：

《石刻名彙》第一編"誌銘類"續補 1a，《新編》2/2/1138 下。（偽刻）

《古誌新目初編・附偽作各目》4/9b，《新編》2/18/13737 上。

《六朝墓誌檢要》（修訂本）48 頁。（偽刻）

《漢魏南北朝墓誌彙編》偽誌（包括疑偽）目錄，58 頁。

《漢魏六朝碑刻校注・總目提要》編號 1310。（疑偽）

淑德大學《中國石刻拓本目錄》"墓誌"編號 49。

## 北魏 037

懷令馮子璨妻孟夫人墓誌

延昌元年（512）二月十日卒，二月十五日葬於邙山之陽。河南洛陽出土。誌高 44、寬 37 釐米。文 12 行，滿行 16 字，正書。首題：魏故懷令馮君子璨妻孟夫人墓誌銘。

著錄：

《洛陽出土北魏墓誌選編》圖版（偽）八，430 頁（圖）；偽刻八，189 頁（文）。

《石刻名彙》2/8b，《新編》2/2/1028 下。（目）（偽刻）

《古誌新目初編・附偽作各目》4/9b，《新編》2/18/13737 上。（目）

《增補校碑隨筆・偽刻》（修訂本）425 頁。（目）

《六朝墓誌檢要》（修訂本）48—49 頁。（目）（偽刻）

《漢魏南北朝墓誌彙編》偽誌（包括疑偽）目錄，58 頁。（目）

淑德大學《中國石刻拓本目錄》"墓誌" 編號 50。（目）

### 北魏 038

懷令吳子璨妻秦夫人墓誌

又名：吳璨（或瓛）妻秦夫人墓誌。延昌元年（512）二月十日卒，十五日葬於邙山之陽。河南洛陽出土。誌高 44 釐米，寬 37 釐米。文正書兼隸書，13 行，滿行 16 字。首題：魏故懷令吳君子璨妻秦夫人墓誌。

圖版、錄文著錄：

《洛陽出土歷代墓誌輯繩》20 頁。（圖）

《洛陽出土北魏墓誌選編》圖版（偽）七，429 頁（圖）、偽刻七，189 頁（文）。

《漢魏六朝碑刻校注》4 冊 201—202 頁。（圖、文）

碑目題跋著錄：

《石刻名彙》2/8b，《新編》2/2/1028 下。（偽刻）

《古誌新目初編・附偽作各目》4/9b，《新編》2/18/13737 上。

《增補校碑隨筆・偽刻》（修訂本）425 頁。

《六朝墓誌檢要》（修訂本）49 頁。（偽刻）

《漢魏南北朝墓誌彙編》偽誌（包括疑偽）目錄，59 頁。

《漢魏六朝碑刻校注・總目提要》編號 1301。（疑偽）

### 北魏 039

馮公碑

北魏延昌元年（512）。

碑目著錄：

《增補校碑隨筆・偽刻》（修訂本）425 頁。

### 北魏 040

#### 安南將軍豫州刺史高雍墓誌

北魏延昌二年（513）三月五日卒於祥慶，八日葬於城西賢相里之東。文正書，20 行，滿行 20 字。首題：魏使持節安南將軍豫州刺史高公墓誌銘。

著錄：

《洛陽出土北魏墓誌選編》圖版（偽）九，431 頁（圖）；偽刻九，189—190 頁（文）。

《古誌新目初編・附偽作各目》4/9b，《新編》2/18/13737 上。（目）

《增補校碑隨筆・偽刻》（修訂本）425 頁。

### 北魏 041

#### 嚴震墓誌

北魏延昌二年（513）二月廿三日卒，四月十日葬於洛陽長陵之左。曾歸騰衝李根原、吳縣古物保存所，抗日戰爭時石毀。誌高、寬均 52 釐米。文正書，20 行，滿行 20 字。首題：魏故使持節車騎將軍衡州刺史嚴公墓誌銘。

圖版、錄文著錄：

《北京圖書館藏中國歷代石刻拓本匯編》4 冊 11 頁。（圖）

《洛陽出土歷代墓誌輯繩》22 頁。（圖）

《洛陽出土北魏墓誌選編》圖版（偽）一〇，432 頁（圖）；偽刻一〇，190 頁。

《漢魏六朝碑刻校注》4 冊 235—236 頁。（圖、文）

《誌石文錄》卷上/8a–b，《新編》2/19/13745 下。（文）

碑目題跋著錄：

《石刻題跋索引》134 頁右，《新編》1/30/22472。

《石刻名彙》2/8b，《新編》2/2/1028 下。（偽刻）

《崇雅堂碑錄》1/15a，《新編》2/6/4491 上。（疑偽）

《古誌新目初編》1/3b，《新編》2/18/13693 上。

《增補校碑隨筆》（修訂本）182、425 頁。（偽刻）

《六朝墓誌檢要》（修訂本）51 頁。（偽刻）

《漢魏六朝碑刻校注・總目提要》編號 1320。（疑偽）

《漢魏南北朝墓誌彙編》偽誌（包括疑偽）目錄，59 頁。

《歷代墓誌銘拓片目錄》8 頁。

淑德大學《中國石刻拓本目錄》"墓誌"編號 57。

## 北魏 042

朔州刺史何卓墓誌

北魏延昌元年（512）五月卒，延昌二年（513）五月三日。正書。

碑目著錄：

《石刻名彙》2/8b，《新編》2/2/1028 下。（偽刻）

《古誌新目初編・附偽作各目》4/9b，《新編》2/18/13737 上。

《定庵題跋》64a－b，《新編》2/19/14317 下。

《歷代墓誌銘拓片目錄》8 頁。

《六朝墓誌檢要》（修訂本）49 頁。（偽刻）

《漢魏南北朝墓誌彙編》偽誌（包括疑偽）目錄，59 頁。

淑德大學《中國石刻拓本目錄》"墓誌"編號 51。（偽刻）

## 北魏 043

岐州刺史孫標墓誌

又名：孫樹墓誌、岐州刺史孫檁墓誌。延昌二年（513）三月四日卒於照槃之宅，九月五日葬於都西帝陵之陰。20 世紀 40 年代河南洛陽出土，洛陽師範學院藏石。誌邊長 70、厚 5 釐米。文正書，19 行，滿行 19 字。首題：魏故使持節征虜將軍都督岐州諸軍事岐州刺史孫公墓誌銘。

圖版、錄文著錄：

《漢魏六朝碑刻校注》4 冊 242—243 頁。（圖、文）

《漢魏南北朝墓誌彙編》71 頁。（文）

《全北魏東魏西魏文補遺》120—121 頁。（文）

碑目題跋著錄：

《石刻名彙》2/9a,《新編》2/2/1029 上。

《崇雅堂碑錄補》1/5b,《新編》2/6/4553 上。

《古誌新目初編・附偽作各目》4/9b,《新編》2/18/13737 上。

《洛陽新出土墓誌釋錄》327 頁。

《增補校碑隨筆・偽刻》(修訂本) 425 頁。(偽刻)

《六朝墓誌檢要》(修訂本) 52 頁。

《漢魏六朝碑刻校注・總目提要》編號 1323。

《北朝隋代墓誌所在總合目錄》編號 133。

## 北魏 044

陳歔墓誌

延昌二年(513)四月十一日薨於州治,延昌二年十月九日葬於都西。河南洛陽出土。原誌高 54 釐米,寬 53 釐米。文 23 行,滿行 23 字,正書。首題:大魏故持節車騎將軍都督兗雲諸軍事兗州刺史陳公墓誌銘。

圖版、錄文著錄:

《洛陽出土歷代墓誌輯繩》23 頁。(圖)

《洛陽出土北魏墓誌選編》圖版(偽)一一,433 頁(圖);偽刻一一,191 頁(文)。

碑目題跋著錄:

《石刻名彙》2/9a,《新編》2/2/1029 上。(偽刻)

《崇雅堂碑錄補》1/6a,《新編》2/6/4553 下。(疑偽)

《古誌新目初編・附偽作各目》4/9b,《新編》2/18/13737 上。

《歷代墓誌銘拓片目錄》8 頁。

《六朝墓誌檢要》(修訂本) 52 頁。(偽刻)

《漢魏南北朝墓誌彙編》偽誌(包括疑偽)目錄,59 頁。

## 北魏 045

元顯德墓誌

延昌二年(513)十一月三日。

圖版著錄:

《中國金石集萃》8 函 3 輯編號 24。

碑目著錄：

《古誌新目初編·附偽作各目》4/9b，《新編》2/18/13737 上。

《歷代墓誌銘拓片目錄》8 頁。

### 北魏 046

王飈墓誌

延昌二年（513）三月十七日卒於京師，十一月廿二日葬於洛北芒。石藏山西大同北朝藝術研究院。誌長 32、高 51.5 釐米。文 11 行，滿行 16 字，正書。首題：魏故蕩寇將軍殿中將軍領衛士令王君墓誌銘。

著錄：

《北朝藝術研究藏品圖錄·墓誌》80—81 頁。（圖、文）

備考：經比對，其鏨改《河洛墓刻拾零》中的《魏王晧墓誌》而來，誌文除誌主名諱外，其餘文字幾乎完全相同。

### 北魏 047

趙夫人墓誌

北魏延昌三年（514）正月三日。正書。

碑目著錄：

《增補校碑隨筆·偽刻》（修訂本）425 頁。

《六朝墓誌檢要》（修訂本）53 頁。

《漢魏六朝碑刻校注·總目提要》編號 1327。

《北朝隋代墓誌所在總合目錄》編號 139。

### 北魏 048

大將軍元芬墓表

北魏延昌三年（514）四月三日。

碑目著錄：

《古誌新目初編·附偽作各目》4/9b，《新編》2/18/13737 上。

### 北魏 049

王遷墓誌

北魏延昌三年（514）五月。正書。

碑目題跋著錄：

《石刻名彙》2/9a，《新編》2/2/1029 上。（偽刻）

《六朝墓誌檢要》（修訂本）54 頁。（偽刻）

### 北魏 050
#### 岐涇二州刺史元質墓誌

北魏延昌二年（513）五月十日卒，延昌三年（514）六月五日歸葬於長陵之東。河南洛陽出土。誌高 57、寬 56 釐米。文 24 行，滿行 25 字，正書。首題：魏尚書左僕射驃騎將軍岐涇二州刺史元君墓誌銘。

圖版、錄文著錄：

《洛陽出土歷代墓誌輯繩》25 頁。（圖）

《洛陽出土北魏墓誌選編》圖版（偽）一二，434 頁（圖）；偽刻一二，191—192 頁（文）。

碑目題跋著錄：

《石刻名彙》2/9a，《新編》2/2/1029 上。（偽刻）

《崇雅堂碑錄》1/15a，《新編》2/6/4491 上。（疑偽）

《古誌新目初編・附偽作各目》4/9b，《新編》2/18/13737 上。

《歷代墓誌銘拓片目錄》8 頁。

《增補校碑隨筆・偽刻》（修訂本）425 頁。

《六朝墓誌檢要》（修訂本）54 頁。（偽刻）

### 北魏 051
#### 安樂王第三子給事君夫人韓氏墓誌

又名"韓氏墓誌"、"王君妻韓氏墓誌"。北魏延昌二年（513）五月廿三日卒於京第，延昌三年（514）十一月廿三日遷葬於瀍水之東。河南洛陽出土。誌高、寬均 49 釐米。文正書，17 行，滿行 17 字。首題：大魏揚列大將軍太傅大司馬安樂王第三子給事君夫人韓氏之墓誌。羅新等考證，該誌由《魏元願平妻王氏墓誌》篡改而成。

圖版著錄：

《北京圖書館藏中國歷代石刻拓本匯編》4 冊 14 頁。

《中國金石集萃》8 函 3 輯編號 25。

《秦晉豫新出墓誌蒐佚續編》1 冊 41 頁。

《漢魏六朝碑刻校注》4 冊 246 頁。

錄文著錄：

《漢魏南北朝墓誌彙編》71—72 頁。（疑偽）

《漢魏六朝碑刻校注》4 冊 247 頁。

《全北魏東魏西魏文補遺》121 頁。

碑目題跋著錄：

《古誌新目初編》1/3b、4/9b，《新編》2/18/13693 上、13737 上。（偽刻）

《元氏誌錄補遺》1b，《新編》3/38/55 上。

《歷代墓誌銘拓片目錄》8 頁。

《六朝墓誌檢要》（修訂本）52 頁。

《漢魏六朝碑刻校注·總目提要》編號 1324。

論文：

羅新：《北大館藏拓本〈給事君夫人韓氏墓誌〉辨偽》，《文獻》1996 年第 1 期。

馬立軍：《北魏〈給事君夫人韓氏墓誌〉與〈元理墓誌〉辨偽——兼談北朝墓誌著錄中的偽刻問題》《江漢考古》2010 年第 2 期。

王培峰、李繼高：《北魏延昌二年〈韓氏墓誌〉偽作說補正》，《西北農林科技大學學報》2011 年第 2 期。

## 北魏 052

元通墓誌

北魏熙平元年（516）七月廿八日。誌高 45.5、寬 40 釐米。18 行，滿行 20 字，正書。

碑目著錄：

《古誌新目初編·附偽作各目》4/9b，《新編》2/18/13737 上。

《六朝墓誌檢要》（修訂本）58 頁。（偽刻）

《漢魏南北朝墓誌彙編》偽誌（包括疑偽）目錄，59 頁。

## 北魏 053

鄭道昭墓誌

熙平元年（516）十月。山東曲阜。

碑目著錄：

《石刻名彙》第一編"誌銘類"續補 1a，《新編》2/2/1138 下。（偽刻）

### 北魏 054

臨安王元容墓誌

熙平二年（517）八月廿日。河南洛陽出土。誌高 58、寬 59 釐米。文正書，16 行，滿行 17 字。首題：魏徐州琅耶郡臨沂縣都鄉南仁里通直散騎常侍臨安王元公誌銘。

圖版、錄文著錄：

《洛陽出土北魏墓誌選編》圖版（偽）一三，435 頁（圖）；偽刻一三，192 頁（文）。

碑目著錄：

《石刻名彙》2/9b，《新編》2/2/1029 上。（偽刻）

《古誌新目初編·附偽作各目》4/11a，《新編》2/18/13738 上。

《歷代墓誌銘拓片目錄》3 頁。

《增補校碑隨筆·偽刻》（修訂本）425 頁。

《六朝墓誌檢要》（修訂本）61 頁。（偽刻）

《漢魏南北朝墓誌彙編》偽誌（包括疑偽）目錄，59 頁。

論文：

劉燦輝：《洛陽北魏墓誌的作偽、考辨與鑒別》，《中國書法》2017 年第 20 期。

備考：《歷代墓誌銘拓片目錄》"歲次丁酉"作"太安三年（457）"。

### 北魏 055

懷王妃惠氏墓誌

又作"陽平王母太妃惠氏墓誌"。熙平二年（517）十一月廿八日，《崇雅堂碑錄》作"熙平元年"，暫從二年。陝西華陰出土。正書。

碑目著錄：

《崇雅堂碑錄》1/15b，《新編》2/6/4491 上。

淑德大學《中國石刻拓本目錄》"墓誌"編號 74。（疑偽）

**北魏 056**

王選墓誌

神龜元年（518）五月。

碑目著錄：

《古誌新目初編·附偽作各目》4/10a，《新編》2/18/13737 下。

**北魏 057**

雍州刺史楊旭墓誌

神龜元年（518）二月終，七月癸酉日葬於洛陽北邙。河南洛陽出土。誌高 69、寬 64.5 釐米。文正書，20 行，滿行 20 字。首題：魏故同州郡丞兼行雍州刺史楊君墓誌。

錄文著錄：

《洛陽出土北魏墓誌選編》偽刻一四，192—193 頁。

碑目題跋著錄：

《增補校碑隨筆·偽刻》（修訂本）425 頁。

《六朝墓誌檢要》（修訂本）63 頁。（偽刻）

《漢魏南北朝墓誌彙編》偽誌（包括疑偽）目錄，59 頁。

趙振華：《近代洛陽復刻偽造墓誌述略》引郭玉堂《偽造石刻錄》，《洛陽銘刻文獻研究》773 頁。

**北魏 058**

荊河二州刺史張澂墓誌

神龜元年（518）二月十八日卒於鄴之永善里，八月五日葬於京都宣陵之西。河南洛陽出土，石存洛陽。誌高 62 釐米，寬 58 釐米。文 19 行，滿行 20 字，正書。首題：魏使持節驃騎大將軍大中大夫荊河二州刺史張君墓誌。

圖版、錄文著錄：

《洛陽出土歷代墓誌輯繩》27 頁。（圖）

《洛陽出土北魏墓誌選編》圖版（偽）一四，436 頁（圖）；偽刻一五，193 頁（文）。

碑目題跋著錄：

《石刻名彙》2/10a，《新編》2/2/1029 下。（偽刻）

《古誌新目初編・附偽作各目》4/9b，《新編》2/18/13737 上。

《增補校碑隨筆・偽刻》（修訂本）425 頁。

《六朝墓誌檢要》（修訂本）64 頁。（偽刻）

《漢魏南北朝墓誌彙編》偽誌（包括疑偽）目錄，59 頁。

**北魏 059**

*持節散騎常侍幽州刺史王遷墓誌*

神龜元年（518）五月八日終於綏民里，明年（二年，519）二月五日葬於洛陽之上洛山之陽。清末河南洛陽出土。石高二尺一寸三分，廣二尺一寸。文 22 行，滿行 22 字，正書。首題：魏故持節散騎常侍都督諸軍事幽州刺史王君墓誌。

圖版、錄文著錄：

《洛陽出土北魏墓誌選編》圖版（偽）一五，437 頁（圖）；偽刻一六，194 頁（文）。

《魯迅輯校石刻手稿・墓誌》上冊 100—102 頁。（文）

碑目題跋著錄：

《續補寰宇訪碑錄》3/7b，《新編》1/27/20318 上。

《古誌新目初編・附偽作各目》4/10a，《新編》2/18/13737 下。

《古誌彙目》1/6a，《新編》3/37/15。

《歷代墓誌銘拓片目錄》11 頁。

《碑帖鑒定》166 頁。

《增補校碑隨筆》（修訂本）195、425 頁。（偽刻）

《六朝墓誌檢要》（修訂本）第 65 頁。（偽刻）

《漢魏南北朝墓誌彙編》偽誌（包括疑偽）目錄，59 頁。

趙振華：《近代洛陽復刻偽造墓誌述略》引郭玉堂《偽造石刻錄》，《洛陽銘刻文獻研究》773 頁。

**北魏 060**

*比丘尼慧靜墓誌*

又名：乞伏高月墓誌。神龜二年（519）三月五日卒於永明寺，四月十日遷葬芒山。河南洛陽市出土，石存洛陽。誌高 31 釐米，寬 29.5 釐米。文正書，13 行，滿行 14 字。首題：魏比丘尼慧靜墓誌。

著錄：

《洛陽出土歷代墓誌輯繩》29 頁。（圖）

《洛陽出土北魏墓誌選編》圖版六六，280 頁（圖）；神龜七，47 頁（文）。

《漢魏六朝碑刻校注》5 冊 15—16 頁。（圖、文）

《全北魏東魏西魏文補遺》154 頁。（文）

《增補校碑隨筆·偽刻》（修訂本）425 頁。

《漢魏六朝碑刻校注·總目提要》編號 1402。（目）

《北朝隋代墓誌所在總合目錄》編號 210。（目）

**北魏 061**

孔閏生墓碣磚

又作"孔潤生墓碣"。北魏神龜三年（520）四月十八日葬。1928 年洛陽城東北後溝村東北出土。陝西三原于右任舊藏，今存西安碑林博物館。磚高 36、寬 14 釐米。文正書，3 行，行 6 至 12 字不等。或云將唐神龍年號剜改為神龜年號，充作北魏墓記。

圖版、錄文著錄：

《北京圖書館藏中國歷代石刻拓本匯編》4 冊 81 頁。（圖）

《鴛鴦七誌齋藏石》圖 46。（圖）

《漢魏六朝碑刻校注》5 冊 61—62 頁。（圖、文）

《中國古代磚刻銘文集》上、下冊編號 0957。（圖、文）（偽刻）

碑目題跋著錄：

《洛陽出土石刻時地記》北魏神龜 007，21 頁。

《六朝墓誌檢要》（修訂本）65—66 頁。

《漢魏六朝碑刻校注·總目提要》編號 1427。（疑偽）

《漢魏南北朝墓誌彙編》偽誌（包括疑偽）目錄，59 頁。

《北京大學圖書館藏歷代墓誌拓片目錄》編號 00209。（偽刻）

## 北魏 062

長樂郡太守楊惠墓誌

神龜元年（518）四月六日卒，以二年（519）十月十九日葬於京西定武里之北。河南洛陽出土。誌高 53.5 釐米，寬 53 釐米。文正書，19 行，滿行 20 字。首題：魏侍中兼大鴻臚卿長樂郡太守楊公墓誌銘。

著錄：

《洛陽出土歷代墓誌輯繩》30 頁。（圖）

《洛陽出土北魏墓誌選編》圖版（偽）一六，438 頁（圖）；偽刻一七，194—195 頁（文）。

《石刻名彙》2/10a，《新編》2/2/1029 下。（目）（偽刻）

《古誌新目初編·附偽作各目》4/10a，《新編》2/18/13737 下。（目）

《歷代墓誌銘拓片目錄》11 頁。

《六朝墓誌檢要》（修訂本）第 63、66 頁。（目）（偽刻）

《漢魏六朝碑刻校注·總目提要》編號 1412。（目）

趙振華：《近代洛陽復刻偽造墓誌述略》引郭玉堂《偽造石刻錄》，《洛陽銘刻文獻研究》773 頁。（目）

## 北魏 063

華州刺史征西將軍顏遷墓磚

神龜四年（521）十月。河南洛陽出土。誌高 28.7、寬 29.3 釐米。文 14 行，行 14 字，正書。

碑目著錄：

《石刻名彙》12/205a，《新編》2/2/1130 下。（偽刻）

《六朝墓誌檢要》（修訂本）72 頁。（偽刻）

《漢魏南北朝墓誌彙編》偽誌（包括疑偽）目錄，59 頁。

## 北魏 064

何彥詠墓誌

正光元年（520）二月十五日卒於代地，二年（521）四月十五日葬於景陵之東山。河南洛陽出土。正書。

錄文著錄：

《洛陽出土北魏墓誌選編》偽刻二一，196—197 頁。

碑目著錄：

《石刻名彙》2/10b，《新編》2/2/1029 下。（偽刻）

《古誌新目初編·附偽作各目》4/10a，《新編》2/18/13737 下。

《六朝墓誌檢要》（修訂本）69 頁。（偽刻）

《漢魏南北朝墓誌彙編》偽誌（包括疑偽）目錄，59 頁。

趙振華：《近代洛陽復刻偽造墓誌述略》引郭玉堂《偽造石刻錄》，《洛陽銘刻文獻研究》773 頁。

**北魏 065**

高舉（字淑慎）墓誌

又名：高舉神銘。正光元年（520）四月十五日薨於位，其年五月葬於昭先之北原。河南洛陽出土。誌高 44.5 釐米，寬 47.5 釐米。文 24 行，滿行 23 字，正書。首題：魏故使持節都督冀州諸軍事中軍將軍冀州刺史高公之神銘。

圖版、錄文著錄：

《洛陽出土歷代墓誌輯繩》31 頁。（圖）

《洛陽出土北魏墓誌選編》圖版（偽）一七，439 頁（圖）；偽刻一八，195 頁（文）。

碑目題跋著錄：

《石刻名彙》2/10b，《新編》2/2/1029 下。（偽刻）

《古誌新目初編·附偽作各目》4/10a，《新編》2/18/13737 下。

《歷代墓誌銘拓片目錄》12 頁。

《六朝墓誌檢要》（修訂本）69 頁。（偽刻）

《漢魏南北朝墓誌彙編》偽誌（包括疑偽）目錄，59 頁。

趙振華：《近代洛陽復刻偽造墓誌述略》引郭玉堂《偽造石刻錄》，《洛陽銘刻文獻研究》773 頁。

**北魏 066**

曹元標墓誌

神龜二年（519）十二月九日卒於官署，正光元年（520）六月三日葬於承平里之南原。河南洛陽出土。首題：魏故洛州騎兵參軍曹君墓誌銘。

錄文著錄：

《洛陽出土北魏墓誌選編》偽刻一九，195—196頁。

碑目著錄：

趙振華：《近代洛陽復刻偽造墓誌述略》引郭玉堂《偽造石刻錄》，《洛陽銘刻文獻研究》773頁。

**北魏 067**

梁州刺史唐雲（字鬱深）墓誌

北魏正光元年（520）三月九日卒於景義里，其年九月十二日葬於追遠里之南。河南洛陽出土。誌高45釐米，寬46.5釐米。文20行，滿行20字，正書。首題：魏故建武將軍梁州刺史唐君墓誌。

著錄：

《北京圖書館藏中國歷代石刻拓本匯編》4冊89頁。（圖）

《洛陽出土歷代墓誌輯繩》32頁。（圖）

《洛陽出土北魏墓誌選編》圖版（偽）一八，440頁（圖）；偽刻二〇，196頁（文）。

《石刻名彙》2/10b，《新編》2/2/1029下。（目）

《崇雅堂碑錄補》1/6b，《新編》2/6/4553下。（目）

《歷代墓誌銘拓片目錄》12頁。

《六朝墓誌檢要》（修訂本）69頁。（目）（偽刻）

《漢魏南北朝墓誌彙編》偽誌（包括疑偽）目錄，59頁。（目）

趙振華：《近代洛陽復刻偽造墓誌述略》引郭玉堂《偽造石刻錄》，《洛陽銘刻文獻研究》773頁。（目）

**北魏 068**

叔孫協墓誌

北魏正光元年（520）十一月十五日葬於光武陵東南二里許。1929年洛陽城東北三十里翟泉鎮北玉仙廟西出土，曾歸三原于右任，今存西安碑林博物館。誌高37、寬38釐米。文正書，16行，行16至23字不等。

首題：魏平北將軍懷朔鎮都大將終廣男叔孫公墓誌銘。宮大中確認，其為民國時期劉士廉臆造的贗品。

圖版著錄：

《漢魏南北朝墓誌集釋》圖版二二九，《新編》3/3/546。

《北京圖書館藏中國歷代石刻拓本匯編》4 冊 94 頁。

《鴛鴦七誌齋藏石》圖 52。

《西安碑林全集》60/272－273。

《洛陽出土北魏墓誌選編》圖版七八，292 頁。

《漢魏六朝碑刻校注》5 冊 94 頁。

錄文著錄：

《洛陽出土北魏墓誌選編》正光五，54—55 頁。

《漢魏南北朝墓誌彙編》117 頁。

《漢魏六朝碑刻校注》5 冊 95 頁。

《全北魏東魏西魏文補遺》164—165 頁。

碑目題跋著錄：

《石刻題跋索引》138 頁右，《新編》1/30/22476。

《崇雅堂碑錄》1/16b，《新編》2/6/4491 下。

《古誌新目初編》1/5a，《新編》2/18/13694 上。

《漢魏南北朝墓誌集釋》5/48b，《新編》3/3/130。

《墓誌徵存目錄》卷 1，《羅振玉學術論著集》第五集，565 頁。

《洛陽出土石刻時地記》正光 003，22 頁。

《歷代墓誌銘拓片目錄》13 頁。

《六朝墓誌檢要》（修訂本）71 頁。

《漢魏六朝碑刻校注·總目提要》編號 1445。

淑德大學《中國石刻拓本目錄》"墓誌" 編號 87。

《北京大學圖書館藏歷代墓誌拓片目錄》編號 00217。

論文：

宮大中：《洛陽美術文物的鑒賞與辨偽》，《美術觀察》1996 年第 10 期。

趙振華：《近代洛陽復刻偽造墓誌述略》，《洛陽古代銘刻文獻研究》，第 775—776 頁。

劉燦輝：《洛陽北魏墓誌的作偽、考辨與鑒別》，《中國書法》2017年第 20 期。

**北魏 069**

元嘉墓誌

北魏正光二年（521）二月。

碑目著錄：

《古誌新目初編·附偽作各目》4/10a，《新編》2/18/13737 下。

**北魏 070**

鮮于高頭墓記磚

又名：涿縣磚刻，有誤著為"于高頭墓記"。北魏正光二年（521）四月卅日。原在河北定興縣，一說出土於河南洛陽，乾隆五十一年黃易得於山東濟寧，曾歸涇陽端方，又歸南皮張仁蠡，後歸北京大學文科研究所，1952 年後藏故宫博物院。磚高 28.5、寬 13.2、厚 4.3 釐米。文隸書，4 行，行 8 至 12 字。側刻黃易題名。

圖版、錄文著錄：

《廣倉專錄》，《新編》4/10/765、821。（圖）

《北京圖書館藏中國歷代石刻拓本匯編》4 冊 107 頁。（圖）

《中國磚銘》圖版上冊 686 頁。（圖）

《中國古代磚刻銘文集》上、下冊編號 0959。（圖、文）（疑偽）

《金石索》石索六，下冊 1973—1974 頁。（圖、文）

（光緒）《定興縣志·金石志》16/1a，《新編》3/23/609 上。（文）

《全北魏東魏西魏文補遺》169 頁。（文）

碑目題跋著錄：

《續補寰宇訪碑錄》3/8b，《新編》1/27/20318 下。

《石刻名彙》2/11a，《新編》2/2/1030 上。（偽刻）

《崇雅堂碑錄補》1/7a，《新編》2/6/4554 上。（疑偽）

《畿輔碑目》卷上/2a，《新編》2/20/14779 下。

（光緒）《定興縣志·金石志》16/1b、2a，《新編》3/23/609 上、下。

《金石索》石索六，下冊 1974 頁。

《六朝墓誌檢要》（修訂本）73—74頁。（偽刻）

《漢魏南北朝墓誌彙編》偽誌（包括疑偽）目錄，59頁。

《北京大學圖書館藏歷代墓誌拓片目錄》編號00226。

《北朝隋代墓誌所在總合目錄》編號250。

備考：《續補寰宇訪碑錄》著錄為"汝成并幽州范陽郡溫縣人墓誌磚文"，其為誌文的一部分；《畿輔碑目》用該墓磚的末三字"國使令"作墓主的姓名，誤，且著錄為"正光四年"。

### 北魏071

陶氏妻劉氏墓誌

北魏正光二年（521）五月。

碑目著錄：

《古誌新目初編·附偽作各目》4/10a，《新編》2/18/13737下。

### 北魏072

濟青相涼朔恒六州刺史鄭孝穆墓誌

北魏正光二年（521）七月廿日。誌高32.5、寬24.5釐米。文正書，8行，行11字。

碑目著錄：

《六朝墓誌檢要》（修訂本）74頁。（偽刻）

### 北魏073

蕩寇將軍車騎府司馬郝標墓誌

北魏正光二年（521）八月一日。正書。

碑目題跋著錄：

《增補校碑隨筆·偽刻》（修訂本）425頁。

《六朝墓誌檢要》（修訂本）74頁。

《漢魏六朝碑刻校注·總目提要》編號1461。

《北朝隋代墓誌所在總合目錄》編號253。

### 北魏074

北魏高植（字建瀛）墓誌

北魏正光二年（521）十一月十六日。山東德縣出土，有複刻本。誌高 51.7、廣 58.7 釐米。文 24 行，滿行 22 字，隸書。首題：魏故□陵太守高府君墓誌銘。《校碑隨筆》云：取《陶貴誌》，任意改刻。

錄文著錄：

《八瓊室金石祛偽》7b–9a，《新編》1/8/6194 上—6195 上。

碑目題跋著錄：

《八瓊室金石祛偽》9a–b，《新編》1/8/6195 上。（偽刻）

《石刻名彙》2/11a，《新編》2/2/1030 上。

《崇雅堂碑錄》1/16b，《新編》2/6/4491 下。

（民國）《德縣志·輿地志》4/43a，《新編》3/26/425 上。

《石目》，《新編》3/36/73 上。

《歷代墓誌銘拓片目錄》14 頁。

《碑帖敘錄》139 頁。

《增補校碑隨筆·偽刻》（修訂本）418 頁。

《六朝墓誌檢要》（修訂本）75 頁。

《碑帖鑒定》"新舊偽造各代石刻"，474 頁。

《齊魯碑刻墓誌研究》"附表" 364 頁。

### 北魏 075

*雍州刺史秦龍樹（標）墓誌*

北魏正光二年（521）七月六日終於宜遠里，十二月六日葬於宣穆陵之北壤。河南洛陽出土。文正書，20 行，滿行 20 字。首題：魏故使持節征東大將軍都督并雍諸軍事雍州刺史秦公墓誌銘。

圖版、錄文著錄：

《洛陽出土北魏墓誌選編》圖版（偽）一九，441 頁（圖）；偽刻二二，197 頁（文）。

碑目著錄：

《石刻名彙》2/11a，《新編》2/2/1030 上。（偽刻）

《古誌新目初編·附偽作各目》4/10a、11a，《新編》2/18/13737 下、13738 上。

《歷代墓誌銘拓片目錄》14 頁。

《增補校碑隨筆·偽刻》（修訂本）425 頁。

《六朝墓誌檢要》（修訂本）75 頁。

《漢魏南北朝墓誌彙編》偽誌（包括疑偽）目錄，59 頁。

備考：《古誌新目初編》"偽作"一欄著錄為"秦欐墓誌，正光二年十二月六日"，又著錄為"秦龍欐誌"，後魏；這兩方墓誌當是同一方；暫合併著錄。

## 北魏 076

### 郭穎墓誌

北魏正光三年（522）卒於洛地，二月三日葬於旦甫山陽。河南洛陽出土，澠池吳氏購藏。誌高、寬均 52 釐米。文 20 行，滿行 20 字，正書。首題：大代正光歷後故寧遠將軍虎賁中郎將清敞隊主郭公之墓誌銘。何俊芳考證，該誌"當仿刻自《北魏郭翼墓誌》"。

圖版著錄：

《邙洛碑誌三百種》14 頁。

錄文著錄：

《全北魏東魏西魏文補遺》172—173 頁。

碑目題跋著錄：

《漢魏六朝碑刻校注·總目提要》編號 1472。

《北朝隋代墓誌所在總合目錄》編號 261。

論文：

何俊芳：《新見五方偽刻北魏墓誌辨釋》，《許昌學院學報》2016 年第 1 期。

## 北魏 077

### 魏故使持節安南大將軍秦州刺史雷彰墓誌

北魏正光二年（521）四月十八日卒於官署，正光三年（522）四月五日遷葬於洛陽長陵之右。河南洛陽出土。首題：魏故使持節安南大將軍秦州刺史雷公墓誌銘。

錄文著錄：

《洛陽出土北魏墓誌選編》偽刻二四，198 頁。

碑目著錄：

《增補校碑隨筆·偽刻》（修訂本）425 頁。

《古誌新目初編》1/5b，《新編》2/18/13694 上。

趙振華：《近代洛陽復刻偽造墓誌述略》引郭玉堂《偽造石刻錄》，《洛陽銘刻文獻研究》773 頁。

### 北魏 078

**陶翰妻劉惠芳墓誌**

北魏正光二年（521）五月廿日卒，正光三年（522）四月五日葬於洛陽舊塋之側。河南洛陽出土。誌高 56 釐米，寬 65 釐米。文正書，20 行，滿行 18 字。首題：魏使持節安西大將軍陶翰故夫人劉氏墓誌。

圖版、錄文著錄：

《洛陽出土歷代墓誌輯繩》35 頁。（圖）

《洛陽出土北魏墓誌選編》圖版（偽）二〇，442 頁（圖）；偽刻二三，197—198 頁（文）。

碑目題跋著錄：

《石刻名彙》2/11a，《新編》2/2/1030 上。

《崇雅堂碑錄補》1/7a，《新編》2/6/4554 上。

《定庵題跋》42a，《新編》2/19/14306 下。

《歷代墓誌銘拓片目錄》14 頁。

《六朝墓誌檢要》（修訂本）76 頁。（偽刻）

《漢魏南北朝墓誌彙編》偽誌（包括疑偽）目錄，60 頁。

淑德大學《中國石刻拓本目錄》"墓誌"編號 93。

趙振華：《近代洛陽復刻偽造墓誌述略》引郭玉堂《偽造石刻錄》，《洛陽銘刻文獻研究》773 頁。

論文：

劉燦輝：《洛陽北魏墓誌的作偽、考辨與鑒別》，《中國書法》2017 年第 20 期。

## 北魏 079

**瑤光寺尼慈雲墓誌**

正光三年（522）八月一日卒於寺，十日葬於芒山之陽。河南洛陽出土。文正書，15 行，滿行 15 字。首題：魏瑤光寺尼慈雲墓誌銘。劉燦輝等認為，該誌依據北魏《瑤光寺尼慈義墓誌》及《洛陽伽藍記》的內容捏造而成。

圖版、錄文著錄：

《洛陽出土北魏墓誌選編》圖版（偽）二一，443 頁（圖）；偽刻二五，198 頁。

碑目著錄：

《增補校碑隨筆·偽刻》（修訂本）425 頁。

《六朝墓誌檢要》（修訂本）76 頁。

《漢魏南北朝墓誌彙編》偽誌（包括疑偽）目錄，60 頁。

趙振華：《近代洛陽復刻偽造墓誌述略》引郭玉堂《偽造石刻錄》，《洛陽銘刻文獻研究》773 頁。

論文：

趙振華：《偽造北魏〈瑤光寺尼慈雲墓誌〉及其惡劣影響》，《洛陽古代銘刻文獻研究》，第 779—782 頁。

劉燦輝：《洛陽北魏墓誌的作偽、考辨與鑒別》，《中國書法》2017 年第 20 期。

## 北魏 080

**滄州刺史綦儁墓誌**

又作"綦雋"。北魏正光四年（523）九月十六日卒，十月九日遷葬於代城之西南松門里。河南洛陽出土。誌高、寬均 47 釐米。文 18 行，滿行 17 字，正書。首題：魏故使持節都督驃騎大將軍滄州刺史綦公墓誌銘。

錄文著錄：

《洛陽出土北魏墓誌選編》偽刻二六，199 頁。

碑目著錄：

《崇雅堂碑錄補》1/7b，《新編》2/6/4554 上。

《六朝墓誌檢要》（修訂本）80 頁。（偽刻）

《漢魏南北朝墓誌彙編》偽誌（包括疑偽）目錄，60 頁。

趙振華：《近代洛陽復刻偽造墓誌述略》引郭玉堂《偽造石刻錄》，《洛陽銘刻文獻研究》773 頁。

備考：綦儁，《魏書》卷八一、《北史》卷五〇有傳。

**北魏 081**

處士王曉墓誌銘

北魏正光三年（522）二月廿四日薨於洛陽永康里，四年（523）十月廿日葬於洛陽城北首陽之山。河南洛陽出土，石存洛陽。誌高 50 釐米，寬 55 釐米。文 22 行，滿行 23 字，正書。首題：魏故處士王君墓誌銘。

著錄：

《洛陽出土歷代墓誌輯繩》36 頁。（圖）

《洛陽出土北魏墓誌選編》圖版（偽）二二，444 頁（圖）；偽刻二七，199—200 頁（文）。

備考：案此墓誌鑿改北魏《處士王基墓誌》而來。

**北魏 082**

段峻遠（字克熙）墓誌

北魏正光四年（523）正月十六日亡，其年十一月二日安窆於北芒山。河南洛陽出土。誌高 44、寬 47.5 釐米。文正書，14 行，滿行 14 字。首題：大魏段公墓誌。《六朝墓誌檢要》（修訂本）、《石刻名彙》著錄為"段峻墓誌"

圖版著錄：

《北京圖書館藏中國歷代石刻拓本匯編》4 冊 152 頁。（拓本有硬傷）

《洛陽出土歷代墓誌輯繩》37 頁。

《洛陽出土北魏墓誌選編》圖版（偽）二三，445 頁。

錄文著錄：

《洛陽出土北魏墓誌選編》偽刻二八，200 頁。

碑目題跋著錄：

《石刻名彙》2/11b，《新編》2/2/1030 上。（偽刻）

《古誌新目初編・附偽作各目》4/10a，《新編》2/18/13737 下。

《定庵題跋》42a，《新編》2/19/14306 下。

《歷代墓誌銘拓片目錄》15 頁。

《六朝墓誌檢要》（修訂本）77 頁。（偽刻）

《漢魏南北朝墓誌彙編》偽誌（包括疑偽）目錄，60 頁。

淑德大學《中國石刻拓本目錄》"墓誌"編號 104。

論文：

莊學香：《真的是"千古之謎"嗎——〈鞠彥雲墓誌〉、〈段峻德墓誌〉考辨》，《中國典籍與文化》2001 年第 3 期。

### 北魏 083

元暉（字永光）墓誌

北魏正光四年（523）五月十一日薨於正寢，歲次（五年，524）三月廿五日葬於滙澗之濱，山陵東埠。河南洛陽出土。石長、寬均 68 釐米。文 18 行，滿行 17 字，正書。劉燦輝考證，該墓誌是根據北魏《元思墓誌》改刻。

圖版著錄：

《北京圖書館藏中國歷代石刻拓本匯編》4 冊 76 頁。

碑目著錄：

《石刻名彙》2/11b，《新編》2/2/1030 上。

《崇雅堂碑錄補》1/7b，《新編》2/6/4554 上。

趙振華：《近代洛陽復刻偽造墓誌述略》引郭玉堂《偽造石刻錄》，《洛陽銘刻文獻研究》773 頁。

論文：

劉燦輝：《洛陽北魏墓誌的作偽、考辨與鑒別》，《中國書法》2017 年第 20 期。

### 北魏 084

梁州別駕王節墓誌

壽終於河南縣儒林鄉，以北魏正光五年（524）五月十二日合葬於洛城之西張方橋北清風鄉。出土時地不詳，據誌出土於河南省孟津縣。誌高 38、寬 39 釐米。文正書，18 行，滿行 18 字。首題：魏故梁州別駕王君墓誌銘。周曉薇、王其禕考證，該墓誌鑿改自《隋王節墓誌》。

圖版著錄：

《秦晉豫新出墓誌蒐佚續編》1 冊 57 頁。

論文：

周曉薇、王其禕：《偽刻為北魏墓誌的〈王節墓誌〉》，《片石千秋：隋代墓誌銘與隋代歷史文化》，第 99—104 頁。

何俊芳：《新見五方偽刻北魏墓誌辨釋》，《許昌學院學報》2016 年第 1 期。

**北魏 085**

康健墓誌

北魏正光三年（522）十月五日卒於官，五年（524）六月三日還葬於洛陽之西山。河南省洛陽城郊出土。誌高 40、寬 38 釐米。文正書，12 行，滿行 12 字。

著錄：

《北京圖書館藏中國歷代石刻拓本匯編》4 冊 165 頁。（圖）

《漢魏六朝碑刻校注》5 冊 272—273 頁。（圖、文）

《洛陽出土北魏墓誌選編》偽刻二九，200 頁。（文）

《崇雅堂碑錄》1/17b，《新編》2/6/4492 上。（目）

《古誌新目初編·附偽作各目》4/10a，《新編》2/18/13737 下。（目）

《歷代墓誌銘拓片目錄》16 頁。

《漢魏南北朝墓誌彙編》偽誌（包括疑偽）目錄，60 頁。（目）

《漢魏六朝碑刻校注·總目提要》編號 1525。（目）

趙振華：《近代洛陽復刻偽造墓誌述略》引郭玉堂《偽造石刻錄》，《洛陽銘刻文獻研究》773 頁。

備考：《歷代墓誌銘拓片目錄》作"唐健墓誌"，按拓本，當為"康健"。

## 北魏 086

比丘尼統清蓮（王鐘兒）墓誌

北魏正光五年（524）五月七日卒於昭儀寺，五月十八日葬於洛陽北芒山。中書舍人陳景富文，王守民書。2007年河南省洛陽市孟津縣出土，旋歸洛陽張氏。誌長、寬均63.5釐米。文26行，滿行26字，正書。首題：魏故比丘尼統清蓮墓誌銘。宮萬松、何俊芳考證，其由《尼統慈慶墓誌》鑿改而來。

著錄：

《秦晉豫新出土墓誌蒐佚》1冊21頁。（圖）

《珍稀墓誌百品》4—6頁。（圖、文、跋）

《漢魏六朝碑刻校注·總目提要》編號1542。（目）

論文：

宮萬松：《北魏墓誌"變臉"案例—北魏比丘尼統清蓮墓誌識偽》，《中原文物》2016年第1期。

何俊芳：《新見五方偽刻北魏墓誌辨釋》，《許昌學院學報》2016年第1期。

## 北魏 087

吳方墓誌

北魏正光五年（524）六月三日，《崇雅堂碑錄補》作"正光三年"，《古誌新目初編》作"神龜元年五月"。誌高47.3、寬48釐米。文12行，滿行12字，正書。

碑目著錄：

《崇雅堂碑錄》1/17a，《新編》2/6/4492上。

《古誌新目初編》4/10a，《新編》2/18/13737下。（偽刻）

《歷代墓誌銘拓片目錄》16頁。

《六朝墓誌檢要》（修訂本）84頁。（偽刻）

《漢魏南北朝墓誌彙編》偽誌（包括疑偽）目錄，60頁。

趙振華：《近代洛陽復刻偽造墓誌述略》引郭玉堂《偽造石刻錄》，《洛陽銘刻文獻研究》773頁。

## 北魏 088

博陵安平令譚茀（芬）墓誌

北魏正光五年（524）六月五日葬於洛陽。河南洛陽出土，現藏河南新安縣千唐誌齋博物館。誌長49、寬51釐米。文18行，滿行18字，正書。首題：大魏故博陵安平令譚君墓誌銘并序。

圖版、錄文著錄：

《新中國出土墓誌·河南〔叁〕》（千唐誌齋·壹）上冊1頁（圖）、下冊1頁（文）。

《洛陽出土北魏墓誌選編》圖版（偽）二四，446頁（圖）；偽刻三〇，201頁（文）。

《全唐文補遺·千唐誌齋新藏專輯》437—438頁。（文）

《魯迅輯校石刻手稿·墓誌》上冊146—147頁。（文）

碑目題跋著錄：

《續補寰宇訪碑錄》3/9b，《新編》1/27/20319上。

《石刻名彙》2/11b，《新編》2/2/1030上。（偽刻）

《古誌彙目》1/6b，《新編》3/37/16。

《增補校碑隨筆》（修訂本）210、425頁。（疑偽）

《六朝墓誌檢要》（修訂本）84頁。（偽刻）

《碑帖鑒定》175頁。

《漢魏南北朝墓誌彙編·偽誌（包括疑偽）目錄》，60頁。

《漢魏六朝碑刻校注·總目提要》編號1526。（疑偽）

趙振華：《近代洛陽復刻偽造墓誌述略》引郭玉堂《偽造石刻錄》，《洛陽銘刻文獻研究》773頁。

## 北魏 089

孫遼墓誌

北魏正光五年（524）七月廿五日。正書。《碑帖跋》和《碑帖鑒定》云，其依據《孫遼浮圖銘》造之。

圖版著錄：

《中國金石集萃》8函6輯編號51。

碑目題跋著錄：

《石目・墓銘》，《新編》3/36/73 上。

《古誌彙目》1/7a，《新編》3/37/17。

《碑帖跋》72 頁，《新編》3/38/220；4/7/432 下。（偽刻）

《歷代墓誌銘拓片目錄》16 頁。

《增補校碑隨筆・偽刻》（修訂本）418 頁。

《碑帖鑒定》"新舊偽造各代石刻"，474 頁。

淑德大學《中國石刻拓本目錄》"墓誌" 編號 109。

**北魏 090**

鄉郡上黨二郡丞元璨墓誌

北魏正光五年（524）三月卒於上黨，十一月三日葬。河南洛陽出土，今石藏河南新安縣千唐誌齋博物館。誌長 52、寬 51 釐米。文 20 行，滿行 20 字，正書。首題：魏故伏波將軍鄉郡上黨二郡丞元璨墓誌銘。何俊芳認為，該誌當是摘錄了《北魏楊泰墓誌》文部分內容而臆造的一方新誌。

著錄：

《新中國出土墓誌・河南〔叁〕（千唐誌齋壹）》上冊 2 頁（圖）、下冊 1—2 頁（文）。

《全唐文補遺・千唐誌齋新藏專輯》438 頁。（文）

《古誌新目初編》1/6b，《新編》2/18/13694 下。（目）

《元氏誌錄補遺》2b，《新編》3/38/55 下。（目）

《北朝隋代墓誌所在總合目錄》編號 314。（目）

《北京大學圖書館藏歷代墓誌拓片目錄》編號 00263。（目）

論文：

何俊芳：《新見五方偽刻北魏墓誌辨釋》，《許昌學院學報》2016 年第 1 期。

備考：何俊芳著錄為《北魏元璨墓誌》，璨、"璨" 為異體字。

**北魏 091**

許淵（字德智）墓誌

北魏正光六年（525）正月二十七日。山東諸城王氏舊藏。正書。未見圖版和錄文。

碑目題跋著錄：

《石刻名彙》2/12a，《新編》2/2/1030 下。

《崇雅堂碑錄補》1/7b，《新編》2/6/4554 上。

《夢碧簃石言》5/9a 引《周句鑃齋藏石目》，《新編》3/2/217 上。

備考：從碑目首題"曠野將軍石窟署□□許君墓誌"、葬年時間、墓主名諱來看，當是仿北魏《曠野將軍石窟署□徐君（淵）墓誌》改刻。因為兩墓誌首題文字幾乎相同；葬年時間相同；徐淵，字法智，而墓主許淵，字德智，僅改掉姓氏。然未見拓本、錄文和題跋著錄，暫列疑偽。

### 北魏 092

張猛龍墓誌

北魏正光六年（525）三月十四日卒，以其年十一月八日遷葬於河陰縣之芒山。出土時地不詳，石藏日本。誌高 67、寬 66 釐米。文 21 行，滿行 22 字，正書。首題：魏故征虜將軍荊州刺史張使君墓誌銘。周錚以為偽誌，馬寶山以為真品。劉燦輝認為，其是依照名碑名刻臆造出的偽誌。

論文：

周錚：《張猛龍墓誌辨偽》，《收藏家》2002 年第 5 期。（圖）

馬寶山：《跋北魏張猛龍墓誌銘》，《收藏家》2002 年第 5 期。

劉燦輝：《洛陽北魏墓誌的作偽、考辨與鑒別》，《中國書法》2017 年第 20 期。

### 北魏 093

代郡刺史薛孝通墓誌

北魏孝昌元年（525）二月十日。河南洛陽出土，于右任舊藏，今存西安碑林博物館。誌高 27、寬 38.5 釐米。文 17 行，滿行 12 字，隸書。

圖版著錄：

《西安碑林全集》65/851－852。

碑目著錄：

《六朝墓誌檢要》（修訂本）89 頁。（偽刻）

《漢魏南北朝墓誌彙編》偽誌（包括疑偽）目錄，60 頁。

《北朝隋代墓誌所在総合目錄》編號 531。

## 北魏 094

### 狄道縣令吳瑱墓誌

北魏正光五年（524）八月二日自殺，孝昌元年（525）二月三日葬於赤榴山之北。河南洛陽出土，石存洛陽。誌高 51、寬 51.5 釐米。文 23 行，滿行 23 字，正書。首題：魏故狄道縣令吳君墓誌銘并序。

圖版、錄文著錄：

《洛陽出土歷代墓誌輯繩》42 頁。（圖）

《洛陽出土北魏墓誌選編》圖版（偽）二五，447 頁（圖）；偽刻三二，202 頁（文）。

碑目題跋著錄：

《石刻名彙》2/12a，《新編》2/2/1030 下。（偽刻）

《崇雅堂碑錄》1/18a，《新編》2/6/4492 下。（疑偽）

《古誌新目初編・附偽作各目》4/10a，《新編》2/18/13737 下。

《六朝墓誌檢要》（修訂本）89 頁。（偽刻）

《漢魏南北朝墓誌彙編》偽誌（包括疑偽）目錄，60 頁。

趙振華：《近代洛陽復刻偽造墓誌述略》引郭玉堂《偽造石刻錄》，《洛陽銘刻文獻研究》773 頁。

## 北魏 095

### 吳高黎墓誌

正始元年（504）十月十五日卒於洛陽，妻許氏以正光五年（524）十二月六日亡於第，孝昌二年（526）正月十三日權葬於北芒。河南洛陽出土，曾歸貴州貴築姚氏、諸城劉燕庭、長白端方。誌高 66、廣 32.5 釐米。文 13 行，滿行 12 字，正書。首題：魏故士吳君之墓誌。趙振華考證，該誌清代古董商偽造。

圖版著錄：

《漢魏南北朝墓誌集釋》圖版二四五，《新編》3/3/566。

《北京圖書館藏中國歷代石刻拓本匯編》5 冊 15 頁。

《漢魏六朝碑刻校注》5 冊 379 頁。
錄文著錄：
《八瓊室金石補正》16/9a－b，《新編》1/6/4239 上。
《匋齋藏石記》7/9a－b，《新編》1/11/8046 上。
《芒洛冢墓遺文續編》卷上/2a－b，《新編》1/19/14057 下。
《魯迅輯校石刻手稿·墓誌》上冊 170 頁。
《洛陽出土北魏墓誌選編》孝昌一二，94—95 頁。
《漢魏南北朝墓誌彙編》178 頁。
《漢魏六朝碑刻校注》5 冊 380 頁。
《全北魏東魏西魏文補遺》224 頁。
碑目題跋：
《八瓊室金石補正》16/9b－10a，《新編》1/6/4239 上—下。
《匋齋藏石記》7/9b－11a，《新編》1/11/8046 上—8047 上。
《集古求真》1/17b，《新編》1/11/8486 上。
《藝風堂金石文字目》18/1b，《新編》1/26/19814 上。
《補寰宇訪碑錄》2/4a，《新編》1/27/20207 下。
《補寰宇訪碑錄校勘記》1/5b，《新編》1/27/20288 上。
《金石彙目分編》9（補遺）/5a，《新編》1/28/21084 上。
《石刻題跋索引》141 頁左，《新編》1/30/22479。
《石刻名彙》2/12b，《新編》2/2/1030 下。
《崇雅堂碑錄》1/18a，《新編》2/6/4492 下。
《語石》4/2b、4/12a，《新編》2/16/11918 下、11923 下。
《平安館藏碑目》，《新編》2/18/13404 上。
《寰宇貞石圖目錄》卷上/6a，《新編》2/20/14674 上。
《中州金石目錄》2/6a，《新編》2/20/14694 下。
《蒿里遺文目錄》2（1）/2b，《新編》2/20/14944 下。
《漢魏南北朝墓誌集釋》5/53a－b，《新編》3/3/139。附《十二硯齋金石過眼續錄》《九鐘精舍金石跋尾甲編》等。
《石目》，《新編》3/36/73 上。
《國立北平圖書館藏碑目》7a，《新編》3/36/252 上。

《古誌彙目》1/7a,《新編》3/37/17。

《讀碑小箋》,《羅振玉學術論著集》第三集,41頁。

《墓誌徵存目錄》卷1,《羅振玉學術論著集》第五集,568頁。

《歷代墓誌銘拓片目錄》18頁。

《增補校碑隨筆》(修訂本) 213—214頁。

《六朝墓誌檢要》(修訂本) 92頁。

《碑帖鑒定》177頁。

《碑帖敘錄》78頁。

《漢魏六朝碑刻校注·總目提要》編號1574。

淑德大學《中國石刻拓本目錄》"墓誌"編號127。

《北朝隋代墓誌所在總合目錄》編號352。

《北京大學圖書館藏歷代墓誌拓片目錄》編號00285。

論文:

趙振華:《近代洛陽復刻偽造墓誌述略》,《洛陽古代銘刻文獻研究》,第771—772頁。

### 北魏096

秀才卜文墓誌

北魏孝昌二年(526)二月廿四日,或作三月,或作正光七年二月。誌高40、寬39.2釐米。文19行,滿行19字,正書。

碑目題跋著錄:

《藝風堂金石文字目》18/1b,《新編》1/26/19814上。

《石刻名彙》2/12b,《新編》2/2/1030下。(偽刻)

《求恕齋碑錄》,《新編》3/2/525下。

《古誌彙目》1/7a,《新編》3/37/17。

《歷代墓誌銘拓片目錄》18頁。

《增補校碑隨筆·偽刻》(修訂本) 418頁。

《六朝墓誌檢要》(修訂本) 93頁。(偽刻)

《漢魏南北朝墓誌彙編》偽誌(包括疑偽)目錄,60頁。

《碑帖鑒定》"新舊偽造各代石刻",474頁。

## 北魏 097

**魏驃騎將軍西兗州刺史劉昭墓誌銘**

又作"劉招墓誌"。北魏孝昌二年（526）五月一日卒於私第，以其年八月十七日葬於上洛山玄壤。誌高 66、寬 70.5 釐米。文 23 行，滿行 21 字，正書。首題：魏故驃騎將軍西兗州刺史劉君墓誌銘。

圖版、錄文著錄：

《洛陽出土歷代墓誌輯繩》47 頁。（圖）

《洛陽出土北魏墓誌選編》圖版（偽）二六，448 頁（圖）；偽刻三三，203 頁（文）。

碑目著錄：

《古誌新目初編》4/10b，《新編》2/18/13737 下。（偽刻）

《六朝墓誌檢要》（修訂本）95 頁。（偽刻）

趙振華：《近代洛陽復刻偽造墓誌述略》引郭玉堂《偽造石刻錄》，《洛陽銘刻文獻研究》773 頁。

## 北魏 098

**元飈墓誌**

又名：元飄墓誌。北魏孝昌二年（526）三月一日卒，十月二日葬於長陵之東。誌高 53.6、廣 52.2 釐米。文 20 行，滿行 21 字，正書。首題：魏故使持節車騎大將軍儀同三司相州刺史元公墓誌。

錄文著錄：

《洛陽出土北魏墓誌選編》偽刻三四，203—204 頁。

碑目著錄：

《石刻名彙》2/13a，《新編》2/2/1031 上。

《古誌新目初編·附偽作各目》4/10b，《新編》2/18/13737 下。

《歷代墓誌銘拓片目錄》18 頁。

《六朝墓誌檢要》（修訂本）95 頁。（偽刻）

《漢魏南北朝墓誌彙編》偽誌（包括疑偽）目錄，60 頁。

趙振華：《近代洛陽復刻偽造墓誌述略》引郭玉堂《偽造石刻錄》，《洛陽銘刻文獻研究》773 頁。

## 北魏 099

### 青州刺史元伯陽磚誌

又名：青州刺史元薏墓誌。北魏正光六年（525）二月七日卒於宣化里宅，以孝昌二年（526）十月廿六日葬於金陵。河南洛陽出土，今存北京故宮博物院。磚高 56、廣 55 釐米。文正書，24 行，滿行 24 字。首題：魏故假節輔國車騎大將軍青州刺史元公墓誌銘。魯才全考證，該誌是以北魏《元顯魏墓誌》為底本改刻的一方偽誌。

著錄：

《中國金石集萃》8 函 7 輯編號 63。（圖）

《漢魏六朝碑刻校注》6 冊 49—50 頁。（圖、文）

《故宮博物院藏歷代墓誌彙編》1 冊 66—67 頁。（圖、文）

《漢魏南北朝墓誌彙編》194 頁。（文）

《全北魏東魏西魏文補遺》236—237 頁。（文）

《崇雅堂碑錄》1/18a，《新編》2/6/4492 下。（目）

淑德大學《中國石刻拓本目錄》"墓誌"編號 141。（目）

《六朝墓誌檢要》（修訂本）97 頁。（目）

《漢魏六朝碑刻校注·總目提要》編號 1598。（目）

論文：

魯才全：《北魏〈元伯陽墓誌〉辨偽》，《魏晉南北朝隋唐史資料》第 15 輯，1997 年。

王昕：《元薏墓誌證偽》，《出土文獻研究》第 4 輯，1998 年。

## 北魏 100

### 朱奇墓誌

北魏孝昌二年（526）七月卒於洛陽，十月葬於洛陽之北邙。誌高 45.6、廣 40 釐米。文 16 行，滿行 17 字，正書。首題：魏故員外郎散騎常侍鎮北大將軍秦州刺史朱君墓誌銘。

圖版、錄文著錄：

《洛陽出土北魏墓誌選編》圖版（偽）二七，449 頁（圖）；偽刻三五，204 頁（文）。

碑目題跋著錄：

《石刻名彙》2/12b，《新編》2/2/1030 下。（偽刻）

《古誌新目初編·附偽作各目》4/10b，《新編》2/18/13737 下。

《定庵題跋》42b，《新編》2/19/14306 下。

《歷代墓誌銘拓片目錄》19 頁。

《六朝墓誌檢要》（修訂本）98 頁。（偽刻）

《漢魏南北朝墓誌彙編》偽誌（包括疑偽）目錄，60 頁。

### 北魏 101

周恒墓誌

北魏孝昌二年（526）十月八日卒，其年十一月十四日葬於北芒山之西崗、太尉公之崚。河南洛陽出土。誌高 34.5、寬 37.6 釐米。文 15 行，滿行 13 字，正書。首題：魏故大將軍周君墓誌。諸家以為，墓誌中有隋代年號，與北魏墓誌不符。

圖版、錄文著錄：

《洛陽出土北魏墓誌選編》圖版（偽）二八，450 頁（圖）；偽刻三六，204 頁。

碑目題跋著錄：

《石刻名彙》2/13a，《新編》2/2/1031 上。（偽刻）

《古誌新目初編·附偽作各目》4/10b，《新編》2/18/13737 下。

《定庵題跋》42a–b，《新編》2/19/14306 下。

《歷代墓誌銘拓片目錄》19 頁。

《增補校碑隨筆·偽刻》（修訂本）425 頁。

《六朝墓誌檢要》（修訂本）98 頁。（偽刻）

淑德大學《中國石刻拓本目錄》"墓誌"編號 143。（偽）

趙振華：《近代洛陽復刻偽造墓誌述略》引郭玉堂《偽造石刻錄》，《洛陽銘刻文獻研究》773 頁。

論文：

劉燦輝：《洛陽北魏墓誌的作偽、考辨與鑒別》，《中國書法》2017 年第 20 期。

### 北魏 102
陽作忠墓誌

孝昌二年（526）十二月十八日。

碑目著錄：

趙振華：《近代洛陽復刻偽造墓誌述略》引郭玉堂《偽造石刻錄》，《洛陽銘刻文獻研究》773 頁。

### 北魏 103
董紹妻段濟（字姬）墓誌

北魏正光四年（523）三月十八日終於洛陽咸安巷安明里宅，孝昌三年（527）二月十六日葬於原陵之南芒山之陽。河南洛陽出土。首題：魏故寧遠將軍新平太守安昌男董紹之夫人段氏之墓誌銘。

著錄：

《洛陽出土北魏墓誌選編》偽刻三七，205 頁。（文）

趙振華：《近代洛陽復刻偽造墓誌述略》引郭玉堂《偽造石刻錄》，《洛陽銘刻文獻研究》773 頁。（目）

### 北魏 104
元朐墓誌

北魏孝昌三年（527）三月七日。正書。

著錄：

《中國金石集萃》8 函 7 輯編號 65。（圖）

《六朝墓誌檢要》（修訂本）102 頁。（目）

《漢魏南北朝墓誌彙編》偽誌（包括疑偽）目錄，60 頁。（目）

《漢魏六朝碑刻校注·總目提要》編號 1615。（目）

### 北魏 105
王仁（字懷本）墓誌

又名：王懷本墓誌。北魏孝昌三年（527）二月九日卒，其年五月廿四日葬於北邙。2000 年河南洛陽出土。誌高 57、寬 34 釐米。文 12 行，滿行 19 字，正書。額題：魏故王公墓誌。

圖版著錄：

《邙洛碑誌三百種》20 頁。
《洛陽新獲七朝墓誌》21 頁。
錄文著錄：
《洛陽出土北魏墓誌選編》偽刻三八，205 頁。
《全北魏東魏西魏文補遺》253 頁。
碑目著錄：
《古誌新目初編·附偽作各目》4/10b，《新編》2/18/13737 下。
《漢魏六朝碑刻校注·總目提要》編號 1624。
《北朝隋代墓誌所在總合目錄》編號 399。
趙振華：《近代洛陽復刻偽造墓誌述略》引郭玉堂《偽造石刻錄》，《洛陽銘刻文獻研究》773 頁。

## 北魏 106

陶宏（弘）景墓誌

或作"陶隱居墓誌"。北魏孝昌三年（527）七月十二日，《石刻名彙》、《增補校碑隨筆》作梁大同二年（536）三月，《漢魏南北朝墓誌彙編》著錄缺年月，暫從孝昌三年。正書。

碑目著錄：

《漢魏南北朝墓誌彙編》偽誌（包括疑偽）目錄，57 頁。

趙振華：《近代洛陽復刻偽造墓誌述略》引郭玉堂《偽造石刻錄》，《洛陽銘刻文獻研究》773 頁。

《石刻名彙》2/5b，《新編》2/2/1027 上。（偽刻）

《增補校碑隨筆·偽刻》（修訂本）424 頁。

## 北魏 107

涇州刺史張敬墓誌

北魏孝昌二年（526）七月一日卒，孝昌三年（527）九月十三日葬於安陵之右。河南洛陽出土，雲南騰衝李氏舊藏，抗日戰爭時石毀。誌高 50、寬 49 釐米。文正書，19 行，滿行 19 字。首題：大魏使持節右衛將軍涇州刺史張公墓誌銘。

圖版著錄：

《洛陽出土歷代墓誌輯繩》50 頁。

《洛陽出土北魏墓誌選編》圖版偽刻二九，451 頁。

錄文著錄：

《誌石文錄續編》5b–6a，《新編》2/19/13779 上—下。

《洛陽出土北魏墓誌選編》偽刻三九，206 頁。

《全北魏東魏西魏文補遺》253—254 頁。

碑目題跋著錄：

《石刻題跋索引》142 頁右，《新編》1/30/22480。

《石刻名彙》2/12b，《新編》2/2/1030 下。（偽刻）

《古誌新目初編》1/8a，《新編》2/18/13695 下。

《古誌新目初編·附偽作各目》4/10a，《新編》2/18/13737 下。

《歷代墓誌銘拓片目錄》20 頁。

《增補校碑隨筆》（修訂本）216—217 頁。（疑偽）

《六朝墓誌檢要》（修訂本）101 頁。（偽刻）

《漢魏南北朝墓誌彙編》偽誌（包括疑偽）目錄，60 頁。

淑德大學《中國石刻拓本目錄》"墓誌"編號 150。

趙振華：《近代洛陽復刻偽造墓誌述略》引郭玉堂《偽造石刻錄》，《洛陽銘刻文獻研究》773 頁。

## 北魏 108

元悅墓誌

北魏孝昌元年（525）十月廿九日卒，孝昌三年（527）（或作"二年"）十一月四日葬於東垣之長陵。河南洛陽出土。文正書，16 行，滿行 17 字。首題：魏故開府儀同三司徐州刺史元公墓誌。

圖版、錄文著錄：

《洛陽出土北魏墓誌選編》圖版（偽）三〇，452 頁（圖）；偽刻四〇，206 頁（文）。

碑目著錄：

《石刻名彙》2/13a，《新編》2/2/1031 上。（偽刻）

《古誌新目初編·附偽作各目》4/10b，《新編》2/18/13737 下。

趙振華：《近代洛陽復刻偽造墓誌述略》引郭玉堂《偽造石刻錄》，《洛陽銘刻文獻研究》773 頁。

**北魏 109**
張墀墓誌

北魏孝昌三年（527）二月一日卒，其年十一月十日葬於京西十八里北崗之陰。河南洛陽出土。誌高 44、寬 45 釐米。文 20 行，滿行 20 字，正書。首題：魏故治侍書御史建威將軍朔州刺史張君墓誌銘。

圖版著錄：
《洛陽出土歷代墓誌輯繩》48 頁。
《洛陽出土北魏墓誌選編》圖版（偽）三一，453 頁。

錄文著錄：
《洛陽出土北魏墓誌選編》偽刻四一，207 頁。

碑目著錄：
《石刻名彙》2/12b、13b，《新編》2/2/1030 下、1031 上。（偽刻）
《古誌新目初編·附偽作各目》4/10b，《新編》2/18/13737 下。
《六朝墓誌檢要》（修訂本）103—104 頁。（偽刻）

趙振華：《近代洛陽復刻偽造墓誌述略》引郭玉堂《偽造石刻錄》，《洛陽銘刻文獻研究》773 頁。

**北魏 110**
于謹磚誌

北魏武泰元年（528）卒戰事。洛陽發現，拓本高 25、寬 27 釐米。文 12 行，行字數不等，正書。首題：魏故侍中司徒公驃騎大將軍京兆史藍田縣公于謹墓誌銘并序。楊娟考證，該墓誌由北魏《元懌墓誌》和《元邵墓誌》文字節錄拼湊而成。

論文：
楊娟：《出自洛陽的一方北朝墓誌偽品辨析》，《文博》2011 年第 6 期。（圖、文）

## 北魏 111

寇憼墓誌

孝昌四年（528，即建義元年）七月廿六日卒，九月三日葬。誌高46、寬56釐米。文正書，20行，滿行16字。首題：魏故冠軍府長史寇君墓誌。

著錄：

《北京圖書館藏中國歷代石刻拓本匯編》5冊75頁。（圖）

《漢魏六朝碑刻校注》6冊231—232頁。（圖、文）

《洛陽出土北魏墓誌選編》圖版（偽）三二，454頁（圖）、偽刻四二，207—208頁（文）。

《漢魏南北朝墓誌彙編》213—214頁。（文）

《全北魏東魏西魏文補遺》285頁。（文）

《漢魏六朝碑刻校注·總目提要》編號1673。（目）（疑偽）

趙振華：《近代洛陽復刻偽造墓誌述略》引郭玉堂《偽造石刻錄》，《洛陽銘刻文獻研究》773頁。（目）

## 北魏 112

冀州刺史彭忠墓誌

北魏建義元年（528）九月廿六日，一作建義元年四月。誌高40、廣36釐米。文12行，滿行14字，正書。

碑目著錄：

《石刻名彙》2/13b，《新編》2/2/1031上。（偽刻）

《六朝墓誌檢要》（修訂本）112頁。（偽刻）

《漢魏南北朝墓誌彙編》偽誌（包括疑偽）目錄，60頁。

## 北魏 113

涇州刺史元廣墓誌

北魏建義元年（528）四月十三日卒於篤恭里第，永安元年（528）十月四日葬於長陵之東。河南洛陽出土。誌高、廣均66釐米。文19行，滿行19字，正書。首題：魏故使持節左僕射驃騎大將軍涇州刺史元公墓誌銘。

錄文著錄：

《洛陽出土北魏墓誌選編》偽刻四三，208 頁。

碑目著錄：

《石刻名彙》2/13b，《新編》2/2/1031 上。（偽刻）

《古誌新目初編·附偽作各目》4/10b，《新編》2/18/13737 下。

《定庵題跋》37a－37b，《新編》2/19/14304 上。

《歷代墓誌銘拓片目錄》23 頁。

《六朝墓誌檢要》（修訂本）112 頁。（偽刻）

《漢魏南北朝墓誌彙編》偽誌（包括疑偽）目錄，60 頁。

淑德大學《中國石刻拓本目錄》"墓誌"編號 164。（偽刻）

趙振華：《近代洛陽復刻偽造墓誌述略》引郭玉堂《偽造石刻錄》，《洛陽銘刻文獻研究》773 頁。

### 北魏 114

楊逸墓誌

北魏永安元年（528）五月廿三日。河南洛陽出土。正書。

碑目著錄：

《石刻名彙》2/14a，《新編》2/2/1031 下。（偽刻）

《古誌新目初編·附偽作各目》4/10b，《新編》2/18/13737 下。

《歷代墓誌銘拓片目錄》23 頁。

《六朝墓誌檢要》（修訂本）113 頁。（偽刻）

《漢魏南北朝墓誌彙編》偽誌（包括疑偽）目錄，61 頁。

趙振華：《近代洛陽復刻偽造墓誌述略》引郭玉堂《偽造石刻錄》，《洛陽銘刻文獻研究》773 頁。

### 北魏 115

程延貴墓誌

又作：陳延貴墓誌。普泰元年（531）九月廿一日。正書。

碑目題跋著錄：

《石刻名彙》2/14b，《新編》2/2/1031 下。（偽刻）

《古誌彙目》1/7b，《新編》3/37/18。

《增補校碑隨筆·偽刻》（修訂本）418 頁。

《六朝墓誌檢要》（修訂本）120 頁。（偽刻）

《碑帖鑒定》"新舊偽造各代石刻"，474 頁。

### 北魏 116

鄭黑（字文靜）墓誌

普泰二年（532）正月十日薨於愛賢閣，三月十七日遷葬於秀靈河北伏虎嶺下之舊塋。誌長 56、寬 53 釐米。文 20 行，滿行 20 字，正書。首題：魏故使持節都督齊州諸軍事征虜大將軍齊州刺史鄭君墓誌銘。《北京圖書館藏中國歷代石刻拓本匯編》云：誌中所記天干地支與年月日不相吻合。

圖版著錄：

《北京圖書館藏中國歷代石刻拓本匯編》5 冊 156 頁。

錄文著錄：

《洛陽出土北魏墓誌選編》偽刻四五，209 頁。

碑目著錄：

《古誌新目初編·附偽作各目》4/10b，《新編》2/18/13737 下。

《六朝墓誌檢要》（修訂本）121 頁。（偽刻）

《漢魏南北朝墓誌彙編》偽誌（包括疑偽）目錄，61 頁。

趙振華：《近代洛陽復刻偽造墓誌述略》引郭玉堂《偽造石刻錄》，《洛陽銘刻文獻研究》773 頁。

### 北魏 117

元虔墓誌

北魏太昌二年（533）三月十八日卒於第，是年十月葬於永樂陵梓澤里之西北嶺。河南洛陽出土，浙江紹興周氏舊藏。誌高 66、廣 73 釐米。文 25 行，滿行 23 字，正書。首題：魏故通直散騎常侍安東將軍儀同三司銀青光祿大夫廣都縣開國伯元公墓誌銘。《碑帖鑒定》云：1921 年左右洛陽某偽造。

圖版、錄文著錄：

《洛陽出土北魏墓誌選編》圖版（偽）三三，455 頁（圖）；偽刻四六，209—210 頁（文）。

碑目著錄：

《石刻名彙》2/15a，《新編》2/2/1032 上。（偽刻）

《古誌新目初編·附偽作各目》4/10b，《新編》2/18/13737 下。

《歷代墓誌銘拓片目錄》26 頁。

《六朝墓誌檢要》（修訂本）125 頁。（偽刻）

《漢魏南北朝墓誌彙編》偽誌（包括疑偽）目錄，61 頁。

《碑帖鑒定》"新舊偽造各代石刻"，474 頁。

趙振華：《近代洛陽復刻偽造墓誌述略》引郭玉堂《偽造石刻錄》，《洛陽銘刻文獻研究》773 頁。

### 北魏 118

通直散騎常侍安東將軍元顯敬墓誌

北魏太昌二年（533）十月。正書。

碑目著錄：

《古誌新目初編·附偽作各目》4/10b，《新編》2/18/13737 下。

### 北魏 119

高珪墓誌

北魏永熙三年（534）五月十二日薨於軍所，以十月九日葬於脩縣東南長城嶺之下。出土時地不詳。誌高 54.8、寬 53.5 釐米。文 23 行，滿行 23 字，正書。首題：魏故使持節都督齊州刺史高君墓誌銘。

圖版、錄文著錄：

《北京圖書館藏中國歷代石刻拓本匯編》5 冊 202 頁。（圖）

《漢魏六朝碑刻校注》7 冊 86—87 頁。（圖、文）

碑目著錄：

《歷代墓誌銘拓片目錄》27 頁。

《六朝墓誌檢要》（修訂本）128 頁。（疑偽）

《漢魏南北朝墓誌彙編》偽誌（包括疑偽）目錄，61 頁。

《漢魏六朝碑刻校注·總目提要》編號 1781。（疑偽）

趙振華：《近代洛陽復刻偽造墓誌述略》引郭玉堂《偽造石刻錄》，

《洛陽銘刻文獻研究》773 頁。

**北魏 120**

韓楷墓誌殘石

北魏（386—534）。拓片高 29、寬 55.5 釐米。文正書，存 17 行。首題：魏故持節冠軍（下缺）。

碑目著錄：

《北京大學圖書館藏歷代墓誌拓片目錄》編號 00418。（疑偽）

# 東　魏

**東魏 001**

張瓘墓誌

天平元年（534）七月廿三日卒於中和里，以其年十月七日葬於鄴城之西。河南出土。誌高 55、寬 53 釐米。文正書，21 行，滿行 21 字。首題：大魏故信都縣令張君墓誌銘。任乃宏、張潤澤以為，《張瓘墓誌》係後人以《唐張興墓誌》為藍本偽造。

圖版著錄：

《北京圖書館藏中國歷代石刻拓本匯編》6 冊 23 頁。

《中國金石集萃》8 函 9 輯編號 83。

《漢魏六朝碑刻校注》7 冊 123 頁。

錄文著錄：

《漢魏南北朝墓誌彙編》314—315 頁。

《漢魏六朝碑刻校注》7 冊 124 頁。

《全北魏東魏西魏文補遺》346—347 頁。

碑目著錄：

《崇雅堂碑錄》1/21a，《新編》2/6/4494 上。

《古誌新目初編》1/12a，《新編》2/18/13697 下。

《漢魏六朝碑刻校注·總目提要》編號 1809。

《北朝隋代墓誌所在綜合目錄》編號 557。

《北京大學圖書館藏歷代墓誌拓片目錄》編號 00427。

論文：

任乃宏、張潤澤：《〈唐張興墓誌〉校釋與〈東魏張瓘墓誌〉辨偽》，《邯鄲職業技術學院學報》2013年第4期。

### 東魏002

四門小學博士孫彥同墓誌

東魏天平三年（536）正月，《偽造石刻錄》作"天平三年八月十八日"。河南洛陽出土。正書。

碑目題跋著錄：

《石刻名彙》2/16a，《新編》2/2/1032下。（偽刻）

《崇雅堂碑錄補》1/9b，《新編》2/6/4555上。（疑偽）

《古誌新目初編》1/12a，《新編》2/18/13697下。

《六朝墓誌檢要》（修訂本）133頁。（偽刻）

《漢魏南北朝墓誌彙編》偽誌（包括疑偽）目錄，61頁。

趙振華：《近代洛陽復刻偽造墓誌述略》引郭玉堂《偽造石刻錄》，《洛陽銘刻文獻研究》773頁。

### 東魏003

大中正長孫□墓碑

又作"大中正長孫公□囧字九略墓誌"。天平四年（537）六月十九日薨於鄴縣敷教里，以其年七月十六日葬於鄴城之西。河北磁縣出土。碑形墓誌，碑通高48、寬25釐米。兩面刻，文正書，10行，滿行14字。篆書額題：魏故大中正長孫公墓銘。

著錄：

《北京圖書館藏中國歷代石刻拓本匯編》6冊42頁。（圖）

《漢魏六朝碑刻校注》7冊178—179頁。（圖、文）

《漢魏六朝碑刻校注·總目提要》編號1833。（目）

《增補校碑隨筆·偽刻》（修訂本）425頁。（目）

### 東魏004

僧會政塔銘

又名：南宗和尚之塔。東魏元象元年（538）五月刻。文華撰并正書。拓片高 30、寬 35 釐米。文正書，19 行，滿行 19 字。首題：圓寂親教師僧會政公南宗和尚之塔。

著錄：

《北京圖書館藏中國歷代石刻拓本匯編》6 冊 49 頁。（圖）

《漢魏六朝碑刻校注》7 冊 209—210 頁。（圖、文）

《漢魏六朝碑刻校注·總目提要》編號 1845。（目）

《漢魏南北朝墓誌彙編》偽誌（包括疑偽）目錄，61 頁。

**東魏 005**

僧普惠塔銘

東魏興和二年（540）。正書。

碑目著錄：

《石刻名彙》2/16b，《新編》2/2/1032 下。

《古誌彙目》1/8b，《新編》3/37/20。

《增補校碑隨筆·偽刻》（修訂本）418 頁。

《碑帖鑒定》"新舊偽造各代石刻"，474 頁。

**東魏 006**

趙九弼磚誌

東魏興和三年（541）□月廿六日。文 3 行，行 5 至 11 字不等，正書。

圖版著錄：

《中國磚銘》圖版上冊 702 頁。

備考：磚誌云墓主官職"洛陽縣知縣"，按此一官職北宋才正式出現，故偽誌。

**東魏 007**

征南將軍王尉墓誌

東魏興和六年（544）五月。正書。

碑目著錄：

《增補校碑隨筆·偽刻》（修訂本）426 頁。

《六朝墓誌檢要》（修訂本）139 頁。（偽刻）

《漢魏南北朝墓誌彙編》偽誌（包括疑偽）目錄，61頁。

**東魏 008**

王安墓誌

又名：元安墓誌。東魏武定元年（543）五月十八日卒於第，粵八月廿日葬於河陰西北芒延昌里。文正書。首題：維大魏武定元年歲次壬戌八月辛亥朔廿日丁未故隨軍長史王君墓誌銘。《古誌新目初編》作"元安誌"，誤。

著錄：

《洛陽出土北魏墓誌選編》偽刻四七，210頁。（文）

《崇雅堂碑錄》1/23a，《新編》2/6/4495 上。（目）

《古誌新目初編·附偽作各目》4/11a，《新編》2/18/13738 上。（目）

趙振華：《近代洛陽復刻偽造墓誌述略》引郭玉堂《偽造石刻錄》，《洛陽銘刻文獻研究》773頁。（目）

**東魏 009**

李祈年墓誌

東魏武定元年（543）五月二十三日卒，十一月八日葬於城東十里。馬安國撰，劉舜卿正書。出土時間、地點不詳。誌高37、寬35釐米。文正書，16行，行12至16字不等。首題：魏故建威將軍李府君墓誌銘。

著錄：

《北京圖書館藏中國歷代石刻拓本匯編》6冊100頁。（圖）

《漢魏六朝碑刻校注》7冊358—359頁。（圖、文）

《漢魏南北朝墓誌彙編》偽誌（包括疑偽）目錄，61頁。（目）

《漢魏六朝碑刻校注·總目提要》編號1907。（目）

**東魏 010**

王子貴墓誌

東魏武定二年（544）正月廿六日。正書。

碑目著錄：

《歷代墓誌銘拓片目錄》30 頁。

《增補校碑隨筆·偽刻》（修訂本）426 頁。

《六朝墓誌檢要》（修訂本）140 頁。（偽刻）

《漢魏南北朝墓誌彙編》偽誌（包括疑偽）目錄，61 頁。

### 東魏 011
范穎墓誌

東魏武定二年（544）二月十二日卒於私第，八月二十日葬於河陰北邙延昌里。河南洛陽出土。首題：魏故南安縣令范君誌銘。

著錄：

《洛陽出土北魏墓誌選編》偽刻四八，211 頁。（文）

《歷代墓誌銘拓片目錄》30 頁。（目）

趙振華：《近代洛陽復刻偽造墓誌述略》引郭玉堂《偽造石刻錄》，《洛陽銘刻文獻研究》773 頁。（目）

### 東魏 012
晉陽文獻王妃周利華墓誌

東魏興和四年（542）十月廿日卒於鄴，以武定二年（544）八月合葬於西郊之北邙。河南新安縣千唐誌齋博物館藏石。未見拓本。首題：魏故假黃鉞太傅大司馬晉陽文獻王妃墓誌銘。

錄文著錄：

《全唐文補遺·千唐誌齋新藏專輯》444 頁。

碑目著錄：

《北朝隋代墓誌所在綜合目錄》編號 645。

備考：按該誌是以《東魏廣陽文獻王妃王令媛墓誌》為底本改刻。

### 東魏 013
冀州刺史楊鳳翔墓誌

東魏武定五年（547）五月廿四日。誌高 42、寬 35 釐米。文 18 行，滿行 20 字，正書。

碑目著錄：

《古誌新目初編·附偽作各目》4/11a，《新編》2/18/13738 上。

《六朝墓誌檢要》（修訂本）144 頁。（偽刻）

《漢魏南北朝墓誌彙編》偽誌（包括疑偽）目錄，61 頁。

趙振華：《近代洛陽復刻偽造墓誌述略》引郭玉堂《偽造石刻錄》，《洛陽銘刻文獻研究》773 頁。

### 東魏 014

元韶及妻侯氏合葬墓誌

或作"郭□韶墓誌"。孝昌三年（527）七月十一日終於故雒陽城南白馬里，夫人侯氏東魏武定六年（548）六月七日亡於中山縣敦行里，以八年（550）正月五日合葬於東都東北八里邙山之陽。曾歸河北定縣金石保存所。拓片高、寬均 45 釐米。文隸書，21 行，滿行 21 字。《六朝墓誌檢要》考證，其誌文與正始八年正月五日《郭達墓誌》同。

圖版著錄：

《北京圖書館藏中國歷代石刻拓本匯編》6 冊 160 頁。

《漢魏六朝碑刻校注》8 冊 114 頁。

錄文著錄：

《漢魏六朝碑刻校注》8 冊 115 頁。

《洛陽出土北魏墓誌選編》偽刻四九，211 頁。

碑目題跋著錄：

《石刻名彙》2/17b，《新編》2/2/1033 上。

《崇雅堂碑錄補》1/10a，《新編》2/6/4555 下。

《漢魏六朝碑刻校注·總目提要》編號 1973。（疑偽）

《增補校碑隨筆·偽刻》（修訂本）426 頁。

《六朝墓誌檢要》（修訂本）145、146 頁。（偽刻）

《漢魏南北朝墓誌彙編》偽誌（包括疑偽）目錄，61 頁。

趙振華：《近代洛陽復刻偽造墓誌述略》引郭玉堂《偽造石刻錄》，《洛陽銘刻文獻研究》773 頁。

備考：《六朝墓誌檢要》云"該誌與《郭達墓誌》同"，《北魏郭達墓誌》亦為偽誌。按：《元韶及妻侯氏墓誌》是以《隋郭達及妻侯氏墓誌》爲藍本改刻。

# 北　齊

### 北齊 001
麴夫人張氏墓誌

武定八年（550）十一月十九日卒於鄴都之顯義里舍，天保元年（550）十一月三日葬於漳津之南原，天保元年十月廿九日刊。誌高、寬均 39 釐米。文 22 行，滿行 22 字，正書。首題：魏故東徐史君麴公後夫人張氏之墓誌銘。

著錄：

《北朝藝術研究院藏品圖錄·墓誌》110—111 頁。（圖、文）

備考：據《北齊書》卷四《文宣帝高洋本紀》，夏五月，"改武定八年爲天保元年"，故武定八年與天保元年皆爲公元 550 年。然卒年月日卻在葬年月日之後，刊刻年月日又在卒年月日之前，疑偽。

### 北齊 002
法顯墓誌

北齊天統元年（565）十月。正書。

碑目著錄：

《古誌新目初編·附偽作各目》4/11a，《新編》2/18/13738 上。

### 北齊 003
趙通墓誌

北齊武平二年（571）六月四日。誌高 38.2、寬 40.6 釐米。文 14 行，滿行 16 字，正書。《校碑隨筆》云：與《楊松誌》銘詞雷同，且如出一手。

碑目題跋著錄：

《石刻名彙》2/20a，《新編》2/2/1034 下。（偽刻）

《古誌新目初編·附偽作各目》4/11a，《新編》2/18/13738 上。

《古誌彙目》1/10a，《新編》3/37/23。

《增補校碑隨筆·偽刻》（修訂本）418 頁。

《六朝墓誌檢要》（修訂本）161 頁。（偽刻）
《漢魏南北朝墓誌彙編》偽誌（包括疑偽）目錄，61 頁。
《碑帖鑒定》"新舊偽造各代石刻"，474 頁。

**北齊 004**

王早墓誌

北齊武平四年（573）二月六日。正書。

碑目題跋著錄：

《漢魏南北朝墓誌彙編》偽誌（包括疑偽）目錄，61 頁。
《增補校碑隨筆·偽刻》（修訂本）426 頁。
《六朝墓誌檢要》（修訂本）163 頁。（偽刻）

**北齊 005**

□韶（字叔胤）墓誌

北齊武定七年（549）寢疾而卒，武平六年（575）三月十八日窆於涼上村南舊陵。河南安陽出土，一說河南洛陽出土。誌高 55、寬 52 釐米。文正書，19 行，滿行 19 字。

圖版著錄：

《中國金石集萃》8 函 10 輯編號 98。

錄文著錄：

《漢魏南北朝墓誌彙編》470 頁。
《全北齊北周文補遺》143—144 頁。

碑目題跋著錄：

《石刻名彙》2/20b，《新編》2/2/1034 下。
《增補校碑隨筆·偽刻》（修訂本）426 頁。
《六朝墓誌檢要》（修訂本）（修订本）164 頁。
《漢魏六朝碑刻校注·總目提要》編號 2333。
《北朝隋代墓誌所在總合目錄》編號 972。

趙振華：《近代洛陽復刻偽造墓誌述略》引郭玉堂《偽造石刻錄》，《洛陽銘刻文獻研究》773 頁。

備考：按該誌是以《隋趙韶墓誌》為底本改刻。《偽造石刻錄》誤作

"武定六年"。

### 北齊 006
**北齊故文襄公魯郡太守墓**

北齊（550—577）。文正書，2 行，共 11 字。

碑目著錄：

《增補校碑隨筆·偽刻》（修訂本）426 頁。

# 北　周

### 北周 001
**王通墓誌**

又名：處士王君墓誌、諱通墓誌。遘疾終於私第，北周天和二年（567）十月窆於束城縣東五十里崇德鄉平原。清康熙九年秋，河北省河間縣束城鎮古墓出土。石高一尺六寸，廣一尺五寸五分。文正書，18 行，滿行 18 字。首題：大周處士王君墓誌銘。方若《校碑隨筆》云：與陳峻巖、劉桂二誌如出一手。

圖版著錄：

《漢魏六朝碑刻校注》10 冊 217 頁。

錄文著錄：

《古誌石華》3/10a－11a，《新編》2/2/1177 下—1178 上。

《續古文苑》16/22b－23b，《新編》4/2/248 下—249 上。

《全後周文》21/9b－10a，《全文》4 冊 3993 上—下。

《魯迅輯校石刻手稿·墓誌》下冊 131—132 頁。

《漢魏南北朝墓誌彙編》481—482 頁。

《漢魏六朝碑刻校注》10 冊 218 頁。

《全後周文補遺》20—21 頁。

碑目題跋著錄：

《補寰宇訪碑錄》2/17b，《新編》1/27/20214 上。

《金石彙目分編》3（2）/1a，《新編》1/27/20693 上。

《石刻題跋索引》152 頁右，《新編》1/30/22490。

《石刻名彙》2/21a，《新編》2/2/1035 上。

《古誌石華》3/11a，《新編》2/2/1178 上。

《崇雅堂碑錄》1/31a、2/7b，《新編》2/6/4499 上、4503 上。

（光緒）《畿輔通志·金石六》143/26a–b，《新編》2/11/8356 下。

《畿輔碑目》卷上/4a，《新編》2/20/14780 下。

《古誌彙目》1/10b，《新編》3/37/24。

《漢魏六朝志墓金石例》2/21a，《新編》3/40/414 上。

《魯迅輯校石刻手稿·墓誌》下冊 133—134 頁。附（乾隆）《河間府志》。

《增補校碑隨筆·偽刻》（修訂本）419 頁。

《六朝墓誌檢要》（修訂本）166 頁。（偽刻）

《漢魏南北朝墓誌彙編》偽誌（包括疑偽）目錄，61 頁。

《漢魏六朝碑刻校注·總目提要》編號 2398。

《碑帖鑒定》"新舊偽造各代石刻"，474 頁。

《北朝隋代墓誌所在總合目錄》編號 1055。

## 北周 002

劉桂墓誌

北周天和三年（568）七月。正書。

碑目題跋著錄：

《石刻名彙》2/21a，《新編》2/2/1035 上。（偽刻）

《古誌彙目》1/10b，《新編》3/37/24。

《增補校碑隨筆·偽刻》（修訂本）419 頁。

《六朝墓誌檢要》（修訂本）167 頁。（偽刻）

《漢魏南北朝墓誌彙編》偽誌（包括疑偽）目錄，61 頁。

《碑帖鑒定》"新舊偽造各代石刻"，474 頁。

## 北周 003

大都督楊林伯長孫夫人羅氏墓誌

夫人卒於長安洪固鄉，葬於萬年之壽里，北周天和四年（569）八月六日。誌 12 行，滿行 23 字，正書。

碑目著錄：

《石刻名彙》2/21a，《新編》2/2/1035 上。（偽刻）

（民國）《咸寧長安兩縣續志·金石考上》12/5b，《新編》3/31/517 上。

《國立北平圖書館藏碑目》13b，《新編》3/36/255 上。

《古誌彙目》1/10b，《新編》3/37/24。（偽刻）

《歷代墓誌銘拓片目錄》36 頁。

《增補校碑隨筆·偽刻》（修訂本）419、426 頁。

《六朝墓誌檢要》（修訂本）167 頁。（疑偽）

《漢魏南北朝墓誌彙編》偽誌（包括疑偽）目錄，61 頁。

《碑帖鑒定》"新舊偽造各代石刻"，474 頁。

《漢魏六朝碑刻校注·總目提要》編號 2410。（疑偽）

備考：該誌當是後人根據庾信所撰《長孫瑕夫人羅氏墓誌》改刻，文集中沒有具體的葬年，而拓本載葬年為天和四年八月六日。

### 北周 004

諸祿元墓誌

北周建德元年（572）。正書。

碑目題跋著錄：

《石刻名彙》2/21a，《新編》2/2/1035 上。

《古誌彙目》1/10b，《新編》3/37/24。

《碑帖鑒定》"新舊偽造各代石刻"，474 頁。

《增補校碑隨筆·偽刻》（修訂本）419 頁。

### 北周 005

建德六年墓誌殘石

北周建德六年（577）。拓片高 15、寬 26 釐米。文隸書，存 11 行，行最多存 6 字。

碑目著錄：

《北京大學圖書館藏歷代墓誌拓片目錄》編號 00698。（疑偽）

## 北朝無年號

**北朝無年號 001**

高夫人墓誌

北朝·魏（386—556）。

碑目著錄：

《古誌新目初編·附偽作各目》4/11a，《新編》2/18/13738 上。

**北朝無年號 002**

高永墓誌

北朝·魏（386—556）。

碑目著錄：

《古誌新目初編·附偽作各目》4/11a，《新編》2/18/13738 上。

**北朝無年號 003**

元統墓誌

北朝·魏（386—556）。

碑目著錄：

《古誌新目初編·附偽作各目》4/11a，《新編》2/18/13738 上。

**北朝無年號 004**

建威將軍北平太守王君墓磚

北朝·魏（386—556）。尺寸未詳。文正書，3 行，行 4 或 7 字。

圖版著錄：

《中國磚銘》圖版上冊 706 頁左。

備考：磚文中直接云"墓專"，極為罕見，暫置疑偽。

**北朝無年號 005**

高氏墓誌

無年代，《偽造石刻錄》置於北朝（386—581）。

碑目著錄：

趙振華：《近代洛陽復刻偽造墓誌述略》引郭玉堂《偽造石刻錄》，

《洛陽銘刻文獻研究》773 頁。

# 隋

**隋 001**

盧陵太守楊松墓誌

隋開皇二年（582）三月，《石刻名彙》作開皇三年三月。隸書。

碑目題跋著錄：

《石刻名彙》3/22a，《新編》2/2/1036 上。（偽刻）

《古誌新目初編·附偽作各目》4/11b，《新編》2/18/13738 上。

《古誌彙目》1/11a，《新編》3/37/25。

《碑帖鑒定》"新舊偽造各代石刻"，474 頁。

《增補校碑隨筆·偽刻》（修訂本）419 頁。

《隋代墓誌銘彙考·偽刻》6 冊 211 頁。

備考：《古誌新目初編》影印模糊，為《隋□墓誌》，據時間附錄於此。

**隋 002**

楊通墓誌

隋開皇元年（581）二月三日卒，開皇二年（582）四月六日葬於淄川城東八里。出土於山東省淄博市，出土時間不詳。誌高 43 釐米，寬 41 釐米。文 14 行，滿行 16 字，正書。首題：隋故盧陵太守楊府君墓誌銘。梁春勝考證，其當是以東魏《王偃墓誌》為藍本偽造。

著錄：

《北京圖書館藏中國歷代石刻拓本匯編》9 冊 3 頁。（圖）

《隋唐五代墓誌匯編·江蘇山東卷》1 頁。（圖）

《隋代墓誌銘彙考》1 冊 11—13 頁。（圖、文、跋）

《山東石刻分類全集·歷代墓誌》81 頁。（圖、文）

《全隋文補遺》2/83 上—下。（文）

《新出魏晉南北朝墓誌疏證》（修訂本）306 頁。（文、跋）

《石刻名彙》3/22a，《新編》2/2/1036 上。（目）
《崇雅堂碑錄》2/1a，《新編》2/6/4500 上。（目）
《齊魯碑刻墓誌研究》319—320、367 頁。（跋、目）
《北朝隋代墓誌所在總合目錄》編號 1215。（目）

論文：

梁春勝：《隋〈楊通墓誌〉辨僞》，《文獻》2015 年第 4 期。

## 隋 003

李亮墓誌

隋開皇三年（583）二月十一日葬於饒陽縣東十三里之甸。《增補校碑隨筆》作"十二月"，當有誤。河北饒陽縣出土。誌長 29.5、寬 32.5 釐米。文 13 行，滿行 14 字，正書。

著錄：

《隋代墓誌銘彙考·僞刻》6 冊 212—213 頁。（圖、跋）

《增補校碑隨筆·僞刻》（修訂本）426 頁。

## 隋 004

王克寬墓誌

隋開皇四年（584）五月。誌長 38、寬 37 釐米。文 12 行，滿行 16 字，正書。首題：隋故王公墓銘序。據《隋代墓誌銘彙考》所引拓本題簽，該誌姓氏及年款係從宋墓誌改刻。

著錄：

《隋代墓誌銘彙考·僞刻》6 冊 214—215 頁。（圖、跋）

## 隋 005

北齊參軍李勝墓誌

齊天保九年（558）三月二十九日卒於鄴城東北隅安仁里，隋開皇六年（586）正月三十日改葬於相州安陽城西北二十里野馬崗東北大塋城之內。尺寸不詳，文 20 行，滿行 20 字，隸書；蓋 3 行，行 3 字，篆書。蓋題：齊故參軍李君墓誌銘。

著錄：

《文化安豐》287—288 頁。（圖、文）

《北朝隋代墓誌所在總合目錄》編號1267。（目）

備考：此墓誌蓋為"齊故參軍李君墓誌銘"，可細讀誌文，實則是一女性墓誌，誌文云："室人諱勝鬘……有言有德，稟自性靈。女試女儀，□而不輟。"或者誌蓋弄錯？暫入疑偽墓誌。

**隋 006**

張通妻李氏墓誌

隋開皇十七年（597）三月。文19行，滿行19字，正書。《增補校碑隨筆》認為："按此石恐是偽作，乃集隋太僕卿元公墓誌字重刻"。

碑目題跋著錄：

《增補校碑隨筆》（修訂本）283頁。（疑偽）

《六朝墓誌檢要》（修訂本）186頁。（偽刻）

《隋代墓誌銘彙考·偽刻》6冊216頁。

**隋 007**

蕭直墓銘記

隋開皇□□年（581—600）二月。誌長18、寬25釐米。文8行，滿行7字，正書。誌歸吳縣潘氏、黃縣丁氏。

碑目題跋著錄：

《六朝墓誌檢要》（修訂本）190頁。（偽刻）

《隋代墓誌銘彙考·偽刻》6冊217頁。

**隋 008**

陳思道墓誌

隋大業二年（606）八月二十二日卒，九月五日葬於樂遊原上。陝西西安出土，曾歸延鴻閣，今存不詳。拓片長31、寬33釐米。文正書，13行，滿行13字。首題：隋□北地□□陳公墓□□。

圖版、錄文著錄：

《隋唐五代墓誌匯編·北京大學卷》1冊16頁。（圖）

《隋代墓誌銘彙考·存疑》6冊71—72頁。（圖、文）

《誌石文錄續編》16b–17a，《新編》2/19/13784下—13785上。（文）

碑目題跋著錄：

《石刻題跋索引》157 頁左,《新編》1/30/22495。

《石刻名彙》3/25a,《新編》2/2/1037 下。

《崇雅堂碑錄補》1/14a,《新編》2/6/4557 下。

《六朝墓誌檢要》(修訂本) 198 頁。

《隋代墓誌銘彙考·存疑》6 冊 73 頁。

《北朝隋代墓誌所在總合目錄》編號 1570。

《北京大學圖書館藏歷代墓誌拓片目錄》編號 00854。

論文:

周曉薇、王其禕:《〈陳思道墓誌〉之贗托》,見《片石千秋:隋代墓誌銘與隋代歷史文化》,第 93—96 頁。

## 隋 009

### 楊元卿妻陳氏墓誌

隋大業五年 (609) 六月廿六日卒於蔡州,以七月廿一日歸祔先塋於東京伊闕縣歸善鄉洰澗里西原。王玄質撰。拓本高、寬均 55 釐米。文 25 行,滿行 26 字,正書。王其禕考證,其是據唐代墓誌造偽。

著錄:

《隋代墓誌銘彙考·偽刻》6 冊 218—222 頁。(圖、跋)

論文:

王其禕:《洛陽新見偽刻隋楊公夫人潁川郡君墓誌辨識》,《收藏》2004 年第 8 期。

## 隋 010

### 東陽府膺揚郎將羊凝墓誌

隋大業六年 (610) 九月。洛陽出土。正書。

碑目題跋著錄:

《續補寰宇訪碑錄》8/7a,《新編》1/27/20348 上。

《石刻名彙》3/26a,《新編》2/2/1038 上。

《古誌新目初編》1/16b,《新編》2/18/13699 下。

趙振華:《近代洛陽復刻偽造墓誌述略》引郭玉堂《偽造石刻錄》,《洛陽銘刻文獻研究》773 頁。

## 隋 011

李肅墓誌

隋大業元年（605）十二月十六日遘疾薨於古孝安里，歲次壬申（八年）（612）二月十一日葬於平原縣西南源沙峻領，山東鄒平出土。誌長56、寬52釐米。文15行，滿行16字，正書。首題：隨故使持節都督鎮軍大將軍涼州諸軍事涼州刺史李君墓誌銘。劉本才考證，該誌係節錄摹刻唐先天元年《契苾明墓碑》而成。

圖版、錄文著錄：

《北京圖書館藏中國歷代石刻拓本匯編》10冊59頁。（圖）

《隋唐五代墓誌匯編·江蘇山東卷》8頁。（圖）

《隋代墓誌銘彙考》4冊205—206頁。（圖、文）

《山東石刻分類全集·歷代墓誌》110頁。（圖、文）

碑目題跋：

《石刻名彙》3/25a，《新編》2/2/1037下。

《崇雅堂碑錄》2/4b，《新編》2/6/4501下。

《六朝墓誌檢要》（修訂本）214頁。

《隋代墓誌銘彙考》4冊206頁、6冊128頁"存目"。

《北京大學圖書館藏歷代墓誌拓片目錄》編號00923。

《齊魯碑刻墓誌研究》"附表"369頁。

《北朝隋代墓誌所在總合目錄》編號1702。

趙振華：《近代洛陽復刻偽造墓誌述略》引郭玉堂《偽造石刻錄》，《洛陽銘刻文獻研究》773頁。（偽刻）

論文：

劉本才：《李肅墓誌辨偽》，《中國文字研究》2013年第1期。

## 隋 012

女子謝青蓮墓誌銘

大業九年（613）四月。正書。

碑目題跋著錄：

《古誌彙目》1/14b，《新編》3/37/32。

《碑帖鑒定》"新舊僞造各代石刻"，474 頁。
《隋代墓誌銘彙考·僞刻》6 冊 223 頁。
《增補校碑隨筆·僞刻》（修訂本）419 頁。

## 隋 013

### 賈玄贊墓誌

又名：賈元贊墓誌。隋大業十年（614）六月七日終於神都時邕里，其年六月廿二日葬於河南縣王寇村之西北原。河南洛陽出土，天津徐世昌舊藏，拓片長、寬均 50 釐米。文 21 行，滿行 22 字，正書。首題：大隋故朝散大夫行大學博士賈府君殯記。《芒洛冢墓遺文四編》云其改唐誌爲隋誌。王其禕等疑其全文翻刻并改字造僞。

圖版著錄：

《北京圖書館藏中國歷代石刻拓本匯編》10 冊 102 頁。

《隋唐五代墓誌匯編·洛陽卷》1 冊 117 頁。

《隋代墓誌銘彙考·僞刻》6 冊 224 頁。

錄文著錄：

《全隋文補遺》4/312 上—下。

碑目題跋著錄：

《芒洛冢墓遺文四編》3/67b，《新編》1/19/14243 上。（僞刻）

《石刻名彙》3/28a，《新編》2/2/1039 上。

《崇雅堂碑錄補》1/15b，《新編》2/6/4558 上。

《古誌新目初編·附僞作各目》4/11b，《新編》2/18/13738 上。

《增補校碑隨筆·僞刻》（修訂本）426 頁。

《六朝墓誌檢要》（修訂本）227 頁。

《金石論叢》"貞石證史·賈玄贊殯記辨僞"，104—105 頁。（僞刻）

《隋代墓誌銘彙考·僞刻》6 冊 225—227 頁。

《北朝隋代墓誌所在総合目錄》編號 1780。

論文：

周曉薇、王其禕：《鑿改僞造的〈賈玄贊墓誌〉》，《片石千秋：隋代墓誌銘與隋代歷史文化》，第 96—99 頁。

備考：《古誌新目初編》著錄為"六月二十三日"，誤。

**隋 014**

宋君妻王氏磚誌

隋義寧四年（620）。拓片長、寬均 38 釐米。文 11 行，滿行 13 字，正書。

圖版著錄：

《隋代墓誌銘彙考·偽刻》6 冊 229 頁。

碑目著錄：

《古誌彙目》1/15b，《新編》3/37/34。

《增補校碑隨筆·偽刻》（修訂本）419 頁。

《隋代墓誌銘彙考·偽刻》6 冊 230 頁。

《碑帖鑒定》"新舊偽造各代石刻"，475 頁。

# 引用書目

**一　總集、別集**

《漢魏六朝百三名家集》，（明）王溥輯，江蘇廣陵古籍刻印社影印，1990年。

《建安七子集校注》（修訂版），吳雲主編，天津古籍出版社2005年版。

《江文通集彙註》，（明）胡之驥註，李長路、趙威點校，中華書局1984年版。

《梁簡文帝集校注》，（南朝梁）蕭綱著，肖占鵬、董志廣校注，南開大學出版社，2015年版。

《陸機集》，金濤聲點校，中華書局1982年版。

《陸士衡文集校注》，劉運好校注，鳳凰出版社2007年版。

《潘黃門集校注》，王增文校注，中州古籍出版社2002年版。

《潘岳集校注》（修訂版），董志廣校注，天津古籍出版社2005年版。

《全北齊北周文補遺》（含《全北齊文補遺》和《全後周文補遺》兩部），韓理洲等輯校編年，三秦出版社2008年版。

《全北魏東魏西魏文補遺》，韓理洲等輯校編年，陝西出版傳媒集團、三秦出版社2010年版。

《全三國兩晉南朝文補遺》，韓理洲等輯校編年，陝西出版傳媒集團、三秦出版社2013年版。

《全上古三代秦漢三國六朝文》，（清）嚴可均輯，中華書局1958年版。

《全隋文補遺》，韓理洲輯校編年：三秦出版社 2004 年版。

《陶弘景集校注》，（南朝梁）陶弘景著，王京州校注，上海古籍出版社 2009 年版。

《文苑英華》，（宋）李昉等編，中華書局 1966 年版。

《謝宣城集校注》，（南朝齊）謝朓著，曹融南校注，上海古籍出版社 1991 年版。

《徐孝穆集》，（陳）徐陵撰，《四部叢刊初編》第 101 冊，上海書店 1989 年。

《徐孝穆集箋注》，《四庫全書》第 1064 冊，上海古籍出版社 1987 年版。

《藝文類聚》，（唐）歐陽詢撰，汪紹楹校，上海古籍出版社 1999 年第 2 版。

《庾開府集箋注》，（清）吳兆宜註，《四庫全書》第 1064 冊，上海古籍出版社 1987 年版。

《庾子山集注》，（北周）庾信撰，（清）倪璠注，許逸民校點，中華書局 1980 年版。

《庾子山集》，（北周）庾信撰，《四部叢刊初編》第 101 冊，上海書店 1989 年。

《庾子山集》，（清）倪璠纂注，《四庫全書》第 1064 冊，上海古籍出版社 1987 年版。

《越縵堂讀書記》，（清）李慈銘撰，由雲龍輯，商務印書館 1959 年版。

### 二、金石類書籍

1. 《石刻史料新編》四輯中所引用書籍

《愛吾廬題跋》，（清）呂世宜撰，《石刻史料新編》第二輯第 20 冊。

《安徽金石略》，（清）趙紹祖輯，《石刻史料新編》第一輯第 16 冊。

《安徽通志金石古物考稿》（引［民國］《安徽通志稿》），徐乃昌纂，《石刻史料新編》第三輯第 11 冊。

《安陽縣金石錄》，（清）武億輯，《石刻史料新編》第一輯第 18 冊。

《安陽縣金石錄》（引［嘉慶］《安陽縣志》），（清）武億撰，《石刻史料新編》第三輯第 28 冊。

《巴縣金石志》（引［民國］《巴縣志》），向楚纂，《石刻史料新編》第三輯第 15 冊。

《八瓊室金石補正》，（清）陸增祥編撰，《石刻史料新編》第一輯第 6-8 冊。

《八瓊室金石袪僞》，（清）陸增祥編撰，《石刻史料新編》第一輯第 8 冊。

《八瓊室金石札記》，（清）陸增祥編撰，《石刻史料新編》第一輯第 8 冊。

《半氈齋題跋》，（清）江藩撰，《石刻史料新編》第三輯第 38 冊。

《寶豐金石志》（引［嘉慶］《寶豐縣志》），（清）武億撰，《石刻史料新編》第三輯第 30 冊。

《寶刻叢編》，（宋）陳思纂輯，《石刻史料新編》第一輯第 24 冊。

《寶刻類編》，（宋）撰人不詳，《石刻史料新編》第一輯第 24 冊。

《寶鐵齋金石文跋尾》，（清）韓崇撰，《石刻史料新編》第二輯第 20 冊。

《寶鴨齋題跋》，（清）徐樹鈞撰，《石刻史料新編》第二輯第 19 冊。

《保定金石志》（引［光緒］《保定府志》），（清）張豫塏撰，《石刻史料新編》第三輯第 23 冊。

《曝書亭金石文字跋尾》，（清）朱彝尊撰，《石刻史料新編》第一輯第 25 冊。

《碑藪》，（明）陳鑑撰，《石刻史料新編》第二輯第 16 冊。

《碑帖跋》，梁啓超著，《石刻史料新編》第三輯第 38 冊，又見於第四輯第 7 冊。

《柏鄉金石志》（引［民國］《柏鄉縣志》），牛寶善纂，《石刻史料新編》第三輯第 25 冊。

《亳州金石志》（引［光緒］《亳州志》），（清）袁登庸撰，《石刻史料新編》第三輯第 12 冊。

《補寰宇訪碑錄》，（清）趙之謙纂輯，《石刻史料新編》第一輯第

27 冊。

《補寰宇訪碑錄刊誤》羅振玉撰，《石刻史料新編》第一輯第 27 冊。

《補寰宇訪碑錄校勘記》，（清）劉聲木撰，《石刻史料新編》第一輯第 27 冊。

《蒼潤軒玄牘記》，（明）盛時泰撰，《石刻史料新編》第二輯第 2 冊。

《蒼潤軒碑跋紀》，（明）盛時泰撰，《石刻史料新編》第二輯第 18 冊。

《草隸存》，鄒安輯，《石刻史料新編》第四輯第 3 冊。

《長興碑版志》（引［乾隆］《長興縣志》），（清）吳棻撰，《石刻史料新編》第三輯第 8 冊。

《長興碑碣志》（引［同治］《長興縣志》），（清）丁寶書撰，《石刻史料新編》第三輯第 8 冊。

《長治金石志》（引［光緒］《長治縣志》，（清）楊篤纂，《石刻史料新編》第三輯第 31 冊。

《長子金石志》（引［光緒］《長子縣志》），（清）楊篤纂，《石刻史料新編》第三輯第 31 冊。

《常山貞石志》，（清）沈濤輯，《石刻史料新編》第一輯第 18 冊。

《常昭金石合志》（引［民國］《重修常昭合志》），丁祖蔭纂，《石刻史料新編》第三輯第 5 冊。

《成都金石志》（引［嘉慶］《成都縣志》），（清）衷以壎撰，《石刻史料新編》第三輯第 14 冊。

《成都金石志》（引［同治］《重修成都縣志》），（清）衷興鑑纂，《石刻史料新編》第三輯第 14 冊。

《澄城金石志》（引［咸豐］《澄城縣志》），（清）韓亞熊撰，《石刻史料新編》第三輯第 32 冊。

《崇雅堂碑錄》，甘鵬雲編，《石刻史料新編》第二輯第 6 冊。

《大名金石志》（引［民國］《大名縣志》，洪家祿纂，《石刻史料新編》第三輯第 24 冊。

《大邑金石志》（引［民國］《大邑縣志》），鍾毓靈纂，《石刻史料新編》第三輯第 15 冊。

《大竹金石志》（引［道光］《大竹縣志》），（清）劉漢昭撰，《石刻史料新編》第三輯第 15 冊。

《岱巖訪古日記》，（清）黃易撰，《石刻史料新編》第三輯第 28 冊。

《丹徒金石摭餘》（引［民國］《丹徒縣志摭餘》），李丙榮撰，《石刻史料新編》第三輯第 5 冊。

《丹陽金石續志》（引［民國］《丹陽縣續志》），胡為和修，《石刻史料新編》第三輯第 5 冊。

《德安金石附志》（引［光緒］《德安府志》），（清）劉國光纂，《石刻史料新編》第三輯第 13 冊。

《德縣金石志》（引［民國］《德縣志》，董瑤林纂，《石刻史料新編》第三輯第 26 冊。

《登封金石錄》（引［乾隆］《登封縣志》），（清）陸繼萼纂，《石刻史料新編》第三輯第 29 冊。

《登州金石志》（引［光緒］《增修登州府志》，（清）周悅讓撰，《石刻史料新編》第三輯第 27 冊。

《砥齋題跋》，（清）王宏撰，《石刻史料新編》第三輯第 38 冊。

《滇南古金石錄》，（清）阮福輯，《石刻史料新編》第一輯第 17 冊。

《電白金石志》（引［道光］《重修電白縣志》）（清）葉廷芳撰，《石刻史料新編》第三輯第 22 冊。

《定縣金石志餘》（引［民國］《定縣志》），賈恩紱纂，《石刻史料新編》第三輯第 24 冊。

《定襄金石考》，牛誠修輯，《石刻史料新編》第二輯第 13 冊。

《定興金石志》（引［光緒］《定興縣志》），（清）楊晨纂，《石刻史料新編》第三輯第 23 冊。

《定庵題跋》，由雲龍撰，《石刻史料新編》第二輯第 19 冊。

《東都冢墓遺文》，羅振玉輯，《石刻史料新編》第一輯第 18 冊。

《東阿金石志》（引［道光］《東阿縣志》），（清）吳怡纂，《石刻史料新編》第三輯第 27 冊。

《東觀餘論》，（宋）黃伯思撰，《石刻史料新編》第三輯第 40 冊。

《東平金石志》（引［光緒］《東平州志》），（清）盧崟撰，《石刻史料新編》第三輯第 26 冊。

《東平金石志》（引［民國］《東平縣志》，劉靖宇纂，《石刻史料新編》第三輯第 26 冊。

《東平金石志》（引［乾隆］《東平州志》），（清）胡彥昇撰，《石刻史料新編》第三輯第 26 冊。

《東洲草堂金石跋》，（清）何紹基撰，《石刻史料新編》第三輯第 38 冊。

《獨笑齋金石文攷》，（清）鄭業斆撰，《石刻史料新編》第二輯第 16 冊。

《讀碑小識》，茫子撰，《石刻史料新編》第三輯第 40 冊。

《讀漢碑》，（清）俞樾撰，《石刻史料新編》第三輯第 2 冊。

《讀石墨餘馨後記》，朱鼎榮撰，《石刻史料新編》第三輯第 35 冊。

《二銘草堂金石聚》，（清）張德容撰，《石刻史料新編》第二輯第 3 冊。

《范氏天一閣碑目》，（清）錢大昕編，《石刻史料新編》第二輯第 20 冊。

《芳堅館題跋》，（清）郭尚先撰，《石刻史料新編》第四輯第 6 冊。

《非見齋審定六朝正書碑目》，（清）譚獻編，《石刻史料新編》第三輯第 36 冊。

《肥城金石志》（引［嘉慶］《肥城縣新志》），（清）曾冠英撰，《石刻史料新編》第三輯第 27 冊。

《費縣金石志》（引［光緒］《費縣志》），（清）李敬修纂，《石刻史料新編》第三輯第 26 冊。

《分隸偶存》，（清）萬經撰，《石刻史料新編》第四輯第 1 冊。

《奉節金石志》（引［光緒］《奉節縣志》），（清）楊德坤纂，《石刻史料新編》第三輯第 15 冊。

《佛金山館秦漢碑跋》，牟房撰，《石刻史料新編》第三輯第 38 冊。

《佛山忠義金石志》（引［民國］《佛山忠義鄉志》），冼寶幹撰，《石刻史料新編》第三輯第 21 冊。

《涪州碑記目》，（引〔同治〕《重修涪州志》），（清）王應元撰，《石刻史料新編》第三輯第 15 冊。

《富平金石志稿》（引〔光緒〕《富平縣志稿》），（清）譚麐纂，《石刻史料新編》第三輯第 31 冊。

《富順金石志》（引〔同治〕《富順縣志》），（清）呂上珍撰，《石刻史料新編》第三輯第 16 冊。

《甘泉碑碣志》（引〔乾隆〕《甘泉縣志》），（清）厲鶚撰，《石刻史料新編》第三輯第 6 冊。

《甘泉碑碣志》（引〔光緒〕《增修甘泉縣志》），（清）徐成歗纂，《石刻史料新編》第三輯第 6 冊。

《甘肅新碑記》（引〔光緒〕《甘肅新通志》，（清）安維峻纂，《石刻史料新編》第三輯第 32 冊。

《高昌專錄》，羅振玉輯，《石刻史料新編》第三輯第 32 冊。

《高句麗好太王碑》，楊守敬輯，《石刻史料新編》第四輯第 2 冊。

《庚子銷夏記》，（清）孫承澤撰，《石刻史料新編》第四輯第 6 冊。

《鞏縣金石志》（引〔乾隆〕《鞏縣志》），（清）張紫峴撰，《石刻史料新編》第三輯第 30 冊。

《鞏縣金石志》（引〔民國〕《鞏縣志》），張仲友纂，《石刻史料新編》第三輯第 30 冊。

《古今碑帖考》，（明）朱長文撰，《石刻史料新編》第二輯第 18 冊。

《古今書刻》，（明）周弘祖編，《石刻史料新編》第四輯第 1 冊。

《古刻叢鈔》，（元）陶宗儀撰，《石刻史料新編》第一輯第 10 冊。

《古墨齋金石跋》，（清）趙紹祖輯，《石刻史料新編》第二輯第 19 冊。

《古器物識小錄》，羅振玉撰，《石刻史料新編》第四輯第 10 冊。

《古泉山館金石文編殘稿》，（清）瞿中溶撰，《石刻史料新編》第二輯第 3 冊。

《古石抱守錄》，鄒安編，《石刻史料新編》第三輯第 1 冊。

《古文苑》，（宋）章樵注，《石刻史料新編》第四輯第 1 冊。

《古誌彙目》，顧燮光撰，《石刻史料新編》第三輯第 37 冊。

《古誌石華》，（清）黃本驥撰，《石刻史料新編》第二輯第 2 冊。

《古誌石華續編》，（清）毛鳳枝編，《石刻史料新編》第二輯第 2 冊。

《古誌新目初編》，顧燮光輯，《石刻史料新編》第二輯第 18 冊。

《關中金石文字存逸考》，（清）毛鳳枝撰，《石刻史料新編》第二輯第 14 冊。

《關中金石記》，（清）畢沅撰，《石刻史料新編》第二輯第 14 冊。

《關中石刻文字新編》，（清）毛鳳枝編，《石刻史料新編》第一輯第 22 冊。

《灌縣金石志》（引［光緒］《增修灌縣志》），（清）鄭珶山纂，《石刻史料新編》第三輯第 15 冊。

《廣安金石新志》（引［光緒］《廣安州新志》），（清）周克堃纂，《石刻史料新編》第三輯第 16 冊。

《廣倉專錄》，鄒安輯，《石刻史料新編》第四輯第 10 冊。

《廣川書跋》，（宋）董逌撰，《石刻史料新編》第三輯第 38 冊。

《廣東攷古輯要》，（清）周廣，《石刻史料新編》第二輯第 15 冊。

《廣東金石略》（引［道光］《廣東通志》），（清）陳昌齊纂，《石刻史料新編》第三輯第 20 冊。

《廣平金石略》（引［光緒］《重修廣平府志》），（清）胡景桂纂，《石刻史料新編》第三輯第 25 冊。

《廣州金石志》（引［光緒］《廣州府志》），（清）史澄纂，《石刻史料新編》第三輯第 21 冊。

《歸德金石文字志》（引［乾隆］《歸德府志》），（清）查岐昌撰，《石刻史料新編》第三輯第 28 冊。

《桂陽碑銘志》（引［同治］《桂陽直隸州志》），（清）王闓運撰，《石刻史料新編》第三輯第 14 冊。

《國立北平圖書館藏碑目》，國立北平圖書館編，《石刻史料新編》第三輯第 36 冊。

《海東金石存攷》，（清）劉喜海撰，《石刻史料新編》第一輯第 26 冊。

《海東金石苑》，（清）劉喜海輯，《石刻史料新編》第一輯第 23 冊、第二輯第 15 冊。

《海東金石苑補遺》，劉承幹輯，《石刻史料新編》第一輯第 23 冊。

《海陵金石略》，陸銓編，《石刻史料新編》第二輯第 9 冊。

《海寧金石志稿》（引［民國］《海寧州志》），（清）朱錫恩撰，《石刻史料新編》第三輯第 7 冊。

《海外貞珉錄》，羅振玉輯，《石刻史料新編》第四輯第 1 冊。

《海州金石志》（引［嘉慶］《海州直隸州志》），（清）汪梅鼎撰，《石刻史料新編》第三輯第 7 冊。

《函青閣金石記》，（清）楊鐸撰，《石刻史料新編》第二輯第 6 冊。

《寒山堂金石林時地攷》，（明）趙均撰，《石刻史料新編》第三輯第 34 冊。

《寒山金石林部目》，（明）趙靈均編，《石刻史料新編》第三輯第 36 冊。

《含經堂碑目》，（清）不著撰人，《石刻史料新編》第三輯第 37 冊。

《漢碑錄文》，（清）馬邦玉輯，《石刻史料新編》第二輯第 8 冊。

《漢碑大觀》，（清）錢泳摹，《石刻史料新編》第二輯第 8 冊。

《漢隸拾遺》，（清）王念孫輯，《石刻史料新編》第三輯第 2 冊。

《漢劉熊碑》，不著撰人，《石刻史料新編》第三輯第 2 冊。

《漢劉熊碑攷》，顧燮光撰，《石刻史料新編》第三輯第 35 冊。

《漢孟孝琚碑題跋》，袁嘉穀等撰，《石刻史料新編》第二輯第 20 冊。

《漢石存目》，（清）王懿榮纂，《石刻史料新編》第三輯第 37 冊。

《漢石經室金石跋尾》，（清）沈樹鏞撰，《石刻史料新編》第三輯第 38 冊。

《漢魏碑考》，（清）萬經著，陳洙校，《石刻史料新編》第三輯第 35 冊。

《漢魏南北朝墓誌集釋》，趙萬里編，《石刻史料新編》第三輯第 3－4 冊。

《杭州金石志》（引［乾隆］《杭州府志》），（清）邵晉涵撰，《石刻史料新編》第三輯第 7 冊。

《杭州金石志》（引［民國］《杭州府志》），（清）李榕纂，《石刻史料新編》第三輯第 7 冊。

《蒿里遺文目錄》，羅振玉編，《石刻史料新編》第二輯第 20 冊。

《蒿里遺文目錄續編》，羅振玉撰，《石刻史料新編》第三輯第 37 冊。

《合江金石志》（引［同治］《合江縣志》），（清）羅增垣撰，《石刻史料新編》第三輯第 16 冊。

《合江金石志》（引［民國］《合江縣志》），張聞文纂，《石刻史料新編》第三輯第 16 冊。

《河南金石志》（引［乾隆］《河南府志》），（清）童鈺纂，《石刻史料新編》第三輯第 28 冊。

《河南圖書館藏石目》，李根源編，《石刻史料新編》第三輯第 36 冊。

《河內金石志》（引［道光］《河內縣志》），（清）方履籛輯，《石刻史料新編》第三輯第 29 冊。

《河朔訪古記》，（元）納新撰，《石刻史料新編》第三輯第 25 冊。

《河朔訪古隨筆》，顧燮光撰，《石刻史料新編》第二輯第 12 冊。

《河朔訪古新錄》，顧燮光撰，《石刻史料新編》第二輯第 12 冊。

《河朔新碑目》，顧燮光撰，《石刻史料新編》第三輯第 35 冊。

《衡山金石志》（引［光緒］《衡山縣志》），（清）文嶽英纂，《石刻史料新編》第三輯第 14 冊。

《洪雅金石志》（引［嘉慶］《洪雅縣志》），（清）張柱撰，《石刻史料新編》第三輯第 15 冊。

《紅藕齋漢碑彙鈔集跋》，（清）孟慶雲撰，《石刻史料新編》第三輯第 38 冊。

《湖北金石通志》（引［嘉慶］《湖北通志》），（清）陳詩撰，《石刻史料新編》第三輯第 13 冊。

《湖北金石志》，（清）張仲炘輯，《石刻史料新編》第一輯第 16 冊。

《湖南金石志》（引［光緒］《湖南通志》），（清）郭嵩燾纂，《石刻史料新編》第二輯第 11 冊。

《湖州金石略》（引［同治］《湖州府志》），（清）周學濬撰，《石刻史料新編》第三輯第 8 冊。

《鄂縣金石志》（引［民國］《重修鄂縣志》），段光世纂，《石刻史料新編》第三輯第 31 冊。

《華陽金石志》（引［嘉慶］《華陽縣志》），（清）潘時彤撰，《石刻史料新編》第三輯第 14 冊。

《華陽金石志》（引［民國］《華陽縣志》），曾鑑修，《石刻史料新編》第三輯第 15 冊。

《滑縣金石錄》（引［民国］重修《滑縣縣志》），王蒲園纂，《石刻史料新編》第三輯第 29 冊。

《化州金石志》（引［光緒］《化州志》），（清）彭步瀛纂，《石刻史料新編》第三輯第 22 冊。

《話雨樓碑帖目錄》，（清）王鯤編，《石刻史料新編》第三輯第 36 冊。

《懷慶金石志》（引［乾隆］新修《懷慶府志》，（清）洪亮吉纂，《石刻史料新編》第三輯第 28 冊。

《懷岷精舍金石跋尾》，（清）李宗蓮撰，《石刻史料新編》第二輯第 19 冊。

《淮陽藝文附志》（引［民國］《淮陽縣志》），朱撰卿纂，《石刻史料新編》第三輯第 28 冊。

《淮陰金石僅存錄》，羅振玉輯，《石刻史料新編》第二輯第 9 冊。

《洹洛訪古記》，羅振常著，《石刻史料新編》第三輯第 29 冊。

《寰宇訪碑錄》，（清）孫星衍撰，《石刻史料新編》第一輯第 26 冊。

《寰宇訪碑錄刊謬》，羅振玉撰，《石刻史料新編》第一輯第 26 冊。

《寰宇訪碑錄校勘記》，劉聲木撰，《石刻史料新編》第一輯第 27 冊。

《寰宇貞石圖目錄》，沈勤廬、陳子彝同編，《石刻史料新編》第二輯第 20 冊。

《黃州金石志》（引［光緒］《黃州府志》），（清）鄧琛纂，《石刻史料新編》第三輯第 13 冊。

《彙堂摘奇》，（明）王佐撰，《石刻史料新編》第三輯第 1 冊。

《獲嘉金石志》（引［民國］《獲嘉縣志》），鄒古愚纂，《石刻史料新編》第三輯第 28 冊。

《畿輔碑目》、《畿輔待訪碑目》，（清）樊彬輯，《石刻史料新編》第二輯第 20 冊。

《畿輔金石志》（引［光緒］《畿輔通志》），（清）繆荃孫撰，《石刻史料新編》第二輯第 11 冊。

《激素飛清閣評碑記》，楊守敬撰，《石刻史料新編》第四輯第 1 冊。

《集古錄跋尾》，（宋）歐陽修撰，《石刻史料新編》第一輯第 24 冊。

《集古錄目》，（宋）歐陽棐撰，（清）繆荃孫校輯，《石刻史料新編》第一輯第 24 冊。

《集古求真》，歐陽輔編，《石刻史料新編》第一輯第 11 冊。

《集古求真補正》，歐陽輔編，《石刻史料新編》第一輯第 11 冊。

《集古求真續編》，歐陽輔編，《石刻史料新編》第一輯第 11 冊。

《集古錄補目補》，陳漢章撰，《石刻史料新編》第二輯第 20 冊。

《吉林金石表》，（清）曹溶撰，《石刻史料新編》第二輯第 20 冊。

《濟南金石志》，（清）馮雲鵷撰，《石刻史料新編》第二輯第 13 冊。

《濟寧碑目志》（引［咸豐］《濟寧直隸州續志》），（清）盧朝安纂，《石刻史料新編》第三輯第 26 冊。

《濟寧碑目續志》（引［民國］《濟寧直隸州續志》），袁紹昂纂，《石刻史料新編》第三輯第 26 冊。

《濟州金石志》，（清）徐宗幹輯，《石刻史料新編》第二輯第 13 冊。

《續語堂碑錄》，（清）魏錫曾撰，《石刻史料新編》第二輯第 1 冊。

《續語堂題跋》，（清）魏錫曾撰，《石刻史料新編》第三輯第 38 冊。

《嘉祥金石志》（引［光緒］《嘉祥縣志》，（清）官擢午撰，《石刻史料新編》第三輯第 26 冊。

《嘉興金石志》（引［光緒］《嘉興府志》），（清）吳仰賢纂，《石刻史料新編》第三輯第 7 冊。

《夾江金石志》（引［嘉慶］《夾江縣志》），（清）王佐撰，《石刻史料新編》第三輯第 15 冊。

《簡州碑目志》（引［咸豐］《簡州志》），（清）陳治安撰，《石刻史料新編》第三輯第 15 冊。

《江寧金石記》，附《江寧金石待訪目》，（清）嚴觀編，《石刻史料新編》第一輯第13冊。

《江寧金石志》（引[嘉慶]《重刊江寧府志》），（清）呂燕照修，《石刻史料新編》第三輯第5冊。

《江寧金石志》（引[同治]《續纂江寧府志》），（清）蔣啓勛撰，《石刻史料新編》第三輯第5冊。

《江寧金石待訪錄》，（清）孫馮翼撰，《石刻史料新編》第三輯第5冊。

《江蘇金石志》（引[民國]《江蘇通志稿》），江蘇通志局編，《石刻史料新編》第一輯第13冊。

《江西金石目》，（清）繆荃孫撰，《石刻史料新編》第三輯第35冊。

《江夏金石志》（引[同治]《江夏縣志》），（清）彭崧毓纂，《石刻史料新編》第三輯第13冊。

《絳縣碑志》（引[光緒]《絳縣志》），（清）胡延纂，《石刻史料新編》第三輯第31冊。

《校碑隨筆》，（清）方若著，《石刻史料新編》第二輯第17冊。

《介休金石考》（引[民國]《介休縣志》），董重纂，《石刻史料新編》第三輯第31冊。

《金華金石志》（引[光緒]《金華縣志》），（清）鄧鍾玉撰，《石刻史料新編》第三輯第10冊。

《金薤琳琅》，（明）都穆編，《石刻史料新編》第一輯第10冊。

《金薤琳琅補遺》，宋振譽補，《石刻史料新編》第一輯第10冊。

《金陵碑碣新志》（引[至正]《金陵新志》），（元）張鉉撰，《石刻史料新編》第三輯第5冊。

《金陵古金石考目》，（清）顧起元編，《石刻史料新編》第三輯第35冊。

《金石備考》，（明）來濬輯，《石刻史料新編》第四輯第1冊。

《金石筆識》，（清）莫友芝編，《石刻史料新編》第四輯第7冊。

《金石萃編》，（清）王昶撰，《石刻史料新編》第一輯第1冊。

《金石萃編補遺》，（清）毛鳳枝撰，《石刻史料新編》第二輯第2冊。

《金石萃編補略》,(清)王言撰,《石刻史料新編》第一輯第 5 冊。

《金石萃編補目》,(清)黃本驥撰,《石刻史料新編》第三輯第 37 冊。

《金石萃編補正》,(清)方履籛編,《石刻史料新編》第一輯第 5 冊。

《金石萃編校字記》,羅振玉編,《石刻史料新編》第二輯第 17 冊。

《金石萃編未刻稿》,羅振玉編,《石刻史料新編》第一輯第 5 冊。

《金石存》,(清)吳玉搢編,李調元校,《石刻史料新編》第一輯第 9 冊。

《金石古文》,(明)楊慎輯,《石刻史料新編》第一輯第 12 冊。

《金石彙目分編》,(清)吳式芬撰,《石刻史料新編》第一輯第 27、28 冊。

《金石經眼錄》,(清)褚峻摹,牛運震說,《石刻史料新編》第四輯第 10 冊。

《金石例補》,郭麐撰,《石刻史料新編》第二輯第 17 冊。

《金石錄》,(宋)趙明誠,《石刻史料新編》第一輯第 12 冊。

《金石錄跋》,(宋)曾鞏撰,《石刻史料新編》第三輯第 38 冊。

《金石錄補》,(清)葉奕苞編,《石刻史料新編》第一輯第 12 冊。

《金石錄續跋》,葉九來撰,《石刻史料新編》第二輯第 18 冊。

《金石略》,(宋)鄭樵撰,《石刻史料新編》第一輯第 24 冊。

《金石契》,(清)張燕昌輯,《石刻史料新編》第二輯第 6 冊。

《金石史》,(明)郭宗昌撰,《石刻史料新編》第三輯第 39 冊。

《金石圖》,(清)褚峻摹,牛運震說,《石刻史料新編》第四輯第 10 冊。

《金石圖說》,(清)牛運震集說,劉世珩重編,《石刻史料新編》第二輯第 2 冊

《金石文鈔》,(清)趙紹祖輯,《石刻史料新編》第二輯第 7 冊。

《金石文考略》,(清)李光暎撰,《石刻史料新編》第三輯第 34 冊。

《金石文字辨異補編》,楊紹廉撰,《石刻史料新編》第二輯第 18 冊。

《金石文字集拓》,(清)莫繩孫編,《石刻史料新編》第三輯第

1冊。

《金石文字記》，（清）顧炎武編，《石刻史料新編》第一輯第12冊。

《金石小箋》，（清）葉奕苞撰，《石刻史料新編》第三輯第39冊。

《金石屑》，（清）鮑昌熙摹，《石刻史料新編》第二輯第6冊。

《金石續編》，（清）陸耀遹纂，陸增祥校訂，《石刻史料新編》第一輯第4冊。

《金石續錄》，劉青藜編，《石刻史料新編》第一輯第5冊。

《金石學講義》，陸和九撰，《石刻史料新編》第三輯第39冊。

《金石學錄》，（清）李遇孫輯，《石刻史料新編》第二輯第17冊。

《金石餘論》，（清）李遇孫撰，《石刻史料新編》第三輯第40冊。

《金石苑》，（清）劉喜海編，《石刻史料新編》第一輯第9冊。

《金石苑目》，（清）姚覲元編，《石刻史料新編》第二輯第20冊。

《京畿金石考》，（清）孫星衍撰，《石刻史料新編》第二輯第12冊。

《京畿冢墓遺文》，羅振玉校錄，《石刻史料新編》第一輯第18冊。

《荊南石刻三種》，（清）劉瀚編，《石刻史料新編》第二輯第10冊。

《荊南萃古編》，（清）周懋琦、劉瀚同輯，《石刻史料新編》第二輯第10冊。

《荊溪碑刻志》（引［嘉慶］《重刊荊溪縣志》），（清）寧楷纂，《石刻史料新編》第三輯第6冊。

《涇陽金石略》（引［道光］《涇陽縣志》），（清）蔣湘南纂，《石刻史料新編》第三輯第31冊。

《九江金石志》（引［同治］《九江府志》），（清）黃鳳樓纂，《石刻史料新編》第三輯第12冊。

《九鐘精舍金石跋尾甲編》，（清）吳士鑑著，《石刻史料新編》第四輯第7冊。

《句容金石記》，（清）楊世沅，《石刻史料新編》第二輯第9冊。

《鉅野金石志》（引［道光］《鉅野縣志》），（清）黃維翰撰，《石刻史料新編》第三輯第26冊。

《均州藝文志》（引［光緒］《續輯均州志》），（清）賈洪詔撰，《石刻史料新編》第三輯第13冊。

《濬縣金石錄》，（清）熊象階纂，《石刻史料新編》第二輯第 14 冊。

《開有益齋金石文字記》，（清）朱緒曾編，《石刻史料新編》第二輯第 8 冊。

《會稽碑刻志》（引［嘉泰］《會稽志》），（宋）施宿撰，《石刻史料新編》第三輯第 8 冊。

《夔州金石志》（引［道光］《夔州府志》），（清）劉德銓撰，《石刻史料新編》第三輯第 15 冊。

《來齋金石刻考略》，（清）林侗撰，《石刻史料新編》第二輯第 8 冊。

《樂昌金石志》（引［民國］《樂昌縣志》），陳宗瀛纂，《石刻史料新編》第三輯第 22 冊。

《樂山金石志》（引［民國］《樂山縣志》），黃鎔撰，《石刻史料新編》第三輯第 15 冊。

《隸辨》，（清）顧藹吉撰，《石刻史料新編》第二輯第 17 冊。

《隸釋》，（宋）洪适編，《石刻史料新編》第一輯第 9 冊。

《隸釋刊誤》，（清）黃丕烈撰，《石刻史料新編》第一輯第 9 冊。

《隸釋刊誤》（汪本），（清）黃丕烈撰，《石刻史料新編》第三輯第 37 冊。

《隸續》，（宋）洪适編，《石刻史料新編》第一輯第 10 冊。

《隸韻》、（隸韻攷證），（宋）劉球撰，（清）翁方綱攷證，《石刻史料新編》第二輯第 17 冊。

《溧水碑碣志》（引［光緒］《溧水縣志》），（清）傅觀光修，《石刻史料新編》第三輯第 5 冊。

《溧陽碑志》（引［嘉慶］《溧陽縣志》），（清）史炳撰，《石刻史料新編》第三輯第 5 冊。

《歷城金石考》（引［乾隆］《歷城縣志》），（清）李文藻撰，《石刻史料新編》第三輯第 25 冊。

《歷城金石續考》（引［民國］《續修歷城縣志》），（清）夏曾德纂，《石刻史料新編》第三輯第 25 冊。

《兩漢金石記》，（清）翁方綱編，《石刻史料新編》第一輯第 10 冊。

《兩浙金石志》，（清）阮元編，《石刻史料新編》第一輯第 14 冊。

《兩浙金石別錄》，（清）顧燮光輯，《石刻史料新編》第三輯第 10 冊。

《兩浙冢墓遺文》，附補遺，羅振玉輯，《石刻史料新編》第一輯第 15 冊。

《遼居稿》，羅振玉輯，《石刻史料新編》第四輯第 1 冊。

《臨晉金石記》（引〔民國〕《臨晉縣志》），（清）趙意空纂，《石刻史料新編》第三輯第 31 冊。

《臨朐金石續志》（引〔民國〕《臨朐續志》），劉仞千纂，《石刻史料新編》第三輯第 28 冊。

《臨邑金石志》（引〔道光〕《臨邑縣志》），（清）沈淮撰，《石刻史料新編》第三輯第 26 冊。

《臨淄金石志》（引〔民國〕《臨淄縣志》），舒孝先纂，《石刻史料新編》第三輯第 27 冊。

《鄰蘇老人手書題跋》，楊守敬撰，《石刻史料新編》第四輯第 7 冊。

《陵縣金石續志》（引〔民國〕《陵縣續志》），劉蔭岐纂，《石刻史料新編》第三輯第 26 冊。

《六朝墓誌菁英二編》，羅振玉輯，《石刻史料新編》第四輯第 3 冊。

《六藝之一錄》，（清）倪濤撰，《石刻史料新編》第四輯第 4—6 冊。

《隴右金石錄》，張維編，《石刻史料新編》第一輯第 21 冊。

《廬州金石志》（引〔光緒〕《續修廬州府志》），（清）林之望纂，《石刻史料新編》第三輯第 10 冊。

《魯學齋金石文跋尾》，延齡撰，《石刻史料新編》第三輯第 38 冊。

《鹿邑金石志》（引〔乾隆〕《鹿邑縣志》），（清）許莢撰，《石刻史料新編》第三輯第 28 冊。

《潞城金石記》（引〔光緒〕《潞城縣志》），（清）楊篤撰，《石刻史料新編》第三輯第 31 冊。

《菉竹堂碑目》，（明）葉盛撰，《石刻史料新編》第三輯第 37 冊。

《洛陽存古閣藏石目》，羅振玉撰，《石刻史料新編》第三輯第 36 冊。

《洛陽金石錄》（引〔嘉慶〕《洛陽縣志》），（清）魏襄撰，《石刻史料新編》第三輯第 29 冊。

《洛陽石刻錄》，常茂徠輯，《石刻史料新編》第一輯第 27 冊。

《滿洲金石志》附別錄，羅福頤輯，《石刻史料新編》第一輯第 23 冊。

《芒洛冢墓遺文》，羅振玉輯，《石刻史料新編》第一輯第 19 冊。

《芒洛冢墓遺文續編》，羅振玉輯，《石刻史料新編》第一輯第 19 冊。

《芒洛冢墓遺文三編》，羅振玉輯，《石刻史料新編》第一輯第 19 冊。

《芒洛冢墓遺文四編》，羅振玉輯，《石刻史料新編》第一輯第 19 冊。

《夢碧簃石言》，（清）顧燮光撰，《石刻史料新編》第三輯第 2 冊。

《孟縣金石志》（引［乾隆］《孟縣志》），（清）馮敏昌撰，《石刻史料新編》第三輯第 29 冊。

《孟縣金石志》（引［民國］《孟縣志》），阮藩濟修，《石刻史料新編》第三輯第 29 冊。

《綿陽金石志》（引［民國］《綿陽縣志》），蒲殿欽纂，《石刻史料新編》第三輯第 15 冊。

《閿鄉金石志》（引［民國］《新修閿鄉縣志》），韓嘉會撰，《石刻史料新編》第三輯第 29 冊。

《摹廬金石記》，陳直撰，《石刻史料新編》第二輯第 6 冊。

《墨池編》，（宋）朱長文編，《石刻史料新編》第四輯第 9 冊。

《墨華通考》，（明）王應遴撰，《石刻史料新編》第二輯第 6 冊。

《墨妙亭碑目考》，（清）張鑑撰，《石刻史料新編》第三輯第 35 冊。

《南北響堂寺及其附近石刻目錄》，何士驥、劉厚滋編，《石刻史料新編》第三輯第 36 冊。

《南充金石志》（引［民國］《南充縣志》），王荃善撰，《石刻史料新編》第三輯第 16 冊。

《南海金石略》（引［同治］《南海縣志》），（清）梁紹獻纂，《石刻史料新編》第三輯第 21 冊。

《南皮 金石志》（引［民國］《南皮縣志》），劉樹鑫纂，《石刻史料新編》第三輯第 23 冊。

《南陽金石志》（引［光緒］《南陽縣志》），（清）張嘉謀纂，《石刻史料新編》第三輯第 30 冊。

《佩文齋書畫譜·金石》，康熙四十七年敕撰，《石刻史料新編》第三輯第 2 冊。

《沛縣碑碣志》（引［民國］《沛縣志》），趙錫蕃纂，《石刻史料新編》第三輯第 6 冊。

《邳州古跡志》（引［咸豐］《邳州志》），（清）魯一同纂，《石刻史料新編》第三輯第 6 冊。

《平安館藏碑目》，（清）葉志詵撰，《石刻史料新編》第二輯第 18 冊。

《平度金石志》（引［道光］《重修平度州志》），（清）李圖撰，《石刻史料新編》第三輯第 27 冊。

《平湖金石志》（引［光緒］《平湖縣志》），（清）葉廉鍔纂，《石刻史料新編》第三輯第 7 冊。

《平津讀碑記》附續一卷再續一卷三續二卷，（清）洪頤煊撰，《石刻史料新編》第一輯第 26 冊。

《平津館金石萃編》，（清）嚴可均撰，《石刻史料新編》第二輯第 4 冊。

《平陽古蹟志》（引［雍正］《平陽府志》），（清）范安治撰，《石刻史料新編》第三輯第 31 冊。

《平陽金石志》（引［民國］《平陽縣志》），劉紹寬撰，《石刻史料新編》第三輯第 10 冊。

《潛研堂金石文字跋尾》，（清）錢大昕撰，《石刻史料新編》第一輯第 25 冊。

《犍為金石志》（引［嘉慶］《犍為縣志》），（清）王夢庚撰，《石刻史料新編》第三輯第 15 冊。

《乾州金石志稿》（引［光緒］《乾州志稿》，（清）周銘旂纂，《石刻史料新編》第三輯第 32 冊。

《清儀閣題跋》，（清）張廷濟撰，《石刻史料新編》第二輯第 19 冊。

《清儀閣金石題識》，（清）張廷濟撰，陳其榮輯，《石刻史料新編》第四輯第 7 冊。

《清儀閣雜詠》，（清）張廷濟撰，《石刻史料新編》第四輯第 9 冊。

《邛州金石志》（引［嘉慶］《邛州直隸州志》）（清）王來遴撰，《石刻史料新編》第三輯第 15 冊。

《求古錄》，（清）顧炎武編，《石刻史料新編》第三輯第 2 冊。

《求是齋碑跋》，（清）丁紹基輯，《石刻史料新編》第二輯第 19 冊。

《求恕齋碑錄》，（清）不著編人，《石刻史料新編》第三輯第 2 冊。

《曲阜碑碣考》，孔祥霖輯，《石刻史料新編》第二輯第 13 冊。

《曲阜金石志》（引［民國］《續修曲阜縣志》），李經野纂，《石刻史料新編》第三輯第 26 冊。

《曲阜金石志》（引［乾隆］《曲阜縣志》），（清）潘相纂，《石刻史料新編》第三輯第 26 冊。

《曲陽金石錄》（引［光緒］《重修曲陽縣志》），（清）董濤撰，《石刻史料新編》第三輯第 24 冊。

《渠縣金石志》（引［同治］《渠縣志》），（清）賈振鱗撰，《石刻史料新編》第三輯第 15 冊。

《全椒碑刻志》（引［民國］《全椒縣志》），江克讓纂，《石刻史料新編》第三輯第 12 冊。

《壬癸己庚丁戊金石跋》，楊守敬撰，《石刻史料新編》第四輯第 7 冊。

《汝陽藝文志》（引［康熙］《汝陽縣志》），（清）邱天英撰，《石刻史料新編》第三輯第 30 冊。

《山東金石志》（引［宣統］山東通志），（清）孫葆田等撰，《石刻史料新編》第二輯第 12 冊。

《山西碑碣志》（引［雍正］《山西通志》），（清）覺羅石麟修，《石刻史料新編》第三輯第 30 冊。

《山西金石記》（引［光绪］《山西通志》），（清）王軒撰，《石刻史料新編》第三輯第 30 冊。

《山陰碑刻志》（引［嘉慶］《山陰縣志》），（清）朱文翰撰，《石刻史料新編》第三輯第 9 冊。

《山右訪碑記》，（清）魯燮光著，《石刻史料新編》第三輯第 30 冊。

《山右金石錄》，（清）夏寶晉撰，《石刻史料新編》第二輯第 12 冊。

《山右石刻叢編》，（清）胡聘之輯，《石刻史料新編》第一輯第 20 冊。

《山右冢墓遺文》，羅振玉輯，《石刻史料新編》第一輯第 21 冊。

《山左碑目》，（清）段松苓輯，《石刻史料新編》第二輯第 20 冊。

《山左訪碑錄》，（清）法偉堂輯，《石刻史料新編》第二輯第 12 冊。

《山左金石志》，（清）畢沅輯，《石刻史料新編》第一輯第 19 冊。

《山左南北朝石刻存目》，（清）尹彭壽撰，《石刻史料新編》第二輯第 20 冊。

《山左冢墓遺文》，羅振玉輯，《石刻史料新編》第一輯第 20 冊。

《陝西金石志》（引［民國］《續修陝西通志稿》），武樹善編，《石刻史料新編》第一輯第 22 冊。

《陝縣金石志》（引［民國］《陝縣志》），韓嘉會纂，《石刻史料新編》第三輯第 29 冊。

《上江金石志》（引［同治］《上江兩縣志》），（清）莫祥芝撰，《石刻史料新編》第三輯第 5 冊。

《上清真人許長史舊館壇碑》，（清）顧沅鉤，《石刻史料新編》第三輯第 2 冊。

《上虞金石志續稿》（引［光緒］《上虞縣志校續》），（清）徐致靖纂，《石刻史料新編》第三輯第 9 冊。

《紹興金石志》（引［乾隆］《绍兴府志》），（清）平恕撰，《石刻史料新編》第三輯第 9 冊。

《射洪金石志》（引［嘉慶］《射洪縣志》），（清）聶厚盟撰，《石刻史料新編》第三輯第 16 冊。

《射洪金石志》（引［光緒］《射洪縣志》），（清）張尚滋纂，《石刻史料新編》第三輯第 16 冊。

《歙縣金石志》，葉為銘輯，《石刻史料新編》第一輯第 16 冊。

《深州金石記》（引［同治］《深州風土記》），（清）吳汝綸纂，《石刻史料新編》第三輯第 24 冊。

《嵊縣金石志》（引［同治］《嵊縣志》），（清）蔡以瑺纂，《石刻史料新編》第三輯第9冊。

《石經閣金石跋文》，（清）馮登府撰，《石刻史料新編》第二輯第19冊。

《石刻名彙》，黃立猷集彙，《石刻史料新編》第二輯第2冊。

《石刻題跋索引》，楊殿珣撰，《石刻史料新編》第一輯第30冊。

《石交錄》，羅振玉撰，《石刻史料新編》第四輯第6冊。

《石門碑醳》，（清）王森文撰，《石刻史料新編》第三輯第2冊。

《石門金石志》（引［嘉慶］《石門縣志》），（清）潘文輅撰，《石刻史料新編》第三輯第7冊。

《石墨考異》，（清）嚴蔚撰，《石刻史料新編》第二輯第16冊。

《石墨鐫華》，（明）趙崡撰，《石刻史料新編》第一輯第25冊。

《石墨餘馨》，俞陛雲撰，《石刻史料新編》第三輯第35冊。

《石墨餘馨續編》，俞陛雲撰，《石刻史料新編》第三輯第35冊。

《石目》，（清）不著撰人，《石刻史料新編》第三輯第36冊。

《石泉書屋金石題跋》，（清）李佐賢撰，《石刻史料新編》第二輯第19冊。

《十二硯齋金石過眼錄》，（清）汪鋆編，《石刻史料新編》第一輯第10冊。

《壽光金石志》（引［民國］《壽光縣志》），鄒允中纂，《石刻史料新編》第三輯第27冊。

《壽州金石志》（引［光緒］《壽州志》），（清）葛蔭南撰，《石刻史料新編》第三輯第12冊。

《授堂金石跋》（含《授堂金石三跋》和《授堂金石文字續跋》），（清）武億著，《石刻史料新編》第一輯第25冊。

《蜀碑記》，（宋）王象之撰，胡鳳丹、月樵校刊，《石刻史料新編》第三輯第16冊。

《蜀碑記補》，（清）李調元撰，《石刻史料新編》第二輯第12冊。

《順天金石志》（引［光緒］《順天府志》），（清）繆荃孫撰，《石刻史料新編》第二輯第12冊。

《順義金石志》（引［民國］《順義縣志》），楊得馨纂，《石刻史料新編》第三輯第23冊。

《四川金石志》（引［嘉慶］《四川通志》），（清）楊芳燦撰，《石刻史料新編》第三輯第14冊。

《汜水金石志》（引［民國］《汜水縣志》），趙東階纂，《石刻史料新編》第三輯第28冊。

《嵩洛訪碑日記》，（清）黃易撰，《石刻史料新編》第三輯第29冊。

《嵩陽石刻集記》、《紀遺》，（清）葉封撰，《石刻史料新編》第二輯第14冊。

《松江金石志》（引［嘉慶］《松江府志》），（清）宋如林修，《石刻史料新編》第三輯第5冊。

《蘇齋題跋》，（清）翁方綱撰，《石刻史料新編》第三輯第38冊。

《蘇州金石志》（引［道光］《蘇州府志》），（清）石韞玉撰，《石刻史料新編》第三輯第5冊。

《蘇州金石志》（引［同治］《蘇州府志》），（清）馮桂芬纂，《石刻史料新編》第三輯第5冊。

《隨軒金石文字》，（清）徐渭仁撰，《石刻史料新編》第二輯第8冊。

《隋唐石刻拾遺》，（清）黃本驥撰，《石刻史料新編》第二輯第14冊。

《隋徐智竦墓誌考》，王文燾撰，《石刻史料新編》第三輯第35冊。

《台州金石志》（引［光緒］《台州府志》），王舟瑤撰，《石刻史料新編》第三輯第9冊。

《台州金石錄》附甄錄五卷闕訪四卷，（清）黃瑞輯，《石刻史料新編》第一輯第15冊。

《太康金目志》（引［民國］《太康縣志》），劉盼遂纂，《石刻史料新編》第三輯第28冊。

《太平石刻續志》（引［光緒］《太平續志》），（清）王棻纂，《石刻史料新編》第三輯第9冊。

《唐風樓金石文字跋尾》，羅振玉撰，《石刻史料新編》第一輯第26冊。

《唐山碑記》（引［光緒］《唐山縣志》），（清）杜翯撰，《石刻史料新編》第三輯第 25 冊。

《陶齋金石文字跋尾》，（清）翁大年撰，《石刻史料新編》第一輯第 26 冊。

《匋齋藏石記》，（清）端方編，《石刻史料新編》第一輯第 11 冊。

《匋齋藏甎記》，（清）端方編，《石刻史料新編》第一輯第 11 冊。

《題嵩洛訪碑圖》，（清）翁方綱撰，《石刻史料新編》第三輯第 29 冊。

《天壤閣雜記》，（清）王懿榮撰，《石刻史料新編》第三輯第 35 冊。

《天下金石志》，（明）于奕正撰，《石刻史料新編》第二輯第 2 冊。

《鐵華盦金石錄補》，（清）吳大澂撰，《石刻史料新編》第二輯第 18 冊。

《鐵函齋書跋》，（清）楊賓撰，《石刻史料新編》第二輯第 18 冊。

《鐵橋金石跋》，（清）嚴可均撰，《石刻史料新編》第一輯第 25 冊。

《潼川金石志》（引［光緒］《新修潼川府志》），（清）王龍勳撰，《石刻史料新編》第三輯第 16 冊。

《同州金石志》（引［咸豐］《同州府志》），（清）蔣湘南撰，《石刻史料新編》第三輯第 31 冊。

《同州金石志》（引［乾隆］《同州府志》），（清）吳泰來撰，《石刻史料新編》第三輯第 31 冊。

《退庵金石書畫跋》，（清）梁章鉅撰，《石刻史料新編》第四輯第 7 冊。

《退庵題跋》，（清）梁章鉅撰，《石刻史料新編》第二輯第 20 冊。

《完縣金石志》（引［民國］《完縣新志》），彭作楨纂，《石刻史料新編》第三輯第 23 冊。

《望堂金石初集》、二集，（清）楊守敬撰，《石刻史料新編》第二輯第 4 冊。

《望都金石志》（引［民國］《望都縣志》），王德乾纂，《石刻史料新編》第三輯第 15 冊。

《尉氏金石附志》（引［道光］《尉氏縣志》），（清）王觀潮撰，《石刻史料新編》第三輯第 28 冊。

《渭南金石志》（引［光緒］《新續渭南縣志》），（清）焦聯甲撰，《石刻史料新編》第三輯第 31 冊。

《魏晉石存目》，（清）尹彭壽纂，羅振玉校補，《石刻史料新編》第三輯第 37 冊。

《聞喜金石志》（引［民國］《聞喜縣志》），楊戟田撰，《石刻史料新編》第三輯第 31 冊。

《烏程碑碣志》（引［乾隆］《烏程縣志》），（清）張燾撰，《石刻史料新編》第三輯第 8 冊。

《烏程金石志》（引［光緒］《烏程縣志》），（清）汪曰楨撰，《石刻史料新編》第三輯第 8 冊。

《無極金石志》（引［民國］《重修無極縣志》），王重民纂，《石刻史料新編》第三輯第 24 冊。

《吳愙齋尺牘》，（清）吳大澂撰，《石刻史料新編》第四輯第 9 冊。

《吳下冢墓遺文》，（明）都穆編，《石刻史料新編》第二輯第 9 冊。

《吳縣金石考》（引［民國］《吳縣志》），曹允源纂，《石刻史料新編》第三輯第 6 冊。

《吳興金石記》，（清）陸心源輯，《石刻史料新編》第一輯第 14 冊。

《吳興金石徵》（引［天啟］《吳興備志》），（明）董斯張撰，《石刻史料新編》第三輯第 7 輯。

《武進陽湖金石合志》（引［道光］《武進陽湖縣合志》），（清）李兆洛撰，《石刻史料新編》第三輯第 6 冊。

《武進陽湖金石志》（引［光緒］《武進陽湖縣志》），（清）湯成烈撰，《石刻史料新編》第三輯第 6 冊。

《武鄉金石志》（引［康熙］《武鄉縣志》），（清）高鉷撰，《石刻史料新編》第三輯第 31 冊。

《武陟碑碣志》（引［道光］《武陟縣志》），（清）方履籛纂，《石刻史料新編》第三輯第 28 冊。

《西安金石志》（引［乾隆］《西安府志》），（清）嚴長明纂，《石刻史料新編》第三輯第 31 冊。

《西陲石刻錄》，羅振玉集錄，《石刻史料新編》第二輯第 15 冊。

《息縣圮墓志》（引［嘉慶］《息縣志》），（清）任鎮及撰，《石刻史料新編》第三輯第 30 冊。

《希古樓金石萃編》，劉承幹撰，《石刻史料新編》第一輯第 5 冊。

《僊居金石志》（引［光緒］《僊居志》，（清）王棻纂，《石刻史料新編》第三輯第 9 冊。

《咸寧金石志》（引［嘉慶］《咸寧縣志》），（清）陸耀遹纂，《石刻史料新編》第三輯第 31 冊。

《咸寧長安金石續考》（引［民國］《咸寧長安兩縣續志》），宋聯奎纂，《石刻史料新編》第三輯第 31 冊。

《獻縣金石志》（引［民國］《獻縣志》），（清）張鼎彝撰，《石刻史料新編》第三輯第 23 冊。

《鄉寧金石記》（引［民國］《鄉寧縣志》），（清）趙意空纂，《石刻史料新編》第三輯第 31 冊。

《襄陽金石志》（引［光緒］《襄陽府志》），（清）王萬芳纂，《石刻史料新編》第三輯第 13 冊。

《襄陽冢墓遺文補遺》，羅振玉輯，《石刻史料新編》第一輯第 16 冊。

《香南精舍金石契》，（清）覺羅崇恩撰，《石刻史料新編》第二輯第 6 冊。

《祥符金石志》（引［光緒］《祥符縣志》），（清）黃舒昺撰，《石刻史料新編》第三輯第 28 冊。

《小蓬萊閣金石文字》，（清）黃秋盦輯，《石刻史料新編》第三輯第 1 冊。

《寫禮廎讀碑記》，（清）王頌蔚撰，《石刻史料新編》第三輯第 40 冊。

《新疆訪古錄》，（清）王樹枏編，《石刻史料新編》第二輯第 15 冊。

《新疆金石志》（引［宣統］《新疆圖志》），（清）王樹枏纂，《石刻史料新編》第三輯第 32 冊。

《辛巳金石偶譚》，柯昌泗撰，《石刻史料新編》第三輯第 40 冊。

《新鄭金石志》（引［乾隆］《新鄭縣志》），（清）黃本誠撰，《石刻史料新編》第三輯第 28 冊。

《興平金石志》（引［乾隆］《興平縣志》），（清）張塤纂，《石刻史料新編》第三輯第 31 冊。

《修武金石志》（引［道光］《修武縣志》，（清）孔繼中撰，《石刻史料新編》第三輯第 29 冊。

《修武金石志》（引［民國］《修武縣志》），蕭國楨纂，《石刻史料新編》第三輯第 29 冊。

《虛舟題跋》，（清）王澍撰，宋澤元訂，《石刻史料新編》第四輯第 6 冊。

《徐州碑碣志》（引［同治］《徐州府志》），（清）劉庠纂，《石刻史料新編》第三輯第 6 冊。

《許昌金石志》（引［民國］《許昌縣志》），張庭馥纂，《石刻史料新編》第三輯第 28 冊。

《許州金石志》（引［道光］《許州志》），（清）蕭元吉撰，《石刻史料新編》第三輯第 28 冊。

《續補寰宇訪碑錄》，（清）劉聲木撰，《石刻史料新編》第一輯第 27 冊。

《續古文苑》，（清）孫星衍撰，《石刻史料新編》第四輯第 2 冊。

《續校碑隨筆》，（清）方若著，《石刻史料新編》第二輯第 17 冊。

《敘州冢墓附志》（引［光緒］《敘州府志》），（清）邱晉成撰，《石刻史料新編》第三輯第 15 冊。

《玄牘記》，（明）盛時泰撰，《石刻史料新編》第三輯第 40 冊。

《雪堂金石文字跋尾》，羅振玉輯，《石刻史料新編》第三輯第 38 冊。

《雪堂所藏金石文字簿錄》，羅振玉撰，《石刻史料新編》第四輯第 7 冊。

《循園金石文字跋尾》，范壽銘撰，《石刻史料新編》第二輯第 20 冊。

《循園古冢遺文跋尾》六卷附《元氏誌錄》，范壽銘著，顧燮光編校，《石刻史料新編》第三輯第 38 冊。

《鄢陵金石志》（引［道光］《鄢陵縣志》），（清）洪符孫撰，《石刻史料新編》第三輯第 28 冊。

《鄢陵金石志》（引［民國］《鄢陵縣志》），蘇寶謙撰，《石刻史料新編》第三輯第 28 冊。

《鹽山金石志》（引［同治］《鹽山縣志》），（清）潘震乙撰，《石刻史料新編》第三輯第 23 冊。

《鹽山金石新篇》（引［民國］《鹽山新志》），孫毓琇撰，《石刻史料新編》第三輯第 23 冊。

《鄄城金石篇》（引［民國］《鄄城縣記》），陳金臺纂，《石刻史料新編》第三輯第 28 冊。

《偃師金石記》，（清）武億纂，武木淳編，《石刻史料新編》第二輯第 14 冊。

《偃師金石遺文記》，（清）武億撰，《石刻史料新編》第二輯第 14 冊。

《弇州墨刻跋》，（明）王世貞著，《石刻史料新編》第四輯第 6 冊。

《燕庭金石叢稿》，（清）劉喜海撰，《石刻史料新編》第三輯第 32 冊。

《揚州金石志》（引［嘉慶］《重修揚州府志》），（清）姚文田纂，《石刻史料新編》第三輯第 6 冊。

《陽武金石志》（引［民國］《陽武縣志》），耿愔纂，《石刻史料新編》第三輯第 29 冊。

《掖縣碑志》）（引［乾隆］《掖縣志》），（清）于始瞻纂，《石刻史料新編》第三輯第 27 冊。

《宜祿堂收藏金石記》，（清）朱士端撰，《石刻史料新編》第二輯第 5 冊。

《宜祿堂金石記》，（清）朱士端編，《石刻史料新編》第二輯第 6 冊。

《宜興碑刻志》（引［嘉慶］《重刊宜興縣舊志》），（清）寧楷纂，《石刻史料新編》第三輯第 6 冊。

《宜興荊溪金石考》（引［光緒］《宜興荊溪縣新志》），（清）吳景牆修，《石刻史料新編》第三輯第 6 冊。

《宜陽金石志》（引［光緒］《宜陽縣志》），（清）劉占卿纂，《石刻史料新編》第三輯第 29 冊。

《億年堂金石記》，陳邦福撰，《石刻史料新編》第二輯第 6 冊。

《益都金石記》，（清）段松苓輯，《石刻史料新編》第一輯第 20 冊。

《益都金石志》（引［光緒］《益都縣圖志》），（清）法偉堂撰，《石刻史料新編》第三輯第 27 冊。

《藝風堂金石文字目》，（清）繆荃孫撰，《石刻史料新編》第一輯第 26 冊。

《義門題跋》，（清）何焯撰，《石刻史料新編》第三輯第 38 冊。

《隱綠軒題識》，（清）陳奕禧撰，《石刻史料新編》第三輯第 38 冊。

《雍州金石記》附"記餘"，（清）朱楓著、李錫齡校刊，《石刻史料新編》第一輯第 23 冊。

《永年碑碣志》（引［光緒］《永年縣志》），（清）夏詒鈺纂，《石刻史料新編》第三輯第 25 冊。

《永州金石略》（引［道光］《永州府志》），（清）宗績辰纂，《石刻史料新編》第三輯第 14 冊。

《有萬憙齋石刻跋》，（清）傅以禮著，《石刻史料新編》第三輯第 38 冊。

《語石》，（清）葉昌熾撰，《石刻史料新編》第二輯第 16 冊。

《輿地碑記目》，（宋）王象之撰，《石刻史料新編》第一輯第 24 冊。

《餘杭碑碣志》（引［嘉慶］《餘杭縣志》），（清）朱文藻纂，《石刻史料新編》第三輯第 7 冊。

《餘姚金石志》（引［光緒］《餘姚縣志》），（清）孫德祖撰，《石刻史料新編》第三輯第 9 冊。

《元豐題跋》，（宋）曾鞏撰，《石刻史料新編》第一輯第 24 冊。

《元豐類藁金石錄跋》，（宋）曾鞏撰，《石刻史料新編》第三輯第 38 冊。

《元魏滎陽鄭文公摩崖碑跋》，（清）諸可寶撰，《石刻史料新編》第三輯第 38 冊。

《越中金石記》，（清）杜春生，《石刻史料新編》第二輯第 10 冊。

《粵東金石略》，（清）翁方綱輯，《石刻史料新編》第一輯第 17 冊。

《粵西得碑記》，（清）楊翰撰，《石刻史料新編》第二輯第 15 冊。

《粵西金石略》,(清)謝啟昆輯,《石刻史料新編》第一輯第 17 冊。

《雲南金石志》(引[光緒]《雲南通志》),(清)王文韶撰,《石刻史料新編》第三輯第 23 冊。

《雲南金石志稿》(引[光緒]《續雲南通志稿》),(清)唐烱纂,《石刻史料新編》第三輯第 23 冊。

《雲臺金石新志》(引[道光]《雲臺新志》),(清)許喬林纂,《石刻史料新編》第三輯第 7 冊。

《雲陽金石志》(引[咸豐]《雲陽縣志》),(清)陳崑撰,《石刻史料新編》第三輯第 15 冊。

《再續寰宇訪碑錄校勘記》,劉聲木撰,《石刻史料新編》第一輯第 27 冊。

《棗陽金石志》(引[民國]《棗陽縣志》),王榮先纂,《石刻史料新編》第三輯第 13 冊。

《湛園題跋》,(清)姜宸英撰,《石刻史料新編》第三輯第 38 冊。

《張氏吉金貞石錄》,(清)張塤輯,《石刻史料新編》第一輯第 12 冊。

《昭通金石志》(引[民國]《昭通縣志》),符廷銓纂,《石刻史料新編》第三輯第 23 冊。

《昭通金石志稿》(引[民國]《昭通縣志稿》),盧金錫纂,《石刻史料新編》第三輯第 23 冊。

《浙江碑碣通志》(引[雍正]《敕修浙江通志》),(清)沈翼機撰,《石刻史料新編》第三輯第 7 冊。

《貞松堂集古遺文》,羅振玉撰,《石刻史料新編》第四輯第 3 冊。

《枕經堂金石題跋》,(清)方朔撰,《石刻史料新編》第二輯第 19 冊。

《鎮江府志金石》,(清)撰者缺,《石刻史料新編》第二輯第 9 冊。

《正定金石志》(引[光緒]《正定縣志》),(清)趙文濂撰,《石刻史料新編》第三輯第 24 冊。

《誌石文錄》,吳鼎昌編,《石刻史料新編》第二輯第 19 冊。

《中州金石記》,(清)畢沅輯,《石刻史料新編》第一輯第 18 冊。

《中州金石考》，（清）黃叔璥編，《石刻史料新編》第一輯第 18 冊。

《中州金石目》，（清）姚晏編，《石刻史料新編》第三輯第 36 冊。

《中州金石目錄》，（清）楊鐸輯，《石刻史料新編》第二輯第 20 冊。

《中州冢墓遺文》，羅振玉撰，《石刻史料新編》第三輯第 30 冊。

《諸城金石考》（引［乾隆］《諸城縣志》），（清）李文藻纂，《石刻史料新編》第三輯第 28 冊。

《諸城金石續考》（引［光緒］《增修諸城縣續志》），（清）邱漋恪纂，《石刻史料新編》第三輯第 28 冊。

《諸暨金石志》（引［光緒］《諸暨縣志》），（清）蔣鴻藻撰，《石刻史料新編》第三輯第 9 冊。

《諸史碑銘錄目》，（清）陸雅浦撰，《石刻史料新編》第三輯第 37 冊。

《竹崦盦金石目錄》，（清）趙魏撰，《石刻史料新編》第二輯第 20 冊；第三輯第 37 冊。

《竹雲題跋》，（清）王澍撰，《石刻史料新編》第二輯第 19 冊。

《甄文考略》，宋經畬撰，《石刻史料新編》第四輯第 2 冊。

《拙存堂題跋》，（清）蔣衡撰，《石刻史料新編》第三輯第 38 冊。

《資州金石志》（引［光緒］《資州直隸州志》），（清）何衮撰，《石刻史料新編》第三輯第 16 冊。

《資陽金石考》（引［咸豐］《資陽縣志》），（清）何華元纂，《石刻史料新編》第三輯第 16 冊。

《滋陽金石志》（引［光緒］《滋陽縣志》），（清）李兆霖纂，《石刻史料新編》第三輯第 26 冊。

《鄒縣金石續志》（引［光緒］《鄒縣續志》），（清）錢橒纂，《石刻史料新編》第三輯第 26 冊。

《遵義金石志》（引［道光］《遵義府志》），（清）鄭珍纂，《石刻史料新編》第三輯第 23 冊。

2. 其它金石書籍

《安陽墓誌選編》，安陽市文物考古研究所等編著，科學出版社 2015 年版。

《保定出土墓誌選註》，侯璐主編，河北美術出版社2003年版。

《碑帖鑒定》，馬子雲、施安昌著，廣西師範大學出版社1993年版。

《碑帖敘錄》，楊震方編著，上海古籍出版社1982年版。

《北朝隋代墓誌所在總合目錄》，梶山智史，東京：汲古書院2013年版。

《北京大學圖書館藏徐國衛捐贈石刻拓本選編》，胡海帆、湯燕編，上海人民出版社2007年版。

《北京大學圖書館藏歷代墓誌拓片目錄》，胡海帆、湯燕等編，上海古籍出版社2013年版。

《北京大學圖書館新藏金石拓本菁華》（1996－2012），胡海帆、湯燕編，北京大學出版社2012年版。

《北京圖書館藏中國歷代石刻拓本匯編》第1－10冊，北京圖書館金石組編，中州古籍出版社1989年版。

《北山金石錄》，施蟄存著，華東師範大學出版社2012年版。

《北山談藝錄續編》，施蟄存著，文匯出版社2001年版。

《北魏皇家墓誌二十品》，天津人民美術出版社編，天津人民美術出版社2003年版。

《滄州出土墓誌》，滄州市文物局編，科學出版社2007年版。

《長安碑刻》，吳敏霞編，陝西人民出版社2014年版。

《長安高陽原新出土隋唐墓誌》，李明、劉呆運、李舉綱主編，文物出版社2016年版。

《長安新出墓誌》，西安市長安博物館編，文物出版社2011年版。

《成都出土歷代墓銘券文圖錄綜釋》，劉雨茂、榮遠大編著，文物出版社2012年版。

《大唐西市博物館藏墓誌》，胡戟、榮新江主編，北京大學出版社2012年版。

《東漢刑徒磚拓存》，王木鐸、王沛著，國家圖書館出版社2011年版。

《讀碑小箋》，羅振玉著，《羅振玉學術論著集》第三集，上海古籍出版社2013年版。

《遯盦古塼存》,(清)吳隱著,賈貴榮、張愛芳選編:《歷代陶文研究資料選刊》下冊,北京圖書館出版社 2005 年版。

《房山墓誌》,陳亞洲著,北京市房山區文物管理所印製,2006 年版。

《風引薤歌:陝西歷史博物館藏墓誌萃編》,陝西歷史博物館編,陝西師範大學出版社 2017 年版。

《高陵碑石》,董國柱編著,三秦出版社 1993 年版。

《古刻新詮》,程章燦著,中華書局 2009 年版。

《古石刻零拾》,容庚撰,中華書局 2012 年版。

《固原歷代碑刻選編》,寧夏固原博物館編,寧夏人民出版社 2010 年版。

《故宮博物院藏歷代墓誌彙編》,故宮博物院編,郭玉海、方斌主編,紫禁城出版社 2010 年版。

《桂林石刻總集輯校》,杜海軍輯校,中華書局 2013 年版。

《漢碑集釋》(修訂本),高文著,河南大學出版社 1997 年第 2 版。

《漢碑全集》,徐玉立主編,河南美術出版社 2006 年版。

《漢代武氏墓群石刻研究》(修訂本),蔣英炬、吳文祺編著,人民美術出版社 2014 年版。

《漢隸字源》,(宋)婁機撰,四部叢刊四編經部第 13 冊,中國書店 2016 年版。

《漢魏六朝碑刻校注》,毛遠明編,線裝書局 2008 年版。

《漢魏六朝塼文》,王樹枏著,賈貴榮、張愛芳選編:《歷代陶文研究資料選刊》下冊,北京圖書館出版社 2005 年版。

《漢魏洛陽故城南郊東漢刑徒墓地》,中國社會科學院考古研究所編著,文物出版社 2007 年版。

《漢魏南北朝墓誌彙編》,趙超著,天津古籍出版社 2008 年版。

《漢魏石刻文學考釋》,葉程義著,臺北:新文豐出版公司 1997 年版。

《漢魏石刻文字繫年》,饒宗頤主編,劉昭瑞著,臺北:新文豐出版公司 2001 年版。

《蒿里遺珍考釋》,羅振玉著,《羅振玉學術論著集》第三集,上海古籍出版社 2013 年版。

《河北金石輯錄》，石永士、王素芳、裴淑蘭編，河北人民出版社 1993 年版。

《河東出土墓誌錄》，李百勤執筆，山西人民出版社 1994 年版。

《河洛墓刻拾零》，趙君平、趙文成編，北京圖書館出版社 2007 年版。

《衡水出土墓誌》，衡水市文物局編，河北美術出版社 2010 年版。

《恒農專錄》，羅振玉撰，《羅雪堂先生全集》五編第 3 冊，臺灣：大通書局 1973 年版。

《華山碑石》，張江濤編著，三秦出版社 1995 年版。

《濟南歷代墓誌銘》，韓明祥編著，黃河出版社 2002 年版。

《金石錄校證》，金文明校證，廣西師範大學出版社 2005 年版。

《金石索》，馮雲鵬、馮雲鵷編，書目文獻出版社 1996 年版。

《金石拓本題跋集萃》，李亞平主編，河北美術出版社 2012 年版。

《晉陽古刻選·北朝墓誌卷》，太原市三晉文化研究會編，山西人民出版社 2008 年版。

《晉陽古刻選·隋唐五代墓誌》，太原市三晉文化研究會編，文物出版社 2013 年版。

《蘭州碑林藏甘肅古代碑刻拓片菁華》，李龍文主編，甘肅人民美術出版社 2010 年版。

《禮縣金石集錦》，禮縣博物館等編，內部印刷，天水新華印刷廠，2000 年。

《歷代墓誌銘拓片目錄》，（台灣）中央研究院歷史語言研究所藏，毛漢光重編，臺灣：中央研究院歷史語言研究所發行，1985 年。

《遼寧省博物館藏碑誌精粹》，遼寧省博物館編，文物出版社 2000 年版。

《六朝墓誌檢要》（修訂本），王壯弘、馬成名編著，上海書店出版社 2008 年版。

《龍門區系石刻文萃》，張乃翥輯，國家圖書館出版社 2011 年版。

《隴西金石錄》，汪楷主編，甘肅人民出版社 2011 年版。

《魯迅輯校石刻手稿·碑銘》，李新宇、周海嬰主編，《魯迅大全集》第 22－24 冊，長江文藝出版社 2011 年版。

《魯迅輯校石刻手稿·墓誌》，《魯迅大全集》第 27－28 冊，長江文藝出版社 2011 年版。

《洛陽出土北魏墓誌選編》，朱亮編，科學出版社 2001 年版。

《洛陽出土歷代墓誌輯繩》，洛陽市文物工作隊編，中國社會科學出版社 1991 年版。

《洛陽出土墓誌目錄》，洛陽市文物管理局等編，朝華出版社 2001 年版。

《洛陽出土石刻時地記》，郭培育、郭培智主編，大象出版社 2005 年版。

《洛陽市文物志》（內部資料），徐金星、黃明蘭主編，豫西報社印刷廠 1985 年。

《洛陽新獲墓誌·二〇一五》，齊運通、楊建鋒編，中華書局 2017 年版。

《洛陽新獲墓誌續編》，喬棟、李獻奇、史家珍編著，科學出版社 2008 年版。

《洛陽新獲七朝墓誌》，齊運通編，中華書局 2012 年版。

《洛陽新出土墓誌釋錄》，楊作龍、趙水森等編著，北京圖書館出版社 2004 年版。

《馬衡講金石學》，馬衡編著，鳳凰出版社 2010 年版。

《蠻書碑錄》，施蟄存著，見《北山金石錄》（上），華東師範大學出版社 2012 年版。

《邙洛碑誌三百種》，趙君平編，中華書局 2004 年版。

《孟州市文史資料》第 10 輯"孟州文物"，孟州市政協文史資料研究委員會編，孟州市文印廠出版，2004 年。

《面城精舍雜文甲編》、《面城精舍雜文乙編》，羅振玉著，《羅振玉學術論著集》第九集，上海古籍出版社 2010 年版。

《墨香閣藏北朝墓誌》，葉煒、劉秀峰主編，上海古籍出版社 2016 年版。

《墓誌徵存目錄》，羅振玉著，《羅振玉學術論著集》第五集，上海古籍出版社 2013 年版。

《寧夏考古文集》，許成、李祥石主編，寧夏人民出版社 1994 年版。

《寧夏歷代碑刻集》，銀川美術館編，寧夏人民出版社 2007 年版。

《彭陽縣文物志》，楊寧國主編，寧夏人民出版社 2003 年版。

《千甓亭磚錄》，（清）陸心源撰，賈貴榮、張愛芳選編，《歷代陶文研究資料選刊》上冊，北京圖書館出版社 2005 年版。

《秦晉豫新出墓誌蒐佚》，趙君平、趙文成編，國家圖書館出版社 2012 年版。

《秦晉豫新出墓誌蒐佚續編》，趙文成、趙君平編，國家圖書館出版社 2015 年版。

《全唐文補遺》（千唐誌齋新藏專輯），吳鋼主編，三秦出版社 2006 年版。

《山東漢畫像石選集》，山東省博物館等編，齊魯書社 1982 年版。

《山東石刻分類全集》卷壹"秦漢碑刻"、卷伍"歷代墓誌"，《山東石刻分類全集》編輯委員會編，青島出版社、山東文化音像出版社 2013 年版。

《善本碑帖錄》，張彥生著，中華書局 1984 年版。

《淑德大學書學文化センター藏中國石刻拓本目錄》，长谷川匡俊編，東京：株式會社 2007 年版。

《水經注碑錄》，施蟄存著，《北山金石錄》上冊，華東師範大學出版社 2012 年版。

《俟堂專文雜集》，魯迅遺編，文物出版社 1960 年版。

《四川歷代碑刻》，高文、高成剛，四川大學出版社 1990 年版。

《松翁近稿》附補遺、《丁戊稿》、《丙寅稿》，羅振玉著，《羅振玉學術論著集》第十集（上），上海古籍出版社 2010 年版。

《嵩山少林寺石刻藝術大全》，王雪寶編著，光明日報出版社 2004 年版。

《隋代墓誌銘彙考》，王其禕、周曉薇主編，线裝书局 2007 年版。

《隋唐五代墓誌匯編·北京大學卷》，孫蘭風、胡海帆主編，天津古籍出版社 1991 年版。

《隋唐五代墓誌匯編·北京卷附遼寧卷》，張寧、徐秉琨等主編，天津古籍出版社 1991 年版。

《隋唐五代墓誌匯編·河北卷》，孟繁峰、劉超英主編，天津古籍出版社 1991 年版。

《隋唐五代墓誌匯編·河南卷》，郝本性主編，天津古籍出版社 1991 年版。

《隋唐五代墓誌匯編·江蘇山東卷》，王思禮、印志華等主編，天津古籍出版社 1991 年版。

《隋唐五代墓誌匯編·洛陽卷》，洛陽古代藝術館編、陳長安主編，天津古籍出版社 1991 年版。

《隋唐五代墓誌匯編·山西卷》，張希舜主編，天津古籍出版社 1991 年版。

《隋唐五代墓誌匯編·陝西卷》，王仁波主編，天津古籍出版社 1991 年版。

《隋唐五代墓誌匯編·新疆卷》，穆舜英、王炳華主編，天津古籍出版社 1991 年版。

《太平寰宇記碑錄》，施蟄存著，劉孝禮整理點校，《北山金石錄》上册，華東師範大學出版社 2012 年版。

《渭城文物志》，張德臣著，三秦出版社 2007 年版。

《文化安豐》，賈振林編著，大象出版社 2011 年版。

《西安碑林博物館新藏墓誌彙編》，西安碑林博物館編，趙力光主編，綫裝書局 2007 年版。

《西安碑林博物館新藏墓誌續編》，趙力光主編，陝西師範大學出版社 2014 年版。

《西安碑林全集》，高峽主編，廣東經濟出版社 1999 年版。

《西安新獲墓誌集萃》，西安市文物稽查隊編，文物出版社 2016 年版。

《稀見古石刻叢刊》，尚曉周主編，河南美術出版社 2010 年版。

《新出土墓誌精粹》（北朝卷、隋唐卷），郭茂育、谷國偉等編著，上海書畫出版社 2014 年版。

《新出魏晉南北朝墓誌疏證》（修訂本），羅新、葉煒著，中華書局 2016 年版。

《新見北朝墓誌集釋》，王連龍著，中國書籍出版社 2013 年版。

《新中國出土墓誌·北京（壹）》，中國文物研究所、北京石刻藝術博物館編，文物出版社 2003 年版。

《新中國出土墓誌·重慶》，中國文物研究所、重慶市博物館編，文物出版社 2002 年版。

《新中國出土墓誌·河北（壹）》，中國文物研究所、河北省文物研究所編，文物出版社 2004 年版。

《新中國出土墓誌·河南（壹）》，中國文物研究所、河南省文物研究所編，文物出版社 1994 年版。

《新中國出土墓誌·河南（貳）》，中國文物研究所、河南省文物考古研究所編，文物出版社 2002 年版。

《新中國出土墓誌·河南（叁）》（千唐誌齋），中國文物研究所、千唐誌齋博物館編，文物出版社 2008 年版。

《新中國出土墓誌·江蘇（貳）南京》，故宮博物院、南京市博物館編，文物出版社 2014 年版。

《新中國出土墓誌·陝西（壹）》，中國文物研究所、陝西省古籍整理辦公室編，文物出版社 2000 年版。

《新中國出土墓誌·陝西（貳）》，中國文物研究所、陝西省古籍整理辦公室編，文物出版社 2003 年版。

《新中國出土墓誌·陝西（叁）》，故宮博物院、陝西省古籍整理辦公室編，文物出版社 2015 年版。

《新中國出土墓誌·上海天津》，中國文化遺產研究院、上海博物館等編，文物出版社 2009 年版。

《尋覓散落的瑰寶——陝西歷史博物館徵集文物精粹》，陝西歷史博物館編，周天游主編，三秦出版社 2001 年版。

《俑盧日札》，羅振玉著，《羅振玉學術論著集》第三集，上海古籍出版社 2013 年版。

《鴛鴦七誌齋藏石》，趙力光編，三秦出版社 1995 年版。

《粵東金石略補註》，（清）翁方綱著，歐廣勇、伍慶祿補注，廣東人民出版社 2012 年版。

《再續寰宇訪碑錄》，羅振玉著，《羅振玉學術論著集》第五集，上海古籍出版社 2013 年版。

《浙江磚錄》，（清）錢泳輯，賈貴榮、張愛芳選編，《歷代陶文研究資料選刊》上冊，北京圖書館出版社 2005 年版。

《珍稀墓誌百品》，胡戟著，陝西師範大學出版社 2016 年版。

《中國北周珍貴文物》，負安志編著，陝西人民美術出版社 1993 年版。

《中國古代磚刻銘文集》，胡海帆、湯燕編著，文物出版社 2008 年版。

《中國國家博物館館藏文物研究叢書·墓誌卷》，中國國家博物館編，上海古籍出版社 2017 年版。

《中國金石集萃》，文物出版社編，文物出版社 1995 年版。

《中國西北地區歷代石刻匯編》，趙平編輯，天津古籍出版社 2000 年版。

《中國西南地區歷代石刻匯編》，重慶市博物館編，天津古籍出版社 1998 年版。

《中國磚銘》，殷蓀編著，江蘇美術出版社 1998 年版。

《專誌徵存》，羅振玉著，《羅雪堂先生全集》五編第 3 冊，臺灣：大通書局 1973 年版。

### 三　著作或論文集：

《北朝摩崖刻經研究》（三），魏廣平編著，內蒙古人民出版社 2006 年版。

《北朝史研究——中國魏晉南北朝史國際學術研討會論文集》，殷憲主編，商務印書館 2004 年版。

《北魏六鎮學術研討會論文集》，內蒙古人民出版社 2015 年版。

《北魏平城書跡研究》，殷憲、殷亦玄著，商務印書館 2016 年版。

《北周田弘墓》，原州聯合考古隊編，東京：勉誠出版社 2000 年版。

《滄海遺珍》（文物卷），黄耀春主編，三晉出版社 2016 年版。

《成都考古研究》（一），成都文物考古研究所編著，科學出版社 2009 年版。

《出土文獻研究續集》，國家文物局古文獻研究室編，文物出版社 1989 年版。

《大唐西市博物館藏墓誌研究》，吕建中、胡戟主編，陝西師範大學出版社 2013 年版。

《大唐西市博物館藏墓誌研究》（續一），吕建中、胡戟主編，陝西師範大學出版社 2013 年版。

《大同雁北師院北魏墓群》，大同市考古研究所、劉俊喜主編，文物出版社 2008 年版。

《岱廟碑刻研究》，陶莉著，齊魯書社 2015 年版。

《德州考古文集》，李開嶺、馬長軍主編，百花州文藝出版社 2000 年版。

《第七届中國書法史論國際研討會論文集》，西安碑林博物館編，文物出版社 2009 年版。

《第一届中日學者中國古代史論壇文集》，中國社會科學院歷史研究所、日本東方學會等編，中國社會科學出版社 2010 年版。

《第五届中國書法史論國際研討會論文集》，文物出版社編，文物出版社 2002 年版。

《東北古文化》，傅仁義等著，春風文藝出版社 1992 年版。

《敦煌吐魯番文書與中古史研究——朱雷先生八秩榮誕祝壽集》，上海古籍出版社 2016 年版。

《2009 年中國重要考古發現》，國家文物局主編，文物出版社 2010 年版。

《凡將齋金石叢稿》，馬衡著，中華書局 1977 年版。

《佛教石窟與絲綢之路》，張乃翥著，甘肅教育出版社 2014 年版。

《高臺魏晉墓與河西歷史文化研究》，中共高臺縣委等編，甘肅教育出版社 2012 年版。

《耕耘錄：吉林省博物院學術文集（2003－2010）》，吉林省博物院編，吉林人民出版社2010年版。

《耕耘論叢》（一），洛陽市文物局編，科學出版社1999年版。

《耕耘論叢》（二），洛陽市文物局編，科學出版社2003年版。

《古城集》，武伯綸著，三秦出版社1987年版。

《古代銘刻論叢》，葉其峰編，文物出版社2012年版。

《固原南郊隋唐墓地》，羅豐編著，文物出版社1996年版。

《固原文博探究》，韓彬主編，寧夏人民出版社2011年版。

《觀堂集林》，王國維著，中華書局1959年版，2004年重印。

《廣藝舟雙楫注》，崔爾平注，上海書畫出版社1981年版。

《漢碑研究》，中國書法家協會山東分會編，齊魯書社1990年版。

《漢隸石門頌研究》，曹大淦著，人民美術出版社2013年版。

《河北新發現石刻題記與隋唐史研究》，孫繼民主編，河北人民出版社2006年版。

《胡漢之間——"絲綢之路"與西北歷史考古》，羅豐著，文物出版社2004年版。

《湖北庫區考古報告集》第四卷，國務院三峽工程建設委員會辦公室等編，科學出版社2007年版。

《畫像磚石刻墓誌研究》，李獻奇、黃明蘭主編，中州古籍出版社1994年版。

《積微居小學金石論叢》，楊樹達著，上海古籍出版社2013年版。

《紀念西安碑林九百二十周年華誕國際學術研討會論文集》，西安碑林博物館編，文物出版社2008年版。

《江淮文化論叢》，揚州博物館編，文物出版社2011年版。

《交流與互動：民族考古與文物研究》，肖小勇主編，中央民族大學出版社2013年版。

《金石論叢》，岑仲勉撰，上海古籍出版社1981年版。

《洛陽古代銘刻文獻研究》，趙振華著，三秦出版社2009年版。

《洛陽出土墓誌研究文集》，趙振華主編，朝華出版社2002年版。

《民族匯聚與文明互動：北朝社會的考古學觀察》，張慶捷著，商務印書館 2010 年版。

《那羅延室稽古文字》，王獻唐遺著，齊魯書社 1985 年版。

《寧波現存碑刻碑文所見錄》，龔烈沸編著，寧波出版社 2006 年版。

《寧夏固原北周宇文猛墓發掘報告與研究》，耿志強編，陽光出版社 2014 年版。

《寧夏考古文集》，許成、李祥石編，寧夏人民出版社 1994 年版。

《片石千秋：隋代墓誌銘與隋代歷史文化》，周曉薇、王其禕著，科學出版社 2014 年版。

《平城史稿》，殷憲著，科學出版社 2012 年版。

《齊魯碑刻墓誌研究》，賴非著，齊魯書社 2004 年版。

《啓功全集》（修訂版）第五卷，啓功著，北京師範大學出版社 2012 年版。

《青州博物館》，青州博物館編，文物出版社 2003 年版。

《全國第六屆書學討論會論文集》，中國書法家協會學術委員會編，河南美術出版社 2004 年版。

《全國首屆碑帖學術研討會論文集》，董恆宇主編，文物出版社 2005 年版。

《山西省考古學會論文集》（一），山西省考古學會等編，山西人民出版社 1992 年版。

《山西省考古學會論文集》（二），山西省考古學會等編，山西人民出版社 1994 年版。

《陝西鳳翔隋唐墓——1983～1990 年田野考古發掘報告》，陝西省考古研究院、西北大學文博學院編著，文物出版社 2008 年版。

《十駕齋養新錄》，（清）錢大昕著，上海書店出版社 1983 年版。

《〈石門頌〉研究》，劉展伯著，蘭州大學出版社 2007 年版。

《史學論集》，鄭州大學歷史研究所編，中州古籍出版社 1985 年版。

《書學論集》，祝嘉著，金陵書畫社 1982 年版。

《粟特人在中國：考古發現與出土文獻的新印證》，羅豐、榮新江主編，科學出版社 2016 年版。

《粟特人在中國—歷史、考古、語言的新探索》，《法國漢學》叢書編輯委員會編,中華書局 2005 年版。

《隨興居談藝》,陳麥青著,復旦大學出版社 2003 年版。

《太原壙坡北齊張肅墓文物圖錄》,山西省博物館編,中國古典藝術出版社 1958 年版。

《太原隋虞弘墓》,山西省考古研究所編,文物出版社 2005 年版。

《唐長安城郊隋唐墓》,中國社會科學院考古研究所編,文物出版社 1980 年版。

《拓跋史探》,田餘慶著,生活・讀書・新知三聯書店 2011 年版。

《汪兆鏞文集》,汪兆鏞著,鄧駿捷、劉心明編校,廣東人民出版社 2015 年版。

《魏晉南北朝史發微》,高敏著,中華書局 2005 年版。

《魏晉南北朝史研究:回顧與探索——中國魏晉南北朝史學會第九屆年會論文集》,中國魏晉南北朝史學會等編,湖北教育出版社 2009 年版。

《魏晉南北朝史的新探索——中國魏晉南北朝史學會第十一屆年會暨國際學術研討會論文集》,樓勁主編,中國社會科學出版社 2015 年版。

《魏晉南北朝史札記》,周一良著,中華書局 1985 年版。

《文史考古論叢》,陳直著,天津古籍出版社 1988 年版。

《吳其昌文集》3"史學論叢",吳令華主編,三晉出版社 2009 年版。

《西安北周安伽墓》,陝西省考古研究所編,文物出版社 2003 年版。

《西安郊區隋唐墓》,中國科學院考古研究所編,科學出版社 1966 年版。

《西域考古歷史論集》,王炳華著,中國人民大學出版社 2008 年版。

《西域史地文物叢考》,馬雍著,文物出版社 1990 年版。

《2003 年中國重要考古發現》,國家文物局主編,文物出版社 2004 年版。

《新出吐魯番文書及其研究》,柳洪亮著,新疆人民出版社 1997 年版。

《選堂序跋集》,饒宗頤著,鄭會欣編,中華書局 2006 年版。

《燕趙歷史文化研究之三:冀州歷史文化論叢》,河北省歷史學會 2009 年會議論文集。

《冶山存稿——南京文物考古論叢》，邵磊著，鳳凰出版社 2004 年版。

《"1—6 世紀中國北方邊疆、民族、社會國際學術研討會"論文集》，吉林大學古籍研究所編，科學出版社 2008 年版。

《一得集》，陳邦懷著，齊魯書社出版社 1989 年版。

《藝術與學術：叢文俊書法研究題跋文集》，叢文俊著，人民美術出版社 2015 年版。

《禹域出土墨寶書法源流考》，[日] 中村不折著、李德範譯，"世界漢學論叢"，中華書局 2003 年版。

《雲南考古》，汪寧生撰，雲南人民出版社 1980 年版。

《中古墓誌胡漢問題研究》，李鴻賓主編，寧夏人民出版社 2013 年版。

《中外關係史：新史料與新問題》，榮新江、李孝聰主編，科學出版社 2004 年版。

《周鄣文史論文集》，泰安市泰山區檔案館編，山東文藝出版社 1997 年版。

《朱紹侯文集》，朱紹侯著，河南大學出版社 2005 年版。

《綴學堂初稿》，（清）陳漢章撰，清光緒十九年刊本。

《ソグド人墓誌研究》，[日] 石見清裕編著，東京：汲古書院 2016 年版。

《ソグドからウイグルへ：シルクロード東部の民族と文化の交流》，[日] 森安孝夫編，東京：汲古書院 2011 年版。

## 四　主要期刊或集刊

《碑林集刊》第 1－22 輯，西安碑林博物館編。

《北朝研究》第 1 輯，殷憲主編，燕山出版社 2008 年版。

《北朝研究》第 6 輯，中國魏晉南北朝史學會等編，科學出版社 2008 年版。

《北大史學》第 9、12－14 輯，北京大學歷史學系主編，北京大學出版社 2003、2007－2009 年版。

《北方民族考古》第四輯,中國人民大學北方民族考古研究所等編,科學出版社 2017 年版。

《北方文物》,北方文物雜誌社主辦。

《博物館研究》,吉林省博物館學會等編。

《草原文物》,內蒙古文物考古研究所編。

《出土文獻研究》第 1–16 輯,中國文化遺產研究院等編,1985–2017 年。

《出土文獻綜合研究集刊》第 6 輯,西南大學出土文獻綜合研究中心等編,巴蜀書社 2017 年版。

《東南文化》,南京博物院編。

《故宮博物院院刊》,故宮博物院編。

《河洛文化論叢》第 5 輯,洛陽歷史文物考古研究所編,國家圖書館出版社 2010 年版。

《湖南省博物館館刊》第 1–13 輯,湖南省博物館等編,2004–2017 年。

《華夏考古》,河南省文物考古研究所編。

《江漢考古》,湖北省文物考古研究所編。

《考古》,中國社會科學院考古研究所編。

《考古學報》,中國社會科學院考古研究所編。

《考古學集刊》,中國社會科學院《考古》雜誌社編。

《考古學研究》第 3 輯,北京大學考古系編,科學出版社 1997 年版。

《考古與文物》,陝西省考古研究所編。

《遼海文物學刊》,遼寧省博物館等編。

《洛陽考古》,洛陽市文物考古研究院編。

《南方文物》,江西省文物考古研究所編。

《南京博物院集刊》,南京博物院編。

《乾陵文化研究》,樊英峰主編。

《三晉考古》第 3 輯,石金鳴主編,山西人民出版社 2006 年版。

《陝西歷史博物館館刊》,陝西省歷史博物館編。

《上海博物館集刊》,上海博物館編。

《書法叢刊》，文物出版社編。

《四川文物》，四川省文物局編。

《唐史論叢》，杜文玉等主編。

《西夏研究》，寧夏社會科學院編。

《魏晉南北朝隋唐史資料》，武漢大學中國三至九世紀研究所編。

《文博》，陝西省文物局編。

《文獻》，國家圖書館編。

《文物》，文物出版社編。

《文物春秋》，河北博物院編。

《文物世界》，山西省文物局編。

《文物天地》，國家文物局編。

《文物資料叢刊》第1－2輯，文物編輯委員會編，文物出版社1977、1978年版。

《西部考古》第1、4輯，西北大學考古學系等編著，三秦出版社2006、2009年版。

《藝術史研究》第7輯，中山大學藝術史研究中心編，中山大學出版社2005年版。

《中國國家博物館館刊》，中國國家博物館編。

《中古中國史集刊》第一輯，權家玉主編，商務印書館2015年版。

《中國書法》，中國書法協會編。

《中國文物報》，中國文物報社編。

《中原文物》，河南博物院編。

# 後　　記

　　歷時將近八年，這一項目總算艱難地完成了。從最初自己懷疑能否與毛遠明先生的《漢魏六朝碑刻校注·總目提要》和日本學者梶山智史所編《北朝隋代墓誌所在総合目録》相區別，到現在回看自己的成果，還好，總算帶有自己的一點特色。上述兩書以及王其禕、周曉薇所編《隋代墓誌銘彙考》都給了我很大的幫助，提供了諸多索引線索，在此一併致謝。

　　這一項目的最初倡議者和初期規劃者是吳玉貴先生，在我來社科院歷史所工作後不久，鑒於我一直對石刻史料感興趣，他就建議我做碑誌索引方面的工作，同時將總集、別集和方志中的石刻文獻清理出來，并提到了當今學界重視新出土墓誌，忽略傳統文獻中碑誌的整理狀況。後來，社科院創新項目啟動，我就順理成章地申報了這一項目。在整個項目的完成過程中，就體例、如何著錄等問題，經常向吳老師請教，他也細心地給我講解。有時遇到疑難問題，在周二上班時間，我、吳老師、孟彥弘老師，我們三人還會一起討論。索引"凡例"吳老師不厭其煩地給我修改，有時候感覺項目做不下去、想放棄的時候，吳老師還給我以鼓勵。自己寫的小文章，偶爾會懷疑其學術價值，也會向他請教。如何寫辨偽文章，吳老師也慷慨地給我提供研究思路，認為通過學術梳理也可以進行辨偽。可以說吳玉貴先生是我學術道路上的又一位導師，是我從事文獻整理的引路人，沒有他的指點，我可能還徘徊在尋找學術項目的道路上。對吳老師的感激之情，難以言表。本辦公室的孟彥弘老師，也不吝賜教，給我提供一些編撰建議，并慷慨地借書給我，還指點我如何寫墓誌札記。在此對兩位老師，一併致以誠摯的謝意！

在《索引》的編撰過程中,感謝我的博士導師王小甫先生提供的寶貴意見,他建議我將今人的研究論著放進來,說這樣可以很快地掌握學術前沿,故《索引》的"論文"部分,是受到王老師的啟發,新增加的內容。每次去王老師家,他都會關切地問我,寫了些什麼文章?我經常慚愧地說:哎,帶孩子太耗費時間,沒寫什麼論文。"帶孩子"也就成了我寫不出文章的一個合理托詞。記得有一次王老師還安慰我說:培養孩子,耗費再多的精力都是值得的。謝謝王老師的理解!其實,還是我自己不夠努力。加上資質愚鈍,就使得學術道路更加艱辛。

《索引》編撰內容浩繁,引用書籍衆多,然而有少數書籍卻不易查找,期間得到過一些老師和朋友的幫助,在此深表謝意。如與我同單位的陳爽老師,慷慨地把他的電子版本書籍分享給我,其中對我來說,最寶貴的一套書是《西安碑林全集》,那是我們社科院和國家圖書館都沒有的書,我曾經打算放棄該書的著錄,後來因為陳爽老師的幫助,也就將該書放進了《索引》中。本所陳麗萍老師,去年在台灣開會期間,我還麻煩她幫我查找台灣的期刊論文,她也慷慨應允。《中國金石集萃》一書由於國家圖書館所藏為殘本,我需要的部分又剛好殘缺,無奈之餘求助於碑林博物館的王慶衛老師,雖然我們不曾交往,但沒想到他居然親自去碑林博物館的資料室查閱,拍攝圖版後給我傳過來。慶幸的是,後來在孔夫子舊書綱購得部分該書。師弟王慶昱博士跟我也未曾謀面,然而,當我貿然向他求助時,他卻給我提供了上達幾百頁的急需墓誌圖片,而且都是親自拍照,然後通過郵件傳給我。如此衆多老師、朋友的幫助,讓我對他們心生感激。同時也感謝宋燕鵬先生為編輯本書付出的辛苦勞動。

我的碩士導師杜文玉先生、博士後導師王永平先生都非常關切我課題的研究內容和進展情況。杜老師有時還會問我,近期有什麼新發現嗎?記得有一次我曾對王永平老師講,我所做的碑誌索引是唐以前的,因為對前期歷史不太熟悉,所以寫文章有些困難。王老師安慰我說,貫通很好,對於今後的研究非常有利。感謝二位導師對我的關心和鼓勵。

日本學者梶山智史先生所編《北朝隋代墓誌所在總合目錄》一書,讓我對日本學者搜羅史料的功夫所歎服。因為有些著作我未曾聽聞,有些著作循著線索去查找，竟然發現連國家圖書館都不曾收藏，如《禮縣金石集錦》為内部印刷資料，國家圖書館不曾收錄，然而，日本學者居然能夠著錄，對此深表敬意和佩服。

最初編撰《索引》時，信心滿滿，打算要窮盡史料，但是在後來的編撰過程中，才真切地體會到了書籍的浩瀚。因此，不斷修正自己的著錄原則，那就是常見書不能漏，盡可能地多著錄；將《石刻史料新編》作為一個系統來著錄。著錄過程中，因内容龐雜，遺漏碑誌，在所難免，還敬請各位學賢諒解和指正。

最後，不得不提到我兒子，他對我的"後記"有著濃厚的興趣，也有強烈的願望被寫進"後記"。原本我認為與書籍無關者，可以忽略。但是想想，兒子也是激勵我成長的人之一。想當初他上小學時，我陪他走進課堂，在培訓機構一起聽奧數課，帶他上英語、美術等課外班，耗費了我大量的精力和時間，為此有一次我對他抱怨，他卻"威脅"我說："媽媽，你只有把我培養好了，你老年才幸福。"時光荏苒，想當初那個調侃我，說我"主業是全職太太，副業才是搞點學問"的小屁孩，如今已成長為青春少年。已上初三的他，價值觀發生了很大的變化，偶爾又會嫌棄我不上進、沒有志向。記得去年有一次我在他面前抱怨，發文章困難，單位考核壓力大時，他質問我："看看你們杜老師，人家都六十幾了，每年還能發好幾篇文章。再看看你自己，別抱怨了，學習去吧！"我當場語塞。我的碩士導師杜文玉先生，儘管快七十歲了，仍然筆耕不輟，且著述頗豐，讓我内心充滿了敬意。與兒子的少年激進相比，我愛人倒是勸我慢慢做，盡量做好。内心的想法是好，但能否做到，也只能盡力而為了。去年開孩子的家長會，臺上一位老師發言，說："我們要努力到無能為力，拼搏到感動自己。"這當然是激勵孩子們奮鬥的話語，不過我後來也捫心自問，自己做到了嗎？儘管我已經到了不能拼命的年齡，但是還得繼續在拼搏的路上前行！

劉琴麗

2018 年 11 月